제4전정판

고객중심과 시너지
극대화를 위한

마케팅원론

오세조

박충환

김동훈

김영찬

박진용

박영사

제4전정판 머리말

경영환경은 국내외적으로 그 어느 때보다 빠르고 복합적으로 변화하고 있다. AI와 디지털 기술 혁신의 가속화, 글로벌 시장의 재편, 플랫폼과 생태계 경쟁의 심화 속에서 기업의 경쟁 양상과 강도는 더욱 극심해지고 있으며, 오늘의 성공이 내일의 지속성을 보장하지 않는 시대가 되었다. 이러한 변화 가운데서도 시장의 변화는 특히 급박하게 전개되고 있다. 브랜드의 개념은 더 이상 단일 카테고리에 머무르지 않고 경험과 관계를 중심으로 재정의되고 있으며, 기업의 시장 커뮤니케이션 방식 또한 AI 디지털 미디어, 소셜 플랫폼, 데이터 기반 개인화 전략을 중심으로 빠르게 진화하고 있다. 제품과 서비스의 경계가 흐려지는 가운데 유통과 가격 경쟁은 한층 정교해지고, 고객 접점 전반에서 차별적 가치를 창출하기 위한 기업들의 노력이 지속적으로 요구되고 있다.

이와 같은 환경 속에서 기업이 지속적으로 성장하기 위해서는 무엇보다도 시장지향적인 마인드를 바탕으로 고객에게 경쟁자 대비 우월한 가치를 제공할 수 있어야 한다. 이를 위해 기업은 국내외를 아우르는 모든 마케팅 시스템 요소를 전략적으로 연계·활용하여야 하며, 기업 내외의 자원이 고객가치 증대라는 공통의 목표를 향해 유기적으로 결집되어야 한다. 궁극적으로 이러한 노력은 고객만족을 넘어 고객경험의 질적 향상으로 이어지고, 이는 다시 기업가치의 지속적 증대로 연결될 것이다. 본 저서는 이러한 관점에서 시장지향적 경영사고(market driven management)와 시너지(synergy)의 중요성을 일관되게 강조하고자 한다.

시장지향적 사고는 고객만족전략, 고객을 위한 가치창출, 전사적 마케팅, 가치사슬 접근, 과정관리 등의 개념을 통합한 전략적 사고로서, 오늘날에는 여기에 데이터 기반 의사결정, 고객 여정 관리, AI 디지털 기술 활용이라는 요소가 추가적으로 요구되고 있다. 이는 모든 경영활동이 시장과 고객을 중심으로 설계·운영되어야 함을 의미하며, 기업 내외의 다양한 구성요소들이 상호작용을 통해 고객가치를 극대화하도록 관리되는 것이 시장지향적 마케팅 관리의 핵심이라 할 수 있다.

한편으로는 시장의 요구에 대응하는 것을 넘어, 고객의 잠재적 욕구를 선제적으로 발견하고 새로운 가치를 제안하는 시장선도(market driving)의 중요성도 더욱 강조되고 있다. 시장선도는 단순한 유행 추종이나 기술 중심의 접근이 아니라, 고객 스스로 인식하지 못한 문제를 통찰하고 이에 대한 의미 있는 해결책을 제시하는 데 그 본질이 있다. 이러한 관점에서 오늘날의 기업은 창의성과 분석 역량을 동시에 갖춘, 한층 고도화된 시장지향성을 요구받고 있다.

시장지향적 관리의 요체는 결국 시너지 효과의 창출이라 할 수 있다. 마케팅 전략도구 간의 정합성, 부서 간 협업과 조화, 전략과 조직의 적합한 결합, 장기 비전과 단기 실행의 유기적 연계, 그리고 기업 내부와 외부 파트너 간의 수직적·수평적 협력은 모두 시너지를 창출하는 중요한 기반이 된다. 나아가 플랫폼 기업, 스타트업, 콘텐츠 제작자 등과의 전략적 제휴 및 공동 마케팅 역시 고객가치를 증대시키고 브랜드 경쟁력을 강화하는 핵심 수단으로 자리 잡고 있다.

본 서의 2026년 개정판은 이러한 변화된 마케팅 환경을 충실히 반영하고자 하였다. 마케팅 이론을 처음 접하는 학생들이 기본 개념을 체계적으로 이해할 수 있도록 기존의 이론적 틀은 유지하되, 최근의 시장 변화와 실무 환경을 고려하여 설명을 보완하였다. 특히 AI 디지털 마케팅, 데이터 활용, 플랫폼과 고객경험 관리와 관련된 최신 논의를 반영하고, 국내외의 최근 마케팅 사례들을 대폭 업데이트함으로써 이론의 실제적 적용과 응용에 대한 이해를 돕고자 하였다. 또한 변화하는 미디어 환경에 맞추어 다양한 학습 자료와 시각적 요소를 보완하여 독자의 가독성과 학습 효율을 높이고자 하였다.

본 서는 마케팅을 처음 공부하는 학생은 물론, 급변하는 시장 환경 속에서 마케팅을 새로운 시각으로 재정립하고자 하는 실무자들에게도 유용한 길잡이가 될 것이다.

끝으로, 본 개정판을 준비하는 과정에서 소중한 조언과 도움을 아끼지 않은 많은 교수님들, 학생들, 그리고 실무자 여러분께 깊은 감사를 드린다. 또한 개정 작업에 헌신적으로 참여해 준 연구자들과 출판 과정 전반에서 적극적으로 지원해 준 출판사 관계자 여러분께도 진심으로 감사의 뜻을 전한다. 무엇보다 묵묵히 지지해 준 가족들에게 이 자리를 빌려 감사의 마음을 전하며, 앞으로도 독자들에게 더 나은 학습 경험을 제공할 수 있도록 지속적으로 노력할 것을 약속드린다.

2026년 2월

저자일동

차 례

Part I

마케팅관리의 전반적 체계

Chapter 1 시장지향적 경영사고

제1절 마케팅에 대한 두 가지 접근시각 ······ 5

제2절 기존의 네 가지 마케팅사고 ······ 6

1. 생산지향적 사고 6
2. 제품지향적 사고 6
3. 판매지향적 사고 7
4. 마케팅 혹은 고객지향적 사고 8

제3절 새로운 사고: 시장지향적 마케팅사고 ······ 9

1. 고객개념의 이해 12
2. 마케팅개념의 정립 15
3. 조정자로서의 마케팅관리자 16

제4절 시장지향적 경영사고에 의한 관리 ······ 17

Chapter 2 마케팅관리 계획의 체계

제1절 신제품도입전략(신규고객확보전략) ······ 31

1. 계획수립의 체계 31
2. 환경변화의 파악과 환경변화가 마케팅활동에 미치는 영향의 평가: 계획수립의 제1단계 32

3. 표적시장의 확인: 계획수립의 제2단계 33
4. 마케팅목표의 설정: 계획수립의 제3단계 35
5. 마케팅믹스의 설계: 계획수립의 제4단계 38

제2절 기존제품강화/유지전략(기존고객유지전략) 41

Part II

마케팅전략 계획 수립

Chapter 3 고객행동의 이해

제1절 고객의 유형 57

제2절 고객행동모델 58

제3절 구매 전 단계 65

1. 교환 전 과정 65
2. 정보의 교환과정 67
3. 대안의 비교평가 및 태도형성 70

제4절 구매단계: 제품의 교환과정 74

제5절 사용 및 처분단계: 교환 후 과정 75

제6절 고객행동의 동태적 모델 77

1. 포괄적 문제해결행동 78
2. 한정적 문제해결행동 78
3. 자동적 문제해결행동 78
4. 탐색적 문제해결행동 79
5. 마케팅관리에 있어서 전략적 의미 79
6. 하나의 지속적인 상호작용과정 80

Chapter 4 고객의 욕구 분석

제1절 고객욕구 분석의 필요성 ······ 87

제2절 고객욕구에 대한 이해 ······ 90

1. 고객욕구의 발생시점 93
2. 고객욕구의 발생원천 93
3. 고객욕구의 형태 94
4. 고객욕구의 충족방법 95

제3절 아이디어 창출을 위한 고객욕구 분석방법 ······ 101

1. 인터뷰기법(Interview Method) 102
2. 관찰기법(Observation Method) 104
3. 신제품 아이디어의 원천과 두 가지 기법의 적용범위 112

Chapter 5 시장세분화와 표적시장 선정

제1절 시장전략의 기본적인 접근체계 ······ 122

1. 시장의 개념 및 분류 122
2. 표적시장 선정체계: 시장세분화, 세분시장 분석, 표적시장의 선정 127

제2절 시장세분화 ······ 127

1. 시장세분화의 개념 127
2. 시장세분화(고객욕구 세분화)의 진행절차 128
3. 세분시장 도출을 위한 구체적 실행방법 132

제3절 세분시장의 분석 ······ 134

1. 시장세분화, 세분시장 분석, 그리고 표적시장 선정에 있어서 핵심 고려사항: 3C 134
2. 고객(customer)관련 평가기준 135
3. 경쟁(competition)관련 평가기준 135
4. 기업(company)관련 평가기준 137

제4절 표적시장의 선정 ······ 138
1. 표적시장의 개념 138
2. 표적시장 결정의 전략적 대안 138

Chapter 6 마케팅목표의 정립과 포지셔닝전략

제1절 표적시장별 마케팅목표의 정립 ······ 151
1. 개념전달 차원의 마케팅목표 설정 151
2. 구매전환 차원의 마케팅목표 설정 152
3. 예상재무목표 및 타 부서 지원사항의 확인 152

제2절 포지셔닝(위상정립)전략 ······ 155
1. 단기적 포지셔닝과 장기적 포지셔닝 155
2. 포지셔닝의 유형 156
3. 포지셔닝의 접근방법 160
4. 재포지셔닝 166

Part III

마케팅정책 수립과정

Chapter 7 제품(Product)관리

제1절 제품의 기본개념 ······ 173
1. 제품의 정의 173
2. 제품의 분류 174
3. 제품의 구성요소 175
4. 제품조합(Product Assortment; Product Mix)과 제품라인(Product Line) 178

제2절 브랜드명 ······ 180

1. 브랜드와 시장의 상호작용을 고려한 브랜드 기초성장 182
2. 브랜드명전략(제품범주 내 브랜드 확장전략) 183
3. 다른 제품범주로의 브랜드 확장전략 188

제3절 신제품 개발 ······ 191
1. 신제품 개발과정 192
2. 신제품 실패요인 198

제4절 제품수명주기모형(Product Life Cycle Model: PLC) ······ 199
1. 마케팅전략 수립을 위한 제품수명주기모형의 적용 200
2. 제품수명주기의 연장 203
3. 제품수명주기전략의 한계점 204

제5절 서비스업에서의 제품관리 ······ 207

Chapter 8 촉진(Promotions)관리 I : 광고, PR(Public Relation)

제1절 촉진믹스 ······ 218
1. 촉진의 정의 및 촉진믹스의 구성요소 218
2. 촉진믹스의 일반적 특징 218
3. 촉진믹스요소의 통합적 활용 219

제2절 광 고 ······ 221
1. 광고의 개념과 목적 221
2. 광고의 구성요소 223
3. 광고매체 선정 235
4. 광고예산 편성 및 효과측정 239

제3절 PR(Public Relations) ······ 243
1. PR의 개념 243
2. 마케팅에 있어서의 PR의 역할 244
3. PR의 구성요소 245
4. PR매체의 선정 246
5. PR의 예산편성, 실행 및 평가 247

Chapter 9 촉진(Promotions)관리 II : 판매촉진과 인적판매

제1절 판매촉진 ······ 253

1. 소비자 판매촉진의 개념적 이해 254
2. 소비자 판매촉진의 종류 258
3. 판매촉진의 의사결정 263

제2절 유통 판매촉진 ······ 267

1. 유통 판매촉진의 개념 267
2. 유통 판매촉진의 목적 268
3. 유통 판매촉진의 유형 268
4. 소비자 판촉과 유통 판촉의 조화 269

제3절 인적판매(판매원관리) ······ 271

1. 판매원이 보유해야 할 정보 275
2. 판매원의 행동 279
3. 판매원 조직 284

Chapter 10 유통(Place)관리

제1절 유통의 역할 ······ 293

1. 중간상의 필요성 293
2. 유통의 구성요소 295

제2절 경로 구성원 ······ 297

1. 소비재시장의 경로 구성원 형태 297
2. 산업재시장의 경로구성원 형태 307
3. 경로 구성원의 수 308
4. 경로 구성원의 조직패턴 310

제3절 경로 운영요소 ······ 311

1. 경로 영향력 행사 313
2. 경로 갈등관리 314

제4절 유통관리에서의 시너지효과 창출 ······ 315

Chapter 11 가격(Price): 책정방법과 전략

제1절 가격에 영향을 미치는 요인들 ···························· 323

1. 가격결정에 영향을 미치는 내적 요인들 323
2. 가격결정에 영향을 미치는 외적 요인들 326

제2절 가격책정과정 ···························· 327

1. 가격목표 설정 327
2. 수요예측 328
3. 원가예측 329
4. 경쟁환경 분석 329
5. 가격책정방법 선정 330
6. 최종가격 선정 335

제3절 가격전략 ···························· 336

1. 신제품 가격전략 336
2. 제품결합 가격전략 338
3. 가격조정전략 339

Part IV

마케팅통제

Chapter 12 경쟁적 마케팅관리

제1절 경쟁에 대한 접근 시각 ···························· 351

제2절 경쟁자와 경쟁환경의 분석 ···························· 353

1. 경쟁환경분석의 틀 354
2. 경쟁환경의 분석과정 356

제3절 시장위치별 경쟁적 마케팅전략의 수립 366
1. 시장선도자의 경쟁전략 367
2. 시장도전자의 경쟁전략 377
3. 시장추종자의 경쟁전략 382
4. 시장적소자의 경쟁전략 383

Chapter 13 마케팅믹스의 통합: 전략적 응용

제1절 제품, 유통 그리고 촉진의 통합 394
제2절 가격에 대한 결정 396
1. 수용가능한 가격범위의 확인 397
2. 일정한 범위 내에서의 가격결정 399
제3절 다른 마케팅믹스요소들과 가격의 통합 399
1. 모든 믹스요소들의 통합 399
2. 적용사례 400
제4절 마케팅믹스의 이론적 통합 407
1. 고객을 위한 가치창출과 마케팅믹스 407
2. 새로운 마케팅믹스 개념의 필요성 408
3. 최종고객을 위한 마케팅믹스(상위 마케팅믹스)와 중간고객을 위한 마케팅믹스(하위 마케팅믹스) 409

참고문헌 413
색 인 423

P / A / R / T

I

마케팅관리의 전반적 체계

- **CHAPTER 01** 시장지향적 경영사고
- **CHAPTER 02** 마케팅관리 계획의 체계

제 1 부는 마케팅 개념 정립을 통해 시장지향적 경영사고에 관하여 살펴보고 이를 바탕으로 한 마케팅관리의 전반적인 체계를 소개한다. 먼저 제 1 장에서는 마케팅관리의 새로운 접근시각을 소개한다. 즉, 고객만족경영을 위한 경영철학으로서의 시장지향적 경영사고와 시너지 개념을 핵심적으로 다룬다. 이후 제 2 장은 앞 장에서 소개되는 시장지향적 경영사고와 시너지개념을 토대로 제품(혹은 서비스)별 마케팅 관리과정을 제시한다. 제 2 장에서의 마케팅관리체계는 본 서의 길잡이 역할을 하는 핵심 개념이다.

이 장을 읽고 난 후 여러분들이 알아야 하는 내용은 다음과 같습니다.

- 마케팅의 정의를 확립한다.
- 시장지향적 경영사고에 대하여 이해한다.
- 시너지의 개념을 이해한다.

이 장의 첫 사례는 마케팅의 정의에 대한 읽을거리입니다. 마케팅을 공부하려는 학생들이 가장 먼저 고민해야 하는 것은 '마케팅이란 무엇인가?'라는 마케팅의 정의에 대한 문제일 것입니다. 마케팅은 어떤 활동을 통칭하는 것입니까? 그리고 마케팅의 정의는 고정된 것입니까, 아니면 시대에 따라 변하는 것입니까? 이 장을 공부하면서 생각해 봅시다.

제 1 절 마케팅에 대한 두 가지 접근시각

제 2 절 기존의 네 가지 마케팅사고

제 3 절 새로운 사고: 시장지향적 마케팅사고

제 4 절 시장지향적 경영사고에 의한 관리

CHAPTER 1

시장지향적 경영사고

도입사례

마케팅이란?

마케팅에 대한 정의는 사회적 정의와 관리적 정의로 나눌 수 있다. 사회적 정의는 마케팅이 사회에서 행해지는 역할을 보여 준다. 즉, 마케팅의 역할은 '높은 생활 수준을 전달하는 것'이라고 어느 마케팅관리자가 주장했다. 우리가 추구하고자 하는 목표를 반영하는 사회적 정의는 다음과 같다. 마케팅은 다른 사람과 함께 가치 있는 제품과 서비스를 창조하고, 제공하며 또한 자유롭게 교환함으로써 개인과 집단이 요구하고 필요로 하는 것을 획득할 수 있도록 하는 사회적 과정이다. 관리적 정의에서 볼 때 마케팅은 '제품을 판매하는 기술'이라고 묘사되어 왔다. 그러나 사람들은 마케팅의 가장 중요한 부분이 판매가 아니라는 사실을 알았을 때 무척이나 놀랐다. 하지만 판매는 마케팅이라는 거대한 빙산의 극히 일부분이다.

유명한 경영이론가인 피터 드러커(Peter Drucker)는 다음과 같이 말하고 있다.

"어떤 형태의 판매는 필요하다고 생각한다. 그러나 마케팅의 목표는 판매가 필요 없게 만드는 것이다. 궁극적으로 마케팅이 지향하는 것은 고객을 이해하고 제품과 서비스를 고객에게 맞추어 제공함으로써 저절로 팔리도록 하는 것이다. 따라서 이상적인 마케팅은 구매할 준비가 되어 있는 고객에 의해서 이루어져야 한다. 그 다음에는 고객들이 그 제품과 서비스를 이용할 수 있도록 하는 것이다."

자료원: Marketing Management(Philip Kotler) 中.

기업은 자신의 존속과 발전을 위하여 여러 가지 활동들을 계획하고 실행해야 한다. 기업이 수행하는 활동에는 인적자원의 획득과 활용, 자금의 운용, 기술개발, 생산관리, 제품의 생산, 유통 및 판매, 판매 후 서비스의 제공 등을 들 수 있다. 마케팅은 기업이 수행하는 다각적인 활동의 일부이며, 기업의 목표를 달성하기 위하여 제품(product)과 서비스, 촉진(promotion), 유통(distribution), 가격(price) 등의 제반 활동을 계획하고 실행, 통제하는 모든 과정을 의미한다.

기업은 그들이 속해 있는 환경의 변화 가운데서 성장기회를 발견하고 그것을 적극 활용함으로써 생존과 발전이 가능하다. 마케팅기능은 이러한 환경의 변화를 기업조직에 연계시키는 일차적인 메커니즘을 담당한다. 그러므로, 마케팅기능은 기업의 가장 전위적이고 핵심적인 활동이며, 이러한 주장은 세계 유수기업들의 최고경영자들에 의해서도 일반적으로 지지되고 있다.

마케팅은 고객이나 유통업자와 같은 개인이나 조직에 영향을 미칠 뿐만 아니라 넓게는 사회 전반에도 영향을 미친다. 마케팅활동은 사회의 제반 가치관, 규범, 그리고 일반문화와 깊게 연관되어 있다. 그런데, 마케팅을 이해하는 데에는 간혹 오해가 발생하기도 한다. 마케팅이 어떤 사람에게는 부주의한 판매원의 이미지로 채색되기도 하고, 저질제품을 순진한 사람이나 구매의도가 없는 소비자에게 가가호호 방문하여 판매하는 "숨은 설득자" 혹은 "약삭빠른 장사꾼"의 이미지로 부각되기도 한다.

마케팅이 다른 경영활동에 비해 오해가 큰 것은 아마도 마케팅이 지니고 있는 광범위성에 근거한다고 생각된다. 모든 사람들은 생활 속에서 한 가지 혹은 그 이상의 마케팅활동에 끊임없이 참여하고 있기 때문이다. 가장 기본적으로 말해서, 마케팅이란 판매자와 구매자 간의 교환(exchange)관계를 일으키는 활동이라 할 수 있다. 이력서를 만들어 취업하고자 하는 기업에 제출하거나 오디오 가격이나 아파트 매매조건을 협상할 때에도 우리는 마케팅활동, 즉 상호간 최상의 교환활동을 시도하고 있다고 할 수 있다.

제 1 절 마케팅에 대한 두 가지 접근시각

마케팅활동은 고대의 역사적 문헌에도 기록되어 있으며, 많은 역사적 사건의 발생 배경으로서 작용하기도 하였다. 세계역사에 많은 영향을 끼쳤던 마르코 폴로나 콜럼버스, 그 외 수많은 사람들의 탐험은 교역경로의 개척이나 교역기회의 확대라는 기대 때문에 재정적으로 지원되었던 것이다. 실제로, 육지와 바다의 상인들과 그들이 만든 시장은 분산되어 있는 사람들을 연계시키는 일종의 마케팅활동이었다. 그러므로, 마케팅은 고대에도 오늘날처럼 하나의 사회적 활동이었다.

마케팅기술은 크게 변화하고 있지만, 그 기본적인 과정과 현상은 그렇지 않다. 역사의 어떤 시점에 있어서도 마케팅에 관한 연구는 두 가지의 방법에 의하여 접근될 수 있을 것이다. 하나는 미시마케팅적 접근(micromarketing approach)이고, 다른 하나는 거시마케팅적 접근(macromarketing approach)이다.

미시마케팅은 기본적으로 기업수준에서의 활동을 말하며, 고객의 수요를 이해하고, 촉진시키며, 만족시키고, 그리고 유지시키는 것이다. 이는 시장조사, 제품개발, 판매촉진, 유통경로, 그리고 서비스활동을 포함한다. 일반적으로, **미시마케팅**이란 기업이 고객들과의 교환을 창출하는 것이라 할 수 있다.

미시마케팅
기업과 고객의 교환

거시마케팅은 ① 어떻게 기업의 미시마케팅 활동들이 사회에 영향을 미치는가와 ② 어떻게 사회가 미시마케팅 활동들에 영향을 미치는가에 대해 관심을 두고 있다. 거시마케팅 연구는 국내시장의 개방이나 경쟁구조의 변화, 혹은 정부규

거시마케팅
미시마케팅과 사회의 관계

제가 어떻게 기업이나 소비자의 행동, 그리고 마케팅활동의 효율성에 영향을 미치는지에 대한 보다 산업 일반적인 면에 초점을 두고 있다.

이 책에서는 고객들에 대한 심층적인 접근을 위한 기업수준에서의 미시마케팅에 보다 중점을 둘 것이다.

제2절 기존의 네 가지 마케팅사고

경영철학, 사회분위기, 그리고 경제적 환경은 마케팅이 무엇인지, 그리고 어떻게 해야 그것을 가장 잘 실행할 수 있는지에 대한 의미를 변화시킨다. 그러나, 마케팅을 넓은 시각에서 본다면, 금세기에 걸쳐 몇 가지 사고의 형태가 나타난 것으로 의견이 모아진다. 이들 개개의 사고형태는 각 시대에 걸쳐 지배적인 사고형태로 작용하였지만, 현재에는 이들이 사업구조나 제품특성에 맞도록 다양하게 혼합되어 나타나고 있다고 할 수 있다.

1 생산지향적 사고

20세기 초 미국에서 가장 최초의 마케팅철학은 생산지향적 사고라고 할 수 있다. 생산지향적 사고에서는 소비자들은 저렴하고 쉽게 구입할 수 있는 제품을 선호한다고 가정한다. 따라서 기업은 원가절감과 광범위한 유통을 중요시하여, 생산 및 유통의 효율성 개선에 주안점을 두었다. 또한, 생산지향적 사고는 수요가 공급보다 많은 상황에 적절한 개념이다.

2 제품지향적 사고

제품지향적 사고에서는 소비자들은 최고의 품질, 최고의 성능, 가장 혁신적인 상품을 선호한다고 가정하기 때문에 기업들은 품질향상과 혁신적인 신상품의 개발에 전사적인 노력을 기울이게 된다. 그러나, 이처럼 기업들이 신제품개발과 품질향상에 지나치게 집중한 결과, 소비자들의 진정한 욕구 파악은 간과되기 쉬우며, 따라서 제품지향적 사고로 인해 **마케팅 근시안**(Marketing Myopia)에 빠지기 쉽다. 마케팅 근시안이란 기업들이 자신이 속한 사업을 고객중심적인 입장

마케팅 근시안
기업이 고객을 배제하고 자신의 제품 위주로만 생각하는 것

에서 정의하지 않고, 자신이 생산해 내는 제품으로 좁게 정의하기 때문에 발생한다. 즉 고객이 자신의 제품을 왜 사는지에 대한 이해 없이, 단순히 자신이 생산해 내는 제품의 디자인이나 품질만 향상시키면 소비자들이 더 많이 구매할 것으로 착각하기 때문이다.

예컨대, 미국의 한 회사는 혁신적이고 완벽하게 설계된 쥐덫을 생산하였다. 새롭게 디자인된 쥐덫은 자동화되어 있고, 미끼도 필요 없으며, 냄새도 나지 않았다. 쥐덫은 쥐들이 구멍으로 들어와 물이 담긴 용기에 빠져 죽도록 설계되었다. 뿐만 아니라, 새로운 소재의 스틸로 만들어져서 재활용이 가능하고 더 반짝이고 보기에도 좋은 쥐덫이었다. 커다란 기대를 가지고 시장에 출시했지만, 그 즉시 제품을 포기해야만 했다. 실패의 원인은 고객의 욕구를 간과한 데 있었다. 고객들이 쥐덫을 구매하는 진짜 이유는 쥐를 없애고 쾌적한 환경에서 살기 위함이지, "보다 나은 쥐덫"이 아니었기 때문이다. 더구나 이 쥐덫 가격은 종전보다 훨씬 비싸졌으며, 재활용도 가능했다. 그러나 소비자들은 29.95달러라는 가격이 너무 비싸고, 재활용되는 쥐덫이 오히려 비위생적이라고 생각했기 때문에 이 기업은 총체적으로 마케팅 근시안에 빠지고 만 것이다. 이 회사는 고객의 입장에서 더 저렴하면서도 더 쉽게 쥐를 없앨 수 있는 제품(예를 들어, 뿌리는 쥐약)을 개발하거나 그러한 사업(예를 들어, 쥐 박멸 서비스)에 더욱 신경을 써야 할 것이다.

더 좋은 쥐덫이 필요할까?

3 판매지향적 사고

판매지향적 사고의 초점은 판매량을 증가시키기 위한 판매기술의 개선에 있다. 1930년대 초 그동안 생산과 유통에서 강점을 얻은 미국의 관리자들은 판매과정이 기업활동의 흐름에 중요한 역할을 한다고 보고 판매에 커다란 관심을 기울이기 시작하였다. 이 시대에 있어서의 좌우명은 "우리는 어떤 것이든지 팔 수 있다"라는 것이었다. 그러나 여전히 소비자의 욕구와 선호에 대해서는 별로 관심을 기울이지 않았다. 시간이 흐름에 따라 판매지향적 사고는 정착되었고 마케팅노력에 있어 지배적인 것이 되었다. 많은 관리자들의 마음 속에 판매활동이 너무나 크게 자리잡고 있어서, 그것이 마케팅과 구별되는 활동으로까지 생각되었다. 많은 관련문헌에서도, 마치 두 활동이 연관이 없는 것처럼, "판매(영업)와 마케팅"이라고 지칭하였다. 기업들도 흔히 두 개의 부서로 나누어, 하나는 판매기능을, 다른 하나는 마케팅기능을 수행하게 하였다. 아직까지 몇몇 주요기업들은 그렇게 하고 있다. 그러나 현재 대개의 선진기업들은 판매를 전반적인 마케팅 기능 중 하나의 중요하지만 부수적인 기능으로 간주하고 있다.

4 마케팅 혹은 고객지향적 사고

1950년대에 들어와 미국의 마케팅관리자들은 고객의 욕구에 대해 깊은 관심을 가지기 시작하였다. 마케팅 혹은 고객지향적 사고는 다음과 같은 네 가지의 특징을 지닌다.

- 고객의 욕구를 이해하고 반응하는 데 초점을 둔다.
- 모든 기업조직의 활동들(생산, 재무, 판매 등)을 고객의 욕구에 부응하도록 통합한다.
- 고객의 욕구를 충족시킴으로써 모든 목표—금전적인 것뿐만 아니라 사회적이고 인간적인 것도 포함—를 달성할 수 있다는 점을 강조한다.
- 고객의 욕구에 부응하는 데 있어 나타나는 사회적 결과—고객의 욕구가 기업에 의해 충족되어지는 방법도 포함—에 관심을 가진다.

고객의 욕구에 초점을 맞춘 마케팅지향적 사고는 초기의 다양한 사고에 비해 현저한 관리효과를 가져왔다. 그러나 그것은 고객에게 너무 집중적인 초점을 맞춤으로써 소매상 등 다른 주요한 관련집단들을 무시할 수 있다는 비판을 받아왔다. 비록 고객의 욕구가 기업의 마케팅노력의 견인차이기는 하지만, 고객 이외의 다른 주요한 집단에도 관심이 두어져야 한다는 것을 의미한다. 이들 관련집단들은 다양한 상호작용을 통하여 기업과 고객 간의 교환관계에 직접적인 영향을 미칠 수 있기 때문이다.

두 번째 비판은 고객들이 그들이 원하는 것을 형상화할 수 없거나 명확히 인식하지 못할 수도 있다는 것이다. 이와 같은 잠재적인 욕구를 확인하고 촉진하는 것도 마케팅활동의 중요한 영역이 될 수 있다. 많은 환경적 요소와 고객 이외의 다른 주요한 집단들은 고객들이 제품이나 서비스를 받아들이는 의지와 그들의 욕구를 형상화하는 능력에도 영향을 미친다. 고객욕구에 대한 일방적인 관심으로 인해 **"마켓 풀"(market pull: 고객욕구를 충족시키는 차원)**에 너무 과도하게 의존하고, **"마켓 푸시"(market push: 고객욕구를 창조하고 개발하는 차원)**에는 등한시 함으로써 결과적으로 제품혁신을 저해시킬 수 있다. 다시 말해서, 향후에 개발될 수 있는

마켓 풀
고객욕구를 충족시키는 차원

마켓 푸시
고객욕구를 창조하고 개발하는 차원

시장기회가 있는 데도 불구하고 지금 당장 시장기회가 없다고 해서 혁신적인 제품개발을 소홀히 할 수 있는 것이다.

제3절 새로운 사고: 시장지향적 마케팅사고

기존의 마케팅사고가 지니는 취약점을 고려하여, 박충환과 Zaltman 교수는 마케팅에 대한 새로운 사고 혹은 접근을 제시하였다. "**시장지향적 마케팅사고**"가 바로 그것이다. 이는 고객지향적 사고의 장점을 포함하면서 그 한계점을 극복하기 위한 포괄적 마케팅 노력을 의미한다. 이는 기업이 최종고객들과의 원활한 교환을 통하여 그들에게 최상의 가치를 제공해 주기 위하여 시장에서 활동하고 있는 기업내외의 모든 구성요소들간 상호작용을 관리하는 기업의 총체적 노력을 의미한다. 여기서 가치(value)에 대한 인식은 고객이 받는 제공물로부터의 모든 혜택(benefit: 이하 '편익'과 동일한 개념으로 사용)과 그와 관련된 비용(cost)을 준거물(비교대상)의 그것과 상호비교 하면서 이루어진다. 혜택과 비용에는 경제적인 것은 물론 사회적이거나 심리적인 요소들도 포함된다.

시장지향적 마케팅사고
기업이 최종고객과의 교환관계를 통하여 고객에게 최상의 가치를 제공하기 위한 총체적 노력

시장지향적 마케팅사고의 핵심은 고객들을 위한 가치를 극대화하기 위해서는 시장의 다양한 구성요소들이 보다 많은 부가가치를 창출하기 위해 상호작용할 수 있도록 그들을 효과적으로 관리하고 이용해야 한다는 것이다. 예컨대, 기업내부에서 마케팅관리자는 다른 부서와의 상호작용관계를 이해하고 이를 효율적으로 마케팅활동에 반영하도록 관리하여야 한다. 또한, 어느 제품을 시장에 출시하는 경우 제품기획, 가격결정, 그리고 촉진활동의 상호작용을 통하여 그 제품의 차별적인 이미지를 창출하여야 한다. 나아가 기업외부의 다양한 이해관련 집단들(도·소매상, 공급업체, 주주 등)의 상호작용관계와 진행과정을 지속적으로 파악하여야 하고, 그것이 마케팅활동에 효과적으로 영향을 미칠 수 있도록 관리하여야 한다.

다시 말해서, 시장지향적 마케팅사고는 기업이 ① 외부의 사업이나 이익기회들을 확인하고, ② 이러한 사업이나 기회에 영향을 주는 다양한 시장 구성요소들이 원만하게 상호작용을 하도록 관리하면서, ③ 외부의 기회에 대하여 적시에 그리고 정확하게 대응하여 다른 경쟁자들보다 고객들에게 더 큰 가치를 제공하는 경영의식을 의미한다. 그러므로 시장지향적 경영사고는 단순히 마케팅부서만

시장지향적 마케팅사고의 틀

① 외부의 사업이나 이익기회들을 확인하고, ② 이러한 사업이나 기회에 영향을 주는 다양한 시장 구성요소들이 원만하게 상호작용을 하도록 관리하면서, ③ 외부의 시장기회에 대하여 적시에 그리고 정확하게 대응하여 다른 경쟁자들보다 고객들에게 더 큰 가치를 제공하는 경영의식을 의미

이 가져야 될 개념이 아니라 기업내외의 전 부서와 기관들이 가져야 할 하나의 경영철학이 되어야 하는 것이다. 이는 단순히 기업활동에 있어서 마케팅의 중요성만을 강조하는 것이 아니라 최종사용고객들의 가치창출을 위해 기업의 모든 경영기능들이 그 자원과 노력을 응집시켜야 하며, 이를 위해 모든 구성원들이 시장지향적 사고를 기업의 핵심적인 경영사고로서 갖추고 있어야 함을 의미하는 것이다.

이제 시장지향적 경영사고를 보다 명확히 이해하고 응용하기 위해서 '고객'의 개념을 제시하고, 이를 바탕으로 마케팅의 개념과 마케팅관리자의 역할을 정립해 보기로 한다.

핵심사례 1-1 | 풀무원의 고객을 위한 가치 창출: 고객중심과 시너지 극대화를 위한 마케팅

Pulmuone

풀무원(1981 ~)

무공해·유기농 식품을 주로 생산하는 국내기업

1980년대 초 일반소득이 증가함에 따라 소비자들의 건강에 대한 관심이 증대되기 시작하였다. 이러한 때에 풀무원 식품은 "환경공해로부터 벗어난 바른 식생활과 건강한 삶을 바라는 일반대중을 위하여 유기농 및 무첨가의 건강·무공해식품을 제공하는 종합식품회사"라는 전사적 사명을 설정하고, 1981년 강남지역에 유기식품(야채류, 미곡류, 자연란)을 판매하는 유기농산물 직판장을 신설하였다. 여기서 유기농이란 농약 및 화학비료를 사용하지 않고 퇴비로 농산물을 기르는 것을 말하며, 무첨가란 방부제, 색소 등 인공물질을 포함시키지 않는 것을 말한다. 그러나 유기식품 혹은 무공해 식품이라는 것이 초기단계였고, 사람들의 선택이 외관에 치중하는 편이었으므로, 초기 2년간은 고전을 면치 못하였다. 그러던 중 국민의 가장 친근한 먹거리인 두부와 콩나물에 농약이나 석회가 들어가는 사건이 줄을 이어 발생함에 따라 직판장의 풀무원 유기식품은 사람들 사이에서 조금씩 인기를 얻기 시작했다. 이러한 상황에서 풀무원은 유기식품에서 얻은 풀무원 브랜드의 이미지를 두부, 콩나물 등의 자연식품으로 확대시키기로 하고, 이의 개발을 시도하였다. 우선 제조과정뿐만 아니라 원료의 선별에서부터 차별화를 두기 위해 두부나 콩나물을 만드는 콩을 모두 수입콩에서 국산콩으로 대체하였다. 수입콩은 가격이 국산콩의 1/3밖에 되지 않았으나, 배를 통해 수입될 때 뿌려지는 방부제의 양이 건강을 위협하는 수준까지 이르게 되어, 우리 농가에서 재배한 안전한 콩을 사용하기로 한 것이다. 이런 보이지 않는 차이점 외에도 국산콩으로 만든 두부의 맛이 우수해서 한번 제품을 먹어 본 사람은 그 맛을 계속 찾게 된다고 한다. 그리고 판두부뿐이었던 두부를 1회용 포장으로 하여 위생적으로 만들었는데, 이는 국내에서는 최초의

시도였다.

흔한 식품이지만 제대로 된 식품이 없던 유기식품과 자연식품에 풀무원이라는 유명 브랜드를 창출해 낸 풀무원 식품은 우리 전통의 음식에 계속적인 관심을 갖고 '전통식품의 과학화'라는 새로운 캐치프레이즈를 내걸고, 전통조미식품의 개발에도 많은 투자를 하였다. 현대 도시생활에서는 된장, 고추장들을 사먹을 수밖에 없다는 것에 착안하여 전통 장담그기 방식을 그대로 쓰면서 자동화, 위생화를 이룬 장류를 개발한 것이다. 무방부제라는 차별점을 강조하면서 일반 판매대가 아닌 냉장 판매대에서 판매하는 것이 사람의 손길을 끌었는데, 두부와 콩나물이 이미 냉장 판매대에 진출해 있었으므로 그곳에 자리를 잡는 것이 매우 쉬웠다. 그리고 가짜 때문에 문제가 되는 참기름의 경우, 백화점의 식품코너에서 직접 짜주는 실현매장을 운영하여 인기를 끌었다.

풀무원의 80년대 고추장 광고

상기의 일반식품사업부(풀무원에서는 General Food)의 성공과 함께 보조식품사업부(Supplementary Food)를 신설하였다. 이 부서도 풀무원의 전사적 사명과 일관되게 유기농 및 무첨가의 건강－무공해식품을 제공하였으며, 이를 통해 일상식생활의 보완적인 차원에서 바른 식생활과 건강한 삶을 돕도록 한 것이다. 이 부서에서는 우선 건강보조식품(효소류, 영지, 알로에, 화분)을 생산하여 판매하기 시작하였다. 1983년 당시에만 해도 건강보조식품 제조업자들은 영세하였고 만병통치약처럼 홍보되고 있는 상황이어서 소비자들의 불신이나 오해가 많았다. 이를 극복하고 올바른 제품의 보급을 위하여 방문판매방식을 선택하였다. 가족들의 건강과 식생활을 책임지고 있는 주부들을 모아 식생활과 영양학 강의를 하며 제품을 판매하는 방법으로, '건강 레이디'라고 불리는 이들은 다른 판매원들과는 달리 건강을 전달한다는 개념으로 이루어진 특수한 조직이었다. 한 가지 건강식품으로 모든 질병을 치료한다고 홍보하던 업체들과는 달리 건강식품의 섭취 이전에 바른 식생활의 중요성을 강조하고 이를 보조해 주는 개념으로 건강식품을 판매한 것이 소비자들에게 부담없이 제품을 받아들이게 하는 요인이 되었다.

건강보조식품판매에 방문판매방식의 마케팅을 접목했고, 여느 영업조직과 다른 '바른 식생활 시스템의 판매'라는 이념을 가진 영업방식이 건강보조식품의 급속한 성장을 이루게 한 요인이다. 특별한 광고매체를 통하지 않고도 건강식품이 알려지게 된 것은 일반식품사업부서의 유기식품, 자연식품, 그리고 전통조미식품에서의 풀무원의 명성 때문이었다. 그리고 이제는 일반식품들도 건강식품의 명성으로부터 후광을 입는 상호 보완적인 시너지효과를 누리고 있다. 여기에다 보조식품사업부의 생수사업도 수질오염이라는 사회적인 환경에 영향을 받아 건강－무공해식품의 풀무원 이미지와 맞아 떨어져 호황을 누리고 있다. 요약하면, 풀무원의 일반식품과 건강식품(생수포함)은 풀무원

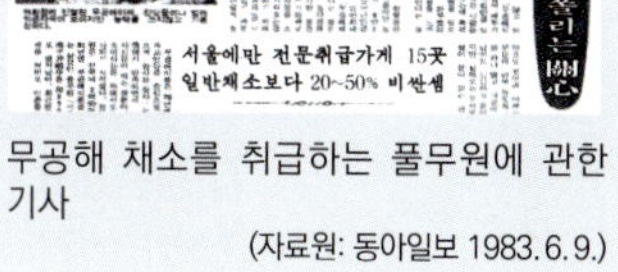
無公害채소에 쏠리는 關心

서울에만 전문취급가게 15곳
일반채소보다 20~50% 비싼셈

무공해 채소를 취급하는 풀무원에 관한 기사

(자료원: 동아일보 1983.6.9.)

의 전사적 사명과 일관성을 유지하고 그들 상호간의 보완성을 고양시킴으로써 결과적으로 시너지효과(브랜드 연계효과, 매출액 증대효과, 비용절감효과 등)를 극대화시키고 있는 것이다.

1 고객개념의 이해

먼저 기업내부에 있는 고객들이 어떻게 가치를 창조하는지를 고려해 보자. 기업의 모든 직원들은 회사의 사명을 공유하고 최종고객들의 욕구를 충족시킬 수 있는 제품이나 서비스를 추구함으로써 가치창출의 직접적인 역할을 담당한다. 그러나 이들만이 독자적으로 가치를 창출할 수 있는 것은 아니다. 이들의 가치창출은 외부 협력기관들의 도움을 필요로 한다. 즉 외부협력기관들은 기업의 종사자들이 최종고객에게 가치를 창출할 수 있도록 도움을 주는 또 다른 고객의 역할을 하고 있다. 그러므로 시장지향적 경영사고를 실행하기 위해서, 기업은 세 가지 형태의 고객들과의 관계—가치를 소비하는 최종고객들, 기업외부에서 가치생산을 촉진하는 협력기관들(도·소매상, 물류기관, 광고업체, 금융기관 등), 그리고 기업내부에서 가치를 생산하는 기업의 직원들—를 관리하여야 한다. 이익창출과정에서 기업의 궁극적인 관심과 초점의 대상은 최종고객이기는 하지만, 기업활동의 효과성을 간접적으로 결정하는 내·외부고객들도 존재한다. 외부의 가치촉진고객으로서의 협력기관들은 생산단계의 관점에서 생산 이전의 가치촉진

그림 1-1 시장지향적 사고에 입각한 고객의 유형

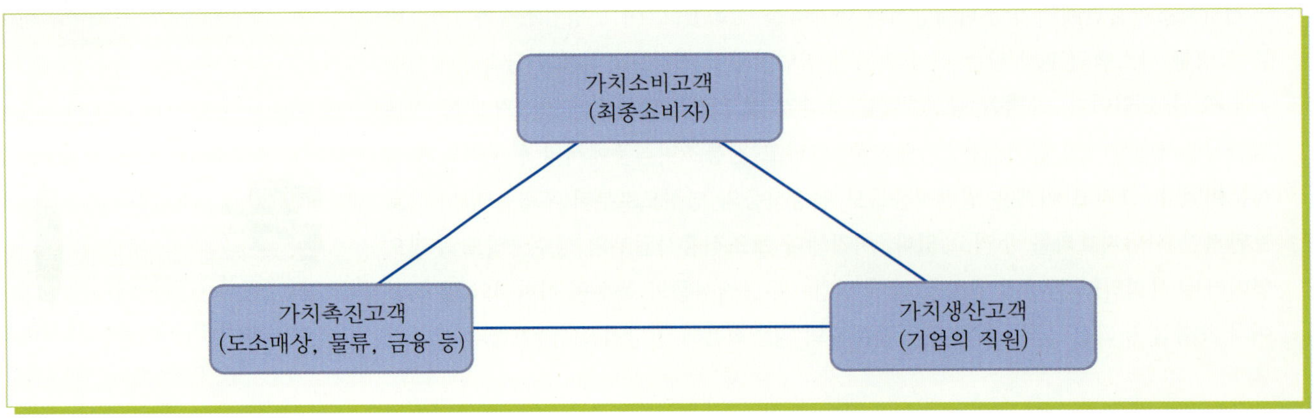

고객과 생산 이후의 가치촉진고객으로 구분된다. 생산 이전의 가치촉진고객들은 기업의 내부생산과정을 원활하게 하는 기관들이다. 이들은 부품이나 원재료를 제공하는 공급업자를 포함한다. 생산 이후의 가치촉진고객들은 제품이 기업을 떠난 다음에 그 제품을 옮기고 촉진하는 기관들이다. 그들은 도·소매 유통업체들이나 제품홍보를 위한 언론매체 등이다. 이들 가치촉진고객들은 최종고객들에게 가치를 이전시키려는 기업의 노력을 원활하게 하는 데 결정적인 기능들을 수행한다.

기업외부의 주요한 가치촉진고객들과의 관계를 관리해야 하는 것과 같이, 기업내부의 가치생산자의 욕구도 이해되고 관리해야 한다. 내부의 가치생산고객들은 외부의 가치촉진고객들과 최종고객들의 가치인지에 영향을 주는 수많은 과정들을 관리하여야 한다. 기업은 외부의 가치촉진고객들과 최종가치 소비자들과의 관계를 관리하는 책임을 지는 반면, 그러한 관리는 내부의 가치생산 고객들을 통해서만 가능하다. 그러므로 내부의 가치생산고객들이 기업의 최고경영층과 중간관리자들에 의해 적절하게 관리되어지지 않는다면, 내부 가치생산고객들이 외부가치촉진고객들이나 최종가치 소비자들과 가지는 관계는 부정적이 될 가능성이 높으며 그런 경우에는 기업활동 자체에 문제가 생기게 된다.

「가치를 소비하는 고객」인 최종고객은 기업의 경영 및 마케팅활동의 제1차적인 관심의 대상이 된다. 즉 기업활동의 궁극적인 성패는 기업이 최종사용자들에게 경쟁자들에 비해서 얼마나 높은 가치를 제공해 줄 수 있는가에 달려 있다. 지금까지 우리 기업들은 최종고객이 제품을 어떠한 기준으로 평가하는가에 대한 이해가 부족하였으며, 이러한 이해부족은 마케팅믹스 전략에 대한 입체적 사고보다는 단편적이고 직선적인 마케팅전략(예를 들어, 가격위주, 광고위주, 품질위주 등)을 뿌리내리게 했다. 예를 들면, 해외시장에서 경쟁적 우위의 한 요소에 불과한 가격이 우리 기업의 전체 경쟁력을 좌우하는 장기적인 전략으로서 인식되어 온 현상을 들 수 있다.

아이폰이 가격 위주의 전략만 구사했다면 성공할 수 있었을까?

실제로 기업과 고객들 간의 관계를 복잡하게 만드는 것은 기업이 고객과의 관계 속에서만 마케팅활동을 수행하는 것이 아니고, 항상 비교의 대상인 경쟁자가 존재한다는 것이다. 우선 최종고객을 예로 들어 보자. 최종고객은 결코 가격만으로 가치를 판단하지 않는다. 항상 경쟁상표와 비교한 상대적 혜택과 상대적 비용에 따라 제품의 가치를 결정한다. 고객들은 적어도 상대적 혜택이 상대적 비용을 초과할 경우에만 그 제품을 살 만한 가치가 있는 물건이라고 판단한다. 물건 값이 아무리 싸더라도 고객들이 그 제품을 구매해서 얻는 혜택이 상대적으로 낮다고 생각한다면 그 제품은 고객들로부터 외면을 받게 된다. 제품으로부터 고객이 느끼는 혜택은 제품의 성능뿐 아니라 사후서비스, 보증기간, 디자인, 포장, 광고, 홍보 등에 의해서 종합적으로 결정된다. 이와 같이 고객들에게 혜택을 제공하는 과정은 어렵고 비용이 많이 든다. 따라서 적은 비용으로 막강한 경쟁자들과 경쟁하기 위해서는 흔들리지 않는 혜택제고전략을 효율성 있게 장기간 지속해야 한다는 점을 잊어서는 안 된다.

이와 같은 가치판단방식은 최종고객뿐 아니라 「가치를 생산하는 고객」과 「가치생산을 촉진하는 고객」에게도 모두 동일하게 적용된다. 종업원은 항상 자기가 소속해 있는 직장과 다른 회사를 비교하며 유통업체들은 어느 상표가 가장 큰 혜택을 가져다 주는지를 계산한다. 종업원이 직장에서 가치를 찾지 못하면 당장 회사를 옮기지는 못한다 할지라도 열심히 일할 리는 만무하다. 따라서 마케팅은 고객들로 하여금 혜택을 피부로 느끼게 함으로써 설령 경쟁회사 대비 낮은 가격의 제품이나 적은 임금이라 할지라도 상대적으로 높은 가치를 갖도록 유도하여야 한다.

앞에서 살펴본 바와 같이 각 형태의 고객들을 위한 가치창출은 마케팅노력으로 연결되어야 하며 마케팅믹스는 이러한 노력을 이끄는 수단이 되어야 한다. 그러므로 마케팅믹스의 적용범위는 최종고객에만 한정되는 것이 아니다. 마케팅믹스는 시장지향적 경영의 목표를 충족시키기 위하여 관련된 모든 고객 집단에 적용 가능한 원리가 되는 것이다. 각 고객형태에 따라 마케팅믹스의 내용은 다를지 몰라도 근본적인 원리와 목표는 같은 것이다. 마케팅믹스를 통한 가치의 창출과정에 대해서는 최종고객들을 대상으로 한 네 가지 마케팅믹스 요소들(제품기획, 촉진, 유통, 가격)의 개별적 관리와 통합적 관리를 통하여 보다 자세히 설명하겠다. 이 원리는 물론 기업내부의 가치생산 고객들과 기업외부의 가치촉진고객들에 대한 관리에도 적용할 수 있을 것이다.

2 마케팅개념의 정립

시장지향적 마케팅사고를 보다 명확히 이해하기 위해 그 다음으로 필요한 것은 마케팅개념의 정립이다. 마케팅은 대체로 교환관계의 개념 속에서 이해 및 정의된다. 미국마케팅학회(AMA: American Marketing Association)는 현재 다음과 같은 개념을 공식적으로 채택하고 있다.

> 마케팅이란 고객과 파트너, 사회일반에게 가치를 제공하기 위한 제품과 서비스를 창출하고, 커뮤니케이션하고, 전달하고, 교환하는 일련의 행동, 관련단체, 그리고 과정이다.

Bagozzi 교수는 "마케팅이란 교환관계를 창출하고 해결해 나가는 과정이다"라고 정의했으며, Levy 교수와 Zaltman 교수는 마케팅을 "개인들이나 사회집단들 사이에서 발생하는 교환의 진행과정"으로 정의하고 있다. 또한 Dwyer 교수와 오세조 교수 등은 마케팅을 "보다 장기적인 차원에서의 지속적인 교환관계의 관리"로 제안하고 있다. 이와 같이 생산, 판매, 고객, 그리고 시장지향적 사고의 생성과 발전에 관계없이 마케팅의 기본적인 개념은 교환이나 거래를 창출하고 원활하게 하며, 그것을 지속적으로 유지하게 하기 위한 의도된 활동의 총체라고 할 수 있다.

위의 논의에서 마케팅의 핵심적인 개념은 교환관계(exchange relationship)임을 알 수 있다. 즉 마케팅활동은 기본적으로 모든 형태의 교환관계 속에서 일어날 수 있다고 할 수 있다. 시장지향적 관점에서 보면, 가장 근본이 되는 마케팅활동은 기업과 최종소비자와의 교환관계이며, 이에 관련된 다양한 시장 구성요소들과의 교환과정은 최종소비자와의 교환을 원활하게 하기 위한 부수적인 마케팅활동들인 것이다. 여기서 교환은 쌍방간의 교환을 통하여 가치를 증대시키기 위한 것이다. 따라서 기업은 교환 상대방이 느끼는 가치를 극대화시키는 것이 가장 근본적인 과제이다. 이러한 관점에서 시장지향적 사고에 의하여 마케팅을 정의해 보면 다음과 같다.

> 마케팅이란 기업이 최종고객들과의 교환과정을 통하여 그들에게 가능한 한 최대한의 가치를 제공해 주기 위해 아이디어, 제품, 그리고 서비스의 개념정립(제품기획), 촉진, 유통, 그리고 가격결정을 계획하고 집행하는 과정이며, 이를 위해 기업내부의 가치생산 고객들과 기업외부의 가치촉진고객들의 상호작용을 지속적으로 관리하는 것을 말한다.

여기에서 고객은 자신이 기대하는 가치를 기업의 제품이나 서비스가 충족시켜 주면 만족하게 되고, 이 만족이 반복되면 그 제품에 대한 고객애호도(customer loyalty)가 높아지게 된다. 이하에서 고객이란 최종고객을 의미하며, 그들을 대상으로 하는 마케팅전략의 체계를 제시할 것이다. 그러나 그 원리는 다른 형태의 고객들과의 교환관계에서도 적용될 수 있음을 명심해야 한다.

3 조정자로서의 마케팅관리자

그렇다면 시장지향적 사고를 가진 마케팅관리자는 어떠한 역할을 수행해야 하는가? 시장지향적 사고에 의한 관리는 마케팅의 범위를 제품이나 판매원 혹은 고객관계를 관리하는 것으로 제한하지 않는다. 마케팅관리자는 고객들에게 기업의 제품과 서비스가 그들의 욕구와 선호에 부응하고 있다는 것을 알림으로써, 그리고 교환을 저해하는 주요한 장애요인들을 제거함으로써 그들과의 교환과 거래를 창출하고 원활하게 하는 하나의 조정자인 것이다. 또한 마케팅관리자는 기업의 구성원으로서 기업의 목적과 사명을 알아야 하고, 다양한 경영활동의 설정과 개발과정에 참여하여 적극적인 역할을 수행해야 한다. 특히 기업내부구성원들간의 상호관계가 개별제품이나 서비스의 마케팅활동에 도움을 줄 수 있도록 유도해야 한다. 마케팅관리자는 비록 기업 내 경영활동의 한 구성원이기는 하지만 시장 내의 다양한 이해집단들에 대해 기업의 대표자로서의 기능을 또한 수행해야 한다. 시장 내의 다양한 집단들의 관심 및 활동에 대한 이해의 폭을 넓히고, 특히 현재와 미래의 국내외 경쟁자들, 중간상들, 그리고 중요한 사회적, 경제적인 요소들에 대해서도 깊은 이해를 해야 한다.

관리자와 지휘자?
마케팅관리자의 역할은 제품관리를 넘어서 전사적으로 조정하는 것이다.

이와 같은 넓은 시각은 해외의 주요 마케팅관리자들의 언급에서도 나타난다.

> 나는 때때로 스스로를 거대한 교향악단의 지휘자로 생각한다. 시장에 있는 모든 서로 다른 구성요소들은 다양한 악기로 대변되는데, 이들 활동을 조정하고 통제하는 것이 나의 일이다.(Eastman Kodak사의 마케팅관리자)

> 역설적이기는 하지만 성공적인 마케팅관리자가 된 것은 제품만을 관리하는데 그치지 않았기 때문이다. 나는 실제로 공급자, 유통업자, 경쟁자, 고객, 그리고 나의 동료들(다른 부서에 있는)을 관리하고 있다. 또한 정부규제에 대해 많은 우려를 하며, 안정

규정의 시행을 재검토하는 데 많은 시간을 보내고 있다.(General Electric사의 마케팅관리자)

성공적인 마케팅관리자들은 모두가 기업 내외부의 다양한 마케팅활동 및 시장 구성요소들에 대한 계획, 조정, 그리고 통제에 대해 깊이 관여하고 있다고 말하고 있다. 그리고 이들은 이중적인 입장을 나타낸다. 그들은 스스로를 기업의 일부분으로 인식하는 동시에 독립된 별개로 인식하는 것이다. 이것은 마치 교향악단의 지휘자가 악단의 일부분임과 동시에 별개인 것과 같은 것이다.

제4절 시장지향적 경영사고에 의한 관리

1 상호작용의 영역

상호작용은 기업의 경영활동을 관리하는 여러 과정에서 나타날 수 있다. 예를 들어, 마케팅관리자들이 이용하는 다양한 전략수단들 간에서 상호작용이 일어날 수 있으며, 기업 내부의 다양한 사업 및 기능부서들 간에도 일어날 수 있으며, 외부환경에서의 유통업체 등 다양한 관련집단들 간에도 일어날 수 있다. 이러한 상호작용이 이상적으로 이루어져 기업이 추구하는 결과를 효율적으로 얻기 위해서는 상호작용의 성격과 시너지에 대한 개념을 이해하여야 한다.

(1) 상호작용의 성격

개별 구성요소들은 두 가지 방법으로 상호작용을 한다. 첫째로, 하나의 요소가 다른 요소의 기능을 도와줌으로써 두 가지 요소가 함께 사용될 때에 각 요소를 분리하여 사용하는 것보다 더 큰 효과를 나타내는 경우이다. 물론 그 반대로 두 가지 요소가 함께 사용될 때에 더 작은 효과를 가져올 수 있다. 예컨대, 조직 내의 구성원들은 그들의 상호작용에 따라 개별적일 때보다 더 효율적으로 업무를 수행할 수 있다. 보험수주를 위한 전화마케팅 캠페인을 하는 경우 먼저 보험대리점과 담당자를 소개하는 직접 우편캠페인을 실시한 후에 관심을 표한 고객들에게 전화마케팅을 벌인다면 더 효과적일 수 있다. 다른 예로서, 성공적인 광고캠페인은 제품에 대한 소비자의 관심도를 높이고 동시에 그들의 가격민감도를 낮춤으로써 경쟁자들보다 더 높은 제품가격을 매길 수 있다. 높은 제품가격은 다시 기업에게 더 많은 광고를 할 수 있도록 자원을 제공해 주며, 또한 제품을 더욱 차별적으로 만들 수 있게 하고, 소비자의 관심을 더욱 자극시킬 수도 있다.

두 번째 형태의 상호작용은 독특한 것을 형성하기 위해 둘 혹은 그 이상의 요소를 결합하는 경우이다. 각 요소들은 개별적인 형태로는 나타나지 않는 어떤 결합효과를 만들어 낼 수 있다. 하나의 좋은 예가 요리를 하는 데서 찾을 수 있다. 오븐에 들어가기 전 빵의 반죽은 단순히 보면 준비된 내용물의 혼합체이다. 그러나, 오븐에서 꺼낸 빵은 밀가루, 바닐라 향료, 우유 등의 단순한 결합물이 아니다. 빵을 굽는 화학작용은 각 재료들을 다른 어떤 것으로 변화시킨다. 또 다른 예로서는 크롬, 니켈, 그리고 강철의 특수혼합물이 개개의 금속이 줄 수 없는 응집력을 주고, 아주 높은 온도에서도 견딜 수 있는 구조적인 안정감을 준다는 것이다. 금속들의 특수한 결합이 상이한 특성을 지닌 하나의 새로운 금속을 탄생시키는 것이다.

위의 두 가지 형태의 상호작용은 모두 개별적인 부분의 단순한 합과는 다른 결과를 창출한다는 점에서 상호유사하다. 그러나, 두 번째 형태의 상호작용은 기업의 경영활동에서 찾아보기 힘들 뿐 아니라 상호작용의 관리가 어렵다는 점에서 첫번째 형태의 상호작용과 구분된다. 이 책은 경영에서의 적용이 보다 용이한 첫번째 형태의 상호작용에 초점을 맞추고 있다.

(2) 시너지: 개념, 측정 그리고 창출

시너지
시스템 구성요소들의 상호작용이 시스템이 추구하는 결과에 미치는 영향

위에서 살펴본 두 가지 상호작용 중 첫번째 상호작용을 **시너지**라고 볼 수 있다. 시너지는 마케팅관리에 있어서 가장 중요하고, 가장 도전적인데 반해 가장 무시되었던 개념 중의 하나이며, 시장지향적 관리의 근간이다. 시너지는 다양한 방법으로 정의되지만, 시스템의 맥락에서 가장 쉽게 이해될 수 있다.

시스템은 동태적인 상호작용 속에 있는 구성요소들의 결합이라 할 수 있는데, 이들 구성요소들의 결합효과를 시너지라 부른다. 그러므로, 시너지는 시스템 구성요소들의 상호작용이 시스템이 추구하는 결과에 미치는 영향이라 할 수 있다. 이 영향은 중립적, 긍정적 또는 부정적일 수 있다. 서로 다른 구성요소들이 어떻게 서로에게 작용하는가에 따라 그 결과는 각각 개별적으로 나타낼 수 있는 효과와 같을 수도, 더 클 수도, 또는 더 작을 수도 있다. 이것을 우리는 중립적, 긍정적, 그리고 부정적 시너지라고 부르기도 한다. 그러나 일반적으로 시너지라

고 하면 긍정적인 시너지를 가정하고 있다.

긍정적인 시너지는 구성요소들의 결합(신제품에 관련된 의사결정들의 믹스와 같은)이 효율성(산출/투입비율 정도: 생산성)을 제고할 때 발생한다. 기업이 추구하는 목적을 상대적으로 적은 비용이나 시간 또는 노력을 들여 성취할 수 있다면 그것은 긍정적인 시너지의 좋은 결과이다. 예를 들면, 신제품이 나와서 기존 제품과 함께 고객들에게 팔릴 경우, 같은 비용으로 각 제품의 매출이 각각 단독으로 팔릴 때보다 더 많을 경우 마케팅노력의 시너지효과가 증진됨을 의미한다. 만약 신제품이 기존의 생산설비를 이용하고 기존의 유통경로시스템을 통해 판매된다면, 평균단위당 생산비와 유통비용이 그렇지 않은 경우보다 낮아질 수도 있다. 이와 같은 결과는 생산 및 마케팅 노력의 효율성이 제고됨을 의미한다.

구성요소들의 상호작용에 의한 긍정적인 결합효과는 경제학이나 경영학분야에서 이용되는 학습곡선이나 경험곡선과는 다른 것이다. 학습곡선이나 경험곡선은 일을 하는 동안의 학습의 과정을 강조하고 있다. 즉, 일을 하면 할수록 일의 원리를 잘 이해하게 되고, 보다 빨리 보다 적은 비용으로 보다 잘 수행할 수 있다는 것이다. 이에 비해 시스템의 개념은 긍정적인 결합효과를 일으키는 상황이나 조건들을 형성함으로써 일을 하기 전의 학습과정에 더 중점을 둔다. 즉, 구성요소들이 일관된 목표를 가지고 있으며, 서로간에 부족한 기능을 보완해 줄 수 있는 상황이나 조건들에 더 관심이 있다.

부정적인 시너지는 구성요소들의 결합효과가 구성요소들의 단순한 합보다 덜 효율적인 마케팅결과를 일으킬 때 발생한다. 중립적인 시너지는 구성요소의 결합이 목표달성에 어떠한 결합효과도 일으키지 못할 때 나타난다. 그 결과는 단순히 각 구성요소의 합이다. 기업이 긍정적인 시너지를 창출하는 것은 쉽게 달성할 수 있는 것이 아니다. 두 사업부서와 제품의 통합이 같은 비용에서 더 많은 효과(매출)를 올려서 전체 수익을 증가시키는 긍정적인 방향의 결과를 나타낼 수도 있으나 반대로 단위비용의 증가, 전체 수익의 감소, 높은 기회 비용, 종업원의 사기저하 등의 부정적인 결과를 보일 경우도 많이 발생한다. 따라서 기업이 효과적으로 시너지를 창출하기 위해서는 기업 내 조직과 제도상의 장애요인을 제거하고 동기를 부여하여 전략의 진행을 원활하게 할 수 있도록 뒷받침하는 기업문화가 필요하다.

다음 <표 1-1>은 두 개의 독립된 제품이나 사업부가 시너지 창출을 위해 통합할 경우 발생할 수 있는 결과를 보여주고 있다.

표 1-1 시너지 창출을 위한 전략적 통합의 결과

구 분	결과 1	결과 2	결과 3	결과 4	결과 5	결과 6
평균단위비용	↓	↓	↓	=	↑	↑
전체수익	↓	↑	=	↑	=	↑
효 과	?	++	+	+	−	?
비 고		가장 바람직	비교적 긍정적 시너지		부정적 결과	

<표 1-1>을 보면 일반적으로 시너지는 두 가지 상황에서 생각해 볼 수 있다. 첫째, 결과 2의 경우로 두 개의 독립된 제품이나 사업부서가 서로 연계되어 평균단위비용을 줄임과 동시에 총매출액이 증가된 경우이다. 만약 기업이 두 제품에서 독자적으로 새로운 고객을 찾다 보면 시간과 비용이 많이 소요될 수 있고, 두 제품 각각의 기존고객에 대한 관리나 이미지 또한 희석될 수 있다. 반면에 제품이나 사업부의 상호연계를 통하여 서로 간의 고객과 제품, 서비스를 공유한다면, 신규고객을 확보하는 비용을 줄이면서, 보다 나은 서비스로 인한 매출 증대를 예상할 수 있다.

둘째, 결과 3과 결과 4의 경우로 전체수익은 일정하게 유지하면서 평균단위비용을 줄이는 경우, 평균단위비용은 일정하게 유지하면서 전체수익을 늘리는 경우이다. 전자의 경우는 두 조직간 판매, 조직의 공유, 공동물류 등을 통해 평균단위비용을 줄이는 것을 의미하고, 후자의 경우는 두 조직간 마케팅전략의 적절한 조합을 통해 더 큰 매출을 올리는 것이다. 예를 들어, 두 조직의 제품을 상호간의 보완제품 또는 구색제품으로 구성한다든지, 유통 및 촉진활동에서 상호 보완성을 갖게 되면, 같은 비용으로 더 큰 매출을 올릴 수 있게 된다. 그러나, 시너지가 생기는 상황은 두 개 또는 그 이상의 독립된 제품이나 사업부서 간에만 일어나는 것은 아니다. 한 제품 내에서도 그 제품의 수요를 창출하기 위한 목적으로 여러 가지 마케팅요소들을 혼합 사용할 때 시너지가 생길 수 있다. 즉, 기업이 한 제품 내에서 마케팅믹스라고 불리는 네 가지 마케팅요소(제품, 가격, 유통, 촉진)을 효과적으로 잘 실행한다면 상대적으로 적은 비용으로 큰 매출을 올릴 수 있다. 가령 <그림 1-2>에서 보는 바와 같이 신제품에 대한 제품, 가격, 유통, 촉진활동들을 포함한 마케팅믹스가 적절히 통합된다면 그 결과는 부적절한 마케팅믹스를 적용했을 경우보다 더 커진다.

그림 1-2 시너지효과의 창출과정: 신제품 소개의 경우

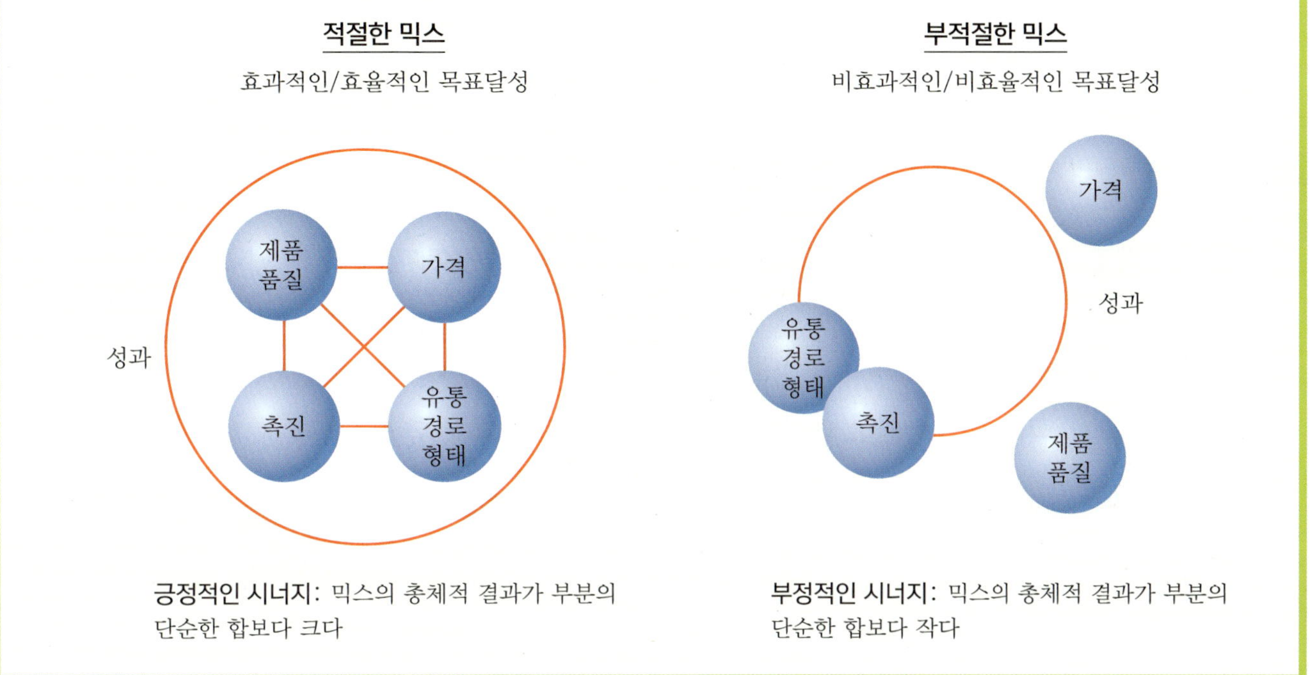

(3) 시너지의 창출원리: 일관성과 보완성

마케팅관리자들은 그들의 목표를 명확히 한 다음, 각 구성요소간의 시너지를 달성하기 위한 절차를 밟아야 한다. 이는 관련 구성요소나 변수들의 확인과 그들의 결합을 의미하는데 이 과정을 인도하는 두 가지 원리로서 일관성의 원리와 보완성의 원리가 있다. **일관성**은 두 가지 이상의 구성요소가 동일한 목표를 추구하는 것이고, **보완성**은 동일한 목표를 추구함에 있어 구성요소간 부족한 부분을 상호보완하여 극복해 나가는 것이라 할 수 있다.

> **일관성**
> 두 가지 이상의 구성요소가 동일한 목표를 추구

> **보완성**
> 동일한 목표를 추구함에 있어 구성요소간 상호보완

기업에서 사업부 간에 발생할 수 있는 일관성과 보완성의 원리는 다음의 풀무원 예를 통해 뚜렷하게 파악될 수 있다. 위에서 언급한 하나의 제품 내에서 나타나는 마케팅믹스의 일관성과 보완성의 예는 제2장의 현대카드 사례에서 자세히 다루기 때문에 여기에서는 사업부간의 일관성과 보완성 만을 언급하기로 한다.

풀무원은 처음에 하나의 사업부서, 즉 일반식품부서를 가지고 영업을 시작하였다. 점차 판매가 증대되면서 새로이 보조식품을 추가하였고 이때마다 새로운 보조식품부서가 갖는 목표가 전사적 사명과의 일관성을 갖고 기존의 일반

ESG

식품부서와 보완성을 가지고 있는지에 대한 철저한 검토가 이루어졌다. 풀무원은 이러한 일관성과 보완성의 원칙 아래 사업확장을 하였고 현재에는 <그림 1-3>과 같은 다양한 사업을 영위하고 있다.

그림 1-3 풀무원의 사업부간 일관성과 보완성을 바탕으로 한 시너지 창출

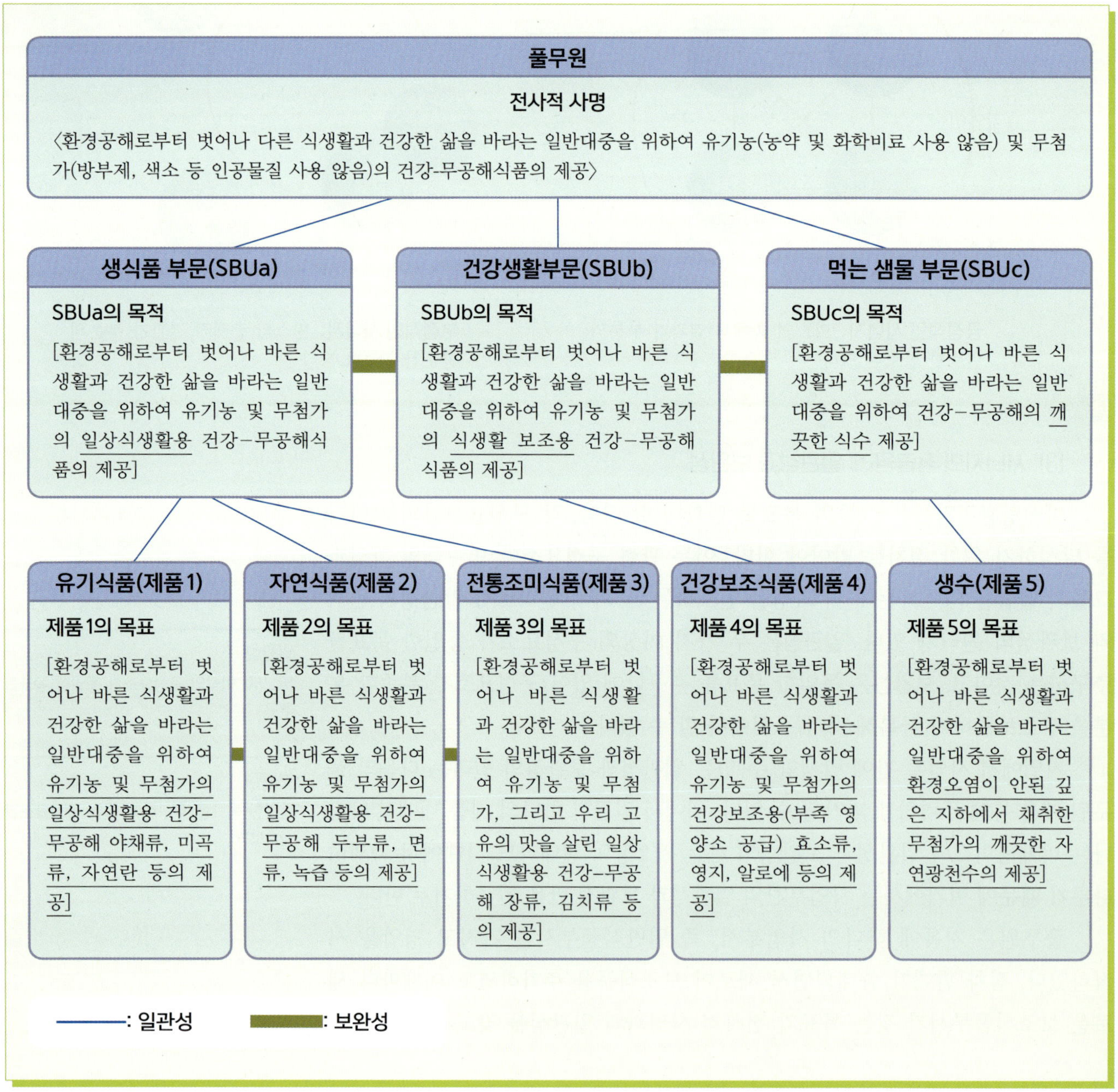

/요/약/

기본적으로 마케팅은 교환이나 거래를 창출하고 원활하게 하며, 그것을 지속적으로 유지하게 하기 위한 의도된 활동의 총체라고 정의된다. 그러므로, 마케팅관리란 시장 내에서의 교환의 과정을 관리하는 것을 의미한다. 이는 기업 전체의 성공에 영향을 미치는 중요한 기능을 수행한다. 20세기에 있어 마케팅관리의 접근 철학, 즉 시장 내에서의 제반 교환과정 중에서 어디에 보다 초점을 맞추어 어떻게 접근하는 것이 보다 큰 교환가치를 창출할 수 있을 것인가에 의해 크게 세 가지의 관리사고가 나타났다. 생산지향적, 판매지향적, 그리고 고객지향적 사고가 그것이며, 각기 장단점을 지닌다.

이 책에서는 마케팅에 대한 하나의 새로운 사고로서 시장지향적 마케팅사고를 제시하고 있다. 이는 기업이 고객들에게 최상의 가치를 제공하기 위해 시장의 다양한 구성요소들의 상호작용을 효과적으로 관리하는 것을 말한다. 여기에서 시너지는 중요한 역할을 하게 되는데, 시너지란 구성요소들의 상호작용에 의해 나타나는 결합효과를 의미한다. 이러한 결합효과는 개별적 요소들의 단순한 합에 대한 상대적인 의미로서 긍정적, 중립적 혹은 부정적인 시너지로 구별된다. 긍정적인 시너지를 얻기 위해서는, 일관성과 보완성의 두 가지 원리가 적용되어야 한다.

/문/제/제/기/ 및 /질/문/

1. 마케팅의 발전에 대해서 생산지향, 판매지향, 마케팅지향 그리고 시장지향적 경영사고를 중심으로 토의해 보자. 그리고 각각의 고유한 특징에 대해서 비교해 보자. 오늘날 어떠한 곳에서 각각의 예를 찾을 수 있는지 말하시오.
2. 시장지향적 경영의 어떠한 면이 교향악단의 지휘자가 행하는 방식과 유사하다고 말할 수 있는가? 다시 말해서, 다수의 악기집단을 지휘하는 방식이 마케팅관리자의 임무와 어떻게 닮았다는지 설명하시오.
3. 다음 단어들 사이의 관계를 정의해 보자: 믹스, 상호작용, 구성요소, 전체, 성과. 이러한 관계들과 부정적 및 긍정적 시너지의 개념을 연결하시오.
4. "2+2 = 5" 와 같은 표현이 시너지의 개념을 기술하는 데 종종 사용된다. 왜 그러한 결과가 얻어지는지를 설명하시오. 이러한 현상을 보여 주는 두 가지 마케팅의 예를 제시하시오(힌트: '일석이조' 혹은 '팀 정신' 등의 개념을 생각하시오).
5. 긍정적인 시너지를 얻기 위해서 왜 일관성과 보완성의 원리가 요구되는가? 기업 내의 어떤 곳에 이러한 원리가 적용되어야 하는지 말하시오.

이 장을 읽고 난 후 여러분들이 알아야 하는 내용은 다음과 같습니다.

- 마케팅관리 계획의 흐름을 이해한다.
- 신제품 도입전략과 기존제품 강화/유지전략의 차이점을 알아 본다.

이 장의 첫 사례는 동서식품의 카누(KANU)에 대한 내용입니다. 국내 최초로 인스턴트 커피를 선보였던 동서식품은 소비자들의 원두커피에 대한 니즈를 파악하고 이를 어디서든 간편하게 즐길 수 있도록 인스턴트 원두커피를 론칭하게 됩니다. 그 결과 커피 시장에는 새로운 바람이 불게 되었고, 카누(KANU)는 시장에 성공적으로 안착합니다. 과연 마케팅관리의 어떤 점이 동서식품의 카누(KANU)를 성공으로 이끈 것일까요? 다음 사례를 보면서 생각해 봅시다.

제 1 절 신제품도입전략(신규고객확보전략)

제 2 절 기존제품강화/유지전략(기존고객유지전략)

CHAPTER 2

마케팅관리 계획의 체계

도입사례

인스턴트 원두커피, 카누(KANU)

국내 캡슐커피 시장 규모가 4,000억 원대에 이를 정도로 간편하게 캡슐커피를 즐기는 사람이 늘어나고 있다. 동서식품은 소비자들이 기존에 캡슐커피를 마시며 느꼈던 불편함을 줄이고 최상의 커피 경험을 제공하기 위해 지난해 2월 프리미엄 캡슐커피 브랜드 '카누 바리스타(KANU BARISTA)'를 선보였다.

'카누 바리스타'는 동서식품의 50여 년 커피 제조 기술력과 노하우를 바탕으로 선보인 제품으로 기존 에스프레소 캡슐 대비 1.7배 많은 9.5g의 원두를 담아 풍부한 양의 아메리카노를 즐길 수 있다.

라이트 로스트부터 싱글 오리진까지 취향에 따라 즐기는 카누 바리스타 캡슐

프리미엄 캡슐커피 브랜드 '카누 바리스타'는 로스팅 강도에 따라 라이트 로스트, 미디엄 로스트, 다크 로스트는 물론 디카페인, 아이스 전용 등 총 11종의 캡슐을 갖춰 개인의 취향에 맞는 다양한 커피를 맛볼 수 있다.

시트러스의 가벼운 산미가 돋보이는 △브라이트 가든, 밀크 초콜릿과 크리미한 과일향이 조화를 이룬 △멜로우 윈드, 캐러멜과 견과류의 고소한 향미가 일품인 △젠틀 스카이, 고도의 다크 로스팅으로 풍부한 스모키 향미의 △딥 포레스트, 구운 아몬드의 고소하고 부드러운 풍미의 △프라우드 오션, 와인향에 가벼운 산미가 돋보이는 아이스 블렌드 △조이풀 스노우, 달콤하고 고소한 캐러멜 향이 특징인 △케어링 스타 디카페인과 스모키&초콜릿 향을 담은 △와일드 워터폴 등이다.

지난해 11월에는 △에티오피아 예가체프 △콜롬비아 톨리마 △인도네시아 수마트라 등 싱글 오리진 캡슐 3종을 출시했다. 에티오피아, 콜롬비아, 인도네시아 등 각 대륙을 대표하는 주요 커피산지에서 엄선한 지역 한정 원두를 최적화된 방법으로 로스팅했다.

'에티오피아 예가체프'는 특유의 은은한 꽃향기와 부드러운 질감이 돋보인다. '콜롬비아 톨리마'는 과실향과 적절한 바디감을 즐길 수 있으며 '인도네시아 수마트라'는 카카오와 허브향이 입안 가득 차오른다. 각 캡슐에는 원두의 특징과 제품명을 나타내는 컬러풀한 일러스트를 담아 고급스러운 이미지를 더했다.

지하철역에서 즐기는 특별한 휴식 '카누 휴식역' 팝업스토어

동서식품은 지난해 말 성수동에서 진행한 '카누 온 더 테이블'을 비롯해 특색있는 팝업스토어를 통해 더 많은 소비자에게 카누 캡슐커피의 매력을 알리고 있다. 최근에는 지하철 이용이 많은 사람들의 일상이 된 점에 착안해 지하철역에서 잠시나마 여유를 가질 수 있도록 이색적인 팝업스토어를 열었다. 서울시와 서울교통공사와 협업해 5월 16일부터 6월 16일까지 한 달간 서울 지하철 7호선 자양역 내 유휴공간에서 '카누 휴식역 팝업스토어'를 운영한다.

'휴식' 콘셉트를 살린 카누 휴식역 팝업스토어는 카누 바리스타 캡슐 커피 시음과 함께 '고민 자판기', '포토존', '티켓존' 등 각종 체험 프로그램을 마련했다. 먼저 지하철과 어울리는 3가지 콘셉트의 다채로운 포토존이 눈에 띈다. 카누 바리스타 제품명을 활용해 핑크빛 일몰이 떠오르는 '어반 선셋', 로맨틱한 분위기의 '로맨틱 브리즈', 우주처럼 몽환적인 '페블 유니버스' 등 특별한 포토존을 즐길 수 있다.

티켓존에서는 내가 가고 싶은 역 티켓 만들기 체험을 해볼 수 있다. 키오스크에 원하는 역 이름을 입력하면 티켓으로 출력되는 형식이다. 이 외에도 카누 휴식역 키링 만들기, 우리만의 노선도 만들기 등 다채로운 체험 프로그램이 진행된다.

동서식품 관계자는 "카누 바리스타는 국내 소비자들의 취향에 가장 잘 맞는 아메리카노의 맛과 향을 제공하기 위해 더 많은 양의 원두, 특허 받은 추출 기술 등을 적용한 프리미엄 캡슐커피"며 "앞으로도 소비자에게 특별한 브랜드 경험을 선사할 수 있는 체험 프로모션을 진행할 것"이라고 말했다.

자료원: '원터치로 완성하는 카페 퀄리티 아메리카노'...카누바리스타, 비즈한국, 2024.05.24.

본 장에서는 기업의 개별 제품 및 서비스에 대한 마케팅활동을 어떻게 관리할 것인가에 초점이 맞추어진다. 기업이 치열한 경쟁 속에서 오랜 세월에 걸쳐 존속과 성장을 유지하기란 쉽지 않다. 특히 개별 브랜드로서 오랫동안 강력한 경쟁적 위치를 유지하기는 더욱 쉽지 않을 것이다. 그러나, 몇몇 유명한 브랜드들은 그렇게 하고 있다. 미국 P&G사의 아이보리 비누는 100년이 넘게 미국시장에 선두 브랜드 자리를 지키고 있다. 이외에도 미국의 각 제품시장에서 60년 이상 선두 자리를 지키고 있는 브랜드를 살펴보면 Delmont(과일쥬스), Carnation(커피크림), Wrigley(껌), Hershey(2위, 초콜릿), Gold Medal(밀가루), Life Savers(박하 사탕), Sherwin-Williams(페인트), Prince Albert(파이프 담배), Gillette(면도날), Coca-Cola(청량음료), Campbell(수프), Lipton(홍차), Goodyear(타이어), Colgate(2위, 치약) 등이 있다. 그들 모두가 차별적인 이미지를 지속적으로 유지하고 있다.

우리나라에서 15년 이상 선두의 위치를 유지하고 있는 브랜드로는 다시다

(조미료), 소나타(자동차), 새우깡(스낵), 훼스탈(소화제), 칠성(사이다), 모나미(볼펜) 등이 있으며, 이들은 짧은 기업역사 속에서도 비교적 성공적인 브랜드 이미지를 구축하고 있다.

이 브랜드들이 누리고 있는 성공을 어떻게 설명할 수 있을까? 어떠한 요소들이 이들의 성공을 지속시킬 수 있는 것일까? 특히 이 질문들에 주목할 이유는, 상기한 대부분의 제품들이(특히 미국 제품들의 경우) 고객의 선호가 자주 바뀌고 매우 경쟁적인 시장상황에서도 자기의 위치를 확연히 점유하고 있기 때문이다. 하나의 전략적인 요소로 이러한 성공을 설명하기는 어렵다. 성공은 실패와는 달리 하나의 요인에 의해 설명될 수 없는 것이다. 어느 한 악기의 불협화음이 전체 심포니를 해치는 것과 같이, 하나의 요소가 전체의 조화를 해침으로써 실패를 야기할 수 있는 반면, 성공은 다양한 요소들이 조화롭게 조정한 산물인 경우가 많다.

시장을 장기적으로 지배하는 성공적인 브랜드가 되기 위한 마케팅관리의 과업은 다음의 두 가지로 구분된다. ① 신제품 도입과업(신제품 시장진입전략), ② 기존제품 유지과업(기존제품 강화유지전략)이 그것이다. 즉, 성공적인 브랜드가 되기 위해서는 효과적인 신제품의 시장진입전략이 있어야 하며 일단 시장진입에 성공한 브랜드는 기존제품으로써 지속적으로 제품의 가치를 제고하여 경쟁력을 강화 유지하는 전략이 필요하다. 본 장에서는 이 두 가지 과업의 수행과정을 이해할 수 있는 하나의 기본적 전략체계를 소개하고자 한다. <그림 2-1>은 이 두 과업의 진행과정을 나타내고 있다. <그림 2-1>에서 시계방향으로 가는 직선 화살표들은 신제품 도입과정을 나타내고 있으며 시계 반대방향으로 가는 복선의 화살표들은 기존제품 강화/유지과정을 나타내고 있다. ① 에 관한 구체적인 설명은 1장에서 11장까지에 포함되어 있고, ② 에 관한 구체적인 설명은 12장과 13장에 포함되어 있다. 시장지향적 사고에 의해서 제품이나 서비스의 마케팅관리를 하기 위해서는 반드시 기업과 고객, 그리고 여타 시장환경과의 상호관련성을 고려해야 한다. 이들 관계를 성공적으로 관리할 때 제품의 성공 가능성도 높아지는 것이다. 본 장에서 소개하는 마케팅계획이란 개별제품이나 서비스에 대한 시장지향적 경영에 바탕을 둔 운영계획체계를 의미한다. 다시 말하면 기업과 고객 간의 성공적인 거래관계를 원활하게 하기 위하여 요구되는 효율적인 마케팅전략 수립과 운영에 초점을 맞추고 있다.

마케팅전략 수립의 제 1 단계는 시장환경의 변화를 이해하고 그것이 고객의 욕구와 기업의 마케팅전략에 미치는 영향을 파악하는 것이다. 이를 위해 환경요소에는 무엇이 있으며, 그들의 변화가 어떻게 고객욕구와 시장기회의 변화를 일으키는지를 분석해야 한다.

마케팅전략 수립의 제 2 단계는 새로이 나타나는 고객욕구가 무엇인지를 정확히 파악하고 욕구에 근거하여 시장을 세분화하여, 각 세분시장이 충분한 시장기회가 있는지를 확인하고 여러 세분시장 중에서 마케팅활동을 집중할 표적시장을 명확히 결정하는 것이다. 이를 위하여 시장의 개념을 명확히 이해해야 하고, 고객의 제품 구매 및 사용상황, 고객 특성에 따라 시장을 세분화하여야 하며, 시장의 크기, 경쟁의 강도, 운영상의 시너지효과 등을 고려하여야 한다.

마케팅전략 수립의 제 3 단계는 표적고객 집단들을 위해 그들 욕구의 성격을 파악하여(제품 혹은 브랜드 개념 정립), 고객들에게 그 제품개념을 어느 정도 신속하고 정확하게 알려 줄 것인지를 명확히 하고(개념전달활동 목표), 나아가 실제 거래상의 어떠한 장애 요인들을 어느 정도 제거시켜야만 효율적인 거래를 할 수 있을 지를 정하여야 한다(구매전환활동 목표). 그리고 그에 따른 매출액이나 이익 등의 재무목표와 마케팅 이외의 다른 경영활동 즉 생산, 인사, 재무, 회계 부서로부터의 지원목표도 가급적이면 설정하여야 한다. 이와 아울러 기업은 마케팅활동을 통해 자사의 브랜드 이미지를 고객의 머리 속에 어떻게 경쟁제품과 차별적으로 지각시켜야 하는지에 대한 포지셔닝(위상정립)전략도 세워야 한다.

마케팅전략 수립의 제 4 단계는 마케팅목표 달성을 위해 사용 가능한 전략수단들, 즉 제품, 촉진, 유통, 그리고 가격정책과 관련된 수단들을 어떻게 설정하여 통합적으로 추진할 것인가를 계획하는 것이다. 이를 위해서는 상기한 제 3단계의 요소들을 고려하여야 한다.

이 모든 단계는 환경과 고객의 욕구변화에서 출발하므로, 이 변화에 대해 지속적으로 관심을 가져야 하며, 변화에 신속하게 대응하여야 한다.

국내외 장수브랜드들

마케팅전략 수립의 단계

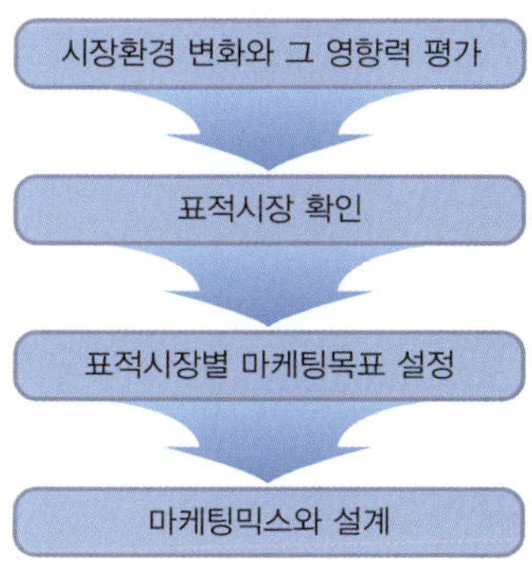

그림 2-1 마케팅계획 수립과정

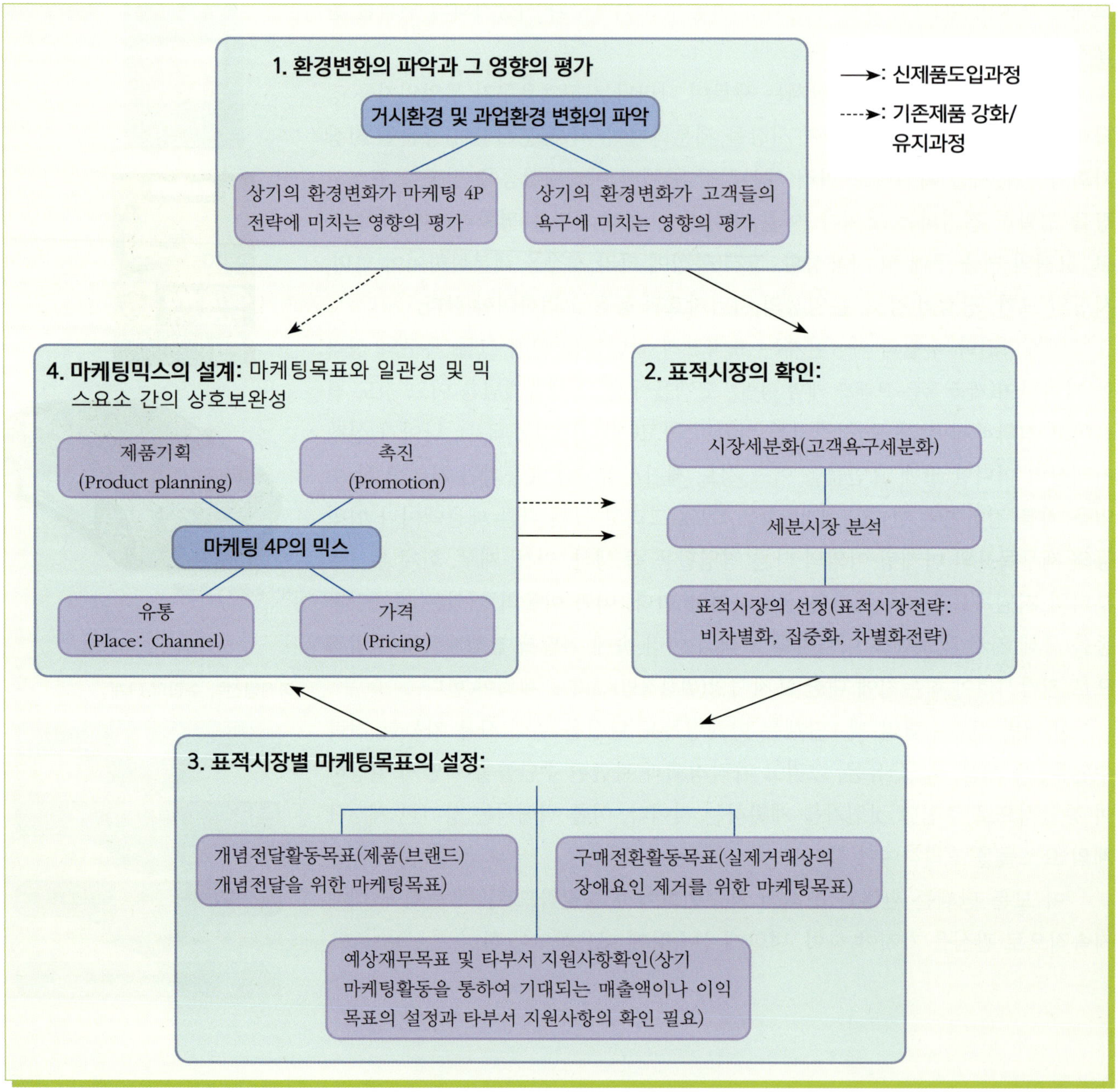

제 1 절 신제품도입전략(신규고객확보전략)

1 계획수립의 체계

마케팅계획에는 관리(조정)되어야 할 활동들이 명확하게 제시되어야 한다. <표 2-1>과 <그림 2-1>은 이 활동들의 내용과 전반적인 구성을 보여 주고 있다. <표 2-1>은 기업이 신규고객 확보와 기존 고객과의 관계강화를 위해 수행하는 일련의 활동들을 나타내고 있다. 여기서 개별제품이나 서비스의 지속적인 성공가능성을 높이기 위해서는 <그림 2-1>에 나타나 있는 바와 같이 제반 활동들이 충분히 체계적으로 조정되어야 한다. 이에 대한 이해를 돕기 위하여 본 장의 말미에서는 국내 신용카드회사인 현대카드의 사례를 제시하고 마케팅계획의 규범적 틀에 맞춰 이를 검토해 보기로 한다.

표 1-1 시너지 창출을 위한 전략적 통합의 결과

1단계: 환경변화의 파악과 그것이 고객 및 마케팅전략에 미치는 영향의 평가
1. 환경변화의 파악: 거시환경 및 과업환경 등 외부환경 변화의 파악 2. 환경변화의 영향에 대한 평가: 고객욕구와 마케팅전략에 미치는 영향
2단계: 표적(목표)시장의 확인
1. 시장세분화(고객욕구세분화) 2. 세분시장 분석 3. 표적시장의 선택(표적시장전략): 비차별화·집중화·차별화전략
3단계: 표적시장별 마케팅목표의 설정
1. 개념전달 활동목표: 제품개념과 포지션을 정확하고 신속하게 전달하기 위한 활동. 이를 위해서는 우선 제품개념 및 포지션의 정립이 필요함: 표적고객의 욕구에 부응하는 기능적·상징적·감각적 제품개념의 정립. 이러한 장기적인 제품개념하에 경쟁자와의 차별화를 고려한 보다 단기적인 전략적 제품개념(포지션)을 정립 2. 구매전환 활동목표: 실제 거래상의 거래장애를 제거하기 위한 활동목표. 이를 위해서는 표적고객들에 대한 구매욕구분석이 선행되어야 함. 3. 예상재무목표 및 타 부서 지원사항 확인: 개념전달과 운영목표의 달성을 통하여 기대되는 이익이나 매출액의 재무적 목표(이를 위한 생산, 재무 등 다른 기능부서에서의 지원활동에 대한 이해 및 확인 필요) * **포지셔닝:** 제품개념과 포지션(제품위상)을 소비자의 지각 속에 적절히 위치화시키는 활동. 장기제품개념을 유지하면서 경쟁자의 변화에 따라 포지션을 변화시킬 수 있음. 단기적인 포지셔닝은 제5장 시장세분화와 표적시장 선정, 제6장 마케팅목표와 포지셔닝에서 보다 자세하게 언급될 것임.
4단계: 개념전달활동과 구매전환활동을 수행하기 위한 마케팅믹스의 설계
1. 마케팅목표와의 일관성 2. 마케팅믹스 요소(제품기획, 촉진, 유통, 가격)간의 상호보완성 3. 최적 마케팅 4P믹스의 구성: 고객의 가치와 기업이익의 극대화를 위하여 가장 적합한 마케팅믹스의 구성

2 환경변화의 파악과 환경변화가 마케팅활동에 미치는 영향의 평가: 계획수립의 제1단계

식기세척기도 여권운동의 결실일까?

효과적인 마케팅계획의 전개를 위한 첫번째 단계는 외부환경의 변화를 인식하고, 신제품에 미칠 수 있는 영향을 평가하는 것이다. 과업환경이나 거시환경의 변화를 통해 마케팅관리자는 좋은 시장기회를 발견할 수 있으며, 또한, 외부환경의 변화를 명확히 인식함으로써 새로운 기회에 대하여 보다 빨리 반응할 수도 있다. 특정 상황하에서는 신제품의 성공적인 진입을 위해 보다 유리한 환경변화를 이끌어낼 수도 있을 것이다.

(1) 환경변화의 파악

환경변화의 영향은 다양하며 언제나 직접적인 것은 아니다. 어떤 환경변화는 "파문효과"를 통해 다른 환경변화를 유발시키기도 한다. 그리고, 이러한 환경변화는 소비자의 욕구를 변화시킬 수도 있다. 예컨대, 여권운동은 여성의 사회참여를 증가시키고, 이는 다시 가정에서의 식사준비 습관을 변화시킨다. 직장여성들의 시간압박이 높아짐에 따라 식기세척기와 같은 시간절약형 주방제품에 대한 수요가 증가하게 되었고, 이들 주방제품에 적합한 용기나 식품에 대한 수요도 증가하게 되었다. 이를 그림으로 나타내면 <그림 2-2>와 같다.

또한 환경변화는 거래방식에도 영향을 미친다. 예컨대, 맞벌이 부부가 증가함에 따라 직접마케팅이나 전자상거래의 양이 증가하게 된다. 의사소통기술의 변화(예컨대, 인터넷 등)는 특정한 산업재의 판매방식에도 영향을 미칠 수 있으며, 법률적 환경의 변화는 제품의 포장이나 가격결정 또는 제품촉진전략 등에 즉각적인 변화를 유발시킬 수 있다. 인플레이션과 높은 실업률은 가격이 낮은 무상표

그림 2-2 파문(물결)효과

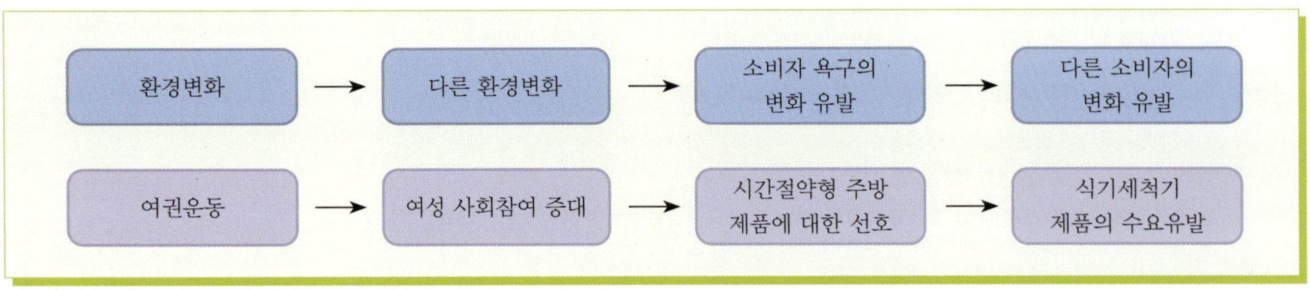

제품에 대한 수요를 증가시키며, 현금부족이나 높은 이자율은 산업재 시장에서의 물물교환을 증가시킨다.

(2) 환경변화의 영향에 대한 평가

환경변화가 모든 기업에 동일한 마케팅기회를 제공해 주는 것은 아니다. 마케팅기회는 특정 환경의 변화, 기업의 사명, 그리고 주요 사업분야에서의 기업의 강·약점간 상호관계 여하에 따라 결정되는 것이다. 새로운 기회는 기업의 사명, 그리고 기업의 현재 자원능력과 일치되어야 한다. 기업의 내부환경인 조직부서들도 새로운 마케팅기회에 부합하고, 상호보완적인 활동을 할 수 있어야 한다. 예컨대, 생산부서는 제품개발에 꼭 필요한 기술적 노하우를 지니고 있어야 하며, 연구개발부서는 자사제품의 경쟁적 차별화를 꾀할 수 있는 경험과 자원을 보유하고 있어야 한다. 마지막으로 기업의 관련 집단들(Stakeholders; 고객, 주주, 공급업자, 유통업자 등)로 구성되어 있는 과업환경도 새로운 마케팅기회에 일치하여야 한다.

내부환경, 거시환경, 과업환경은 마케팅활동에 각기 다른 영향을 미친다. 거시환경과 과업환경은 시장기회를 창출하는 데 중요한 역할을 한다. 그러나 기업내부환경의 도움과 활동이 없다면 새로운 시장기회는 실현될 수 없을 것이다. 효율적인 환경관리를 위해서는 각 환경의 변화뿐만 아니라 환경간의 상호관계에 대해서도 주의를 기울여야 한다.

3 표적시장의 확인: 계획수립의 제2단계

환경변화가 신제품의 성공적인 시장진입에 유리한 상황이라는 전제하에 시장진입전략의 두 번째 단계는 신제품의 표적시장을 확인하는 작업이다. 표적시장을 파악하는 일은 다음과 같은 세 단계의 과정을 거친다: 시장세분화(고객욕구세분화), 세분시장분석, 표적시장의 선택(표적시장전략).

(1) 시장세분화(고객욕구세분화)

시장세분화
구매욕구나 고객특성에 따라 유사한 고객끼리 묶는 활동

고객들은 환경변화에 의해 제품사용과 서비스 구매과정에서 다양한 욕구변화를 일으킬 수 있으며, 욕구의 충족방법과 시기, 그리고 장소 등에서 현저한 차이를 보일 수 있다. 다시 말해서, 고객들이 접하고 있는 경제, 사회, 정치, 문화 등 거시환경의 변화와 유통구조혁신(예컨대, 할인점의 확산 등), 업체간 과당경쟁 등 과업환경의 변화에 의해 새로운 고객욕구가 나타날 수 있으며, 새로운 고객집단을 창출할 수 있는 것이다.

예를 들어, 개인용 컴퓨터의 수요증가는 여러 가지 요인들에 의해 기인된다. 어떤 고객들은 자녀의 교육을 위하여, 다른 고객들은 가정용 오락기구로서, 혹은 인터넷 사용을 위하여 개인용 컴퓨터를 구입하려 한다. 또한, 기술 환경변화에 의한 개인용 컴퓨터의 발전은 중소기업(일반제조업체, 식당, 자동차정비업소, 복사점, 부동산 중개업소 등)의 회계, 정보, 재고, 고객관리에 많은 영향을 미치고 있다. 이에 따라 개인용 컴퓨터의 소프트웨어도 중소기업의 다양한 욕구들을 충족시켜 줄 수 있는 방향으로 이루어지고 있다.

또한, 도입 초기 높은 가격으로 인하여 소수 부유층만 보유할 수 있었던 휴대전화가 정부의 정보통신사업 육성정책(거시환경 변화)과 기업의 기술발전, 시장확대 전략 등(내부환경 변화)에 힘입어 널리 보급될 수 있었다. 사용 고객들이 다양해짐에 따라 고객 욕구도 다양해져 통화기능 위주의 제품으로부터 카메라, MP3 플레이어 기능이 포함된 제품까지 다양한 제품들이 판매되고 있다.

상기에서와 같이 환경변화에 따라 고객욕구가 다양해지고 여러 경쟁자들이 진입하게 되면, 전체시장을 대상으로 막연히 마케팅활동을 하는 것보다는 사용 및 구매욕구나 고객특성이 유사한 고객들끼리 세분화하고, 세분된 시장들 중 특정 시장을 표적으로 삼아 그들 욕구에 부응하는 마케팅전략을 수립하는 것이 바람직할 것이다. 시장세분화에 대해서는 제5장 제2절에서 자세히 언급될 것이다.

(2) 세분시장 분석

욕구가 발생한 다수의 세분시장(고객집단) 중에서 한 개 혹은 몇 개의 세분시장을 표적으로 선정할 수 있는데, 이를 위해서는 각 세분시장의 크기와 성장성, 상대적 경쟁력, 기업(혹은 사업단위)의 목표와 자원, 그리고 접근의 용이성 등을 구체적으로 분석하여야 한다. 이에 대해 보다 자세한 설명은 제5장 제3절 세분시장의 분석을 참조하기 바란다.

(3) 표적시장의 선정

표적시장
자사에 가장 유리한 세분시장

각 세분시장을 분석한 다음, 기업은 자사에 가장 유리한 세분시장을 **표적시장**으로 선정하여 표적시장별로 마케팅활동을 수행하여야 한다. 이때 기업이 취할 수 있는 전략적 대안은 크게 세 가지이다: 비차별화전략, 집중화전략, 그리고 차별화전략이 그것이다. **비차별화전략**은 고객들의 욕구나 특성이 비교적 동질적이어서 세분시장으로 쪼개는 것이 기업이나 사업부 목표달성에 적합치 않을 경우에 해당 제품시장의 전체 고객들을 대상으로 마케팅활동을 수행하는 것이다. 그리고, **집중화전략**은 앞서 설명한 세분시장분석을 통하여 기업 및 사업부의 목표달성에 가장 적합한 하나 혹은 소수의 세분시장을 선정하고, 이들 시장에 마케팅활동을 집중시키는 전략이다. **차별화전략**은 기업목표에 부합되는 다수의 세분시장을 대상으로 하여 각 세분시장별로 차별적인 마케팅활동을 수행하는 것이다.

비차별화전략
해당 제품시장의 전체고객 대상

집중화전략
가장 적합한 소수의 세분시장 대상

차별화전략
다수의 세분시장에 차별적 마케팅

이들 세 가지 전략대안은 환경변화나 기업여건에 따라 변화될 수 있다. 국내 어느 식품회사의 경우, 이마트, 코스트코, 롯데마트, 홈플러스 등 본격적인 대형할인점이 들어서면서 그동안의 비차별화전략을 수정하여 기존 고객들과 이들 신규점포를 선호하는 고객들을 세분화하여 각각 다른 마케팅목표와 다른 제품(예컨대, 상표명, 제품크기, 포장 등의 차별화) 및 가격, 촉진활동을 전개하고 있다. 이에 대한 자세한 설명은 제5장 제4절 표적시장의 선정을 참조하기 바란다.

첨언할 것은, 표적시장전략은 기업목표 달성에 바람직한 세분시장의 수를 결정하기 위한 기본적인 접근방향을 제시하는 것이며 보다 구체적으로 몇 개의 세분시장에, 그리고 각 세분시장에 어느 정도의 마케팅자원을 투여해야 하는가 하는 문제는 앞서의 세분시장분석과 함께 기업 및 사업부의 장단기 경영목표의 관점에서 조정되어야 한다.

4 마케팅목표의 설정: 계획수립의 제3단계

표적시장이 선정되면 표적고객들의 욕구에 관한 정보를 바탕으로 이들에게 제품의 개념적 특성을 전달하고 그들의 구매행위를 원활하게 하기 위한 마케팅목표를 설정하여야 한다. 이것이 세 번째 단계이다. 마케팅이란 기업과 고객 간의 교환이나 거래행위를 원활하게 하는 활동이다. 이는 개념전달활동과 구매전환활동에 의해 수행되며, 이들 두 활동은 개별제품의 마케팅목표에 명확하게 반영되어야 한다. 제품이 어떻게 고객의 욕구를 충족시켜 줄 수 있는지에 대한 의미가 분명하게 고객에게 전달되고, 동시에 그들이 경험하게 될지 모를 일체의 구매장애요인들을 제거시켰을 때 표적고객들은 그 제품에서 높은 가치를 느끼게 되어 거래가 이루어진다. 즉, 구매전환활동은 개념전달활동을 통해 기업제품이 그들의 욕구 및 선호를 충족시킬 수 있다고 지각한 고객들에게 거래나 교환과정에서 나타나는 장애를 제거해 줌으로써 최소한의 노력으로 구매를 할 수 있도록 하는 것이다. 여섯 가지 형태의 구매장애로는 장소, 시간, 소유, 지각, 기능 그리고 감각적 장애가 있다.

① 장소(제품근접성): 적절한 장소에서 고객들에게 제품과 서비스를 제공할 수 있도록 하는 것은 중요한 구매전환활동과업의 하나이다. 그러므로, 유통 등의 마케팅활동들은 고객과 판매자 사이에 발생하는 장소장애를 제거할 수 있어야 한다. 예컨대, 교통이 불편하고 주차장 시설이 부족하여 고객들을 유치하기 어려운 일부 백화점에서 주차장 시설을 확충하거나 혹은 통신판매를 권장하는 것은 장소장애의 제거를 위한 노력이라 할 수 있다.

② 시간(제품구입가능성): 적시에 제품이나 서비스를 제공하는 것이 마케팅믹스의 두 번째 활동과업이다. 오랜 시간 영업하고, 일요일에도 영업하는 점포는 평일에 늦게까지 직장에서 근무하는 고객들이 느낄 수 있는 시간장애를 제거한다. 또한, 원하는 시간 내에 배달되거나 애프터 서비스가 제때에 이루어질 수 있게 하는 것도 시간장애를 제거시키는 활동이 된다.

③ 소유(이용가능성): 소유장애는 제품이나 서비스를 소유하거나 이용하는 데 관련되는 장애이다. 예컨대, 제품설치의 어려움, 임대의 불가능함, 장시간의 배달기간, 구매능력을 초과하는 가격 그리고 제품의 무보증 등이 이에 해당된다. 이들 장애요소들을 제거시킬 수 있는 방법들이 강구되어야 한다.

④ 지각(확인성): 지각장애는 고객들이 관련제품을 필요로 할 때 그 이름을 기억하기 어려울 경우나, 혹은 많은 경쟁제품들 사이에서 해당 제품을 인지하고 확인하기 어려울 때에 발생한다. 제품설계, 포장, 상표, 광고, 그리고 판매원활동 등 다양한 마케팅활동들이 이들 지각상의 장애를 완화시킬 수 있다.

⑤ 기능(사용편의성): 기능장애는 고객들이 제품이나 서비스를 사용하는 데 있어 그들이 원하는 기능을 가지고 있지 않을 때 발생한다. 가령, 신용카드회사의 경우 많은 수의 가맹점을 확보하여 고객들이 카드를 사용하는 데 번거로움이나 불편함이 없도록 노력해야 한다. 이를 제거하기 위해서는 고객이 원하는 욕구 및 선호도를 정확히 파악하여 이를 철저히 제품이나 서비스에 반영시켜야 한다.

⑥ 감각(감각적 혜택): 고객들이 제품에 대해 느끼는 오감(미각, 시각, 청각, 후각, 촉각), 즉 감각적인 것으로부터 거부반응을 느끼는 것도 하나의 장애요인으로 작용한다. 따라서 제품의 색깔, 음향, 디자인, 촉감 등을 고려하여 고객들에게 더 가까이 다가갈 수 있도록 감각적 혜택을 증진시키는 것이 중요하다.

마케팅목표에는 이 두 가지 활동을 달성하려는 목표가 분명하게 명시되어야 한다. 예를 들면, “2010년에는 특정목표 시장에서 A제품(브랜드: 상표)개념의 인지도를 기존의 30%에서 40%로 증진시키며, 시간·장소·가치 상의 특정 장애들을 각각 기존보다 10%씩 감소시키기로 한다” 등으로 나타낼 수 있다. 물론 마케팅관리자는 이들 활동의 수행을 통해서 나타날 매출액이나 시장점유율의 증가에 대한 예상목표를 가지고 있어야 하며 목표매출액과 시장점유율을 달성하기 위하여 타 부서들로부터 어떠한 지원이 필요한지에 대해서도 명확히 이해하고 있어야 한다. 이러한 이해는 마케팅관리의 조정과 통제에 필수불가결한 것이다. 기업의 판매결과는 단순히 마케팅활동의 결과가 아니라 전사적 활동의 결과임을 명심해야 한다. 시장에서의 성공은 마케팅활동과 기타 부서와의 원활한 조정이 이루어질 때 가능한 것이다. 제품의 품질과 기능은 생산부서와 연구개발부서에 의해 좌우되며, 원료의 품질은 구매부서의 영향을 받게 된다. 자금부서는 자원할당에 관한 의사결정에 상당한 영향을 미치며, 가격설정 및 수익성 평가에 기초가 되는 원가(비용)에 관한 정보는 회계부서를 통해서 얻을 수 있다. 조직 전체에 있어서 마케팅관리자는 자신의 기본적인 역할이 판매를 원활하게 하는 판매 조정자로서의 역할이지, 판매를 전담하는 유일한 결정자가 아님을 명심해야 한다.

마케팅목표 정립에 대한 보다 구체적인 설명과 예는 제6장 제1절에 제시되어 있다.

(1) 마케팅목표 설정상의 문제점

마케팅목표를 제품개념의 전달과 구매전환이라는 관점에서 설정하는 것은 예상매출액이나 시장점유율만 가지고 마케팅목표를 설정하는 기존의 방식과는 꽤 큰 차이를 나타낸다. 예상매출액이나 시장점유율로써만 마케팅목표를 표현해서는 안 되는 주요 이유는 다음의 두 가지로 요약될 수 있다.

1) 목표달성을 위한 활동지침을 제공하지 못한다

단순히 "매출을 10% 증가시킨다"라는 목표는 엄밀한 의미에서는 전략의 집행에서 나타나는 결과이지 전략의 방향을 제시하는 목표는 되지 않는다. 여기에는 무엇을 어떻게 해서 10%의 매출증가를 하겠다는 목표달성을 위한 방향제시가 결여되어 있다. 따라서 직접적으로 마케팅계획의 실행과 개발에 대한 지침(guide)을 제공하여 주기 위하여 제품개념을 전달하고 구매전환을 유도하기 위한 목표의 제시가 이루어져야 한다. 예상고객들에게 전달하여야 할 제품개념과 실행하여야 할 특정 구매전환활동의 명확한 제시를 통해 마케팅믹스의 구성 및 집행이 결정될 수 있는 것이다.

2) 통제의 범위를 넘는 목표가 된다

기업의 판매와 시장점유율은 전사적 활동의 결과로 나타나는 것이기 때문에 이를 전적으로 마케팅관리자만이 할 수 있는 일로 간주할 수는 없다. 그러므로, 마케팅관리자의 책임 및 통제영역을 확실히 하는 것이 필요하며, 이를 위해 마케팅목표의 명확한 정립이 요구된다. 개념전달활동과 구매전환활동의 목표개념이 설정된다면, 이 활동들에 대하여 마케팅 관리자가 책임을 지고 수행할 수 있기 때문에 마케팅관리자의 통제의 범위는 명확해지며, 나아가 이 두 가지 활동의 성공적인 수행과 더불어 타 부서로부터 필요한 지원도 뒤따른다면 시장점유율과 매출액 증대에 직접적으로 기여할 수 있다.

5 마케팅믹스의 설계: 계획수립의 제4단계

제3단계에서 설정된 개념전달활동과 구매전환활동 목표를 수행하는 것이 네 번째 단계이다. 마케팅관리자는 두 가지 형태의 마케팅 목적을 수행하기 위해 네 가지 기본적인 마케팅전략 수단들을 이용한다. 제품(Product), 촉진(Promotion), 유통 및 경로(Place; Distribution Channel), 그리고 가격(Pricing)이 그들이다. 이들 네 가지 전략수단들을 마케팅믹스 혹은 4P라고 부른다. 마케팅관리자는 제품, 촉진, 유통, 가격활동의 조합인 마케팅믹스를 통해 개념전달활동과 구매전환활동을 수행하게 된다. 비록 이 두 가지 활동은 상호보완작용을 하는 것이지만, 개념전달활동이 우선적인 역할을 하게 된다. 고객들은 어떤 거래를 행하기에 앞서 먼저 자신들의 욕구충족을 위해 어떤 물건이나 서비스를 필요로 하는지를 생각하게 된다. 풀무원의 "유기농·무첨가의 바른 먹거리 제공," 맥심 모카골드의 "부드러운 맛," 대한항공의 "편리한 항공여행," 인켈의 "원음의 창조," 다시다의 "고향의 맛" 등 성공적인 개념전달활동의 예를 찾는 것은 그리 어렵지 않다(상기의 제품개념은 축약된 것임).

개념전달활동을 통해 이끌어 낸 고객의 관심을 실제 거래로 전환시키기 위해서는 거래상에서 나타나는 여러 가지 장애들을 제거시킬 수 있는 구매전환활동이 필요하다. 구매전환활동은 개념전달활동을 지원해야 한다. 잠재고객이 기업제품에 관심을 갖고 있더라도, 원하는 시간에 원하는 장소에서 구입할 수 없거나 구매능력을 벗어날 정도로 높은 가격이면 거래는 발생하지 않는다.

제품개념을 위한 마케팅믹스의 구성은 조각그림 맞추기와 유사하다. 하나의 그림조각을 맞출 때 전체적인 모양, 크기, 색깔 등을 고려해야 하는 것처럼 마케팅믹스의 구성도 마찬가지다. 제품개념을 전달하기 위해 사용되는 마케팅믹스

요소들은 각각 그 제품개념을 반영할 수 있도록 일관성을 가져야 하며, 나아가 이들 믹스 요소들은 고객들에게 제품의 개념을 분명하고, 신속하게 전달할 수 있도록 상호보완성을 가져야 한다. 조각그림 맞추기에서의 완성된 그림과 마찬가지로 고객들은 마케팅믹스의 각 구성요소에 관심이 있는 것이 아니라 완성된 이미지로서의 최종 개념에 관심을 두며, 이를 통해 기업의 제품개념을 이해하게 된다. 예를 들어, 순수한 비누라는 제품개념을 전달하기 위해 아이보리(Ivory)는 마케팅믹스 요소 중 하나인 제품의 경우 제품의 이름을 Ivory(상아)로 하였고, 제품의 색깔도 흰색으로 표현하였으며, 제품의 포장에서도 흰색을 많이 반영하였으며, 마케팅믹스의 또 다른 요소인 광고(촉진의 일부)에서도 99.44% 순수하다는 내용을 표현하고 있다. 이로 인하여 제품명, 제품색깔, 포장, 광고 등에서 나타나는 특징들이 '순수하다'는 개념과 모두 일관성을 갖고 있는 동시에 개념전달을 위해 서로를 도와주는 보완성을 갖고 있다.

순수함을 표현한 아이보리 비누광고

구매전환활동을 위한 일관성과 보완성의 원리를 충족시키기 위해 마케팅믹스 구성요소들은 ① 거래장애를 제거하는 데 도움을 주고(일관성), ② 서로가 서로를 지원할 수 있어야 한다(보완성). 이 두 가지 조건들은 마케팅믹스 요소간의 긍정적인 시너지효과를 유발시킨다. 예컨대, 촉진활동의 한 분야인 광고는 고객들이 제품을 기억하거나 인식하는 데 어려움을 갖는 지각적 장애를 제거한다. 효과적인 포장은 제품을 인식하거나 상표를 기억하는 데 문제가 되는 지각적 장애를 더 감소시켜 준다. 광고와 포장전략에 의해 상표인지와 제품의 특이점이 알려지면 유통업자들은 자기 점포에 그 제품을 진열하려고 한다. 이는 고객의 지각적 장애뿐만 아니라 시간 및 장소적 장애를 감소시켜 준다. 또한, 제품에 의해 제공되는 편익이 광고나 포장에 의해 고객에게 알려지면 설정된 가격의 정당성이 강화되어 소유의 장애를 감소시켜 준다. 마케팅믹스의 각 구성요소들이 구매전환활동의 수행에 있어서 상호 지원될 때 그 전체적 효과는 각 구성요소의 독립적 효과의 단순한 합보다 커진다. 즉, 시너지효과가 발생하는 것이다.

거래장애들은 마케팅믹스의 네 가지 요소들의 조합에 의해 제거되거나 감소되어야 한다. 하나의 마케팅믹스 요소로는 모든 거래장애는 물론 하나의 장애를 제거하는 데도 충분하지 못할 경우가 많다. 제품전략은 부분적으로 감각, 소유, 지각장애를 경감시키는 데 도움을 줄 수 있으며, 제품설치 서비스나, 운반서비스, 제품보증 등도 소유장애를 제거하는 데 도움을 준다. 그러나, 지불방법과 관련된 소유장애의 제거에 있어서 제품전략은 별로 도움을 주지 못한다. 이들 장애는 다른 마케팅믹스의 구성요소로써 해결되어야 한다(예를 들어 가격전략에 의해 이러한 소유 장애는 제거될 수 있다).

이렇듯 마케팅믹스의 각 구성요소들은 개별적으로는 일관성의 원칙, 전체적으로는 보완성의 원칙을 따르면서 제품이 고객의 욕구와 선호에 부응하도록 만들어야 한다. 이것이 잘 실행되면 고객들은 제품의 개념을 빠르고 정확하게 이해하고 평가하게 되는 것이다.

단편사례

디지털 마케팅 제휴

AI 기반의 이용자 참여 활성화 플랫폼 버즈빌대표: 이관우, 이영호)이 배달앱 '요기요(위대한 상상)'에 CRM 마케팅 솔루션 버즈부스터의 구축과 운영을 지원한다고 발표했다(24.5.3). 양사는 이번 제휴를 통해 게이미피케이션 요소를 접목한 마케팅 이벤트를 신설하여 이용자가 체감할 수 있는 혜택의 폭을 넓히고, 신규 고객 확보와 기존 고객 락인까지 달성하겠다는 전략이다.

버즈빌의 버즈부스터는 리워드 기반의 CRM 마케팅 솔루션이다. SDK(소프트웨어 개발 키트) 연동만으로 '출석 체크', '룰렛', '긁는 복권' 등의 마케팅 이벤트를 손쉽게 생성하고 운영할 수 있다는 특징이 있다. 또한 앱 서비스 내에서 고객사가 원하는 지면에 여러 진입점을 구현할 수 있어 이용자의 이벤트 참여율을 효과적으로 높일 수 있다는 점도 주목할 만하다.

요기요는 현재 업계 최초로 선보인 무료 배달 멤버십 '요기패스X'와 가게 쿠폰 중복 적용 시 배달앱 중 최대 할인 혜택을 제공한다. 이에 결제 시 즉시 사용 가능한 포인트를 지급하는 버즈부스터까지 도입하며 이용자 중심의 파격적인 혜택 제공으로 배달앱 경쟁 우위를 선점할 것으로 기대된다.

요기요 관계자는 "국내 배달앱 무료 배달 경쟁 상황에서 이용자 확보와 락인이 중요해진 상황"이라 말하며 "버즈부스터를 통해 다양한 혜택을 제공할 수 있는 이벤트를 꾸준히 운영하며 이용자 혜택 중심의 마케팅 전략을 펼치고, 앱 이용률과 체류시간을 높이는 데에 집중할 것"이라 덧붙였다.

버즈빌 이관우 공동 대표 역시 "쿠폰, 할인 등의 혜택에 민감한 배달앱 이용자의 특성을 고려한다면 이벤트에 참여하고 즉시 사용할 수 있는 포인트를 받는 이용자의 비율이 매우 높을 것으로 예상된다"고 말하며 "한 번의 SDK 연동만으로 다양한 포맷의 마케팅 이벤트를 생성할 수 있는 버스부스터가 요기요 서비스 전반에서 이용자의 활동성을 극대화할 수 있도록 기술적 지원을 아끼지 않을 것"이라 설명했다.

한편, 2022년 4월 베타버전을 출시한 버즈부스터는 올해 상반기 웹 서비스사를 위한 솔루션 출시를 준비하고 있다.

자료원: 채성숙, 버즈빌-요기요, 디지털 마케팅 제휴, 매드타임스, 2024.5.3.

제2절 기존제품강화/유지전략(기존고객유지전략)

<그림 2-1>에서 시계 반대방향의 과정이 기존제품강화/유지전략이다. 일단 신규제품이 성공적으로 시장진입을 하게 되면 일정한 고객층이 형성된다. 이들이 기존고객들이 되는 것이며 제품 또한 기존제품이 된다.

기존제품의 강화/유지전략은 기존고객들에게 제품의 우월성과 신뢰성을 높이면서 안정적인 유대관계를 이루어서 이들과 장기적인 고객관계를 유지하는 것이다. 즉, 제품의 경쟁력(가치의 우월성)을 높여서 장기적인 성공을 거두려면 계속적으로 신규고객 영입에만 노력을 집중하기보다는 기존고객들과의 돈독한 유대관계를 맺어서 이들을 통해 안정적인 성장을 할 수 있도록 해야 할 뿐만 아니라 이들의 호의적인 구전이나 소개로 신규고객의 확보도 가능하게 해야 한다. 이 작업을 성공적으로 이루려면 제품의 경쟁력에 직접적인 영향을 주는 환경변화에 따라 마케팅믹스의 전략을 조정, 운영할 수 있어야 한다.

환경이 변하는 상황에서 어제의 전략이 그대로 오늘의 전략이 될 수는 없다. 고객들은 제품의 구매경험이 축적됨에 따라 더 많은 것을, 더 새로운 욕구를 갖게 된다. 경쟁자들은 그들 나름대로 가격이 저렴한 또는 품질이 더 우수한 제품들을 소개하려 할 것이다. 제품의 품질 또는 대체제품의 출현에 영향을 주는 기술적 환경, 경제적 그리고 제반법규에 관한 환경도 변한다. 이러한 환경변화가 제품의 경쟁력에 주는 영향을 분석하고 이에 대한 적절한 대응을 통하여 제품의 경쟁력(가치의 우월성)을 높이는 작업이 기존제품의 강화/유지전략이며 이 대응은 마케팅믹스의 개선을 통해서 가능하게 된다.

제품의 품질이나 특성, 제품의 디자인, 포장, 사용방법 등에서 개선이 이루어져야 하고, 가격도 제품의 가치를 높이는 방향으로 조정되어야 하며, 유통에서도 고객의 구매 편리성과 접근성을 제고하는 방향으로 개선/강화되어야 하며, 마지막으로 촉진전략도 제품의 우수한 가치를 고객들에게 설득하고 그들과 정감적인 긴밀한 관계를 유지할 수 있도록 한층 더 강화되어야 한다. 이러한 마케팅믹스 요소들을 동원한 노력의 궁극적인 목적은 기존고객들이 제품에 대해 경쟁제품보다 더 많은 혜택을 받고 있으면서 같거나 더 적은 비용을 지불하고 있다고 믿게 하는 것이다. 이러한 가치제고 노력의 성공은 결국 기업에게 다음과 같은 세 가지 긍정적인 결과를 부여하여 기존제품의 강화/유지가 가능하게 된다.

첫째는 고객들의 제품에 대한 재구매 빈도를 높인다. 고객들은 일주일에 한 번 구매하던 제품을 두 번, 세 번 구매하게 된다. 즉, 경쟁제품보다 더 자주 구매하게 된다. 두 번째는 고객들의 호의적인 구전을 유발시켜 잠재고객들을 실제 구매고객으로 전환해 준다. 세 번째는 고객들이 그들의 친지, 동료, 이웃들을 제품의 구매고객으로 전환시키는 데 결정적인 역할을 한다. 따라서 기존고객–신규고객의 선순환이 구축되며 기업은 적은 비용으로 많은 신규고객들을 확보하면서 지속적인 성장을 경험하게 된다.

기존고객강화/유지전략은 <그림 2–1>에서 보듯이 환경변화에 따른 마케팅믹스의 조정/개선과정을 거치는 것으로 설명되었다. 이것은 환경변화로 기존고객의 욕구변화가 생겼어도 그 변화를 마케팅믹스의 개선으로 해결할 수 있으며, 두 가지 형태의 마케팅목표(제품개념과 여섯 가지 구매장애요인 제거방법) 자체의 수정은 필요하지 않다는 가정하에서 설명된 것이다. 만약 환경변화가 표적고객의 욕구를 변환시켜 두 가지 형태의 마케팅목표에서 수정을 필요로 하는 경우는 마케팅믹스의 조정/개선뿐만 아니라 마케팅목표 자체의 조정/개선도 필요하게 된다.

핵심사례 2-1 | 마케팅계획 수립체계의 현대카드에 대한 적용

현대카드 M

단일카드로 700만 가입자(누적)를 돌파하는 등 공전의 히트를 기록하고 있다.

현대카드는 2001년 인수 이래 2003년까지 6,000억원이 넘는 적자를 기록하던 부실기업 중 하나였다. 그러나 같은 해 출시하여 단일카드 최초로 회원수 300만명을 넘어선 [현대카드 M]의 성공에 힘입어 2005년 흑자전환하였고, 2017년 1월 국내 카드사 브랜드 평판 조사결과, 4위에 이름을 올렸다. 우리는 현대카드의 성공과정에서 많은 점들을 배울 수 있다. 알파벳을 사용한 브랜드 카드로 명확한 제품개념을 소비자에게 전달하였고, 동시에 고객이 기존 카드에서 느끼던 구매장애요인을 제거할 수 있는 최적의 마케팅믹스를 구성하였다. 이는 일관성있는 개념전달과 마케팅믹스 간의 상호보완적인 역할을 수행하도록 적용시킨 예라 할 수 있다.

1단계: 환경변화의 파악과 그것이 고객 및 마케팅전략에 미치는 영향의 평가

현대카드가 [현대카드M]을 출시할 2003년 당시 신용카드 산업은 성숙기에 접어들고 있었고, 경기침체와 더불어 카드대금연체 및 신용불량자의 급속한 증가로 신용카드 산업은 그 규모와 성장률이 현저히 줄어드는 상황이었다. 정부는 고객의 재발급 신청접수가 가장 많이 일어나는 가두판매에 엄격한 제재를 가하기 시작한 것 또한 이러한 침체의 원인으로 작용하였다. 또한, 불경기 극복을 위한 다양한 제휴활동과 판촉활동이 소비생활 전반으로 확산되었으며 소비자들은 이러한 분위기에 점점 더 익숙해지고 있었다.

그러나 당시 카드사들은 상품개발이나 브랜딩보다는 가입고객수에 따른 카드사의 인지도에 따른 마케팅 활동을 전개하고 있는 실정이었고 이는 후발주자인 현대카드에 기회로 작용하였다.

현대카드의 제품 라인업

2단계: 표적(목표)시장의 확인

현대카드가 주목한 소비자들의 니즈는 '세분화된 포인트제도'에 있었다. 앞서 설명한 바와 같이 회사의 인지도를 바탕으로한 카드사의 마케팅전략은 이러한 고객의 니즈를 충족하기에 역부족이었으며, 고객들은 포인트의 적립과 사용에는 익숙하지만 자신에게 맞지 않는 포인트제도에 불만족하고 있었다. 또한, 가두판매에 엄격한 제재가 가해짐에 따라 온라인 채널을 통한 신규고객 유치가 중요해지는 상황에서, 온라인에 익숙한 젊은 층 소비자들은 점점 더 다양한 라이프스타일로 세분화되고 있었다. 따라서 현대카드는 고객의 다양한 니즈를 충족하는, 라이프스타일별로 세분화된 포인트제도와 혁신적이고 세련된 이미지를 통하여 점유율을 늘릴 수 있다고 판단하였다.

3단계: 표적시장별 마케팅목표의 설정

- **개념전달활동 목표**

현대카드는 '당신이 원하는 모든 혜택이 여기에'라는 메시지를 바탕으로 포인트제도, 할인, 제휴 서비스 등 소비자가 중점적으로 원하는 혜택을 받을 수 있는 카드라는 개념을 전달하게 된다. '세분화된 니즈에 부합하는 카드'라는 개념을 전달하기로 결정한 것이다.

- **구매전환활동 목표**

현대카드는 시간과 장소에 구애받지 않고 카드를 발급받을 수 있는 온라인 채널을 강화하여 고객들이 느끼는 장애요인을 극복하기로 하였다(시간 및 공간상의 장애요인 제거).

또한, 신용카드 산업에 거의 존재하지 않았던 개별상품의 브랜드 인지도를 확립함으

그림 2-3 현대카드의 개념전달활동과 구매전환활동

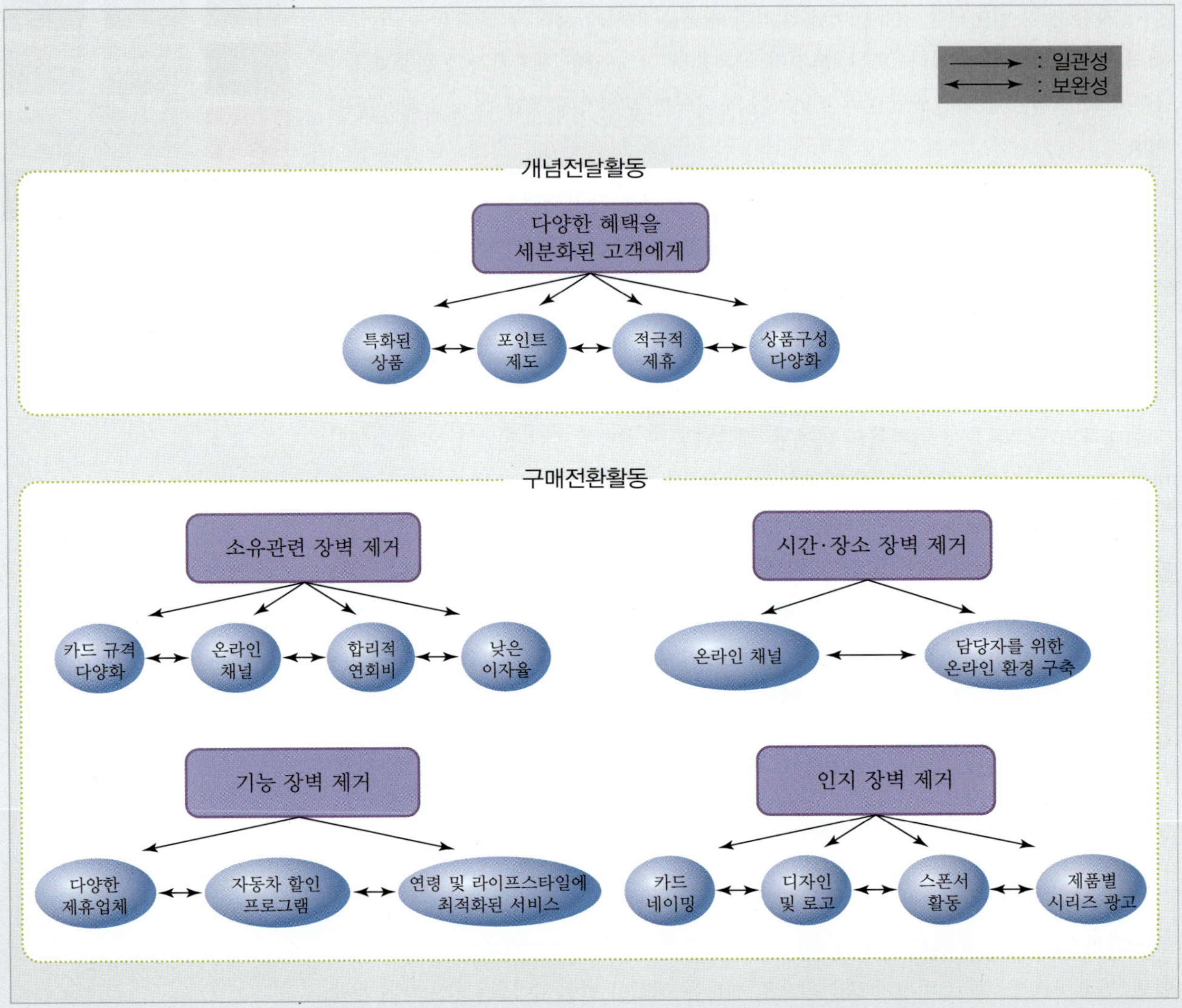

로써 소비자들이 느낄 수 있는 인지상의 장애를 최소화하기로 하였다(지각적 장애요인 제거).

자신만의 니즈에 집중된 서비스를 저렴한 금리로 제공받을 수 없었던 기존 경쟁사와의 차별화를 모색하여 소유 및 기능상의 장애요인을 제거하기로 하였다(소유 및 기능적 장애요인 제거).

4단계: 개념전달활동과 구매전환활동을 수행하기 위한 마케팅믹스의 설계

- **개념전달활동에서의 일관성과 보완성**

현대카드의 제품개념은 누구나 원하는 혜택을 받을 수 있고, 라이프스타일별로 세분화된 니즈를 충족시킬 수 있는 카드라는 것이다. 이와 더불어, 다양한 라이프스타일을 가진 젊은 층 고객이 원하는 다양성을 가진 카드라는 것이 현대카드가 전달해야 할 개념이었다.

따라서 현대카드는 '세분화'에 역점을 두고 포인트제도를 차별화한 카드를 시장에 먼저 출시하였다. 다양한 혜택을 강조하기 위하여 Multiful의 첫 자인 M을 상품명으로 정하고 카드의 디자인 또한 전면부에 알파벳 M을 크게 새김으로써 그 특징을 한눈에 알아볼 수 있게 하였다. 또한 기존 카드사가 '회사명+상품명+카드(예: 삼성 아멕스블루 카드)'와 같이 카드사를 강조하는 네이밍을 펼친 반면, 현대카드는 '회사명+상품명'의 구조를 적용하여 '현대카드M'과 같이 하위브랜드를 강조하는 네이밍을 전개하였다. 이는 현대카드라는 회사명과 그 하위 브랜드명 간의 보완적인 시너지를 유도하였다.

또한 포인트제도를 강화하여 적립되는 포인트의 양을 늘렸으며, 활발한 제휴를 통하여 다양한 분야에서 적립한 포인트를 사용할 수 있도록 하였다. 특히, 모기업인 현대자동차와 제휴하여 차량할인에 프로그램을 마련하여 소비자들의 호응을 이끌어 냈으며, 2005년 GE 소비자금융과 전격 제휴를 통하여 회사의 신용도를 향상시키는 한편, 이를 바탕으로 조달금리를 하락시키기도 하였다.

나아가, 포인트 적립에 초점을 둔 '현대카드M'을 시작으로 할인에 특화된 '현대카드V', 주유혜택에 특화된 '현대카드O' 등 알파벳을 모티브로 한 카드상품을 연속으로 출시하여 카드상품의 구성을 다양화하였다. 고객이 원하는 혜택을 세분화된 카드상품에 모두 담아 고객의 니즈에 부합하겠다는 목표를 일관성있는 상품출시로 실현시킨 것이다.

이처럼 현대카드는 <그림 2-3>에서 보는 바와 같이 다양한 혜택으로 세분화된 상품에 대한 개념전달활동은 일관성있게 추진되면서도 그 각각이 보완적으로 상호작용함으로써 비약적인 점유율 향상의 견인차 역할을 하였다.

- **구매전환활동에서의 일관성과 보완성**

현대카드의 예는 개념전달활동에 있어서의 일관성과 보완성의 중요성을 잘 보여주고 있을 뿐만 아니라, 구매전환활동에 있어서도 일관성과 보완성의 원칙을 지키고 있었다. 마케팅믹스는 구매장애요인을 제거하기 위하여도 적절히 혼합되어야 하는 것이다. 즉, 고객들에게 제품을 보다 쉽게 확인하고 기억나게 함으로써(지각장애), 그리고 제품을 원할 때에(시간장애), 쉽게 구할 수 있고(장소장애), 정당한 가격으로 구매할 수 있

현대카드M(Mini)

크기를 줄인 카드라는 점에 소구하는 현대카드M의 초기광고

도록(소유장애) 각각의 장애요인 제거를 위한 일관성의 원칙을 만족시킴과 동시에 구매장애요인이 효율적으로 제거될 수 있도록 서로 보완성을 갖을 수 있는 방안들을 선택해야 할 것이다. 그러므로, 각 마케팅활동은 구매전환활동에서 일관성과 보완성을 유지하고 제품을 구매하는 고객의 노력이 최소화되도록 이루어져야 한다<그림 2-3 참조>. 이것은 마케팅비용의 절감과 매출증가에도 도움을 줄 것이다.

현대카드 슈퍼매치
스포츠, 공연, 이벤트 등 현대카드는 주목할 만한 스폰서를 도맡고 있다.

현대카드는 편리한 인터페이스를 갖춘 온라인 채널을 구축, 카드 담당자에 이르기까지 편리한 온라인 환경을 구축하여 적극적으로 이를 개선해 나갔고(시간에 관한 장애요인), 상품의 브랜드명을 일관되게 알파벳으로 구성하여 다양한 색상을 적용하면서도 통일성 있는 외관 디자인을 적용하고, 시리즈 광고를 제작하는 한편, '슈퍼매치'로 대표되는 각종 프로모션에도 적극 활용하여 후발주자로서 인지도 부족을 극복하였다(지각장애).

또한, 포인트, 할인, 주유 및 차량구매 등 특정기능에 특화된 카드상품을 다양하게 제공하고(기능장애) 획일화된 신용카드의 크기를 국내 최초로 다양화하여 소지의 불편함을 줄였으며(소유장애), 이에 대한 적극적인 광고집행을 통하여 차별화된 이미지를 소구하는데 성공하였다(지각장애). 이처럼, 현대카드의 다양한 구매전환활동들은 일관성과 상호보완성의 좋은 예시가 되고 있다.

여기서 한 가지 눈여겨 볼 점은 개념전달활동이나 구매전환활동에서 모든 마케팅믹스 활동요소들이 서로가 보완성을 갖고 있어야만 하는 것은 아니라는 점이다. 물론 믹스활동 요소들 모두가 서로 보완성을 갖고 있는 것이 가장 이상적일 것이나 일반적으로 믹스활동 요소들 중의 일부가 서로 보완성을 갖고 있으면서 나머지 다른 요소들과는 서로 보완성이 없는 경우가 많다. 그러나, 보완성이 일부 요소들 간에 없다고 하더라도 그 요소들 각각이 예외 없이 개념전달이나 구매전환활동 목표에 일관성을 유지한다면 그것은 상승효과를 노리는 마케팅믹스의 원칙에 위배가 되지 않는다. 예를 들어 <그림 2-3>에서 구매전환활동을 살펴보면, 기능장벽 제거에서 다양한 제휴 서비스와 차량할인, 그리고 연령 및 라이프스타일에 최적화된 서비스 등은 서로가 상호보완성은 없지만(양방향의 화살표가 없음), 이 세 가지 요소 각각이 기능장벽 제거라는 구매전환활동 목표와 일관성을 갖고 있기 때문에(세 요소가 모두 기능장벽제거를 가능하게 함) 보완성에 기인하는 상승효과는 기대할 수 없더라도 기능장벽제거라는 과제를 충분히 수행해 나갈 수 있었던 것이다.

/요/약/

일반적으로 마케팅계획은 4단계로 구성된다. 첫번째 단계는 과업환경과 거시환경의 변화를 파악하고, 그것이 마케팅활동에 미치는 영향을 평가하는 것이다. 만약 마케팅기회가 발생한다면, 제2단계에서는 보다 명확하게 고객욕구를 분석하여 세분화 가능시장을 도출한 후, 각 세분시장의 분석을 통하여 최적 표적시장을 선정하여야 한다. 세 번째 단계에는 환경변화에 반응하여 왜 표적시장 고객들이 자사제품을 선호해야 하는지를 설명해 줄 수 있는 개념을 개발해야 한다. 이 개념은 서술적인 내용이나 아이디어의 형태로 나타난다. 또한, 기업은 고객들이 최소한의 노력으로 구매할 수 있도록 여섯 가지 거래장애를 제거하기 위한 구매전환활동의 목표를 명확히 제시해야 한다. 마케팅목표에 나타나고 있는 개념전달활동과 구매전환활동은 마케팅믹스의 네 가지 구성요소로써 실행된다. 이들 구성요소들은 각각의 하부구성요소를 가지며, 이는 상호조정되어야 한다. 이와 같은 조정노력의 과정이 마케팅관리 과업의 네 번째 단계를 구성한다.

/문/제/제/기/ 및 /질/문/

1. 매우 표준화된 제품의 마케팅관리자가 제품의 중요한 경쟁요소가 거의 동일하기 때문에 단지 가격밖에는 경쟁할 요소가 없다고 한탄하고 있다. 이러한 불평에 문제가 있다고 생각한다면, 구체적인 예를 들어 설명하시오.
2. 많은 기업에서 마케팅목표로서 매출액이나 시장점유율을 사용하고 있다. 예컨대, “2000년 시장점유율 2% 증가목표” 혹은 “2000년 매출액 2억원 이상의 증가목표” 등이 그것이다. 이러한 기준을 사용하여 마케팅의 목표를 설정하는 것에 대해 어떻게 생각하는가? 이러한 방식으로 마케팅목표를 설정하는 것에 동의하지 않는다면, 어떻게 달리 정할 수 있는지와 왜 그러한지에 대해서 설명하시오.
3. 왜 마케팅부서와 생산부서 간의 갈등이 자주 발생하는지를 말하시오. 이러한 갈등을 피하기 위해 어떠한 장치가 필요한지 말하시오.

P / A / R / T

II

마케팅전략 계획 수립

- **CHAPTER 03** 고객행동의 이해
- **CHAPTER 04** 고객의 욕구 분석
- **CHAPTER 05** 시장세분화와 표적시장 선정
- **CHAPTER 06** 마케팅목표의 정립과 포지셔닝전략

제3장에서는 마케팅전략들을 수립하고 실행하기에 앞서 마케팅전략의 대상이 되는 고객의 행동을 분석하고 이해하는 방법을 소개한다. 제4장에서는 이렇게 분석된 고객의 행동을 토대로 고객의 욕구를 파악한다. 제5장에서는 제3장과 제4장의 고객분석을 바탕으로 시장을 나누고 표적시장을 설정하는 방법에 대해 다룬다. 이렇게 표적시장을 설정하고 난 후 제6장에서는 표적시장에서의 마케팅목표를 정하고 제품(혹은 서비스)가 어떠한 위상을 가져야 하는 지에 대해 알아본다. 즉, 제2부에서는 마케팅정책을 실행하기에 앞서 고객의 이해를 바탕으로 마케팅전략에 대한 계획을 수립하는 것을 목표로 한다.

이 장을 읽고 난 후 여러분들이 알아야 하는 내용은 다음과 같습니다.

- 고객의 유형과 고객행동모델의 흐름에 대하여 이해한다.
- 구매의사결정의 각 단계에서 일어나는 고객행동에 대하여 알아본다.

이 장의 첫 사례는 스토리 중심의 공감 소비에 대한 읽을거리입니다. 빛나는 것보다는 공감할 수 있는 가치관을 중시하는 소비자들의 행동은 이미 다양한 분야에서 두드러지게 나타나고 있는 현상입니다. 이러한 고객들의 행동은 무엇을 시사하고 있습니까? 그리고 앞으로 마케팅활동은 어떤 점을 고려해야 할까요? 다음 읽을거리를 보며 생각해 봅시다.

제 1 절 고객의 유형

제 2 절 고객행동모델

제 3 절 구매 전 단계

제 4 절 구매단계: 제품의 교환과정

제 5 절 사용 및 처분단계: 교환 후 과정

제 6 절 고객행동의 동태적 모델

CHAPTER 3

고객행동의 이해

도입사례

현대의 소비경향, 스토리 중심 공감 소비

한국 젊은 소비자들의 소비 행태가 변화하고 있다. 인스타그램이나 틱톡과 같은 SNS에서는 그동안 '빛나는' 비주얼이 중요한 요소로 작용했지만, 최근에는 상품의 배경 스토리나 공감할 수 있는 가치관을 중시하는 경향이 강해지고 있다. 이러한 흐름은 한국 시장 전반으로 확산되며 기업들의 마케팅 전략에도 영향을 미치고 있다.

최근 몇 년간 SNS에서는 고급스러운 라이프스타일과 감각적인 비주얼이 소비 트렌드를 주도해 왔다. 디자인이 돋보이는 카페나 세련된 상품들이 많은 소비자의 관심을 끌었고, SNS 기반 마케팅 전략이 성공을 거두었다.

그러나 이러한 소비 방식은 점차 '공허함'이나 '반복적인 패턴'에 대한 지적을 받기 시작했다. 단순한 외형적 매력에 의존하는 상품보다 '왜 이 제품을 선택해야 하는가', '그 배경에는 어떤 이야기나 가치관이 있는가'와 같은 내면적인 요소를 찾는 소비자들이 늘어나고 있다. 이에 따라 브랜드들은 단순히 상품을 판매하는 것을 넘어, 소비자와 감성적으로 연결될 수 있는 '스토리'를 전달하는 데 주력하고 있다.

#스토리 소비가 가져온 '공감'의 힘

한국의 소비 시장에서는 젊은이들이 브랜드의 배경과 가치관에 공감하며 제품을 선택하는 움직임이 뚜렷하게 나타나고 있다. 특히 다음과 같은 요소들이 소비자들의 마음을 움직이고 있다.

첫째, 브랜드의 철학과 가치관이 중요해졌다. 소비자들은 단순한 상품 구매를 넘어 브랜드가 추구하는 가치를 공유하며 신뢰를 형성한다. 예를 들어, 환경 보호나 지역사회 지원을 내세우는 브랜드는 단순히 제품을 판매하는 것이 아니라, 소비자에게 '함께 사회적 문제를 해결하고 있다'는 만족감을 제공하며 호응을 얻고 있다.

둘째, 소규모 브랜드와 개인 운영 매장이 인기를 끌고 있다. 대기업보다는 '인간적인 따뜻함'을 느낄 수 있는 브랜드가 주목받는 추세다. 서울 연남동의 카페 '얼스어스'는 흰색을 바탕으로 한 심플하고 아늑한 공간을 제공하며 많은 젊은이들의 공감을 얻고 있다.

셋째, 지속 가능성에 대한 관심이 높아지고 있다. 한국에서도 친환경 소비에 대한 인식이 확산되면서, 재사용 가능한 제품이나 친환경 소재를 활용한 브랜드가 소비자들의 선택을 받고 있다. 폐공장이나 오래된 건물을 개조해 운영하는 '앤트러사이트'는 지속 가능한 경영 방식과 독창적인 브랜드 스토리를 통해 큰 인기를 끌고 있다.

#기업이 나아가야 할 방향

이러한 소비 트렌드 변화에 맞춰 기업들도 새로운 전략을 모색해야 한다.

첫째, 제품의 배경과 제작 과정을 적극적으로 공유해야 한다. 브랜드가 추구하는 가치와 철학을 소비자들에게 전달함으로써 신뢰를 형성하고 공감을 이끌어낼 수 있다.

둘째, 소비자와 직접 소통하는 채널을 강화해야 한다. SNS나 오프라인 이벤트를 활용해 소비자들과 적극적으로 대화하며, 브랜드가 소비자들의 경험 속에서 '나의 이야기'로 자리 잡을 수 있도록 해야 한다.

셋째, 지속 가능한 경영 방식을 도입해야 한다. 단순한 제품 퀄리티를 넘어, 환경 보호나 사회적 가치에 기여하는 브랜드가 장기적으로 소비자들에게 신뢰를 얻을 가능성이 크다.

한국 젊은이들의 소비 스타일은 더 이상 '빛나는 것'만을 추구하는 데 그치지 않는다. 이제 소비자들은 브랜드와 제품을 선택할 때 '공감'과 '가치관의 일치'를 중시하며, 이를 통해 브랜드에 대한 기대와 신뢰를 형성하고 있다.

이러한 변화에 발맞춰 기업들은 소비자의 감성을 자극하는 스토리텔링과 지속 가능한 브랜드 전략을 강화해야 한다. 소비자의 마음을 울리는 '스토리'와 '체험'을 제공하는 것이 향후 비즈니스 성공의 핵심 열쇠가 될 것이다.

자료원: 카타가와 아야네, 한국MZ세대, '빛남'보다 '공감'을 소비한다, 소비자평가, 2025.02.03.

마케팅활동의 근본목적은 고객에게 최상의 가치를 제공하여 제품의 구매를 유도하고, 구매된 브랜드에 대한 애호도를 향상시킴으로써 반복구매를 유도하여 가치 있는 고객과 호의적인 관계를 유지·발전시켜 나가는 것이다. 앞장에서도 언급하였지만 이러한 과정에서 가장 중요한 개념은 '제품가치'에 대한 개념이다. 고객은 어떤 제품의 가치가 적다고 느끼면 그 제품을 구매하지 않는다. 어떤 상표를 구매하든 간에 고객의 입장에서는 그 상표의 제품이 다른 경쟁제품보다 더 많은 가치를 주고 있다고 믿는다. 가치의 개념은 앞으로 언급할 모든 내용에 직접적으로 연결이 되기 때문에 자세한 개념설명과 함께, 이를 어떻게 측정 및 판단할 것인가에 대해 살펴보기로 하자.

제품의 가치

고객은 어떤 제품의 가치가 적다고 느끼면 그 제품을 구매하지 않는다고 한다. 그렇다면 가치란 어떻게 측정할 수 있는 것일까?

가치의 개념과 측정, 판단

가치(value)란 교환을 일으키는 기초적인 변수로, 시장에서 제품을 선택할 때 개인이 그 제품을 보다 선호하게 되는 이유이다. 소비자가 개념적으로 받아들이는 가치는 혜택과 비용면에서 설명될 수 있다. 비용 측면에서의 가치는 금전적인 개념을 도입하여 쉽게 측정 및 비교 가능하나, 어느 한 제품이 주는 혜택을 가치로 표현하는 것은 금전적으로 표현되기 어렵다.

예컨대, 10만원짜리 일반적인 태블릿 PC A와 20만원짜리 태블릿 PC B가 있을 때, 단순히 구입금액을 비용으로 본다면 태블릿 PC B가 태블릿 PC A의 2배이지만 각각의 태블릿 PC를 통해 고객이 얻게 되는 혜택은 금액단위로 측정할 수 없다. 더욱이 개인의 특성에 따라 혜택의 크기도 매우 달라질 수 있다. 만약 고객이 영화 매니아라면 태블릿 PC B에 대해 느끼는 혜택은 태블릿 PC A에 대해 느끼는 혜택보다 2배 이상 많을 수 있다.

이와 같이 비용과 혜택측면의 가치측정에 있어서 단위의 통일이 어렵기 때문에 절대치로서의 가치보다는 제품에 대한 상대적 가치로 표현하는 것이 일반적이다.

상대적인 개념에서의 가치측정 및 비교는 준거제품을 기준으로 평가할 수 있다. 즉, 비용이 절감된다는 장점을 혜택의 증가로 보고, 반대로 비용의 증가라는 단점을 혜택의 감소로 설정하여 가치를 제품이 가지는 혜택차원으로 일원화하여 측정하게 된다.

〈표 3-1〉에서 보듯이 제품의 가치를 평가하는 데에는 일정기준 제품을 두고 제품을 구성하고 있는 속성별로 상대적인 점수를 부여하게 되며, 여기에 각 속성의 가중치를 고려한 총점을 계산하여 최종상대가치를 나타낸다. 위에 나타난 가격 속성에서 2점이라는 점수는 준거제품에 비해 가격이 적절하게 인식되어

고객들에게 긍정적인 평가를 가져다 주고 있음을 나타내는 것이다. 가치의 점수가 0보다 높으면 높을수록 제품은 준거제품보다 높은 가치를 갖게 되며, 0보다 낮으면 낮을수록 가치가 없는 것이며, 0일 경우는 제품이 준거제품과 동일한 가치를 갖는 것이다.

표 3-1 시너지 창출을 위한 전략적 통합의 결과

속 성	준거제품 이하		준거제품			준거제품 이상		가중치 (7점척도)
	−3	−2	−1	0	1	2	3	
가 격						√		6
화 질			√					5
배 터 리				√				5
외 형					√			4
가치점수								11점

이러한 측정방식에서도 알 수 있듯이 기업이 제품의 가치를 향상시킬 수 있는 방법으로 다음의 4가지를 고려할 수 있다.

- 일정 제품이 가지는 속성별 평가를 개선한다. 예를 들어, 위의 태블릿 PC 사례를 보면 가중치가 비교적 높은 화질의 성능을 향상시키는 것이다.
- 제품이 가장 잘 평가받고 있는 속성의 중요성을 높인다. 위의 태블릿 PC 사례에서는 가중치가 보통인 외형에 대한 평가가 비교적 좋은데 이 외형에 대한 중요도를 향상시키는 것이다.
- 제품이 고객에게 제공할 수 있는 새로운 속성을 추가한다. 위의 태블릿 PC 사례에서 자사제품이 '가벼움'의 특징을 가지고 있다면 '가벼움'이라는 새로운 속성을 고객들에게 인식시키는 것이다.
- 목표고객에게 인식되어 있는 준거제품을 자사의 제품보다 떨어지는 제품으로 바꾸도록 유도한다. 위의 태블릿 PC 사례에서 준거제품을 수준이 낮은 준거제품으로 바꾸어 비교하도록 고객들을 유도하면 자사제품의 모든 속성이 준거제품 이상의 평가를 받게 된다.

위와 같은 4가지 방식 중 어느 것이든 성공적으로 시행되면 경쟁구도를 바꿀 수 있다.

담배는 브랜드, 타르의 양, 필터의 종류 등 여러 요소에 따른 개인별 선호의 차이가 큰 상품이다(KT&G의 레종 제품라인).

고객들이 느끼고 판단하는 가치의 기준이 서로 다르기 때문에 어떤 제품이 다른 제품보다 더 많은 혜택을 제공하거나 더 적은 비용을 요구하는가에 대한 판단방법들도 다를 수 있다. 이런 이유 때문에 많은 경우에 고객들의 제품구매와 선호현상도 쉽게 설명되지 않는다. 예를 들어, 패션내의는 브랜드가 겉으로 드러나지 않는 제품이지만, 어떤 고객들에게는 내의의 브랜드명이 큰 의미를 가질 수도 있다. 유명브랜드의 내의를 입으면서 소비자는 자신의 중요성이나 소중함을 재차 확인할 수 있기 때문이다.

고객들은 저가제품을 선호하지만 때로는 고가제품을 구매하기도 한다. 이

는 고객들이 내용에 있어서는 크게 다르지 않더라도 무상표제품보다는 많은 사람들에게 잘 알려진 상표를 선호하는 것과 같다. 그들은 구매할 제품에 대해 더 많은 정보를 원하지만, 실제로 이용 가능한 모든 정보들이 구매결정시에 사용되는 것은 아니다. 그들은 음료수와 같이 저렴하고 상표간 차이가 적은 제품의 선택에 있어서는 비교적 덜 민감하여 상표를 쉽게 전환할 수 있다. 그러나, 담배나 맥주와 같이 상표간 차이가 커서 개인별 선호에 차이가 있는 제품의 선택에 있어서는, 특정한 상표에 대해 비교적 일관된 선호를 갖게 된다.

고객의 구매의사결정과정 및 구매행동에 대한 이해는 고객에게 높은 가치를 제공하여 구매 및 반복구매를 유도하고, 지속적인 애호도 증진을 가능하게 한다.

이처럼 다양한 형태의 고객의 구매의사결정과정 및 구매행동에 대한 이해는 고객에게 높은 가치를 제공하여 구매 및 반복구매를 유도하고, 지속적인 애호도 증진을 가능하게 하므로, 상표의 자산가치를 향상시키는 마케팅전략을 수립하는 데 있어서 필수적이다.

본 장에서는 왜 1, 2장에서 설명한 두 가지 활동(개념전달활동과 구매전환활동)의 수행이 결국 고객에게 가치판단의 근거가 되는지를 고객의 행동 전 과정에 대한 체계적인 분석을 통하여 설명하려고 한다.

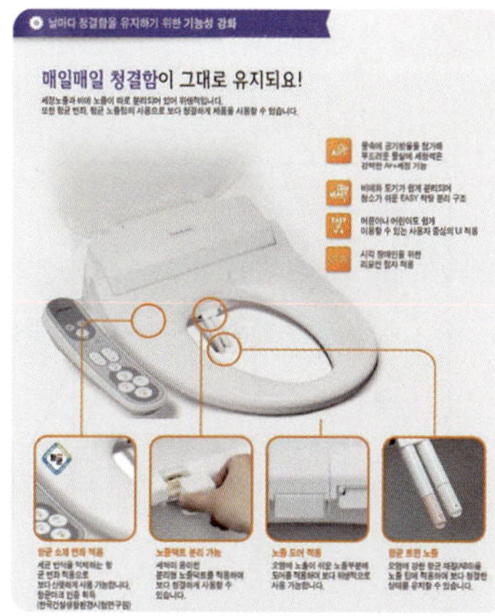

새로운 기능을 탑재한 제품에 대한 정보를 제공하는 룰루비데의 인쇄광고

<그림 3-1>에서 보는 바와 같이, 고객의 행동과정은 문제의 인식(욕구의 발생), 정보의 탐색, 대안의 평가 및 태도 형성, 구매 행동 그리고 구매 후 행동으로 이루어진다. 고객의 문제 인식(욕구의 발생)은 제품의 소비와 관련되는 어느 단계에서나 발생할 수 있다. 즉, 구매 전 단계나 구매단계, 사용단계, 처분단계 모두에서 고객은 문제를 인식할 수 있고, 이 문제의 해결은 각 단계별로 다르게 나타난다. 예컨대, 구매 전 단계의 정보수집 차원에서 문제인식이 일어난다면, 고객은 정보의 탐색으로 문제를 해결하고 그 나머지 행동과정을 탐색된 정보를 근거로 수행할 것이다. 구매단계에서 지불능력에 대한 문제가 인식되었다면, 고객은 그 단계에서 정보의 탐색(다른 지불방법의 탐색)을 거쳐, 그 다음의 과정인 구매 후 행동단계로 넘어갈 것이다. 만약 구매 후 행동단계에서 사용상의 문제가 인식이 된 경우에는 다시 적절한 정보탐색과정을 거쳐 제품에 대한 태도를 조정하고, 추후의 구매행동에 그 태도를 반영할 것이다.

고객과 기업 간의 교환과정상으로 본다면 정보의 교환 전 과정으로부터 정보의 교환과정, 제품의 교환과정, 제품과 정보의 교환 후 과정으로 진행되는 가운데 어느 단계에서나 고객이 문제를 인식하면 <그림 3-1>의 좌측에 나타나 있는 고객행동모형을 따라 문제를 해결하려 하게 된다.

기업의 입장에서 볼 때 고객욕구의 확인과정인 교환 전 과정에서는 고객욕구의 세분화, 세분시장 분석, 표적시장의 선정 등을 통해 시장기회를 확인하는 것이 중요하다. 이에 따른 표적 시장별 마케팅목표는 개념전달활동목표와 구매전환활동목표(거래장애요인제거)로 구분되는데, 이 두 가지 마케팅목표를 달성하고자 하는 노력이 마케팅활동이다. **개념전달활동**은 정보교환과정을 통하여 고객들에게 그들의 욕구를 충족시킬 수 있는 제품이 있다는 정보를 신속하고 정확하게 전달하여, 고객들이 제품 대안들을 평가하고 태도를 형성하는 데 도움을 주는 것이며, 궁극적으로는 자사제품이 고객들에게 호의적으로 인지될 수 있도록 하는 것이다. 다음으로 실제거래활동에서의 장애를 제거하기 위한 **구매전환활동**은 고객들의 제품구매과정을 보다 용이하게 하는 것이다. 또한, 구매 후 계속적

개념전달활동
고객의 욕구를 충족시킬 수 있는 제품이 있다는 정보를 신속, 정확하게 전달하여 고객의 대안평가와 태도형성에 도움을 주는 활동

구매전환활동
실제거래활동에서 장애요인을 제거하여 고객의 구매과정을 용이하게 하는 활동

그림 3-1 고객의 행동, 고객과 기업의 교환과정, 그리고 기업의 마케팅활동

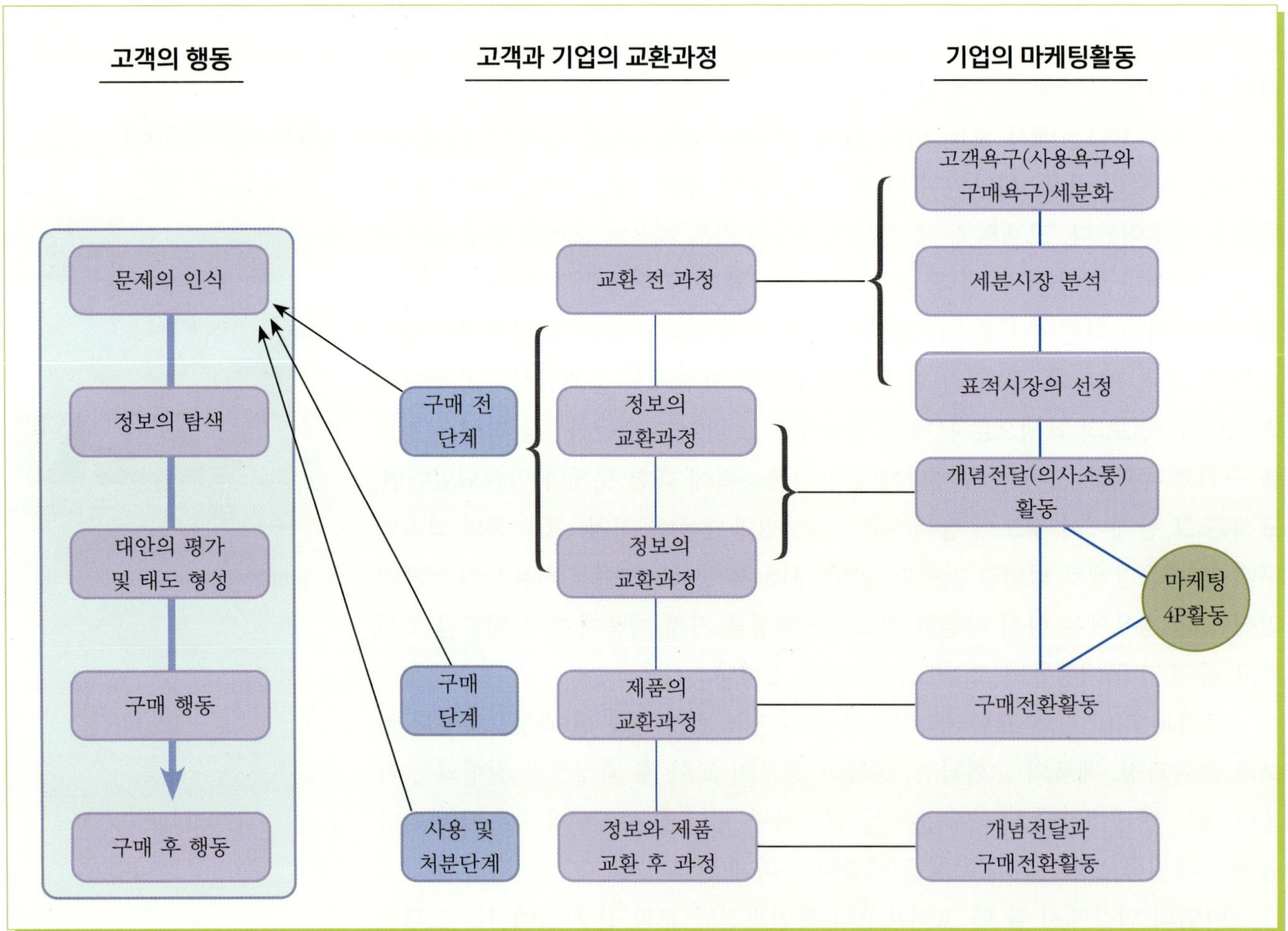

인 재구매를 유도하기 위해서 기업은 개념전달활동과 구매전환활동에 대한 지속적인 노력을 통하여 자사제품들에 대한 가치의 우월성을 고객에게 확신시켜야 한다.

본 장에서는 먼저 고객의 유형과 고객행동모델을 개략적으로 검토한 후, 이에 대한 이해를 바탕으로 하여 고객의 제품소비단계(구매 전－구매－사용－처분단계)를 기준으로 고객과 기업 간의 교환과정을 보다 구체적으로 살펴볼 것이다. 그리고, 마지막으로 고객행동의 변화와 그에 대응한 마케팅관리의 동태적 접근을 연계시키기 위한 하나의 개념적인 틀로서 '고객행동의 동태적 모델'을 소개하기로 한다.

제 1 절 고객의 유형

소비재 시장에서의 고객은 개인 또는 가족이며, 산업재 시장에서는 조직구매자가 될 것이다. 현재까지 대부분의 고객행동에 대한 연구는 개인의사결정자(cell 1)에 집중되어 왔다. 그러나, 고객은 여러 명으로 구성된 의사결정단위가 될 수도 있다. 예를 들어, 가족구매단위(cell 2)에서는 구매의사결정의 각 단계에서 가족구성원 상호간에 서로 다른 영향을 미칠 수 있다. 더욱이 가족 내의 구성원들은 서로 상이한 또는 복수의 구매역할을 수행하기도 한다. 즉, 어떤 구성원은 소비의 필요성(욕구 발생, 문제인식)을 제기하며(발안자: initiator), 또 다른 구성원은 정보의 형태를 결정함으로써 정보통제자가 되거나 의사결정에 영향력을 행사하고(영향자: influencer), 다른 가족 구성원들은 어떤 제품이 가장 적합한가를 결정하거나(결정자: decider), 구매자금을 제공하거나(지출자: financier), 제품을 구매하거나(구매자: purchaser), 혹은 사용할 수 있다(사용자: user). 둘 또는 그 이상의 개인들이 구매에 관여할 때 전체의 욕구와 각 개인의 욕구가 상충되는 경우가 있어 갈등이 일어나기도 한다.

조직구매자의 경우 구매결정과정에 관련되는 구성원들은 흔히 구매센터(cell 4)라 부르기도 한다. 예컨대, 재료와 자본설비의 구매에 있어 구매센터의 구성원들은 구매대리인, 기술자, 자금부서원, 그리고 외부의 자문역을 포함할 수 있다. 일반적으로 가족의 의사결정과 마찬가지로 제품 또는 서비스가 중요하거나 위험성이 있거나 비쌀수록, 구매센터의 구성원 수는 많아진다. 또한, 각 구성

그림 3-2 고객의 유형

조직유형 \ 참여자의 수	개 인	집 단
가족구매(소비재)	Cell 1 개인구매	Cell 2 가족구매단위
조직구매(산업재)	Cell 3 조직구매자 (구매대리인)	Cell 4 구매센터

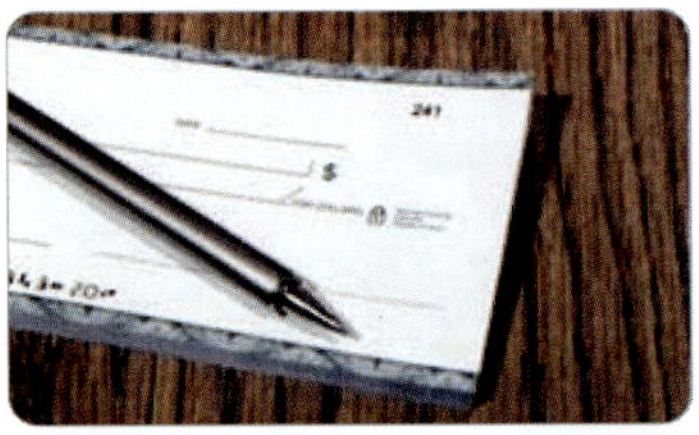

구매할 제품 또는 서비스가 비싸거나 중요할수록 구매센터의 역할은 커진다.

원들은 구매과정에서 상이한 역할을 수행하고, 그 역할들은 구매의 성격에 따라 달라진다. 그러므로, 조직의 구매행동은 조직구성원들 상호간에 의사결정상의 갈등을 일으킬 여지를 안고 있다. 한편, 조직구매는 구매대리인 같은 개인에 의해 수행되기도 한다(cell 3).

제2절 고객행동모델

<그림 3-3>은 고객의 구매과정을 모형화 한 것으로서 <그림 3-1>의 좌측에 있는 부분을 보다 구체적으로 설명한 것이다. 이 고객행동모델은 교환 전 과정과 연결될 뿐만 아니라 교환과정과 교환 후 과정에 대한 토론을 위한 일반적인 틀을 제공해 준다.

고객행동모델은 정보처리, 중앙통제, 의사결정과정으로 구성되어 있는데, 중앙의 원이 고객의 심리적 구조를 나타내는 중앙통제 부분이다. 이것은 경험의 저장소라고 볼 수 있으며, 시간의 경과에 따라 새로운 정보가 들어와 가·감·변형의 과정을 거치게 된다. 조직이 정보를 기록으로 저장하는 것처럼 개인은 정보를 기억 속에 저장한다. 제품에 대한 정보는 제품(상표)의 개념, 제품의 속성과 편익, 또는 개인의 사용경험 등을 포함한다. 또한, 중앙통제 부분은 개인의 독특한 특성이라 할 수 있는 개성을 포함하는데, 개성은 정보처리와 의사결정과정뿐만 아니라 특정제품에 대해 추구하는 편익의 선호도에도 영향을 미친다. 개인이 사전

그림 3-3 개인 고객행동모델

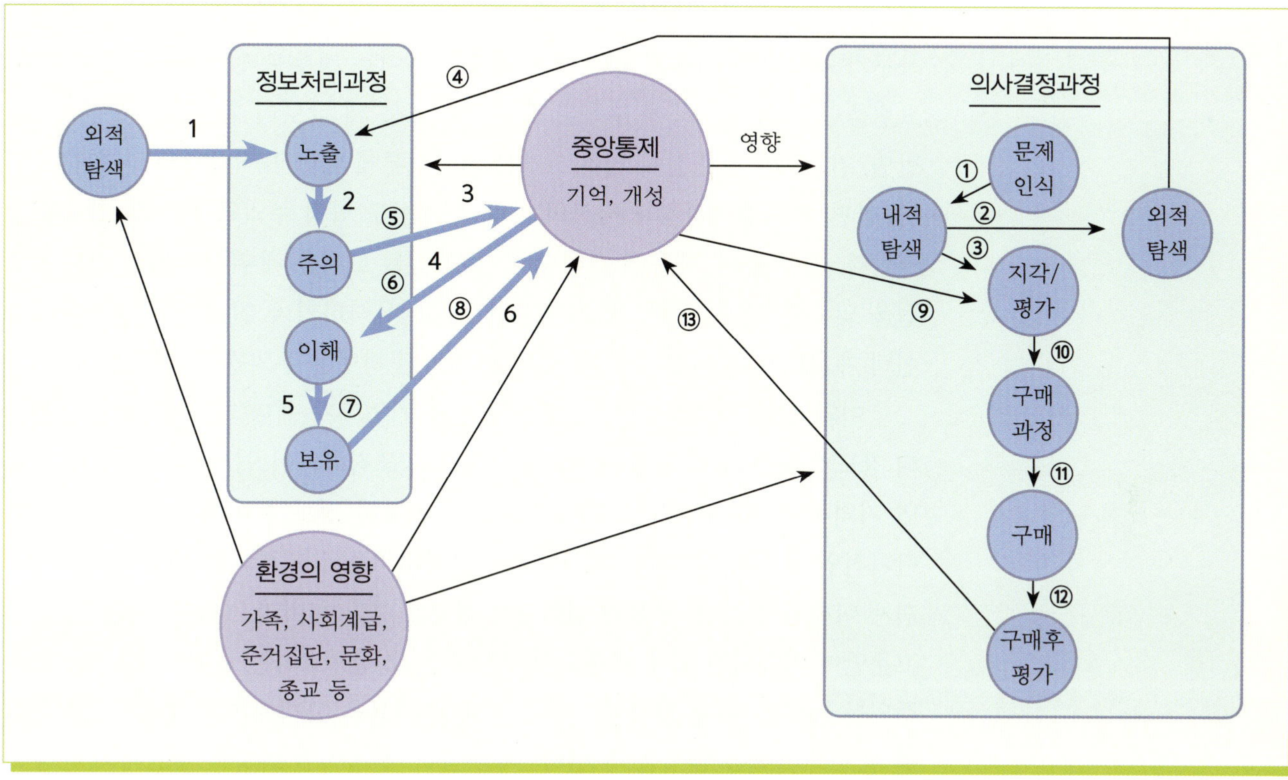

경험을 통해 정보를 축적하는 것과 마찬가지로 가족이나 조직들 또한 그러하다. 관계된 개인들의 경험의 합이 가족이나 조직의 새로운 정보를 처리하는 방법에 영향을 미친다.

고객행동모델에서 **정보처리과정**은 개인이 외부자극을 어떻게 처리하는지를 나타낸다. 여기에는 노출(exposure), 주의(attention), 이해(comprehension), 보유(retention)의 네 가지 처리단계가 있다. 그림에서 1, 2, 3, 4, 5, 6은 정보처리 과정의 흐름을 나타낸다. 노출(과정 1)은 시장에 있는 물리적·사회적 정보를 인식하는 단계로서 오감을 통해 매 순간마다 얻어지는 정보이다(보다 자세한 내용은 본장 제4절 중 정보교환과정 참조). 이러한 정보는 변형되지 않은 채 잠시 보관될 뿐이므로 감각적 정보라고 한다. 노출된 정보가 고객의 주의를 끌 것인가는(과정 2) 주의의 선택과 강도, 정보 자체의 구조적 특성(예컨대, 자극의 강도, 대조, 반복, 신기함 등), 중앙통제 부분의 기억과 개성, 그리고 의사결정과정에서의 동기나 욕구 등에 의해 결정된다.

정보처리과정
개인이 외부자극을 어떻게 처리하는지 나타내며, 노출-주의-이해-보유의 4단계로 구분

정보가 신기하고 호기심을 자극하게 되면 고객의 주의가 높아질 수 있다. 이는 정보 자체의 구조적 특성 때문에 주의가 높아지는 경우이다. 또한, 현재의 욕구가 높을수록 관련된 정보에 주의를 기울이는 경우도 있다. 예를 들어, 식이요법중인 고객은 제품에 부착된 표시사항을 볼 때 칼로리 함유량을 눈여겨보는 반면, 건강식품에 관심이 있는 고객은 인공성분에 대한 표시사항을 주의 깊게 본다. 한편, 의사결정과정과 사전의 기억 및 개성도 역시 주의의 선택 및 강도를 결정한다. 예를 들어, 제품에 대해 많이 알고 있는 고객은 매우 구체적인 정보에 초점을 맞추게 된다. 또한, 정보가 사전경험과 유사하거나 일관성이 있으면 쉽게 선택·체계화될 수 있으나, 그렇지 않고 분절된 정보는 주의를 끌기 어렵다.

이와 같이 주의를 끄는 정보는 실제로 기억되기 쉽다(과정 3). 그러나, 주의의 강도가 높은 정보라 할지라도 체계적으로 조직화되어 쉽게 부호화될 수 없다면 기억하기 어려워진다. 즉, 임시적으로 저장된 정보가 이해의 과정(과정 4)과 단기적인 보유의 과정(과정 5)을 거쳐 장기기억으로 저장되는 과정(과정 6)에서 쉽게 이해될 수 없거나 빨리 잊혀지는 정보는 사라져 버리고 만다. 예를 들어, 광고문안이 이해하기 쉽게 표현되지 못한다면 그 설득효과는 떨어지게 된다. 또한, 주의를 높이는 데만 집착한 나머지 원하는 내용을 고객에게 이해시키지 못한다면 광고의 목적을 달성할 수 없다. 예를 들어, 선정적인 화장품 광고에 대한 주의의 강도는 높지만 그것이 어떤 제품의 광고인지 이해할 수 없다면 광고의 효과는 미약 할 것이다.

의사결정과정

문제인식과 내·외적 탐색, 제품에 대한 평가, 구매과정과 구매, 구매후 평가

의사결정과정은 고객행동모델의 세 번째 구성요소이다(단계 ①~⑬). 이는 문제의 인식(고객욕구의 발생), 내적·외적 탐색, 제품의 평가, 구매과정, 구매, 그리고 구매 후 평가 등을 포함한다. 구매상황에서 문제인식(단계 ①)은 해결을 필요로 하는 특별한 문제, 즉 욕구에 대한 인식이다. 일단 문제가 인식되면 고객은 그 문제를 해결할 방법에 대한 필요한 정보를 저장된 기억에서 탐색하거나(내적 탐색: 단계②), 외부에서 추가적으로 탐색하기도 한다(외적 탐색). 문제를 인식했을 때 개인이 가지고 있는 내부기억정보의 탐색만으로 충분하다면 내적 탐색단계에서 곧바로 평가단계로 넘어가지만(단계 ③), 내부 기억정보가 없거나 불충분하다면 외적 탐색을 필요로 하는데, 이때는 새로운 정보수집을 위한 정보처리과정(단계 ④~⑧)을 거치게 된다. 정보처리과정을 거쳐 탐색된 정보는 경험과 지식의 일부로서 이해되어 기억에 저장되며, 이 정보는 대안들을 평가하고 비교하는 데 사용된다(단계 ⑨). 평가단계에서 외적 탐색을 통해 입수된 정보로도 충분하지 못

하다고 느끼면 더 많은 정보를 탐색하고 평가한다. 이렇게 입수된 정보를 근거로 제품의 속성들에 대한 인지적 신념을 형성하며, 인지적 신념들이 가중치로 결합되어 제품에 대한 전반적인 호감도(예컨대, 좋아한다·싫어한다)를 나타내는 감정적 태도를 형성하게 된다. 일단 형성된 태도는 쉽게 변하지 않고, 사람들은 태도에 적합한 정보만을 선택적으로 지각하게 되므로 이러한 태도의 기능을 이해하는 것은 매우 중요하다. 대안의 평가 및 태도형성과정에 이어 고객은 구매과정(단계 ⑩)을 거친 후 구매(단계 ⑪)를 하게 된다. 고객은 제품을 구매하고 사용해 본 후 그 제품에 대한 평가를 하게 된다(단계 ⑫). 즉, 제품에 대한 만족·불만족 여부, 불만족 시 그 원인, 자기의사결정에 대한 불안감 등을 가지게 된다. 마지막으로 이들 구매 후의 평가내용은 중앙통제 부분의 기억장치 속에 다시 들어가 지식으로 축적된다(단계 ⑬).

고객행동모델의 고객의사결정과정 부분을 고객과 기업의 교환프로세스상에서 보다 구체적으로 이해될 수 있도록 하기 위하여 다음 제3절에서는 구매 전 단계상에서의 교환 전 과정(고객의 문제인식 및 욕구발생에 초점)과 고객과 기업간의 정보교환과정(정보의 탐색과 관련하여 인지형성에 초점), 대안의 비교평가 및 태도형성과정(제품의 평가와 관련하여 고객의 평가모델과 태도형성에 초점)에 대해서 자세히 알아보기로 한다. 또한, 제4절에서는 구매단계에 해당하는 제품교환과정(구매과정과 구매에 관련하여 고객의 행동형성에 초점)에 대하여 알아보고, 제5절에서는 사용 및 처분단계에 해당하는 정보와 제품의 교환 후 과정(구매 후 평가에 관련하여 고객의 새로운 인지·태도·행동 형성에 초점)을 제시할 것이다.

이러한 교환과정을 원활하게 하기 위하여 기업은 마케팅의 네 가지 전략적인 도구들(마케팅믹스: 4P)을 적절히 선택하여 시행하여야 한다. 더 나아가서는 고객의 행동을 보다 동태적으로 이해하는 것이 필요하며, 이는 고객의 상표애호도(brand loyalty)를 증진시키는 지속적인 고객관리와 연결된다. 이에 대해서는 제6절에서 자세하게 언급될 것이다.

모바일 마케팅

핵심사례 3-1 | 똑똑해진 소비자

소비자가 경험하는 브랜드와 상표는 다양하다. '브랜드 차별화 전략(최승호 저)'에 의하면, 하루 평균 약 1,500개의 브랜드, 상표, 제품을 마주한다. 그중에서 상기하는 것은 5%에 해당하는 76개이며, 기억하는 것은 0.8%인 12개에 불과하다. 소비자 입장에서 경험한 제품에 대한 상기율이나 기억률이 현저하게 떨어진다. 이렇듯 기업이 신제품을 론칭할 때 잠재고객이 자사제품에 대하여 기억해 줄 확률도 높지 않을 것이다.

즉, 기업의 상품개발자와 마케터는 상품기획, 마케팅방안 수립에 있어 감(感)에 의존하기보다 숫자, 데이터를 활용하는 시스템이 필요하다. 이를 위해 기업은 [제품 관점]보다 [마케팅 관점]에 눈을 떠야 한다. 마케팅 중에서도 [소비자행동]을 이해하는 것에서 출발해야 한다. 소비자 행동을 반영한 브랜딩, 디자인, 광고홍보, 유통채널의 전개가 필요하다. 소비자 행동 및 라이프스타일의 사례 2가지를 소개해 본다.

소비자 행동 사례(1)

우리는 삼성 갤럭시폰의 알람 소리에 아침잠을 깬다. 눈을 비비면서 핸드폰의 SNS 채널(유튜브·블로그·인스타그램·페이스북)을 넘겨본다. LG TV를 잠시 켜고 멍하니 있다가 일어난다. 화장실로 이동하여 죽염 치약으로 이를 닦고 질레트 면도기로 면도를 한다. 샴푸로 머리를 감고 도브 비누로 세수하면서 친환경 바디워시로 샤워를 한다. 샤넬화장품의 스킨, 로션과 올리브영의 선크림을 바른다. 이후 지펠 냉장고에서 미닛메이드 포도 주스를 마시고, 쿠팡 로켓배송으로 배달 온 채소와 과일로 샐러드 식사를 한다. 식사 후 신세계몰에서 구입한 스타벅스 커피 원두로 커피를 만들어 마시고 출근 준비를 한다.

출근 패션 코디를 위해 빈폴 세미 정장에 폴로 티셔츠를 입고 탠디 구두를 신는다. 점심시간에 동인동찜갈비골목의 실비갈비찜에서 지인과 식사를 하고, 핸즈커피에 들러 테이크아웃한다. 퇴근 후 회사 동료들과 캘리 타운에 들러 캘리 맥주를 마신 후 집으로 온다. 잠들기 전에 삼성 갤럭시폰을 이용하여 배너 광고가 떠있는 네이버 화면에서 오늘의 핵심 검색어를 살펴본다. 밤 11시가 가까워오자 텔레비젼의 예능 프로그램을 보면서 제품 광고를 멍하니 바라본다.

소비자 행동 사례(2)

소비자 행동(집현재, 이학식 외)에 의하면, 신한카드 데이터를 활용한 소비생활 패턴을 쉽게 소개하고 있다. 그림 1을 살펴보면 A 씨는 여의도에 거주하고, 직장은 을지

[그림 1] 신한카드 소비자 행동 패턴 사례

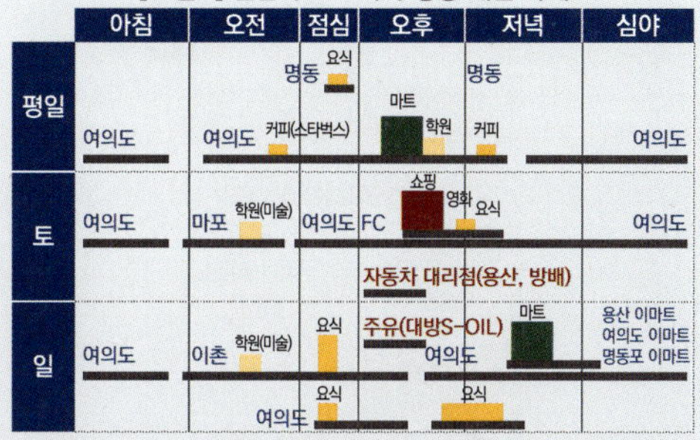

자료: 소비자행동론(집현재)

로이며, 일요일에는 이마트를 가고, 학교연령의 자녀가 있는 사람임을 알 수 있다. 이러한 알고리즘은 고객 정보(성별·연령대·카드 사용 패턴·위치 등), 결제 정보(구매품목·금액·빈도 등), 가맹점 정보(위치·지역특성·상권특성·가맹점특성 등)와 밀접한 관련이 있다. 신한카드는 이러한 데이터에 근거하여 소비자 행동을 다양한 각도로 분석한다. 데이터 분석 내용을 바탕으로 마케팅 반응률 및 구매전환율 증대로 활용하게 된다.

예컨대, 제공된 쿠폰이 몇 명의 소비자에게 노출되고, 몇 명이 쿠폰을 다운로드했으며, 실제로 사용한 소비자는 몇 명인지 등의 데이터를 확인하게 된다. 마케팅을 전개하기 위해서 소비자 행동 변화를 살펴보는 것은 꽤나 중요하다. 나아가 마케팅 실행 후 반응 정도를 파악함으로써 제공된 마케팅의 보완을 위한 기초자료가 되며, 새로운 서비스를 개발하는 근거로 활용할 수 있다.

소비자의 구매의사결정 시 고민하는 5가지

기업의 신제품 출시에 있어 유통채널 개척 및 마케팅 방향 수립은 중요하다. 마케팅 실행방안을 마련함에 있어 [소비자 행동]을 명확히 이해하는 것은 선택이 아닌 필수다. 소비자의 라이프스타일을 어떻게 확보하고, 어떻게 이해하느냐에 따라 마케팅 전개 방법은 달라질 수 있다. 즉 소비자의 구매행동과 관련된 의사결정에 있어 마케터가 명심해야 할 요소는 크게 다섯 가지이다. (1) 무엇을 구매할 것인가? (2) 얼마만큼 구매할 것인가? (3) 어디서 구매할 것인가? (4) 언제 구매할 것인가? (5) 어떻게 구매할 것인가? 등이다.

특히 첫 번째 질문인 [무엇을 구매할 것인가]가 가장 중요한 핵심이다. 소비자는 구매 대상을 선택함에 있어 제품군과 상표대안을 고민하게 된다. 예를 들어,'소비자는 전자제품에 있어 세탁기와 스타일러 중 무엇을 구매할 것인가?', '세탁기를 구매에 있어 삼성, LG 중 어느 상표(brand)를 구매할 것인가?', '삼성세탁기 중 어느 모델을 구매할 것인가?'와 같이 제품군, 상표, 모델의 의사결정으로 이어지게 된다.

이처럼 소비자는 늘 구매와 관련하여 의사결정 상황에 직면한다. 저관여제품을 구매함에 있어서는 소비자의 선택이 쉬울 수 있다. 반대로 고관여제품의 경우는 생각만큼 쉽지 않다. 소비자가 고관여제품을 구매함에 있어 마케터는 소비자에게 구매 의사결정을 쉽게 하도록 도움을 주어야 한다. 이를 위하여 마케터는 (1) 브랜드 마케팅 (2) 디자인 마케팅 (3) 광고홍보 마케팅 (4) 콘텐츠 마케팅 (5) 유통채널 마케팅에 대하여 제대로 인식해야 한다. 기업에서 소비자에게 제공하는 마케팅 머티리얼이 소비자의 수용성에 얼마나 많은 도움이 되느냐가 중요하다. 마케터는 소비자의 수용성을 높이기

[그림 2] 소비자의 문제인식 & 정보탐색

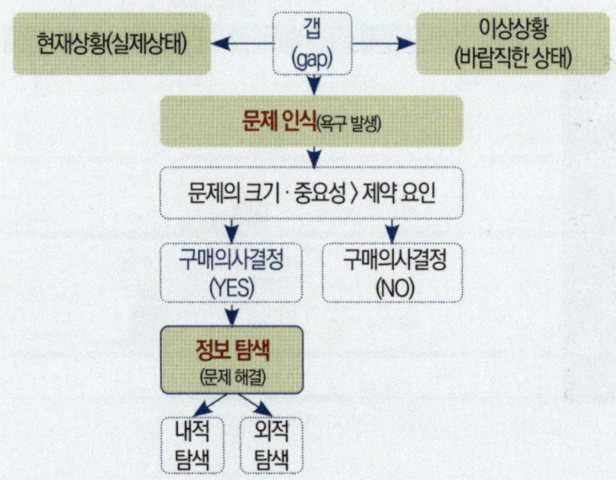

자료: 마케팅원론(학현사), 소비자행동론(집현재)

위하여 그림 2에서 제시한 소비자의 구매의사결정과 관련된 [문제 인식]과 [정보 탐색]에 관심을 가져야 한다.

소비자의 구매는 문제 인식 단계부터

소비자는 늘 현재보다 더 나은 미래를 희망한다. 그렇기에 니즈(needs)와 욕구(wants)가 일어난다. 소비자가 현재상황과 이상상황에 있어 차이(gap)를 얼마나 크게 느낄 것인가가 핵심이다. 그 차이가 클수록 소비자의 구매 욕구 및 동기부여가 높아진다. 소비자가 자신의 현재상황에 빗대어 이상상황에 대한 갈망을 가짐으로써 소비자의 [문제 인식] 단계로 진입하게 된다.

예를 들어, 소비자가 세탁기를 갖고 싶은 욕구가 발생하더라도 욕구가 생각보다 크지 않거나, 비록 욕구가 크더라도 패션의류, 화장품 등에 대한 욕구보다 중요성이 낮다면 구매로 이어지지 않는다. 물론 구매 의사결정에 대한 인식이 높아지더라도 예산(금전) 문제와 사회규범(비금전) 문제라는 제약요인이 존재한다.

소비자의 문제 인식 후, 정보 탐색으로

소비자가 구매와 관련된 문제 인식 후, 그 문제의 크기와 중요성이 현실적 제약요인을 극복할 만큼 충분히 크다면 구매를 위한 [정보 탐색]으로 나아간다. 그 과정에서 소비자는 구매에 필요한 정보를 기억으로부터 회상하게 되며 이를 내적 탐색(internal search)이라 한다. 내적 탐색에 의하여 의사결정을 할 수 있으면 곧바로 구매로 이어진다.

그러나 소비자는 내적 탐색만으로 구매에 필요한 충분한 정보를 기억 속에 보유하고 있지 않거나 보유하고 있더라도 회상해 내는 데 한계가 있다. 이 상황이 되면 소비자는 구매 의사결정을 위하여 더 많은 정보를 찾기 위하여 외적 탐색(external search)을 하게 된다. 이러한 외적 탐색은 개인 및 구매 상황에 따라 상당히 다르다. 소비자가 새로운 정보를 찾고자 하는 자발적인 동기부여가 어느 정도인가에 따라서도 달라진다. 요컨대, 기업의 마케터는 소비자의 행동 변화를 인식하는 것에서 마케팅이 출발함을 알아야 한다. 기업에서 론칭한 제품이 아무리 탁월하더라도 소비자에게 그 제품에 대한 구매 니즈와 욕구를 전달하지 못하면 무용지물이다. 즉 소비자가 제품의 구매를 위한 [문제 인식] 단계를 거쳐 [정보 탐색] 단계에 있어 자사 제품과 마주하도록 해야 한다.

이를 위해 마케터는 마케팅 전략 및 실행방안 수립에 있어 자사 제품이 잠재고객에게 '고려상표군'으로 인식되도록 해야 하며, 적어도 '상기상표군'까지 포함되도록 해야 한다. 이를 위해 기업은 브랜드·디자인·광고홍보·콘텐츠·유통채널에 있어 자사 제품만의 차별성(경쟁우위요소)을 콘텐츠로 만들어가야 함을 명심하자.

자료원: 곽대훈, 소비자 라이프스타일을 알면 마케팅 방향이 보인다, 대구신문, 2024.10.06.

제3절 구매 전 단계

1 교환 전 과정

(1) 구매를 할 것인가

고객들은 무엇을 구매할 것인가를 결정하기 전에 먼저 구매가 합당한 것인가를 결정하여야 한다. 고객들이 해야 할 가장 기본적인 결정 중의 하나는 자신의 수입을 지출에 할당하는 예산수립과정이다. 이러한 결정은 가처분소득범위 내에서 이루어진다. 수입은 의·식·주, 운송, 의료와 같은 생존을 위해 필요한 부문들에 할당되어야 한다. 나아가 고상함, 지위, 또는 즐거움에 대한 욕구—예컨대, 스키장비, 잡지—를 충족시키는 기호품 구매에도 사용될 수 있다.

석유파동으로 시작된 1970·80년대의 스태그플레이션은 소비자들의 불안을 가중시켰다.

(2) 언제 구매를 할 것인가

구매가 언제 일어날 것인가에 영향을 미치는 가장 중요한 요인들 중 하나는 경제적 실현 가능성이다. 소비재 시장에서는 일반적인 경제상황뿐만 아니라 고객들의 현재 및 장래의 직위와 수입이 구매시기에 영향을 미친다. 미국의 중간층 고객들을 경제적으로 어려운 궁지에 몰아 넣은 십 년 간의 스태그플레이션은 지출형태에 예기치 않은 영향을 미쳤다. 물가가 큰 폭으로 상승할 때 고객들은 보통 지출을 줄이는 반응을 보인다. 그러나, 1980년대 중반에 들어서면서 반대현상이 나타났다. 비록 물가상승은 높았지만 많은 제품의 경우에 소비자 지출이 오히려 증가했다. 고객들은 향후의 경제상황이 더 나빠질 것으로 생각하였기 때문에 더 많은 구매를 하였던 것이다.

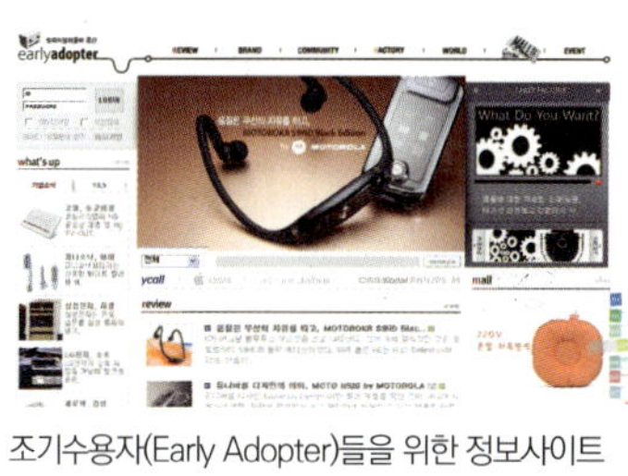

조기수용자(Early Adopter)들을 위한 정보사이트

또, 기업의 마케팅관리자들은 구매의 긴급함을 강조함으로써 소비자들의

구매시기에 영향을 미칠 수 있다. 시간제한판매, 한정판매 등을 통해 제품의 현재가치를 높이고 구매를 앞당길 수 있다.

마지막으로 구매시기에 대한 결정은 실제의 구매시점뿐만 아니라 다른 구매자들의 구매시기에 의해서도 영향을 받는다. 신제품의 구매를 유보하는 고객들이 있는 반면, 신제품이 시장에 나오자마자 구매하는 조기수용자(Early Adopter)들도 있다. 조기수용자들은 다른 잠재고객들에게 중요한 정보원천이 되고, 그들의 구매결정에 커다란 영향을 미치기도 한다. 조기수용자들은 일반적으로 다른 구매자들보다 제품군에 대해 더 많은 지식을 가지고 있다. 그들은 때때로 신기한 것에 대한 욕망 또는 위험감수경향의 특징을 가지고 있으며, 많은 의사소통망을 가지고 있다. 따라서 마케팅관리자들은 조기수용자들에게 최초의 판매노력을 집중시킴으로써 신제품의 채택과 확산을 촉진시킬 수 있고, 조기수용자들에 의한 구전효과를 활용하여 제품확산을 꾀할 수 있다.

(3) 무엇을 구매할 것인가

고객들의 욕구는 무엇을 구매할 것인가에 대한 결정에 영향을 미친다. 고객들이 구매하는 제품은 크게 기능재, 경험재, 상징재의 3가지로 나누어 설명할 수 있다.

먼저, 고객들은 시간의 부족, 효율성 추구 등의 이유 때문에 기능적 제품에 대한 욕구를 가지고 있다. 예를 들어, 고객들은 좀 더 선명한 사진기, 좀 더 빠른 복사기와 컴퓨터, 안전한 자동차 등에 대한 욕구를 가지고 있다.

두 번째로, 고객들은 감각을 만족시켜 주는 제품들에 대한 감각적 혹은 경험적 욕구를 가지고 있다. 이 제품들은 좋게 보이게 하고, 좋은 냄새가 나고, 맛이 좋으며, 좋은 느낌을 주고, 감정을 자극하거나, 신기하거나, 긴장을 풀어 주는 등의 역할을 한다. 예를 들어, 놀이공원, 음악CD, 향수 등이 그것이다.

마지막으로 고객들은 그들에게 특정집단의 일부라는 소속감을 주거나 자신이 특이하고 흥미 있는 사람이라고 느끼게 하는 제품들에 대한 상징적인 욕구를 가지고 있다. 이러한 제품들은 다른 사람들에게 자신이 누구인가, 자신의 품위가 어떠한가에 대한 표현을 해 주고, 일반적으로 자신이 다른 사람의 눈에 호의적으로 보이도록 한다. 예컨대, 자신을 상류계층과 동일시하는 사람은 집단구성원 의식의 상징으로 고급승용차를 타고 다닌다든지, 주로 높은 사회적 지위를 상징하는 제품들을 선택한다. 자연보호주의자는 에너지를 절약하고 비용이 적게 드는,

천연화장품 LUSH는 천연재료로 생산될 뿐만 아니라 용기포장을 최소화하여 자연보호에 관심이 많은 소비자들에게 각광받고 있다.

그리고 환경에 해를 미치지 않는 제품들을 사용함으로써 소속감을 갖는다.

동일 제품이 다양한 욕구들을 충족시키는 경우를 찾아볼 수도 있다. 즉, 제품이 충족시켜 주는 가장 큰 욕구는 그것이 고객에게 어떻게 제시되느냐에 달려 있다. 예컨대, Benz는 운송욕구라는 기능의 해결과 동시에 고급차로서의 상징적인 의미를 갖는다. 마찬가지로 콘택트렌즈는 시력을 교정해 준다는 점에서는 기능적이면서도, 안경보다 더 편리하고 사용자를 좀 더 매력적으로 보이도록 할 수 있다.

단편사례

마스카라의 탄생

여성용 메이크업 제품의 대명사인 마스카라는 여성의 속눈썹을 좀 더 진하고 풍성하게 보이도록 하고 싶다는 생각에서 출발하였다. 메이블린의 창업자인 윌리엄스는 여동생이 풍성하게 보이지 않는 속눈썹으로 고민하자 석탄과 바셀린을 개어 여동생의 속눈썹에 발라주게 된다. 운이 좋게도 눈에 자신감을 가진 여동생이 연인과 재회하자 이를 이용하여 화장도구를 만들 생각을 하게 되었다. 외모를 더 돋보이게 하고 싶다는 욕구와 이를 해결하기 위한 아이디어가 공전의 히트를 기록한 제품을 탄생시킨 것이다. 1915년 창립된 최초의 마스카라 회사인 '메이블린'은 여동생의 이름인 '메이블'과 바셀린의 끝 음절을 합성하여 지은 이름이다.

1996년 메이블린은 로레알에 인수되었으며 2000년 미국 내 1위 브랜드가 됨

2 정보의 교환과정

기업과 고객 사이의 정보교환은 쌍방향적이다. 기업은 고객들에게 그들의 욕구를 충족시켜 줄 수 있는 정보를 제공하고, 고객들은 그들의 구매행동과 태도, 의견, 그리고 신념과 같은 정보를 기업에 제공한다.

(1) 고객들은 왜 정보를 탐색하는가

고객들이 제품정보를 탐색하는 것은 제품을 구매하기 위해서, 혹은 단순히 제품정보를 수집하기 위해서, 아니면 점포에 대한 정보를 수집하기 위해서와 같은 서로 다른 동기들 때문이다. 그럼에도 불구하고 고객행동을 설명하는 대부분

구매지향적 탐색

기능적, 감각적, 상징적 욕구를 충족시키는 제품구매를 원하는 고객들의 정보탐색

제품지향적 탐색

구입을 위해 정보를 탐색하는 것이 아니라 단지, 제품군 내의 정보를 얻기 위해 이루어지는 정보탐색

의 모델들은 **구매지향적 탐색**에 국한되어 있다. 즉, 고객들은 기능적, 감각적 또는 상징적 욕구를 충족시키는 제품의 구매를 원하기 때문에 정보를 탐색한다는 것이다. 조직적 상황에서는 대부분의 탐색활동들이 구매지향적 이유들 때문에 수행된다. 하지만, **제품지향적 탐색**은 제품을 구입하기 위해 정보를 탐색하는 것이 아니고, 단순히 제품군 내의 상품에 관한 정보를 얻기 위해 이루어진다. 예컨대, 이미 스테레오시스템을 가지고 있는 전문가라도 판매점을 간혹 방문하고, 스테레오기기에 관한 잡지를 읽고, 신제품에 대해 판매원과 이야기하는 것으로부터 커다란 기쁨을 얻는다. 마지막으로 과정지향적 탐색은 구매과정 자체에 대해 흥미를 느끼고 정보를 탐색하는 것이다. 그들은 진열장을 구경하고, 판매에 관한 신문광고를 읽고, 제품구매경험에 대해 다른 사람들에게 물어 보는 등의 행동을 할 것이다.

실제로 구매하는 고객만 중요한 고객일까?

고객구매행동모델이 비록 제품지향적 또는 과정지향적 탐색자들을 경시하고 있지만 이런 유형의 탐색행동을 하는 고객들이 구매행동에 간접적인 영향을 미칠 수도 있다. 예컨대, 제품지향적 탐색자는 다른 사람들에 의해 어떤 제품군의 전문가로서 제품정보의 원천으로 인식될 수 있으며, 또, 과정지향적 탐색자는 아주 다양한 시장상황에 대해 많은 지식을 가지고 있어서 다른 사람들의 구매행동에 영향을 미치는 정보를 전달하게 될 수도 있기 때문이다. 따라서 마케팅관리자는 제품지향적과 과정지향적 탐색자들에 대한 이해를 소홀히 해서는 안 된다.

(2) 고객들은 어디에서 정보를 탐색하는가

고객들이 갖고 있는 가장 중요한 정보원천은 그들 자신의 사전지식과 직접경험이다. 내적 탐색은 구매결정의 지침으로 개인의 경험을 이용하는 과정이다. 예컨대, 만약 개인이 수년에 걸쳐 특정상표의 세제에 대한 좋은 경험을 가지고 있다면 대안적인 상표들에 대한 포괄적 탐색은 불필요하다. 마찬가지로 가정이나 조직은 중요하고 믿을 만한 정보원천이 되는 공급자들의 경험을 참고할지 모른다. 또한, 가정이나 조직은 필요한 정보를 얻기 위해 구성원들의 다양한 경험이나 지식을 이용할 수도 있다.

외적 탐색은 제품에 관련된 정보를 얻기 위해 외부환경을 탐색하는 과정이다. <표 3-2>에 요약된 외적 정보원천들은 마케팅관리자가 지배적인 역할을 하거나, 또는 비마케팅관리자가 지배적인 역할을 할 수도 있으며, 인적 또는 비인적 정보원천을 반영할 수도 있다. 마케팅관리자가 지배적인 역할을 하는 정보

원천들은 마케팅믹스에 의해 수행되는 정보전달활동들을 포함한다.

각각의 믹스는 제품개념을 나타내고 거래를 촉진시키는—예컨대, 제품을 어디서 구매할 수 있는가, 어떻게 사용될 수 있는가, 또는 얼마나 많은 비용이 드는가 등—정보를 전달할 수 있다. 동일기업의 다른 제품들에 대한 이미지들은 구매자들에게 또 다른 정보의 원천이 된다. 대부분의 전통적인 모델들이 정보탐색을 실제구매의 선행조건으로 묘사하고 있으나 구매를 통해 제품을 경험하는 것 자체도 정보탐색의 한 형태라 볼 수 있다. 예컨대, 저관여제품으로 볼 수 있는 스낵제품의 경우, 많은 고객들은 실제구매를 해 봄으로써 제품에 대한 특성을 확인할 수 있다. 무료견본을 사용해 보는 것도 직접적인 정보를 얻는 또 하나의 수단이 된다.

마케팅관리자가 주도적인 역할을 하는 정보원천들은 고객들에게 중요하지만, 고객들은 흔히 이러한 정보들을 회의적으로 보는 경향이 있다. 고객들은 이런 정보의 원천이 공정하다고 믿지 않기 때문이다. 반면에 비마케팅관리자가 주도적인 역할을 하는 정보원천들은 객관적인 제품 정보를 제공할 수 있기 때문에 편견이 적은 것으로 간주된다. 비인적 비마케팅관리자 원천들은 상품 속성들에 대한 객관적인 정보를 제공하고, 따라서 고객들이 정보를 탐색할 수 있는 효율적인 수단이 될 수 있다. 그러나, 이런 원천들은 상표의 객관적 차원에 대한 정보만 제공하지 상표의 무형적, 상징적 또는 감각적 차원에 대한 정보는 거의 제공하지 못한다. 그러므로, 산업재 시장에 있어서 전문가와 상담자 같은 개인적이면서 비마케팅관리자가 지배적인 역할을 하는 원천들은 이런 형태의 정보를 제공할 수 있는 유용한 전달자가 된다.

화장품 고객들은 무료견본을 사용해 본 후 정품을 구매한다.

표 3-2 정보의 원천

구 분	마케팅 주체 지배적		비마케팅 주체 지배적	
	가족구매자	조직구매자	가족구매자	조직구매자
인 적	• 판매사원 • 무료전화서비스	• 판매사원 • 산업전시회	• 친구 • 친척 • 전문가 • 개인적 경험	• 최고경영자 • 외부상담역 • 구매부서 • 동료
비인적	• 광고 • 진열 • 판매책자 • 포장 • 직접우편	• 산업출판물의 광고 • 판매조사보고서	• 뉴스와 사설	• 뉴스발행기관 • 동업자 단체

(3) 정보탐색에 영향을 미치는 요인들

정보탐색자들은 일반적으로 탐색을 통하여 인지된 편익을 그것을 얻기 위해 사용되는 시간과 노력에 관한 비용과 교환하는 것으로 생각한다. 포괄적인 정보를 얻는 것은 의사결정에 있어 고객의 확신을 증가시키고 구매만족의 가능성을 높임으로써 실제적인 편익이 된다. 그렇지만 정보탐색은 비용이 많이 들고 구매를 지연시킬 수 있다. 더욱이 어떤 제품들의 속성을 평가하기 위해서는 직접 사용해 보아야만 하는데, 이러한 경우에는 제품사용이 정보탐색의 효율적인 방법이 되기도 한다.

고객들이 구매 전에 수집하는 정보의 양은 그들이 이미 제품이나 제품부류에 관하여 가지고 있는 지식의 양에 의존하게 된다. 일반적으로 그들이 더 많은 지식과 경험을 가지고 있다고 느낄수록 그들이 더 이상의 정보를 탐색할 가능성은 적어질 것이다. 또한, 고객들은 시간이 부족할 때, 혹은 인식된 제품대안의 수가 적을 때, 또는 제품에 대한 욕구가 절박할 때, 구매와 관련된 위험이 낮은 것으로 생각될 때 정보탐색의 노력을 줄이는 경향이 있다. 또, 자신이 가지고 있는 신념도 탐색에 영향을 미친다. 즉, 고객들의 정보탐색과정은 '백화점들은 상대적으로 품질이 좋은 상품을 판다' 그리고 '가격은 일반적으로 품질의 좋은 지표이다'와 같은 신념들에 의해 영향을 받는다.

3 대안의 비교평가 및 태도형성

(1) 고객들은 어떻게 비교하고 평가하는가

고객들은 정보를 평가하고, 처리하는 데 한정된 능력을 가지고 있다. 따라서 그들은 선택할 제품 대안들의 수를 제한하려는 경향이 있다. 즉, 선택할 제품의 수가 너무 많을 때 고객들은 선택과정을 단순화하는 경향이 있다. 고객들은 여러 가지 단순한 휴리스틱(heuristic)모형을 사용하기도 한다.

사전식 배열 휴리스틱
가장 중요한 속성부터 고려하여 비교하는 방식

첫째로, 가장 단순한 전략모형은 **사전식**(lexicographic)**배열 휴리스틱**으로 고객은 어떤 속성이 가장 중요한지를 먼저 결정한다. 자동차의 경우 고객이 안정성에 최고의 우선순위를 둔다고 가정하자. 그러면 고객은 고려중인 상표들을 가장 중요한 속성인 안전성에 근거하여 비교한다. 그렇게 하여 평점이 높은 대안이 선택된다. 또한, 두 가지 이상의 넥타이 상표들의 경우 가장 중요한 속성이 동일한 수준이라면 고객들은 두 번째의 가장 중요한 속성을 근거로 하여 위의 과정을 반복한다.

양상모델(aspects model)**에 의한 제거**는 또 하나의 휴리스틱전략이다. 고객은 어떤 속성이 최고의 우선순위를 갖는지를 결정한다. 그리고 나서 대안들을 이 속성에 근거하여 비교하고, 가장 낮은 점수를 갖는 대안을 제거한다. 다음에 고객은 두 번째 중요한 속성을 선택하고 가장 나쁜 점수를 갖는 상표를 다시 제거한다. 이 과정은 하나 또는 몇 개의 대안이 남을 때까지 계속된다.

양상모델에 의한 제거
최고의 우선순위를 갖는 대안을 비교한 후 점수가 가장 낮은 대안을 제거하는 과정을 반복하는 방식

또 하나의 단순한 전략은 고객이 각 속성에 대해 최소한의 평가기준점을 세우는 **결합전략**(conjunctive strategy)이다. 예컨대, 고객은 어떤 상표의 수프가 가지고 있는 열량과 염도가 일정한 기준 이하가 되지 않으면, 그 상표를 고려하지 않을 것이라고 말할 수 있다. 이 기준을 충족시키지 못하는 대안은 어떤 것이든 고려대상이 되지 않는다.

결합전략
두 가지 이상의 중요한 속성이 일정수준 이상이 되어야 비로소 고려하는 방식

한편, **분할전략**(disjunctive strategy)에 있어서는 최소기준 중의 하나라도 충족시키는 대안은 어떤 것이든 선택집합에 포함시킨다. 예컨대, 고객은 100Kcal 이하나 소금 1,000mg 이하 중의 하나를 갖는 수프상표는 어떤 것이나 선택할 수 있는 것이다. 이 두 가지 전략은 한 속성의 결여가 다른 속성의 존재에 의해 상쇄되지 않기 때문에 비보상전략이라고도 불린다.

분할전략
최소기준 중 하나라도 포함하는 대안은 고려대상에 포함시키는 방식

마지막으로 보다 복잡한 의사결정전략들 중의 하나는 **선형보상모델**이다. 이 모델을 사용할 때 고객은 상표의 특성들 각각에 가중치를 할당한다. 이 가중치는 고객이 그 속성을 얼마나 중요하게 생각하는가에 따라 달라진다. 다음으로 각각의 속성에 대해 상표가 그 속성을 얼마나 잘 수행하는가를 나타내는 점수가 할당된다. 점수에 가중치를 곱하고 각 상표의 총점수를 얻기 위해 모든 속성들을 합계하여 가장 높은 점수를 받는 상표가 선택된다. 선형보상모델은 좀 더 정확한 결과를 제공할 수 있지만 동시에 사용하기에는 좀 복잡한 전략 중의 하나이다.

선형보상모델
각각의 특성들에 가중치를 부여하고 그 속성에 대해 점수를 매긴 후 가중치와 곱하여 가장 높은 점수를 얻은 대안을 찾는 방식

상기 전략들을 단계적으로 사용하면 의사결정에 필요한 시간과 노력을 최소화하면서 정확성을 최대화할 수 있다. 먼저 고객은 많은 수의 대안들을 가지고 그것들 중의 몇몇을 제거하기 위해 결합전략, 분할전략, 또는 양상모델과 같은 단순한 전략으로 대안을 줄여 간다. 다음으로 고객은 시간이 많이 소요되지만 보다 정확한 결정을 위해 선형보상모델 등을 사용할 수도 있다. 흥미롭게도 단계별 전략의 사용은 개인이 제품부류에 관해 가지고 있는 정보의 양과 상관관계를 가지고 있다. 그 제품에 대한 지식이 거의 없는 경우 고객들은 선택집합에 있는

많은 제품들에 관한 여러 가지 정보들을 처리할 수 없으므로 단계별 전략에 의존할지 모른다. 반면에 제품부류에 관해 많은 정보를 가진 고객들은 그들이 어떤 속성이 중요하고 어떤 속성이 중요하지 않은지를 판단할 수 있기 때문에 단계별 전략을 필요로 하지 않고, 직접 한정된 대안들 중에서 선택을 하게 된다.

단계별 의사결정전략이든 아니든 간에 마케팅관리자에게 주는 가장 중요한 과제는 자사의 제품이 가장 호의적으로 비교되고 평가되도록 고객들에게 마케팅믹스를 통하여 제품개념을 인지시켜야만 한다는 것이다. 이는 고객들에게 자사의 제품이 호의적으로 평가받기 위해 휴리스틱전략의 집합에 포함되도록 유도하는 것, 혹은 고객들의 휴리스틱전략의 사용과정에서 호의적으로 보이게 하기 위한 것 등의 각각이나 둘 다를 포함한다.

(2) 제품이나 서비스에 대한 태도의 형성

정보와 경험을 바탕으로 한 상표나 제품에 대한 일반적 혹은 총체적 평가를 제품에 대한 고객의 태도라 한다. 기억에 각인되어 있는 태도는 고객들이 제공물(offerings)을 받아들일 수 있는 집합과 받아들일 수 없는 집합으로 차별화하도록 한다. 만약 이러한 태도가 기억 속에 존재하지 않으면 고객들은 태도를 형성하기 위한 시도로서 외적 탐색을 시작하게 된다.

휘시바인의 다속성 태도모델

고객의 내적 또는 외적 정보탐색을 통하여 상표에 관한 중요한 신념의 집합을 형성하고, 각 신념에 할당되는 확률값을 구하여 반영

마케팅에서 가장 널리 쓰이는 태도형성 및 변화모델은 **휘시바인의 다속성 태도모델**(Fishbein's Multi–attribute Attitude Model)이다. 이 모델에 따르면 고객은 먼저 내적 또는 외적 정보탐색을 통하여 상표에 관한 중요한 신념들의 집합을 형성한다. 각각의 신념에 할당되는 확률값은 제품이 그러한 속성을 갖는다는 고객의 확신의 정도를 반영한다. 또한, 각각의 신념은 고객의 선호에 의해 평가된다.

<표 3–3>의 예에서 고객은 모델 A가 연료당 높은 주행거리(예를 들어, 리터당 20Km)를 갖는다고 지적하는 소비자보호원의 정보를 믿고 .98의 신념(belief)강도(가중치)를 부여한다. 고객은 그 자동차의 수리비가 저렴하다는 소비자보호원의 정보에는 낮은 신념강도를 할당한다. 왜냐하면 비싼 수리비를 지불했던 몇몇 소유자를 알기 때문에 고객은 이 신념에 .40의 신념강도를 할당한 것이다. 중고차 시세에 대한 신문광고를 통해 재판매가가 낮다는 지적을 믿고 그것에 .90의 신념강도를 할당한다.

다음으로 고객은 신념집합에 있는 각 신념들을 평가한다. <표 3–3>에서 나쁜 것으로 보이는 속성들에는 –, 가치가 좋은 것으로 보이는 속성들에는 +의

표 3-3 태도형성의 다속성모델

부각된 신념	신념강도(b_i)	평가치(e_i)	$b_i \times e_i$
모델A는 연료당 주행거리가 높다	.98	+2	+1.96
모델A는 수리비가 적게 든다	.40	+3	+1.20
모델A는 재판매 가치가 낮다	.90	-3	-2.70
총태도 점수			.46

평가치가 할당되어 있다. 만약 고객이 나쁘지도 좋지도 않다고 생각하면 0의 평가치가 할당된다. 고객은 연료당 주행거리가 높은 것을 매우 긍정적인 속성이라고 믿고 그것에 +2의 평가치를 할당한다. 수리비가 저렴하다는 데에는 그보다 더 긍정적으로 평가하여 +3의 평가치가 할당된다. 자동차의 재판매가치가 낮다는 것은 매우 부정적인 항목이다. 그러므로 고객은 여기에 -3의 평가치를 할당한다.

각각의 속성에 대한 신념강도와 평가치가 곱해지고 이 수치들의 합계가 태도점수가 된다. 이를 수식으로 표현하면 다음과 같다.

$$A_0 = \sum_{i=1}^{n} b_i e_i$$

A_0=제품에 대한 태도

b_i =특정한 속성에 할당된 신념강도

e_i =특정한 속성에 할당된 평가치

이 모델은 매우 높은 예측타당성을 가지고 있다. 즉, 그것은 속성들이 어떻게 형성되는가 뿐만 아니라 마케팅관리자가 다음의 수단들을 통해 고객들의 태도를 어떻게 변화시킬지를 제시해 주기 때문에 흥미를 끈다. 이러한 변화의 몇 가지 방향은 아래와 같다.

1. 신념의 형태를 변화시켜라: 예컨대, 어떤 새로운 신념들을 첨가시켜라.
2. 고객들이 다양한 신념들에 할당하는 확률값을 변화시켜라: 긍정적으로 평가된 신념의 확률값을 증가시키고, 부정적으로 평가된 신념의 확률값을 감소시켜라.

❸ 다양한 속성들에 대한 고객들의 평가를 변화시켜라: 이전의 부정적인 속성을 긍정적으로 보이게 하라.

제4절 구매단계: 제품의 교환과정

시식코너는 매출을 증대시킨다.

마케팅환경의 많은 요소들은 제품의 물적 교환을 촉진하거나 저해할 수 있다. 고객에게 가장 중요한 것은 적절한 시기에 적절한 장소에서 제품을 이용할 수 있는가이다. 따라서 원활한 재고관리와 적합한 제품의 구색, 그리고 적절한 구입장소(판매상)를 고객에게 알리는 것이 중요하다.

기업고객들은 흔히 운송료나 운송일정을 공급자선택의 중요한 기준으로 사용한다. 공급자의 제품이 제품명세서상으로는 적합하지만 번번히 배달이 지연된다면 그 공급자는 선택되지 못할 것이다.

점포 내의 환경은 정보탐색에 도움을 주거나, 정보평가와 제품선택을 보다 유리하게 만들 수 있다. 예컨대, 슈퍼마켓에서 고객들의 관심을 끌기 위해 하나 또는 몇 가지의 식료품제품을 두드러지게 하는 구매시점진열과 함께 그 제품의 새로운 요리법을 소개할 수도 있다. 이것은 새로운 정보(새 요리법)를 통해 제품교환(구매)을 촉진시키는 것이다. 점포의 분위기(예컨대, 가구의 비치, 장식, 색상)는 일반적으로 점포에 대한 고객의 느낌에 커다란 영향을 미친다. 점포 내에 은은한 음악을 틀어 놓음으로써 빠른 음악이나 음악이 없는 것에 비해 고객들을 슈퍼마켓에서 더 많은 시간을 보내게 하여 결국 매장 내에서 더 많은 제품을 구입하게 만들 수도 있다.

어떤 환경적 요소들은 충동구매를 조장할 수 있다. 저가격, 작은 크기, 그리고 신기한 특징과 같은 제품특성들 혹은 가판대설치와 계산대에 제품을 진열하는 것이 여기에 포함된다.

점포 내의 혼잡은 불쾌한 느낌을 증가시키고 고객들이 가능한 빨리 떠나고 싶은 마음이 들도록 만들 수 있다. 마찬가지로 서비스나 도움이 지연될수록 고객들에게 정보탐색과 관련되는 비용을 증가시키고, 귀찮게 느끼게 함으로써, 구매가능성에 부정적인 영향을 미칠 수 있다. 그러므로, 신속하고 효율적인 서비스를 제공하려는 노력들은 고객들의 구매를 촉진하는 데 있어 매우 중요하다. 또한, 고객의 관심을 끌 만한 신용판매조건과 편리한 지불수단의 사용과 같은 요소들 또한 교환을 촉진시킨다.

제5절 사용 및 처분단계: 교환 후 과정

제품의 구매와 사용 후에 고객들은 성과평가(만족: satisfaction), 귀인(attribution), 그리고 부조화의 감소(dissonance reduction)와 같은 세 가지 유형의 구매 후 평가과정을 거친다.

만족은 거래의 공정성에 대한 고객의 인지로부터 나온다. 만족한 고객들은 제품에서 얻어지는 편익들이 자신들의 기대나 금전적 지출과 일치하는 것으로 인지한다. 만약 제품이 기대 이하의 성과를 보인다면 불만족이 발생한다. 제품에 대한 고객의 만족이나 불만족은 해당 제품의 재구매에 영향을 미친다. 다시 말해서 고객들 사이의 구전효과(word of mouth)는 제품확산에 지대한 영향을 미친다. 만족이나 불만족은 처음의 기대와 실제의 결과 사이의 차이에서 일어나기 때문에 마케팅관리자들은 고객들이 제품이 제공할 수 있는 것보다 더 많은 효용을 기대하지 않도록 유도함으로써 불만족의 가능성을 최소화할 수 있다. 고객의 만족은 모든 마케팅활동의 목표이고, 마케팅활동들이 성공적으로 수행되었는가를 나타내는 지표이기도 하다.

만족
만족은 거래의 공정성, 즉 기대와 지출의 일치로부터 나오며 이는 향후 재구매와 구전효과에 영향을 미친다.

귀인은 나타난 결과에 대한 추론이다. 일반적으로 고객들은 제품구매와 관련된 결과를 자신, 제품, 기업, 또는 상황의 탓으로 돌릴 수 있다. 이러한 추론들은 반복구매의 가능성에 중요한 영향을 미친다. 예컨대, 고객이 우편을 통해 제품을 구매하기로 하였는데 그것이 파손되어 도착했다고 가정해 보자. 관련된 사람들이나 상황에 따라서 누구에게 책임이 있는가에 관한 많은 추론들이 만들어질 수 있다. 고객이 제품과 기업을 신뢰할 경우 배달회사에 책임을 돌릴 수도 있고, 그렇지 않을 경우 제품의 견고성에 대해 의심을 할 수도 있으며, 아니면 운이 나빠서 그랬을 것이라고 생각할 수도 있다.

귀인
나타난 결과에 대한 추론으로, 고객은 제품구매와 관련한 결과를 자신, 제품, 기업으로 돌리는 것으로, 이는 구매 후 태도와 미래 구매행동에 영향을 미친다.

여기서 마케팅주체에게 중요한 것은 고객이 제품파손의 원인을 어디에서 찾는가 하는 것이다. 만약 고객이 제품파손의 원인을 배달회사 때문이라고 한다거나 운이 나빠서 그랬을 것이라고 할 경우 제품 자체에 대한 신뢰는 유지될 것이다. 이런 귀인들은 구매 후 태도와 미래 구매행동에 중대한 영향을 미칠 수 있다.

인지부조화

자신이 생각하는 것과 행동하는 방식 사이에 불일치가 나타날 때 생기는 심리적 상태로, 고객은 구매 후 생각을 바꾸거나 제품을 교환하는 등의 방식으로 이를 극복한다.

인지부조화는 자신이 생각하는 것과 행동하는 방식 사이에 불일치가 나타날 때 생기는 심리적 상태이다. 부조화는 고객들이 제품구매 후에 그들의 판단에 어떤 착오가 있었다고 느낄 때 일어날 수 있다. 예컨대, 고객이 많은 시간을 투자하여 두 가지 옷 중에서 하나를 선택했다고 하자. 이 고객은 신중한 고려 끝에 회색 옷이 가장 좋을지라도 파란색 옷이 더 보수적이고 더 자주 입을 수 있기 때문에 파란색 옷을 구매해야겠다고 결정했다. 이때 부조화는 구매 후 회색 옷이 아마도 더 좋았을 것이라는 생각이 들었을 때 일어난다. 구매 후의 생각과 실제로는 파란색 옷을 구매한 행동이 불일치하기 때문에 인지부조화가 발생하는 것이다. 이러한 상황에 직면한 고객은 두 가지의 생각을 할 수 있다. 하나는 파란색 옷이 회색 옷보다 우월하다고 생각을 바꿈으로써 부조화현상을 감소시킬 수 있고, 다른 한 가지는 행동의 변화를 통해—파란 옷을 회색 옷으로 교환—부조화현상을 극

그림 3-4 시장지향적 사고에 입각한 고객의 유형

1. 문제 인식
- 만년 차장에서 최근 부장으로 승진
- 남색 아반떼는 구형이므로 집사람과 딸이 새 차 구입을 주장
- 실내 공간이 협소하여 가족여행시 불편
- 그래서 중형 승용차를 새로 구입키로 함

↓

2. 내적 탐색
- 탐색기준: 실내공간, 안전성, 디자인과 색상, 경제성
- 정보원천: 가족들의 자동차에 대한 일반적 이미지 및 성향

↓

3. 외적 탐색
- 탐색기준: 가격, 성능, 디자인, 제원, 후속모델 출시계획, 중고차 가격, 연비, 유지비
- 정보원천: 마케팅주체(TV, 잡지, 카탈로그)의 광고자료 및 상담,
  비마케팅주체(주변의 동료, 친구, 후배, 친척)의 조언

↓

4. 구매 과정
- 판매대리점을 방문하여 구매조건을 확정하고 물품인도계약 체결
- 물품인도일이 한달이 넘는다는 판매직원의 말에 언짢음

↓

5. 구매 및 구매 후 평가
- 인도기간이 늦어졌으나 상당히 만족
- 새 차로 거래처 방문시에 자신감이 생김
- 가족여행시의 즐거움 만끽

복할 수도 있다.

지금까지의 고객의 의사결정과정을 자동차를 구입한다고 가정하고 하나의 다이어그램으로 나타내보면 <그림 3-4>와 같다. 자동차회사의 마케팅관리자는 수시로 이러한 다이어그램을 고객입장에서 그려 보면서 고객의 욕구가 어떻게 변화되고 있으며, 어떠한 어려움이 있는지를 신속히 파악하여 이에 대한 가장 적절한 마케팅활동을 효율적으로 수행하여야 한다.

제6절 고객행동의 동태적 모델

고객들은 그들의 욕구를 평가하고, 적절한 제품속성을 결정하고, 정보를 수집하며, 다양한 제품들을 비교 평가하는 등 최종결정을 내리는 데까지 상당한 노력을 들인다. 그러나, 어떤 구매상황에서는 이러한 노력이 생략되기도 하며, 실제로 어떤 구매자들은 거의 무의식적으로 제품을 구매하기도 한다. 다른 구매자들은 제품의 재구매 여부를 결정하기 전에 이용가능한 상표들만을 비교하기도 한다. 또 다른 구매자들은 현재 사용하고 있는 상표에 단순히 싫증을 느끼기 때문에 새로운 상표나 제품을 탐색하기도 한다. 이러한 다양한 상황들을 설명하기

그림 3-5 고객행동의 동태적 모델

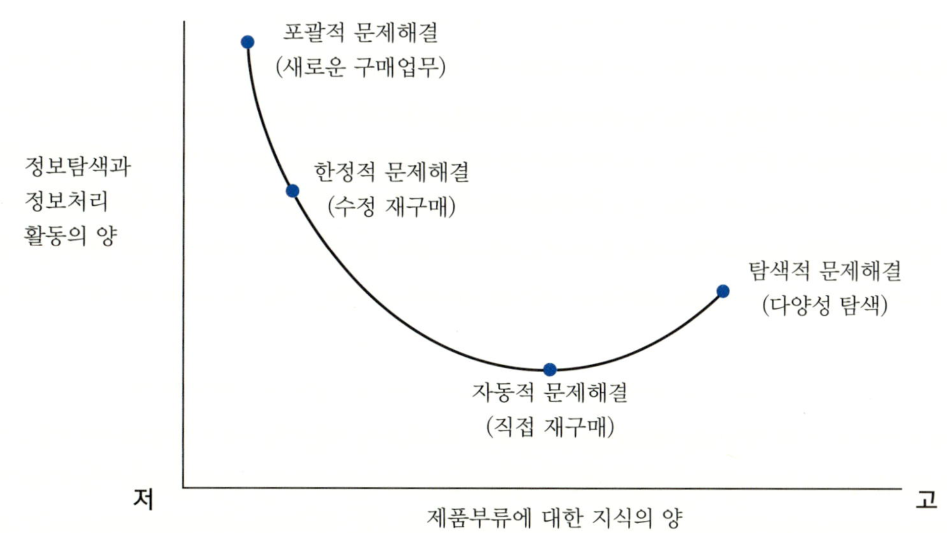

위해 고객이 사전에 가지고 있던 지식의 정보를 바탕으로 동태적 틀 내에서 고객행동을 조사하기로 한다. <그림 3-5>는 고객의 사전지식의 영향 정도가 반영된 고객행동의 동태적인 모델이다.

1 포괄적 문제해결행동

포괄적 문제해결행동

설명포괄적 문제해결행동은 고객들이 신제품을 구매할 때, 여러 대체품들에 대한 사전지식이 없고, 또 각 대체품들의 평가기준을 모르는 상황에서 주로 발생

포괄적 문제해결행동은 고객들이 신제품을 구매할 때, 여러 대체품들에 대한 사전지식이 없고, 또 각 대체품들의 평가기준을 모르는 상황에서 주로 발생한다. 이러한 상황하에서 포괄적인 정보탐색이 일어날 가능성이 있고, 고객은 많은 양의 제품관련 정보를 필요로 하기 때문에 정보탐색과 정보처리활동에 신경을 많이 쓴다. 따라서 구매 후 평가 또한 포괄적이 되는 경향이 있다. 그러므로, 마케팅관리자들은 인적 접촉이나 대중매체를 통해 구매결정의 정당함을 재강화시켜 줌으로써 제품에 대한 고객의 구매 후 만족을 높일 수 있다.

2 한정적 문제해결행동

한정적 문제해결행동

고객이 한정적으로나마 어느 정도 경험을 가지고 있는 상태에서 발생

한정적 문제해결행동은 고객들이 제품에 대한 한정적이나마 어느 정도의 경험을 가지고 있는 상황에서 일어난다. 일반적으로 이 경우에 문제해결과 정보탐색의 양은 상당히 줄어들며, 구매 후 평가도 포괄적 문제해결에서만큼 심층적인 분석을 하지 않는다.

3 자동적 문제해결행동

자동적 문제해결행동

동일제품을 반복 구매하여 그 제품에 대한 상당한 경험과 만족을 가질 때 나타난다.

자동적 문제해결행동은 고객들이 동일제품을 반복 구매하여 그 제품에 대한 상당한 경험을 가지고 있고 제품의 성능에 대해 매우 만족하고 있을 때 일어난다. 이때 고객들은 이미 최상의 상품을 구매하고 있으므로, 대안을 탐색할 어떤 충동도 느끼지 않기 때문에 제품구매에 필요한 탐색노력의 양은 최소화된다. 그들은 특정한 상표의 구매를 선호하기 때문에 상표애호도를 가지고 있다. 그러므로 구매 후 평가에 필요한 심리적 노력의 정도도 상당히 낮을 것이다. 따라서, 이러한 즉각적인 재구매의 경우는 인지된 복잡성은 매우 낮으며, 고객들은 높은 상표애호도를 보인다. 마케팅관리자의 관점에서 고객들이 자동적 구매형태를 보인

다는 것은 매우 성공적으로 제품관리가 되었다는 것을 의미한다.

그러나, 자동적 문제해결을 보이는 일부 소비자들은 제품에 대한 재구매가 높은 상표애호도의 결과라기보다는 제품구매에 따른 지각된 위험이 낮아서 제품구매를 위한 정보탐색 등의 인지적 노력을 최소화하기 위해 단순히 반복 구매하는 결과일 수도 있다. 이 경우 소비자의 재구매행동은 만족에 의한 결과라기보다는 인지적 사고를 줄이기 위한 결과이므로, 제품에 대한 소비자의 만족정도를 주기적으로 체크하여 경쟁사의 마케팅 자극으로부터 고객이 이탈되지 않고 지속적 재구매가 이루어질 수 있도록 각별한 주의를 기울여야 한다.

4 탐색적 문제해결행동

<그림 3–5>에 나타난 것처럼 포괄적인 사전지식은 네 번째 구매상황인 **탐색적 문제해결행동**을 유도할 수 있다. 한 가지 상표를 오랫동안 사용한 후에 고객들은 그들의 구매결정을 재평가할 필요를 느낄 수 있다. 그 이유는 단순히 자신들이 구매해 온 상표에 싫증(satiation)을 느끼고 다른 상표로 전환하고 싶어하기 때문이다. 또한, 시장상황이 고객들이 처음 정보탐색을 하는 때와 다를 수 있고 평소에 구매했던 상표보다 우월한 신제품이나 수정된 제품이 나타날지도 모른다. 따라서 고객은 상표의 적합성을 재평가할 필요를 느낄 수도 있다. 탐색적 구매는 제품들이 본질적으로 감각적(식품과 음료)이거나 제품들의 개선이 단기간에 일어날 수 있는 상황에서 일어날 가능성이 높다. 탐색적 구매단계는 상표애호도를 유지하고자 하는 마케팅관리자들에게 중요한 도전이 된다. 따라서 마케팅관리자는 고객들에게 제품에 있어 지속적인 개선과 변화가 이루어지고 있다는 것을 알리고, 고객들이 자사의 제품을 지루하게 느끼지 않도록 하는 여러 가지 마케팅활동들을 계속해야 한다. 즉, 제품의 품질은 물론 사용상의 편익 그리고 감각적 혜택(예: 포장디자인, 제품디자인, 맛 다양화)에 대하여서도 지속적인 개선을 해야 할 것이다.

탐색적 문제해결행동
제품이 감각적이거나 제품들의 개선이 단기간에 일어날 수 있는 상황에서 발생할 가능성이 높다.

5 마케팅관리에 있어서 전략적 의미

동태적 고객행동모델이 제시하는 바와 같이 마케팅관리자들은 고객들의 문제해결행동을 포괄적 상황으로부터 한정적, 자동적 문제해결상황으로 전환시켜야 한다. 또한 상표를 전환하고자 하는 고객들의 탐색적 문제해결행동을 억제해야만 한다. 고객들은 포괄적 문제해결단계에서 많은 정보를 필요로 하며 탐색을 한다. 이것은 많은 시간과 노력을 요구하며, 정보를 처리하여 대안들을 비교·평가하는 것 역시 시간과 노력이 요구된다. 구매 후 평가 또한 상당한 심리적인 부담감이 뒤따르며 시간과 노력이 요구된다. 고객들이 자신의 결정이 잘못된 결정이라고 인정을 하게 되는 것은 많은 심리적인 고통을 따르게 한다. 그렇다고 무조건 잘된 결정이었다고 합리화시키기에도 심적 부담이 따른다. 따라서 마케팅 목표로서 언급되었던 개념전달활동과 구매전환활동들을 수행하는 것은 포괄적인 또는 한정적인 문제해결단계에 있는 고객들에게는 자사제품이 타 제품에 비해 더 많은 가치(높은 혜택과 적은 비용)를 제공한다는 것을 인식시키고, 포괄적 문제해결단계에 있는 고객을 자동적 문제해결단계로 이동시키기 위해 그들의 정보탐색과 처리활동, 구매활동과 구매 후 평가과정을 관리하는 것이다.

6 하나의 지속적인 상호작용과정

고객행동의 네 가지 구성요소—정보처리, 중앙통제, 의사결정, 그리고 환경적 영향—사이의 상호작용이 적절할 때 표적고객들을 포괄적 문제해결에서 자동적 문제해결로 이동시키는 데 필요한 시간을 단축시킬 수 있다. 기업이 제공하는 정보가 문화나 바람직한 준거집단들과 같은 환경적 세력들의 가치관과 일치할 때, 그 정보는 고객들에 의해 받아들여질 가능성이 높다. 이 정보가 고객들이 최소한의 노력으로 정보처리의 네 단계를 통하여 진행하는 방식으로 제시될 때 그들은 정보를 더 잘 처리하고 보유할 수 있다. 이러한 정보는 중앙통제구성요소에 지식과 경험을 축적할 수 있도록 하는 데 바탕이 된다. 더욱이 이것은 기업의 제품과 그것에 대한 호의적인 태도에 관련된 평가기준의 설정에 영향을 준다. 일단 내부기억에 보유되면 이것들은 대안적 제품에 대한 외적 탐색 없이 고객의 제품구매를 촉진시키게 된다. 제품에 대한 사전지식과 제품사용을 통해 기업의 제품에 만족하고 있는 고객들은 그 제품에 대한 보다 복잡하고 상세한 정보를 처리하는 데도 관심을 갖게 된다. 따라서 이것은 제품에 대한 그들의 지식수준을 높이는 것이다. 이렇게 되면 고객들의 상표에 대한 충성도가 높아지며 그들이 탐색적 문제해결단계로 이동하여도 경쟁상표로 전환하는 것을 막을 수 있게 해 준다.

/요/약/

개념전달활동과 구매전환활동을 효과적으로 수행하기 위해 마케팅관리자들은 고객행동을 명확히 이해하여야 한다. 고객들의 네 가지 유형은 개인고객, 조직구매자, 가족구성원, 그리고 조직에서의 구매자집단으로 나누어진다. 마케팅관리자들은 고객들이 언제 구매를 하는가, 어떻게 구매를 하는가, 그리고 제품과 상표에 대한 정보를 어떻게 평가하고 통합하는가를 알 필요가 있다. 또한, 물적 교환과 구매 후 평가의 과정을 이해해야 하며, 이러한 고객행동에 대한 지식은 마케팅전략들을 수립하고 실행하는 데 필수적인 것이 된다.

고객행동의 전 과정은 고객의 학습과 지식이 중요한 역할을 하는 동태적인 과정이라 할 수 있다. 특히, 고객들은 네 가지 구매상황을 통하여 움직인다. 네 가지 상황에서 그들의 행동은 포괄적 문제해결, 한정적 문제해결, 자동적 문제해결, 그리고 탐색적 문제해결로 나누어질 수 있다. 마케팅관리자의 주된 임무는 고객을 가능한 빨리 포괄적 문제해결에서 자동적 구매행동으로 이동시키고, 또한 기업과 제품에 대해 계속 애호적으로 만드는 것이다. 이를 위해서 잘 통합된 개념전달활동과 구매전환활동이 필요하다.

/문/제/제/기/ 및 /질/문/

1. 여러분이 새로운 아파트를 구입한다고 가정하고 여러분들이 거쳐야 할 의사결정과정을 문제인식, 내적 탐색, 외적 탐색, 대안의 비교와 평가, 물적 교환 그리고 구매 후 만족과 같은 용어들을 사용하여 다이어그램으로 그려 보시오.
2. 여러분들이 전혀 모르는 비누를 구입하려고 하고 있다고 가정하고 제품선택결정에서 거치게 되는 의사결정과정 및 단계를 다이어그램으로 그려 보시오.
3. 앞에서 그린 두 다이어그램의 차이점에 대해 서술하시오.
4. 이미 구매자의 행동을 알고 있다고 가정하고 블루레이 플레이어와 같은 첨단제품에 대한 마케팅 프로그램을 설계해 보시오. 프로그램을 설계하면서 어떻게 개념전달활동과 구매전환활동을 조화시킬 것인가를 생각해 보고 구매자의 지식수준, 구매위험, 제품에 대한 태도, 그리고 예산과 같은 요소들과 마케팅전략을 연계시켜 보시오.
5. 구매행동의 동태적 모델에 포함되어 있는 단계를 규명하고 각 단계에 대해 설명해 보시오. 이 모형은 모든 제품에 적용되어도 무방한가, 또 이 모형에 맞는 제품과 그렇지 않은 제품의 차이는 무엇인가에 대해 논하시오.

6. 네 가지 고객형태를 기술하고 그들 간의 유사성과 차이점은 무엇인지 논하시오. 특히 개인구매자와 구매대리인의 가족구성원, 조직구매자의 유사성과 차이점은 무엇인가에 대해 설명하시오.
7. 당신이 서울의 강남지역에서 부동산 중개대리인으로 일하고 있다고 가정하자. 당신은 구매자에게 좋은 평판을 얻어 그들을 단골손님으로 확보하기를 원한다. 만일 처음으로 주택을 구입하려는 구매자가 왔다면 당신은 구매자에게 어떻게 하겠는지 설명하시오.(당신의 과업은 구매자를 자동적 문제해결단계로 유도하는 것이며, 그래서 가능한 한 빨리 주택을 구입하게 만들고, 다음에 다른 주택을 구입하게 되더라도 당신에게 구매하도록 만드는 것이다.)

메모

이 장을 읽고 난 후 여러분들이 알아야 하는 내용은 다음과 같습니다.

- 고객욕구의 원천과 형태, 그 충족에 대하여 이해한다.
- 다양한 고객욕구 분석방법을 알아보고 적용해 본다.

이 장의 첫 사례는 다이아몬드 시장에서의 고객욕구 분석에 대한 내용입니다. 여러분이 만약 다이아몬드 회사에 다닌다면, 결혼예물이라는 한 가지 용도만이 아닌 다양한 용도와 가격, 브랜드로 고객을 만족시켜 줄 수 있을 것입니다. 고객은 제품을 어떤 용도로 구매할까요? 그리고 제품을 구매하면서 어떤 욕구를 가지고 있을까요? 다음 사례를 보면서 생각해 봅시다.

제 1 절 고객욕구 분석의 필요성

제 2 절 고객욕구에 대한 이해

제 3 절 아이디어 창출을 위한 고객욕구 분석방법

CHAPTER 4

고객의 욕구 분석

도입사례

다이아몬드 반지 시장에서의 고객욕구 분석

다양한 기념일을 위한 다이아몬드 상품이 개발되고 있다.

고객들은 하나의 제품에 대해서 개인 특성 및 용도에 따라 매우 다양한 욕구를 가지고 있다. 다이아몬드 반지 시장을 예로 들어보자. 다이아몬드 반지의 경우 가장 주된 용도는 결혼 예물이라 할 수 있다. 그러나 다이아몬드 반지를 생산, 판매하는 기업의 입장에서 이러한 용도로만 고객에게 가치를 제공한다면 그 시장은 상대적으로 제한된 규모의 시장일 것이다. 이에 반하여 고객이 다른 용도로 다이아몬드 반지를 선물하도록 유도해 낼 수 있다면, 즉 다른 용도에 맞는 신제품을 개발한다면 추가적인 시장개척을 선도할 수 있을 것이다. 어버이날에 어머님께 감사의 뜻으로 다이아몬드 브로치를 선물하거나, 결혼 10주년 기념일에 아내에게 다이아몬드 목걸이를 선물하거나, 아기 돌을 축하하기 위해 다이아몬드 팔찌를 선물하는 등의 추가적인 용도 개발 등을 통하여 새로운 시장을 개척할 수 있을 것이다.

새로운 욕구에 대한 충족은 혜택의 제공 측면에서 만이 아니라 비용 절감 측면에서도 가능하다. 다양한 가격대의 다이아몬드 반지를 제공하여 비용면에서의 접근성을 높이고, 다이아몬드 반지를 대표하는 유명 브랜드를 개발하여 구매 시 의심, 불안감 등의 심리적 비용을 낮출 수 있다면 신규고객의 유입은 증가할 것이다. 즉 기업은 고객의 욕구를 혜택 측면과 비용(문제점) 측면에서 면밀히 분석함으로써 새로운 시장기회를 포착하고 고객에게 다양한 가치를 제공하여 자사제품에 대한 시장규모를 넓힐 수 있을 것이다.

그림 4-1 다이아몬드 반지에 대한 고객욕구 분석을 통한 새로운 시장기회 창출

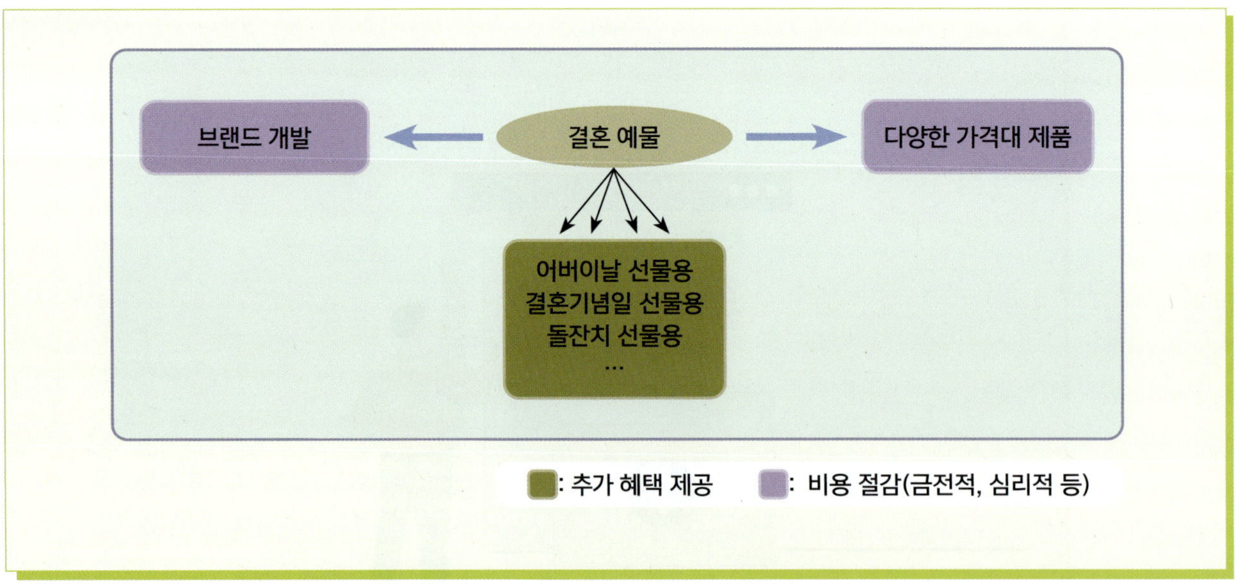

제 1 절 고객욕구 분석의 필요성

환경변화는 고객의 반응을 유발하고 욕구를 변화시킨다. 끊임없이 계속되는 환경변화는 계속하여 새로운 욕구를 발생하게 하며 새로운 브랜드를 생성하게 하는 역할을 한다. 따라서 과거에서 미래에 이르는 환경변화에 대한 분석을 한 후, 환경요인으로 인해 변화된 고객의 욕구를 알아봐야 한다. 고객의 욕구에 대한 분석이 이루어지게 되면 다양한 세분시장을 파악하여 표적시장을 선택하는 단계(제 5 장)를 밟게 된다.

고객들은 생물학적 차이로부터 환경적 차이 그리고 사고의 차이에 이르기까지 다양한 차이를 보이고 있다. 이렇듯 시장은 다양한 고객들의 차이에 의해 나타나는 개별적인 욕구들의 집합이라고도 할 수 있다. 이러한 욕구는 환경의 변화 및 사회적·경제적 변화에 따라 다양하게 나타나고 있다.

고객들의 다양한 욕구를 고려하여 의미 있는 표적시장을 파악해 내는 일이 쉬운 일은 아니다. 고객의 가슴 깊은 곳에 감추어져 있는 욕구들을 찾아서 이끌어 내기까지 고객에 대한 철저한 이해가 필요하다. 그러므로 시장세분화(제 5 장)를 위해서는 고객욕구 분석에 대한 체계적인 접근을 통하여 고객의 서로 다른 모습들을 정확히 그려내야 한다. 나아가 급변하는 환경 속에서 이러한 고객욕구 분석을 바탕으로 하여 마케팅전략을 수립할 때 그 기업의 성공가능성은 더욱 높아지게 된다. 고객욕구의 변화는 외부환경 변화에 기인하는 경우가 많다. 따라서 기업이 외부환경 변화를 직접적으로 예측하기 어렵다 하더라도, 고객의 욕구변

독립변수
다른 변수의 변화와는 관계없이 독립적으로 변화하고 이에 따라 다른 변수의 값을 결정하는 변수

중개변수
객관적으로 관찰되는 자극(독립변수)과 반응(종속변수) 간의 관계를 결정하는 요소(구성·요구·반응경향·욕구·인지도 등)

종속변수
독립변수의 변화에 따라 값이 결정되는 다른 변수

그림 4-2 환경분석, 고객욕구분석 및 시장세분화 단계

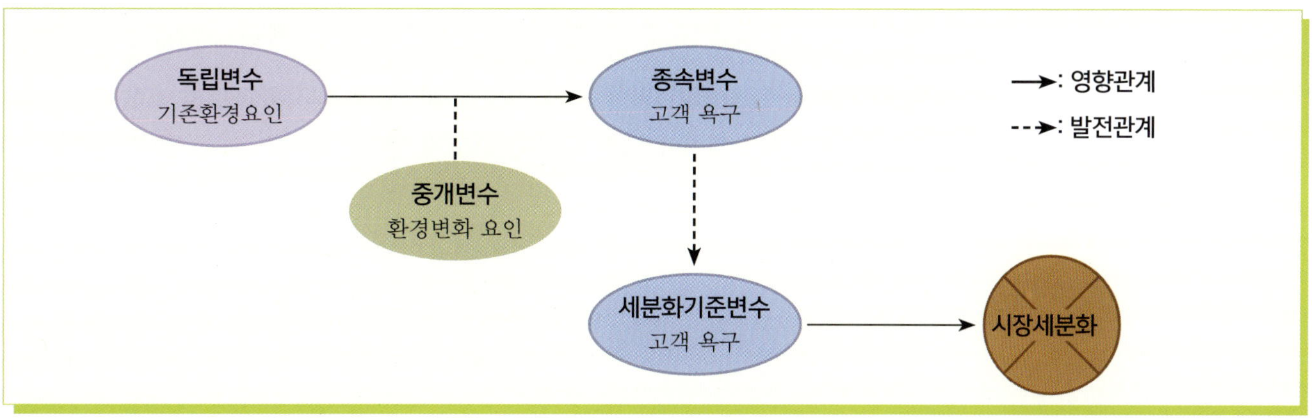

화를 정확하게 파악할 수 만 있다면 환경의 변화를 간접적으로 예시하고 관리할 수 있게 될 것이다.

기업은 고객보다 앞서서 고객을 끌어나가야 한다. 고객들이 이야기하는 현실적인 욕구의 해결은 이미 늦은 것이다. 고객의 내부의식에 잠재되어 있는 것을 알아내어 고객이 이야기하기 전에 먼저 고객에게 제시하여야 더 많은 고객을 자사의 애호도 높은 고객으로 확보할 수 있다. 자동차의 경우, 모터와 같은 하드웨어적인 요소의 개발에만 몰두하던 때인 1990년 초, 혼다의 cup-holder 장착 차량의 출시는 새로운 반향을 일으켰다. 고객의 욕구를 정확히 파악하고 기존에 없었던 혜택을 추가 제공함으로써 고객이 미처 생각하지 못했지만 잠재적으로 원하고 있었던 욕구를 충족시켜 큰 성과를 얻을 수 있었다. 우리나라의 예로, 1990년대 초에 유행하던 무선호출기(일명 '삐삐')는 1990년대 후반 들어 휴대전화가 그 자리를 대신하게 되었다. 통신에 대한 기본적 욕구를 충족함에 머물지 않고, 고객의 욕구를 반영하여 오락기, 알람 시계, 다이어리, 카메라, 녹음기, 계산기 등으로 그 기능을 확대시켰다. 2009년 들어서는 고객의 잠재적인 욕구에 해당했던 무선 인터넷이 HSDPA 기능에 의해 실현됨으로써 자유로운 인터넷 사용이 가능해짐에 따라 포화상태에 들어선 우리나라의 휴대전화 단말기 시장에서 새로운 기능의 단말기에 대한 수요를 창출해 내고 냈다. 현재는 소비자가 자신의 특성에 맞게 사용 가능한 스마트폰의 보급이 대중화되었다.

고객의 욕구를 파악하여 이를 제품에 반영하는 일이 매우 중요함에도 불구하고, 실제로 국내의 많은 기업들은 고객의 진정한 욕구를 찾으려는 노력은 등한시한 채, 신제품 개발과 시장세분화 등의 전략을 구사하고 있다. 즉 기업들이 마케팅전략을 수립함에 있어서 고객의 욕구를 알고 있다는 막연한 전제하에서 출발하기 때문에 신제품의 성공적인 시장진입이나 시장세분화전략 등이 효과적으로 적용되지 못하고 있다. 따라서 본 장에서는 고객욕구분석에 대한 철저한 이해를 통해 이를 도출하기 위한 구체적인 실행방법을 제시함으로써 효율적인 신제품 개발이나 시장개척에 대한 도움을 주고자 한다.

단편사례

구르밍족 증가, 남성 화장품

직장인 남성 김모(28·서울) 씨는 최근 드럭스토어에서 화장품을 잔뜩 사왔다. 자기 관리의 일환으로 화장하는 동료들을 보고 덩달아 관심이 생겼기 때문이다. 김씨는 "아무래도 깔끔한 인상이 호감도를 높이고, 자기만족 또한 충족되는 것 같다"며 "이제 외출할 때 피부 잡티 커버, 눈썹 그리기, 립밤 정도는 항상 바르려고 한다"고 말했다.

남성도 화장하는 시대다. 패션과 미용에 아낌없이 투자하는 남성을 일컫는 '그루밍족'이 늘고 있다. 남성도 화장품 트렌드를 파악해야 한다.

'젠더 뉴트럴' 트렌드가 남성 화장품 시장 키워

남성 화장품 시장의 변화에는 미디어 매체가 큰 영향을 끼친 것으로 보인다. 서로의 외모를 공유하고 인정받길 원하는 미디어 문화, 시각적인 만족을 기반으로 한 소셜 미디어들이 생겨남에 따라 보여지는 것에 대한 관심이 증가했다. 기업들은 이러한 수요에 발맞춰 여러 제품을 선보인다. 남성 구매율은 어떨까. CJ올리브영에 따르면 2021~2023년 남성 회원 매출이 연평균 30% 증가했다. 지난해 남성 고객의 배송 서비스 주문액은 전년보다 98% 증가한 것으로 나타났다.

기본적인 스킨케어 제품에 그치지 않고, 그 관심은 여러 상품군으로 확대되는 중이다. 남성 색조, 남성 헤어 케어 등 다양한 카테고리가 생겨났다. '젠더 뉴트럴' 트렌드의 영향이 크다. 젠더 뉴트럴은 남녀 구분을 없애 자신을 표현하고, 성에 고정되지 않은 자기 자신 그대로 생각하려는 움직임이다. 이는 뷰티·패션과 같은 소비 분야뿐 아니라 개인의 라이프스타일, 기업의 업무, 사회 문제로까지 확산하고 있다. 이러한 현상을 반영하듯, 온라인상에서 남성 회원들이 패션과 미용에 관한 정보를 교환하는 동호회가 점차 늘고 있다. 남성 화장품을 리뷰하고 사용법을 알려주는 남성 뷰티 유튜버도 어렵지 않게 찾아볼 수 있다. 이들의 구독자 수는 100만 명 이상이다.

자연스럽고 사용법 간단한 제품 선호

남성 화장품은 주로 '자연스러움'에 초점을 맞춰 기획된다. 화장한 티가 나지 않으면서도 생기는 더해주는 제품을 선호하기 때문이다. 이들이 찾는 제품군은 주로 파운데이션, 아이브로우, 컬러 립밤이다. 소비자 데이터 플랫폼 오픈서베이가 조사한 '남성 그루밍 트렌드 리포트'에 따르면 눈썹 관리를 하는 남성은 10명 중 4명이다. 20대 남성 중 23%는 BB크림과 같은 피부 톤 보정 화장품을 쓰고, 17%는 틴트나 컬러 립밤 같은 색조 제품을 쓰고 있는 것으로 조사됐다. 아모레퍼시픽의 남성 화장품 브랜드 '비레디' 관계자는 "최근 남성들의 일상 속에서 메이크업이 더욱 폭넓게 받아들여지고 있다"며 "BB, CC크림 등이 전 연령대에 걸쳐 인기를 끌고 있고, 립밤 또한 단순 보습 기능을 넘어서 건강하고 혈색 있는 모습으로 연출해주는 제품들이 시장을 이끌고 있다"고 말했다.

뷰티업계 관계자들은 남성화장품을 만들 때 남성들의 피부 타입에 맞추면서도 사용하기 쉽게 만드는 데 집중한다고 말한다. 피지선이 발달한 남성들은 유분기 없고 매트한 제품을 선호하는 경향이 있다. 번들거리지 않는 파운데이션, 가벼운 선크림 등이 남성들에게 인기를 끄는 이유다. 다양한 기능을 하나로 합친 올인원 제품도 많다. 비레디 관계자는 "로션 하나로 스킨케어, 자외선 차단, 피부 톤 커버가 가능한 제품이 주로 인기를 끈다"며 "사용하기 쉽고 부담이 없으면서도 바로 매력도를 높이는 효과를 볼 수 있는 점 때문이라고 생각한다"고 말했다.

제품 스펙트럼 넓혀야 한다는 한계도

한편, 남성 화장품 시장이 꾸준히 성장 중임에도 한계점도 다소 있어 보인다. 상품의 다양성이 가장 큰 과제다. 남성 유모(32·대구) 씨는 "남자도 천차만별의 톤을 가지고 있는데 파운데이션이나 립밤 등의 색을 한두 가지로 단순하게 내는 게 아쉽다"며 "여성 화장품처럼 컬러 구분이 더 다양해졌으면 좋겠다"고 말했다. 화장품 소비자의 80% 이상이 여전히 여성이기 때문일까. 남성 화장품은 '기본에 충실한' 제품이 대다수다. 남성들은 더 다양한 종류의 제품과 색상을 필요로 한다.

기업 입장에서도 역시 제품 개발과 개선에 있어 아쉬운 점을 내비친다. 비레디 측은 "여성 화장품에 비해 남성 화장품에 대한 실제 사용 후기가 적다 보니 고객의 목소리를 듣는 데 다소 어려움이 있다"며 "주요 변화가나 2030세대가 많이 방문하는 지역을 유심히 관찰하는 등 고객들과 소통하면서 제품 개선을 위해 노력하고 있다"고 말했다. 남성 화장품 시장이 더욱 커지려면 결국 더 많은 남성 고객의 목소리를 듣고, 상품을 개선해 재구매로까지 이어지게 하는 게 과제로 보인다.

자료원: 신소영, '남성 화장품'시장 꾸준히 성장…상품 다양화 한계 넘어야, 헬스조선, 2024.06.21.

제2절 고객욕구에 대한 이해

고객들의 욕구는 그들이 접하는 다양한 환경의 변화에 따라 변하게 된다. 사실 환경변화에 대한 지각은 어렵기 때문에 대신 고객욕구의 변화를 살펴봄으로써 환경변화가 있었다는 것을 간접적으로 감지할 수 있게 된다. 신제품 아이디어도 고객욕구의 변화과정을 파악함으로써 하나의 새로운 세분시장을 대상으로

그림 4-3 고객욕구 분석의 기본 틀

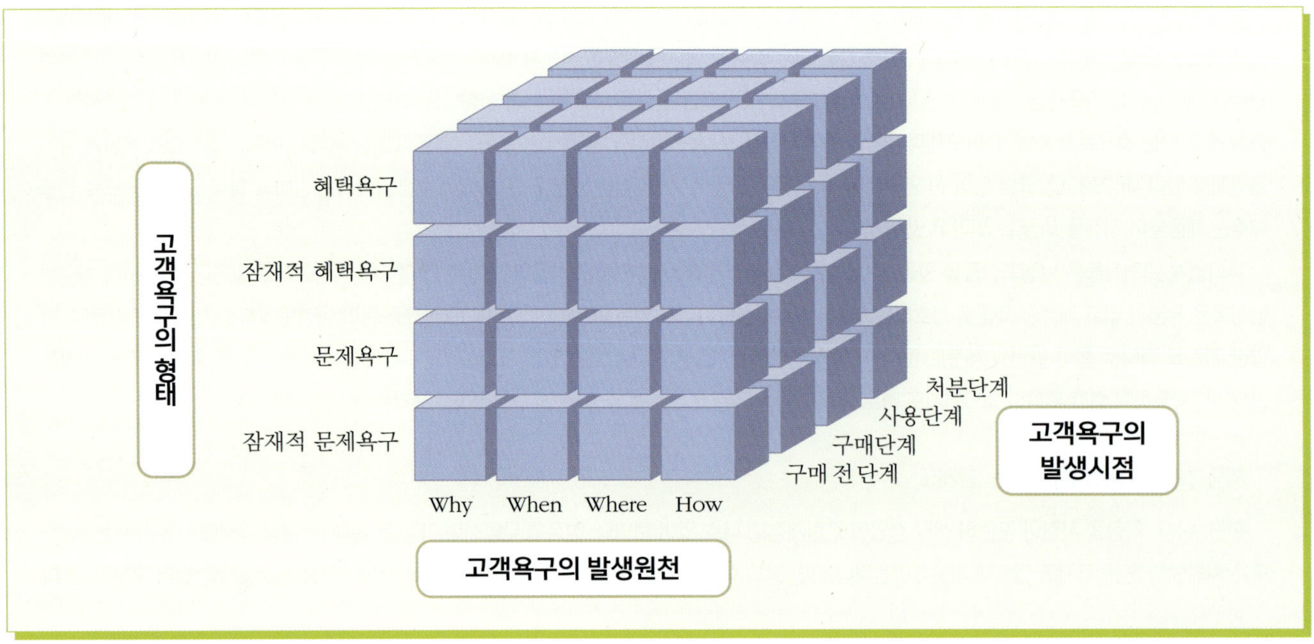

하여 창출된다고 할 수 있다.

욕구란 간단히 말하면 필요로 하는 것이다. 이러한 고객의 욕구는 무엇(혜택)을 받기를 원할 때와 지불하기(시간, 노력 및 금전적인 비용)를 원하지 않을 때 발생한다. 즉 고객의 욕구란 구체적으로 혜택과 비용 2가지 측면에서 발생한다고 할 수 있다.

<그림 4-3>은 고객의 욕구를 분석하고 이해하는 데 기본적인 틀을 제공하는 것이다. 여기에서 우리는 고객욕구의 발생시점을 확인하고, 고객욕구에 대한 발생원천을 이해하며 고객욕구 형태를 분류하고 이러한 고객욕구에 대한 충족방법에 대해 살펴보고자 한다.

개인화 마케팅

단편사례

티르티르가 지난 4월, 미주 진출 1년 만에 국내 브랜드 최초로 '아마존 파운데이션 부문 1위'를 차지했다. 이후 6월에는 아마존 전체 뷰티 카테고리 1위를 달성하며 글로벌 No.1 브랜드로 자리매김했다. 이는 단기간에 이룬 결실로 K-뷰티의 글로벌 경쟁력을 입증하는 중요한 성과다.

티르티르는 앞서 일본에서도 큰 성공을 거뒀다. 지난 2022년 일본 소비자들에게 오랜 시간 밀착력을 유지하는 '마스크 핏 쿠션 시리즈'를 선보여 한국 브랜드 최초로 일본 최대 뷰티 사이트 @cosme 선정 2023년 쿠션 부문 1위를 수상했다. 또 일본 주요 뷰티 어워드에서 37관왕을 차지하는 등 품절 대란을 일으키며 일본 쿠션으로 등극했다. 티르티르가 까다롭기로 유명한 일본 소비자들의 마음을 빼앗은 건 탄탄한 제품력과 정확한 고객 니즈 파악에 있다. 고객들이 원하는 제품력은 무엇인지 세심하게 분석한 뒤 이를 제품으로 구현해냈기 때문. 미주 진출 역시 이와 같은 전략을 구사하며 소비자들의 만족도를 높였다.

해외사업팀 임라희 차장은 해외 영업을 총괄하며 티르티르를 글로벌 브랜드로 성장시킨 핵심 인물이다. 지난해 7월 자사에 합류한 이후 해외 각 국가별 운영 전략 수립과 마케팅, 영업을 지휘하며 티르티르를 성공 궤도에 올려놓았다. 임 차장을 만나 티르티르가 빠른 시간 안에 글로벌 브랜드로 급부상할 수 있었던 전략에 대해 들어봤다.

미주 진출의 핵심 전략은 무엇이었나요.

미주는 다양한 인종, 국적의 사람들이 거주하는 국가예요. 그에 맞춰 셰이드(피부 톤에 따른 제품 색깔)를 넓게 확장해야겠다고 생각했죠. 제품이 아무리 좋아도 자신의 피부 톤에 맞지 않으면 구매할 이유가 없잖아요. 사실 처음에는 막막했어요. 다양한 인종의 피부 톤에 적합한 셰이드를 구현해내기가 쉽지 않았거든요. 수많은 고민 끝에 SNS를 활용해 다양한 고객에게 서베이를 진행하는 것이 정답이라고 생각했습니다. 그 결과 고객들의 참여를 통한, 고객들의 니즈를 반영한 셰이드로 확장할 수 있었습니다.

미주 진출 1년 만에 국내 브랜드 최초로 아마존 파운데이션 부문 1위에 올랐고, 6월에는 아마존 전체 뷰티 카테고리에서 1위를 달성했습니다.

K-뷰티의 불모지였던 미주 아마존 메이크업 카테고리에서 대한민국 최초 1위를 기록했다는 사실이 정말 자랑스러워요. 브랜드 입장에서 셰이

드 확장은 개발 과정은 물론 재고 관리까지 어느 하나 쉽게 결정할 수 없거든요. 하지만 모든 여성이 자신의 피부에 딱 맞는 셰이드를 발견하길 바라는 마음으로 정말 열심히 임했습니다. 시행착오를 겪기도 했지만 글로벌 소비자들에게 선택받기 위해선 꼭 필요한 과정이라고 생각했거든요. 메이크업 제품으로 한국 최초 '미주 아마존 메이크업 카테고리 1위'는 저희 해외 영업팀뿐만 아니라 모든 유관 부서의 고생 끝에 얻게 된 결과예요. 모두가 바쁘게 움직인 만큼 유의미한 결실을 맺게 돼 정말 행복합니다.

아시아권, 미주 시장에서 각각 세웠던 전략의 가장 큰 차이점은 무엇인가요.

자사의 '마스크 핏 쿠션 라인'은 전 세계 공통 베스트셀러입니다. 특히 '마스크 핏 레드 쿠션'은 마스크를 자주 착용하고 습도가 높은 일본의 환경을 고려해 높은 커버력과 지속력에 집중했죠. 이런 제품력이 일본은 물론 동남아, 대만, 싱가포르 등 덥고 습한 국가의 소비자들에게 큰 메리트를 줬다고 생각해요. 수치로 보아도 마스크 핏 쿠션 라인은 출시 이후 지금까지 1,704만 개가 판매될 정도로 엄청난 기록을 달성했어요. 또 국내 스테디셀러인 '물광 라인'도 미주에 진출하며 변화를 꾀했습니다. 제형감은 물론 미주 시장에서 선호하는 성분들로 구성한 '라이트' 버전의 제품들을 선보였거든요. 특히 밀크 스킨 토너는 최근 미주 아마존 뷰티 카테고리 15위, 토너 카테고리 1위에 등극하며 연이어 화제를 모았죠.

홍대 플래그십스토어에서는 인도네시아 고객 비중이 가장 크다고요.

인플루언서들의 리뷰 영상이 뜨거운 관심을 받으면서 홍대 플래그십스토어 내 동남아 관광객의 수가 압도적으로 늘어났어요. 특히 방문 국가 중 1위를 기록한 인도네시아 고객 비중은 약 43%를 차지합니다. 티르티르 제품은 글로벌 인플루언서들을 통해 다양한 콘텐츠들이 양산되고 있어요. 인플루언서들의 콘텐츠로 브랜드를 접한 뒤 제품 구매를 위해 스토어를 방문하는 고객이 있는가 하면, 자신의 콘텐츠를 찍기 위해 매장을 찾아오는 분들도 정말 많습니다. 이와 같은 니즈를 반영하기 위해 스토어 내에 라이브 존을 마련했어요. 티르티르 매장에 오면 영상 혹은 라이브를 진행하고 있는 손님을 여럿 볼 수 있어요. 이와 같은 관심 덕분에 현재 스토어 매출이 736%나 상승했습니다.

티르티르가 글로벌 뷰티 브랜드로 거듭날 수 있었던 비결은 무엇일까요.

단연 '제품력'이라고 생각해요. 제형, 마무리감, 패키지 등 어느 하나 그냥 넘어가는 과정이 없어요. 작은 부분이라도 깐깐하게 여러 테스트를 거쳐 완성합니다. 또 미주, 유럽, 중동, 인도 등 각 국가별 고객들의 니즈를 반영한 현지화 전략도 성공 요인 중 하나예요. 모든 나라에 동일 제품군을 선보이는 것이 아닌, 각 국가의 소비자들이 원하는 것을 정확하게 파악하고 이를 현실화하기 위해 정말 많은 고민을 해요. 미주로 진출할 때는 셰이드를 확대하고, 파우치나 미니 백을 선호하는 일본 소비자들을 위해 미니 쿠션을 선보이는 등 고객의 니즈에 귀 기울이죠. 이런 섬세한 전략이 전 세계 고객들에게 선택받을 수 있었던 노하우라고 생각해요.

#티르티르는 앞으로 어떤 행보를 이어갈까요.

일본, 미주에서의 성공을 바탕으로 유럽, 중동, 동남아, 인도 등으로 신시장을 개척하며 해외 진출을 가속화할 예정입니다. 또 피부 고민에 따라 제품을 선택할 수 있도록 레드 쿠션 외에 핑크 쿠션, 아우라 쿠션 등도 셰이드를 확대할 계획이에요. 2024년 연초 대비 생산량을 400% 이상 늘렸음에도 현재 다양한 국가의 러브 콜이 지속되고 있어요. 때문에 물량을 모두 맞추지 못하고 있는 상황이죠. 계속해서 좋은 제품과 고객들의 니즈에 귀 기울이며 글로벌 No.1 브랜드로서의 행보를 이어가도록 노력할 거예요.

자료원: 정세영, 고객니즈 적극반영..., 동아일보, 2024.08.30.

1 고객욕구의 발생시점

고객의 욕구는 제품의 소비와 관련되는 어느 단계에서나 발생할 수 있으며 총 4단계로 구분된다. 즉 고객욕구의 발생시점에 따라 **구매 전 단계의 욕구**–**구매단계의 욕구**–**사용단계의 욕구**–**처분단계의 욕구**로 나타난다. 그러므로 고객욕구 발생시점의 각 단계별로 고객의 욕구를 확인해야 한다.

가령 한 고객이 휴대전화를 구입할 경우를 생각해 보자.

(1) **구매 전 단계**에서 고객은 휴대전화에 대한 많은 정보를 필요로 할 것이다. 즉 고객은 구매 전에 가격은 어느 정도인지, 어떤 제품들이 있는지, 어디에서 살 수 있는지, 요금제도의 체계는 어떠한지 등의 다양한 정보를 탐색하게 된다.

(2) **구매단계**에서는 고객이 휴대전화를 구입할 때 원하는 제품을 쉽게 얻을 수 있는 것에 초점을 맞추어야 한다. 제품의 진열 및 판매원의 서비스가 중요한 요소로 작용하며, 제품 선정 시 필요한 정보의 제공도 마련되어 있어야 한다.

(3) **사용단계**에서 고객은 자기가 예기치 못했던 여러 가지 불편한 사항이나 개선되었으면 하는 사항을 경험하게 된다. 이메일 기능이나 오락 등 각종 부가서비스에 대한 욕구는 물론 유행을 반영한 자기만의 독특한 외부 디자인도 원할 수 있다.

(4) **처분단계**에서는 고객이 휴대전화를 처분하는 데 여러 가지 어려움을 경험할 수 있다. 휴대전화 처분 시 제약사항이 많다거나 일정 장소에서만 처분이 가능하다면 고객들의 제품에 대한 평가에 부정적인 영향을 미칠 수 있다.

2 고객욕구의 발생원천

고객의 욕구는 앞에서도 제시한 바와 같이 4단계에서 나타날 수 있으며, 각 욕구차원은 다시 '왜', '언제', '어디서', '어떻게'의 요소로 더 세분화시켜 이해할 수 있다. 즉 고객의 욕구는 **목적**(why), **시간**(when), **장소**(where), **과정**(how)의 요소로 나누어서 이해할 수 있다. 고객욕구 분석을 위해서는 고객욕구의 발생원천에 따라 각 요소에 대해 고객이 무엇을 원하는 가를 정확히 파악하는 것이 중요하다.

(1) '**왜**(why)**?**' 욕구는 고객들이 받기를 원하는 혜택이나 지불하지 않으려는 비용(문제점)을 의미한다. 냉장고 사용단계의 욕구분석을 예로 들면, 고객이 받기

를 원하는 혜택은 냉장 또는 냉동의 기능이 되며, 비용이나 문제점의 인식 차원에서는 전기요금이나 소음 등이 해당된다. 이러한 이유 때문에 고객들은 특정 상표의 냉장고를 선호할 수 있다.

(2) '**언제**(when)'는 하루에 있어서의 시간, 계절 그리고 '이럴 경우 사용하면 좋겠다'라고 하는 상황 등으로 구분될 수 있다. 가령, 냉장고 사용의 경우, 얼음을 얼릴 경우, 야채를 신선하게 보관할 경우 등등 냉장고를 필요로 하는 모든 경우에 대해 고객욕구 분석이 이루어져야 한다.

(3) '**어디서**(where)'는 제품의 사용과 관련된 다양한 장소로 구분될 수 있으며 냉장고의 경우 부엌, 거실 등 주거 공간에 따른 차별화된 고객욕구가 존재할 것이다.

(4) '**어떻게**(how)'는 사용과정, 다른 제품과의 보완적 사용 등으로 구분하여 검토해 볼 수 있다. 사용과정상에서의 고객욕구분석을 통해 문제점을 해결하는 것으로 냉장고의 선반의 높낮이를 조절하는 과정이나 야채실 개폐과정, 얼음 tray를 끼우는 과정 중의 욕구를 분석함으로써 고객에게 더 많은 혜택을 줄 수 있도록 제품을 개선할 수 있으며, 또한 다른 제품과의 보완적 사용 차원에서의 욕구분석으로 냄새 탈취제가 포함된 냉장고, 음식 보관을 위한 랩이 냉장고 문에 부착된 냉장고 등 보완적인 제품기능들을 냉장고에 포함시켜 고객의 욕구를 보다 포괄적으로 충족시킬 수 있다.

3 고객욕구의 형태

혜택욕구
고객이 이미 인지, 인식하고 있는 혜택

잠재적 혜택욕구
고객이 아직 인지하지 않고 있는 혜택

문제욕구
고객이 이미 인지하고 있는 비용

잠재적 문제욕구
고객이 인지하지 못하고 있는 잠재적 비용

앞에서 살펴보았듯이 고객의 욕구는 혜택을 받고자 원하는 경우와 시간, 노력 등을 소요하지 않으려는 경우, 즉 혜택과 비용면에서 발생한다는 것을 알 수 있다. 이러한 고객의 욕구는 크게 **혜택욕구**, **잠재혜택욕구**, **문제욕구** 그리고 **잠재적 문제욕구** 네 가지 형태로 나타난다.

먼저 **(1) 혜택욕구**란 고객이 이미 인지, 의식하고 있는 혜택을 말하며, **(2) 잠재적 혜택욕구**는 고객이 아직 인지를 하지 않고 있는 혜택을 의미한다. 냉장고의 경우, 혜택욕구 차원으로는 식품의 냉장 및 냉동에 관한 욕구가 보편적일 것이나 잠재적 혜택욕구로는 요리 메뉴 검색 및 메시지 교환, 기념일 알림 기능 등 정보제공과 관련된 아직 인지되지 못한 욕구나 beer dispenser 장착 등의 부가기능과 관련된 인지되지 못한 욕구 등이 될 수 있다.

표 4-1 고객욕구에 대한 기본적 이해

구　분	Framework	비　고
고객욕구의 발생시점	● 교환단계별 상이한 고객욕구 발생 가능 구매 전 단계 → 구매단계 → 사용단계 → 처분단계	고객의 욕구는 제품의 소비와 관련되는 어느 단계에서나 발생할 수 있으며, 총 4단계로 구분됨
고객욕구의 발생근원 (3W 1H)	● Why: 이유 "왜" ● When: 시점, "언제", "어떤 경우에"(시간, 계절, 상황) ● Where: 장소 "어디서"(공간) ● How: 과정 "어떻게"(사용방법, 사용용도, 보완재, 대체재)	고객의 욕구를 사용목적 또는 이유(Why), 사용시간(When), 사용장소(Where), 사용방법(How)의 4가지 요소에 의하여 분석한다.
고객욕구의 형태	● 혜택욕구: 고객이 현재 제품의 혜택을 어떻게 인지하고 있는가 확인 ● 잠재적 혜택욕구: 고객의 잠재적인 욕구 파악 ● 문제욕구: 고객이 이미 인지하고 있는 문제점(비용 개념) 확인 ● 잠재적 문제욕구: 고객의 잠재적인 문제점 확인	이러한 욕구 파악을 위해 인터뷰기법과 관찰기법 활용
고객욕구의 충족방법	● 소요시간의 단축 ● 소요노력의 단축(육체적, 정신적) ● 금전적 비용의 절감(보완재 사용 불필요, 유지 및 보수) ● 심미적 혜택의 증진(시각, 청각, 후가, 미각, 촉각)	신제품 개발의 기준 및 기존제품 개선의 기준이 됨

반면 (3) **문제욕구**란 고객이 이미 인지하고 있는 비용(불만사항)을 의미하며, (4) **잠재적 문제욕구**란 고객이 인지하지 못하고 있는 잠재적 비용을 의미한다. 예를 들어 냉장고에 식품을 장기 보관할 시 냄새가 많이 난다거나 현재의 수납 형태로는 편리한 수납을 하기 어렵다면 이는 문제욕구로 볼 수 있고 핵심 기능 이외의 잠재적인 문제점으로 지적되는 소음이나 전력소모량의 절감과 관련된 것은 잠재적 문제욕구로 분류될 수 있다.

4 고객욕구의 충족방법

위에서 살펴본 것과 같이 고객욕구의 발생시점, 발생근원, 발생형태에 따른 고객욕구 분석을 한 후에 기업은 발견된 고객욕구를 충족시키기 위한 여러 가지 방법을 모색하게 된다. 고객의 욕구를 충족시킨다는 것은 고객에게 가치를 제공한다는 것이며 이는 혜택제고와 비용경감 측면에서 살펴볼 수 있다. 먼저 소요시간을 단축시킴으로써 가치를 제공할 수 있다. 냉장고의 얼음 얼리는 시간을 단축시키는 기능이 추가된다면 단시간에 시원한 얼음을 필요로 하는 욕구를 충족시킬 수 있을 것이다. 또한 육체적, 정신적으로 소요되는 노력을 줄임으로써 고객욕구를 충족시킬 수도 있다. 음식의 보관상태를 밖에서 보여 줌으로써 냉장고를 열지 않고도 무엇이 어떻게 보관되고 있는지를 알 수 있다면 음식보관 후에 드는 걱정을 덜 수 있고 매번 냉장고를 열고 닫지 않아도 무엇이 더 필요한지 알 수 있어 편리성이 증가하여 육체적 노력을 줄일 수도 있을 것이다. 비용절감 측면에서 보완제품이나 유지 및 수선을 통해 고객이 지불해야 하는 비용 경감으로 욕구를 충족시킬 수도 있다. 냉장고에 방향장치가 되어 있다면 탈취제를 따로 구입해서 냉장고에 넣어 둘 필요가 없어지기 때문에 고객들이 비용을 절감할 수 있게 될 것이다. 마지막으로 시각, 청각, 후각, 미각, 촉각 등 오감을 통하여 심미적 혜택을 증진함으로써 고객의 욕구를 충족할 수 있을 것이다. 즉 냉장고의 핵심기능은 아니지만 시각적인 차원에서 디자인이나 색, 크기를 다양하게 함으로써 고객에게 새로운 가치를 전달할 수도 있을 것이다.

핵심사례 4-1 | 새로운 카테고리, 요리 에센스

간장이나 된장 등 발효를 이용한 장류(醬類)가 우리 밥상에 오르기 시작한 것은 삼국시대부터라고 전해진다. ＜삼국사기(三國史記)＞와 ＜신라본기(新羅本紀)＞ 등 이 시대 문헌들에서 재래식 장에 대한 언급을 찾아볼 수 있다. 일본식 된장을 이르는 '미소'도 사실은 우리나라에서 건너가 일본식으로 변형된 것이다. 우리나라 된장과 간장을 전수받은 일본은 기온과 습도가 높은 섬나라 특성을 반영해 훨씬 달고 덜 짠 일본식 장으로 정착시켰다.

이처럼 오랜 역사를 지닌 장(醬)은 본래 대표적인 가내수공업 아이템이었다. 집집마다 때를 정해 메주를 쑤고 띄워 장을 만들었다. 발효라는 과정 자체가 본질적으로 자연의 개입 없이는 불가능하기 때문에 장을 담글 때의 온도와 습도, 담그는 사람의 손맛 등 변수가 다양하다. 이 때문에 이 집과 저 집의 장맛이 다르고 올해와 내년의 맛이 또 다를 수밖에 없었다.

'간장'이라는 단어를 들었을 때 오늘날 우리가 반사적으로 떠올리는 까만 액체는 개화기(19세기) 이후 확산된 대량 생산의 산물이다. 집집마다 맛과 향이 달랐던 재래식 방식이 아니라 균일한 맛과 향을 위해 공장에서 만든 결과물이다. 당시 식민 통치를 위해 우리나라에 거주했던 일본인에게 공급하기 위한 목적으로 우후죽순 들어섰던 간장, 된장 공장들이 산업적 생산의 시초였다. 전국에 세워진 간장 공장만 100곳이 넘었던 것으로 전해진다. 이 공장들은 일본식 제조 방식을 도입해 적용했고 맛과 향이 균일한 제품을 만들어내기 위해 미생물의 자의적 활동을 최소화하는 데 주력했다.

해방 이후 일본인이 남기고 간 공장들을 우리나라 사람들이 인수해 운영하기 시작하면서 비로소 한국의 장 산업이 첫발을 내디뎠다. 샘표가 태동한 것도 이때부터다. 일본인이 운영하던 간장 공장을 인수해 샘표의 전신인 삼시장유를 설립한 것이다. 샘표라는 상호는 1954년부터 사용된 것으로 샘표가 현존하는 국내 상표 중에 가장 역사가 길다는 점은 잘 알려진 사실이다.

오랜 역사만큼이나 샘표의 지배력은 절대적이다. 지금도 간장 시장의 절반을 샘표가 점유하고 있다. 국내에서 소비되는 간장 제품은 샘표 간장과 샘표가 아닌 간장으로 나눌 수 있다는 얘기가 있을 정도다. 간장이 그다지 비싼 제품군에 속하는 아이템이 아닌데도 이 시장에서만 매년 1,000억 원대 매출을 올려왔다고 한다면 간장 시장에서 샘표가 차지하는 지위가 어느 정도인지 짐작할 수 있다.

문제는 간장 시장이 매년 줄어들고 있다는 점이다. 2000년 이후 이런 현상이 두드러진다. 서구식 요리 방법이 확산되면서 간장을 넣지 않고 조리하는 경우의 수가 늘어난 탓이다. 외식 문화가 활성화되고 1인 가구 등이 늘면서 가정에서의 요리 횟수가 절대적으로 줄어들고 있는 것 또한 간장 소비를 위축시키는 요인이다. 이 때문에 간장 시장은 연평균 1%씩 축소되고 있다. 최근 10년 새 14%나 감소했다. 그 속도가 점차 빨라지고 있다는 점이 더 문제다. 오랜 기간 간장이라는 한 우물만 파왔고 이 분야에서 매출의 절대 비중을 얻고 있는 샘표에 위협적인 상황이 아닐 수 없다. 새로운 아이템 발굴에 적극 나설 수밖에 없었던 이유다.

보다 궁극적인 요인도 있다. 한식 간장의 복원이다. 일본에 의해 변형되고 왜곡된 장맛을 바로잡겠다는 취지다. 앞서 서술했듯 본래 간장은 우리나라 고유의 산물이지만 일본으로 건너가면서 원래의 맛에서 멀어졌다. 해방 이후 일본식 간장이 퍼지면서 한식 간장을 찾아보기 어려워졌다. 현재 우리에게 익숙한 간장 맛은 산업화 이후 보급된 일본식이다. 샘표는 옛날 우리 선조가 고수하던 장맛을 복원해 진짜 우리 간장을 찾겠다는 열망을 오랜 기간 품고 있었다. 연두보다 앞서 출시된 '참숯으로 두 번 거른 간장' 시리즈가 대표적인 예다. 이 간장은 간장을 거를 때 숯을 사용하던 전통적인 방식을 활용해 주목을 받았다.

새로운 아이템을 발굴하지 않으면 죽을 수 있다는 위기의식과 한식 간장을 제대로 복원해보고 싶다는 오랜 열망이 만났다. 그 결과물이 바로 '연두'다.

더 좋은 감칠맛을 찾아라

간장은 콩을 발효해 얻는다. 60년 샘표가 가진 노하우는 콩, 그리고 발효를 빼놓고는 논할 수 없다. 콩을 발효해 무언가를 얻어내는 것, 이것이 샘표가 가진 핵심 경쟁력이다. 새로운 아이템의 발굴과 한식 간장의 복원이라는 두 가지 명제를 놓고 고민하던 샘표가 콩 발효를 더욱 파고들기 시작한 것은 어쩌면 당연한 수순이었다.

콩 발효에 전사적 역량을 집중하기로 한 것은 크게 두 가지 점에서 정당성을 지녔다. 첫째, 발효 음식이 지닌 막강한 잠재력이다. 옛날 궁중 요리가 일반 가정식보다 훨씬 깊고 풍부한 맛을 냈던 근본 원인은 발효 장류를 적재적소에 기가 막히게 활용했기 때문이다. 샘표는 콩 발효 원리를 잘 활용하면 소비자 입맛을 사로잡는 무언가를 개발할 수 있을 것으로 생각했다. 서구식 소스가 쉽고 빠른 조리를 내세워 시장을 공략하고 있는 중에 이에 맞설 수 있으려면 맛에서 승부를 봐야 했다. 활용도가 높으면서도 깊은 맛을 내는 소스를 개발한다면 승산이 있을 것으로 판단했다.

둘째, 콩은 소비자들이 기존 조미료에 갖고 있는 불만을 해결하는 좋은 대안이 될 수 있었다. 음식 할 때 첨가하는 조미료의 역할은 감칠맛을 내는 것이다. 조미료 자체만으로는 맛이 안 난다. 하지만 MSG 등 화학 성분을 첨가해 맛이 텁텁하고 건강에도 좋지 않았다. 최근 '천연', '자연' 등을 내세워 나오는 조미료 역시 쇠고기나 멸치를 활용한다. 주재료를 말려 가루로 만든 것이다. 다시 말해 쇠고기나 멸치 안에 들어 있는 단백질을 끊어서 작은 단위로 쪼갠 것이 아니라 단지 단백질 덩어리를 작게 만들어둔 것에 불과하다. 그러다보니 화학 성분은 들어가지 않을지 모르나 조미료가 가진 근본적인 문제는 그대로였다. 조미료를 아무리 넣어도 음식 맛이 나아지기를 기대하기 어렵고 맛이 날 때까지 넉넉히 넣으면 국물이 탁해진다. 넣으면 넣을수록 쇠고기나 멸치의 향과 맛이 강하게 느껴져 조미료를 넣기만 하면 음식 맛이 모두 동일해져버리는 단점도 있다.

반면 콩은 자체적인 맛과 향이 강하지 않은데다 깊은 맛을 내는 아미노산이 멸치나 쇠고기의 3배에 이를 정도로 많다. 샘표는 이 점에 주목했다. 콩 발효 노하우를 충분히 활용해 감칠맛을 극대화하면서도 기존 조미료에 갖고 있는 소비자들의 불만을 해소할 수 있는 신제품, 이것을 목표로 삼았다. 콩을 발효하는 과정과 여기에 개입하는 각종 미생물을 연구하고 이를 제품화하는 일에 자원과 역량을 집중했다.

맛은 있는데…

2003년 어느 날, 연구원들이 이런저런 방법으로 콩을 발효해보다가 기존 제품보다 진하고 깊은 맛을 내는 새로운 간장(당시만 해도 새로운 포지셔닝을 생각하지 않고 또 다른 간장으로 인식)을 만들었다며 임원진에게 선보였다. 서동순 마케팅총괄 이사는 "먹어보니 간장이라기보다는 액젓에 가까웠는데 액젓의 비린 맛이나 특유의 향 없이 깔끔하고 깊은 맛이 났다"고 회상했다. 어떻게 마케팅하느냐에 의견이 갈렸다. 간장의 한 종류로 내놓을 것이냐, 간장이 아닌 새로운 카테고리가 적합하냐의 문제였다. 고민 끝에 맛과 향이 기존 간장과 많이 달라 간장보다는 음식의 맛을 풍부하게 해주는 조미료에 가깝다는 결론을 내렸고 결국 조미료 부문의 신제품으로 포지셔닝하기로 했다. 기존 제품과 차별성을 두기 위해 콩을 발효해서 만든, 몸에 좋은 조미료라는 캐치프레이즈를 내걸었다. 콩으로만 만들었으니 순식물성이고, MSG 같은 화학성분을 넣지 않았으며, 단순히 재료를 갈아 만든 것이 아니라 직접 발효한 액체라는 점을 부각시켜 음식 맛도 좋고 몸에도 좋은 친환경 조미료라는 점을 내세웠다. 건강과 안전을 모두 생각하는 주부들에게 어필하기 위한 콘셉트였다. 자연과 콩을 강조한 '연두(然豆)'라는 이름도 여기서 나왔다.

마케팅 포인트도 '웰빙'에 뒀다. 우리나라 1세대 조미료는 공장에서 대량 생산하는 데 초점을 둔 화학 조미료였다. 2세대는 멸치나 쇠고기 등 천연 재료를 소량 첨가했으나 여전히 MSG가 대량 들어간 종합 조미료다. 3세대는 최근 등장한 멸치나 쇠고기를 직접 갈아 만드는 천연 조미료다. 연두는 '4세대 조미료'로 스스로를 칭했다. 더 건강하고 더 맛있는 조미료를 전면에 부각시켰다. 2010년 연두의 1차 출시였다.

결과는 부진했다. 한 달에 1만 병도 채 나가지 않았다. 소비자들은 연두라는 새로운 조미료에 관심을 보이지 않았다. 오랜 시간에 걸쳐 개발과 마케팅을 기획하고 추진한 샘표는 실망과 우려를 감출 수 없었다. 전사적으로 나서서 핵심 기술과 노하우를 결집해 내놓은 제품인 만큼 걱정이 더 컸다.

왜 소비자는 연두를 사지 않을까? 원인 분석부터 다시 시작했다. 일단 맛을 본 사람들은 하나같이 긍정적인 답변을 내놨다. 실제 요리에 사용해 본 주부들을 대상으로 조사하면 연두를 사용할 때 음식 맛이 훨씬 좋아지더라는 답이 압도적이었다. 맛이 좋은데 왜 사지 않을까?

여러 조사들을 종합한 결과, 연두의 기획과 소비자들의 인식 사이에 괴리가 크다는 결론이 나왔다. 샘표는 연두를 '4세대 콩 발효 조미료'로 정의하고 맛과 건강을 동시에 잡은 웰빙 제품으로 포지셔닝했다. 기존 조미료보다 건강에 좋은 것은 물론 콩을 제대로 발효해 음식의 깊은 맛을 끌어올리는 새로운 조미료로 소개했다. 하지만 소비자에게는 그저 '또 다른 간장의 하나'거나 '그래봤자 조미료'일 뿐이었다.

간장을 벗자, 새로움을 입자

새로울 것 없는 간장의 일종, 안 쓸수록 이로운 조미료라는 소비자들의 인식을 깨려면 포지셔닝부터 다시 해야 했다. 기존 조미료 시장에서 웰빙 쪽으로 방향을 잡으려던 본래 계획을 전면 수정해야 했다. 조미료처럼 음식 맛을 더 좋게 만들어준다는 점에서 조미료와 비슷한 시장을 타깃으로 하는 유사 카테고리지만 정작 조미료는 아닌 영역을 구축해야 했다. 새로운 시장을 창출해야 했다는 의미다.

연두 상추숯불구이

연두 양파수프

수십, 수백 개의 이름을 썼다 지워가며 몇 달간 회의를 반복하던 중 어느 직원이 "연두 쓰다 보니 이제 이것 없이는 요리할 수가 없다. 모든 요리에 필요한 에센스 같다"며 '에센스'를 내놨다. 초반에 팀 안에서의 반응은 부정적이었다. 화장품을 연상하게 할 뿐더러 지나치게 화학적인 느낌이 든다는 이유였다. 내고 또 내고, 짓고 또 짓다가 후보군에 올라온 모든 이름을 들고 소비자 테스트를 진행했다. 해당 단어에 소비자가 어떤 느낌을 갖고 있는지 객관적으로 알아보기 위해서였다. 그런데 의외로 에센스가 좋은 평가를 받았다.

소비자 인터뷰를 통해 좀 더 깊게 조사해봤다. 소비자들은 '요리에센스'라는 단어를 낯설어 하면서도 새롭게 여겼고 호기심을 갖게 된다고 답했다. 정확히 뭔지는 몰라도 귀하고 값진 제품일 것으로 예상하기도 했다. 서 이사는 "당시 우리에게 가장 필요했던 것은 기존의 간장이나 조미료와 완전히 차별되는 새로움"이라며 "인공적이거나 화학적으로 느껴진다는 단점이 있었지만 단점보다는 장점이 크다고 판단했다"고 말했다. 연두가 '요리에센스'로 정체성을 확보하게 된 순간이다.

CM송 역시 새로움과 호기심을 극대화하는 것을 목표로 했다. 제품에 대한 설명은 한마디도 없이 그저 '연두해요~ 연두해요~ 요리할 땐 모두 연두해요~'라는 단순한 문구만 반복되는 이 노래가 전파를 타고 각 가정에 전달되면서 사람들은 연두가 정확히 뭔지는 몰라도 '요리할 때 넣으면 좋은 것'이라는 사전 인식(pre-recognition)을 갖게 됐다. 서 이사는 "일단 사용해본 소비자들은 모두 만족한다고 답했기 때문에 품질 면에서는 자신이 있었다"며 "특별한 설명이나 정의 없이 궁금증과 호기심을 불러일으키는 데 초점을 뒀다"고 말했다.

뿐만 아니라 간장과 비슷한 색과 향을 덜어내기 위한 기술적 연구도 계속됐다. 2차 연두는 1차 연두에 비해 밝고 향이 약했다. 색이 진하고 콩 발효 특유의 냄새가 나면 소비자들이 간장을 떠올릴 수 있기 때문에 가급적 색과 향을 연하고 부드럽게 하는 데 주력했다.

1차 연두의 모든 것을 바꾼 것은 아니다. 리포지셔닝 콘셉트에 맞는 요소는 살렸다. 이름이 대표적이다. 자연과 콩을 강조한 기본 취지에는 변화가 없었고 발음이 쉬우며 싱그러운 이미지가 제품과 잘 부합한다고 판단했다. 리뉴얼 후 2차 출시 때도 연두는 연두였다.

소비자를 읽어라. "없는 방법도 만들어낼 정도"

본격적인 리포지셔닝에 앞서 마케팅팀에서 초점을 둔 것은 소비자를 정확히 파악하는 일이었다. 다양한 소비자 조사와 끊임없는 품질 연구, 그리고 무엇보다 조미료가 아닌 요리에센스로 포지셔닝을 다시 한 전략은 긍정적인 시너지를 냈다. 2년 만에 다시 시장에 나온 연두는 소비자들의 호기심을 강하게 자극했다. 이름으로, 노래로, 광고로 연두를 접한 사람들은 요리에센스가 정확히 뭔지는 몰라도 요리할 때 꼭 넣어야 하는 필수품이라는 인상을 받았다. 호기심에 제품을 구입한 소비자들은 성능 좋은 콩 발효 에센스에 눈을 떴고 국이나 찌개를 끓일 때는 물론 나물을 무칠 때나 볶을 때도 연두를 활용할 수 있다는 점을 알게 됐다. 간장도 조미료도 아닌 연두 고유만의 영역을 개척한 것이다.

자료원: 최한나, DBR 143호(2013년 12월 ISSUE2)

제3절 아이디어 창출을 위한 고객욕구 분석방법

크라우드 소싱

지금까지 우리는 고객의 욕구가 다양한 시점에서 서로 상이하게 나타날 수 있다는 것을 알았다. 그러면 보다 구체적으로 기업은 다양한 고객의 욕구를 어떠한 절차를 통해 도출해 낼 수 있을 것인가? 기업이 새로운 아이디어를 얻기 위한 고객욕구 분석의 방법으로는 인터뷰기법(interview method)과 관찰기법(observation method)을 사용할 수 있다.

(1) 일반적으로 가장 널리 사용되는 **인터뷰기법**은 고객들에게 체계적인 질문을 함으로써 다양한 고객의 욕구를 도출해 내는 방법이다. 인터뷰기법은 철저하

인터뷰기법
체계적인 질문을 통해 고객의 욕구를 도출해 내는 방법

게 고객의 입장에서 질문을 함으로써 고객의 욕구파악을 통한 제품 아이디어 획득에 유용한 답변을 유도해 낼 수 있어야 한다. 즉 인터뷰기법은 고객들이 자신들의 입장에서 그들의 욕구가 무엇인지를 알려 주는 방법이다.

관찰 기법
고객의 행동을 관찰하여 고객의 욕구를 분석하는 방법

(2) **관찰기법**은 고객의 욕구를 확인하기 위해 고객의 행동을 관찰하여 분석하는 방법으로 인터뷰기법에서 발견되지 않았던 아이디어를 얻을 수도 있다. 관찰기법은 기업이 고객의 행동을 관찰하여 그들의 욕구를 충족시켜 줄 수 있는 아이디어들을 얻어내는 방법이다.

고객의 욕구 발생시점에 따른 두 기법의 사용범위는 다음과 같으며 특히 구매 전 단계에서는 고객행동을 관찰하기 어렵기 때문에 관찰기법이 사용되지 않는다.

인터뷰기법이나 관찰기법을 사용할 때 강조되어야 할 사항은 이 방법들이 체계적이며 과학적인 방법들이라기보다는 탐색적인 연구방법으로, 일단 이러한 방법들에 의해 발견된 고객의 욕구와 그와 연관된 신제품 아이디어들은 상품화되어 시장에 출시되기 전에 과학적인 시장조사와 체계적인 분석을 통하여 검증되어야 한다는 것이다.

구매 전 단계	인터뷰기법
구매단계	인터뷰기법 + 관찰기법
사용단계	인터뷰기법 + 관찰기법
처분단계	인터뷰기법 + 관찰기법

1 인터뷰기법(Interview Method)

인터뷰기법은 고객의 욕구를 발생시점 및 발생원천에 따라 분류하여 일관된 체계를 정립한 후 각각에 대하여 4가지의 핵심질문, 즉 혜택욕구, 잠재적 혜택욕구, 문제욕구 그리고 잠재적 문제욕구를 도출해 내는 방법이다. 인터뷰기법은 기업에서 보편적으로 가장 많이 이용하는 기법으로 여기에서는 설명의 편의를 위해 주로 사용단계의 욕구를 중심으로 설명할 것이나 고객욕구 발생시점상의 다른 단계에서의 욕구분석도 같은 방식으로 이용할 수 있다. 인터뷰 내용은 [별첨 4-1]을 참조하기 바란다. 그러나 각 단계별 적용에 있어서 네 가지 고객욕구의 형태 모두를 질문할 필요는 없다. 예를 들어 구매 전 단계에서 또는 처분 단계에서 잠재적 혜택욕구와 잠재적 문제욕구에 대한 질문이 필요하지 않다고 판단되는 경우에는 그 질문들을 반복하지 않아도 된다.

<표 4-2>는 제품의 사용단계에서의 욕구발생원천 및 욕구의 형태에 따라 핵심질문을 통하여 다양한 욕구를 도출해 내는 기본 틀을 제시한 것이다. 사용목적(why), 사용시기(when), 사용/설치장소(where) 그리고 사용과정, 보완/첨가품(how) 각각에 대하여 혜택욕구, 잠재적 혜택욕구, 문제욕구 및 잠재적 문제욕구를 유도하고 있다.

<표 4-3>은 냉장고의 예를 들어 <표 4-2>에 나와 있는 질문을 중심

표 4-2 인터뷰기법 분석표

구 분	Why (사용목적)	When (사용시기)	Where (사용/설치장소)	How	
				(사용과정)	(보완/첨가품)
I 혜택욕구	"제품"을 어떤 목적이나 용도로 사용 하십니까?	"제품"을 언제 사용하고 계십니까?	"제품"을 어디에서 주로 쓰십니까?	"제품"의 특정 사용 목적, 동기별로 실제 사용하시는 과정과 방법을 구체적으로 말씀해 주시기 바랍니다.	앞에서 말한 사용목적이나 용도로 사용하실 때 "제품"과 같이 사용하는 다른 제품이나 첨가품이 있습니까?
II 잠재 혜택욕구	말씀하신 내용 이외에 새로운 사용목적이나 용도, 희망하시는 용도가 있습니까?	말씀하신 내용 이외에 사용하고 싶은 경우가 있으십니까?	말씀하신 장소 이외에 사용하시고 싶은 곳이나 장소가 있습니까? * 사용목적이 정확하지 않은 장소를 대답할 경우 사용 목적, 용도를 다시 질문함	말씀하신 과정 및 방법 이외에 다른 과정이나 방법으로 사용하신다면 그것들은 어떤 과정이나 방법이겠습니까?	말씀하신 물건 이외에 같이 사용했으면 하는 것이 있습니까?
III 문제욕구	I 에서 응답한 목적/용도로 사용하실 때 문제점이나 불만사항은 없으십니까?	I 에서 응답한 사용시기에 문제점이나 불만사항은 없으십니까?	I 에서 응답한 사용장소에서 사용하실 때 문제점이나 불만사항은 없으십니까?	I 에서 응답한 사용과정상에서 문제점이나 불만사항은 무엇입니까?	I 에서 응답한 보완제품이나 첨가품을 사용하실 때 문제점이나 불만사항은 무엇입니까?
IV 잠재 문제욕구	I 에서 응답한 목적/용도로 사용하실 때에 문제점이나 불만사항은 아니나 이상적으로 개선되었으면 하는 점이 있습니까?	I 에서 응답한 사용시기에 문제점이나 불만사항은 아니지만 이상적으로 개선되었으면 하는 점이 있습니까?	I 에서 응답한 사용장소에서 사용하실 때 문제점이나 불만사항은 아니지만 이상적으로 개선되었으면 하는 점이 있습니까?	I 에서 응답한 사용과정상의 문제점은 아니지만 어떻게 개선하면 이상적이 될 수 있겠습니까?	I 에서 응답한 보완제품이나 첨가품에 대한 문제점은 아니지만 이상적으로 개선되었으면 하는 점이 있습니까?

으로 인터뷰기법을 적용하여 정리한 표이다.

앞의 도표에서 보는 바와 같이 심층적인 인터뷰 질문을 통하여 고객에 대한 욕구를 도출해 낼 수 있으며, 질문들은 무엇보다도 일관적인 흐름에 따라 전개하는 것이 중요하다. 구체적인 인터뷰 질문들은 [별첨 4-1]을 참고하길 바란다. 사용목적(why)에 대한 질문에서 냉장고에 대한 사용목적으로 고객이 냉장용이라고 응답한 경우 다음 질문으로 이어질 때 냉장과 관련하여 잠재적 혜택욕구나 문제욕구, 잠재적 문제욕구 등을 먼저 이끌어 내며, 하나의 사용목적을 기준으로 욕구 발생근원(when, where, how)에 대해서 고객욕구의 4가지 형태에 따라 질문을 하게 된다. 이렇게 냉장목적에 대한 질문이 끝난 후에는 다른 목적인 냉동목적에 대하여 다시 같은 흐름으로 반복하여 질문하게 된다. 따라서 사용목적이 여러 가지인 경우에 [표 4-2]와 같은 질문을 여러 번 반복적으로 시행되게 된다.

이러한 분석표에 따라 질문을 하다 보면 중복되는 답을 얻게 되는 경우가 많다. 특히 사용목적에 따라 반복적으로 질문을 한다면 더욱 중복이 많을 것이나 이렇게 세밀한 경로를 통해서만이 고객의 다양한 욕구를 놓치지 않고 분석해 낼 수 있을 것이다. 즉 여기서 강조해야 할 점은 동일한 욕구가 반복되는 것은 문제가 되지 않지만 중요한 고객의 욕구에 대한 정보를 놓치게 되는 것은 심각한 기회비용을 지불하는 결과를 초래할 수 있다는 점이다.

분석표상에서 고객이 느끼는 현재의 욕구라고 할 수 있는 혜택욕구(benefit) 및 문제욕구(cost)를 먼저 질문하는 이유는 기업의 관리자들이 현재 알지 못하고 있는 고객욕구를 관리하기 위함도 있으나 고객의 잠재욕구를 이끌어 내기 위한 목적이 더 크다고 할 수 있다. 즉 현재의 욕구를 먼저 재인식하게 함으로써 잠재적인 혜택이나 문제점에 대한 아이디어의 발현을 보다 쉽게 이끌어 낼 수 있기 때문에 위와 같은 흐름에 따라 질문이 이루어지는 것이 바람직하다. 기업은 이러한 절차를 통하여 고객에 대한 욕구를 알아 냄으로써 기존제품의 개선 및 신제품 개발을 위한 아이디어를 효과적으로 찾아낼 수 있게 된다.

2 관찰기법(Observation Method)

관찰기법은 고객들의 제품구매, 사용 그리고 처분과정상의 행동을 기업이 관찰/분석함으로써 인터뷰기법에서 발견되지 않았거나 포착할 수 없었던 신상품 개발 아이디어를 추출하는 것을 목적으로 한다. 관찰기법을 사용할 때에는 고

표 4-3 인터뷰기법-냉장고 사례

구 분	Why (사용목적)	When (사용시기)	Where (사용/설치장소)	How (사용과정)	How (보완/첨가품)
I 혜택 욕구	● 냉장용도, 냉동용도	● 식사 준비 전·후에 – 재료를 꺼낼 때 – 음식을 만들 때 – 상을 차릴 때 – 반찬 정리 할 때 ● 쇼핑 전·후에 – 쇼핑품목을 정할 때 – 쇼핑 후 정리할 때 ● 수시로 – 음료수, 물, 얼음을 먹을 때 ● 잔치, 명절, 제사 음식 보관 ● 손님이 갑자기 찾아왔을 때	● 부엌 ● 거실 ● 숙박업소 ● 음식점 ● 일반 상점 ● 약국 ● 병원 ● 서재	● 야채실에 야채를 넣는 과정 ● 얼음을 tray에 넣는 과정 ● 냉동실의 보관식품을 꺼낼 때 ● 선반의 높낮이 조절하는 방법 ● 문을 열고 닫을 때 ● 식사 후 반찬 정리하는 과정	● Icebox ● 자석/메모판 ● 냄새 탈취제
II 잠재 혜택 욕구	● 커뮤니케이션(쌍방향) – 가족간 메시지 교환 – 내부식품 파악 ● 정보제공(단순검색) – 요리메뉴 검색 – 각종 기념일 알람기능	● 정보를 찾고자 할 때 – 인터넷 검색 – 개인 정보	● 공원 ● 낚시터 ● 승용차 ● 바닷가 ● 대형버스 ● 요트	● 포터블 냉장고 – 시거잭 또는 배터리 충전과정시 문제점 ● docking 냉장고 – 착탈과정상의 문제점	● 냄새 탈취제
III 문제 욕구	● 장기보관 관련 문제점 – 냄새가 난다 – 원 상태 보관 난해 – 음식이 쉽게 부패 ● 수납관련 문제점 – 더 많고 편리한 수납 ● 맛과 관련된 문제점 – 식품별 최적온도 보관 – 숙성 및 발효 어려움 – 더 빠르고 차게 냉각	● 식사 준비 전후에 – 빠르고 쉬운 해동 – 냉동식품을 찾기 어려움 ● 쇼핑 전에 – 보관식품 확인 어려움 ● 쇼핑 후에 – 식품정리 보관 어려움 – 보관장소의 협소 ● 수시로 – 전력 소모 우려 ● 손님이 갑자기 왔을 때 – 과일, 쥬스가 급속 냉각 될 수 있는 기능 요망	● 부엌 – 공간을 많이 차지함 ● 숙박업소 – 냉동실 빈약 ● 서재 – 소음이 적어야 함	● 야채실 여닫기가 힘들다 ● 얼음 tray 위치가 너무 높다 ● 보관식품을 찾기 힘들다 ● 선반 높낮이 조절시 식품을 모두 꺼내야 한다.	● Icebox용량이 작다 ● 이동성이 없다 ● 냄새 탈취제 교환 비용이 크다
IV 잠재 문제 욕구	● 무소음 ● 전력소모량 감량 ● 발효기능 추가	● Vending Machine처럼 item을 버튼으로 선택 가능	● 아이들 방에 놓을 수 있는 용도 개발		● 무균,무취로 탈취제가 필요 없는 냉장고

객의 행동을 세분단위별로 면밀히 관찰하여 “어떻게 하면 각 단위행동 수행에 있어 필요한 시간과 노력 그리고 비용을 줄일 것인가?”와 “어떻게 하면 각 단위행동 수행과정 중 제품과 연관된 심미적 혜택을 증강시킬 수 있을 것인가?”를 기준으로 각 단위행동을 분석해야 한다.

(1) 관찰상황 설정

인터뷰기법과 달리 관찰기법에서는 고객욕구 발생시점에서 구매전 단계를 따로 분석하지 않는다. 즉 구매 전 단계에서의 행동이 구매 단계에 투영되어 나타나기 때문에 관찰기법에서는 구매단계 – 사용단계 – 처분단계에 대해서만 관찰을 주로 행하게 된다. 따라서 관찰기법에서는 <표 4-4>와 같이 단계를 나누고 각 단계에서 이루어지는 고객들의 행동절차를 관찰, 분석함으로써 고객에게 필요한 새로운 가치를 발견하게 된다.

기업에서 관찰기법을 사용할 때에도 인터뷰기법에서와 마찬가지로 어느 한 단계에 초점을 맞추어 관찰을 실시하게 된다. 그러나 동일한 단계의 고객의 욕구일지라도 그들이 처한 상황에 따라 다르게 나타나기 때문에 전체적인 고객욕구를 한 가지 상황에서의 관찰로만은 알 수 없다. 따라서 가능한 여러 가지 관찰상황을 설정하여 분석하는 것이 중요하다. 우선적으로 특정 제품에 관하여 고객이 자주 사용하거나 문제를 많이 느끼는 상황에 초점을 맞추어 고객의 행동을 관찰하는 것이 필요하다. 또한 상황설정이 고객의 욕구를 정확히 파악하는 데 도움을 주기 위해서는 그 상황이 실제적·구체적으로 묘사되어야 한다. 이렇게 하기 위해서는 고객욕구 발생근원(why, when, where, how)에 따른 제반 요소를 고려한 묘사가 되어야 한다.

예를 들어 인터넷을 이용하여 쇼핑을 할 때 고객이 어떠한 행동을 하는 지 관찰하려 한다면 다음과 같은 상황설정이 필요하다.

표 4-4 관찰기법에서의 고객욕구 발생단계

단 계	고객행동 절차
구매단계	인지 – 관심 – 평가 – 구매
사용단계	준비 – 사용 – 저장 및 정리
처분단계	준비 – 처분 – 대체

평소에 사고 싶었던 책을 구매하려 한다. 그런데 서점에 책을 직접 사러 갈 시간이 없을 것 같아(why) 잠을 자기 전에(when) 집에서 컴퓨터를 통해 인터넷으로(where) 책을 구매하여 배송 받으려 한다(how).

(2) 행동관찰 및 고객의 행동과정 정리

상황이 설정되었으면 관찰을 하게 되는 데 가장 이상적인 것은 실제 상황에서의 고객행동을 녹화하여 세밀하게 관찰하는 것이 필요하나 이것이 가능하지 않을 경우에는 고객이 자신의 행동을 연상하면서 일련의 행동과정을 순서대로 표현하게 할 수도 있다.

고객행동을 관찰 한 후에는 일련의 행동을 세분단위로 나누는 것이 필요하다. 고객의 미충족된 욕구를 모색하거나 새로운 가치의 창출을 위한 대안 구상을 하기 위해서는 각 단위행동을 가능한 한 최소의 단위로 나누어야 한다.

위에서 예로 든 "인터넷을 통한 도서 구매"에 대한 고객행동은 다음과 같이 최소의 단위로 나눌 수 있다.

1) 컴퓨터를 켠다.
2) 인터넷 메뉴를 연다.
3) 인터넷 쇼핑몰 주소를 입력한다.
4) 검색창에서 찾고 싶은 도서의 제목을 입력한다.
5) 검색된 책이 찾고 있던 도서와 같은지 확인한다.
6) 도서의 수량과 배송비 선결제, 쿠폰 등을 확인하고 '구매하기'를 누른다.
7) 도서를 배송받을 주소를 입력하고 확인한다.
8) 결제방식을 확인한다.
9) 신용카드 결제를 선택한다.
10) 결제창에서 카드번호 및 비밀번호를 입력한다.
11) 안전하게 결제된 것을 확인한다.
12) 도서주문이 완료된 것을 확인한다.
13) 인터넷 익스플로러를 끈다.
14) 컴퓨터를 끈다.
15) 다음날 도서를 배송받는다.
16) 배송된 도서가 주문한 도서와 일치하는 것을 확인한다.

(3) 관찰결과의 분석

관찰된 단위행동 각각에 대하여 분석할 때에는 2절에서 다룬 고객욕구의 4가지 충족방법인 소요시간 단축, 소요노력 절감, 금전적 비용 절감 그리고 심미적 혜택의 증진과 같은 측면에서 어떻게 개선될 여지가 있으며, 개선을 하려면 어떠한 것들이 행해져야 하는가를 고려해야 한다.

먼저, 소요시간에 대한 분석은 관찰된 관련행동을 중심으로 각 단계마다 소요되는 시간을 줄일 수 있는 방법을 모색하는 것이며, 소요노력에 대한 분석은 육체적 노력과 정신적 노력(즉 여러 가지를 생각하는 데 소모되는 에너지)을 포함하며 이러한 제반 노력을 줄일 수 있는 방법을 모색하는 것을 말한다. 다음으로 금전적 비용에 대한 분석은 보완제품관련 비용과 유지 및 보수관련 비용을 포함하며 이러한 비용을 줄일 수 있는 방법을 알아내고자 하는 것이다. 마지막으로 심미적 소구에 대한 분석은 시각, 청각, 후각, 미각 그리고 촉각을 포함하며 이에 대한 효과를 높이는 방안을 도출하고자 하는 것이다.

이러한 분석을 위해서는 <표 4-5>와 같은 분석표를 이용하게 되며 각 관찰 결과를 분석기준에 따라 분류하여, 분석기준에 부합되는 행동들을 관련행동

표 4-5 관찰기법 분석표

관찰결과의 분석기준		관련행동	개선방향(변화의 방향)	개선방법
소요시간		(관련된 단위 행동의 번호를 기입)	• 단위행동 소요시간을 줄인다. • 단위행동을 생략한다. • 동일시간 내에 다른 행동을 추가로 실시 한다.	(각 단위행동의 개선에 필요한 방법을 구체적으로 기입)
소요 노력	육체적		• 육체적 노력이나 노동을 줄인다	
	정신적		• 정신적 노력을 줄인다(각 단계마다 신경을 덜 쓰게 함)	
금전적 비용	보완제품		• 보완제품관련 비용을 줄이거나 없앤다.	
	유지/보수		• 제품사용과 관련하여 발생하는 유지/ 보수비용을 줄인다.	
심미적 소구	시 각		• 제품사용시 더 멋있게 보이도록 한다.	
	청 각		• 제품사용시 더 듣기 좋게 한다.	
	후 각		• 제품사용시 더 향기가 좋도록 한다.	
	미 각		• 제품사용시 더 맛있게 한다.	
	촉 각		• 제품사용시 촉감이 더 좋게 한다.	

목록 난에 행동번호를 기입한다.

그러나 관찰기법은 위에서도 언급한 것과 같이 관찰가능한 행동에 대해서만 분석가능한 것은 아니다. 인터넷 도서구매를 통해 직접 관찰할 수 없는 상황의 행동들은 대체 시나리오를 통해 유추해석할 수 있다. 대체 시나리오(alternative scenario)란 가상적인 상황의 묘사를 의미하는데, 이는 주어진 상황에서 관찰되지 않은 행동이나 예기치 못한 행동에 대한 분석을 가능케 한다. 이러한 상황분석을 통하여 잠재적 고객욕구에 관한 많은 정보를 얻어 낼 수 있다. 대체 시나리오에서는 다음과 같은 세 가지 종류의 질문을 함으로써 관찰되지 않은 행동 및 상황에 대하여 대안을 도출할 수 있다.

1. 만약 고객이 제품을 어떻게 주문하는지 알지 못한다면?
   예) 인터넷 쇼핑몰 중에서 도서를 주문할 수 있는 사이트를 모른다면?
   대안: 포탈 검색에서 사이트를 좀 더 쉽게 알릴 수 있는 방법은 없을까?
2. 만약 고객이 결제하는 방법의 보완재가 없다면?
   예) 고객이 신용카드 결재나 무통장 입금방법으로 현재 결제할 수 없고, 지금 결제를 하고 싶어 한다면?
   대안: 핸드폰 결제를 통해서 주민등록번호 확인 후 결제할 수 있을까?
3. 만약 고객이 기대한대로 제품이 제 기능을 하지 않는다면?
   예) 배송된 도서가 잘못된 도서여서 환불하려 하는 데 비용이 소요된다면?
   대안: 고객에게 한 달에 한번 정도의 무료로 환불할 수 있는 정책을 쓴다면?

배송받은 도서가 잘못된 도서라면 어떻게 해야 할까?

이러한 과정을 거쳐 관찰기법에서 순수한 관찰로만 분석했을 때 놓치기 쉬운 고객의 잠재욕구(혜택과 비용)에 관한 정보를 획득할 수 있으며 신제품 아이디어 발굴에도 많은 도움을 얻을 수 있다.

<표 4-6>은 인터넷을 통한 도서 구매상황에 따른 대체 시나리오를 통한 분석의 예를 보여 주고 있는 것으로 각 단위행동에서 나타나지 않은 것을 대체 시나리오를 통해 발견하여 도출해 낼 수 있는 제품 아이디어들이다.

지금까지 설명한 관찰기법은 인터뷰기법과 마찬가지로 제품 기능별로 1회의 조사로써 끝낼 수 있는 것이 아니라 사용상황에 따라 다른 관찰들을 계속해야 한다는 점을 유의할 필요가 있다.

<표 4-7>은 관찰기법에 의해 두부 조리 시 두부를 사용하는 단계에서의 행동을 분석하여 개선방향과 개선방법을 예로 들고 있다.

표 4-6 대체 시나리오 적용 예(인터넷을 통한 도서구매 상황)

단위행동	대체 시나리오			개선방향 / 개선방법	
	사용방법 모름	보완제품 사용불가	제품사용상 기능오류 발생		
1) 컴퓨터를 켠다.					
2) 인터넷 메뉴를 연다.					
3) 인터넷 쇼핑몰 주소를 입력한다.	×			포털 검색에서 사이트를 좀 더 쉽게 알릴 수 있는 방법은 없는가?	도서이름 검색 시 자동으로 구매할 수 있는 사이트 연결
4) 검색창에서 찾고 싶은 도서의 제목을 입력한다.					
5) 검색된 도서가 찾고 있던 도서와 같은지 확인한다.					
6) 도서의 수량과 배송비 선결제, 쿠폰 등을 확인하고 '구매하기'를 누른다.					
7) 도서를 배송받을 주소를 입력하고 확인한다.					
8) 결제방식을 확인한다.		×		신용카드나 무통장 입금이 아닌 즉각 결제시스템은 없는가?	통신사와 연동하여 핸드폰 결제 시스템 추가
9) 신용카드 결제를 선택한다.					
10) 결제창에서 카드번호 및 비밀번호를 입력한다.					
11) 안전하게 결제된 것을 확인한다.					
12) 도서주문이 완료된 것을 확인한다.					
13) 인터넷 익스플로러를 끈다.					
14) 컴퓨터를 끈다.					
15) 다음날 도서를 배송받는다.					
16) 배송된 도서가 주문한 도서와 일치하는 것을 확인한다.			×	잘못된 도서를 환불할 방법은 없는가?	한 달에 한번 무료 환불제도 실시

표 4-7 포장두부 이용한 음식조리 상황에 대한 관찰기법의 적용

단위행동 분석

❶ 냉장고에서 두부를 꺼낸다
❷ 칼로 포장지에 구멍을 낸다
❸ 간수를 빼내고 포장을 개봉한다
❹ 두부를 필요한 만큼 꺼내어 자른다
❺ 남은 두부를 다른 용기에 담는다
❻ 용기에 랩을 씌운다
❼ 용기를 냉장고에 넣는다
❽ 포장지를 버린다
❾ 요리를 한다
❿ 완성된 요리를 식탁에 올린다

관찰결과의 분석기준		관련 행동	개선방향(변화의 방향)	개선방법
소요시간		❶, ❷, ❸, ❾	• 단위행동을 생략한다. – 2), 3)의 동작을 생략하여 소요시간을 줄인다. – 9) 동작을 생략하여 소요시간 단축	• 원터치 개봉 포장개발 • 완성된 두부요리제품 출시
소요노력	육체적	❹	• 육체적 노력이나 노동을 줄인다 – 두부를 자르는 노력을 줄인다.	• 조리용도에 맞도록 잘라진 두부제품 개발
	정신적		• 정신적 노력을 줄인다(각 단계마다 신경을 덜 쓰게 함)	
금전적 비용	보완 제품	❺, ❻, ❼, ❽	• 보완제품관련 비용을 줄이거나 없앤다. – 남은 두부를 보관하기 위해 다른 용기와 랩을 이용하게 되는 것을 없앤다.	• 여러 번 개폐를 하여도 신선도에 변화 없이 저장할 수 있는 포장개발(재활용 용기)
	유지/ 보수		• 제품사용과 관련하여 발생하는 유지/ 보수비용을 줄인다.	
심미적 소구	시각	❿	• 제품사용시 더 멋있게 보이도록 한다.	• 흑색 콩을 이용한 흑두부 제품개발
	청각		• 제품사용시 더 듣기 좋게 한다.	
	후각		• 제품사용시 더 향기가 좋도록 한다.	
	미각		• 제품사용시 더 맛있게 한다.	
	촉각		• 제품사용시 촉감이 더 좋게 한다.	

단편사례

풀무원 두부의 포장개선

주부 K 씨는 일주일에 두세 번은 두부를 산다. 남편이 두부로 만든 음식을 좋아하기 때문이다. 그런데, 주부 K 씨는 아직 자녀 없이 남편과 단둘이 살기 때문에 항상 두부가 남곤 한다.

주부 K 씨는 두부를 사서 한끼 먹을 만큼 자른 다음, 남는 두부를 다른 용기에 담고 랩으로 씌운 뒤에 냉장고에 넣어 보관한다. 이러한 과정에 평소 불편을 느낀다.

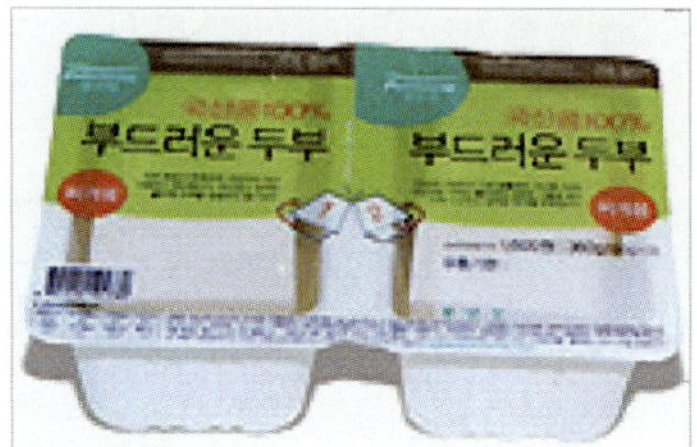

풀무원 투컵 두부

풀무원의 두부 사업팀에서는 주부 K 씨와 같은 불만을 가진 고객이 많다는 것을 파악하고 두부의 포장을 변경하기로 하였다. 물론 큰 두부와 작은 두부로 용량을 다르게 한 제품도 있지만, 이러한 소량 포장제품은 고객을 마트에 두 번 가도록 하는 번거로움이 있었고, 기업입장에서는 수익을 떨어뜨리기 때문에 최선의 방법은 아니었다.

따라서 풀무원의 두부 사업팀에서는 기존의 두부 용량은 그대로 유지하되, 포장용기를 절반 크기의 두부 두 조각이 별도로 포장되도록 디자인하여, 하나는 뜯어서 조리를 하고 남은 하나는 포장이 뜯어지지 않은 채로 보관할 수 있도록 포장용기의 디자인을 개선하였다. 이러한 포장방법은, 고객의 사용단계에서의 불편(즉, 남은 두부를 용기에 담고 랩을 씌어 냉장고에 보관하는 절차)을 제거함으로써, 고객의 소요시간과 노력 그리고 금전적 비용을 줄여줄 수 있게 되었다.

3 신제품 아이디어의 원천과 두 가지 기법의 적용범위

신제품 및 제품개선에 관한 아이디어가 반드시 위의 두 가지 기법에 의해서만 나오는 것은 아니다. 이러한 아이디어는 R&D 부서나 기타 다른 기업 내 조직에서 나올 수도 있으며, 경쟁사의 움직임을 면밀히 분석함으로써 얻어 낼 수도 있다. 그러나 아이디어의 원천을 어디에서 얻었든 간에 인터뷰기법 및 관찰기법은 지속적으로 아이디어를 보완하는 데 사용되어야 한다.

만약 신제품 아이디어가 마케팅 부서의 면밀한 고객욕구 분석을 통해 얻어진 것이 아니라 R&D 부서에서 나온 것이라면 그러한 제품이 있다는 가정하에서 고객들에게 인터뷰기법을 통하여 잠재적 혜택욕구나 잠재적 문제욕구를 도출해 낼 수 있을 것이다. 만약 그러한 제품이 특정 목적으로 그리고 특정 용도로 쓰인다는 가정하에 어떤 다른 목적 또는 다른 용도로 더 쓰일 수 있는가에 대한 질문을 하여 잠재적 혜택욕구도 파악할 수 있고, 또한 어떤 문제점들이 있는 지도 알아 내어 문제욕구나 잠재적 문제욕구도 파악할 수 있을 것이다. 특정 제품의 존재하에 이를 사용하는 일정 상황을 상상을 통하여 각 행동과정을 묘사함으로써 관찰기법도 적용할 수 있다.

/요/약/

효과적인 마케팅전략의 수립 및 실행을 위해서는 우선적으로 철저한 고객욕구분석이 선행되어야 한다. 급변하는 환경 속에서 고객욕구 분석을 토대로 마케팅전략 수립에 대한 방향이 정해질 때 그 기업의 성공 가능성은 더욱 높아지게 된다. 따라서 본 장에서는 고객욕구 분석에 대한 철저한 이해와 도출을 위한 실행방법을 제시함으로써 기업이 신제품 개발이나 시장개척 시 최대한 적용할 수 있는 기본적인 틀을 제공하였다.

고객욕구를 발생시점(구매 전 단계, 구매단계, 사용단계, 처분단계), 형태(혜택욕구, 잠재적 혜택욕구, 문제욕구, 잠재적 문제욕구), 발생 원천(왜, 언제, 어디서, 어떻게)에 따라 구분하고 각 조합에 따라 어떻게 분석할 것이며 이를 어떠한 과정을 통해 통합할 것인지를 제시하였다.

이러한 고객욕구 분석의 구체적인 기법으로는 인터뷰기법과 관찰기법이 있으며 인터뷰기법이 보다 일반적으로 사용되는 반면, 관찰기법은 직접 고객행동을 관찰하여 고객욕구를 알아내는 것으로 인터뷰기법에서 발견되지 않았던 아이디어를 얻어 낼 수 있어 두 기법은 상호보완적으로 사용된다.

/문/제/제/기/ 및 /질/문/

1. 시장을 보다 구체적인 욕구개념으로 정립하는 것이 바람직하다고 한다. 이에 대해 논하시오.
2. 개인용 컴퓨터(PC)와 관련하여 고객욕구의 발생시점에 따라 나타날 수 있는 욕구를 예를 들어 설명하시오.
3. 조리용 후라이팬의 사용단계에 있어서의 고객욕구 분석을 인터뷰기법을 사용하여 한다고 할 때 필요한 질문을 구성하시오.
4. 위 2번 질문의 분석을 관찰기법으로 한다고 할 때 필요한 시나리오를 구성하시오.

별첨 4-1 욕구 분석을 위한 인터뷰 내용

- **구매 전 단계**(고객이 특정 정보를 찾고 있다고 가정)

1. **정보탐색 목적**(why)
   - 당신은 왜 그 정보를 필요로 하십니까?
2. **정보탐색 시기**(when)
   - 당신은 언제 그 정보를 필요로 하십니까?
3. **정보탐색 장소**(where)
   - 당신은 어느 장소에서 그러한 정보를 필요로 하십니까?
4. **정보탐색 과정**(how)
   - 당신은 어떠한 과정을 통해 그러한 정보를 얻게 되십니까?

   (※ 각 욕구발생 원천상에서 고객욕구의 형태 중 혜택욕구에 관한 것만 나열하였고 다른 형태에 관한 질문은 사용 단계의 질문을 상황에 맞도록 변형하여 적용할 수 있다.)

- **구매단계**(한 개 이상의 제품이 구매자의 관심을 끌고 있을 경우 가정)

1. **구매목적**(why)
   ❶ 당신이 그 제품에 관심을 갖게 된 이유는 무엇입니까?
   ❷ 그 제품이 당신의 관심을 끌도록 도와 준 다른 요소가 있습니까?
   ❸ 그 제품이 당신의 관심을 끄는 데 방해하는 요소는 무엇입니까?
   ❹ 지금 현재 방해가 되지 않더라도 이상적으로 개선하여 그 제품이 당신의 관심을 끌도록 할 수 있는 요소가 있다면 무엇입니까?
2. **구매시기**(when)
   ❶ 그 제품에 언제부터 관심을 갖기 시작했습니까?
   ❷ 위에서 언급한 시기 이외에 다른 상황에서 관심을 갖게 된 적이 있습니까?
   ❸ 당신이 관심을 갖게 된 시점에서 그것을 방해하는 요인은 무엇입니까?
   ❹ 지금 현재는 방해가 되지 않더라도 이상적으로 개선하여 제품에 관심을 가질 때 도움이 되도록 할 수 있는 요소가 있다면 무엇입니까?

3. **구매장소(where)**

❶ 당신은 어느 곳에서 주로 제품에 관심을 보이게 됩니까?

❷ 위에서 언급한 장소 이외에 다른 장소에서 관심을 갖게 된 곳이 있습니까?

❸ 위에서 언급한 장소에서 제품에 관심을 갖는 것을 어렵게 만드는 요소는 무엇입니까?

❹ 지금 현재는 방해가 되지 않더라도 이상적으로 개선하여 특정 장소에서 제품에 관심을 갖게 되는 것을 더 용이하게 할 수 있는 요소가 있다면 무엇입니까?

4. **구매과정 및 보완제품(how)**

❶ 당신이 그 제품에 어떻게 관심을 갖게 되었는지 구체적으로 설명해 주십시오.

❷ 당신이 제품에 관심을 보이는 데 더 도움이 될 수 있는 요소가 있다면 무엇입니까?

❸ 그 제품에 관심을 보이는 것을 방해하는 요소는 무엇입니까?

❹ 지금 현재는 방해가 되지 않더라도 이상적으로 개선하여 보다 더 많은 관심을 갖도록 할 수 있는 요소가 있다면 무엇입니까?

- **사용단계**

(냉장고의 예를 들어 4가지의 욕구발생근원과 4가지의 욕구형태에 따라 구분하였음)

1. **사용목적(why)**

❶ 냉장고를 어떤 목적이나 용도로 사용하고 계십니까?(혜택욕구)

– 냉장, 냉동

❷ 냉장고를 냉장이나 냉동 이외에 다른 용도로 사용할 수 있는 방법은 무엇입니까?(잠재적 혜택욕구)

– 정보제공(가족생일, 기념일 알림)

❸ 냉장고를 냉장의 용도로 사용하실 때에 고객이 느끼는 불만사항은 무엇입니까?(문제욕구)

– 식품별 최적온도로 보관(채소, 음식, 맥주 등의 적정온도)

❹ 현재 냉장고를 냉장의 용도로 사용하시면서 현재 문제가 되고 있지는 않지만 "정말로 이렇게 개선된 냉장고가 있었으면 좋겠다" 하는 점은 무엇 입니까?(잠재적 문제욕구)

– 무소음

2. **사용시기(when)**

❶ 냉장고를 언제 사용하고 계십니까?(혜택욕구)

– 저녁음식을 준비할 때, 물을 마실 때

❷ 말씀하신 이외에 어떤 때 냉장고를 사용하실 수 있으십니까?(잠재적 혜택욕구)

– 타이머 기능(가스렌지 off시간을 알려 줌)

❸ 저녁을 준비할 때 냉장고를 사용하시는 데 어떤 불만사항이나 문제점이 있으십니까?(문제욕구)

– 냉장고 안에 무엇이 있는지 보관식품을 확인하기 어려움

❹ 음식을 준비할 때 불만사항은 아니지만 이상적으로 개선되었으면 하는 점이 있습니까?(잠재적 문제욕구)

– vending machine처럼 필요한 item을 버튼으로 선택함

3. 사용장소(where)

❶ 냉장고를 어디에서 사용하십니까?(혜택욕구)

– 부엌

❷ 부엌 이외에 냉장고를 어디에서 사용할 수 있습니까?(잠재적 혜택욕구)

– 자동차

❸ 지금 현재 부엌에서 사용하실 때 불만사항은 무엇입니까?(문제욕구)

– 공간을 많이 차지함

❹ 지금 현재 부엌에서 사용하고 계시는 데 현재 문제점은 아니지만 이상적으로 개선되 었으면 하는 점은 무엇입니까?(잠재적 문제욕구)

– 사람의 음성에 의해 문이 열림

4. 사용과정 및 보완/첨가제품(how)

[사용과정에 대한 질문]

❶ 실제 사용하시는 과정을 구체적으로 말씀해 주시기 바랍니다.(혜택욕구)

– 야채실에 야채를 넣는 과정

❷ 말씀하신 과정 이외에 귀하만의 독특한 과정이나 방법으로 사용하고 계시는 것이 있으면 말씀해 주십시오.(잠재적 혜택욕구)

– 화장품 보관

❸ 야채를 넣는 과정에서 문제점이나 불만사항은 무엇입니까?(문제욕구)

– 야채실 여닫기가 힘듦

❹ 위에서 말씀하신 사용과정에 관한 문제점 이외에 현재 문제점은 아니지만, 어떻게 개선하면 더욱 이상적일 수 있겠습니까?(잠재적 문제욕구)

– 야채를 넣기 전에 바코드로 입력하여 유효기간 표시

[보완 및 첨가품에 대한 질문]

❶ 냉장고와 같이 사용하는 다른 제품이나 첨가품이 있습니까?(혜택 욕구)

– 냄새 탈취제

❷ 말씀하신 물건 이외에 같이 사용했으면 하는 것이 있습니까?(잠재적 혜택 욕구)

– 메모판

❸ 냄새탈취제를 사용하실 때 문제점이나 불만사항은 무엇입니까?(문제욕구)

– 교환비용이 많이 듦

❹ 보완제품을 사용하실 때에 문제점이나 불만사항은 아니지만 좀 더 개선되었으면 하는 점이 있습니까?(잠재적 문제욕구)

– 냄새 탈취제 사용 없이 냉장고 자체에 무균, 무취 기능을 갖고 있는 제품 개발

- **처분단계**

1. **처분목적**(why)
   - 당신은 왜 그 제품을 처분하기로 결정하였습니까?
2. **처분시기**(when)
   - 당신은 언제 그 제품을 처분하기로 결정하셨습니까?
3. **처분장소**(where)
   - 당신은 어디에서 그 제품을 처분하기를 원하십니까?
4. **처분과정**(how)
   - 당신은 어떠한 과정을 통하여 그 제품을 처분하실 생각이십니까?

   (※ 위에서 구매전단계, 구매단계, 처분단계에선 각 욕구원천에 대해 고객욕구의 형태 중 혜택욕구에 관한 것만 나열하였는데, 이들도 사용단계의 예와 같이 상황에 맞게 각 욕구형태에 관한 질문을 적용할 수 있다.)

이 장을 읽고 난 후 여러분들이 알아야 하는 내용은 다음과 같습니다.

- 시장세분화의 개념과 방법에 대하여 이해한다.
- 표적시장의 선정과 그에 따른 전략에 대하여 이해한다.

이 장의 첫 사례는 1인 가구, 싱글족을 대상으로 한 시장에 대한 신문기사입니다. 1인 가구의 특성과 다양한 제품 및 서비스가 제공되고 있음을 알 수 있습니다. 만약, 고객을 여러 집단으로 나눈다면 어떤 기준으로 나눌 수 있을까요? 또 어떤 집단에 가장 많은 역량을 투자해야 할까요? 다음 사례를 보면서 생각해 봅시다.

제 1 절 시장전략의 기본적인 접근체계

제 2 절 시장세분화

제 3 절 세분시장의 분석

제 4 절 표적시장의 선정

CHAPTER 5

시장세분화와 표적시장 선정

도입사례

1인 가구의 증가와 라이프스타일 변화

'오늘도 무사히', 1970년대 버스 운전석 위에 붙이거나 '오늘도 무사히' 라는 문구와 기도하는 소녀 그림을 마치 펜던트처럼 만들어 걸어 놓은 것을 자주 봤던 기억이 있다. 지금은 운전석 위가 LED로 승하차 버스정류장이나 안내 문구들이 나오는 식으로 버스의 구조가 변화되어 있어 그런 것을 보기는 쉽지 않다. 오늘 하루도 사고 없이 무사히 보내기를 기원했던 운전기사님들과 탑승자들의 '바람'이기도 했던 당시의 버스 안 풍경 가운데 하나였다. '오보하'는 2025년 트렌드 가운데 하나로 소개된 신조어다. '오늘도 보통의 하루'의 준말이기도 하다.

매년 새로운 해의 트렌드를 소개하는 『트렌드코리아 2025』를 통해 발표됐다. '오늘도 보통 같은 하루'는 풀어쓴 말처럼 빠르게 변화하는 현대 사회 속에서 평범하고 안정적인 하루를 소중히 여기는 것과 연관된다. 이는 극단적인 변화나 극도의 효율성을 추구하기보다는, 일상 속 작은 즐거움과 평온함을 찾는 경향을 반영한다. 특히, 현대인의 삶에서 이러한 트렌드가 중요한 이유는 급변하는 환경, 기술 발전, 불확실성이 가중된 사회적 분위기 속에서 안정감을 찾으려는 욕구가 강해지고 있기 때문이다. 역설인 셈이다. 그리고 이 트렌드는 1인 가구의 증가와 맞물려 더욱 주목받고 있기도 하다.

통계청에 따르면 2023년 기준 대한민국의 1인 가구는 전체 가구의 약 35.5% 수준이며, 이계속 증가 추세에 있다. 특히 도시 지역에서는 1인 가구의 비율이 40%를 넘어서고 있다. 1인 가구의 증가는 기존의 가족 중심적 소비와 생활방식에서 벗어나 개인 중심의 라이프스타일로 변화하는 데 큰 영향을 주었다. 1인 가구는 "혼자 사는 삶"이라는 특수성을 기반으로 자율성과 독립성을 강조하는 동시에, 정서적 안정과 사회적 연결에 대한 욕구를 동시에 갖고 있다. 이에 따라 1인가구들의 라이프스타일은 다른 가구들과는 다른 특징을 갖는데 그것이 바로 오늘 보통같은 하루와 연결된다는 점이다.

첫째, '소소한 행복을 추구하는 소비 패턴'이다. 1인 가구는 실용적이고 간편한 소비를 중시하면서도, 자신만의 작은 즐거움을 위한 소비에도 적극적이다 1인가전, 소형가전에 대한 선호가 그렇다. 혼자서 사용할 수 있는 소형 가전제품(1인용 커피 머신, 전자레인지용 간편 조리기구 등)은 1인 가구의 필수품으로 자리 잡고 있다. 여기에 혼밥(혼자 밥 먹기) 문화가 확산되면서 간편하지만 고급스러운 1인용 밀키트나 도시락의 수요가 급증하고 있다. 더불어 집에서 편안히 즐길 수 있는 고급 스킨케어 제품, 향초, 인테리어 소품 등을 구매하며 일상 속에서의 소소한 만족을 추구하기도 한다.

둘째, '나만의 공간'을 중시하는 홈 라이프다. 1인 가구는 대부분 혼자 사는 공간을 자신만의 세계로 꾸미는 데 집중한다. 이는 안정감을 제공하는 동시에 일상 속에서 편안함을 추구하는 '오보하' 트렌드와 일맥상통한다. 집 안에서의 여가 활동: 1인 가구는 집에서 넷플릭스 등 OTT 서비스를 즐기거나 취미 생활을 하며 여가 시간을 보낸다. 미니멀리즘과 홈 데코 역시 선호된다. 이것과 관련해 자신만의 스타일로 공간을 꾸미는 인테리어 트렌드도 큰 인기를 얻고 있다.

셋째, 디지털 플랫폼을 통한 소통과 연결이다. 1인 가구는 사회적 관계망이 상대적으로 좁을 수 있기 때문에 디지털 플랫폼을 적극 활용한다. 온라인 커뮤니티가 대표적이다. 공통된 관심사를 공유하는 온라인 커뮤니티에서 일상의 소소한 순간을 나누며 공감대를 형성하기도 한다. 또한, SNS를 활용한다. 소셜 미디어를 통해 개인의 취향과 라이프스타일을 공유하며, 새로운 방식의 사회적 연결을 만들어 낸다. 2030세대 등 젊은 1인 가구들이 필요에 따라 임시 크루(Crew)를 만들어 달리기(런닝)를 함께 하고 달리기 후 바로 헤어지는 등의 최근 트렌드 또한 이러한 맥락의 트렌드이기도 하다.

'오보하'는 1인 가구와 관련된 새로운 산업의 성장과도 연관된다. '오보하'트렌드와 1인 가구의 증가는 새로운 시장과 산업 성장으로 이어지고 있다. 바로 1인 전용 서비스가 대표적이다. 1인 가구를 겨냥한 전용 서비스(1인 전용 헬스장, 1인 여행 패키지)가 증가하고 있다. 최근에는 사용자 1인을 넘어 아예 무인 헬스장 등 대면하지 않고 즐길 수 있는 1인을 위한 각종 서비스 산업이 새롭게 만들어지고 있다. 또 다른 형태가 구독 경제다. 1인 가구의 지속적인 소비 욕구를 충족시키기 위해 정기 배송 서비스(밀키트, 커피, 반려동물 용품 등)가 각광받고 있다.

이뿐 아니다. 1인가구를 위한 작은 공간을 활용한 부동산 시장 또한 확대되고 있다. 원룸, 소형 오피스텔 등 혼자 살기에 적합한 공간의 수요가 급증하면서 관련 시장이 성장하고 있다. 1인가구들을 위해 갖고 있는 짐을 임시로 맡기거나 이사 일정 등이 맞지 않을 때 짐을 보관할 수 있는 작은 규모의 창고 사업 또한 성황 중이다.

'오보하'와 1인 가구 트렌드의 사회적 의미가 다양해지고 중요해지고 있다. '오보하'는 단순히 평범한 하루를 보내는 것을 넘어, 소소한 행복(소확생)과 안정감을 통해 개인의 삶의 질을 높이는 데 초점을 맞춘다. 이는 1인 가구의 증가와 함께 현대 사회에서 중요한 가치를 형성하고 있으며, 더 나아가 사회 전반에 긍정적인 영향을 미치고 있다. 1인 가구는 더 이상 특별한 사례가 아닌, 우리 사회의 보편적인 형태로 자리 잡고 있다. 이에 따라, '오보하' 트렌드는 1인 가구뿐만 아니라 다양한 세대와 계층에서 일상적이고 보편적인 삶의 가치를 재발견하게 하는 데 기여할 것으로 보인다. 따라서 '오보하'는 현대인의 삶에서 일상적 안정감과 행복의 중요성을 상기시키는 동시에, 1인 가구의 라이프스타일과 밀접한 관계를 맺고 있다고 할 수 있다. 1인 가구는 이러한 트렌드 속에서 개인의 만족과 소통을 추구하며 새로운 소비 패턴과 문화를 만들어가고 있다. 앞으로도 이러한 트렌드는 사회적, 경제적 변화와 함께 지속적으로 변화 또는 진화할 것으로 보인다. 1인 가구 라이프스타일의 변화 트렌드는 어쩌면 혼자이기에 혼자 할 수 있는 보다 다양한 형태로 바뀔 수밖에 없는지 모른다. 1인 가구의 변화와 변신은 그래서 더 많은 시도로서의 트렌드가 만들어질 수 있을 것으로 보인다.

자료원: 서정렬, '오보하'와 1인 가구의 라이프스타일 변화 트렌드, 1코노미뉴스, 2025.01.31.

제 1 절 시장전략의 기본적인 접근체계

시장은 다양한 방법으로 구분되거나 세분화될 수 있다. 예컨대, 화장품 제조업체들은 상이한 연령층과 소득층을 대상으로 표적시장을 삼을 뿐만 아니라 신체의 여러 부분을 표적으로 삼기도 한다. 이에 따라 미백제, 주름살 방지제, 습윤제, 마사지용 마스크, 자외선 차단제 등을 만들어 내는데, 이는 각각 선택된 세분시장들을 대상으로 하는 것이다. 또한 각 세분시장들 사이의 시너지효과를 목적으로 출시될 수도 있다. 즉, 신체 중 어떤 한 부분만을 집중적으로 가꾸고자 하는 욕구를 지닌 소비자들을 위해 만들어진 제품은 피부의 다른 부위를 관리하기 위한 제품들과 연결되어 소비자에게 제공된다. 그러기 위해서는 신체의 각 부위를 위한 제품을 개발하는 것뿐만 아니라 다른 부위를 위한 제품들과도 높은 보완성을 유지할 수 있도록 주위를 기울여야 한다. 본 장에서는 시장을 어떻게 정의하고 분류할 것인지로부터 시작하여 각 세분화된 시장을 분석하여 표적시장을 선정하기까지의 과정에 대해 살펴보고자 한다.

1 시장의 개념 및 분류

(1) 시장의 개념

1) 일반적 개념

"시장"이란 용어는 다양하게 사용된다. 대전지역이나 서울의 강남지역 등과 같이 어떤 교환행위가 발생하는 장소를 일컫는 말이기도 하며, 소비재 시장, 산업재 시장, 정부시장(government market) 등과 같은 거래제도의 틀이나 기관을 가리키는 데 쓰이기도 한다. 또한, 우유시장이나 청량음료시장 등과 같이 일정한 제품군을 일컫기도 하며, 끝으로 시장은 청년층시장이나 노년층시장 등과 같이 특정 고객군을 지칭하기도 한다. 그러므로 "시장"의 용어는 사용된 내용에 따라 그 구체적 의미(장소, 거래기관, 제품, 고객집단)가 결정된다.

결국 **시장**은 구매자와 판매자 사이의 교환이 이루어지는 곳이다. 교환(exchange)의 발생은 고객의 욕구와 이들 욕구에 부응하고자 하는 기업의 노력, 그리고 이 외의 여러 가지 환경적 요소들에 의해서 결정된다. 그리고 이들 세 요소의 상호작용들이 효과적으로 관리될 때 교환이 이뤄진다. 이것이 시장지향적 관리의 기본개념이라고 할 수 있다.

시장
구매자와 판매자 사이의 교환이 이루어지는 곳

2) 구체적인 개념

기존의 마케팅 문헌은 대체로 시장을 '특정욕구를 지니고 있으며, 그 욕구를 만족시키기 위해 기꺼이 교환에 관여하려는 현재의 고객과 잠재고객의 집합'이라고 정의하고 있다. 물론 여기서 중요한 점은 '특정욕구'에 대한 이해이다. 즉 구매 전, 구매, 사용, 처분단계에 따라 고객이 느끼는 욕구가 다르기 때문에 각 단계별로 고객욕구의 발생원천인 사용목적(why), 사용상황(when), 사용장소(where), 그리고 사용과정 및 보완재 사용 여부(how)에 따라서 욕구를 분류하고 다시 고객이 느끼는 욕구가 혜택 측면인지 비용 측면인지에 따라 혜택욕구, 잠재적 혜택욕구, 문제욕구, 잠재적 문제욕구로 나누어 욕구를 세분화하였다.

마케팅에서의 시장
특정욕구가 있고 그 욕구를 만족시키기 위해 교환에 관여하는 현재 고객과 잠재 고객의 집합

이렇게 세 가지 차원으로 구분한 욕구와 시장과의 관계는 다음과 같이 생각할 수 있다. 네 가지의 교환단계 중 사용단계는 시장과 가장 밀접한 관계를 갖고 있다. 즉, 제품의 사용과 연관된 욕구는 곧 교환에 직접적으로 연관되기 때문에 지금부터는 사용단계상의 고객의 욕구를 바탕으로 시장을 생각해 보기로 한다. <표 5-1>은 커피시장의 예로서 욕구의 근원을 기준으로 한 욕구세분화가 시장을 파악하고 세분화하는 데 어떻게 도움을 줄 수 있을 지를 보여 주는 좋은 사례이다(편리상 <표 5-1>에서는 혜택욕구, 잠재적 혜택욕구, 문제욕구, 잠재적 문제욕구 중 혜택욕구와 잠재적 혜택욕구만을 다루었다).

고객의 욕구에 의거한 시장 개념은 혜택이나 비용에 연관된 고객의 욕구가

표 5-1 커피시장의 욕구세분화

왜	언 제	어디서	어떻게
① 잠이 안 오게 한다.(낮,밤)	① 느끼한 음식 먹을 때	① 집안에서	① 원두커피
② 구취제거	② 손님 접대 시	② 직장에서	② 인스턴트 커피
③ 느끼한 음식에 속을 편하게 함	③ 음식 후	③ 야외에서	③ 일회용 커피, 냉커피
④ 청량감(냉커피)	④ 양식 후	④ 커피숍에서	④ 크림/설탕
⑤ 사색을 위함(성숙된 이미지/세련된 이미지)	⑤ 추울 때	⑤ 자판기에서	⑤ 양식
⑥ 손님접대	⑥ 비올 때	⑥ 음식점에서	⑥ 중식
⑦ 향/맛	⑦ TV시청 시		⑦ 강하게
⑧ 개운함	⑧ 아침에 일어나서		⑧ 연하게
⑨ 제품/포장의 미적 감각	⑨ 일 시작하기 전		
	⑩ 여유를 즐기기 위해		

발생되는 원천을 기준으로 이해할 수 있다. 시장은 어떤 특정한 혜택이나 비용 때문에(왜), 그런 혜택을 받거나 비용을 지불하는 때(언제)와 사용하는 장소(어디서), 그리고 사용하는 상황이나 방법(어떻게) 때문에 생겼고 또한 앞으로도 생길 수 있을 것이다. 이렇게 접근하는 시장은 너무나 다양하게 나타날 수 있다. <표 5-1>에서 보듯이 사용단계상에서 커피에 대한 욕구는 여러 가지 형태로 나타나고 있고, 따라서 그 시장도 "왜", "언제", "어디서" 그리고 "어떻게"라는 기준의 다양한 혼합을 통하여 여러 가지 형태로 나타날 수 있다. 지금부터는 설명의 편의를 위해 "왜"와 관련된 혜택과 비용을 편익으로 표현하고 "언제", "어디서", 그리고 "어떻게"를 사용상황으로 표현하기로 하겠다. 이렇게 구체화된 시장개념에 접근하기 위해서는 우선 시장의 범위를 명확히 할 필요가 있다.

(2) 시장의 분류

시장분류
소비재 시장, 산업재 시장, 재판매업자 시장, 정부 시장, 기관 시장, 국제 시장

기업의 관점에서 시장의 의미는 대상을 보다 구체적으로 나타내는 데 사용될 수 있다. 제도적인 차원(institutional level)에서 보면 시장은 크게 소비재 시장, 산업재 시장, 재판매업자 시장, 정부 시장, 기관 시장, 그리고 국제 시장 등 6가지로 살펴볼 수 있다. 소비재 시장에서는 고객들이 최종소비를 위해 제품이나 서비스를 구매하며, 산업재 시장에서는 고객들이 다른 제품이나 서비스를 생산할 목적으로 제품이나 서비스를 구매한다. 그리고 재판매업자 시장은 도매상이나 소매상과 같이 제품을 구매하여 다른 시장에 이를 다시 판매하는 것으로, 주로 저장, 배달, 촉진 등과 같은 기능을 수행한다. 또한, 정부 시장은 국민과 기업들에 봉사하기 위한 자체 내의 용도와 국방을 위해 제품과 서비스를 구매하며, 기관 시장은 기관들이 이익창출을 위해 제품을 구매하는 것이 아니라는 점에서 정부 시장이나 소비재 시장과 유사하다고 할 수 있다. 마지막으로 국제 시장은 다른 국가에 있는 고객들로 이루어져 있는데, 여기에는 앞서 기술한 5개의 시장 모두가 포함된다.

가장 협의의 수준에서 시장은 구체적인 제품의 시장(예: 게토레이 시장)으로 이해할 수 있다(제품의 핵심편익 + 사용상황 + 고객 특성을 나타내는 구체적 시장개념). 이보다 넓게는 제품형태 차원에서의 시장이 있으며(예: 스포츠음료 시장), 보다 광범위하게는 제품계열 차원에서의 시장(예: 청량음료 시장)으로 볼 수 있다. 제품계열의 차원에서 정의된 시장은 **전략적 사업단위(SBU)** 수준에서 묘사될 수

전략적 사업단위(SBU)
Strategic Business Unit으로 경제적으로 구별되고 특정목적을 지니고 있으며, 그들 자신만의 경쟁자 집단을 가지고 있는 한 기업 내에서 경제적으로 구별되는 실체(부서, 단위, 사업본부 등)

있는 반면에, 보다 좁은 의미에서 정의된 시장(시장의 핵심편익+사용상황+고객특성을 나타내는 구체적 시장개념)은 제품 수준에서 기술되며, 이는 시장세분화와 표적시장, 그리고 마케팅목표와 마케팅믹스전략의 기초가 된다.

(3) 시장의 발전(진화)

기업이 마케팅믹스전략을 사용하여 시장에 새로운 브랜드(상표)를 선보일 때, 이 브랜드는 특정 고객집단과 특정한 편익 및 사용상황과 연관되어 고객에게 인지된다. 예컨대, LG 생활건강의 엘라스틴, 유니레버의 도브, 애경의 케라시스 브랜드는 샴푸시장 내에서, 비록 겹치는 시장부분이 있을지라도, 각각 그들 자신의 시장을 가질 것이다. 일단 브랜드가 자체 시장을 형성하였어도, 그 시장은 정체되어 있지 않는다. 이유인 즉, 시장 내 고객들의 욕구는 계속 진화, 발전되어 가고 있고, 이에 맞춰 브랜드도 진화, 발전되어 고객의 욕구변화에 발맞추기 위해 새로운 브랜드가 출시될 수 있기 때문이다.

고객욕구 발전원인
기업이 고객을 배제하고 자신의 제품 위주로만 생각하는 것

고객의 욕구 발전은 다양한 원인으로부터 발생할 수 있다. 즉, ① 제품 사용경험으로부터 새로운 편익에 대한 고객의 학습이나, 제품으로부터의 싫증이나 만족에 연유할 수 있으며 그리고, ② 문화, 사회, 기술요소와 같은 환경상의 영향에 연유할 수 있다. 고객의 욕구를 발전시키는 또 다른 요인으로는 기업 고유의 노력 및 경쟁자의 노력을 들 수 있다. 즉 기업이 소개하는 신제품에 의해 고객들은 새로운 욕구를 갖게 된다. 예컨대, 아이거 연구소(Eiger Lab)에 의해 최초로 소개된 MP3 플레이어의 등장은 고객들로 하여금 새로운 욕구를 갖게 하여 기존의 CD플레이어를 낙후시켰다. 브랜드와 관련하여 시장은 사용단계에서 일어나는 욕구의 발생원천의 여러 가지 요소들 중에서 하나 또는 그 이상의 요소들의 변화에 따라 발전할 수 있다.

<그림 5-1>에서 보듯이 브랜드가 제공하고 있는 기존의 편익(왜) 대신에 고객들이 새로운 혹은 수정된 편익을 원하기 시작할 때 나타나는 편익발전과정으로서의 시장의 발전을 생각해보자. 예컨대, 급하게 보내야 할 서류나 화물을 취급하는 곳이 없다는 것을 간파한 패더럴 익스프레스(FedEx)는 급송 서비스를 제공함으로써 기존의 운송업체의 한계를 벗어나 새로이 발전된 시장을 개척하였다. 위와 같이 편익의 요소 중 혜택 측면에서 만이 아니라 비용 측면에서도 시장발전을 위한 노력이 행해질 수 있다. 예를 들어 유지비용이 적게 드는 경차 시장으로의 확대 진출이나, 이동통신업계에서 연인을 겨냥한 새로운 낮은 요금체

그림 5-1 시장지향적 사고에 입각한 고객의 유형

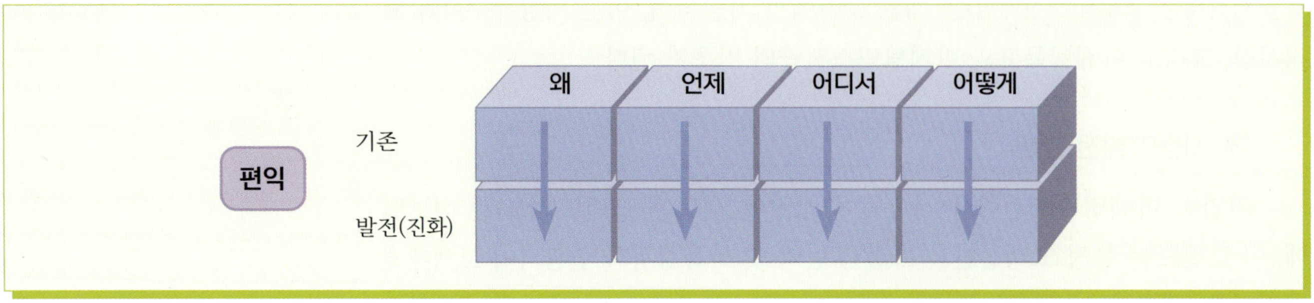

계를 새로 만들어 내는 것 등이 모두 비용(문제점) 절감을 통한 새로운 시장 확대로 볼 수 있다.

다음으로는 사용상황(언제, 어디서, 어떻게)의 발전과정, 즉 현재의 고객들이 현재의 편익들을 새로운 상황에서 추구하려고 하는 사용상황 차원에 의거한 시장의 발전을 생각해 볼 수 있다. 예컨대, 하우젠에서 생산하는 세탁기는 단순히 옷을 세탁하는 상황만을 고려한 것이 아니라 아울러 가정의 인테리어를 장식하는 상황까지도 고려한 제품이다.

캘로그는 체중 감량에 대한 고객의 욕구를 감지하고 다이어트용 제품을 출시하였다.

브랜드가 현재시장에서 발전하는 것은 기업에게 기회뿐만 아니라 위협적인 요소를 가져다 줄 수 있다. 브랜드의 발전은 현재시장과 브랜드 사이의 불일치를 만들어 냄으로써 기업의 현재 사업을 위협할 수도 있고, 이는 고객들로 하여금 편익이나 사용상황에 대한 만족을 추구하기 위한 다른 대안적인 방법을 찾게 만들 수도 있다. 예컨대, 미국의 고객들이 건강에 대한 관심이 높아지게 되었을 때 씨리얼 시장의 일부분은 건강 씨리얼에 대한 시장으로 발전하였다. 만약에 Kellog가 이러한 변화를 감지하지 못하고 건강 씨리얼에 대한 새로운 브랜드들을 도입하지 않았다면, 고객들을 다른 브랜드나 제품에게 빼앗겼을 것이다. 이런 점에서 기업은 시장의 발전을 Kellog가 했던 것처럼 사업기회로 연결시켜야 한다.

앞에서 언급한 시장의 발전이 욕구 근원의 하나 혹은 그 이상의 요소를 따라 항상 더 정교화되고 분리되어야 한다는 것을 의미하는 것은 아니다. 이미 두 개 혹은 그 이상으로 형성된 세분시장들을 통합시킨 새로운 시장도 시장발전의 한 형태가 될 수 있다. 예컨대 후지 제록스사는 복사기, 프린터, 스캐너 등의 기능이 하나로 통합된 디지털 복합기를 선보였다. 과거 복사기, 프린터, 스캐너, 팩시밀리 등의 각각의 편익에 의거한 세분시장들을 하나로 통합하여 발전시킨 것

이다. 뒤이어 다른 경쟁업체에서도 여러 기능들을 통합한 디지털 복합기를 선보였지만 후지 제록스사는 여전히 세계 최고의 경쟁력으로 시장을 선점하고 있다.

2 표적시장 선정체계: 시장세분화, 세분시장 분석, 표적시장의 선정

기업의 제품시장은 다양한 소비자들로 구성되어 있다. 만약 소비자들의 욕구가 매우 유사하다면 기업은 그들의 공통적인 욕구를 파악하여 이를 충족시키는 제품을 개발해야 할 것이다. 제품시장이 형성되는 초기에 대부분 소비자들의 욕구는 비교적 단순할 것이다. 그러나 초기에 개발된 제품에 만족하던 고객들도 시간이 흐를수록 또는 그 제품이 보편화되어 갈수록, 보다 새롭고 더 나은 제품을 원하게 된다. 따라서 제품시장이 점차 성숙함에 따라 소비자들의 욕구는 보다 다양화되며 아울러 여러 경쟁자들이 진입하게 된다. 이 경우 기업이 전체 시장을 세분화시켜, 세분시장들 중 특정시장(들)을 표적으로 삼아 표적시장의 욕구에 대응하는 시장전략을 수립하여야 한다.

표적시장의 선정체계는 시장세분화(고객욕구 세분화), 세분시장 분석, 표적시장의 선정, 마케팅목표의 정립, 그리고 포지셔닝전략의 단계로 구성된다(<그림 5-2> 참조). 시장세분화(고객욕구 세분화)는 시장을 고객욕구의 근원에 의거해 여러 개의 세분시장으로 세분화하는 과정이며, 세분시장 분석은 이들 세분시장(표적시장 후보들)을 수요, 경쟁력, 기업의 자원, 기존 제품 및 사업과의 시너지 효과 등을 고려하여 분석하는 것이다. 표적시장의 선정은 이들 세분시장들 중 기업이 가장 유리하다고 판단되는 세분시장을 표적시장으로 결정하는 과정이다.

표적시장 선정체계
시장세분화(고객욕구 세분화), 세분시장 분석, 표적시장의 선정, 마케팅목표의 정립, 포지셔닝

제2절 시장세분화

1 시장세분화의 개념

시장세분화는 기업이 하나의 시장을 서로 다른 틀에 의해 또는 그 이상의 하위집단으로 분할시키는 것을 말한다. 이는 고객들과의 거래의 효율성을 향상시키기 위해 이루어지는 것이다. 개인마다 서로 다른 욕구를 충족시켜 주기 위한 마케팅 개념을 실천하기 위해서는 고객의 욕구를 개별적으로 파악하여 이를 충

시장세분화(고객욕구 세분화)
기업이 하나의 시장을 서로 다른 틀에 의해 또는 그 이상의 하위집단으로 분할시키는 것

족시켜야 한다. 이러한 전략은 맞춤양복, 주문주택 같은 경우에는 어느 정도 가능하겠으나 불특정다수의 잠재고객을 대상으로 하는 경우는 불가능하다. 따라서 불특정다수의 잠재고객을 대상으로 하는 시장세분화는 시장 내의 이질성을 분석하여 비교적 동질적인 하부시장(submarkets)을 파악하고, 이러한 하부시장들 가운데서 표적시장을 도출하게 된다.

따라서 본 장에서의 시장세분화에 대한 접근도 고객욕구의 이질성 분석을 바탕으로 하고 있다. 그런 의미에서 시장세분화는 고객욕구세분화라고 할 수 있으며, 그 본질은 구체적인 시장개념을 바탕으로 사용단계에서 유사한 욕구를 지닌 고객 집단을 구분하는 작업이라고 할 수 있다.

2 시장세분화(고객욕구 세분화)의 진행절차

표적시장을 선택하기에 앞서 시장을 이루는 다양한 세분시장을 파악하지 않으면 안 된다. 고객들은 생물학적 차이로부터 지리적 차이 그리고 사고의 차이에 이르기까지 다양한 차이를 나타내고 있다. 고객들 간의 차이는 경쟁자 또는 규제기관 등과 같은 기업의 이해관계자들에 의해서도 생겨날 수 있다. 예컨대, 경쟁자의 광고는 어떤 고객들로 하여금 그들을 다른 고객들과 차별화시키는 태도를 형성하게 한다. 사회적, 경제적 변화 역시 시장에서 다양성을 만들어 낸다. 그렇지만 사회적 관습의 변화는 어떤 고객들의 기호와 욕구에 변화를 일으킬 수도 있는 반면에 다른 고객들은 상대적으로 영향을 받지 않을 수도 있다. 고객들 사이의 다양한 욕구의 차이를 고려해 볼 때, 적절한 표적시장을 파악해 내는 일은 쉬운 일이 아니다. 그러므로 시장세분화에 체계적으로 접근하지 않는다면 표적고객의 성향을 정확히 알지 못하게 되며, 나아가 마케팅전략 수립의 방향도 잃게 된다.

본 절에서는 올바른 시장세분화를 제시하기 위해, 먼저 시장세분화를 위한 구체적 시장개념을 도입하고, 다음으로 시장세분화의 기본적 접근방법과 가능한 표적세분시장의 도출 절차를 설명할 것이며, 마지막으로 세분시장 도출을 위한 구체적인 실행방법을 제시할 것이다.

(1) 구체적 시장개념의 도입

시장을 세분화하기 위해서는 시장의 개념을 보다 구체적으로 정립할 필요

그림 5-2 시장전략의 기본적인 체계

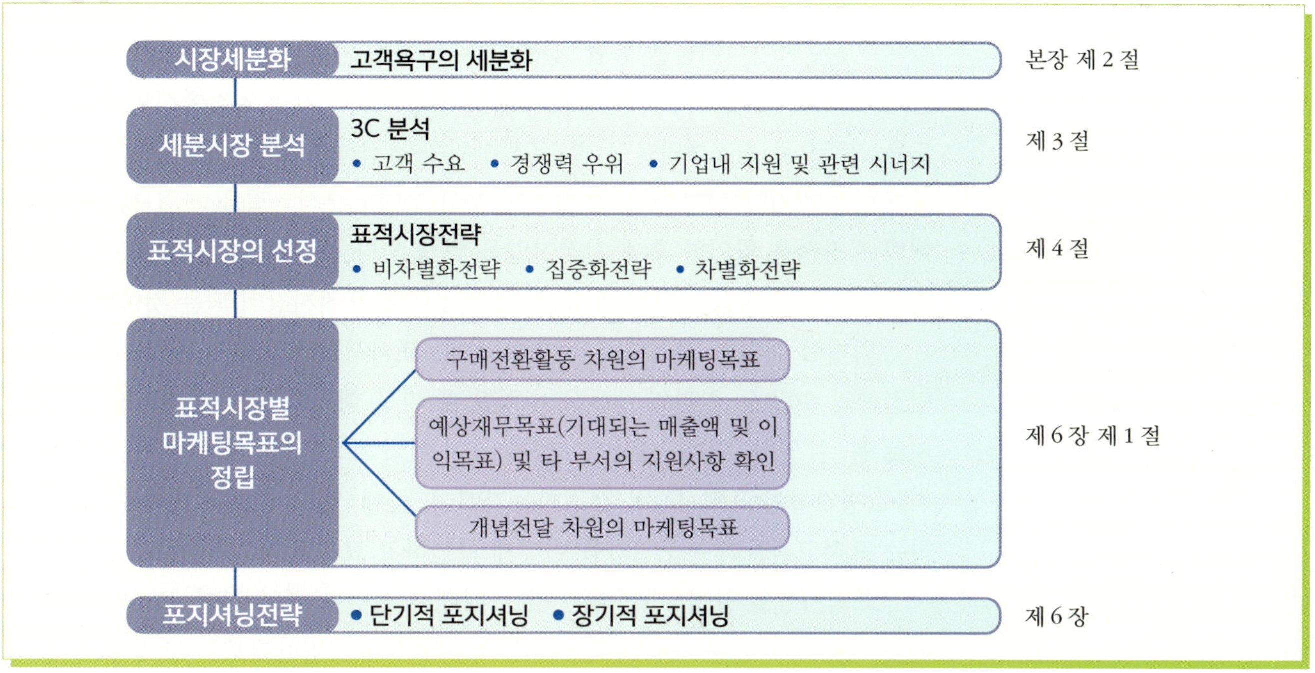

가 있으며, 더 나아가 시장의 진화과정을 이해할 필요가 있다. 앞에서도 정의한 바와 같이 시장이란 보다 구체적으로 제품과 연관된 욕구 원천을 기준으로, 유사한 특징을 가지고 이러한 욕구의 충족을 위해 기꺼이 관여하거나 그럴 용의가 있는 고객의 집단으로 생각할 수 있다. 시장의 개념을 욕구의 원천에 의해 구체화시키는 것이 시장을 세분화하는 데 더 많은 도움을 줄 수 있으며, 특히 그들 각각의 변화나 발전과정을 살펴봄으로써 시장의 진화과정과 이를 바탕으로 한 새로운 시장 기회를 보다 용이하게 포착할 수 있을 것이다. 보다 자세한 내용은 본장 제 1 절 (1) 시장의 개념과 (3) 시장의 발전을 참조하기 바란다.

(2) 시장세분화의 기본적 접근방법

욕구분석에 의거한 시장세분화를 이해하기 위해서는 욕구분석 자체에 대한 이해가 반드시 필요하다. 그러나 이 과제는 제 3 장에서 심층적으로 설명되었기에 본 장에서는 욕구분석을 바탕으로 시장세분화를 어떻게 진행시켜야 되는지에 초점을 맞추어 요약된 형태로 정리하기로 한다.

우선 시장세분화를 위한 고객의 욕구분석은 4가지의 교환단계 중, 사용단

고객욕구 분석단계
구매 전 단계 → 구매단계 → 사용단계 → 처분단계

계를 중심으로 욕구의 형태(혜택, 잠재적 혜택, 문제, 잠재적 문제)와 욕구의 발생원천(왜, 언제, 어디서, 어떻게)을 기준으로 진행된다. 기업은 확인된 욕구들을 충족시킬 수 있는 아이디어들을 통합, 선별, 범주화하여 기업이 행할 수 있는 것들만을 남기고, 이들 중에서 고객 입장에서의 욕구충족도와 기업 입장에서의 이익 기여도를 기준으로 최적대안을 선별, 우선순위를 결정하게 된다. 이렇게 선정된 아이디어들은 마지막으로 좀 더 체계적인 시장조사와 분석과정을 거쳐 제품 아이디어의 시장성을 확인한 후에 시장진입을 하게 된다. 이러한 시장세분화에 의하여 진입하게 될 시장을 선정하게 되면, 그것이 바로 표적시장이 되는 것이다.

위에서 설명한 과정대로 신제품 개발, 표적시장의 확인, 신제품 출시 마케팅전략의 수립 등 일련의 행동을 수행할 때 가장 핵심이 되는 과제는 다음 두 가지로 볼 수 있다. 첫째, 시장가능성이 있는 여러 개의 제품 아이디어들을 어떻게 비교, 평가하여 표적시장을 선정하는가이며, 둘째, 일단 선정된 표적시장에 존재하는 표적고객들이 누구인가를 어떻게 확인하고 묘사할 것인가이다.

표적시장을 규명, 선정하는 것은 위에서 설명한 바와 같이 고객의 욕구 근원을 기준으로 활용하여 이루어진다. 제3장에서 설명한대로 <표 5-2>와 같이 고객욕구 근원의 4가지 형태(왜, 언제, 어디서, 어떻게)를 바탕으로 혜택과 비용의 측면에서 세분시장을 정의한 후, 그 시장에 해당하는 고객이 누구인가를 고객특성에 따라 묘사하게 된다.

<표 5-2>에서 '사용자(누가)'는 특정 편익(사용목적)과 특정 사용상황(사용시기, 장소, 과정)의 욕구를 지닌 고객들이 구체적으로 어떠한 지리적 특징, 경제적 특징, 인구통계적 특징(성, 연령, 소득, 직업 등), 그리고 사회심리적 특징(라이프스타일, 개성 등)을 지니고 있는 지를 나타내는 것이다(<표 5-3> 고객특성 차원에서의 세분화 기준 참조). 상기의 왜, 언제, 어디서, 어떻게, 누가의 다양한 결합에 의하여 세분시장들이 형성된다.

<표 5-4>는 시계의 예를 들어 <표 5-2>의 욕구원천을 기준으로 시장세분화를 응용해 본 것이다. 예컨대, 세분시장 1은 기업가임을 상징하는 보수적이며 중후한 모양의 시계로서(중점을 두는 핵심 편익), 회사에서 사업상 정장과 함께 사용되며(중점을 두는 사용상황), 주요 고객층이 대도시의 고소득 남성인(고객의 주요 특성) 시장이다. 이와 같은 세분시장에 대한 아이디어가 도출되었고 어떻게 몇 개의 시장이 선정되었는가는 이미 제3장에서 세부적으로 설명하였기 때문에 여기서는 반복적인 설명을 피하기로 하겠다.

표 5-2 다양한 세분시장의 형성: 욕구근원의 기준활용

구 분	사용목적 (왜)	사용시기 (언제)	사용장소 (어디서)	사용과정 보완제품 (어떻게)	사용자(누가) ·지리적 특징 ·인구통계학적 특징 ·사회심리학적 특징	세분시장군
혜 택	왜 사용하는가?	언제 사용하는가?	어디서 사용하는가?	어떻게 사용하는가?	누가 사용하는가?	왜, 언제, 어디서, 어떻게, 누가의 다양한 결합에 의하여 세분시장 1, 2, …가 형성됨
비 용	어떤 문제점 또는 불만이 있는가?	언제 문제점 또는 불만이 있는가?	어디서 문제점 또는 불만이 있는가?	사용과정 중 문제점 또는 불만이 있는가?	누가 이러한 문제점 또는 불만을 갖고 있는가?	

표 5-3 고객특성 차원에서의 세분화 기준

지리적 기준	인구통계적 기준	경제적 기준	사회심리적 기준
• 인구분포 (국가, 지역, 도시, 소도시, 지방) • 기후 • 토양 • 지형	• 성별 • 나이 • 인종 • 민족 • 신앙 • 교육수준 • 결혼여부 • 건강 • 신체특성	• 개인소득 • 가계소득 • 직업 • 수입원 • 저축 • 자산 • 가격	• 사회계급 • 영향집단 • 라이프 스타일 • 가족수명주기 단계 • 개성

표 5-4 시계의 시장세분화: 욕구근원의 기준 활용

왜	언제	어디서	어떻게	누가	세분시장군
• 정확성 • 내구성 • 편리성 • 범용성 • 중후함 ○ • 스포티함 △ • 가벼움 △ • 멋있음 • 기업가적 ○ • 패션추구 • 관료적 • 보수적 ○ • 진보적	• 파티 • 출퇴근 • 사업 ○ • 주말여행 • 운동 ○	• 회사 ○ • 야외 • 파티장소	• 정장 ○ • 캐주얼 • 첫 번째 • 두 번째 △ • 왼손잡이	지리적 • 대도시 ○ • 중소도시 인구통계적 • 남성 ○ • 여성 • 젊은이 △ 경제적 • 고소득층 ○ • 중산층 △	시장 1(○표의 결합) 기업가임을 상징하는 보수적이며 중후한 모양의 시계로서, 회사에서 사업상 정장과 함께 사용되며, 주요 고객층이 대도시의 고소득 남성인 시장 시장 2(△표의 결합) 스포티하고 가벼우며 운동용으로 두 번째로 사용되는 시계로서 젊은 중산층이 주요 고객인 시장

3 세분시장 도출을 위한 구체적 실행방법

제3장에서 제시된 욕구분석 절차를 통해서 세분시장을 규명할 때 특히 중요한 것은 다음에서 설명하게 될 고객들의 여러 가지 욕구에 대한 정보를 바탕으로 한 구체적인 세분시장 도출과정 및 고객특성 프로필 개발방법이다.

(1) 구체적인 세분시장의 확인

마케팅관리자는 세분시장에서의 고객들이 하나의 제품을 선택하는 이유를 명확히 확인하여야 한다. 제품들은 다양한 디자인, 색깔, 브랜드, 그리고 가격 등의 여러 가지 속성을 지니고 있다. 고객의 편익을 확인하기 위해서는 우선 어떠한 속성 차원에서 고객이 만족하거나 불만족한 점이 있는지, 그 속성의 상대적 중요도가 어느 정도인지를 정확히 분석해 내야 한다.

위에서와 같이 소비자들이 고려하는 속성들이 확인되면, 이를 토대로 그들을 추구 편익별 세분시장으로 분류하는 작업을 수행하게 된다. 이때 사용되는 방법은 일반적으로 편익세분화라고 부른다. 즉, 주어진 제품범주(product category)로부터 소비자들이 추구하는 구체적인 편익들에 따라 그들을 몇 개의 유형집단, 즉 세분시장으로 분류하는 것이다. 예컨대, 과거 분석에 따르면 치약시장은 네 개의 세분시장으로 나누어진다: ① 향기와 제품외양을 중요시하는 감각적 세분시장(sensory segment), ② 깨끗한 치아와 입냄새 제거를 가장 중요하게 생각하는 사교적 세분시장(sociable segment), ③ 치석방지 및 치아 건강에 주된 관심을 두고 있는 걱정이 많은 사람들의 세분시장(worried segment), ④ 주된 관심이 가격에 있는 독립적 세분시장(independent segment)이 그것이다.

유아의 치아 건강에 신경쓰는 부모를 위한 거품치약

(2) 세분집단의 고객특성 프로필 개발방법

주어진 하나의 시장에서 고객의 편익과 사용상황에 근거하여 두 개 이상의 세분시장이 확인되는 경우, 기업은 둘 중 하나를 선택하거나(집중화전략), 각 세분시장을 별개로 기업의 표적시장으로 겨냥(차별화전략)해야 한다. 표적시장에 대한 서술은 비록 그 목적이 단순히 확인을 위한 것이지만, 시장의 위치를 정하고 접근하는 데 있어서 필수적인 매우 중요한 것이다. <그림 5-3>에서 보듯이 시장세분화는 고객의 특성을 기초로 할 수도 있고 또는 고객의 핵심욕구를 기초로 세분화할 수도 있다. 그러나 인구통계학적 변수를 이용하여 "누구(who)"

그림 5-3 시장세분화의 두 가지 접근방법

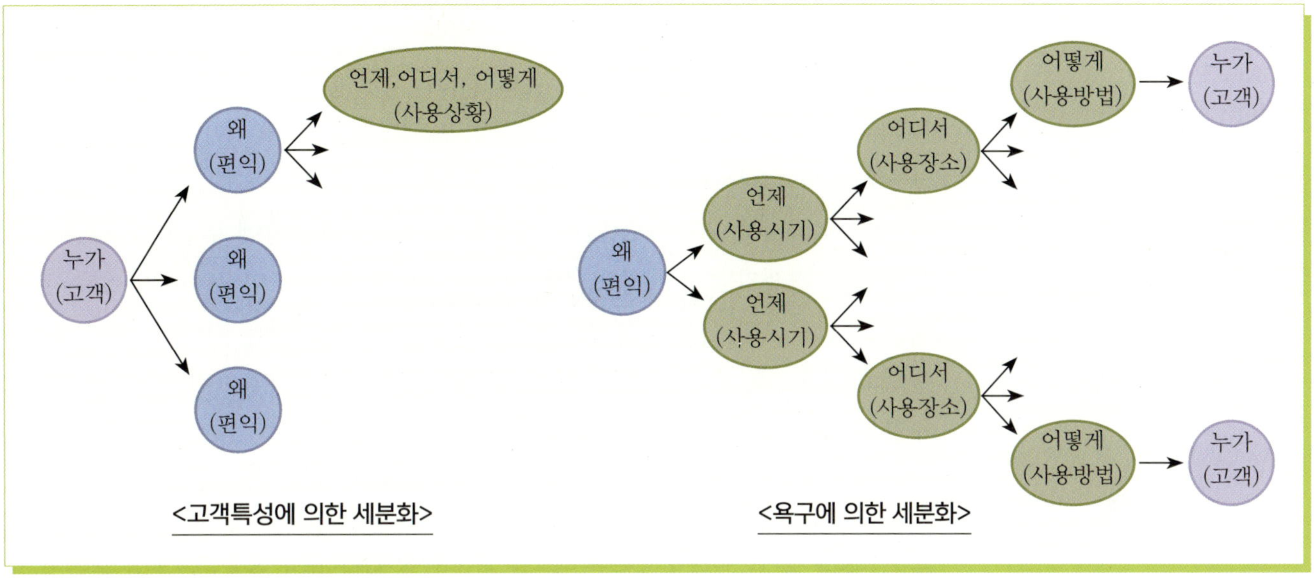

를 먼저 정의하는 방법은 오류를 범할 가능성이 많다. 고객의 욕구는 상황에 따라 다르기 때문에 한 개인이 하나의 세분시장에만 속해 있지 않을 수도 있다. 즉, 어느 한 신문사에서 신문시장을 세분화할 때 20대 남성이 주 고객이라고 판단하여 그들이 왜, 언제, 어디서, 어떻게 신문을 보게 되는지를 분석하기보다는 전체 고객 중에서 같은 욕구(need)를 가진 사람들이 어떠한 사람인지를 파악하는 것이 더 바람직하다고 하겠다. 왜냐하면, 20대 남성이라고 하여 항상 같은 편익과 같은 사용상황에서 신문을 구매하는 것은 아니기 때문이다. 또한 어느 한 고객집단의 특성에 맞추어 세분화를 할 경우 전체 시장에서 차지하는 비중이 매우 낮아 기업이 목표로 하기에 경제성이 미흡한 경우 혹은 기업이 이윤을 얻을 수 있는 최소의 시장규모를 만족시키지 못하는 시장만을 정의하게 될 가능성도 있다. 마지막으로 인구통계학적인 변수를 기준으로 세분화할 경우 고객의 욕구가 정확히 분리되지 않아 실제 다른 세분시장과 겹칠 수도 있으며, 고객의 마음 속에 잠재되어 있는 새로운 욕구를 발견하기보다는 기존 고객들이 요구하는 사항에만 초점을 맞추게 되어 새로운 시장기회를 찾는 것 또한 어렵게 된다.

즉 "누구(who)"에 관련된 변수들은 고객의 욕구(why, when, where, how)가 정의된 후에 그러한 욕구를 가진 사람들이 누구인지를 확인하는 것이지 이것에 의해서 시장을 세분화하는 것은 지양해야 한다.

제3절 세분시장의 분석

1 시장세분화, 세분시장 분석, 그리고 표적시장 선정에 있어서 핵심 고려사항: 3C

세분시장 분석

기업과 고객 그리고 경쟁환경 요소들 간의 상호작용을 관리함으로써 기업이 소비자를 가장 잘 소구할 수 있는 시장을 명확히 확인하여 선택하는 것

시장세분화는 비슷한 욕구 혹은 성향을 가진 소비자 집단으로 구별해 주는 것 이상의 의미를 내포하고 있다. 고객의 욕구와 선호경향에 부응하고 공급업자, 유통업자, 경쟁기업의 환경요소를 다루는 기업의 능력 또한 포함되어 있는 것이다. 그러므로 시장세분화 및 표적시장에서의 중요한 초점은 기업과 고객 그리고 경쟁 환경요소들 간의 상호작용을 관리함으로써 그 기업이 소비자를 가장 잘 소구할 수 있는 시장을 명확히 확인하여 선택하는 것이다.

시장세분화 및 표적시장의 문제를 고려할 때 특히 명심해야 할 3C는 기업(company)의 자원, 고객(customer)의 욕구, 그리고 경쟁(competition)의 영향이라 할 수 있다(그림 5-4). 기업의 자원이라는 것은 한정되어 있으며, 기업은 이 한정된 자원을 이용하여 수익을 극대화시키려고 노력한다. 이러한 기업의 자원에는 공장과 설비, 기존에 개발해 놓은 유통경로, 공급업자들과의 우호적인 관계, 그리고 자사에 호감을 가지고 있는 고객들 등이 포함된다. 기존 자원을 잘 활용하여 매출을 증대시키는 것은 시장거래의 효율성을 제고하는 것이다. 그러나 기업이 제공하는 제품이나 서비스에 대한 반응에 있어서 고객들간에 중요한 차이점들이 존재할 수 있다. 그러므로 다양한 고객들을 하나의 집단으로 간주하기보다

그림 5-4 3Cs

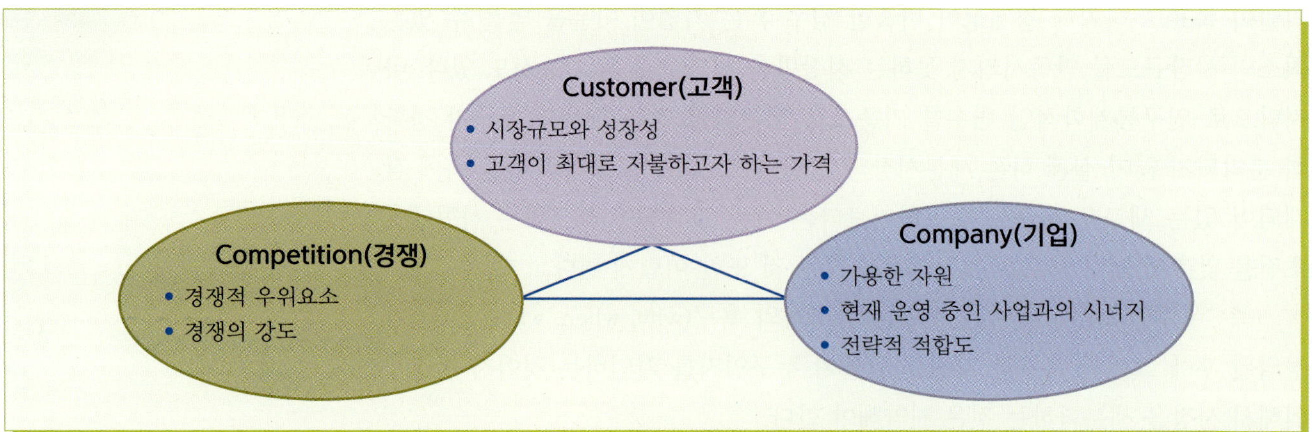

는 여러 개의 하위집단(subgroup)으로 세분시키는 것이 보다 효과적일 수 있다. 그리고 각각의 세분시장에 대한 마케팅믹스를 달리함으로써 보다 많은 거래가 발생할 수 있으며, 이런 세분시장들이 조화를 이루게 되면 모든 세분시장의 전체적인 효과성도 증대될 수 있는 것이다.

각각의 세분시장에 적합한 마케팅 접근을 개발하는 데 있어서 동일한 자원이 세분시장마다 보다 많이 사용될 수 있으면 있을수록, 그리고 표적시장집단에서의 매출이 크면 클수록 거래의 효율성은 더 커진다. 그러나 이 중에서도 특히 시장의 경쟁적 본질은 반드시 고려되어야만 한다. 경쟁은 한 기업에 대한 특정 시장의 크기를 현저하게 줄일 수도 있으며, 그에 따라 자원에 대한 수익도 낮아지게 할 수 있다. 따라서 마케팅관리자는 적절한 표적시장의 선정을 위하여 각 세분시장의 규모와 성장성, 상대적 경쟁력, 기업(혹은 사업단위)의 목표와 자원 등을 분석하여야 한다.

2 고객(customer)관련 평가기준

세분시장의 평가에 있어 기업이 우선 해야 할 것은 해당 세분시장이 적절한 시장규모와 성장성(고객의 잠재적 수요량)을 지니고 있느냐 하는 것이다. 이 기준에 있어서 세분시장의 성장가능성은 미래의 판매와 이익에 직결되기 때문에 평가기준으로서 중요하다. 그러나 급속한 성장성은 경쟁자들의 진입을 가속화시킬 수 있으며 판매와 이익을 분산시킬 수 있다.

Customer(3C)
해당 세분시장의 시장규모와 성장(고객의 잠재적 수요량)

또 하나의 세부항목으로써 그 세분시장의 제품에 대하여 고객이 최고로 지불할 용이가 있는 가격(maximum price willing to pay)에 대한 분석이다. 다른 세분시장의 제품과 비교하여 고객이 지불하고자 하는 가격이 높은 경우, 그 시장은 그만큼의 혜택을 고객에게 전달할 수 있음을 의미하며, 동시에 기업에 어느 정도의 이익을 가져올 수 있는지의 기준으로도 사용될 수 있다.

3 경쟁(competition)관련 평가기준

세분시장이 바람직한 규모이며 성장성이 높다 하더라도 그 시장에서의 장기적 경쟁력을 확보할 수 없다면 그 시장은 매력적일 수 없다. 시장에서의 장기적 경쟁력의 유무를 판단하는 두 가지 세부기준으로 기업이 지속적으로 확보 가

그림 5-5 시장 내 경쟁 위협요소(M. Porter의 5 Factors)

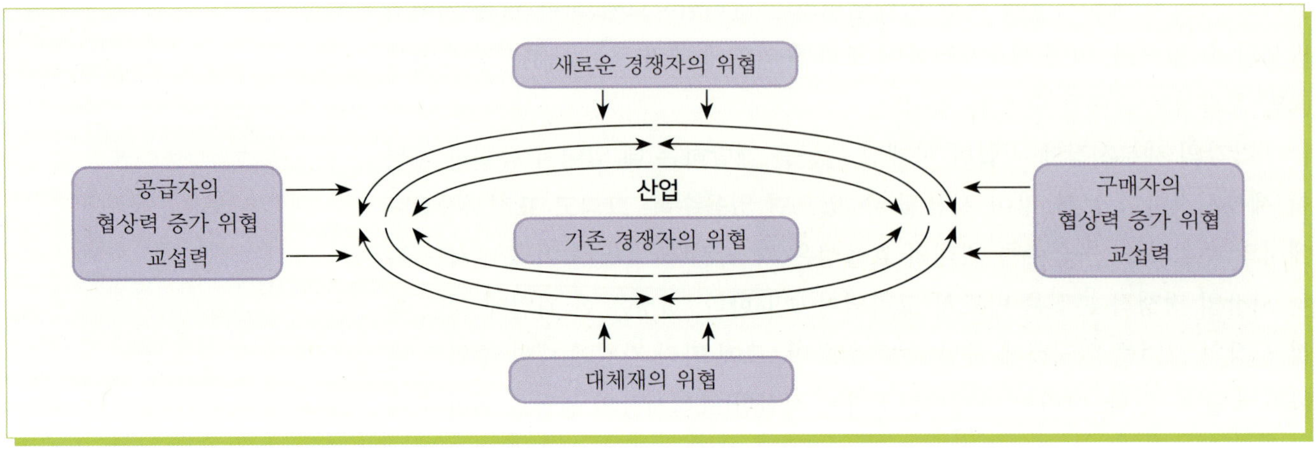

Competition(3C)
기업이 지속적으로 확보 가능한 경쟁적 우위요소와 시장 내 경쟁의 강도

능한 경쟁적 우위요소와 시장 내 경쟁의 강도를 들 수 있다. 경쟁적 우위요소는 기업이 세분시장 내의 다른 경쟁자들에 비하여 지속적으로 우위를 점할 수 있는 요소들의 수와 중요성을 판단하여 상대적 점수를 부여하는 것이며 경쟁의 강도는 각 세분시장별 경쟁자 수나 경쟁의 집중도(intensity) 등을 종합적으로 고려하여 판단하게 된다. 이러한 세분시장에서의 경쟁강도는 <그림 5-5>에서 보듯이 다섯 가지 형태의 경쟁자들의 위협 정도에 달려 있다.

(1) 기존 경쟁자의 위협

세분시장 내에 강력하고도 공격적인 경쟁자들이 다수인 경우, 그리고 퇴출장벽이 높거나 경쟁자의 시장사수 의지가 강할 때는 가격전쟁, 광고전쟁, 신제품 개발 전쟁 등의 결과를 초래하게 될 것이다.

(2) 새로운 경쟁자의 위협

새로운 능력과 자원, 그리고 이익보다는 시장점유율 증대를 목표로 진입하는 경쟁자가 있을 경우 시장은 경쟁이 심화된다. 특히 진입장벽이 낮고, 대응능력이 없는 경우 신규 경쟁자의 시장진입 가능성이 커지게 된다.

(3) 대체재의 위협

현재 혹은 잠재적 대체재가 있는 경우, 특히 대체재 산업의 기술발전과 경쟁

능력이 증대되고 있다면 그 세분시장의 수요와 이익은 증대되기 어려울 것이다.

(4) 구매자의 협상능력 증가 위협

도·소매업자 등 구매자의 가격 및 구매조건 협상력이 강한 세분시장은 경쟁적 위협이 강한 시장이다. 구매자의 협상력은 그들이 조직화되었을 때, 제품이 비차별적일 때, 다른 제품으로의 전환비용이 낮을 때 마지막으로 구매자들의 후방통합이 가능할 경우에 강해진다.

(5) 공급자의 협상력 증가 위협

원재료 및 설비공급업자, 금융기관 등의 가격 및 공급조건의 협상력이 강한 세분시장 역시 경쟁적 위협이 크다고 할 수 있다. 공급자의 협상력은 그들이 조직화 될 때, 자사가 선택할 수 있는 대체재가 거의 없을 때, 타 업체로의 전환비용이 높을 때, 그리고 공급자들의 전방통합이 가능할 경우에 강해진다.

4 기업(company)관련 평가기준

세분시장이 바람직한 규모와 성장성을 지니고 있으며, 장기적 경쟁력에 있어 매력적이라 하더라도, 자사의 사명이나 사업부의 목표와 배치된다면 표적시장으로 삼을 수 없다. 또한 이상의 요건들이 충족된다고 하더라도 세분시장의 욕구를 충족시킬 수 있는 인적/물적/기술적 자원(활용가능한 자원)을 갖추고 있는지 분석하여야 한다. 그런데 기업이 필요한 능력을 소유하고 있다 하더라도 경쟁자에 비해 우월한 편익을 개발하거나 가격을 인하시킬 수 있는 충분한 잠재능력도 지니고 있어야 한다. 경쟁자보다 우월한 가치가 있는 제품을 생산할 수 없는 세분시장에 진출해서는 안 된다. 마지막으로 기존 세분시장의 브랜드 개념이나 마케팅, 생산, 관리능력 등을 새로운 세분시장에 연계시킴으로써 단위당 비용을 줄이거나 동반적인 매출액의 증대를 가져올 수 있는 시너지 효과도 신중히 검토하여야 한다. 이는 앞서의 장기적 경쟁력과도 결부되는 것이다.

Company(3C)
자사의 사명이나 사업부의 목표 및 인적/물적/기술적 활용 가능 자원

제4절 표적시장의 선정

표적시장의 선정
가능한 세분시장 가운데 관리 및 초점을 맞추어야 하는 세분시장의 결정

가능한 세분시장을 분석한 후에 기업은 ① 얼마나 많은 세분시장을 관리하고, ② 어떤 세분시장에 보다 초점을 맞출 것인가를 결정하여야 한다. 이러한 일련의 과정을 **표적시장의 선정**이라고 한다.

1 표적시장의 개념

표적시장
기업이 표적으로 하여 고객은 물론 기업에게 가장 유리한 성과를 제공하는 매력적인 시장

표적시장이란 가능한 세분시장들 중에서 기업이 표적으로 하여 마케팅활동을 수행함으로써 고객은 물론 기업에게 가장 유리한 성과를 제공해 주는 매력적인 시장을 말한다.

기업의 관심이 되는 각각의 세분시장은 세밀하게 그 내용이 파악되어야 한다. 예컨대, 가격의식적 고객 대 품질의식적 고객 등으로 고려하는 것만으로는 충분하지 않다. 우리는 세분시장의 구체적인 내용, 즉 핵심 편익상의 특징(왜), 사용/구매상황의 특징(언제, 어디서, 어떻게), 그리고 소득, 라이프 스타일 등 고객의 특성에(누가) 대해 더 세밀한 것을 알아야 한다. 한 기업이 자사의 표적시장을 명확히 정의하고 알고 있다면 그것은 그 기업이 자사의 관심과 자원을 어디에 초점을 맞추어 운영할 것인가를 정확히 알고 있다는 것을 의미한다.

2 표적시장 결정의 전략적 대안

한 기업의 관점에서 볼 때 기업의 마케팅활동에 대해 고객의 반응에 차이가 있다면, 세분시장은 존재하고 있는 것이다. 표적세분시장은 기업이 마케팅활동을 집중시킬 수 있는 환경으로 조성된다. 이러한 표적시장의 선정은 다음과 같은 전략으로써 접근할 수 있다.

(1) 비차별화전략

비차별화전략
동질한 전체 시장에서 어떤 특정한 고객집당의 겨냥이 아닌 전체 시장을 대상으로 벌이는 마케팅활동

수요의 강도, 구매, 제품사용패턴에 있어서 전체시장이 동질적인 경우에는 비차별적 시장전략이 적절하다. 이때, 기업의 마케팅활동은 어떤 특정한 집단의 고객들을 겨냥하는 것이 아니라 전체적인 시장을 겨누어 수행된다. 설탕이나 야채와 같은 생활필수품이나 원료 생산자들은 전형적으로 이 전략을 따르고 있다.

그림 5-6 표적시장 선정전략의 유형

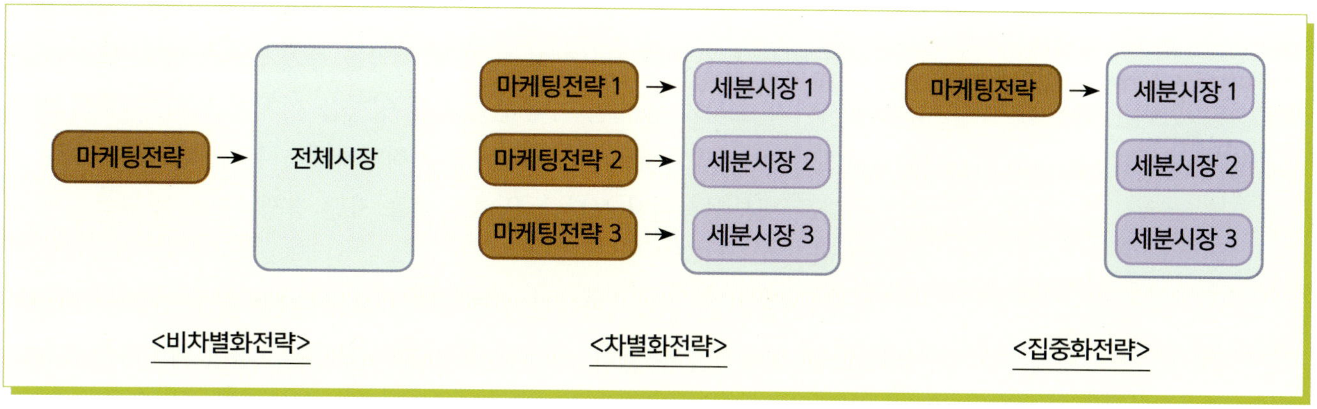

시장에 대한 비차별적 접근이 고객들이 다양한 상표들을 유사하다고 인식함을 뜻하는 것은 아니다. 비차별화전략에서도 기업이 고객을 차별화시키지는 않더라도 자사의 제품을 경쟁자의 제품들과는 차별화시켜야 한다. 상표특이성(brand distinctiveness)을 고객에게 인지시키기 위해서, 즉 제품차별화를 위해서 기업은 대단한 노력을 해야 한다. 기업은 제품의 신뢰성, 가격 또는 기타 이점 등을 강조함으로써 그 제품이나 서비스의 판매를 촉진시킨다. 이러한 메시지는 모든 고객들에게 동일한 방식으로 전달된다.

이 전략은 동질성이 존재하는 시장에서는 합리적이지만, 이러한 상황은 상대적으로 그리 흔한 것은 아니다. 거의 모든 제품계열에 있어서 고객기호의 차이는 존재하고 있다. 그 차이가 처음에는 존재하지 않다가 나중에 생겨날 수도 있는데, 이는 환경이 지속적으로 관찰되어야 함을 의미하는 것이다. 미국 Ford사의 T형 자동차는 고객의 기호에 차이가 생겨나고 있음에도 불구하고 오랫동안 큰 변화를 주지 않았기 때문에 결국 차별화를 꾀한 GM사에 뒤쳐지게 된 것이다.

(2) 집중화전략

하나의 세분시장이 다른 세분시장들보다도 월등하게 우수한 경우 또는 기업이 하나 이상의 시장을 운영관리할 자원이 부족할 때 그 기업은 집중적 시장세분화전략을 채택할 수 있다. 이때 기업의 마케팅활동은 하나 또는 매우 적은 수의 매력적인 세분시장에 집중된다. 집중화전략은 두 가지 조건하에서 그 가치가 정당화된다.

집중화전략
하나의 세분시장이 다른 시장보다 우수한 경우 또는 하나 이상의 시장을 운영할 자원이 부족할 경우 좀 더 매력적인 세분시장에 집중되어 벌이는 마케팅활동

첫째, 기업의 현재 세분시장과 고려되고 있는 새로운 세분시장 사이에 시너지 효과가 없는 경우, 집중화전략이 필요하다. 세분시장 사이의 긍정적인 시너지 효과는 비용 절감을 촉진시키며, 따라서 이익을 증가시키게 된다. 역으로 긍정적인 시너지 효과가 없으면 이익에 불리한 영향을 미치게 되며, 아울러 기업의 현재 또는 미래의 상대적 경쟁력을 보다 취약하게 만든다. 왜냐하면 기업은 각각의 다른 세분시장에서 보다 높은 효율성을 지닌 경쟁자들과 맞부딪치게 되기 때문이다.

둘째, 기업의 잠재적 시장규모가 큰 경우, 하나의 세분시장만으로도 기업의 이익목표를 충족시킬 수 있다. 고객집단이 크면 클수록 그것이 제공하는 기회도 더욱 좋은 것이다. 그러나 이런 상황에서 시장 전체의 잠재적 매출은 한 기업의 잠재적 매출액과는 명확히 구분되어야 한다. 잠재적인 전체 시장의 매출은 모든 기업에 의한 전산업적 범위의 마케팅활동에 대한 반응으로서 제품이나 서비스의 전산업적 범위의 구매로부터 생겨나는 매출단위 또는 액수를 말하는 것이다. 따라서 잠재적 기업매출은 해당 기업의 마케팅활동에 대한 반응으로 당사의 제품이나 서비스의 구매로부터 나타나는 매출단위 또는 액수를 말한다. 격심한 경쟁은 시장세분화에 있어서 중요한 문제이다. 왜냐하면 비록 잠재적 시장매출이 매우 양호할지라도 잠재적 기업 매출 및 이익에 나쁜 영향을 줄 수 있기 때문이다. 이는 **다수의 오류**(majority fallacy)라고 불리는 문제를 제기하고 있다. 예를 들어, 산업의 시장 성장과 기업의 성장을 같게 보고 따라서 전체산업의 잠재적 매출과 기업의 잠재적 매출을 동일선상에서 파악함으로써 발생되는 오류를 의미한다. 비록 산업의 잠재적 매출이 크다고 해도 기업의 잠재적 매출은 상대적으로 작을 수도 있다. 경쟁업체의 수, 고객 기호의 동질성, 기업의 경쟁적 우위 등을 입력자료로 사용하여 기업의 잠재적 매출을 추정하는데 있어서 많은 예측기법들이 사용되고 있다.

다수의 오류(Majority Fallacy)
전체 산업의 잠재적 매출과 기업의 매출이 같이 증가할 것이라고 파악함으로써 발생되는 오류

단편사례

"차근차근 내실을 쌓아 세계 고급차 시장에서 입지를 견고히 하겠다."

정의선 현대자동차그룹 회장(당시 부회장)이 2015년 11월 프리미엄 브랜드 '제네시스'(GENESIS)를 론칭하면서 한 말이다. 1967년 창립 이후 40년 넘게 '현대'라는 단일 브랜드로 대중차 이미지를 구축해 온 현대차는 메르세데스-벤츠·BMW 등 쟁쟁한 경쟁자가 즐비한 고급차 시장에 첫발을 내디뎠다.

내년이면 제네시스 브랜드 독립 10주년이다. 국산 최초 프리미엄 브랜드로 힘찬 출발을 알린 제네시스는 정 회장의 말처럼 글로벌 시장 안착에 성공했을까.

현대차의 새로운 출발

제네시스는 2015년 브랜드 독립 출범 이전에도 존재했다. 현대차가 제네시스 브랜드 독립을 갑작스럽게 준비한 것이 아니라는 얘기다. 회사는 2004년 1세대 제네시스 모델 개발에 착수하며 독립 작업도 병행했다. 당시 목표는 2008년 론칭과 함께 브랜드 독립을 선언하는 것이었다. 이를 위해 4년간 5,000억원 이상을 투입했다. 2006년에는 국내분 아니라 북미에서도 태스크포스팀(TFT)을 운영하며 시장조사를 했다.

제네시스 브랜드 독립 시기가 당초 계획보다 미뤄진 것은 글로벌 금융위기가 맞물렸기 때문이다. 이 여파로 전 세계 고급차 시장이 급격히 위축됐다. 최초 계획보다 많이 늦어졌다. 2008년 1세대, 2013년 2세대 모델을 거쳐 2015년 12월 독립 브랜드 제네시스의 첫 번째 모델인 EQ900이 세상에 나왔다. 1세대 모델 출시 이후 약 7년 만이다. 현대차그룹 내부에서도 제네시스에 대한 기대감이 컸다. 당시 정몽구 현대차그룹 명예회장이 직접 출시 행사에 나선 것만 봐도 알 수 있다.

판매 실적으로 보면 '성공적'이다. 독립 출범한 제네시스는 2016년 글로벌 시장에서 총 6만 5,586대를 판매했다. 2019년까지 연평균 8만 대 내외의 실적을 기록했다.

2020년은 제네시스가 한 단계 더 도약한 해로 평가된다. 브랜드의 얼굴인 로고를 2D 형태로 변경했다. 제네시스 측은 새로운 로고 적용 이유에 대해 "새로운 로고의 목적은 두 가지로 하나는 기능성 강화, 두 번째는 디지털·전동화 등 미래 트렌드 대비"라고 설명했다.

제네시스의 첫 번째 스포츠유틸리티차량(SUV)인 GV80도 같은 해 출시됐다. 당시 반응은 폭발적이었다. 그해 제네시스는 GV80의 성공에 힘입어 12만 8,365대의 연간 판매 실적을 거뒀다. 처음으로 글로벌 연간 판매 10만 대를 돌파한 것이다. 이는 제네시스가 럭셔리카(고급차) 시장에 성공적으로 안착했음을 보여주는 대표적인 지표다.

제네시스의 성장은 이후에도 계속됐다. 2021년 글로벌 연간 판매 20만 대를 돌파하며 국내 고급차 브랜드의 위상을 높였다. 지난해에는 브랜드 독립 출범 7년 10개월 만에 글로벌 누적 판매 대수 100만 대를 돌파했다. 현대차 자료에 따르면 제네시스는 2015년 브랜드 독립 론칭 후 지난 4월까지 글로벌 시장에서 누적 기준 116만 789대를 판매했다.

디자인 경영·공간 마케팅 '차별화'

업계는 제네시스의 성공 비결 중 하나로 '디자인'을 꼽는다. 제네시스는 '레드 닷 어워드'·'IF 디자인 어워드'·'굿 디자인 어워드' 등 유력 디자인 시

상식에서 수상 실적을 쌓아왔다.

현대차에 따르면 제네시스는 2015년 브랜드 독립 출범 당시부터 차별화된 고객 가치를 정립하기 위한 핵심 요소를 '디자인'이라고 판단했다. 디자인이 브랜드를 이끄는 가장 큰 힘이라고 본 것이다.

제네시스 관계자는 브랜드 독립 초기부터 오래 보아도 질리지 않는 영속성 있는 디자인을 추구했다. 브랜드 디자인 철학인 '역동적 우아함'(Athletic Elegance)으로 대변된다. 이는 ▲완벽한 비례 ▲환원주의적 디자인 ▲디테일에 대한 집착 등 3가지로 구체화한다.

제네시스 관계자는 "'환원주의적 디자인'과 '완벽한 비례'는 서로 연결되는 요소"라면서 "애초에 비례가 완벽하다면, 별도의 디자인 요소를 추가할 필요가 없어지고, 자연스럽게 절제된 디자인으로 연결되기 때문"이라고 설명했다. 이어 "'디테일에 대한 집착'은 아무도 신경 쓰지 않는 세세한 부분까지 고려한다. 이를 통해 진정성과 세심함을 느낄 수 있도록 설계한다는 원칙"이라고 덧붙였다.

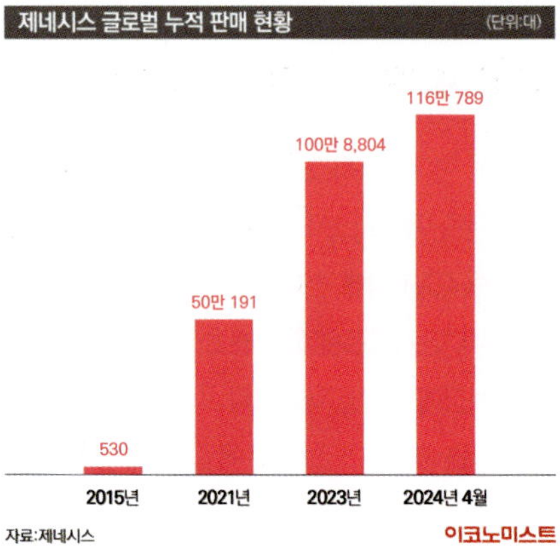

제네시스의 디자인 중심 전략은 적극적인 인재 영입에서도 엿볼 수 있다. 제네시스는 벤틀리 수석 디자이너 루크 동커볼케와 벤틀리 외관 디자인 총괄 이상엽, 벤츠·벤틀리 외관 디자이너 윤일헌 등 프리미엄 브랜드 출신 디자이너를 적극 영입했다.

제네시스 관계자는 "기존에 없던 신생 브랜드의 디자인 아이덴티티(정체성)를 최초로 구축하고, 세상에 없던 제네시스만의 디자인을 새롭게 창조할 수 있다는 것은 그 자체로도 도전적이고 혁신적인 기회"라며 "대표 디자이너들을 비롯해 제네시스를 만들어가는 모든 사람은, 한국에 뿌리를 둔 새로운 럭셔리 브랜드라는 제네시스의 뜻깊은 여정에 함께 하고 있다는 자부심이 있다"고 말했다.

공간 마케팅도 제네시스가 시장 안착에 성공할 수 있었던 요소 중 하나로 꼽힌다. 제네시스는 브랜드 철학 및 정체성을 알리기 위해 전 세계 70여 곳에 제네시스 스튜디오·라운지·하우스 등 다양한 체험 공간을 구축했다. 제네시스 하우스 뉴욕·제네시스 스튜디오 상하이·스튜디오 하남 등이 대표적이다. 연간 수십만 명이 이곳에서 제네시스 브랜드를 경험한다.

제네시스에 따르면 2022년 기준 하남 등 국내 거점에 연간 73만명이 다녀갔다. 제네시스 하우스 뉴욕을 찾는 방문객은 월평균 5,000명 이상이다.

자료원: 이코노미스트, 글로벌 럭셔리 브랜드 정상 궤도 오른 제네시스, 2024.05.26.

(3) 차별화전략

차별화전략
차이가 있는 세분시장에서 잠재성이 있는 표적시장을 대상으로 각각 상이하게 벌이는 마케팅전략

수요의 관점에서는 비슷한 평가를 받지만 다른 중요한 측면에 있어서는 차이가 나는 각각의 세분시장에서 시너지 효과의 잠재성을 지닌 몇 개의 표적시장을 찾아낸 경우 차별적인 시장세분화전략이 가장 좋은 전략이 될 수 있다. 차별화전략은 기업이 각각의 집단에 대해 상이한 전략을 개발해야 하기 때문에 집중화전략보다 더 복잡하다. 그러나 다음과 같은 상황(조건)이 존재하는 경우, 차별화전략이 가장 적절한 대안이 될 수 있다.

❶ 각 집단(세분시장)의 구분이 명확하고 수요의 교차탄력성이 거의 없는 경우
❷ 생산, 마케팅, 관리기술, 전달해야 할 개념의 관점에서 집단들 사이에 긍정적인 시너지 효과가 존재하는 경우
❸ 기업에 대한 각 집단의 잠재적 크기가 만족스러운 수익을 제공할 정도로 충분히 큰 경우 등이다.

2개 또는 그 이상의 세분시장이 이들 조건에 부합되는 경우, 기업은 각각의 세분시장에 진출함으로써 전체 매출과 이익을 증대시킬 수 있다. 이 경우, 복수의 세분시장 사이에서 긍정적 시너지 효과를 달성하는 것이 특히 중요한 것이라고 할 수 있다. 왜냐하면 여러 개의 세분시장을 추구하는 데에는 흔히 여러 종류의 비용 증가가 따르기 때문이다.

위와 같은 차별화전략을 수행하는 데에는 크게 다음과 같은 두 가지 접근방법이 있다.

1) 동일제품－상이한 세분시장

차별화전략의 한 접근방법에는 상이한 세분시장에 동일한 제품을 사용하되 마케팅믹스의 다른 구성요소들(예: 촉진)을 변화시키면서 사용상황이나 용도에 의한 여러 개의 세분시장을 창출하는 것이다. 예컨대, 미국 Arms & Hammer사의 baking soda는 처음에는 물론 빵 굽는 데에만 사용되었지만 지금은 방향제(deodorizer), 체취제거제(deodorant), 치약, 자동차 배터리 침식 방지제 등으로도 판매되고 있으며 최근에는 피부를 부드럽게 하기 위한 목욕물 첨가제(bath water additive)로도 사용되고 있다.

2) 상이한 제품－상이한 시장

차별화전략의 두 번째 접근방법은 마케팅믹스의 모든 측면을 변화시키는 것을 수반한다. 예컨대, 현대카드 고객 개개인의 다양한 라이프스타일과 소비 패턴을 면밀히 분석하여 차별화 상품들을 지속적으로 선보이며 시장을 선도하고 있다. 기존의 "현대카드 O", "현대카드 M", "현대카드 H", "현대카드 W" 라인업을 기반으로, 최근에는 디지털 소비와 글로벌 트렌드에 부응하는 새로운 카드들이 출시되었다.

현대카드는 다양한 소비자 욕구에 맞춘 다양한 상품으로 시장에서 인기를 끌고 있다.

예를 들어, 차량 이용과 주유 할인 혜택으로 인기를 끌던 "현대카드 O"는 최신 모빌리티 서비스와 연계된 다양한 리워드 프로그램을 도입해, 단순 주유 할인뿐 아니라 전기차 충전 할인, 카셰어링 혜택 등 고객의 이동 패턴에 맞춘 서비스를 제공하고 있다. 또한, "현대카드 M"은 포인트 적립 및 사용처의 폭을 대폭 확대해, 온·오프라인 쇼핑은 물론 디지털 콘텐츠, 구독 서비스 등 다양한 생활 영역에서 혜택을 누릴 수 있도록 업그레이드되었다.

가족 구성원의 생활비 절감을 중시하는 "현대카드 H"는 학원, 통신, 의료는 물론, 최근에는 자녀 교육비 지원과 문화·여가 프로그램 할인 등 가족 단위의 라이프스타일에 맞춘 혜택이 추가되었으며, 여행과 여가 생활을 위한 "현대카드 W" 역시 해외여행자 전용 할인, 글로벌 제휴사 혜택 강화 등 국제 소비 환경에 최적화된 서비스를 제공하고 있다.

미국의 제너럴 푸드사의 커피시장에 대한 고객세분화의 사용은 이에 대한 또 다른 예라고 할 수 있다. 레귤러 멕스웰 하우스는 서민적 가격에다가 품질 좋은 제품에 관심 있는 전통적인 커피 애호가들에게 소구하기 위해 고안된 것이다. 맥심은 레귤러 커피와 같은 맛을 내지만, 인스턴트 커피라는 편리성을 지닌 우수한 품질의 제품을 원하는 고객들에게 소구하기 위한 것이었다. 제너럴 푸드사는 또한 "NEW" 맥스웰 하우스를 시장에 내놓았는데 이는 경제적 이유 또는 습관 때문에, 냉동건조커피로 바꾸기를 꺼려하는 50대 이상의 특정 고객집단을 위한 것이었다. 상카(Sanka)는 카페인이 없는 커피를 찾는 사람들을 위한 것이며, 유반(Yuban)은 특제 커피(premium coffee)로 개발되어 출시되었는데, 이는 보다 세련된 커피를 선호하며, 높은 가격을 기꺼이 지불하고자 하는 고객들을 겨냥한 것이다. 이와는 달리, 마스터 브랜드(Master Blend)는 다른 상표에 대한 절약형 대체품으로 출시되었는데, 이는 가격에 가장 민감한 고객세분집단을 겨냥한 것이다.

핵심사례 5-1 | 항공사들의 다양한 시장 전략

2023년 국내 주요 저비용항공(LCC) 3사는 승객을 약 1,000만 명씩 실어나르면서 매출 1조원을 돌파하는 역대급 실적을 냈다. 매출 1조원 클럽에 든 LCC는 2사에서 3사(제주항공·진에어·티웨이항공)로 늘었다. 2003년 처음 출범해 현재 9개까지 늘면서 출혈경쟁을 했던 LCC가 글로벌 경기 침체에도 역대급 실적을 낸 것이다. 이런 배경에는 코로나 엔데믹 효과와 황금 노선인 일본·베트남의 소도시까지 노선을 확대하고 역대급 엔저가 맞물린 영향이 크다. 하지만 여기에는 우리 국민의 과도하고 과시적인 해외여행 열풍(熱風)도 한몫했다는 지적이다. 이런 거품이 꺼지면 LCC 점유율 싸움이 치열했던 2016년 '부산~오사카 왕복 항공권'이 적정가의 10분의 1 수준인 2만원에 나왔던 전례처럼 심각한 출혈경쟁이 재현될 우려도 있다는 것이다.

중·단거리 노선 장악하고, 장거리 노선도 확대

8일 금융정보업체 에프앤가이드에 따르면 제주항공, 티웨이항공은 연결 기준 2023년 각각 1조 6,185억원, 1조 3,155억원 매출액을 기록할 것으로 전망된다. 진에어는 별도기준으로 1조 3,348억원이 예상된다. 2018년 제주항공과 진에어가 1조원 매출을 돌파한 적이 있지만, 티웨이항공은 이번이 처음이다. 2022년 적자를 낸 영업이익도 제주항공(1,546억원), 티웨이항공(1,532억원), 진에어(1,495억원) 모두 흑자 전환했다. 제주항공은 대형항공사(FSC)인 아시아나항공과 수송객 기준으로 '국내 2위 항공사' 경쟁을 벌일 정도로 덩치를 키우고 있다. LCC 중 승객 수 1위인 제주항공은 2023년 1,230만 7,815명으로 코로나 이전 2019년(1위·1,323만명)을 거의 회복했다. 2.5초당 승객 1명을 실어 나른 셈이다. 티웨이항공과 진에어는 각각 997만명, 990만명을 기록해 창사 이래 역대 최다 승객을 기록했다.

LCC 약진은 공통으로 일본, 동남아 등 중·단거리 노선 확대가 주효했고, 각사의 차별화 전략도 통했다는 평가다. 고물가, 경기침체 속에서 장거리 노선 대비 일본·동남아 등 단거리 여행지 인기가 꾸준했기 때문이다. 제주항공은 일본·동남아 노선 중심으로 단거리 운항에 집중하고, 신규 도입 항공기를 리스가 아닌 직접 구매로 전환해 원가 경쟁력을 높였다.

티웨이항공은 2022년 중장거리 노선 운항이 가능한 347석 규모 대형항공기 'A330' 기종을 도입하고, 호주 시드니, 싱가포르, 몽골 울란바토르 등 중·장거리 노선을 확대했다. 올해 6월 크로아티아 자그레브 노선도 취항할 예정이다. 티웨이항공 관계자는

"시드니 노선은 2022년 12월 취항 후 1년간 누적 탑승객 10만 5,000여 명, 평균 탑승률 88%를 기록하는 등 노선 차별화로 수익이 개선됐다"고 했다. 진에어도 여객 수요 회복과 함께 10%가 넘는 영업이익률을 유지하며 앞으로 대한항공과 아시아나 합병 이후 LCC 통합에 대비하고 있다.

◇ 가격 인하·점유율 경쟁 불가피

2003년 처음 출범해 지난해 20년을 맞은 LCC는 현재 경영난으로 운항 중지 상태인 플라이강원을 포함해 총 9곳이다. 인구가 우리나라의 2배 수준인 일본(1억 2,300만명)의 LCC 8개 기업보다 많다. 그럼에도 코로나 이전까지는 단거리 해외 여행객이 급증하면서 성장세를 유지할 수 있었다. 하지만 2019년 일본 상품 불매 운동인 '노 재팬'과 2020년 코로나로 인한 국경 봉쇄로 직격탄을 맞았다. 매출은 급감했고 사실상 개점휴업 상태에 놓이기도 했다. 일부 LCC는 운항 중단과 재개를 반복하기도 했다.

항공업계에선 항공 수요가 코로나 이전 수준으로 정상화되면서 올해부터 LCC의 점유율 경쟁이 더 치열해질 것으로 전망하고 있다. '매출 1조원' LCC 3사가 3강 구도를 이룬 가운데 시장에 새로 진출한 에어프레미아, 에어로케이와 경영난을 딛고 재개한 이스타항공 등 경쟁자는 더 늘어났기 때문이다. 한 항공업계 관계자는 "여행 수요가 중·단거리 노선에 집중돼 지난해 유독 좋은 실적을 낼 수 있었지만, 해외여행 붐이 한풀 꺾이고, LCC들이 항공기 도입을 늘릴 경우 또다시 출혈 경쟁이 나타날 수 있을 것"이라고 했다.

자료원: 이정구, 노재팬.코로나 끝나자...저가항공 3사, 모두 '1조클럽' 역대급 실적, 조선일보, 2024.01.09.

/요/약/

시장이라는 용어는 상황과 구체성에 따라 다양하게 정의될 수 있다. 어떤 경우에 있어서도 시장에는 고객들과 판매자들 사이의 거래가 개입되어 있다. 그러나 본 장에서는 철저하게 고객욕구와 마케팅 활동을 연결시킨다는 차원에서 시장의 개념을 보다 구체적으로 정립하고 있다. 즉, 시장이란 일정 제품과 관련된 고객의 욕구 즉 '편익' 과 '사용상황' 에 있어 유사한 특징을 지니고 있으며, 그 욕구를 충족시키기 위해 기꺼이 교환에 관여하려 하는 '고객집단' 이라고 정의할 수 있다. 이렇게 시장을 정의하면 시장고객의 모습을 보다 뚜렷이 알 수 있을 뿐만 아니라 그들의 욕구발전 추이를 이해하는 데도 큰 도움이 될 것이다.

표적시장을 선택하기 앞서 시장을 이루는 다양한 세분시장을 파악하지 않으면 안 된다. 고객들의 욕구는 그들이 접하는 다양한 환경의 변화에 따라 변하게 되며, 그러한 욕구의 변화가 시장세분화의 근거가 된다. 이러한 욕구의 변화에 따라 시장도 진화되며 이 진화는 고객이 추구하는 편익을 기준으로 네 가지 차원에서 전개된다(왜, 언제, 어디서, 어떻게).

일단 가능한 세분시장이 도출되면 이들에 대한 시장분석을 해야 하며, 이를 위해서는 3C(customer, competition, company) 분석을 철저히 해야 하며, 특히 세분시장의 크기와 성장성, 세분시장의 상대적 경쟁력, 기업의 사명과 사업목표, 가용자원 및 시너지 효과 등을 고려하여야 한다.

세분시장의 분석이 끝나면 표적시장을 선정해야 하는데 이때 표적시장을 몇 개 선정하고 어느 정도 자원을 할당할 것이냐 하는 전략적인 문제가 나타난다. 이에 대한 전략대안으로서 비차별화, 차별화, 집중화전략이 있다.

/문/제/제/기/ 및 /질/문/

1. 제도적 차원에서 시장을 분류하고 각 시장을 예를 들어 논하시오.
2. 시장세분화, 세분시장 분석, 표적시장 선정에 있어서 핵심 고려사항인 3C에 대하여 논하시오.
3. 커피의 예를 들어 사용욕구 차원에서의 새로운 세분시장을 도출하시오.
4. 위에서 고려한 커피 세분시장에 대하여 고객관련 평가기준 및 경쟁관련 평가기준에 의해 평가하시오.
5. 시장세분화전략 중 차별화전략은 어떠한 조건에서 바람직한지를 설명하시오.

이 장을 읽고 난 후 여러분들이 알아야 하는 내용은 다음과 같습니다.

- 포지셔닝전략의 개념에 대하여 이해한다.
- 포지셔닝의 다양한 방법에 대하여 알아본다.

이 장의 첫 사례는 친환경 이미지로 포지셔닝하는 데 성공한 바디샵입니다. 애니타 로딕에 의해 1976년 설립된 바디샵은 친환경적 이미지로 전세계인들에게 사랑받고 있습니다. 소비자들이 바디샵을 친환경적 브랜드라고 여기게 된 이유는 무엇일까요? 그리고 어떠한 활동들이 이를 뒷받침한 것일까요? 다음 사례를 보면서 생각해 봅시다.

제 1 절 표적시장별 마케팅목표의 정립

제 2 절 포지셔닝(위상정립)전략

CHAPTER 6

마케팅목표의 정립과 포지셔닝전략

도입사례

환경친화적 이미지 포지셔닝에 성공한 "바디샵(Body Shop)"

The Body Shop의 "Protect Our Planet"캠페인

"바디샵(Body Shop)"은 기존의 화장품 기업들과는 달리 단순히 소비자들의 미용에 대한 욕구를 충족시키는 것에만 한정되지 않았다. 소비자들의 편익뿐만 아니라 가치에 대한 니즈를 충족시키기 위해서 대외적인 사회활동 등을 통해서 환경친화적인 활동을 제반하였다. 즉, "바디샵(Body Shop)"의 애니타 로딕(Anita Roddick)은 광고를 하지 않는 대신 전세계를 돌아 다니며 천연화장품 등 환경친화적 상품에 관한 자신의 아이디어를 강조함으로써 여느 화장품 기업들과는 달리 차별적인 홍보활동을 펼쳤다. 그 예로는 1986년 영국의 그린피스와 함께 '고래를 구하자'를 비롯해 1987년부터 시작된 '동물실험 반대 캠페인', 1989년 브라질 열대우림지역의 방화를 중지할 것을 요구하는 'stop the burn'등과 같은 캠페인에 동참하였다. 이러한 홍보활동을 통해서 실질적으로 "바디샵(Body Shop)"이라는 브랜드는 단순히 소비자들의 미에 대한 편익을 충족시켜 주는 것이 아니라 나아가 환경을 보호하고 아끼는 소비자들의 가치에 대한 니즈도 충족시켜 주는 이미지로 포지셔닝하는 데 성공한 것이다.

제품(브랜드) 개념의 정립은 표적시장으로 선정된 세분시장에 공급할 자사 제품(브랜드)이 고객의 욕구를 어떻게 충족시키는가에 대한 개념을 명확히 정립하는 것이다. 그리고 마케팅목표는 이 제품(브랜드) 개념을 신속하고 정확하게 전달하기 위한 개념전달목표와 이를 바탕으로 실제 거래 시 나타날 수 있는 거래 장애를 제거하기 위한 구매장애제거목표, 그리고 이들 활동의 결과로서 기대되는 매출액이나 이익 등의 예상재무목표로 이루어진다.

포지셔닝은 상기의 개념전달 및 구매장애제거목표를 바탕으로 보다 구체적인 경쟁적 위상(포지션)을 고객들의 머리 속에 인식시키고자 하는 것이다. 이의 구체적인 실행은 마케팅믹스 전략(제품기획, 촉진, 유통, 가격)을 통해서 이루어지며, 그것은 최종고객에 대한 가치창출로 연결된다. 여기서는 하나의 제품(브랜드)에 대한 마케팅관리가 고객들의 동태적인 욕구변화와 경쟁상황 및 기업능력여건에 따라 보다 장기적으로 관리될 필요가 있다.

본 장에서는 이러한 표적시장별 제품(브랜드)에 대한 마케팅목표의 정립 및 그에 적합한 포지셔닝전략 수립과정에 대해 자세히 살펴보기로 한다.

제 1 절 표적시장별 마케팅목표의 정립

표적시장이 선정되면 표적시장별로 마케팅활동의 목표가 명확히 정립되어야 한다. 마케팅목표는 크게 다음과 같은 세 가지로 구분된다. 첫째, 기업의 제품이 어떤 고객들을 위해서 만들어졌고 어떻게 그들의 욕구를 충족시켜 주는가에 대한 이해와 포지션(위상)을 정립하는 제품개념전달활동 목표이며, 둘째 앞의 2장에서 언급된 여섯 가지 거래장애요인(장소, 시간, 소유, 지각, 기능, 감각) 제거를 위한 거래장애제거목표이고, 셋째 앞의 두 목표를 달성할 때 기대되는 매출액 및 이익의 형태로 표시되는 예상재무목표이다.

1 개념전달 차원의 마케팅목표 설정

개념전달목표
제품(브랜드) 개념을 신속하고 정확하게 전달하기 위한 마케팅목표

일반적으로 제품포지션(제품위상)은 경쟁제품간 상대적 차이로의 관점에서 이해되는, 보다 세부적이고 구체적인 제품의 의미이다. 또한, 이를 통해 경쟁사로부터 자사제품을 차별화시킬 수 있다. 즉, 제품포지션은 제품개념의 보다 세부적이고 구체적인 형태로서 경쟁상황을 고려한 제품개념의 구체화된 의미이다. 따라서 제품포지션은 제품개념에서 더 구체적으로 표현된 제품의 경쟁적 차별화의 의미를 갖고 있다.

개념전달 차원의 마케팅목표를 정립할 때 우선 고려해야 할 것은 제품의 개념과 포지션의 설정이다. 제품의 개념은 보다 장기적으로 관리되고 포지션은 경쟁상황에 따라 변화될 수 있으나, 단기적으로는 제품개념과 포지션은 구분 없이 사용될 수도 있다. 본 책에서는 개념전달활동을 설명할 때의 개념에는 제품(브랜드)개념뿐만 아니라 포지션도 포함되어 있음을 명심해야 한다.

제품개념은 제품의 포지션과 포지셔닝전략을 결정한다. 다음의 세 가지 제품개념은 소비자욕구의 세 가지 형태와 대응한다. 첫째, 기능적인 제품개념은 고객들에게 내·외적으로 야기되는 기능적 문제들을 해결하기 위한 것이다. 둘째, 상징적인 제품개념을 지닌 제품은 고객들을 그들이 원하는 집단이나 역할 혹은 자아상(현실적 혹은 이상적)과 연결시켜 주는 것이다. 셋째, 감각적인 제품개념은 감각적인 자극 추구를 위하여 내적으로부터 창출되는 고객들의 욕구를 충족시키는 데 그 목적을 지닌다.

개념전달활동은 제품이나 서비스가 고객의 욕구와 선호에 일치한다는 것을

고객에게 알리는 활동들이다. 즉, 표적고객의 욕구와 선호를 충족시킬 수 있다는 제품개념－포지션(위상)의 전달활동이다. 그러므로 개념전달 차원에서의 마케팅목표는 "2010년 특정 표적시장에서 A 제품개념의 인지도를 기존의 30%에서 40%로 증가시킨다"와 같이 될 것이다. 보다 구체적인 예로서는 <표6－1> 풀무원 생칼국수(생면)의 마케팅목표 중 개념전달목표가 참고가 될 것이다.

2 구매전환 차원의 마케팅목표 설정

구매장애제거목표

실제 거래 시 나타날 수 있는 거래 장애를 제거하기 위한 마케팅목표

개념전달활동을 통해서 확립된 고객의 인지를 실제거래로 전환시키기 위해서는 거래상에서 나타나는 여섯 가지 장애들을 제거시키는 구매전환활동이 필요하다. 잠재고객이 그 기업제품의 개념에 대해 이해를 하더라도 적시적소에 구입할 수 없거나 구매능력을 벗어날 정도로 높은 가격이라면 거래는 발생하지 않는다. 그러므로 구매장애제거 차원의 마케팅목표는 "2010년 특정 표적시장에서 A제품의 실제 거래와 관련된 시간, 장소, 소유 등의 특정 장애요인들을 기존보다 각각 10%씩 감소시킨다"와 같이 될 것이다. 구매장애제거 차원의 마케팅목표의 보다 구체적인 예는 <표 6－1>에 언급되어 있으니 참조하기 바란다.

3 예상재무목표 및 타 부서 지원사항의 확인

예상재무목표

마케팅활동의 결과로서 기대되는 매출액이나 이익

마케팅관리자는 상기의 개념전달활동과 구매장애제거활동의 결과로서 나타날 예상매출액이나 이익목표를 가지고 있어야 한다. 이를 정확히 예측하기가 쉽지 않을지라도 과거의 자료와 향후 마케팅활동의 기대분석을 통하여 이를 예측하도록 노력해야 한다. 또한 마케팅관리자는 목표매출액과 시장점유율을 달성하기 위하여 타 부서들로부터 어떠한 지원이 필요한지에 대해서도 명확히 파악하고 있어야 한다. 이는 마케팅관리의 조정과 통제에 필수불가결한 것이다. <핵심사례 6－1>은 하나의 예시가 될 것이다.

참고로 <핵심사례 6－2>는 풀무원이 마케팅목표를 정립한 후, 그 목표달성을 위하여 어떠한 마케팅믹스(4P)전략을 수립하여 시행했는지를 보여 준다.

핵심사례 6-1 | 풀무원 육개장칼국수의 마케팅목표

1. 개념전달목표

(1) 제품(브랜드)개념 및 포지션의 정립

• **제품개념**

옛날 전통 면식품에 대한 소비자의 기대욕구를 충족시키는 영양가 높은 건강 별미식으로서 풀무원식품이 제대로 만들어 손으로 만든 정성과 자연 그대로의 쫄깃한 맛을 즐길 수 있는 고급칼국수, 보다 축약하면 전통의 맛을 내는 건강 별미식 고급 칼국수.

이 제품개념은 물론 "맛"이라는 감각적인 제품개념도 포함하고 있지만 이 개념은 하위개념이고 고객의 욕구상 가장 중요한 제품개념으로는 "건강"을 표방하는 기능적 제품개념이다.

• **포지션(위상)**

현재 면시장을 구성하고 있는 라면이나 건면과는 전혀 다른 독자적 위치를 접할 수 있는, 손으로 만든 듯한 분위기의 전통 별미식품. 보다 구체적으로는 면시장을 전통 대 현대, 수제 대 기계, 별미 대 간식의 세 가지 측면에 의해 구분했을 때에 생면의 위치는 건면이나 라면과는 전혀 다른 영역으로 위치화 할 수 있다. 즉 조리는 약간 불편하지만 요리의 즐거움을 만끽할 수 있고(수제), 간식이 아니라 별미식으로 즐길 수 있으며(별미), 고향의 어머니가 빚어 준 것 같은 토속적인 분위기가 나는 촉촉한(전통)국수, 이것이 바로 육개장칼국수이다.

(2) 상기 제품개념 – 포지션(위상)의 전달활동목표

풀무원 육개장칼국수의 제품개념 – 위상을 우선 서울과 지방대도시의 표적고객들에게 신속히 알려 그 인지도를 60%까지 끌어올린다.

2. 구매장애제거목표

가장 중요하게 고려되어야 할 목표사항을 중심으로 정리해 보면 다음과 같다:

첫째, 생면에 대한 개념 - 위상 인지가 부족하므로 소비자들이 한 번 들으면 금방 제품이 무엇이라는 것을 알 수 있도록 제품믹스(포장과 로고)와 촉진활동을 적극적으로 수행한다: 지각장애의 제거

둘째, 냉장시설을 갖춘 점포로서, 초기(2010 1/4분기)에는 서울지역의 대형점을 중심

으로 출시하고 점차 소형점으로 확대하며(2010 2/4분기), 다음에 지방대도시로 단계적으로 확대한다(2010 3/4분기~4/4분기): 시간과 장소장애의 제거

셋째, 유통기한이 일주일이라는 점을 명확히 밝혀 유통기한이 지난 제품은 즉각 수거하며, 유통기한 내에라도 만약 고객이 신선도가 떨어졌다고 항의하면 즉각 반품해 준다: 소유(이용가능성)장애의 제거

넷째, 산뜻한 포장과 디자인의 개발로 제품의 신선한 감각을 전달한다: 감각적장애의 제거

다섯째, 손으로 만든 쫄깃한 맛을 최대한도로 재현하고 무방부제, 무첨가제로 제품의 건강지향적 속성을 살린다: 기능장애의 제거

3. 예상재무활동목표

상기의 마케팅활동과 사내 다른 부서의 자원이 순조롭다면 다음과 같은 매출액과 이익이 예상된다.

매출액: 100억원

이익: 20억원

- **R&D부서와 생산부서의 주요 지원사항:**
  ① 상기 브랜드 개념에 부합되는 제품의 개발을 정해진 시간 내에 해 주어야 한다.
  ② 마케팅부서의 판매예측에 부합되는 생산 및 출고를 해 주어야 한다.
- **인사부서의 지원사항:**
  ① 본 제품의 마케팅을 위한 3명의 인력 충원이 필요하다.
  ② 10명의 A/S 요원의 보충이 필요하다.
- **재무부서의 주요 지원사항:**
  ① 초기에 광고 및 판촉예산이 많이 소요되므로 이에 대한 적절한 자금조달이 요망된다.

핵심사례 6-2 | 풀무원 육개장칼국수의 마케팅 4P활동

<핵심사례 6-1>에서 정립된 마케팅목표를 달성하기 위하여 풀무원은 다음과 같은 마케팅믹스활동을 전개하였다(주요한 것만 간략히 추린 것임).

① 제품: 브랜드명은 초기의 인지를 높이기 위해 풀무원과 육개장칼국수를 복합하여 풀무원 육개장칼국수로 하였다. 중량은 가족중심의 식생활을 고려하여 3~4인분인 483.6g으로 설정하고 패키지와 디자인은 수제라는 것을 느낄 수 있는 면발과 직사각형으로 하였다. 또한 생면이라는 것을 상표명으로 직접 표현하지 않고 디자인적인 요소로 처리하였다. 그리고 냉장식품을 알릴 수 있도록 '요냉장', '냉장보관'이라는 문구를 특별히 삽입하였다.

② 촉진: 고객들이 무료할 때 집에서 자주 읽는 여성지를 집중 활용해서 생면의 인지형성에 중점을 두는 방향으로 전개했다. 일반적으로는 "수제비국수, 생활국수는 생면입니다"라고 하여 생면은 냉장유통을 해야 하는 새로운 국수라는 것을 강조했다. 그 다음 생면이 어느 정도 알려졌다는 것을 확인한 후에는 "촉촉하니까 생면입니다"라고 해서 '촉촉'이라는 브랜드개념을 전달했다. 이는 생면이 국수나 라면 등의 건면과 다르다는 것을 강조한 것이다. 또한 대형매장 내에서는 쫄깃한 맛과 담백한 맛을 강조하기 위해서, 지속적으로 시식활동을 전개했으며, 그를 통하여 구전홍보효과를 얻을 수 있도록 노력하였다.

③ 유통: 냉장유통 및 냉장보관 판매를 하고, 유통기간을 엄수했다. 목표매장은 냉장시설이 갖추어져 있는 상점, 중소슈퍼마켓 등으로 했고 초기에는 대형점을 중심으로 하였다.

④ 가격: 초기에 생면시장에서의 입지구축을 위해 생칼국수의 가격을 4개입 5,450원 했다.

풀무원 육개장칼국수
마케팅목표의 정립 후 마케팅 4P활동을 전개한다.

제2절 포지셔닝(위상정립)전략

1 단기적 포지셔닝과 장기적 포지셔닝

포지셔닝(위상정립)이란 제품(브랜드)개념을 신속하고 정확하게 전달하기 위한 개념전달목표와 이를 바탕으로 실제 거래 시 나타날 수 있는 거래장애를 제

포지셔닝
개념전달목표와 구매장애제거목표를 바탕으로 제품의 차별적 이미지를 고객의 마음속에 자리매김하려는 모든 노력

거하기 위한 구매장애제거목표 달성 및 경쟁제품과 가장 효과적으로 차별화시킬 수 있는 위치를 고객의 마음속에 자리매김하려는 모든 노력을 의미한다. 이러한 포지셔닝은 제품, 가격, 촉진, 유통 등의 상호보완적인 마케팅믹스 활동을 통해서 이루어진다. 예컨대, 우리는 대체로 LG의 '한스푼'이나 제일제당의 '비트'는 세척력이 강하여 적게 사용하더라도 세탁이 잘 되는 세제, '마티즈'는 실용적인 자동차, Mercedes－Benz나 Cadillac은 고급승용차로 생각한다. 따라서 제품포지셔닝은 어떤 제품을 경쟁제품에 비하여 차별적 특징을 갖도록 제품개념을 정하고 그에 따라 생산, 개발된 제품을 소비자가 구매하는데 어려움을 느끼지 않도록(장애요인제거) 소비자의 지각 속에 적절히 위치화시키는 것이다. 그리고 이를 달성하기 위해서는 효율적인 마케팅믹스 활동이 뒷받침되어야 한다.

시장세분화
고객들과의 거래가 가장 효율적으로 수행될 수 있는 시장을 확인, 파악해 나가는 것

시장세분화는 제품차별화, 즉 포지셔닝과는 다른 것이다. 포지셔닝은 어떤 경쟁적 우위를 얻기 위해 제품을 경쟁업체의 것과 구별시키는 것을 말한다. 포지셔닝은 하나의 특정 세분시장은 물론이고, 세분화되지 않은 전체시장을 중심으로도 수행될 수 있다. 시장세분화의 초점은 기업과 고객들과의 거래가 가장 효율적으로 수행될 수 있는 시장을 확인, 파악해 나가는 것이다.

포지셔닝전략은 제품개념과 포지션의 관계에 따라 단기적인 포지셔닝전략과 장기적인 포지셔닝전략으로 구분될 수 있다. 단기적으로는 경쟁상황 속에서 제품개념과 포지션을 묶어서 고객에게 전달하여 위치화시키면 되지만, 장기적으로는 경쟁상황의 변화에 따라 포지션이 바뀔 수 있으며 그에 따라 정해진 제품개념의 위상 속에서 포지션의 변화를 전략적으로 관리할 필요가 있다.

2 포지셔닝의 유형

기업이 자사제품을 세 가지 제품개념 중 어느 하나의 개념에서 경쟁과 차별화를 시도하는 포지셔닝은 여러 가지 형태로 나타난다.

(1) 기능적 편익 혹은 속성에 의한 포지셔닝

기능적 편익에 의한 포지셔닝
칠성사이다는 無카페인, 無색소 등의 기능적 편익을 소구하였다.

이는 제품의 기능적 편익이나 속성을 차별적으로 고객에게 소구하는 데 초점을 맞춘 포지셔닝이다. 예컨대, 미국 승용차시장에서 현대 '엑셀'은 저가격을 강조하는 데 비해 Volvo는 충돌실험 장면을 연출함으로써 안전성을 강조하였으며, BMW는 'the ultimate driving machine'이라는 모토 아래 우수한 성능을 가진

차로 포지셔닝하였다. '클라이덴' 치약은 치아미백능력을 강조하고, '클링스'는 치석제거를 강조하였으며, '페리오 브레쓰케어' 치약은 입냄새 제거 치약으로 포지셔닝하였다.

비교광고의 기법을 사용하여서도 기능적 편익 혹은 속성에 의한 포지셔닝을 할 수 있다. PC의 경우 여러 PC 제조회사들은 IBM－PC 호환기종(compatible)이라는 한마디로써 자사의 제품이 사실상 IBM－PC와 기능이 거의 같다는 점을 나타내고 있다. 또한, 청량음료 7－UP은 1970년대 중반 un－cola 캠페인에 의하여 Pepsi와 Coke의 대체품으로 포지셔닝하였다. 청량음료로 이미 미국 소비자의 마음 속에 강하게 자리잡고 있던 콜라 제품과 7－UP을 연관시킴으로써 7－UP은 제3위의 청량음료가 될 수 있었다. 또한 Mcdonald는 McCafe를 통해 Starbucks, Coffee bean에 비해 맛과 향은 떨어지지 않으면서 가격은 저렴하다는 것으로 소비자들의 인지 속에 자리매김하였다.

단편사례

기능적 편익을 강조한 포지셔닝 사례 – 유세린 말레이시아(Eucerin MY)

바이어스도르프 그룹의 스킨케어 브랜드 '유세린'(Eucerin)이 페이셜케어로 제품라인을 확대하고 나섰다.

신제품 '레이디언트 톤 컬렉션'(Radiant Tone Collection)을 미국시장에 발매한다고 13일 공표한 것.

'레이디언트 톤 컬렉션'은 시간이 흐름에 따라 다크스팟을 눈에 띄게 감소시켜 주는 데다 사용을 개시한 후 2주 정도면 피부의 밝기를 개선해 준다는 것이 바이어스도르프 그룹의 전언이다.

이와 관련, '유세린'은 미국에서 총 972명의 소비자들을 대상으로 지난 2023년 설문조사를 진행한 결과 48%가 안면의 다크스팟으로 인해 고민하고 있는 것으로 나타났음을 환기시켰다.

'유세린'은 이에 따라 고르지 못한 피부톤을 개선해 주는 동시에 자연스런 피부톤을 가꿀 수 있도록 돕는 고도로 효과적인 페이셜케어 솔루션을 개발하고 선보이게 된 것이라고 설명했다.

바이어스도르프 그룹의 프랑크 키르히너 임상·학술업무 담당이사는 "이번에 선보인 '레이디언트 톤 컬렉션'이 지난 10년 이상 심혈을 기울여 진행한 연구가 정점에 도달했음을 의미하는 것"이라면서 "우리는 '레이디언트 톤 컬렉션'을 구성하는 전체 제품들이 소비자들이 원하고 마땅히 누려야 할 효과를 전달할 수 있도록 하기 위해 수 천개 이상의 성분들과 복합제형에 대한 테스트를 세심하게 진행했다"고 말했다.

'레이디언트 톤 컬렉션'은 피부유형과 무관하게 사용할 수 있다는 장점이 눈에 띈다.

컬렉션을 구성하는 5개 제품들은 '유세린 레이디언트 톤 클렌징 젤', '유세린 레이디언트 톤 듀얼 세럼', '유세린 레이디언트 톤 데일리 로션 SPF 30', '유세린 레이디언트 톤 나이트 크림' 및 '유세린 레이디언트 톤 아이크림' 등이다.

'레이디언트 톤 컬렉션' 제품들을 개발하는 데 깊숙이 관여한 피부과의사 조슈아 자이크너 박사는 "신제품 '레이디언트 톤 컬렉션'이 괄목할 만한 효과를 나타낼 수 있는 비결은 티아미돌(Thiamidol) 성분이 다량 포함되어 있기 때문"이라고 강조했다.

티아미돌은 바이어스도르프 그룹이 특허를 취득한 스킨케어 성분이다.

자이크너 박사는 뒤이어 "다크스팟이 피부 내부의 한 효소와 밀접한 관련이 있다"며 "이처럼 혁신적인 제형이 시간이 흐름에 따라 피부표면의 다크스팟을 감소시켜 피부의 외양을 향상시켜 준 것으로 입증됐다"고 덧붙였다.

괄목할 만한 다크스팟 개선효과를 강조하는 제품으로 선보인 '레이디언트 톤 컬렉션'은 www.Amazon.com을 통해 발매에 들어갔다.

자료원: 이덕규, 스킨케어 블내드'유세린' 페이셜케어 라인 확대, 약업신문, 2025.01.21.

(2) 상징적 편익 혹은 속성에 의한 포지셔닝

상징적 포지셔닝은 제품의 상징적인 편익을 차별적으로 소구하는 것이다. 소비자들의 제품구매를 통해 사회적으로 인정 받고 싶어하는 욕구를 충족시켜 주는 것이 상징적 편익이다. Godiva Chocolates은 "Make a wish"의 메시지를 사용하여 고급브랜드로 포지셔닝하였으며, Lenox China는 "예술품은 결코 낭비가 아니다"라는 문구로써 소비자가 그 제품을 통해 평소에 꿈꾸던 것(fantasies)을 실현할 수 있는 것으로 포지셔닝하였다. 이러한 포지셔닝은 대개 보석, 고급패션 의류나 구두, 고급화장품 등 고급제품을 포지셔닝하는 경우에 많이 이용되는데 고급제품이 주는 이미지에 의하여 자아 이미지를 향상시키고자 하는 소비자심리에 소구하는 것이다. 한 예로 스마트 가전이 주류를 이루는 현대 시장에서 삼성전자의 '비스포크 패밀리 허브' 냉장고는 첨단 AI와 IoT 기술을 접목한 프리미엄 가전으로 재탄생하였다. 내 집을 스마트하게, 삼성 패밀리 허브라는 핵심 컨셉 아래, 이 제품은 단순한 냉장 보관 기능을 넘어 가정 내 정보 허브로서의 역할을 수행하며 사용자 맞춤형 서비스와 실시간 연동 기능을 제공한다. 세련된 디자인과 혁신적인 기술력이 결합된 패밀리 허브는, 최신 주거 트렌드와 스마트 라이프스타일을 상징하는 아이콘으로 자리 잡으며 소비자들 사이에서 프리미엄 가전의 대명사로 인식되고 있다.

프리미엄 냉장고로 포지셔닝한 비스포크 패밀리 냉장고

단편사례

Absolut Vodka의 상징적 포지셔닝

1979년 스웨덴의 Absolut Vodka가 미국시장에 진입한 이후 현재까지 전체시장의 65% 이상을 점유하고 있을 수 있는 이유는 매우 세련되고 상류지향적이며 풍요로운 애주가가 마시는 제품으로 포지셔닝되어 왔기 때문이다. 제품 용기도 스웨덴의 엄격함을 나타내고 있으며, 모든 광고에서도 그 용기를 중심으로 상류사회의 풍요로움을 지향하는 메시지 및 이미지가 나타나고 있어 Vodka시장에서 Absolut라는 제품은 상류층이라는 이미지로 지각되고 있다. 이와 같은 상징적 포지셔닝에 의해 소비자들은 그 제품이 가지는 상류지향적이라는 상징적인 이미지에 이끌려 지속적으로 구매하게 되는 것이다.

자료원: James B. Amdoder, "Absolut Ads sans Bottle Offer a Short-Story Series," Advertising Age, January 12, 1998, p. 8.

상류사회의 풍요로움을 연상하게 하는 Absolut Vodka

(3) 감각적(경험적) 편익 혹은 속성에 의한 포지셔닝

감각적(경험적) 포지셔닝은 제품의 감각적인 만족이나 자극의 차별성을 강조하는 것이다. 즉, 제품을 사용하는 과정에서 소비자들이 느낄 수 있는 긍정적인 감정과 감각적인 즐거움 등의 감각적(경험적) 편익으로써 제품을 포지셔닝하는 것이다. 예컨대, 한국타이어는 "Driving Emotion"이라는 슬로건을 사용한 광고를 통해 단순히 자동차부품을 생산하는 것이 아니라, 고객들의 안전과 행복을 만족시킨다는 감각적인 편익으로 기업이미지를 형상화하였다. 또한 "생각대로 T", "The United Color of Benetton", "Tropic Orange, Nude Orange의 립스틱" 등은 감각적 포지셔닝의 좋은 예들이다. 또한, 미국 AT&T의 "reach out and touch someone" 캠페인은 멀리 떨어져 있는 가족 혹은 친지들과 대화의 수단으로서 장거리 전화를 포지셔닝하였으며, 이와 비슷하게 KTX는 광고에서 빠른 시간 내에 멀리 떨어져 있는 가족에게 도달하게 한다는 정보를 알림으로써, 가족의 사랑을 전달하는 매체로 운송서비스를 포지셔닝하였다.

한국타이어는 타이어가 주는 탑승감을 발끝의 느낌으로 전달하고 있다.

3 포지셔닝의 접근방법

현대의 소비자들은 수많은 상품에 대해 다양한 정보를 접하고 있다. 그래서 소비자들은 구매시 너무 많은 정보로 인하여 제품을 평가하는 데 어려움을 겪는다. 그러므로 구매의사결정을 단순화하기 위해 소비자들은 상품, 상표, 회사 등을 일정한 틀에 끼워 넣는다. 예를 들어, 'A' 상표는 비싸고 고급품인 것으로, 'B' 상표는 싸고 서민층이 애용하는 것으로 인식하는 경우이다. 마케팅관리자는 이렇게 소비자의 마음 속에서 형성되는 자사제품의 위치가 자사에게 유리하게 정립되도록 적극적인 노력을 기울여야 한다. 이러한 노력의 과정이 포지셔닝이다. 그리고 제품의 포지션을 정립하기 위하여 마케팅관리자는 기존제품에 대한 소비자의 선호도를 분석하여야 하는데, 이러한 분석에는 다양한 질적 또는 양적 방법이 있다.

(1) 제품포지션의 정립을 위한 질적 방법

관찰방법과 초점집단면접(Focus Group Interview)은 특정제품의 포지션을 결정하는 데 도움을 준다. 예를 들어, 관리자들은 때때로 소집단으로 모인 소비자들이 경쟁제품의 포지션을 어떻게 느끼는가에 대해 관찰함으로써 제품포지션을 정립하는 데 중요한 통찰력을 얻을 수 있다. 서비스를 신시장으로 확장하려는 기업은 그들의 서비스와 신시장에서 경쟁자가 제공하는 서비스에 대한 주요 고객의 반응을 경청하여 중요한 정보를 획득할 수 있다. 이러한 과정을 통하여 기업은 시장에서 제품의 독자적인 경쟁적 우위를 창출 할 수 있다.

그러나 질적 방법은 제품포지션을 정립하는 데 있어 많은 제약을 갖는다. 이러한 접근방법은 소비자 반응에 대한 조사자의 해석에 지나치게 의존하고 있으며, 소비자 집단으로부터의 유용한 반응의 도출 여부는 조사자의 역할에 의존한다. 그러므로 특정 제품의 포지션을 결정할 때 질적 방법에만 의존하는 것은 바람직하지 못하다. 오히려 이러한 방법은 포지션의 대체안들을 파악해서 도출하는 첫 번째 단계로 이용하는 것이 좋다.

(2) 제품포지션 정립을 위한 양적 방법

제품개념 및 포지션의 정립을 위한 양적 방법으로는 ① 소비자의 태도와 의도에 관한 설문조사, ② 다차원 척도법, ③ 컨조인트 분석이 있다. 이 세 가지 방법은 상호보완적이므로 가능하다면 함께 사용하는 것이 좋다. 복수의 방법을 사용했을 때 최종의사결정에 확신을 높여 줄 수 있기 때문이다.

1) 소비자태도와 의도에 관한 설문조사

전형적인 설문조사에는 고객들에게 물리적 속성, 성능상 특성, 가격의 범위 등에 관한 정보를 포함한 다양한 제품포지션들을 제시한다. 그리고 소비자들은 그들 제품의 전반적인 선호도와 구매의도를 고려하여 각 제품포지션을 평가하게 된다. 이 설문조사방법의 두 가지 한계점은 ① 마케팅관리자가 이미 이상적인 제품의 포지션을 정립했다고 가정한다는 점과 ② 상세하고도 기본적인 원인의 규명 없이 단지 선호도나 구매의도의 정도만을 밝히고 있다는 점이다.

2) 다차원척도법(Multi-Dimensional Scaling: MDS)

다차원척도법은 ① 제품의 포지션을 결정지을 수 있는 핵심적 차원 및 속성들과 ② 이들 차원에 대한 소비자들의 인지도(perceptual map)를 작성하는 기법이다. 다차원척도법은 다차원의 공간에서 소비자의 특정욕구를 만족시킬 수 있는 제품들에 대한 소비자의 인지사항을 지도화하여 핵심속성들의 차원을 규명하기 위한 것이다.

다차원 척도법
제품의 포지션을 결정할 수 있는 두 가지 이상의 차원 및 속성을 바탕으로 소비자의 제품 인지사항을 지도화하여 표현한 것

이러한 지도화는 고려대상이 되는 다양한 제품들에 대한 소비자의 유사성 판단으로부터 도래된다. 이들로부터 마케팅관리자는 어떤 제품이 소비자에게 동질적으로 혹은 이질적으로 인지되는지를 규명할 수 있으며, 직접적인 또는 간접적인 경쟁의 원천에 대해 이해하게 된다.

소비자들이 이상적이라고 생각하는 차원의 조합은 응답자들이 평가한 그 제품의 선호도에 대한 자료의 수집으로부터 나온다. 선호도는 비율척도나 그 제품에 대한 평가순위로 표시된다. 이러한 자료는 위에서 언급한 유사성 자료에 의해 규명된 인지 차원으로 척도화된다. 인지도가 그려지고 나면 이를 활용하여 제품개념 정립에 필요한 두 가지 중요한 정보를 얻을 수 있다. 첫째, 신제품 기회를 확인할 수 있다. 즉, 시장에 대한 소비자의 인지도를 검토함으로써 기존제품들이 충족시키지 못하고 있는 "**지각상의 공백**"을 규명해 낼 수 있으며, 이러한 공백의 발견을 통해 신제품의 개념을 적절히 선정할 수 있는 것이다. 예를 들어, 진통제 시장에 대한 인지도를 나타내는 <그림 6-1>에 의하면 이 시장의 제품들은 효과성의 차원과 부드러움(위장에 부담을 주지 않는)의 차원으로 구분되고 있다. 다

지각상의 공백
소비자의 인지도하에서 기존제품들이 충족시키지 못하고 있는 영역

른 상표에 비하여 Excedrin이 가장 높은 효과성을 지니고 있는 반면 Tylenol이 가장 부드러운 것으로 인지되고 있다. 반면, 현재의 제품들 중에는 높은 효과성과 높은 부드러움을 동시에 만족시켜 줄 수 있는 대안이 없다는 것이 확인된다(그림에서 'X'로 표시). 만약 이상점에 위치한 고객들이 많아서 수요가 충분하다면 이 지점에 놓일 수 있는 제품개념을 정립하고 이를 토대로 신제품을 개발하고 포지셔닝할 수 있는 기회가 발견될 수 있다.

둘째, 인지도는 어떤 특정 신제품의 개념이 기존제품과 비교하여 소비자에게 어떻게 인지되는지를 알려 준다. 예를 들어 <그림 6-2>에서의 'X'점은 제품개념에 대한 사전조사에서 도출된 신제품에 대한 소비자의 인지 위치를 나타내는 반면, 'O'점은 신제품을 실제로 사용한 후 소비자들이 인지한 위치를 나타내주고 있다. 이렇듯 신제품에 대한 소비자들의 인식이 관리자의 의도와는 다르게 나타나고 있음이 확인되면 앞으로 그 제품의 개념을 재정립하거나 아니면 제품의 포지셔닝에 대한 상세하고 적극적인 마케팅 커뮤니케이션전략이 필요하다는 판단을 내릴 수 있을 것이다. 여기서 제품에 대한 인식이 비단 제품의 속성으로만 결정되는 것이 아니라는 점을 염두에 둘 필요가 있다. 제품의 포지셔닝 위

그림 6-1 진통제에 대한 인지도

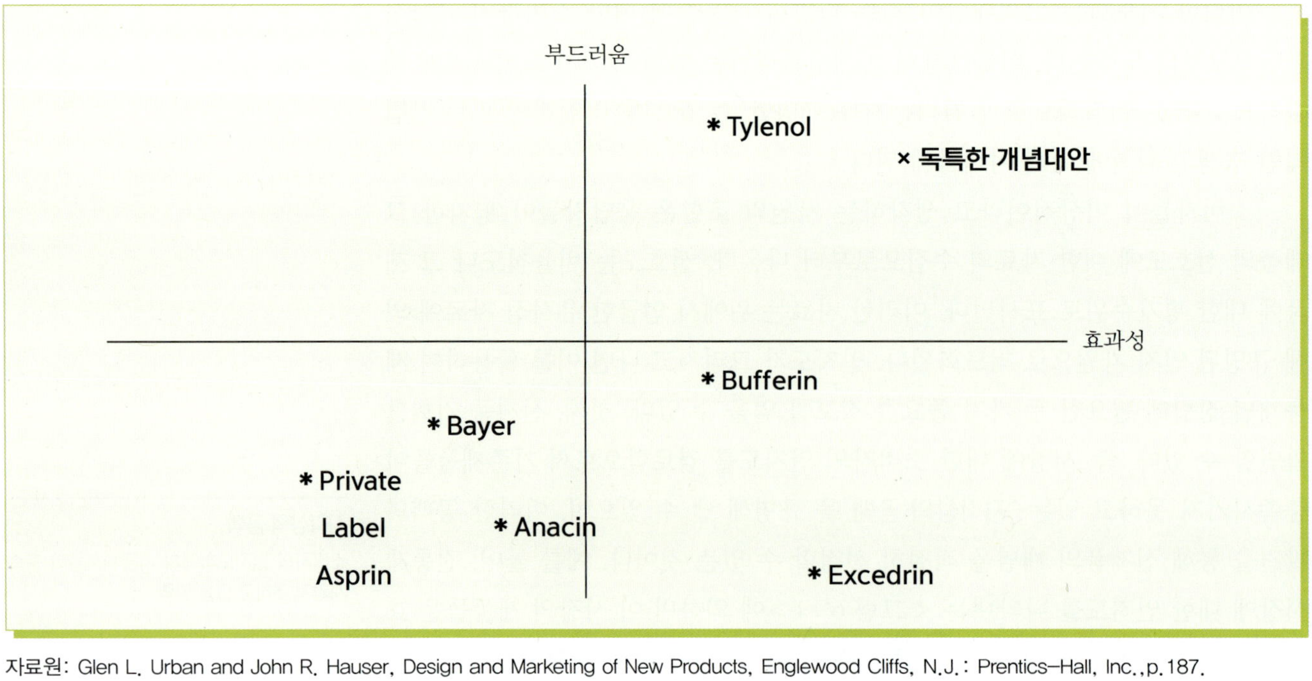

자료원: Glen L. Urban and John R. Hauser, Design and Marketing of New Products, Englewood Cliffs, N.J.: Prentics-Hall, Inc.,p.187.

치가 브랜드명에 의해서도 많은 영향을 받는다는 것이 실증적으로 여러 차례 확인된 바 있다. 구체적으로 코카콜라사에서는 기존제품(Classic Coke)과 신제품(New Coke)의 맛을 비교하기 위하여 수천 번의 "눈감고 맛보기"(blind taste test)를 실시하였다. 상표를 모르는 상태에서 비교를 한 이 실험에서는 신제품의 맛이 더 많이 선호되는 것으로 나타났지만 브랜드명을 볼 수 있는 실제 구매상황에서는 소비자들이 기존 코카콜라를 훨씬 더 선호했다.

다차원척도법을 이용해서 제품개념을 결정할 때에는 다음과 같은 사항을 고려하여야 한다. 첫째, 인지도를 도출해내는 과정에서 신뢰성 있는 두 개의 차원을 추출하기 위해서는 일반적으로 적어도 8개의 제품이 필요하다. 그러므로 기존 제품에 대한 인지도를 작성하고자 할 때 소비자들이 인지하고 있는 제품의 수가 너무 적다면 이 기법의 사용이 어려워진다. 그러나 기존제품과 대비하여 신제품의 개념을 정립하려는 목적으로 하는 경우, 조사자가 추가적인 신제품의 개념을 제공할 수 있기 때문에 필요한 최소 제품수는 문제가 되지 않는다.

둘째는 두 차원의 의미를 해석하여 명칭을 부여하는 과정이 상당히 주관적이라는 점이다. 즉, 다차원척도 프로그램에서는 단순히 제품의 상대적 유사성에

그림 6-2 사용 후의 새로운 진통제에 대한 인지도

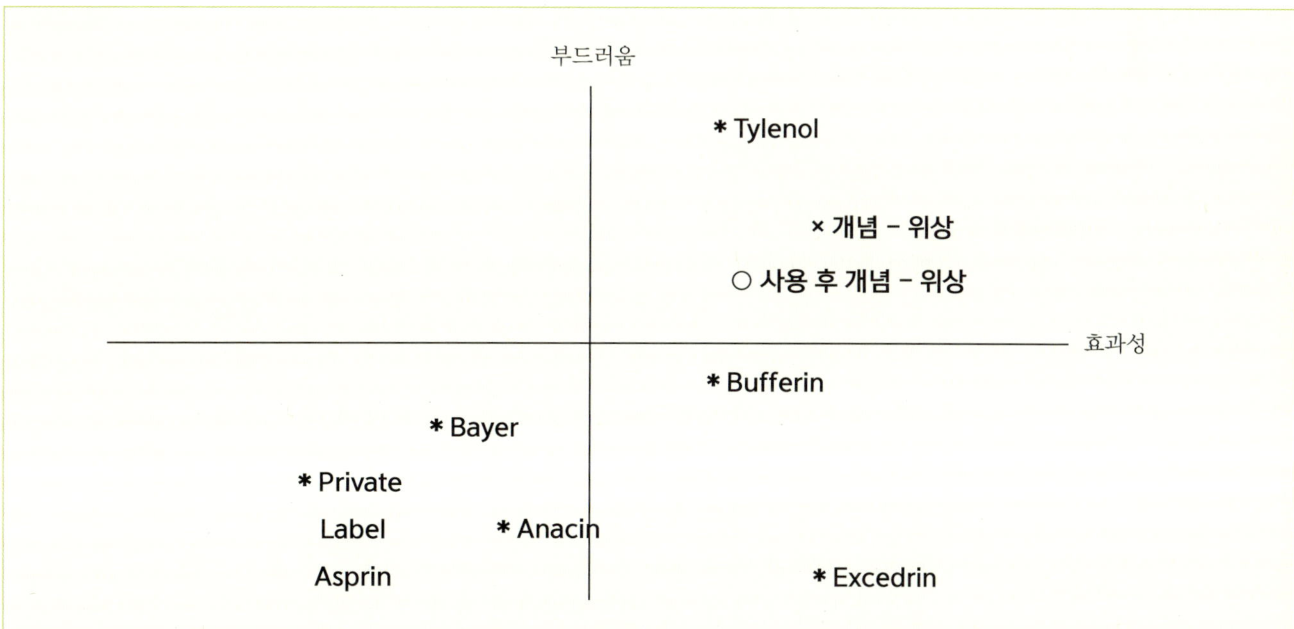

자료원: Glen L. Urban and John R. Hauser, Design and Marketing of New Products, Englewood Cliffs, N.J.: Prentics–Hall, Inc., p.187.

대한 소비자들의 인지를 토대로 제품의 위치가 산출되며 결과에서 나타난 제품 간의 상대적 위치를 보고 각 축의 의미를 판단하는 것이다. <그림 6-1>에서 관찰된 제품집단을 "부드러움"과 "효과성"으로 구분한 것도 조사자의 해석에 따른 것이다. 비록 차원을 해석하는 데 도움을 주는 방법들이 존재하기는 하지만 이 과정은 근본적으로 주관적이라는 점을 염두에 두어야 하며 인지도의 활용에 기본이 되는 차원의 명칭결정에 신중을 기해야 한다.

마지막으로 관찰된 유사성(즉, 유사성에 대한 소비자의 평가)과 인지도상의 제품위치를 일치시키기 위해 필요한 차원의 수를 결정하는 것은 매우 복잡하다. <그림 6-2>에서 보듯이, 인지도는 보편적으로 두 개의 차원으로 표현된다. 그러나 실제로 소비자가 제품간의 유사성을 평가할 때에는 그보다 많은 차원(예를 들어 가격, 포장, 복용용이성, 브랜드 이미지 등)을 활용하게 되며 이렇듯 다차원적으로 비교된 자료를 두 개의 차원으로 표현하는 과정에서 오차가 발생하게 된다. 따라서 소비자의 유사성 평가를 보다 정확하게 이해하기 위해서 때로는 두 개 이상의 차원이 사용되기도 한다. 일반적으로 차원의 수가 많을수록 관찰된 유사성과 인지도상의 제품위치가 더욱 일치하게 되는 반면 차원이 많을수록 인지도가 복잡해지며 해석하기가 어려워져 그 유용성이 오히려 떨어지게 된다. 그러므로 조사자는 결과의 신뢰도를 높이기 위해 차원의 수를 늘려야 하는 것과 결과의 관리적 유용성을 높이기 위해 차원의 수를 줄여야 하는 것 간의 상쇄관계를 고려해야 한다.

3) 컨조인트 분석

컨조인트 분석

다양한 제품속성과 각 속성의 수준의 상대적 매력도를 평가하여 최적의 속성 조합을 도출해 내기 위한 방법

컨조인트 분석은 다양한 제품속성(예: 색상)과 각 속성의 수준(예: 청색, 흑색, 백색 등)의 상대적 매력도를 평가하여 최적의 속성 조합(즉, 제품설계)을 도출해 내기 위한 방법이다. 이 방법은 다차원척도법과 마찬가지로 제품에 대한 선호가 그 제품의 속성에 의해 묘사될 수 있다는 가정을 하고 있다. 그러나 다차원척도법에서는 소비자로 하여금 제품을 총체적으로 비교하게 하는 반면 이 방법에서는 관리자가 직접 관리할 수 있는 구체적인 속성을 비교하게 한다. 구체적으로 이 기법에서는 우선 여러 속성과 각 속성별 여러 수준을 선정하여 조합을 만들고 응답자로 하여금 여러 조합의 선호순위를 나타내 주도록 한다. 예를 들어, 다음과 같은 속성과 속성수준을 선정하였다고 하자:

속 성	속성수준
가 격	100
	200
성 능	10
	15

이에 따라 다음과 같은 조합이 도출된다:

조 합	가 격	성 능
1	100	10
2	100	15
3	200	10
4	200	15

위의 네 조합을 소비자에게 제시하고 각 조합의 선호순위를 표시하도록 한다. 이러한 자료를 토대로 가격과 성능이라는 두 속성이 소비자의 마음 속에서 어떠한 대체관계에 있는지가 파악되며 결과적으로 각 속성의 각 수준별 효용(part−worth), 즉 가치를 산출할 수 있게 된다.

이러한 분석을 토대로 관리자는 최적의 제품속성의 조합을 규명하게 되며 나아가 이를 제품설계에 활용하게 되는 것이다. 이러한 점에서 볼 때 다차원척도법은 제품개념의 규명을 도와주고 컨조인트 분석은 제품의 개념을 더욱 정교화하여 구체적인 제품 속성에 반영하게 해 준다는 의미에서 이 두 기법은 상호보완적이라고 할 수 있다(<그림 6−3> 참조).

그림 6-3 다차원척도법과 컨조인트 분석기법의 상호보완적 효과

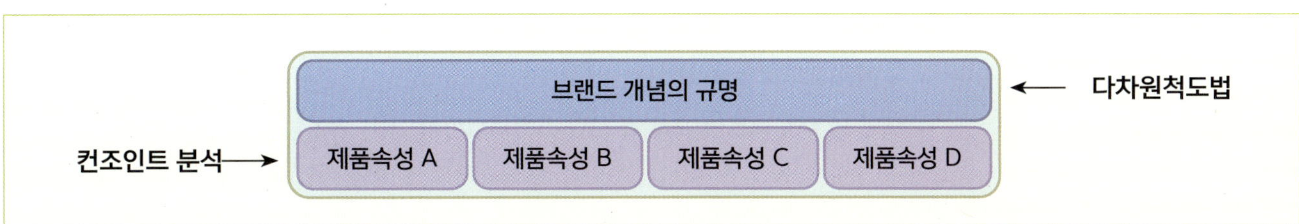

4 재포지셔닝

유아와 엄마를 위한 Johnson & Johnson's baby lotion

소비자가 기호의 변화, 강력한 경쟁제품의 진입 등으로 기존의 포지셔닝이 경쟁우위를 잃거나 혹은 그 밖의 이유로 기업의 원하는 식으로 되어 있지 않으면 재포지셔닝을 하여야 한다. 재포지셔닝에 의하여 크게 성공한 예로서 Miller사의 High Life(브랜드명)가 있다. High Life는 상류층이나 여자들의 맥주로 포지셔닝되어 있었으나 이를 대량음주자들인 노동자 계층에 적절한 맥주로 재포지셔닝하여 크게 성공한 바 있다. 또한, Johnson & Johnson의 유아용 샴푸는 순한 샴푸를 필요로 하는 어른들도 사용할 수 있는 것으로 새롭게 포지셔닝하여 점유율이 3%에서 14%로 신장하였다.

그러나 어떤 기존제품에 대한 소비자의 신념과 인상은 쉽게 변화 되지 않기 때문에 재포지셔닝전략은 신제품포지셔닝에 비해 실패하기가 쉽다. Miller의 High Life 경우도 소비자들의 인상을 바꾸는 데 수 년이 걸렸다. 재포지셔닝에 실패한 예로서는 항공회사 People's Express를 들 수 있다. 전통적으로 비교적 저가시장에 포지셔닝한 People's Express는 1980년대 중반 계속적인 손실을 만회하기 위해 고급화 포지셔닝을 시도하였으나 탑승객들의 인식을 바꿀 수가 없어 결국 실패하고 말았다.

아래의 사례는 포지셔닝과 재포지셔닝의 예를 제시하고 있다.

이 사례에서 보듯이 시장 내 포지셔닝 분석을 통한 마케팅믹스 전개 및 수행결과에 대한 추적(tracking)을 지속적으로 할 때만이 고객의 욕구를 한발 앞서서 만족시킬 수 있는 기업이 될 수 있을 것이다.

핵심사례 6-3 | 1865와인의 스토리텔링 포지셔닝 전략

칠레 와인 '1865'가 한국 진출 20년을 맞았다. 1865는 칠레의 대표 와이너리 산 페드로의 와인으로 2003년 한국에 처음 선보였다. 한국은 1865가 유통되는 40개 국가 중 66%를 차지하는 1865 최대 소비국이다. 지난해 1865 와인 시리즈는 105만 병 팔리며 연간 최대 판매량을 기록했다.

18일 업계에 따르면 1865에 얽힌 스토리텔링이 1865 와인의 주요 성장 배경으로 꼽힌다. 주류 유통사 관계자는 "와인은 한 브랜드에 충성 고객이 적은 편이다. 전 세계 와인 종류가 100만 종이 넘는 걸로 추정되는데 매번 새로운 와인을 시도하는 게 소비자 특성"이라며 "1865라는 단일 브랜드가 한국에서 스테디셀러가 된 건 독특한 현상"이라고 말했다.

'국민 와인', '골프 와인'으로도 불리는 1865는 브랜드 이름과 관련된 이야기가 많다. 1865의 인지도를 높인 대표적 사례는 골프다. 1865라는 이름이 '18홀을 65타에 친다'는 의미으로 알려져 초기 출시 골퍼들 사이에서 인기를 끌었다. 프로가 아니면 쉽게 낼 수 없는 기록인 '18홀 65타'는 초보 골퍼들의 심리를 자극했고, 골프장에서도 즐겨 찾는 술이 됐다.

금양인터내셔날 관계자는 "직원들끼리 와인 교육을 하다가 이름과 골프를 연관짓는 아이디어가 나왔다"고 설명했다. 이후 '18살부터 65살까지 건강하게 마시는 와인', '18살부터 65살 남녀노소 아는 국민 와인' 등 이름을 활용한 문구들이 알려졌다. 1865는 산 페드로가 창립된 1865년을 기념하기 위해 만들어졌지만, 이름에 얽힌 이야기들 덕분에 1865년산이라는 오해가 생기기도 했다.

카베르네 소비뇽은 국내 1865 전체 시리즈 판매량의 절반을 차지한다. 적포도 품종인 카베르네 소비뇽의 품질은 칠레의 기후와도 관련 있다. 칠레는 프랑스 보르도, 미국 나파 밸리와 함께 카베르네 소비뇽의 최적의 재배지로 꼽힌다. 칠레는 국토 평균 너비가 175km로 짧지만, 태평양을 따라 약 4,000km가 넘는 해안선이 쭉 뻗어 있어 기후가 다양하다. 낮은 따뜻하면서도 밤은 서늘하고 해양성 바람이 분다.

포도 재배에 적합한 환경에서 만들어진 1865 카베르네 소비뇽은 안정적인 품질로 입문용 와인으로 추천된다. 와인 리서치 기관 와인 인텔리전스에 따르면 국내 와인 시장에서 1865는 2016년부터 7년 연속 브랜드 인지도 1위 자리를 지켜오고 있다.

와인 시장이 커지면서 입문자가 늘어나 입문용으로 알려진 1865 카베르네 소비뇽 유입이 많아졌다는 분석도 나온다. 국내 와인 시장 규모는 2020년 8,000억 원대에서 2021년 1조 5,000억 원을 넘어섰다. 지난해는 2조원을 돌파한 것으로 추정된다. 금양인터내셔날 관계자는 "코로나 유행 기간 와인 시장 성장으로 젊은 세대가 인지도 높은 1865로 와인을 시작했다"고 설명했다.

금양인터내셔날은 1865 한국 런칭 20주년을 기념해 '1865 리미티드 셀렉션'을 출시한다. 이번 한정판은 1865의 빈야드에서 자란 최상급포도로 만들어졌다. 2021년 칠레에 비가 고르게 와 수분량이 적절하고, 서리 피해 없이 자란 건강한 포도가 사용됐다. 1865 리미티드 셀렉션은 이번 달부터 판매가 시작돼 올해만 한정 판매될 예정이다.

자료원: 유예림, 한국진출 20년 맞은 국민 와인 '1865', 인기 비결은, 머니투데이, 2023.05.18.

/요/약/

표적시장이 선정되면 각 표적시장마다 마케팅목표가 정립되어야 하며, 이에는 제품개념전달목표(제품개념, 포지션(위상)의 정립과 전달활동목표), 거래장애제거목표(실재거래상의 장애제거목표), 그리고 예상재무목표(기대되는 매출액 및 이익목표) 및 타 부서 지원사항으로 구성된다.

마케팅목표에서 제품개념-위상이 정립되면 이를 고객의 마음 속에 위치화시키는 것을 포지셔닝이라 하며 이는 결국 마케팅 4P활동을 통해 이루어진다. 포지셔닝은 장단기 차원에서 연계되어야 하며, 경쟁력 사일, 표적고객의 욕구변화 등의 상황에 따라 재포지셔닝을 할 수도 있다.

/문/제/제/기/ 및 /질/문/

1. 풀무원 육개장칼국수의 마케팅목표 정립사례를 참조하여, 풀무원 육개장칼국수의 장단기 포지셔닝전략을 어떻게 수립하는 것이 바람직한지를 논하시오.
2. 기능적, 감각적, 상징적 포지셔닝에 대해서 각 유형별로 예를 들어 설명하시오.
3. 기능적 포지셔닝은 제품유형과 소비자 문제해결과정 측면에서 볼 때 어떠한 상황에서 가장 적합할 것인지 생각해보시오.
4. 재포지셔닝을 해야 할 시점과 이때 구체적으로 고려할 사항들에 대해 논하시오.

P / A / R / T

III

마케팅정책 수립과정

- CHAPTER 07 제품(Product)관리
- CHAPTER 08 촉진(Promotions)관리 I : 광고, PR(Public Relation)
- CHAPTER 09 촉진(Promotions)관리 II : 판매촉진과 인적판매
- CHAPTER 10 유통(Place)관리
- CHAPTER 11 가격(Price): 책정방법과 전략

제3부는 실질적인 마케팅정책을 수립하는 과정에 관해 다룬다. 먼저 마케팅정책의 출발점이라고 할 수 있는 제품(혹은 서비스)의 관리에 대해 제7장에서 알아본다. 제8장과 제9장은 제품(혹은 서비스)을 고객에게 알리고 구매하도록 설득, 유도할 수 있는 촉진수단들을 소개한다. 제10장은 공급자와 소비자를 이어 줌으로써 제품개념의 확산과 구매장애요인 등을 제거하여 더 많은 매출을 실현시킬 수 있는 유통의 관리방법에 대해 알아본다. 마지막으로 제11장에서서는 마케팅정책 중 매출을 일으키는 유일한 원천인 가격전략에 대해 알아본다. 제3부에서서는 다양한 예시를 통해 마케팅정책을 정확히 이해하는 것을 목표로 한다.

이 장을 읽고 난 후 여러분들이 알아야 하는 내용은 다음과 같습니다.

- 제품의 분류와 신제품 개발, 수명주기모형에 대하여 이해한다.
- 브랜드와 브랜드전략에 대하여 이해한다.

이 장의 첫 사례는 구글의 네스트에 대한 내용입니다. 네스트는 IoT를 통해 냉난방을 제어해서 집과 사무실에서 에너지를 효율적으로 사용할 수 있게 하는 온도조절기와 각종 보안과 알람, 경보 장치 역할을 하는 프로텍트를 통해 시장에 진출하였습니다. 이들의 어떤 점이 성공의 열쇠가 되었을까요? 이 사례를 읽으면서 제품관리의 성공 조건에 대하여 생각해 봅시다.

제 1 절 제품의 기본개념

제 2 절 브랜드명

제 3 절 신제품 개발

제 4 절 제품수명주기모형(Product Life Cycle Model: PLC)

제 5 절 서비스업에서의 제품관리

CHAPTER 7

제품(Product)관리

도입사례

네스트(Nest)의 제품전략

얼마 전 구글이 네스트(Nest)라는 기업을 3조 4천억 원(32억 달러)에 인수한 사실이 알려지면서 전 세계의 이목이 이 회사에 집중되고 있다. 네스트의 학습하는 온도조절기(Learning Thermostat)는 예상보다 훨씬 더 잘 만들어졌고, 하드웨어, 소프트웨어, 서비스가 이상적으로 통합된 놀라운 제품이다. 참고로 구글이 유튜브 인수 가격인 1조 7천억 원(16.5억 달러)의 두 배를 주고 인수하였다.

네스트는 애플에서 2001~2008년 재직하면서 아이팟의 아버지로 불렸던 토니 파델(Tony Fadell)이 애플을 나와서 창업한 회사이다. 그래서 특이하게도 이 회사 직원 중 100여 명 이상이 애플 출신의 마케터와 엔지니어, 디자이너이다. 이 정도면 온도조절기가 아이팟을 연상하게 하는 휠 인터페이스로 구성된 것이 자연스럽게 느낄 수 있다.

구글은 이번 인수로 IoT 분야에서 최고의 기술과 인력을 통째로 흡수하게 되었다. 삼성과 LG 등에서는 현재 집안의 가전 기기를 원격 조정하는 스마트 홈서비스를 제공하려 하는데, 네스트는 이미 한발 더 나아가서 사람의 행동을 학습해서 자동으로 동작하는 기기를 선보이고 있다. 특히 이런 솔루션이 냉난방 조절기, 화재경보기, 방범 카메라 등의 기존 시장을 직접 대체해서 바로 수익으로 연결할 수 있으니 더 강력하다고 할 수 있다. 네스트의 제품전략을 자세히 살펴보면 다음과 같다.

제품전략

이 회사는 현재 단 두 개의 제품만 출시했는데, 먼저 주력 제품인 학습하는 온도 조절기를 출시했고 그 다음으로 연기, 가스 누출 등을 경고하는 장치인 네스트 프로텍트(Nest Protect) 제품을 내놓았다.

한국은 보일러로 난방을 하지만 서양에서는 온풍기로 난방을 한다. 네스트 온도조절기(Nest Thermostat)는 주변 환경과 사람의 생활 패턴을 학습해서 지능적으로 냉난방을 제어하는 장치인데, 쉽게 말해서 집안의 온도 조절 장치를 바꾸면 수동 조작 없이 자동으로 적당한 온도로 조절되게 해주는 인공지능 냉난방 조절 장치이다. 이 기기는 아침에 일어날 때 쯤 되면 집을 더 따뜻하게 만들어주고 비어 있던 집으로 퇴근할 때면 적당한 온도로 맞춰주는 등 다양한 역할을 한다. 움직임 감지 센서가 있어서 집안에 사람의 움직임이 없으면 자동으로 절전 모드로 바꿔주기도 한다.

네스트 프로텍트(Nest Protect)는 일산화탄소, 연기를 감지하는 제품으로 SMOKE + CO alarm 제품이라고 소개되는데, 제품의 이름으로 봐서 다양한 보호 기능이 추가되었다. 화재 경보, 보안 경보, 움직임 감시, 원격 감시 카메라 등… '프로텍트'라는 이름에 포함될 수 있는 기능은 엄청 많을 것 같은데 현재는 그 중 일부인 연기, 가스 경보 장치가 우선 구현되었다.

'온도 조절기'는 냉난방을 제어해서 집과 사무실에서 에너지를 효율적으로 사용할 수 있게 하는 제품이고, '프로텍트'는 각종 보안과 알람, 경보 장치 역할을 하는 제품으로 발전할 수 있으니, 두 제품이 성공하면 가정에서 현재 별도로 사용하는 많은 제품을 대체할 수 있다. 이 회사의 제품이 국내에 정식 출시된다면 저라도 기존 기기를 교체할 것 같으니 성공 가능성은 높아 보인다.

자료원: Mobile, Media & UX, 2014.
http://bahns.net/5673513

고객욕구에 대한 분석을 토대로 시장세분화와 타깃팅전략을 수립하고 그에 적합한 개념전달활동과 구매전환활동 목표가 설정되고 나면 그에 따른 마케팅 믹스전략이 구성되어야 한다. 이때, 마케팅믹스의 출발점이자 전체 믹스전략의 근간이 되는 것은 바로 제품 혹은 서비스이다. 제품이 제공하는 가치가 고객의 욕구에 적합하지 않고 경쟁력이 없다면 광고나 판매촉진, 그리고 유통 등의 노력은 그 효과를 발휘하지 못할 것이기 때문이다.

본 장에서는 마케팅믹스 요소의 가장 기본이 되는 제품에 대해서 알아보기로 한다. 우선 제품의 정의와 기본개념을 설명하고 브랜드, 신제품의 개발전략, 제품수명주기모형, 그리고 서비스제품의 관리에 대해 서술한다.

제 1 절 제품의 기본개념

1 제품의 정의

제품이란 고객의 욕구를 충족시켜 주기 위해서 제공되는 물리적 제품, 서비스, 이벤트, 사람, 장소, 조직, 아이디어 또는 이것들의 조합을 의미한다. 이러한 제품은 다음 그림과 같이 크게 핵심제품, 실제제품, 확대제품의 세 가지 수준으로 나누어 볼 수 있다.

제품(Product)
고객의 욕구를 충족시켜 주기 위해서 제공되는 물리적 제품, 서비스, 이벤트, 사람, 장소, 조직, 아이디어 또는 이것들의 조합

먼저 <그림 7-1>의 가장 중앙에 있는 핵심제품은 제품의 가장 기본적인 수준으로서 구매자가 제품을 통해 얻고자 하는 편익(혜택) 또는 서비스를 의미한다. 예를 들어, 립스틱을 구매하는 여성은 외적으로는 화장품을 구매하는 것처럼 보이지만 실제로는 화장을 통해 아름다워지고자 하는 희망을 구매하는 것이다.

제품의 두 번째 수준인 실제제품은 핵심제품을 제품화한 것으로 브랜드, 품질, 디자인, 제품특징, 포장 등 실제로 구매되는 물리적인 제품을 의미한다. 예를 들어, 현대 소나타 자동차는 실제제품이다. 현대 소나타라는 브랜드와 품질, 고유의 디자인, 각종 제품특징들이 잘 조합되어 실제로 구매되는 제품을 이루고 있다.

마지막으로 제품의 세 번째 수준인 확대제품은 실제제품에 추가적으로 제공되는 부가편익이나 서비스를 의미한다. 여기에는 설치, 배달, 신용, 보증서비스 등이 포함되며, 제품이 손상되었을 때의 A/S도 포함된다. 자동차의 경우를

그림 7-1 제품의 세 가지 수준

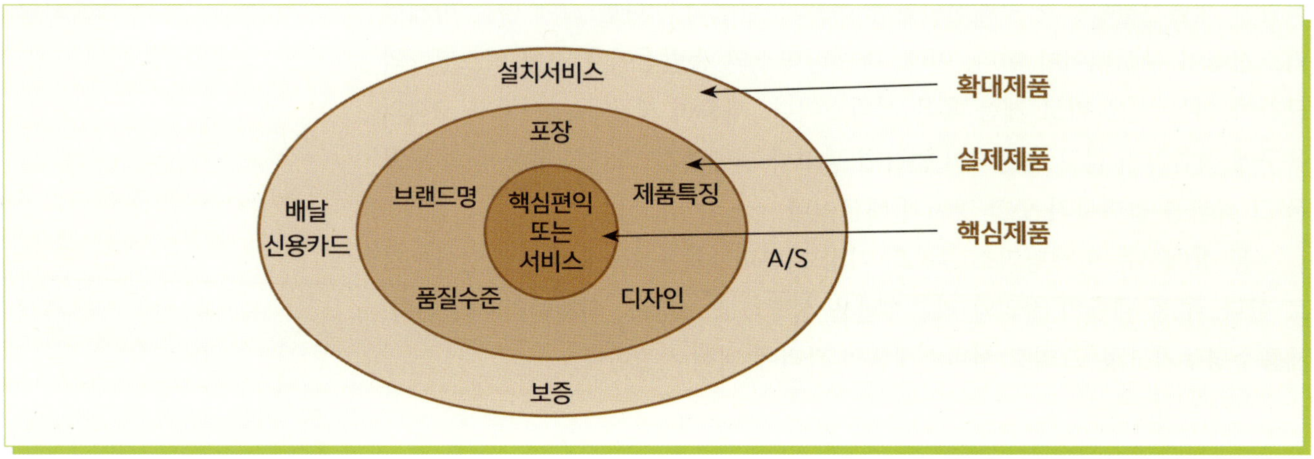

현대차는 미국시장에서 기존에 실시하던 10년 10만 마일 품질보증 프로그램에 이어 2009년에는 실직 시 차량을 되사주는 보험프로그램으로 큰 반향을 일으켰다.

예로 들면, 자동차 구입시 무이자 할부 등의 금융서비스를 받을 수 있으며, 각종 차량정보를 제공받을 수 있고, 자동차 등록 및 보험가입 업무도 대행해 준다. 뿐만 아니라 품질보증기간 이내에 발생한 고장에 대해서는 무상 수리서비스를 받을 수 있다. 이 모든 것이 실제제품은 아니지만, 소비자들은 마음 속에 실제제품과 깊은 관련성을 가지고 있다. 그렇다면 이러한 제품에는 어떠한 종류가 있는 것인가?

2 제품의 분류

제품과 서비스는 제품의 사용 주체에 따라 소비재와 산업재로 나눌 수 있다. 소비재는 개인적인 소비를 위해 최종소비자가 구매하는 제품을 의미하고, 산업재는 최종 완제품을 만들기 위한 중간 제품이거나 사업을 수행하기 위해 사용될 목적으로 개인이나 조직에 의해 구매되는 제품을 의미한다.

편의품(Convenience goods)
고객이 저렴한 가격으로 쉽고 편하게 구매하여 사용하는 제품

소비재의 경우 소비자가 어떻게 그 제품을 구매하는가에 따라 **편의품(convenience goods)**, **선매품(shopping goods)**, **전문품(specialty goods)**으로 분류될 수 있다. 예를 들어, 껌, 사탕, 비누 등은 편의품으로 분류될 수 있는데, 이는 소비자들이 이 제품들을 구입할 때 시간이나 노력을 많이 들이지 않기 때문으로 소비자들은 쉽고 편리하게 구입하기를 원한다. 예를 들어, 예상치 않게 비가 오기 시작한다면 당장 비를 피하기 위해 가장 저렴한 가격으로 가장 손쉽게 우산을 구입

하려고 할 것이다. 이때의 우산은 편의품으로 간주할 수 있다. 이러한 제품은 낮은 가격으로 광범위한 유통을 통해 최대한의 노출을 가능하게 하는 것이 바람직하다. 한편, 의류, 가전제품 등을 구입할 때에는 많은 정보를 수집하고 여러 브랜드들을 비교하게 된다. 만약 소비자가 오랫동안 사용할 수 있는 고급우산을 구입하려 한다면 구입과정에서의 편리성과 시간단축보다는 좋은 제품을 고르는 것을 더 중요하게 생각할 것이다. 이런 유형의 제품을 선매품이라 하며, 기업은 고객들이 제품을 비교하는 과정에서 자사의 제품이 높게 평가되도록 도움을 주고 지원을 해 주는 노력을 하게 된다. 마지막으로, 전문품은 제품마다 독특한 특성을 지님으로써 소비자들이 구매할 때 특별한 노력을 기울이는 제품으로서, 디자이너 패션제품, 특수한 기능이나 성능을 가진 전자제품 등이 여기에 속한다. 예를 들어, 과시나 자기만족을 위해 아르마니(Armani)와 같은 디자이너 우산을 구입하기 원한다면 이때의 우산은 전문품으로 분류될 수 있을 것이다. 소비자들이 대체품을 고려하지 않는다는 점에서 전문품은 선매품과 구별된다. 즉, 구매 노력은 브랜드들 간의 비교보다는 특정 브랜드에 의해서 자극되고, 소비자들은 이런 유형의 제품을 찾는 데 많은 노력을 기울인다.

선매품(Shopping goods)
구입과정에서 더 좋은 제품을 고르기 위하여 여러 제품을 비교한 후 구매하게 되는 제품

전문품(Specialty goods)
대체품을 고려하지 않고 특정 브랜드에 의해 자극되는 유형의 제품들

3 제품의 구성요소

일반적으로 제품을 기능으로만 이해하는 경우가 많다. 그러나 고객의 입장에서 보면 제품은 기능적인 측면뿐만 아니라 여러 가지 요소들이 제품의 일부로 생각된다. 예를 들어, "물먹는 하마"라는 제품을 생각할 때, 고객들은 습기를 없애는 기능만을 생각하는 것이 아니다. 포장에 인쇄된 하마의 그림도 생각할 것이고, 제품의 모양도 생각할 것이고, 또한 제품의 색깔도 생각할 수 있다. 또한, 무형의 제품인 서비스의 경우에도 우편배달 서비스업체 Fedex(Federal Express)에서는 우편물의 색깔, 배달원의 제복, 그리고 수송차량의 색깔 등을 모두 일관성 있게 디자인하여 회사를 상징하고 있다. 이는 마치 물리적인 제품이 디자인과 색깔, 포장 등을 통해 제품을 상징하고 있는 것과 마찬가지라 할 수 있다.

따라서 성공적인 마케팅을 위해서는 성공적인 제품을 지니고 있어야 하며, 그러기 위해서는 제품을 구성하고 있는 다양한 요소들에 대하여 알고 있어야 한다. 제품의 구성요소들은 개념전달목표와 구매전환활동목표를 달성하기 위해 모두 일관성을 가지고, 서로 최대한 보완성을 지닐 수 있도록 하여야 한다. 즉, 제

사진 7-1 물먹는 하마: 하마캐릭터, 색깔, 모양들이 연상된다

Fedex는 수송차량, 우편물 등 다양한 방식으로 일관성 있는 디자인을 고객에게 전하고 있다.

일관성과 보완성

일관성과 보완성은 항상 동시에 발생한다고는 볼 수 없으나 일관성과 함께 구성요소간에 보완성이 있다면 통합의 효과를 극대화 할 수 있다.

품개념과 일관성을 가진 제품로고, 디자인, 포장 등은 인지적 장애요소를 제거하는데 도움을 줄 수 있으며, 편리성을 고려한 제품포장과 디자인은 소유의 장애요소를 제거하기도 한다. 또한, 경쟁제품에 비하여 기능이 우수하다면 기능적인 장애요소를 극복할 수 있을 것이다.

구체적으로 제품의 구성요소에는 제품디자인, 제품기능, 브랜드명(상표명), 로고, 포장 그리고 제품관련 서비스특성(포괄제품 특성)이 있다(그림 7－2).

이들 구성요소들 하나하나는 제품개념과 일관성을 가지고 있어서 각각의 요소가 제품의 개념을 고객들에게 전달하는 데 도움을 주게 된다. 또한 각각의 요소는 제품개념을 전달하는 데 장애가 되는 요인들을 제거할 수 있도록 다른 요소들과의 일관성도 가져야 한다. 또한 이들 구성요소들은 서로 보완성을 가지고 있어야 한다. 비록 일관성이 어느 정도의 보완성을 의미한다고 볼 수 있지만, 일관성과 보완성이 항상 동시에 발생한다고는 볼 수 없다. 따라서 마케팅관리자는 가능한 한 많은 요소들이 서로 보완을 할 수 있도록 노력해야 한다. 일관성만 갖고 있고, 보완성이 없는 것이 문제가 되는 것은 아니지만, 구성요소 간의 보완성이 높을수록 그들의 통합된 효과는 더욱 커지기 마련이다. 다만 구성요소들이 보완성을 가지고 있지 못하거나, 비보완성을 보인다면 문제가 될 수 있다. 예컨대, “갈증해소”라는 제품개념을 전달하기 위해서 결정된 “오아시스”라는 브랜드 명이나 폭포를 묘사하는 로고, 사막 그림이 있는 포장은 각각 제품개념과 일관성을 가진다. 그러나 위의 세 가지 구성요소들은 상호보완적이라고 말할 수 없다. 운동 후 느끼는 갈증을 사막의 환경에 비유한 것은 좋으나 오아시스라는 이

그림 7-2 제품의 구성요소

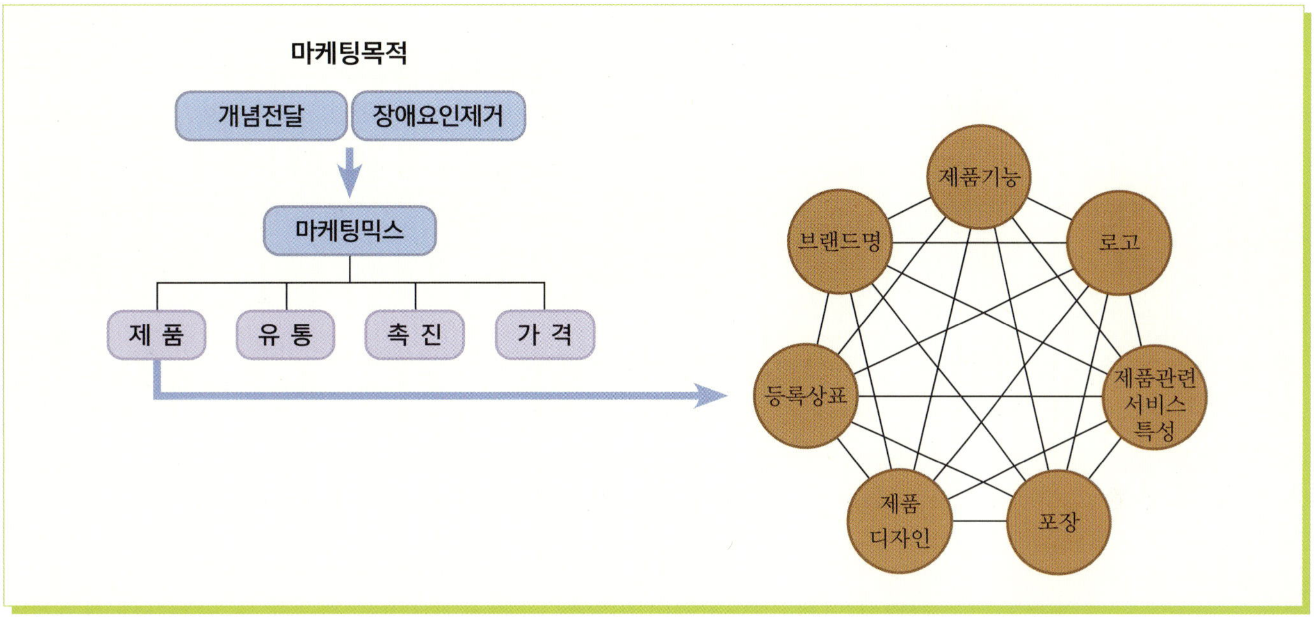

름이나 폭포와는 서로 어울리지 않는다.

이와는 대조적으로 미국의 전국지인 USA Today의 제품개념은 일관적이며 보완적인 여러 가지 제품특성에 의하여 효과적으로 전달된다. 이 신문은 기사 제목들을 하얀 신문지면 윗부분에 푸른색 배경과 붉은색 글씨로 인쇄를 한다. 푸른색과 붉은 색은 미국 국기의 색깔로서 애국심을 전달하고 있다. 또한 신문의 내용은 "미국 전역으로부터의" 소식을 담고 있으며, "USA Today"라는 상표명은 전국지라는 개념과 일치하고 그 이미지를 명확히 강조해 준다. 이 신문의 상표명, 로고, 표제, 색의 사용, 그리고 다루는 소재의 지리적 범위와 같은 모든 구성요소들은 전체적인 제품개념과 일치하고 있다. 또한, 이러한 제품 구성요소들은 고객으로 하여금 그 신문의 성격을 쉽게 이해하게 하며 신문의 이름과 신문이 제공하는 오락서비스를 쉽게 기억하게 함으로써 거래장애를 감소시킨다.

USA Today 신문은 다양한 구성요소를 일관적이며 보완적으로 제시하여 독자들이 기억하기 쉽게 하였다.

제품의 여러 요소들을 통합하여 개념전달활동과 구매전환활동 각각에서 긍정적인 시너지를 창출한다는 것은 매우 어렵다. 마케팅관리자에게 유용한 것으로 증명된 의사결정도구 중의 하나는 각 제품구성요소들에 대한 다양한 대안들의 시너지 정도를 평가하고 그 평가치를 <표 7-1>과 같은 양식으로 기록하는 것이다. 어떤 경우는 각 항목마다 단순히 "예" 혹은 "아니오"로 기록을 하고 또는

표 7-1 긍정적인 시너지를 지닌 제품의 선택

구 분		제품의 구성요소						
		제품 디자인	포 장	제품기능	상표명	로 고	등록상표	포괄제품 특성
제품개념과의 일관성		예/아니오	예/아니오	예/아니오	예/아니오	예/아니오	예/아니오	예/아니오
구성요소 간의 보완성	포 장	예/아니오						
	제품기능	예/아니오	예/아니오					
	브랜드명	예/아니오	예/아니오	예/아니오				
	로 고	예/아니오	예/아니오	예/아니오	예/아니오			
	등록상표	예/아니오	예/아니오	예/아니오	예/아니오	예/아니오		
	포괄제품 특성	예/아니오	예/아니오	예/아니오	예/아니오	예/아니오	예/아니오	

1부터 10과 같은 평가점수를 이용하여 기록하기도 한다.

마케팅관리자는 먼저 각 제품 구성요소들의 대안들을 세분화하여야 한다. 그리고 나서 각 대안들이 어떠한 구매 장애요인을 제거할 수 있는가와 제품개념과 얼마나 일치하는가의 관점에서 평가되어야 한다.

4 제품조합(Product Assortment: Product Mix)과 제품라인(Product Line)

특수한 경우를 제외하고는 한 가지 제품만을 판매하고 있는 기업은 거의 없다. 대부분의 기업은 두 가지 이상의 제품들을 조합하여 판매하고 있다. 이는 고객의 욕구가 그만큼 다양하다는 것을 의미하기도 한다. 일반적으로 기업이 판매하는 모든 상품들의 집합을 제품조합 혹은 제품믹스라고 한다. 예를 들어, 종합생활용품 제조업체인 LG생활건강의 제품조합은 샴푸/린스, 치약/치솔, 비누/바디클린져, 기저귀/티슈, 세탁세제, 주방세제, 위생환경제 등으로 구성되어있다. 이와 같이 다양한 제품종류를 제공함으로써 LG생활건강은 생활용품시장에서의 다양한 고객욕구를 충족하는 것이다.

제품라인
제품조합을 구성하고 있는 각각의 제품집합

이때, 제품조합을 구성하고 있는 각각의 제품집합을 **제품라인**이라고 하는데 LG생활건강의 경우 샴푸, 치약, 주방세제 등이 각각 하나의 제품라인을 형성하고 있다. 제품조합을 구성하는 제품라인의 총 개수를 제품집합의 폭(product mix width)이라고 한다. 제품라인은 대체적으로 관련성이 높은 제품들로 구성되어 있다. 예를 들어, 피죤의 살균세정제인 '무균무때' 제품라인에는 주방용, 욕실용, 행주용, 좌변기용, 에어컨청소, 곰팡이제거 등의 제품들로 구성되어 있다.

제품라인에 속해 있는 제품(브랜드)의 개수를 제품라인 길이(product line length)라고 한다. 예를 들어, LG생활건강의 샴푸/린스 제품라인에는 엘라스틴, 리엔, 실크테라피, 오가니스트, 피토더마 등의 브랜드가 포함되어 있다. 반면, 제품라인 내의 각 브랜드가 얼마나 많은 품목을 갖추고 있는가는 제품라인 깊이(product line depth)를 의미한다. 예를 들어, 실크테라피는 일반샴푸, 일반린스, 린스겸용샴푸, 염색한 모발을 위한 칼라업 샴푸와 린스, 헤어트리트먼트 등으로 구성되어 있다.

LG생활건강의 샴푸제품라인의 브랜드들

속해있는 브랜드를 통하여 제품라인의 길이를 알 수 있다.

고객욕구와 시장여건의 변화에 따라 기업은 제품조합과 제품라인을 수정해 나가야 한다. 때에 따라서, 특정 제품라인의 수익성이 저조하거나 기업의 경쟁력이 약화되었다면 그 라인을 제거할 수 있다. 이 경우 제품조합의 폭을 줄이게 되는 것이다. 반대로 새로운 제품라인을 추가하여 제품집합의 폭을 넓힐 수도 있을 것이다.

제품라인의 수정 또한 제품라인 길이의 연장 혹은 단축, 그리고 제품라인 깊이의 연장 혹은 단축으로 이루어질 수 있다. 그러나 기업들은 흔히 제품라인 길이의 연장을 통해 고객욕구를 포괄적으로 충족함으로써 사업을 확장하게 된다. 제품라인을 연장하는 데는 크게 **상향연장(upward stretching)**과 **하향연장(downward stretching)**의 두 가지 방법이 있다. 상향연장은 기업이 현재 생산하고 있는 제품보다 가격대와 품질이 더 높은 제품을 라인에 추가하는 것이다. 기업은 흔히 고가시장의 성장성 혹은 수익성이 높아질 것을 예상하거나 기업의 위상을 향상시키고자 할 때 상향연장을 추구하게 된다. 예를 들어, 현대자동차는 제네시스를 출시함으로써 승용차 제품라인을 상향연장하였다. 이때, 기업은 신제품에 현재의 브랜드명을 사용할지 아니면 새로운 브랜드를 적용할지를 신중히 검토하여야 한다. 기존 브랜드명을 사용한다면 기존제품이 고품질제품으로부터의 후광효과를 얻어 그 위상이 함께 향상될 수 있다는 장점이 있지만, 반대로 기존제품에 대한 낮은 인식으로 인해 신제품의 위상이 충분히 높게 설정되지 못하는 위험이 있다. 현대자동차는 고가 승용차를 출시하면서 후자의 경우를 우려하여 현대라는 이름을 사용하기보다는 별도의 브랜드를 적용한 것이다.

제품라인의 상향연장

현재 생산하고 있는 제품보다 가격대와 품질이 높은 제품을 라인에 추가하는 것

제품라인의 하향연장

현재 생산하고 있는 제품보다 가격대와 품질이 낮은 제품을 라인에 추가하는 것

제네시스에는 현대자동차의 공식 엠블램이 아닌 제네시스만의 엠블램이 적용되었다.

반면, 제품라인의 하향연장은 기업이 현재 생산하고 있는 제품보다 가격과 품질이 낮은 제품을 라인에 추가하는 것을 말한다. 하향연장을 하게 되는 이유

사진 7-2 피죤 무균무때 제품라인

는 다양하다. 예를 들어, 고가시장의 성장이 둔화되거나 저가시장이 높은 성장을 보일 때, 고가시장에 대한 경쟁자의 공격에 대한 반응으로, 고가시장에서 구축한 명성을 토대로 보다 광범위한 시장을 확보하고자 할 때 등에서 적용될 수 있다. 그러나 하향연장 또한 위험이 따를 수 있는데, 저가제품을 출시함으로 인해 기존의 고가제품에 대한 이미지가 손상되는 것이 그 대표적인 예이다. 미국의 고급승용차 브랜드인 캐딜락(Cadillac)은 1980년대에 저가 소형승용차 시장의 급성장을 보고 저가모델을 출시하였다. 그러나 이러한 하향연장 전략은 실패로 돌아갔다. 신제품이 새 시장에서 실패를 거두었을 뿐만 아니라 기존제품의 이미지도 손상을 입게 되었다.

어떠한 방향으로 제품조합이나 제품라인을 수정하더라도 기업은 그들의 제품전략의 일관성을 잃지 말아야 한다. 즉, 제품라인의 수정으로 인해 시장에 전달하고자 하는 개념이 흔들려서는 안 되는 것이다. 또한, 기업이 보유하고 있는 한정된 자원으로 충분히 지원하고 관리할 수 있는 범위를 유지하는 동시에 시장의 욕구를 충분히 충족할 수 있는 균형을 찾아야 한다.

제2절 브랜드명

주간잡지인 Business week

브랜드명은 ① 제품개념을 전달하며, ② 제조업자, 소매업자, 고객, 그리고 기타 대중에 의한 제품확인의 수단으로 사용되고, ③ 제품의 법적인 보호를 위해서도 중요한 의미를 갖는다. 많은 성공적인 브랜드명들은 제품개념을 명확히 전달하며 고객이 제품을 쉽게 기억하고, 기술할 수 있도록 도움을 줌으로써 지각적 장애요인을 제거한다. 예를 들어, 비즈니스관련 소식 및 기사를 주간 단위로 제공하는 잡지인 "Business Week"는 브랜드명 하나만으로도 그 잡지가 어떠한 잡지인지를 명확히 전달하고 있다. 뿐만 아니라 브랜드명을 기억하기도 매우 쉬워서, 소비자의 지각상 장애요인을 제거해 주고 있다.

오늘날 소비자들은 제품을 사는 것이 아니라 브랜드를 산다고 말할 만큼 브랜드는 제품의 중요한 부분을 차지한다. 디자이너 패션제품, 전자제품, 그리고 자동차와 같이 브랜드의 역할이 전통적으로 중요했던 제품들은 물론이고 심지어 곡물(임금님표 쌀), 과일(Dole 파인애플), 육류(하림 치킨), 달걀(목우촌) 등과 같은 제품들도 브랜드화 되고 있는 것을 볼 수 있다. 그리고 기업들은 자사의 브랜드를 육성하기 위해 많은 투자와 노력을 투입하여 브랜드가 시장에서 누리는 힘(즉, 브랜드파워)과 가치(브랜드자산)를 제고시키려 하고 있다.

그 이유는 명백하다. 강력한 브랜드는 우선 상당한 자산가치를 갖는다. 인터브랜드의 조사에 따르면 2016년 기준 베스트 글로벌브랜드 1위는 애플로, 그 가치가 1,781억 1,900만 달러에 이른다. 그리고, 이러한 브랜드의 가치는 기업매각 시 기업가치에 포함된다. 그러나, 무엇보다도 높은 브랜드력은 고객의 인지도와 애호도를 향상시켜 준다는 측면에서 기업에게 중요한 경쟁우위요소로 작용한다.

소비자들은 알려진 브랜드를 선호한다는 사실이 물론 가장 중요한 경쟁우위요소가 될 것이다. 하지만, 그뿐만 아니라 강력한 브랜드는 제품조합이나 제품라인의 확장 시 신제품의 성공가능성을 크게 향상시켜줄 수도 있다. 예를 들어, 유니레버(Unilever)사의 도브(Dove) 샴푸가 출시된 후 성공을 거둔 데에는 비누시장에서 구축한 '도브'라는 브랜드의 힘이 큰 역할을 했을 것이다. 또한, 강한 브랜드파워로 인해 제품자체에 대한 고객들의 평가가 높아질 수도 있다. 이러한 현상을 **후광효과**(halo effect)라고 부르는데, 예를 들어, 브랜드이름을 가린 채 두 TV의 화질을 평가 받았을 때는 동일하게 나오다가도 브랜드가 공개된 상태에서 평가를 받으면 브랜드력이 높은 제품에 대한 평가가 더 높게 나오는 것이다. 이는 많은 제품군에서 발견되는 현상이기도 하다. 마지막으로, 한번 구축된 브랜드파워는 오랜 기간 지속된다는 점도 기업에게는 큰 경쟁우위가 된다.

이와 같은 점들을 고려할 때 브랜드는 기업이 장기적으로 관리해야 할 중요한 자산이다. 브랜드에 대한 전략은 브랜드 확장전략, 직접적 하위 브랜드전략, 간접적 하위 브랜드전략 및 개별 브랜드전략의 네 가지 전략이 존재한다. 위의 네 전략 중 상황에 따라 적합한 전략을 사용하여야 한다. 어떤 전략을 사용할지를 평가하는 데는 신제품과 기존제품 간의 제품개념들이 어느 정도의 시너지 효과를 갖고 있는지가 주로 고려되어야 한다.

후광효과를 배제하기 위하여 기업들은 종종 '블라인드 테스트'를 실행하기도 한다.

후광효과(Halo effect)

어떤 대상에 대한 일반적인 견해가 그 대상의 구체적인 특성을 평가하는 데 영향을 미치는 현상

1 브랜드와 시장의 상호작용을 고려한 브랜드 기초성장

브랜드와 시장은 독립된 차원으로 여겨져서는 안 된다. <그림 7-3>에서 보듯이 브랜드와 시장이 함께 고려되었을 때만이 현재 시장에서 기존의 브랜드를 통해 영위하고 있는 사업의 형태가 어떻게 변화해야 할 것인지 올바른 의사결정을 내릴 수 있게 된다.

<그림 7-3>에서 보듯이 브랜드는 기존의 시장에서 다른 브랜드와의 경쟁에서 차별적 우위를 확보함으로써 기존시장에서의 점유율을 늘리거나 기존시장의 크기를 함께 키워나감으로써 성장을 추구할 수도 있으나(기존시장 확대전략), 브랜드에 기초해서 제품군 내에서 여러 가지 방향으로 성장전략을 수립할 수 있다.

사진 7-3 브랜드의 확장

예를 들어, 한국에서 성공한 삼성의 스마트폰 갤럭시 시리즈를 같은 브랜드로 해외에 수출함으로써 신시장을 개척한다거나, 피존의 주방세척제를 같은 브랜드로 화장실용, 자동차용, 싱크대용으로 시장을 넓게 확대시켜 나가는 것 등은 기존브랜드로 신규시장에 진출하는 전략을 사용한 것으로 볼 수 있다.

또한 삼성에서 내놓은 비스포크 냉장고는 기존의 시장에 새로운 브랜드를 내놓음으로써 모 브랜드에서 부족했던 면을 보완하여 보다 고급스러움을 강조해 성공한 예이다(기존시장 내 신규브랜드 출시). 마지막으로 기업은 새로운 시장 기회를 포착했을 시에 새로운 브랜드를 출시함으로써 시장을 개척할 수도 있다. 신규시장 진출 시 기존의 브랜드가 오히려 진출하고자 하는 시장에 맞지 않을 경우가 있다. 즉 위의 피존이나 갤럭시와 같이 브랜드 이미지가 신규시장에 잘 적용될 가능성도 있으나 그렇지 못한 경우도 많다. 브랜드관리로 유명한 Loreal사는 화장품 업계에서는 신규시장이라고 생각되는 피부보호용 약국전용 화장품에 진출할 Loreal이 기존에 보유하고 있던 Lancome, Loreal Paris, Maybelline NY 등의

SAMSUNG
BESPOKE

삼성이 비스포크 브랜드를 출시하지 않았다면 가전 시장에서 우위를 얻을 수 있었을까?

그림 7-3 브랜드와 시장의 상호작용을 고려한 브랜드 기초성장전략

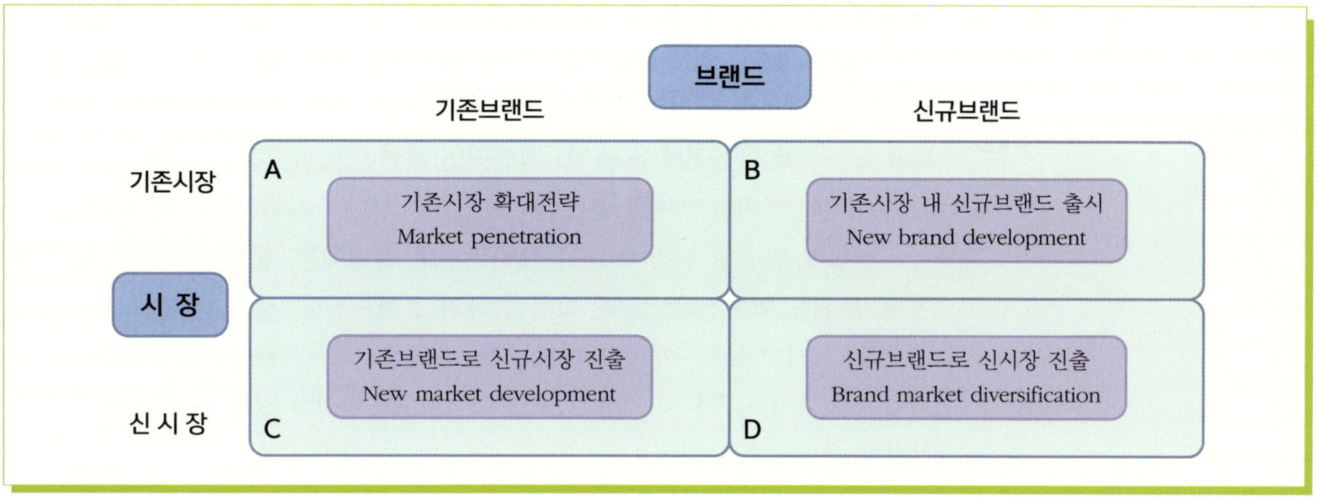

브랜드를 적용하지 않고 Vichy를 새롭게 선보였다. 이는 기존에 쌓아 놓은 브랜드 이미지로서 신규시장에 동일한 브랜드로 진출했을 때 긍정적인 면보다는 부정적인 면이 많다고 판단했기 때문일 것이다.

이러한 여러 가지 브랜드에 기초한 확장전략은 시장과 브랜드의 특성에 따라 다르게 나타나며, 특히 시장은 고객욕구분석과정에서 나타나는 편익과 사용상황에서의 변화를 통해 분석 가능하다. <그림 7-3>의 네 가지 전략 중 기업이 신규시장으로 진출하려 할 때 어떤 전략이 가장 적합한가는 다음에 설명할 브랜드명 전략에서 어떠한 상황에서 어떤 브랜드명을 사용했을 때 가장 시너지 효과가 크게 나타나고 경쟁제품과 차별적인 경쟁우위를 확보할 수 있는지에 대해 더 자세하게 알아봄으로써 종합적으로 살펴보기로 한다.

2 브랜드명전략(제품범주 내 브랜드 확장전략)

브랜드 확장전략에서 중요한 문제는 기존시장과 새로이 발전된 시장 사이의 연결을 극대화하기 위한 방법의 일환으로 브랜드명 전략을 이용하는 것이다. 즉, 기존시장에서의 브랜드개념이 발전된 시장에서도 유지되고, 그 효과를 이어받을 수 있는 그러한 브랜드명전략이 필요한 것이다. 이를 위해서는 먼저 브랜드명에 대한 개념적 이해와 다양한 형태의 브랜드명전략을 검토해 볼 필요가 있다.

중심요소
브랜드명의 핵심개념으로서의 역할을 하며, 고객들로 하여금 브랜드의 근본적인 특성을 파악할 수 있도록 하는 개념

주변요소
핵심적인 개념은 아니지만 핵심개념을 보조하는 수식적인 의미

일반적으로 브랜드명은 **중심요소**(central element)와 **주변요소**(peripheral element)를 포함하고 있다. 여기서 중심요소는 브랜드명의 핵심개념으로서의 역할을 하며, 고객들로 하여금 브랜드의 근본적인 특성을 파악할 수 있도록 하는 개념이다. 주변요소는 핵심 브랜드개념의 수식어(modifier)로서의 역할을 한다. 주변요소는 고객의 관점에서 볼 때, 핵심적인 개념은 아니지만 핵심 개념을 보조하는 수식적인 의미를 부여할 수 있는 것이다.

새롭게 발전된 시장에 대한 브랜드명의 결정에는 네 가지의 전략이 있다. 첫째, 브랜드 확장전략; 둘째, 직접적 하위 브랜드전략; 셋째, 간접적 하위 브랜드전략; 그리고 넷째, 개별 브랜드전략. 다음에서는 각 브랜드명전략과 그것이 기업에게 가져다 주는 이점들, 그리고 각 전략에 알맞은 상황 등에 대해 보다 상세하게 설명하기로 한다.

(1) 브랜드 확장전략(brand stretching strategy)

브랜드 확장전략
기존의 브랜드를 그대로 사용하거나 약간의 변형을 꾀하는 것

도요타 캠리의 V6모델은 기존 캠리와 동일선상에 있는 모델로 캠리라는 브랜드명을 그대로 사용하였다.

이 전략은 새롭게 발전된 시장에서 기존의 브랜드를 그대로 사용하거나 약간의 변형을 꾀하는 것이다. 이 전략의 예로는 코카콜라사가 기존의 브랜드명을 그대로 하여 아침음료로서 포지셔닝한 것이나, Toyota사가 기존의 Toyota Camry에 보다 감응성이 좋고 연비가 효율적인 엔진을 장착하여 Toyota Camry V6라는 브랜드명을 채택한 것 등을 들 수 있다. 이 전략에서 필수적인 것은 기존의 브랜드가 발전된 시장의 독특한 특성을 포함할 수 있도록 확장되어야 한다는 것이다. 이는 기존의 브랜드개념의 단순한 확장을 의미한다. 따라서 세 가지 차원(고객, 편익, 그리고 사용상황) 중의 어떤 하나의 변화를 통해 그 브랜드에 대한 시장이 발전할 때는, 기존의 브랜드개념에 단순한 확장이나 약간의 추가를 하는 브랜드 확장전략이 가장 적절하다고 할 수 있다. 이런 유형의 시장발전에서는 기존시장과 발전된 시장에서의 제품개념들 사이에 별다른 갈등이 없을 것이다.

브랜드 확장전략은 현재 브랜드명의 사용(Coke의 경우)이나 약간의 변형(Toyota Camry V6의 경우)을 꾀하는 것이므로, 기업은 기존의 시장과 발전된 시장 사이의 브랜드명 시너지와 관련된 실질적인 장점들을 얻을 수 있다.

(2) 직접적 하위 브랜드전략(direct sub-branding stretching: DSB)

직접적 하위 브랜드전략
기존의 브랜드명에 새로운 시장을 위한 새로운 브랜드명이 추가적으로 조합

이 전략에서는 기존의 브랜드명(혹은 그 일부)에 새로운 시장을 위한 새로운 브랜드명이 추가적으로 조합된다. 이 전략의 예로는 의류브랜드 Gap이 Gap

Kids라는 브랜드명을 통해 아동복을 도입시키는 데 성공한 것이나, 삼성 Any-call이 Haptic의 성공 후에 Haptic pop, Haptic Amoled 등을 도입한 것 등을 들 수 있다. 발전된 시장들에서도 그대로 사용되고 있는 공동브랜드명(family brand name)인 'Haptic'은 고객들에게 본래 브랜드명의 특징을 상기시키며, 한편 새로운 하위 브랜드명인 'Amoled'는 발전된 시장에 적합한 새로운 의미를 전달할 수 있다. 특히 새로운 브랜드명(Amoled)에 기존의 브랜드명(혹은 그 일부; Haptic)을 사용함으로써 DSB전략은 현재의 브랜드가 가지고 있는 지식과 효과를 새로운 브랜드에 쉽게 이전시킬 수 있게 된다. 이와 동시에, 하위 브랜드는 기업이 발전된 시장에서 그 독특한 위치를 확립하는 데 도움을 준다.

이런 전략은 현재 브랜드개념의 주변적 요소(peripheral elements)들을 수정함으로써 발전된 시장에 대한 기존의 브랜드개념을 조정하는 것이다. 하위 브랜드전략의 사용은 앞서 말한 Anycall의 성장전략을 통해 매우 잘 설명될 수 있다. anycall은 국내시장에서 Haptic이라 불리는 새로운 전면 터치방식의 핸드폰을 출시하였다. 이 브랜드는 중·고소득층 소비자를 겨냥한 혁신적이고, 새로운 방식의 핸드폰이라는 제품개념을 가지고 있었다. Haptic은 곧 중간 소득층 시장에 알맞은 저가 풀터치폰의 시장기회를 발견하였고, 이 시장에 현재의 브랜드를 약간 수정한 브랜드를 도입하였다. 그래서 브랜드명의 첫번째 부분에는 'Haptic'라는 이름을 유지하면서, 두 번째 부분에 'Pop'을 추가하였다. Haptic이라는 이름은 그 개념의 핵심특징(central element)으로서 '새롭고 혁신적인 풀터치 핸드폰'이라는 의미를 전달하기 위해 그대로 사용하였고, 하위 브랜드인 Pop는 '중간소득층의 개성적인 핸드폰'이라는 주변적인 특징을 전달하기 위해 사용된 것이다.

삼성 애니콜의 Haptic pop은 Haptic이라는 공동 브랜드명을 그대로 사용하면서도 'Pop'이라는 하위 브랜드명을 사용하여 커버의 색상을 교체할 수 있다는 제품특성을 전달

직접적 하위 브랜드전략의 경우에는 기존 브랜드명의 일부가 발전된 시장에서도 그대로 사용되기 때문에 기존브랜드에 관련된 시너지의 이점을 그대로 이용할 수 있다(Gap과 Haptic의 경우처럼). 그러나, 브랜드 확장전략과 비교하여 볼 때, 직접적 하위 브랜드전략에서의 시너지 효과는 브랜드 확장전략의 경우보다는 상대적으로 더 적을 것이다. 더욱이 이 전략은 대개 현재 브랜드에 약간이지만 변화를 일으키는 것이다. 예컨대, Gap Kids의 경우 기업은 기존의 디자인이나 포장 등을 새롭게 변경해야 한다. 또한 Haptic Pop의 경우에도 제품의 재설계와 현재 생산설비를 어느 정도 변화시켜야 한다(새로운 금형, 주물의 사용). 그럼에도 불구하고 제품상의 유사점이 적지 않기 때문에 기업은 브랜드 확장전략의 경우만큼은 아닐지라도 대부분의 현존 생산설비를 사용할 수 있을 것이다. 이

를 요약하면, 시장이 발전하여 그 특성이 기존 브랜드의 주변적 요소들과 갈등이 있을 때에는, 직접적 하위 브랜드전략이 가장 적절하다고 할 수 있다.

(3) 간접적 하위 브랜드전략(indirect sub-branding stretching: ISB)

간접적 하위 브랜드전략

모브랜드명이 직접적 하위 브랜드 전략에 비해 적게 부각되며, 모브랜드명과 하위 브랜드명은 간접적인 연관이 있을 뿐이다.

간접적 하위 브랜드전략은 직접적 하위 브랜드전략과 함께 하위 브랜드전략의 한 형태이다. 간접적 하위 브랜드 전략의 한 가지 예로서 메리어트 호텔(Marriott Hotel)의 새로운 시장에의 진입을 들 수 있다. 이 호텔은 호화스러운 분위기, 높은 서비스 수준, 그리고 고가격으로 유명한데, 경제적인 숙박사업(economical lodging business)에 진출한 것이다. 이 숙박업체의 이름은 'Courtyard by Marriott'(Marriott에 의해 운영되는 Courtyard 호텔체인)이었다. 이와 유사하게 로렉스(Rolex)도 Tudor라는 이름으로 저가시계시장에 진입한 바 있다. 이러한 경우에 새로운 이름으로 새로운 시장에 도입된 브랜드(예컨대, Courtyard, Tudor)는 기존 브랜드(Marriott, Rolex)와 간접적으로 연계되어질 뿐이다.

COURTYARD® Marriott

COURTYARD 호텔의 로고와 Tudor 시계. 모 브랜드와 간접적으로 연관되어 있다.

이러한 전략은 직접적 하위 브랜드전략(예컨대, Haptic의 Pop)과 비교해 볼 때 공동브랜드명(family brand name)을 사용하지 않는다. 직접적 하위 브랜드전략과 간접적 하위 브랜드전략 사이의 기본적인 차이는 발전된 시장이 모브랜드와 어느 정도 연관되느냐에 달려 있다. 직접적 하위 브랜드전략에서는 모브랜드명이 브랜드 개념특성 중 가장 중심적인 것으로 나타나지만, 간접적 하위 브랜드전략에서는 모브랜드명이 새로운 하위 브랜드명에 비해 훨씬 덜 부각되게 된다. 즉, 모브랜드명이 하위 브랜드명과 간접적으로만 연관되어지는 것이다.

새로운 브랜드명과 기존 브랜드명과의 간접적인 연계 뒤에 숨어 있는 명백한 가정은 기존 브랜드명에서의 믿음과 선호도가 새로운 브랜드명으로 단지 선택적으로만 이동되어야 한다는 것이다. 왜냐하면, 새로운 브랜드와 기존 브랜드 간의 거리를 유지해서 새로운 브랜드에 적합하지 않은 측면들이 기존 브랜드로부터 옮겨 가는 것을 방지해야만 하기 때문이다. Marriott호텔의 경우, Courtyard 호텔은 Marriott 호텔체인과 연계되어 있어서 중심적인 특징들(예컨대, 편리한 장소, 청결하고 편안한 방, 신뢰할 수 있음 등)을 공유하고 있지만, 다른 특징들(예컨대, 가격과 서비스의 정도 등)에 있어서는 다르게 포지셔닝되어 있다는 것을 고객들에게 알려 준다. 이렇게 되면, Courtyard가 Marriott와 가격과 서비스 등에서 차별화되는 특징을 지니면서도, Marriott의 높은 선호와 신뢰 이미지를 옮겨 받을 수 있게 된다. 그러므로, Marriott의 명성은 Courtyard가 낮은 단위원가와 많은 서비스판매량으로 시장에 진입하는 데 도움을 주었다.

간접적 하위 브랜드전략의 경우, 비록 새로운 브랜드와 기존 브랜드 사이의 연계가 간접적이고, 기존의 핵심적인 특징의 일부 요소만 공유하고 있기는 하지만, 기존 브랜드의 개념을 약화시킬 수 있는 다소간의 위험을 지니고는 있다. 그러나, 기업이 브랜드 시너지의 장점을 이용할 수 있으므로 이러한 위험요소는 시너지 효과, 상호작용의 효과로부터 나오는 장점에 의해 상쇄될 수 있을 것이다.

결국, 시장의 성격이 기존브랜드의 핵심적인 면에 대한 부분적인 갈등에 의해 발전되었을 때, 가장 적합한 전략은 가능한 최대의 수익, 브랜드명성의 이용, 그리고 단위당 원가절감을 달성할 수 있는 간접적 하위 브랜드전략이 될 것이다.

(4) 개별 브랜드명전략(individual brand name strategy: IBN)

개별 브랜드명전략이라 함은 기존 제품범주 내에서 새로 나타나는 시장에 완전히 새로운 브랜드명을 사용하여 진입하는 것이다. 이러한 전략의 좋은 예로는 Oscar Meyer사의 Mellow－Crisp의 시장진입과 Toyota자동차회사의 Lexus 브랜드의 도입을 들 수 있다. 개별 브랜드명전략은 복수 브랜드전략(multiple brand strategy)이라 하기도 한다. 그런데 새로운 브랜드명을 통하여 원가나 시너지 효과를 얻기는 쉽지 않으므로 다른 브랜드명전략에 비해 위험이 높다고 할 수 있다.

개별 브랜드명전략
기존 제품범주 내에서 새로 나타나는 시장에 완전히 새로운 브랜드명을 사용하여 진입하는 것

그러나, 이 전략의 주요한 이점은 기존 브랜드와 새로운 브랜드의 이미지를 완전히 분리시킬 수 있다는 데 있다. 이러한 분리는 사업성장에 있어 몇 가지 중요한 함축적 의미를 지니고 있다. 우선, 발전된 시장에서 기존 브랜드의 이미지와는 다른 브랜드가 적합할 때 이러한 새로운 브랜드는 기존시장 내에서 본래의 브랜드의 이미지를 보호하는 데 도움을 줄 수 있다는 것이다. Toyota자동차의 Lexus가 그 예인데, Toyota가 호화스럽고 높은 신분을 상징하는 새로운 차를 시장에 도입하기로 결정했지만, 그것은 기존의 신뢰성의 개념을 가진 Toyota브랜드의 개념과는 상충되는 것이었기 때문에 Lexus라는 새로운 브랜드를 사용했던 것이다. 만일 발전된 새로운 시장에서 Toyota 브랜드의 하위 브랜드전략을 사용했다면 아마도 기존 브랜드와 발전된 시장의 새로운 브랜드 양자 모두에게 해를 끼쳤을 것이다(부정적인 상호 작용효과).

Lexus는 모브랜드인 Toyota와는 완전히 분리된 새로운 브랜드로 출시되었다.

Oscar Meyer사가 현재의 육류제품범주를 보호하기 위해 Mellow－Crisp라는 새로운 브랜드로 저가의 베이컨시장에 진입한 것은 브랜드 이미지를 보호하

기 위한 또 다른 예라 할 수 있다. 이러한 새로운 브랜드의 도입은 그동안 경쟁자들이 수많은 저가 브랜드들을 도입하여 저가육류시장을 형성해 놓았기 때문에 꼭 필요한 것이었다. Oscar Meyer사는 현재의 브랜드가 희석되거나 퇴색되기를 원치 않았기 때문에 새로운 브랜드를 사용하여 저가제품을 내어 놓았던 것이다. 이처럼 개별 브랜드전략은 새로운 브랜드와 기존 브랜드를 분리시킴으로써 다양성을 추구하는 소비자들에게 차별적으로 소구하는 데에 도움을 줄 수 있다.

결론적으로, 시장이 발달되어 그 시장의 특징들이 기존 브랜드의 중심요소들과 갈등을 일으키는 경우에는, 가능한 최대한의 수익, 브랜드명성도, 단위당 원가절감, 그리고 기존 브랜드 명성보호의 입장에서 기업에 가장 적합한 전략은 개별 브랜드명전략이 될 것이다.

이상에서 살펴본 바와 같이 브랜드명전략은 기존 브랜드와 새로운 브랜드 간의 중심개념/주변개념의 갈등 여부에 따라 선택될 수 있다(<그림 7-4> 참조). 기업은 제품범주 내(within product category)에서 브랜드에 기초한 성장기회들을 체계적으로 탐색하고 난 후에는 그것을 바탕으로 다른 제품범주로의 확장(across product category)을 통한 성장기회들을 찾아보아야 한다.

3 다른 제품범주로의 브랜드 확장전략

기존에 사업을 영위하던 제품 범주에서 벗어나 사업을 다각화하는 것은 새롭게 진출하는 제품범주에 제품이나 서비스를 내놓음으로써 기존의 제품이나 서비스와 긍정적인 시너지를 나타낼 수 있다는 전제하에 이루어진다. 최고의 사진기 제조업체가 자사가 보유한 광학기술을 바탕으로 항공기 제조에 필요한 부품을 공급한다면 이는 제품범주를 벗어난 성장이 될 것이다. 그러나 보유 기술의 적용 측면에서 부합하는 부분이 많았기 때문에 이러한 결정이 가능했던 것이고 소비자들도 이러한 동질성을 인지했을 때 기존제품범주에서는 물론 새롭게 시작한 제품범주에 대해서도 긍정적으로 평가를 하게 될 것이다.

"제록스 TV요? 잘 상상할 수 없군요."

즉, 다른 제품범주로의 브랜드 확장을 고려할 때에 가장 중요한 것은 제품특성에서의 유사성과 소비자가 인식하는 제품개념에 있어서의 일치성이다. 먼저 제품특성에 있어서의 유사성은 제품기능, 사용상황, 제품속성 및 필요기술 및 필요자재에 있어서 기존제품과 확장하려는 제품 간의 유사성이 어느 정도 인지로 판단된다. 즉, 복사기를 판매하는 제록스나 캐논사에서 카메라나 프린터, 팩

그림 7-4 브랜드개념 간의 갈등과 브랜드명전략

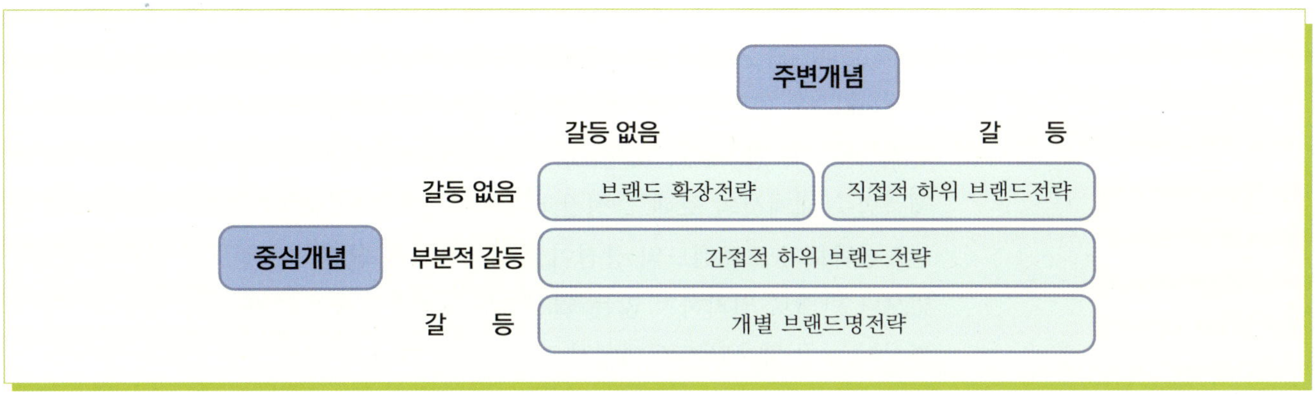

스 등 관련 기술을 활용하여 브랜드를 여러 제품범주로 확장한다면 이는 두 제품 범주 간에 유사성이 높아 긍정적인 효과를 얻을 수 있으나 전혀 다른 오디오나 TV와 같은 제품범주로의 확장을 하려 한다면 제록스나 캐논이라는 브랜드명으로는 확장하기에는 한계가 있을 것이다.

또한, 소비자가 인식하고 있는 제품개념에 있어서 기존제품과 확장제품 간의 일치성이 있을수록 브랜드 확장 시 긍정적인 효과를 얻을 수 있다. 즉, 저가의 브랜드로 인식되어 있는 Timex라는 시계브랜드를 이용하여 고가의 반지나 팔지, 향수, 넥타이 등의 다른 제품범주로 브랜드를 확장시켜 나가는 것은 소비자가 인식하기에 기존브랜드와 확장제품 간의 일치성이 낮다고 생각되어 긍정적인 반응을 유도해 내기 어려울 것이다. 그러나, 저가의 튼튼한 이미지를 가진 Timex 브랜드를 배터리나 공구세트 등으로 확장한다면 소비자들로부터 전자의 경우보다 긍정적인 반응을 얻을 수 있을 것이다. 이와는 반대로 고가의 제품인 Rolex의 경우는 고가의 패션지향적인 제품군으로 확장이 더 설득력이 강할 것이다(<표 7−2> 참조).

다른 제품범주로의 브랜드 확장전략에 있어서도 제품범주 내 브랜드 성장과 같이 직접 하위 브랜드 전략, 간접 하위 브랜드전략, 개별 브랜드전략 모두 활용될 수 있다. 먼저 기존브랜드와 확장하려는 제품범주의 제품특성 및 개념이 매우 유사할 때에는 직접 하위 브랜드전략을 쓰는 것이 가장 효율적일 것이다. Honda사는 엔진을 만드는 최고의 기술을 보유하고 있었기 때문에 잔디깎기와 자동차에 같은 Honda라는 모브랜드를 사용하여도 소비자들로부터 긍정적인 평

Honda의 잔디깎기는 자동차와 같은 Honda라는 모브랜드를 사용하여 소비자에게 긍정적인 평가를 받을 수 있었다.

가를 받을 수 있었다.

반면 Timex사가 시계제품범주 내에서 Syntax라는 시계를 새로이 출시하면서 이 브랜드명으로 새로운 제품범주인 배터리사업에 진출하는 'Syntax batteries by Timex'의 경우와 같이 어느 일정부분의 제품개념 '저가, 탄탄함, 오래감' 만을 연결시키고자 할 때에는 간접적 하위 브랜드전략을 사용하는 것이 바람직하다. 제품범주 내에서의 브랜드 성장의 경우와 마찬가지로 이 전략은 직접 하위 브랜드전략보다 모브랜드의 강점이 확장제품으로 연결되는 정도가 낮을 수밖에는 없으나 반대로 일치하지 않는 일정부분의 제품개념이 존재하고, 제품특성상 관련성이 낮게 평가되는 상태에서 직접 하위 브랜드전략은 확장제품의 실패 시 모브랜드에 더 많은 악영향을 미칠 가능성이 높기 때문에 이와 같이 연결고리만을 만들어 주는 차원에서 브랜드명을 결정하게 되는 것이다.

마지막으로 기존브랜드와 제품특성이나 개념에 있어서 일치성이 매우 낮은 경우는 개별 브랜드전략을 사용하여야 한다. P&G에서는 프링글즈라는 과자와 비달사순이라는 샴푸, 팸퍼스라는 유아용품을 판매하고 있다. 이와 같이 제품특성이나 개념간의 동질성이 거의 없는 경우 P&G가 동일한 브랜드를 가지고 각각의 시장을 공략한다면 이는 매우 부정적인 이미지를 얻게 될 것이다. 따라서 현재와 같이 독립된 개별 브랜드를 가지고 각 제품범주에 진출하고 있는 것이다.

표 7-2 브랜드명과 확장제품 간의 개념 일치성

확장제품	Timex(저가의 탄탄한 시계)	Rolex(고가의 패션시계)
반 지	×	○
팔 지	×	○
고급넥타이	×	○
향 수	×	○
공구세트	○	×
배 터 리	○	×

×: 기존브랜드와 확장제품과 개념일치도 낮음　○: 기존브랜드와 확장제품과 개념일치도 높음

단편사례

농기계업체와 중장비업체가 왜 패션아이템을 출시했을까?

172년의 역사를 가진 '존디어'는 농기계를 만드는 회사지만 국내에서는 다른 분야에서 더 유명하다. 바로 '패션'이다. 사슴로고가 새겨진 존디어의 티셔츠는 할리우드 유명배우들뿐만 아니라 국내 유명인들이 즐겨입으며 대중에게 알려지기 시작했다. 젊은이들이 모이는 장소에는 어김없이 존디어의 티셔츠를 입은 사람을 만나 볼 수 있을 정도라고 한다. 그런가 하면, 유명 중장비업체인 '캐터필러' 또한 패션아이템을 출시하여 유명세를 이어나가고 있다. 주변에서 종종 눈에 띄는 'CAT'라는 로고가 새겨진 신발이 바로 이 업체에서 라이선스 계약을 통하여 내어 놓은 제품이다.

농기계업체가 단순 판촉용을 뛰어넘어 자체 브랜드 모자를 만들어 파는 이유는 뭘까. 고객들의 브랜드 로열티를 높일 수 있고 일반 대중에 브랜드 노출기회가 적은 업종의 한계를 보완해 주기 때문이다. 게다가 유명세를 타면 짭짤한 부수입도 생긴다. 어떤 경우엔 고객들이 먼저 로고가 새겨진 제품을 만들어 팔 수 없느냐고 요구하기도 한다. 파이낸셜타임스(FT)는 2009년 '옥수수밭에서 할리우드'로 라는 기사에서 일반 소비자들과는 다소 거리가 먼 중장비업체들이 자신들 로고를 내건 '의류'사업을 통해 브랜드 홍보효과를 톡톡히 보고 있다고 전했다.

존디어가 처음부터 모자를 만들겠다고 생각한 것은 아니었다. 존디어의 제프리 그레드비그 브랜드 라이선싱 담당이사는 FT와의 인터뷰에서 "몇 년 전 단순 판촉용으로 제작한 모자와 티셔츠가 시간이 지나면서 고객과 브랜드 사이에 강한 유대감을 갖게 해 주는 수단이 됐다"며 "처음에는 판매상들이 원하더니 일반 소비자들을 중심으로 수요가 점점 늘어났다"고 말했다. 걸프석유와 텍사코 등을 합병해 덩치를 키워 온 셰브론은 다양한 브랜드의 옛 로고가 새겨진 상품으로 고객들의 향수를 자극하고 있다.

캐터필러는 브랜드 홍보 이상의 효과를 거두고 있다. 지게차 등을 만드는 이 회사의 지난해 매출은 310억 달러. 이 중 약 10억 달러는 의류·신발·장난감 등 라이선스 제품 판매에서 나왔다. 리테일 프로그램 매니저인 마크 조스테스는 "상하이와 두바이 등엔 캐터필러 제품을 파는 복합매장이 들어서 있다"며 "캐터필러 안경은 남아프리카에서 꽤 많이 팔리고 시계는 캐러비안 국가들 사이에 인기가 많다"고 소개했다.

실제로 캐터필러는 의류·신발제품의 높은 인지도를 등에 업고 브랜드컨설팅 전문업체 인터브랜드가 실시한 '최고의 글로벌 브랜드 조사'에서 66위를 차지하기도 했다. 또 캐터필러의 부츠를 신던 고객이 부츠와 관련해 회사로부터 받은 서비스에 감동받아 고가의 중장비를 구입한 사례도 있다고 한다. 리타 클리프튼 인터브랜드 회장은 "유명 중장비업체들의 제품은 믿을 만하다는 인식이 강하기 때문에 고객들에게 충분히 호소력을 가질 수 있다"고 말한다. 클리프튼 회장은 "이들 브랜드는 역사와 전통이 있기 때문에 반짝 떴다가 사라지는 패션 브랜드와는 다르며 어느 정도 유행을 반영할 순 있지만 절대 유행의 노예가 되지 않는다"고 말했다. 이처럼 남들이 다 따라하는 유행을 '무시'하는 듯한 이들 브랜드의 제품 이미지가 오히려 개성을 존중하는 패셔니스타들을 열광하게 만드는 이유가 되기도 한다는 것이다.

자료원: 한국경제, 2009. 12. 8.

제3절 신제품 개발

기업은 개념전달과 구매전환활동을 수행해 나가는 데 있어서 소비자의 기호, 제품기술, 그리고 경쟁 등과 같은 환경요소들의 끊임없는 변화에 당면하게 된다. 그리고 이에 따라 새로운 제품과 서비스의 개발을 위해 지속적인 노력을 하여야 한다. 기업이 신제품을 확보하는 데는 크게 두 방법이 동원될 수 있다.

신제품 개발의 두 가지 방법

인수, 합병을 통한 방법과 연구개발(R&D)을 통한 방법으로, 본 절에서는 두 번째 방법에 대하여 다룬다.

그 첫 번째는 인수, 합병을 통한 방법이다. 이는 회사나 제품라인 자체를 인수하거나, 특허 또는 제품을 생산할 수 있는 라이센스를 취득하는 것을 의미한다. 두 번째 방법은 기업이 연구개발(R&D) 부서를 통해 신제품을 직접 개발하는 것이다. 이때 신제품은 이전에 없던 제품을 개발하는 것뿐 아니라, 제품성능의 향상, 제품의 수정, 신규브랜드 등을 모두 포함한다. 본 절에서는 두 번째 방법에 해당되는 신제품 개발에 관해서 다룬다.

신제품을 개발하고 출시하는 것은 매우 위험하고 어려운 일이다. 매년 많은 기업들이 끊임없이 신제품을 개발하고 시장에 출시하고 있지만, 그중 극히 일부의 제품만이 시장에서 살아 남는다. 그 원인으로는 여러 가지가 있다. 기술개발의 문제, 제품생산과정의 문제, 물류 또는 상품운영의 문제, 마케팅 및 영업의 문제 등이 종합적으로 작용하여 신제품 실패를 초래한다. 하지만, 가장 중요하고, 근원적인 문제는 신제품이 소비자의 욕구를 충분히 반영하지 못한다는 데 있다.

"그런 제품은 현실적으로 불가능합니다" 신제품 개발과정에서 연구개발 부서와 마케팅 부서는 종종 의견차이를 체감하기도 한다.

그 이유는 신제품 개발기간이 대체적으로 매우 길고 복잡하며 이 과정이 체계적으로 관리되지 못하기 때문이다. 기존 제품을 약간의 변형하는 경우라면 6개월 정도면 개발이 가능하겠지만, 전혀 새로운 제품이라면 2년 이상 소요되는 것이 보통이다. 그리고 제품의 중요성이 클수록 제품개발 단계가 많고, 절차가 복잡하다. 때문에 신제품 개발의 각 단계에서 소비자의 욕구가 충분히 반영되고 이것이 다음단계로 잘 이어지게 하는 것이 중요하다. 예를 들어, 신제품 아이디어의 개발, 컨셉 개발 및 테스트, 제품크기, 재료, 색상, 형태, 포장디자인 등에 대한 결정, 수요예측, 마케팅전략 수립 등의 각 단계에서 표적고객의 욕구가 철저히 반영되어야 하는 것이다. 만약 그렇지 못하다면, 개발된 신제품은 결국 소비자에게 외면 당할 수밖에 없을 것이다.

그렇다면 신제품 개발과정은 어떻게 이루어져 있고, 그 과정에서 어떻게 소비자의 욕구를 반영할 것인가? 다음에서는 신제품 개발을 체계적으로 수행하기 위한 신제품 개발과정에 대해 알아보기로 한다.

1 신제품 개발과정

<그림 7–5>는 일반적인 신제품 개발과정을 도식화한 것이다. 물론 실제 기업의 신제품 개발과정은 더 복잡할 수도 있고, 극히 단순할 수도 있다. 그림을 보면 신제품 개발은 기회발견, 신제품 개발, 신제품 테스트, 신제품 런칭, 이익관

리 등의 단계를 걸쳐 이루어진다. 각 단계는 순차적으로 이루어지며, 특정단계가 반복될 수도 있고, 각 단계간 상호작용도 일어난다. 이때, 각 단계가 제대로 수행되었는지는 소비자조사, 개발담당자회의, 기업내부의 의사결정기준 등에 의해 판단되며, 단계별 신제품 개발결과가 사전에 정해진 기준에 부합하면 다음 단계로 이동하고, 그렇지 않으면, 이전단계로 돌아가 문제점을 파악해야 한다.

그림 7-5 신제품 개발단계

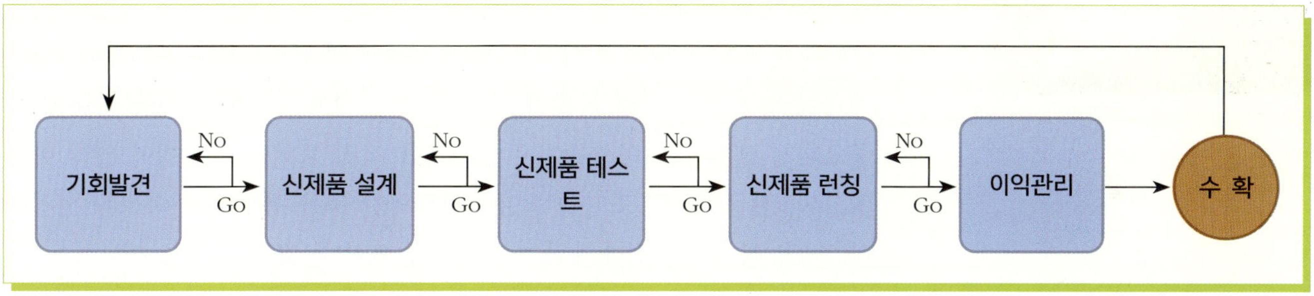

자료원: Urban, G. L. and Hauser, J. R.(1980), Design and Marketing of New Products, Prentice Hall, p.33.

(1) 기회발견

신제품 개발에 대한 기회는 크게 두 가지가 방법으로 발견될 수 있다. 먼저 R&D 부서에서 신기술을 개발하여 신제품 개발로 이어지는 경우가 있고, 마케팅 부서에서 시장의 새로운 욕구를 발견하여 신제품 개발에 반영하는 경우가 있다. 이 두 가지 기회를 잘 활용하여 신제품기회를 발견하는 것은 바람직하나, 본 장에서는 후자를 중심으로 설명하고자 한다.

신제품 개발의 최적시장
성장하고 있고, 수익성이 있으며, 접근 가능성이 높은 시장

신제품 기회발견단계에서는 신제품이 진입하게 될 최적시장의 정의와 진입하기 위한 기초적인 아이디어의 개발이 이루어지게 된다. 이때, 최적시장이란 성장하고 있고, 수익성이 있으며, 접근가능성이 높은 시장을 의미한다. 이 단계에서 기업은 자신의 강점과 역량을 시장기회와 연결시킬 수 있어야 한다. 다시 말해, 발견된 기회가 기업이 시장에 전달하고 있는 핵심 개념과 시너지효과를 발휘하는지의 여부, 제품개발을 위해 필요한 기술의 우월성, 개발 후의 생산능력 등을 면밀히 검토해야 하는 것이다.

이 단계의 산출물은 신제품에 대한 많은 수의 새로운 아이디어들이다. 이 단계에서의 아이디어들은 시장의 욕구를 완벽하게 반영하지는 않아도 되지만,

반드시 기존제품과는 달라야 하며, 새로워야 한다. 만약 만족스러운 시장기회가 발견되면, 신제품 설계단계로 진행한다.

(2) 신제품 설계

애플은 시장조사보다는 개발자의 의견을 중시하여 만들어진 제품들을 출시한다. 사진은 애플의 CEO인 스티브 잡스

신제품 설계단계는 최적의 아이디어를 적용하여 제품을 개발하고, 적합한 마케팅전략을 수립하는 단계이다. 먼저, 새로운 아이디어들은 평가되고, 세련되게 수정된다. 그리고 성공 가능성이 높은 기능적, 심리적 특징을 지닌 제품으로 구체화 시킨다. 연구개발과 시제품 생산도 이 단계에서 이루어진다.

신제품 설계는 상품이 지니고 있는 속성들의 선정으로부터 시작된다. 속성을 선정하는 방법에는 여러 가지가 있으나, 주로 소비자들에게 해당 상품에 대하여 중요하게 생각되는 속성들이 무엇인가를 직접 물어보는 방법이 널리 이용되고 있으며, 전문가들의 조언이나 유통업자의견 등을 통해서도 속성을 선정할 수 있다. 이 밖에 구매시점에서 소비자를 관찰하거나, 포커스 그룹 인터뷰(focus group interview: FGI)를 이용하는 방법도 있다. 결국 다양한 방법들을 동원하여 고객가치가 어디에 있는지를 파악하는 것이며, 이러한 고객욕구의 분석은 제 4장에서 자세하게 다루고 있다.

신제품의 속성들이 설정되면, 각 속성의 수준을 결정하게 되는데, 이때에는 R&D 부서의 제품설계 담당자도 의사결정에 참여하게 된다. 실제 물리적인 제품의 속성수준 결정은 제품기술에 따라 달라지기 때문이다. 이렇게 해서 얻어진 속성과 수준의 조합을 통해 여러 가지 컨셉의 신제품이 설계 된다.

이상의 과정에서 얻어진 제품 컨셉은 소비자 조사를 통한 평가와 수정을 반복하면서 변화되고, 발전된다. 최종적으로 하나 또는 그 이상의 신제품 컨셉이 얻어지는데, 이 컨셉에 따라 시제품을 개발하고, 마케팅전략을 수립하게 된다.

(3) 신제품 테스트

테스트마케팅(test marketing)

신제품을 시장에 본격적으로 출시하기 전에 일부 한정된 시장에 먼저 출시하여 여러 마케팅전략 대안들을 점검하고 시장의 반응을 상세히 검토하는 작업

잘 설계된 신제품이라도 시장에서 반드시 성공한다고 볼 수는 없다. 따라서 신제품의 시장테스트가 필요하게 된다. **테스트마케팅(test marketing)**이란 신제품을 시장에 본격적으로 출시하기 전에 일부 한정된 시장에 먼저 출시하여 여러 마케팅전략 대안들을 점검하고 시장의 반응을 상세히 검토하는 작업을 말한다. 신제품 테스트는 단순히 신제품이 시장에서 성공할지 아니면 실패할지를 검증하는 절차만은 아니다. 물론 Go－No Go(신제품을 정식으로 출시할지 안 할지) 의

사결정이 신제품 테스트의 가장 핵심적인 사항이긴 하지만, 마케팅관리자는 소비자의 반응뿐만 아니라 기업의 생산시설 가동과 유통시스템도 세심히 관찰하여야 한다. 이를 통해 신제품에 대한 구체적인 마케팅전략을 수립할 수 있게 되는 것이다. 즉, 마케팅관리자는 테스트마케팅을 통해 나타난 고객들의 행동반응을 관찰하여 광고와 촉진, 가격과 유통전략을 보다 효과적으로 개선할 수 있게 된다.

진로는 중국인의 입맛에 맞춘 제품인 '진로주'의 중국 출시에 앞서 베이징 일대에서 테스트마케팅을 펼쳤다.

이와 같이 테스트마케팅은 신제품을 출시하기 전에 매우 중요한 역할을 하지만, 비용이 많이 소요되고, 신제품의 전국적인 출시시점이 늦어지며, 테스트기간 동안에 경쟁자에게 아이디어를 제공해 줄 수 있다는 단점도 있다. 이 때문에 많은 기업들이 사전 테스트마케팅(Pre－Test Marketing)을 사용하고 있다. 사전 테스트마케팅은 단순히 테스트마케팅의 규모를 줄인 것이 아니고, 시장이 아닌 실험환경하에서 정교한 측정을 통해 소비자의 반응을 추정하는 것이다. 이때, 소비자의 반응이 개별기업 또는 산업이 가지고 있는 의사결정기준에 부합하면 신제품을 출시하게 되고(Go), 그렇지 않으면 이전과정을 다시 반복하게 된다.

(4) 신제품 런칭

신제품이 성공적으로 테스트되면, 이제 전국적으로 출시하게 된다. 만약 경쟁자의 재빠른 진입이 예상되면, 빠르게 시장에 출시하고, 시장에서 기업의 포지셔닝을 조속히 구축해야 한다. 하지만 경쟁자가 모방하기 어려운 진입장벽이 있거나, 경쟁자의 자금력이 부족하거나, 소비자반응에 있어서 위험이 크다고 느껴진다면, 시장단위별로 서서히 출시할 수 있다.

신제품 출시와 진입장벽

경쟁자가 진출하기 어려운 진입장벽이 있을 경우 신제품을 시장단위별로 서서히 출시할 수 있다. 그러나 그 반대의 경우에는 빠르게 시장에 출시해야 한다.

신제품 출시를 빠르게 하건, 서서히 하건 관계없이 마케팅관리자는 초기 마케팅전략의 수행을 면밀히 통제하고, 관리해야 한다. 아무리 잘 개발된 신제품일지라도 전국적으로 출시할 때에는 심각한 문제에 당면하게 될 수 있기 때문이다. 예를 들어, 소비자기호의 변화, 예측하지 못한 경쟁자의 반응, 유통업자와의 갈등, 법 또는 규제의 변화 등이 발생하면, 마케팅관리자는 신속한 대응을 통해 신제품 출시가 계획대로 이루어질 수 있도록 노력해야 한다.

핵심사례 7-1 | CJ 제일제당 프레시안 가쓰오 우동

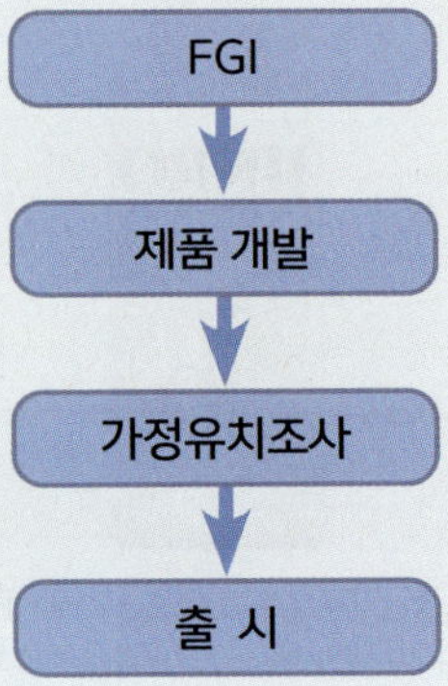

1. 제품 개발과정

프레시안 가쓰오 우동 제품의 개발과정을 요약하면 다음과 같다. 즉, 표적집단면접을 통해 고객의 욕구를 파악한 후, 그것을 제품 개발에 반영하고 개발된 제품을 주부들에게 직접 사용해 보고 평가하도록 하는 과정을 거쳐 시장에 런칭하였다.

표적집단면접(FGI) 결과

주부를 대상으로 한 FGI를 통해 '맛있는 우동을 간편하게 먹고 싶다'라는 소비자 욕구를 찾아내게 되었다. 더구나 가정 내에서 '우동이 먹고 싶다'라는 생각을 가지고 우동을 먹고자 할 때 육수를 준비하거나 소스를 만드는 과정으로 30분에서 2시간까지의 시간이 소요되며 육수/소스 맛에 있어서도 젊은 주부들의 경우 맛을 내기가 어려운 것으로 나타났다. 그러므로 기존제품과 같이 우동만을 제공하는 것이 아니라 '육수/소스를 포함한 제품'으로 제품방향을 설정하여 우동 자체의 차별성뿐만 아니라 맛있는 육수를 만드는 데 초점을 맞추어 개발에 들어갔다.

제품의 개발

먼저, 배합비율 기술과 생산공정을 통해 소비자의 욕구를 충족시켜 주는 쫄깃하고 매끄러운 면을 찾아 내었다. 또한 장국을 개발하기 위해서 다양한 맛의 스크리닝 작업을 거쳤으며, 최종적으로 우동면에 가장 어울리는 '가쓰오' 육수를 최종 완제품으로 개발하게 되었다.

전 제품의 내용물은 완성이 되었지만 포장에 있어서 어떠한 방법으로 소비자에게 제공하는 것이 좋을까를 고민하게 되었다. 몇 가지 조사를 거치는 과정에서 기존 우동의 포장이 세대수가 3~4명인 우리 사회에서 다소 부적합하다는 결론에 이르게 되었다. 따라서, 우동 이용 경험이 없는 소비자도 쉽게 1인 소비량을 알아서 우동을 삶은 후 남거나 모자라는 것 없이 이용할 수 있으며, 혼자서도 우동요리를 부담 없이 즐길 수 있고, 남은 제품의 보관이 위생적으로 이루어질 수 있는 것에 초점을 맞추어 소재를 찾기로 하였고 결국 지함 케이스에 개별 포장으로 된 제품으로 최종포장을 하게 되었다.

가정유치조사

이렇게 개발된 내용물과 포장, 제품 컨셉으로 소비자 조사를 가정유치조사 방식으로 진행한 결과 컨셉과 맛에서 다음과 같은 평가를 받았다. 따라서 세 가지 제품의 출시를 동시에 추진하게 되었다.

마지막으로, 소비자에게 전달할 제품의 슬로건과 표현 컨셉은 그림과 같다. 먼저, 브랜드 로고에 차별적인 면맛을 강조하기 위해 "깊고 진한 국물맛이 일품인" 이라는 브랜드 슬로건을 개발하였다.

2. 제품 출시 후 소비자 반응

출시 전 소비자 조사결과와 제품 출시 후 시행한 시식프로모션행사에서 우수한 제품력을 인정받은 것으로 나타났다. 따라서 제품의 샘플을 나누어주는 것이 좋은 홍보효과가 있으리라고 판단하고 1인분 샘플을 50만개 이상 배포하였으며, 일부 매장에서는 반복구매가 지속적으로 이루어지고 있는 것으로 나타났다. 그러나 전국적으로 볼 때 아직 인지도가 미흡한 상태이고, 더 나아가 소비자의 시험구매를 유도하는 것이 가장 중요한 문제로 남아있다.

3. 향후 방향

본 제품은 소비자에게 '맛'과 '간편성'을 제공하는 데 초점을 맞추었다. 여기서의 간편성은 상대적인 것으로서 기존에 면만을 판매하던 우동에 비하면 육수가 있어서 간편한 것은 사실이다. 그러나 비교의 대상이 인스턴트 라면류라고 본다면, 아직까지 불편한 것이 사실이며 소비자의 비교대상은 단순히 우동만이 아니라 더 넓은 제품군에 걸쳐 생각해 볼 수 있으므로, 좀 더 간편하게 즐길 수 있는 제품으로의 지속적인 연구개발이 필요하다고 판단된다.

(5) 이익관리

많은 시간과 비용을 투자해서 신제품을 출시하고 나면, 이제 그 제품으로 인해 발생되는 이익을 관리해야 한다. 이익을 극대화하기 위해서는 효과적인 의사결정지원시스템이 필요하다. 통계적인 분석과 실험 등을 통해 시장의 반응을 정확히 측정해야 하고, 과학적인 계량모델을 통해 이익을 극대화할 수 있는 수준으로 마케팅 및 생산관련 변수들을 조정해 나가야 하기 때문이다. 이러한 의사결정지원시스템은, 신제품이 출시된 이후 그 수명주기를 다 할 때까지 가격, 광고, 판매촉진전략 등을 지속적으로 수정하면서 신제품의 이익을 극대화할 수 있도록 도와 준다.

성숙기가 지난 시점에 있는 제품은 지속적인 제품혁신을 통해 재포지셔닝되거나 쇠퇴기로 접어들어야 한다. 만약 재포지셔닝이 필요하다면, 신제품 개발과정을 처음부터 다시 반복하게 되는 것이다.

2 신제품 실패요인

신제품 실패요인

1. 부실한 신제품 기획
2. 관리지원의 부족
3. 부적절한 신제품 컨셉
4. 소비자조사 부족
5. 기술력 부족
6. 부적절한 타이밍

이상에서 살펴본 바와 같이 신제품 개발은 기회발견단계에서부터, 이익관리단계에 이르기까지 반복적인 테스트와 제품개선이 진행된다. 하지만 실제 시장에서 성공하는 신제품은 극히 소수에 지나지 않는다. 그렇다면 그 이유는 무엇인가?

첫째, 부실한 신제품 기획을 들 수 있다. 신제품이 기업이 가지고 있는 역량이나 전문성에 맞지 않는 경우, 또는 신제품이 진입한 시장의 규모가 매우 작거나, 매력이 없는 경우 신제품은 성공하기 어렵다.

둘째, 관리지원의 부족이 신제품 실패의 원인이 되기도 한다. 자금지원이 부족한 상황에서 신제품개발이 이루어질 경우, 출시과정에서 신제품의 전략을 통제하고 관리하기 위한 정보시스템이 빈약할 경우, 예측하지 못한 경쟁자의 움직임에 효과적으로 대처하지 못할 경우 신제품은 실패할 가능성이 높다.

셋째, 부적절한 신제품 컨셉을 들 수 있다. 신제품을 물리적으로 잘 만들었다고 하더라도, 그 제품이 고객에게 독특한 편익을 제공하지 못할 경우, 독특함을 가지고 있어도 고객의 욕구를 충족시켜 주지 못할 경우, 가격에 비해 가치가 적을 경우 신제품은 성공하기 어렵다. 결국 고객이 추구하는 가치에 대해 충분히 이해하지 못하거나 그에 적합한 포지셔닝을 확립하지 못하면 신제품은 성공하기 어려운 것이다.

그밖에도 소비자조사 부족, 기술력 부족, 부적절한 타이밍도 신제품 실패의 주요 원인이다. 이와 같은 어려움을 극복하고 신제품이 시장에 성공적으로 진입하고 나면 기업은 시장의 장기적인 변화에 맞추어 제품을 동태적으로 관리해 나가는 것이 필요하다. 제품을 장기적으로 관리해 나가는 전략에 대해서는 다음 절에서 자세하게 다룬다.

제4절 제품수명주기모형(Product Life Cycle Model: PLC)

본 절에서 사용되는 제품군(product class), 제품형태(product form), 그리고 제품(product)의 세 가지 용어를 우선 구분할 필요가 있다. 제품군은 일반적인 소비자의 욕구를 만족시키는 제품의 모든 집합을 의미하며(예컨대, 운송욕구 충족을 위한 자동차), 제품형태는 제품군 내에서 보다 구체적인 욕구를 만족시키는 여러 가지 형태를 의미한다(예컨대, 레저활동을 위한 RV 차량). 그리고 제품은 제품형태에 포함되는 개별적 상표를 의미한다(예컨대, 기아의 포르테나 현대의 소나타).

장기적인 제품관리에 널리 사용되고 있는 접근방법 중의 하나는 제품수명주기(Product Life Cycle)의 개념이다. 이 개념은 시간의 경과에 따른 제품의 수명을 묘사하는 방법으로써 제품은 생성되고, 성장하며, 성숙하고, 쇠퇴하며, 사라지는 단계를 거치게 된다는 것이다. 이러한 개념에 근거를 둔 제품수명주기 모형은 기본적으로 판매예측과 마케팅전략을 세우는 틀로서 사용되어 왔는데 처음에는 제품군의 수명주기를 묘사하기 위하여 사용되다가 차츰 제품형태와 제품에까지 확대되어 사용되고 있다.

제품수명주기(Product Life Cycle)
시간의 경과에 따른 제품의 수명을 도입기, 성장기, 성숙기, 쇠퇴기로 나누어 표현

그림 7-6 S곡선 제품수명주기 동안의 판매 및 이익

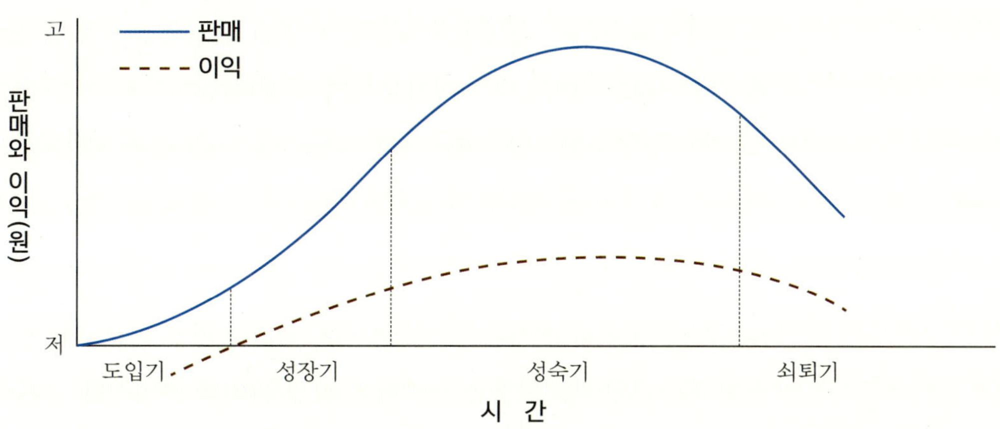

제품에 따라 제품수명주기의 형태는 다르지만 일반적으로 도입기, 성장기, 성숙기, 쇠퇴기의 4단계를 거치는 S자 모양으로 나타난다(<그림 7-6> 참조).

1 마케팅전략 수립을 위한 제품수명주기모형의 적용

제품수명주기곡선이 S자 형태임을 가정하고 신제품에 대해 각 단계의 통상적인 기간을 알고 있다면 관리자는 제품이 각 단계에 접어들기 전에 마케팅전략을 수립할 수 있다. 물론, 이러한 제품수명주기는 대부분의 제품이 필수적으로 따라야 하는 독립적인 현상이라는 가정에 근거하고 있고, 그에 따라 기업의 마케팅전략을 조정할 필요가 있다는 것이다. 제품수명주기 단계별 시장의 특성과 마케팅전략은 다음과 같으며 이 내용은 <표 7-3>에 요약되어 있다.

(1) 도입기

도입기의 특징

1. 소비자의 낮은 지식
2. 명확히 형성되지 않은 소비자 선호
3. 한정적인 경쟁자 수
4. 높은 초기 투자비용과 낮은 수익성

제품출시 초기에 해당되는 도입기에는 제품에 대한 인지도가 높지 않고 유통이 한정되어 있는 등의 이유로 제품판매는 제한을 받게 되며 따라서 낮은 판매성장률을 보인다. 물론 출시된 제품이 완전히 새로운 제품군을 창출하는 경우인가(예컨대, 일반전화가 처음 출시되었을 때) 혹은 단순히 새로운 형태의 제품인 경우인가(예컨대, 이동전화)에 따라 도입기의 진행속도는 매우 다를 수 있다. 전자인 경우가 훨씬 어렵고 위험부담이 높으며 시간도 많이 걸린다.

일반적으로 도입기에는 소비자가 가지고 있는 제품에 대한 지식이 제한적이고 그들의 선호가 충분히 형성되어 있지 않기 때문에 시장은 세분화되어 있지 않거나 소수의 세분시장만이 존재하게 된다. 시장에 진출할 수 있는 시간이 충분히 경과하지 않았기 때문에 경쟁자의 수 또한 한정적이다. 초기 투자비용이 높기 때문에 진입한 기업들의 수익성은 매우 저조하다.

이 시기의 마케팅전략은 우선 전체적인 수요를 자극함으로써 시장규모를 확대시키는 데 초점을 맞추게 된다. 특히, 초기 제품은 품질이 안정되지 못한 경우가 많으므로 고품질의 제품을 시장에 충분히 제공하기 위하여 연구개발과 생산에 노력을 기울인다. 이러한 노력이 효과적이기 위해서는 제품라인의 확대를 제한하는 것이 바람직하다. 마지막으로, 제품에 대한 인지도를 조속히 높이기 위하여 적극적인 광고활동을 전개하는 반면 관리와 수익성을 고려하여 유통은 선택적으로 확대시켜 나가게 된다.

(2) 성장기

제품이 보다 널리 알려지고 구전이 확대되면서 판매성장이 가속화되며 시장은 성장기에 돌입하게 된다. 제품의 기술적 진보는 도입기에 비하여 둔화되는 반면 고객들이 제품에 대해 잘 알게 되면서 시장은 세분화되어 다양한 욕구를 가진 고객집단들이 나타나게 된다. 또한 새로운 기업들이 다수 진입함으로써 경쟁자의 수는 많아지게 되지만 시장성장이 이를 충분히 수용하여 수익성은 향상된다.

성장기의 특징
1. 점차 세분화되어 다양해지는 고객욕구
2. 늘어나는 경쟁자
3. 성장하는 시장
4. 높아지는 수익성

성장기 마케팅전략의 초점은 성장하는 시장에서의 선택적 수요, 즉 점유율을 확보하는 데 맞추어지게 된다. 그 방법으로 제품개선에 대한 노력을 꾸준히 전개하는 동시에 세분화되는 시장욕구에 맞추기 위해 다양한 제품 종류를 출시하게 된다. 광고활동은 여전히 활발히 전개하지만, 이제는 그 목적이 제품의 독특한 포지셔닝을 전달하는 것이 된다. 시장 확대에 발맞추어 유통의 확장을 위해 노력하며 규모의 경제와 학습효과로 인한 원가절감과 경쟁심화는 가격의 하락을 초래하게 된다. 시장성장이 진행되면서 기업들은 성장기를 계속 연장시키기 위한 노력 또한 기울이게 되는데 여기에는 시장의 지속적인 세분화, 품질개선, 새로운 기능의 개발, 사용량과 사용용도의 증대 등이 포함된다.

(3) 성숙기

시장침투가 그 한계에 도달하면서 판매성장이 둔화되기 시작하며 시장은 성숙기에 접어들게 된다. 많은 제품군에서 성숙기는 장기적으로 지속된다. 예를 들어, 대부분의 생활용품(비누, 샴푸, 세탁세제 등) 시장은 수십 년 동안 성숙기에 머물고 있다. 이 기간에는 재구매 고객에 의한 구매가 판매의 대부분을 차지하며 시장성장률은 표적시장의 인구증가율에 비례하여 유지된다. 고객들은 제품에 대한 전문가가 되어있으며 제품 특성에 따라 세분시장의 수는 다양하게 나타난다. 저성장 시장에서의 기업 성장은 다른 경쟁자의 역 성장으로부터 만이 가능하기 때문에 가격경쟁이 심화되며 이로 인해 수익성이 낮은 기업들이 도태되므로 전체 경쟁자 수는 감소하게 된다. 그리고 높은 점유율을 확보한 기업과 그렇지 못한 기업간의 수익성 차이가 심화된다. 시장 선도기업은 규모와 학습으로 인해 저원가 위치를 확보하고 있는 동시에 신규투자에 대한 부담도 적기 때문에 높은 수익을 창출할 수 있게 된다.

성숙기의 특징
1. 주요고객은 재구매 고객
2. 표적시장의 인구증가율에 비례한 시장성장률
3. 다양한 세분시장
4. 심화되는 경쟁
5. 경쟁자의 도태

이 시기의 마케팅목표는 대체적으로 점유율과 수익성을 유지하는 것에 둔다. 제품라인은 유지시키면서 제품기능을 강화하도록 하며 가격과 유통 또한 유지시키도록 노력한다. 광고는 점차 감소하며 상기광고 위주로 집행한다. 장기적으로는, 새로운 기술과 기능의 개발, 유통과 생산과정 등에서의 혁신을 통해서 제품수명의 연장을 추구하고 나아가 새로운 성장기를 유도하기 위한 전략을 추진하게 된다.

(4) 쇠퇴기

쇠퇴기의 특징

1. 판매량의 축소
2. 투자회수의 극대화를 위한 노력

대부분의 제품은 궁극적으로 쇠퇴기에 들어가게 된다. 쇠퇴기에서의 판매하락은 때로는 서서히 진행되기도 하고(예: 통조림) 때로는 급속하게 진행되기도 한다(예: 일부 처방약품). 제품군이 쇠퇴기에 들어가게 되는 주된 이유로는 새로운 기술이나 제품에 의해 대체되는 경우(예: CD 음반에서 음원 서비스로; 피스톤 엔진에서 제트 엔진으로), 소비자의 장기적 생활패턴이 변화하는 경우(예: 화학 조미료에서 자연 조미료) 등을 들 수 있다. 판매가 축소되면서 원가상승을 경험하는 기업이 늘어나게 되므로 적극적인 원가절감 노력이 매우 중요한 전략 요소로 대두된다. 그러나, 이에 성공하지 못하거나 규모가 적은 기업은 시장에서 퇴출되며, 이에 따라 남은 기업의 판매가 상승하는 현상이 나타날 수 있다.

일반적으로 쇠퇴기의 전략적 목표는 과거 투자에 대한 회수(harvest)를 극대화하는 것이다. 이를 위해, 제품개발 혹은 개선에 대한 투자와 제품라인을 축소하고 광고, 판매촉진 등의 커뮤니케이션 활동을 최소화하며 확대되었던 유통을 감축한다.

이상에서 논의한 제품수명주기의 개념은 성공을 거둔 제품군이나 제품의 경우에 흔히 나타나는 시장 진화과정을 설명해 주는 것이며 상황에 따라서는 이와는 굉장히 다른 시장변화과정이 나타날 수도 있다. 신제품 혹은 새로운 제품군의 상당 부분은 성공적이지 못한 도입기를 거치고 짧은 시간 내에 시장에서 사라지기도 한다. 또한 어떤 제품군들은 장기간의 성장기를 즐기는 경우도 있다(예: 스카치 위스키, 소비자 대출 등). 또 어떤 경우는 성숙기－성장기를 반복적으로 보이기도 한다(예: CPU 칩－386, 486, Pentium,⋯, Pentium4).

이러듯 시장은 다양한 형태로 진화할 수도 있고 각 진화단계에서의 시장특성과 기회가 다르기 때문에 마케팅전략을 수립하는 관리자에게는 시장의 진화를 분석하고 예측하는 것이 필수적이라고 하겠다.

표 7-3 제품수명주기 단계에 따른 시장상황과 마케팅전략

영향과 반응	제품수명주기의 단계			
	도입기	성장기	성숙기	쇠퇴기
경쟁	한정적	약간 나타남	시장의 조그만 부분까지 경쟁자가 나타남	약한 경쟁자의 급격한 몰락으로 경쟁자 수가 감소됨
전반적인 전략	**시장형성**: 초기 채택자에게 해당 제품의 구매시도를 설득함	**시장침투**: 해당 상표를 선호하는 대규모시장을 설득함	**상표위상의 방어**: 경쟁에 의한 잠식을 체크함	**이탈의 준비**: 모든 가능한 이익을 회수
이익	높은 생산비와 마케팅비용으로 이익이 거의 없음	높은 가격과 수요의 성장으로 이익이 최고에 이름	경쟁이 증가되어 이익 폭이 감소되고 궁극적으로는 전체 이익이 감소됨	판매량의 감소로 이익이 완전히 제거됨
소매가격	**높음**. 제품진입의 비용 중 일부를 회복	**높음**. 두터운 소비자 수요의 이점을 활용	가격하락 압력이 강해짐. 가격경쟁을 피하기 위한 노력	빠른 청산이 가능할 정도로 재고를 낮춤
유통	**선택적**: 유통망을 서서히 구축	**전속적**: 판매점의 거래욕구에 따라 약간의 거래할인 시작	**전속적**: 진열장의 공간확보를 위한 대규모 거래보상	**선택적**: 이익이 적은 판매점을 서서히 제거
광고전략	초기채택자의 인지도 구축에 맞춤	상표의 편익들을 대규모시장 창출에 맞춤	다른 유사제품과의 차별화를 위한 수단으로 광고사용	재고를 제거하기 위한 저가격을 강조
광고의 중요성	**높음**. 초기채택자의 브랜드인지와 흥미를 유도하고, 판매점들의 브랜드 취급을 설득함	**보통**. 입에서 입으로의 추천으로 판매를 증가시킴	**보통**. 브랜드 특성을 대부분의 구매자들이 알게 됨	제품소멸을 위한 비용을 최소화함
판매촉진 비용	**높음**. 제품의 사용을 이끄는 샘플, 쿠폰, 기타 유인물로 목표소비자에게 접근	**보통**. 상표선호(광고가 이에 더 적합)를 창출함	**높음**. 상표전환을 유도하고, 기존 고객들을 애호고객으로 전환시킴	**최소화**.

2 제품수명주기의 연장

S자 형태의 수명주기곡선은 다양한 방법으로 연장될 수 있다. 신제품이나 새로운 서비스의 개발 등을 통하여 일반적인 쇠퇴기 유형을 따르지 않고 판매와 수익곡선을 지속적으로 유지할 수 있게 되는 것이다. 다음에서는 제품수명주기의 연장을 위한 네 가지 마케팅전략을 제시한다.

첫째로, 기존제품을 기반으로 기존의 고객에게 빈번한 촉진활동을 함으로써 수요를 자극하는 것이다. 예컨대, 은행서비스의 이용을 높이기 위해 공항, 잡화점, 백화점 등과 같이 눈에 잘 띄는 공공장소에 현금자동인출기를 설치할 수 있다. 또한, 미국의 AT&T사는 "누군가에게 연락하고 접촉한다"라는 촉진캠페인을 통하여 친구와 친척에게 보다 자주 전화하는 것을 권장한 바 있다. 우리나라의 럭키치약도 칫솔에 치약을 많이 바르는 광고를 통해 1회 치약사용량을 증가

휴대전화시장의 팽창으로 수요가 급속히 줄어든 가정용 전화기는 다양한 제품군으로 제품수명주기를 연장하고 있다. 사진은 블루투스기능을 탑재하여 휴대폰과 정보교환이 되는 파나소닉의 가정용 전화기

시킨 바 있다.

두 번째로, 기존고객에게 다양한 신제품을 제공하는 것이다. 예컨대, 전화기 생산자는 벽걸이형 전화기, 책상 전화기, 기억장치와 자동 다이얼링 기능을 포함한 전화기 및 스피커폰 등을 개발하여 사무실, 집, 자동차, 보트, 비행기 등에 사용될 수 있는 다양한 전화기를 제공할 수 있다. 삼성시계에서는 다양한 디자인의 시계를 개발하여 의복과 장소에 맞는 시계를 소비자에게 권함으로써 1인당 시계소유 수를 증가시켰다.

세 번째 전략은 기존제품에 대한 새로운 고객을 창출하는 것이다. 예컨대, 여성 화장품과 피부관리 제품의 선두주자인 Estee Lauder는 남성용 피부관리 제품을 도입하였다. 미국시장에 집중하던 코닥 복사기는 1983년에 유럽시장에 새롭게 진출하였다. Johnson & Johnson은 성인들에게 유아용 샴푸의 사용을 권장하기 위하여 아기에게는 부드럽지만 남성의 요구에도 강력히 부응한다는 광고를 한 바 있다.

여성들의 전유물이었던 주방용품은 혼자 생활하는 남성이라는 타깃을 찾으면서 다시 성장하고 있다.

마지막으로, 신제품을 개발하여 신규고객을 창출하는 것이다. 이러한 전략은 제품의 기본재료가 다른 용도에도 사용된다는 점을 발견함으로써 가능해지는 경우가 많다. 열, 전기, 연마에 저항력이 있는 고품질의 알루미늄이나 세라믹은 짧은 발파(short blasting)노즐, 물 펌프 방취판에서부터 고온의 용광로, 미사일 탄두에 이르기까지 다양한 제품에서 사용된다. 1970년의 유가파동으로 인한 석유화학제품의 급격한 가격인상으로 식물기름이 페인트와 인쇄 잉크제조에 부분적인 대체품으로서 쓰이기도 하였다. 방부제용 화학약품을 생산하는 일본의 생산업자는 동일한 화학약품이 선박페인트로 사용될 수 있음을 발견하였고 이러한 새로운 용도의 이용으로 이 화학약품에 대한 매출액은 22개월 내에 32%나 증가하였으며, 기존의 생산능력, 유통경로, 판매원을 이용함으로써 기업의 생산비용과 마케팅비용을 최소화하였다.

3 제품수명주기전략의 한계점

칫솔, 비누 등 필수적인 생활용품에도 쇠퇴기가 있을까?

제품수명주기에 따른 마케팅전략의 광범위한 활용에도 불구하고, 이 개념은 몇 가지 중요한 한계점을 가지고 있다. 첫째, 이 개념은 제품군들이 한정된 수명을 가지고 있다고 가정하고 있으나 상당수의 제품군들이 그 수명주기에 일치하기보다는 예외적인 경우를 더 많이 보이고 있다. 예컨대, 세탁기, 칫솔, 주택,

비누, 빵, 자동차 등은 비록 오래된 제품군들이지만 쇠퇴기를 맞고 있다는 어떠한 기미도 보이지 않고 있다. 이렇듯 제품의 특성에 따라 매우 다양한 수명주기 형태가 나타나기 때문에 특정제품이 수명주기의 어떤 단계에 처해 있는지를 판단하는 것이 어려운 경우가 많다.

두 번째로, 각 제품수명주기단계는 일반적으로 미래의 전략을 계획하는 데 있어서 독립적으로 변하는 요인으로 간주되는 경우가 많으나 사실은 그 이전 기간 동안의 마케팅활동의 결과일 수도 있다는 것이다. 예컨대, 판매가 감소하고 있다면 이것이 제품군 또는 개별제품이 쇠퇴기에 들어갔기 때문인지, 아니면 단순히 부적절한 판매전략의 결과인지를 확인하기 어려울 수 있다. 각 단계에서 수행된 전략의 효과를 정확히 알지 못하면서 다음 단계에 수립된 전략이 적절하다고 판단하기는 어렵다. 시장의 변화가 필연적으로 나타나는 진화과정의 일환으로 나타났다기보다는 잘못된 경영활동에서 기인할 수 있는 것이다. 그러므로 진단적 의미의 변수로서 수명주기의 단계에 의존하거나 모형의 각 단계에서 제시되는 전략을 무조건 따르는 데에는 보다 신중한 고려가 필요하다.

판매가 줄어든다고 해서 무조건 쇠퇴기에 접어들었다고 판단해서는 안 된다. 판매부진이 부적절한 판매전략의 결과일 수 있기 때문이다.

셋째로, 제품수명주기모형이 제품군(자동차)이나 제품형태(중형자동차) 또는 상표(옵티마, NF소나타 등) 중 어떠한 것에 대한 것이냐에 따라 이 모형은 각기 다른 함축적인 의미를 가지게 된다. 예를 들어, 제품군은 성숙기단계에 있으나 그 시장에서 새로운 상표를 도입하는 경우 마케팅전략은 일반적인 제품수명주기에 의거한 전략과는 매우 상이할 것이다.

제품군은 쇠퇴기에 접어들었지만 특정 상표는 오히려 판매가 증가할 수 있다.

마지막으로, 제품수명주기단계는 판매량의 변화에 의해 결정되는 것을 가정하고 있지만 사실 판매량은 직접적으로 마케팅부서의 통제하에만 있지는 않다. 다시 말해, 판매량은 마케팅부서활동만으로 결정되기보다는 기업전체의 활동의 결과이다. 따라서 판매를 마케팅의 결과만으로 보는 것은 마케팅의 역할을 과대평가하는 것이며, 또한 조직 내 다른 기능부서의 역할을 무시하는 것일 수 있다. 마케팅의 기능이 잘 수행되어도 품질관리의 문제나 인사, 재무, 연구개발 등의 지원부족으로 판매량이나 시장점유율이 감소할 수 있는 가능성은 항상 있는 것이다. 실제로, 미국의 PIMS 자료를 이용한 연구들은 판매량에 영향을 주는 근본적인 변수가 제품의 품질이라고 지적하고 있기도 하다. 따라서 판매량의 변화에 기초를 둔 제품수명주기전략은 마케팅전략에 대한 지침으로 사용되기에는 부적절할 수도 있다.

모든 결과가 마케팅의 문제는 아니다.

요약하면, 비록 제품수명주기전략은 명백하고 활동 지향적인 방향제시를 한다는 점에서 유용하지만, 마케팅전략 수립에 이러한 방법을 사용하기 위해서는 각 제품들과 시장조건의 본질에 대한 충분한 고려가 요구된다.

읽을거리

장수 제품, 빙그레 '바나나맛 우유'

빙그레가 바나나맛 우유를 콘셉트로 한 화장품을 선보인다. 2016년 초 바나나맛 우유를 전면에 내세운 전문 카페인 '옐로우 카페'를 개점한지 8개월여 만이다. 2016년 출시 41주년을 맞은 장수 제품으로 제품에 대한 향수는 유지하면서 1020세대에게도 인기를 끄는 것이 바나나맛 우유의 특징이다. 특히 지속적인 프로모션은 물론 올해 들어 카페와 라이선스 사업 등 신규 마케팅을 대거 선보이면서 매출도 뛰고 있어 주목된다.

식음료 업계에 따르면 빙그레는 CJ올리브영과 손잡고 바나나맛 우유를 콘셉트로 한 바디클렌저, 바디로션, 핸드크림, 립밤 4종을 출시하고자 한다. CJ올리브영이 향을 주제로 선보이는 자체브랜드(PB) 상품인 '라운드어라운드' 라인업의 하나다. 한국콜마가 주문자상표부착생산(OEM) 방식으로 생산하며 CJ올리브영이 유통과 판매총괄, 마케팅을 맡는다. 빙그레는 바나나맛 우유 사용권과 디자인을 제공할 방침이다. 바나나맛 우유가 중국인 관광객에게 높은 인기를 끌고 있는 만큼 CJ올리브영은 수도권 관광지에 위치한 점포를 중심으로 6개월 한정 판매에 들어가며 반응이 좋을 경우 기간 연장도 고려하기로 했다.

빙그레는 앞서 2016년 3월 현대시티아웃렛 동대문점에 바나나맛 우유를 활용한 옐로우 카페를 열었다. 바나나맛 우유로 만든 라떼와 쉐이크 등을 판매하면서 아웃렛에 입점한 14개 카페 중 가장 높은 월 평균 1억원대의 매출을 올릴 정도로 인기다. 바나나맛 우유를 이용한 메뉴 개발뿐 아니라 열쇠고리인 뚱바키링, 머그컵, 접시 등 관련 상품도 판매한다. 빙그레의 첫 카페형 플래그십 스토어로 시작했지만 성업으로 2호점 개점도 계획하고 있다. 카페 같은 일상적인 공간에 바나나맛 우유를 녹인다는 빙그레의 마케팅 전략이 제대로 맞아떨어진 셈이다. 빙그레는 카페 운영 경험을 살려 소프트아이스크림 전문점인 소프트랩도 잠실에 연다.

빙그레는 또한 장독을 닮은 바나나맛 우유 용기 모양을 특허청에 상표 출원해 조만간 상표등록이 결정될 것으로 보인다. 로고 외 제품 용기에 대한 상표 출원을 결정하고 식품 외 생필품 분야로 라이선스를 확대한 것은 이번이 처음이다. 이로써 빙그레는 바나나맛 우유 용기를 바디로션 같은 화장품을 포함해 휴대전화 액세서리, 인형, 세제 등 다양한 제품에 적용할 수 있게 될 것으로 보인다. 이 경우 CJ올리브영과의 협업처럼 라이선스 사업 확대도 가능해진다. 지난 1974년 출시된 바나나맛 우유는 그동안 '단지 우유', '항아리 우유' '뚱바(뚱뚱한 바나나)' 등으로 불리며 꾸준히 매출을 올리고 있는 빙그레의 효자 상품이다. 가공 우유 시장에서 공고한 1위 자리를 지키며 40여 년을 이어온 장수 유제품이기도 하다. 2015년 바나나맛 우유 제품 하나로만 1,700억 원을 벌어들이기도 했다. 빙그레에서의 바나나맛 우유 매출 비중은 20%대에 달한다. 1970년대 초반 정부의 우유 소비 장려 정책에 맞춰 당시 '고급 과일'로 통하던 바나나를 이용해 만든 가공우유가 여전히 연평균 3억개가 팔려나가는 브랜드로 성장한 셈이다.

최근 우유 업계가 내수 침체 등으로 대형마트와 편의점 비중이 조금씩 감소하고 있지만 바나나맛 우유는 올해 들어 매출이 더 뛰었다. 한류 드라마 등을 통해 외국인 관광객 소비가 늘어난 영향이 가장 크지만 국내 소비자를 대상으로 한 빙그레의 마케팅 전략도 힘을 발했다는 평가가 나온다. 제품명에서 자음을 지운 뒤 글자를 채워넣게 만든 'ㅏㅏㅏ맛 우유' 프로모션은 젊은 층을 중심으로 SNS에서 큰 인기를 끌면서 올해 상반기 매출이 전년 동기간 대비 15% 신장하기도 했다. 식음료 업계 관계자는 "바나나맛 우유의 경우 트랜드가 빠르게 바뀌는 식음료 시장에서 리뉴얼 없이 꾸준하게 사랑받는 이례적인 상품"이라며 "자칫 고루해질 수 있는 장수 제품에 추억을 녹이면서도 젊은층을 대상으로 한 끊임없는 마케팅으로 매년 새로운 소비자를 끌어들이는 전략이 주효했다"고 말했다.

자료원: 배윤경, "빙그레 '바나나맛 우유' 40년 장수 제품의 영리한 생존기", 매일경제

제5절 서비스업에서의 제품관리

서비스업의 제품관리
서비스도 제품의 한 종류이기 때문에 그 구성요소와 분류, 그리고 그에 대한 마케팅전략의 수립과 수행은 일반 제품과 크게 다르지 않다.

서비스의 무형성
서비스는 보거나 만질 수 없어 이는 고객의 판단을 어렵게 한다.

국가 경제가 발전함에 따라 전체산업에서 서비스가 차지하는 비중은 급격하게 증가하게 된다. 이에 따라 서비스제품에 대한 마케팅전략 또한 그 중요성이 부각되고 있다. 서비스도 제품의 한 종류이기 때문에 그 구성요소와 분류, 그리고 그에 대한 마케팅전략의 수립과 수행은 일반제품과 크게 다르지 않다. 따라서 마케팅전략에서의 개념전달과 구매전환활동을 효과적으로 수행하기 위해 서비스제품의 제반 구성요소들이 모두 일관성 있게, 그리고 서로 최대한의 보완성을 지닐 수 있도록 구성되어야 한다. 즉, 제품개념과 일관성을 가진 로고, 디자인(서비스의 내용 및 서비스 제공방법), 포장(서비스장소의 구조, 직원의 외모, 복장, 태도) 등이 적절히 구성되어 고객들에게 정확한 개념을 전달해주고 장소적·시간적·지각적·기능적·감각적 장애요소들을 효과적으로 제거해 주어야 하는 것이다. 또한, 일반제품에서와 마찬가지로 마케팅믹스활동을 토대로 뚜렷한 포지셔닝을 시장에서 구축해야 하는 것이다.

대한항공의 유니폼. 복장은 서비스 수준을 가시화하는 효과적인 방법이다.

물론, 일반제품과 비교하여 서비스제품이 갖는 독특한 특성이 존재하며 따라서 각 특성에 맞는 대응 마케팅전략을 수립하는 것도 필요하다. 구체적으로 서비스의 네 가지 특성과 각각에 대한 대응전략은 다음과 같이 요약될 수 있다.

첫째, 서비스는 보거나 만질 수 없는 무형이라는 점이다(서비스의 무형성). 서

비스를 소비하는 경험이 비록 상당히 시각적(예: 극장)이고 촉감적(예: 물리치료)일 수 있다 하더라도 이는 쉽게 볼 수도, 맛볼 수도, 혹은 만질 수도 없는 것이다. 또한, 물리적 의미에서의 특정한 디자인, 포장, 그리고 기능적 수행들도 명백하지가 않다. 이러한 서비스의 무형성으로 인해 고객들은 그 서비스가 어떤 것인가를 판단하기가 어렵게 된다. 따라서 무형성으로 인한 이와 같은 문제점을 해결하기 위해서는 실체적(유형적)인 단서를 적극적으로 활용해야 한다. 예를 들어, 호텔에서는 내부시설, 직원들의 복장과 태도 등을 통해 서비스의 수준을 가시화하며, 개인병원에서는 원장의 실력과 명성을 나타내 주는 각종 증서들을 벽에 걸어놓기도 한다. 이러한 유형적인 단서들을 이용하여 강력한 이미지를 구축하고 고객들의 지각적 장애요인을 제거해 주게 되는 것이다. 나아가, 구매 후의 고객관리 활동을 통해 이러한 지각을 지속적으로 강화시키고 이들에 의한 구전을 적극적으로 활용하여 신규고객의 지각을 형성시키는 데 도움을 받아야 한다.

둘째, 서비스는 생산과 소비가 동시에 일어난다는 특성이 있다(서비스의 비분리성). 즉 서비스는 제공자에 의해 제공되는 것과 동시에 고객에 의해 소비되는 성격을 지닌다. 따라서 고객들은 서비스의 생산과정에 많이 참여하게 된다. 예를 들어, 물리치료 서비스를 받는 고객은 서비스의 생산과정에 참여하여야 하지만, 단순히 근육이완 제품을 섭취하려 한다면, 제품생산과정에서의 참여는 존재하지 않을 것이다. 서비스의 이러한 비분리성 때문에 서비스의 생산과정에 고객이 참여하게 되고, 고객들이 형성하는 분위기가 하나의 서비스 내용이 될 수도 있다. 예를 들어, 어떤 나이트클럽은 특정 연령 혹은 유형의 고객만 입장시킴으로써 참여하고 있는 고객들 스스로가 서비스(분위기)를 창출하도록 한다.

서비스의 비분리성
서비스는 생산과 소비가 동시에 일어난다. 즉, 생산과정에 고객이 참여하게 된다.

서비스의 제공에 있어서 고객의 상당한 참여를 필요로 하는 것으로는 패스트푸드점에서의 식사, 호텔에서의 간식과 음료서비스, 그리고 공항에서의 수하물서비스 등이 있다. 서비스를 설계하는 데 있어서, 각 고객들이 서비스 제공과정에 참여하는 데 있어 어떠한 선호를 보이며, 특정한 변수들이 어떠한 상황하에서 중요한가(예를 들면, 웨이터의 친절도, 공항에서의 수하물 대기시간)와 같은 요소들이 주의 깊게 고려되어야 한다.

이러한 서비스의 비분리성으로 인한 문제점을 해결하기 위해서는 고객과 접촉하는 서비스 요원을 신중히 선발하고 철저히 교육시켜야 한다. 또한, 고객관리의 중요성을 잊지 말아야 하고 고객이 원활히 서비스를 받을 수 있도록 서비스시설을 편리한 장소에 설치하여야 한다. 제품은 특정한 제품 디자인과 포장을 지닌 물리적인 형태로 제시되지만 서비스는 추상적이므로 구체적인 실체들, 즉 유형의 단서가 서비스와 결합되어야 소비자에게 효과적으로 전달될 수 있다. 예를 들어, FedEx와 같은 우편물 배달업체는 배달원의 복장과 태도를 통해 신뢰감을 줌으로써 고객들의 기능적 장애요소(즉, 우편물이 제시간에 정확하게 배달될 것인가에 대한 불안감)를 제거해 준다.

셋째, 서비스는 품질이 고르지 않다(서비스의 이질성). 서비스는 생산 및 인도 과정에서 고객마다 품질이 달라질 가능성이 많다. 같은 서비스업체 내에서도 종업원에 따라 품질이 다르고, 같은 종업원이라도 상황에 따라 품질이 다르다. 예를 들어, 미용실에서 미용사가 많은 사람의 머리를 잘라 주지만, 고객마다 똑같은 머리 형태로 자르지는 못하는 것이다.

서비스의 이질성은 고객의 이질성으로 인해 발생하는 경우도 많다. 예를 들어, 대학생들이 같은 교수에게 강의를 듣는다고 해도, 학생의 지적 능력과 노력 정도에 따라 매우 다양한 성과를 보인다. 인터넷 뱅킹 서비스의 경우도 인터넷에 능숙한 사람이 그렇지 않은 사람에 비해, 더 빠르고 정확한 서비스를 받을 수 있다.

사진 7-4 여성들에게 포지셔닝된 서비스

이러한 서비스의 이질성은 문제와 기회를 동시에 제공한다. 한편으로는 서비스품질의 표준화가 어렵기 때문에 일정수준 이상으로 품질을 유지하기가 어렵다. 하지만 이러한 서비스의 이질성으로 인해 고객마다 차별화된 서비스를 제공할 수 있는 기회가 발생한다. 따라서 서비스 제공업체는 우선 서비스의 표준화를 위해 노력하여야 한다. 이러한 노력의 일환으로 많은 서비스업에서는 상세한 서비스매뉴얼을 개발하여 여러 가지 상황하에서 모든 직원이 일관된 서비스를 전달할 수 있도록 하고 있다. 기업은 또한 서비스의 생산과정에서는 고객맞춤(customization)이 가능하다는 점을 적극 이용하여 개인화된 서비스를 제공할 수 있는 체제를 정립해야 한다.

서비스의 이질성
서비스는 생산 및 인도 과정에서 고객마다 품질이 달라질 가능성이 많다.

서비스의 네 번째 특성은 제품이 판매되지 않으면 사라진다는 것이다(서비스의 소멸성). 일반제품의 경우 판매되지 않아도 재고로 보관한 뒤, 나중에 다시 판매할 수 있다. 하지만 서비스는 재고로 보관할 수가 없다. 비행기는 손님이 가득 차지 않아도 일정에 따라 운행해야 하며, 각종 공연은 객석에 관객이 적어도

서비스의 소멸성
서비스되는 제품이 판매되지 않으면 사라진다.

사진 7-5 규격화를 통해 서비스의 이질성으로 인한 구매장애요인을 제거한다

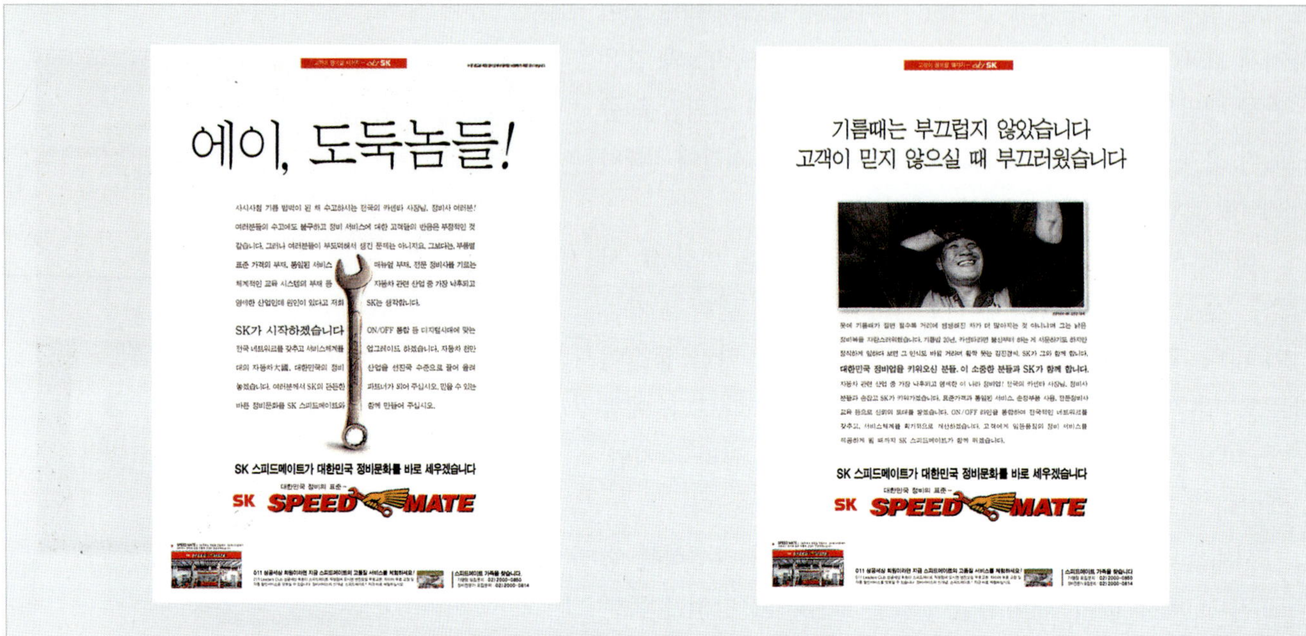

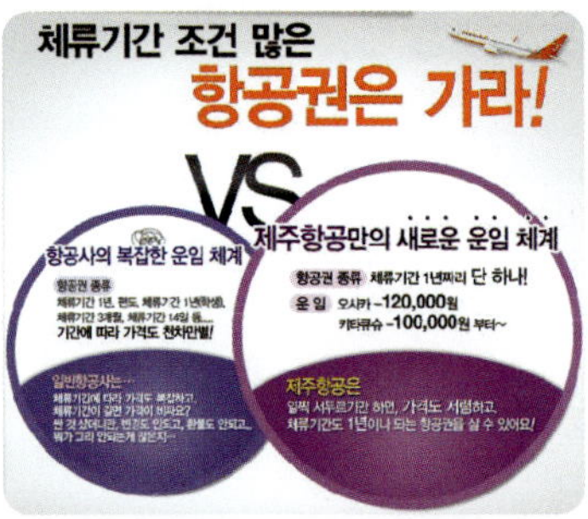

비행기의 빈 좌석을 줄이기 위하여 항공사들은 다양한 노력을 한다. 사진은 미리 구매하면 할인혜택을 주는 제주항공의 프로모션

실시해야 한다. 이때, 비행기의 빈 좌석과 극장의 빈 객석은 재고로 보관할 수 없다. 뿐만 아니라 서비스는 구매가 되더라도 1회로서 소멸되며, 그와 동시에 서비스의 편익도 사라진다.

이러한 서비스의 소멸성은 과잉생산으로 인한 손실과 과소생산으로 인한 기회상실의 문제를 야기한다. 서비스제공업체는 이 문제를 해결하기 위해 정확한 수요예측을 하여야 하며, 생산계획 및 인력배치 계획에 유연성을 확보하여야 한다. 또한, 하나의 시설을 다용도로 사용할 수 있게 하기 위한 방법을 연구하고, 종업원 한 사람이 여러 직무를 수행할 수 있도록 교육하여야 한다. 한편, 서비스 수요를 재고로 보관하려는 노력도 병행하여야 한다. 예를 들어, 은행의 번호표나 치과의 시간약속 등은 수요를 재고로 보관하려는 노력이라고 할 수 있다.

/요/약/

제품은 마케팅믹스의 가장 기본적인 요소이다. 제품이란 고객의 욕구를 충족시켜 주기 위해서 제공되는 물리적 제품, 서비스, 이벤트, 사람, 장소, 조직, 아이디어 또는 이것들의 조합을 의미한다. 제품은 크게 핵심제품, 실제제품, 확대제품의 세 가지 수준으로 구분될 수 있다. 제품의 유형에는 우선 소비재와 산업재가 있는데 소비재는 개인적인 소비를 위해 최종소비자가 구매하는 제품을 의미하고, 산업재는 최종 완제품을 만들기 위한 중간 제품이거나 사업을 수행하기 위해 사용될 목적으로 개인이나 조직에 의해 구매되는 제품을 의미한다. 소비재는 다시 소비자가 어떻게 그 제품을 구매하는가에 따라 편의품(convenience good), 선매품(shopping good), 전문품(specialty good)으로 분류될 수 있다.

제품의 구성요소는 제품디자인, 제품기능, 상표명, 로고, 등록상표, 포장 그리고 포괄제품특성을 의미한다. 디자인과 포장은 제품디자인믹스와 포장믹스로 확대되며, 이는 각각 5개의 구성요소로 나누어진다. 마케팅목표인 개념전달활동과 구매전환활동을 효율적으로 달성하기 위해 마케팅관리자는 제품의 각 구성요소들을 일관성과 보완성의 원리에 근거하여 구성함으로써 다른 마케팅믹스요소와의 긍정적인 시너지를 창출하게 된다.

대부분의 기업들은 하나 이상의 제품을 생산하고 있다. 기업이 판매하는 모든 상품들의 집합을 제품조합 혹은 제품믹스라고 한다. 그리고 제품조합을 구성하고 있는 각각의 제품집합을 제품라인이라고 하는데 제품라인에 속해 있는 제품 혹은 브랜드의 개수를 제품라인 길이(product line length)라고 하며 제품라인에 속해 있는 각 브랜드가 얼마나 많은 품목을 갖추고 있는가는 제품라인 깊이(product line depth)라고 한다. 고객욕구와 시장여건의 변화에 따라 기업은 제품조합과 제품라인을 수정해 나가야 한다. 제품라인을 연장하는 데는 크게 상향연장(upward stretching)과 하향연장(downward stretching)의 두 가지 방법이 있다. 어떠한 방향으로 제품조합이나 제품라인을 수정하더라도 기업은 그들의 제품전략의 일관성을 잃지 말아야 한다. 즉, 제품라인의 수정으로 인해 시장에 전달하고자 하는 개념이 흔들려서는 안 되는 것이다.

브랜드는 제품개념을 명확히 전달하며 고객이 제품을 쉽게 기억하고 구별할 수 있도록 하는 제품의 구성요소이며, 이를 통하여 사업의 성장을 도모할 때는 브랜드와 시장을 함께 고려하여 브랜드전략을 세워야 한다.

기업은 개념전달과 구매전환활동을 수행해 나가는 데 있어서 소비자의 기호, 제품기술, 그리고 경쟁 등과 같은 환경요소들의 끊임없는 변화에 당면하게 되며 따라서 새로운 제품과 서비스의 개발을 위해 지속적인 노력을 하여야 한다. 신제품의 개발은 기회발견, 신제품 개발, 신제품 테스트, 신제품 런칭, 이익관리 등의 단계를 걸쳐 이루어진다.

개별 제품과 서비스의 장기적인 성공을 위해서는 도입단계뿐만 아니라 모든 기간 동안에 효율적인 마케팅 관리가 있어야 한다. 제품수명주기전략은 몇 가지 문제점을 갖고 있기는 하지만, 장기적인 마케팅관리의 틀을 제공하기 위한 지침서가 되어 준다.

서비스제품은 일반제품에 비해 무형성, 비분리성, 이질성, 소멸성이라는 중요한 특징을 가지고 있으며 이에 따라 관리되어야 한다.

/문/제/제/기/ 및 /질/문/

1. 소비재의 유형에는 무엇이 있는지를 설명하고 각각에 대한 예들을 제시해 보시오.
2. 제품이 마케팅에서 가지는 의미에 대하여 설명해 보시오.
3. 우리나라 자동차회사 중 하나를 선정하여 그 회사의 제품라인이 어떻게 구성되어 있으며 어떻게 확장될 수 있는지를 제시해 보시오.
4. 20세에서 35세 사이의 젊고, 운동을 좋아하며, 건강에 관심을 가진 여성들을 대상으로 제품개념을 설정하였다고 하자. 제품개념은 긴장을 풀어주며 즐거움을 주는 저알코올 와인이다. 일관성과 보완성의 원리에 근거하여 제품을 어떻게 구성할 것인지를 서술해 보시오.
5. 네 가지의 브랜드명전략이 각각 어떠한 상황에서 적합한지 비교 설명해 보시오.
6. 다른 제품범주로의 브랜드 확장전략에 있어서 가장 중요한 고려사항이 무엇인지 논하시오.
7. 신제품 개발과정에 근거하여 새로운 세탁기를 개발한다고 가정하고 그 과정을 각 단계별로 설명하시오.
8. 제품의 세 가지 수준(제품, 제품형태, 제품군) 중 전통적인 PLC곡선에 가장 적합한 것은 어느 것인가? 왜 제품의 수준에서 나타나는 PLC형태들에 차이가 나타나는가?
9. 도요타의 렉서스의 제품전략과 하얏트호텔의 서비스전략을 비교하시오. 서비스와 일반제품이 가지고 있는 차이점이 무엇인지를 토대로 설명해 보시오.

메모

이 장을 읽고 난 후 여러분들이 알아야 하는 내용은 다음과 같습니다.

- 촉진믹스에 대하여 이해한다.
- 광고의 다양한 소구점과 매체에 대하여 알아본다.

이 장의 첫 사례는 코카콜라의 광고전략에 관한 내용입니다. 이를 통해 코카콜라가 자사제품을 효과적으로 알리기 위하여 실시한 다양한 광고 활동을 확인할 수 있습니다. 이 사례에서 코카콜라는 알리고자 하는 핵심 개념을 전달하기 위하여 어떤 방법들을 사용했을까요? 그리고 이러한 광고 캠페인들을 집행할 때는 어떤 점을 중시해야 할까요? 이 사례를 읽으면서 성공적인 광고를 위하여 해야 할 일들에 대해 생각해 봅시다.

제 1 절 촉진믹스

제 2 절 광 고

제 3 절 PR(Public Relations)

CHAPTER 8

촉진(Promotions)관리 I : 광고, PR(Public Relation)

도입사례

코카콜라의 광고 전략

빨간색 배경의 대형 옥외광고판에 일그러진 브랜드 로고가 무심하게 박혀 있다. 로고가 심하게 일그러져 있어 제대로 읽기는 불가능하지만, 상징적인 강렬한 붉은색과 특유의 서체만으로도 대부분의 사람들은 특정 브랜드를 떠올려 낼 것이다.

25일 업계에 따르면 세계 최대 음료 기업인 코카콜라(Coca-Cola)가 최근 'Recycle Me(나를 재활용해주세요)' 캠페인을 통해 찌그러진 코카콜라 캔에서 발견한 브랜드 로고 이미지를 광고 전면에 내세우고 있다.

138년의 역사를 지닌 코카콜라는 전 세계인이 식별할 수 있는 상징적인 브랜드 로고로도 유명하다. 해당 로고는 코카콜라의 모든 제품 패키지에 삽입돼 있으며, 이미지가 일부 훼손되거나 찌그러지더라도 누구나 알아볼 수 있을 만큼 상징적이다. 이에 코카콜라는 캔 재활용 메시지를 강조하는 동시에, 찌그러져도 강력한 상징성을 유지하는 브랜드 로고의 힘을 보여주기 위해 이번 광고 캠페인을 기획했다.

광고 속 로고는 실제 찌그러진 코카콜라 캔에서 얻은 이미지다. 코카콜라는 기계식 프레스와 진공청소기 등 다양한 기계를 이용해 코카콜라 캔을 찌그러뜨렸고, 찌그러진 제품 속 브랜드 로고를 광고 이미지로 사용했다.

코카콜라의 'Recycle Me' 캠페인은 코카콜라가 펼치는 'World Without Waste(쓰레기 없는 세상)' 전략의 일환으로, 지속가능성은 우리 모두의 책임임을 강조하고 더 많은 사람들이 재활용에 참여할 수 있도록 장려하는 메시지를 담고 있다. 코카콜라는 '플라스틱 오염 유발 기업 1위'라는 오명에서 벗어나기 위해 지속가능한 전략을 속속 내놓으며 실천에 옮기고 있다.

이슬람 엘데수키(Islam ElDessouky) 코카콜라 크리에이티브 전략 및 콘텐츠 부사장은 "코카콜라는 쓰레기 없는 세상을 지향한다"며 "오는 2025년까지 제품 패키지를 100% 재활용할 수 있도록 하는 글로벌 목표를 달성하기 위해 제품 혁신에 힘 쏟고 있으며, 2030년까지 우리가 판매하는 모든 병과 캔을 회수해 재활용하는 것을 목표로 하고 있다"고 밝혔다.

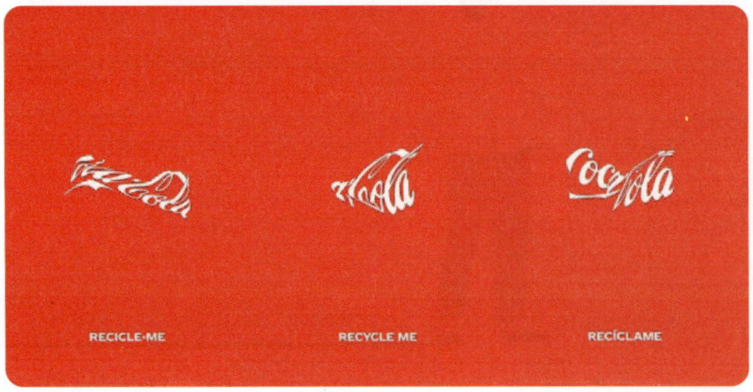

이어 "마케팅을 통해 (지속가능성에 대한) 강력한 메시지를 전달하고, 이를 통해 소비자들이 우리의 여정에 동참할 수 있도록 촉구하고 있다"며 "'Recycle Me' 캠페인은 우리 모두가 가능한 모든 것을 재활용해야 한다는 의미를 담고 있다"고 전했다.

코카콜라의 'Recycle Me' 캠페인은 코카콜라 전담 에이전시인 WPP Open X와 오길비 뉴욕(Ogilvy New York)이 대행했으며, 아르헨티나와 브라질, 멕시코에서 시작해 글로벌 캠페인으로 확대해나갈 예정이다. 해당 캠페인은 OOH와 디지털 OOH, 소셜미디어, 인쇄 광고로 진행된다.

코카콜라는 브랜드의 상징인 로고를 활용해 다양한 마케팅 활동을 꾸준히 펼치고 있다. 최근에는 공식 로고를 재해석해 그린 길거리 그림 속 비공식 로고를 캔 제품 포장 디자인에 넣고, 해당 이미지를 활용한 'Every Coca-Cola is welcome(모든 코카콜라를 환영합니다)' 캠페인을 통해 서브컬처(subculture, 하위문화)와 지역 커뮤니티를 포용하는 글로벌 캠페인을 펼쳐 눈길을 끌었다.

대부분의 브랜드들이 공식 로고의 상표권을 침해하는 비공식 로고를 꺼려하는 것과 달리, 코카콜라는 브랜드 로고에 새로운 사회적 메시지를 담아 재해석함으로써 코카콜라 브랜드의 문화적 상징성과 영향력을 한층 강화하는 크리에이티비티를 보여주고 있다.

자료원: 김수경, 코카콜라는 왜 찌그러진 브랜드 로고를 광고에 내세웠을까?, 브랜드브리프, 2024.04.25.

제 1 절 촉진믹스

1 촉진의 정의 및 촉진믹스의 구성요소

촉진활동
특정 상품을 현재 또는 미래의 고객들에게 알리고, 이것을 구매하도록 설득하며, 구매를 유도할 수 있는 여러 가지 커뮤니케이션 수단들의 총합

촉진믹스
광고, PR, 판매촉진, 인적판매

촉진활동이란 어떤 상품을 현재 또는 미래의 고객들에게 알리고, 이것을 구매하도록 설득하며, 구매를 유도할 수 있는 여러 가지 커뮤니케이션 수단들의 총합을 의미한다. 이러한 촉진활동은 제품의 개념전달활동을 효과적으로 도울 뿐만 아니라, 교환 시 발생하는 거래장애요소들을 효과적으로 제거할 수 있다.

촉진활동에 포함되는 커뮤니케이션 수단(촉진믹스)에는 광고, PR, 판매촉진, 인적판매 등이 있다. 광고가 촉진하고자 하는 제품 또는 기업을 비인적 매체를 통하여 알리고 구매를 유도하는 모든 형태의 활동이라면 PR은 기업이나 제품에 대해서 전반적으로 호의적인 태도나 의견을 가지도록 하기 위한 커뮤니케이션 활동을 말한다. 그리고 판매촉진은 구매를 유도하기 위하여 제공되는 여러 가지 단기적인 인센티브를 말하고, 인적판매는 판매하려는 기업의 대리인이 잠재 고객에게 제품을 직접 알리는 것으로 대면 접촉이나 전화를 통해서 이루어지는 활동을 말한다.

2 촉진믹스의 일반적 특징

(1) 상품유형별 특징

| 소비재와 산업재의 촉진믹스 |

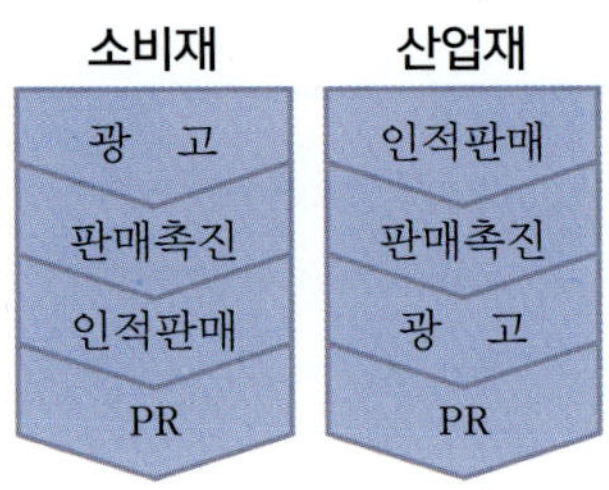

광고와 PR은 인지, 지식, 호감, 선호단계에서, 판매촉진은 구매단계에서, 그리고 인적판매는 확신과 구매단계에서 효과적이다.

촉진믹스 각각의 효용은 상품의 종류에 따라서 달라진다. 상품들을 소비재와 산업재로 나누면, 소비재의 경우 기업들은 대개 광고에 주로 치중을 하고, 판매촉진, 인적판매, PR순으로 예산을 편성한다. 반면에 산업재의 경우 기업들은 인적판매를 가장 중요시 하고, 판매촉진, 광고, PR순으로 예산을 편성한다. 일반적으로 인적판매는 소수의 규모가 큰 구매자들이 존재하는 시장 또는 상품이 복잡하거나 값이 비싼 시장에서 많이 활용된다.

(2) 구매단계 및 반응단계별 특징

고객의 구매의사 결정과정은 문제인식, 정보탐색, 대안평가, 구매, 구매 후 행동의 다섯 단계로 이루어지는데 광고와 PR은 문제인식, 정보탐색, 대안평가, 그리고 구매 후 행동단계에서 가장 효과적이고, 판매촉진은 구매단계에서, 인

적판매는 구매와 구매 후 행동단계에서 가장 효과적이다. 구매의사 결정단계가 잠재구매자의 행동에 초점을 맞춘 것이라면, 반응단계(response hierarchy)는 잠재구매자의 심리에 초점을 맞춘 것이다. 이 반응단계는 인지(awareness), 지식(knowledge), 호감(liking), 선호(preference), 확신(conviction), 구매(purchase)의 여섯 단계로 이루어지는데 광고와 PR은 인지, 지식, 호감, 선호단계에서, 판매촉진은 구매단계에서, 그리고 인적판매는 확신과 구매단계에서 가장 효과적이다.

3 촉진믹스요소의 통합적 활용

(1) 통합적 마케팅 커뮤니케이션(IMC) 측면

1990년대 이후부터 **통합적 마케팅 커뮤니케이션**(integrated marketing communication: IMC)에 대한 관심이 확산되고 있다. IMC란 개별적인 마케팅활동으로 수행되어 오던 여러 가지 커뮤니케이션수단들(광고, PR, 판매촉진, 판매원관리, 구전 등)을 통합적으로 관리하여 상호간의 일관성과 보완성을 증대시키는 것을 말한다. 이는 지금까지 제1부에서부터 계속 논의되어 오던 마케팅활동에서의 일관성과 보완성의 원칙을 마케팅믹스요소 중에서도 커뮤니케이션수단들에 적용하는 것이라 할 수 있다.

IMC(Integrated Marketing Communication)
개별적인 마케팅활동으로 수행되어오던 여러 가지 커뮤니케이션수단들을 통합적으로 관리하여 상호간의 일관성과 보완성을 증대시키는 것

일반적으로, 마케팅의 목표가 제품(브랜드)개념을 신속하고 정확하게 전달하기 위한 개념전달목표와 이를 바탕으로 실제 거래를 하려고 할 때 나타날 수 있는 거래장애를 제거하기 위한 구매장애요인 제거로 이루어진다면, IMC 목표는 이러한 두 가지 마케팅목표를 효과적으로 달성하기 위한 세부적인 커뮤니케이션 활동목표들의 결합체이어야 한다. 예를 들어, 매출액의 증가와 같은 마케팅목표를 달성하고자 할 때, 2차적인 세부목표로서 표적고객에게 자사 브랜드의 강점을 부각시킬 수 있는 적절한 메시지를 어떠한 방식으로 전달할 것인가를 결정하는 것이 IMC목표에 해당된다.

IMC목표의 설정은 기업의 마케팅목표에 부합하면서 여러 가지 촉진수단(광고, 홍보, 판매촉진, 인적판매 등) 및 브랜드에 관련된 모든 마케팅믹스요소들(제품 포장, 가격, 유통경로 등)이 효율적으로 표적고객에게 전달되도록 이들을 통합적으로 관리하는 데 도움을 준다. 예를 들어, 시장 내 2위 기업이 10%의 시장점유율 증가를 목표로 하고 있다고 하자. 시장조사 결과 자사브랜드의 현재 인지도가 경쟁브랜드보다 낮은 것으로 나타났다. 마케팅담당자는 마케팅목표를 달성하기 위

그림 8-1 일관성과 보완성의 원칙에 의한 촉진관리

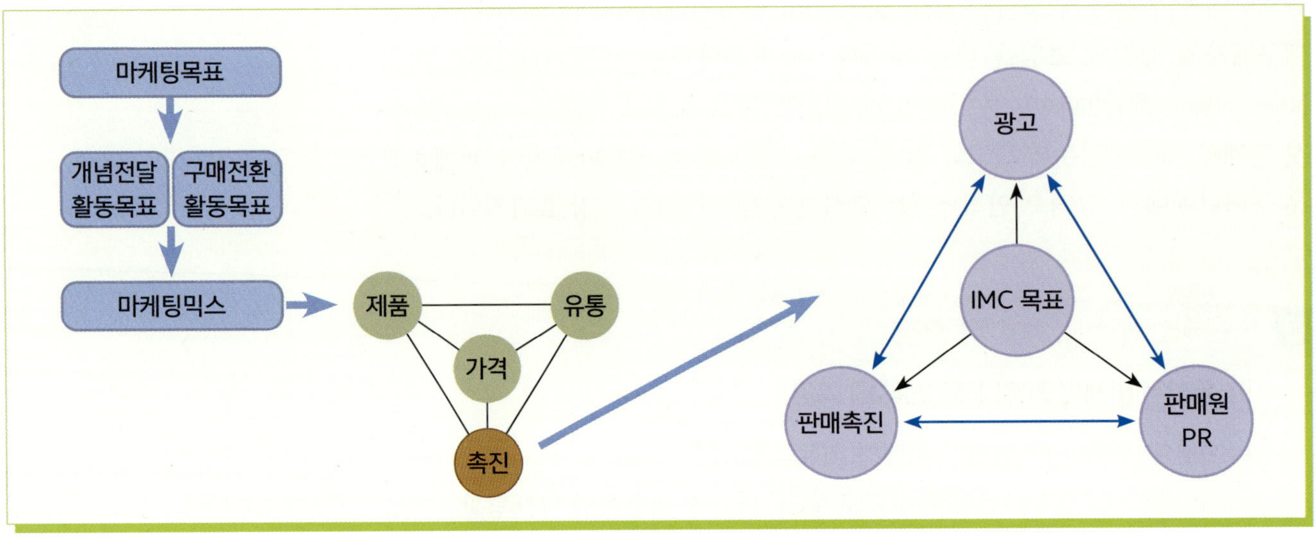

한 IMC목표를 자사브랜드에 대한 인지도 향상으로 설정하게 된다. 이러한 IMC 목표는 광고제작이나 판매촉진활동 등 촉진활동의 범위와 시행계획의 수립에 기초가 된다. 즉, 광고를 통하여 브랜드가 지니고 있는 개념을 표적고객에게 보다 정확히 전달하도록 하고, 지각적 장애요인을 제거하며, 이와 동시에 판매촉진을 통하여 구매단계의 장애요인을 제거하고, 효과적인 판매원관리를 통하여 시간 및 장소적인 장애요인을 제거함으로써 각 활동이 IMC목표하에서 일관성 및 보완성을 갖도록 관리되어야 하는 것이다.

(2) 촉진믹스의 전략적 측면: 푸쉬(Push)와 풀(Pull)

•촉진의 푸쉬(Push)전략
제조업자가 유통업자들을 대상으로 하여 주로 판매촉진과 인적판매 수단들을 동원하여 촉진활동을 하는 것

•촉진의 풀(Pull)전략
제조업자가 최종 소비자들을 대상으로 하여 주로 광고와 판매촉진 수단들을 동원하여 촉진활동을 하는 것

촉진전략에는 크게 푸쉬(Push)전략과 풀(Pull)전략이 있다. 푸쉬(Push)전략이란 제조업자가 유통업자들을 대상으로 하여 주로 판매촉진과 인적판매 수단들을 동원하여 촉진활동을 하는 것을 말한다. 예를 들어, 유통업자들이 자사 상품을 취급하도록 함과 동시에 그들이 소비자들에게 자사상품 구매를 더욱 많이 하도록 유도하는 것을 제조업자의 촉진전략 목표로 한다면 이는 푸쉬(Push)전략이 된다.

반면 풀(Pull)전략이란 제조업자가 최종 소비자들을 대상으로 하여 주로 광고와 판매촉진수단들을 동원하여 촉진활동을 하는 것을 말한다. 예를 들어, 광고를 통해 브랜드에 대한 인지도를 높임으로써 최종소비자가 자사의 특정 상품을

찾도록 유도하고 결국에는 유통업자들이 그 상품을 취급하게 만드는 것을 목표로 한다면 이는 풀(Pull)전략이 된다.

본 장에서부터 제9장까지는 마케팅믹스요소들 중에서 촉진활동(promotion)에 해당되는 커뮤니케이션수단들로서 앞에서 간단히 언급되었던 광고와 홍보(8장), 인적판매와 판매촉진(9장)의 순서로 자세히 다루고자 한다.

제2절 광 고

1 광고의 개념과 목적

(1) 광고의 개념

광고는 광고주가 아이디어나 제품 또는 서비스에 대한 정보를 표적고객에게 비인적(非人的) 매체를 이용하여 전달하는 것을 말한다. 모든 마케팅믹스의 요소들 가운데에서 광고는 제품에 대한 소비자들의 이해를 돕고, 지각적·가치적 장애를 감소시키는 데 효과적이다. 예를 들어, 광고주는 광고를 통해 제품의 가치를 보여주고 특정 가격이 설정된 이유를 알려 주는데, 이러한 내용의 광고는 고객의 지각적 장애를 감소시켜 구입에 따른 인지된 위험(perceived risk)을 낮추게 된다.

(2) 광고목표

광고주는 광고를 하기 전에는 반드시 그 목적을 뚜렷하게 설정해야만 한다. 앞에서도 언급했듯이 마케팅목표 중의 하나인 개념전달목표와 커뮤니케이션 수단들 간에는 일관성이 있어야 하며 무엇 때문에 여러 가지 커뮤니케이션 수단 중에서 '광고'라는 커뮤니케이션 수단을 사용하는지에 대한 개념이 뚜렷하게 정립되어 있어야만 효율적인 광고를 개발하고 관리할 수 있다.

예를 들어, 국내 껌시장에서 시장점유율 1위를 지키고 있는 롯데는 '자일리톨'성분이 함유된 껌을 시장에 처음으로 출시하고, 광고를 통하여 치아관리에 대한 욕구를 자극하여 '자일리톨'이 함유된 껌의 신규수요를 창출하였다. 그 후 롯데는 자일리톨 껌의 단맛이 아이들에게 좋은 것만을 주려는 어머니의 마음에 구매장애요소로 작용한다는 점을 포착하고, 자일리톨 껌의 단맛은 건강에 나쁘지

사진 8-1 구매장애요소(단맛에 대한 우려)를 제거하기 위한 롯데'자일리톨+2'의 광고

요새는 자일리톨 많이 씹어요.
그런데 애들이 씹기엔 좀 단 것 같기도 하고요.

좋다고들 하는데, 달아도 괜찮나요?

단맛은 자작나무 추출물 고유의 맛입니다.

롯데 자일리톨+2

않다는 점을 학습시키고자 '자일리톨 껌의 단맛은 자작나무 추출물에 의한 것'이라는 광고를 실시하였다.

광고의 목표를 선정할 때 명심할 것은, 광고는 개념전달활동을 원활하게 하기 위한 커뮤니케이션 수단이라는 점이다. 따라서 광고의 목표는 광고주와 소비자간의 커뮤니케이션을 도와 제품의 개념전달을 원활히 수행할 수 있는 내용으로 정해져야 한다. 즉, 소비자가 제품에 대하여 인지하는 '인지'단계에서부터 제품에 대한 구체적인 지식을 필요로 하는 '지식'단계, 그리고 특정제품을 선택하려고 하는 '선호'단계와 구매 후 느낄 수 있는 '인지부조화의 극복'단계에 이르기까지 광고가 지대한 영향을 미치게 되는 것이다. 광고가 '구매'나 '구매확신'단계에 영향을 줄 수도 있지만 이 두 단계는 촉진 중에서도 거래장애요소 제거의 역할이 더 큰 '판매촉진'으로부터 받는 영향이 더 크다. 따라서 광고목표는 다음과 같은 것들이 있다;

- 인지도 제고
- 제품정보의 제공
- 브랜드에 대한 호의적 태도 형성
- 브랜드 선호도 제고
- 만족도 향상/ 구매 후 부조화 감소

2 광고의 구성요소

광고는 광고컨셉과 크리에이티브로 구성되는데 이 둘은 광고의 목표 아래 시너지를 얻기 위하여 서로 일관성과 보완성을 유지하면서 실행되어야 한다. 먼저, 광고주는 광고에서 무엇을 말할 것인지를 찾아야 하는데("What to say") 이것이 '광고컨셉'이며, 이러한 주제를 어떻게 구현할 것인가("How to say")의 문제가 '크리에이티브'이다. 아래에서는 이 두 가지 구성요소들에 관하여 자세히 살펴보도록 한다.

민감성 치아제품을 표현한 Sensodyne 치약의 인쇄광고
광고는 무엇을, 어떻게 표현할 것인가로부터 시작된다.

(1) 광고컨셉

광고컨셉이란 광고주가 광고를 통해 표적소비자에게 전달하고자 하는 제품의 핵심개념을 하나의 단어나 어구로 표현하는 것을 말한다. 여기서 핵심개념은 제품이 갖고 있는 기능적·경험적·상징적인 편익을 설명함으로써 이루어진다.

여성용 담배를 표방한 버지니아 슬림

표 8-1 광고컨셉의 표현사례

광 고 주	광고컨셉의 표현
Ivory 비누	"99.44%의 순수성"
Virginia Slim 담배	"당신은 오랫동안 매력적인 여자로 남는다"
미국 해병대	"소수의, 자신감 넘치는, 그리고 선택된 사람들"
United Airlines 사	"United라는 친절한 하늘로 오십시오"
Rolls-Royce사	"시속 60마일로 달리는 신형 롤스로이스 안에서 들리는 가장 큰 소리는 바로 전자시계 소리입니다"
농심의 '새우깡'	"언제 어디서나 새우깡"
오리온 '쵸코파이'	"정"

광 고 주	광고컨셉의 표현
제일제당 '다시다'	"고향의 맛"
동아제약 '박카스'	"젊은 날의 선택"
에이스 침대	"침대는 에이스입니다"
청정원	"햇살 담은 진간장"
삼성전자	"또 하나의 가족"
BC 카드	"Beyond Card"
현대카드	"디지털 현대카드"
대한항공	"Excellence in Flight"
아모레퍼시픽	"MAKEUP YOUR LIFE"

사진 8-2 대한항공의 "Excellence in Flight" 광고 캠페인

표 8-2 광고 컨셉의 분류와 예

경험의 유형 \ 제품개념	기능적 제품개념	감각적 제품개념	상징적 제품개념
제품사용의 결과	치아를 깨끗하게 만드는 치약	상쾌한 입냄새를 유지시켜 주는 구강세척제	20대의 머리결로 돌아가자! – 염색약 '비겐크림톤'
사용중의 경험	세게 문지르지 않아도 깨끗하게 되는 세제	내 마음대로 조절하자 – 맥심인스턴트 커피	사회적으로 특정 집단의 구성원임을 나타내 주는 아파트 – 집에 담고 싶은 모든 가치 '힐스테이트'
사용에 따른 부수적인 경험	따르기 편리하고 기름이 흐르지 않는 마개제품 – 백설식용유	손에서는 녹지 않는 초콜렛	넓고 아늑한 공간의 – 9인승 카렌스
부정적인 문제점의 회피	냄새 없는 살충제 – 에프킬라 내츄럴 후레쉬	땀냄새를 제거시켜 주는 – 니베아 데오드란트	흰머리를 없애 주는 모발 크림

"갈증해소" – 게토레이, "부라보 유어라이프" – 삼성생명, "Beyond Card" – BC카드와 같은 것은 핵심개념의 좋은 예가 될 수 있다. <표 8–1>은 광고컨셉의 다양한 사례들을 모아 놓은 것이다.

광고컨셉 설정의 두 가지 기준
제품개념과 고객들이 그 제품에 기대하고 있는 경험의 유형

광고컨셉을 설정하는 데 있어서 두 가지 중요한 기준으로는 제품개념과 고객들이 그 제품에 대해서 기대하고 있는 여러 가지 가치 있는 경험의 유형이 있다(<표 8–2> 참고). 광고주가 광고를 통해 전달하고자 하는 제품개념은 합리적인 욕구를 강조하는 기능적 제품개념, 감각적이고 감정적인 기쁨을 강조하는 감

사진 8-3 상징적 제품개념을 강조한 현대건설 '힐스테이트'- 탁월한 주거공간의 가치

단편사례

이미지 변신에 성공한 박카스

박카스의 '나를 아끼자' 광고는 자존을 지킬 수 없는 청소년에게 보내는 위로의 광고이다.

탄생 56주년인 장수브랜드 박카스는 200억 병 이상 판매된 제약업계의 대표적인 스테디셀러다. "힘든데 내일부턴 나오지마!"라는 유행어를 탄생시킬 정도로 청소부 아버지와 아들, 공장 노동자와 사장 등 진솔한 우리 시대 사람들의 모습을 그려내던 박카스 광고는 외환위기 이후 전환점을 맞이한다. 20대를 겨냥한 광고 캠페인으로 젊은 수요층을 확보하고 노후한 브랜드 이미지를 개선한 것이다. "젊음은 나약하지 않다!", "지킬 것은 지킨다!" 등 박카스가 이 시기에 전개한 광고캠페인은 '젊음'을 컨셉으로 하고 있다. 젊은 층을 겨냥한 이러한 캠페인은 큰 호응을 얻어 2000년대 들어 처음으로 20대가 40대의 소비량을 앞서기도 하였다. 우리 사회의 공감가는 이야기를 광고의 소재로 사용한다는 기존 광고의 큰 틀을 유지하면서도 '젊음'이라는 컨셉으로 이미지를 전환한 이러한 시도는 오늘날에도 박카스가 장수브랜드로 자리매김 하는 데 이바지하였다.

각적 제품개념, 그리고 타인과의 관계나 자아이미지를 강조하는 상징적 제품개념으로 분류할 수 있다. 또한 잠재적으로 가치 있는 경험의 유형으로는 제품사용의 결과로서 나타나는 경험, 제품사용 중에 나타나는 긍정적인 경험, 부수적인 만족을 가져다 주는 경험, 그리고 제품사용으로 인해서 회피할 수 있는 부정적인 경험으로 나뉠 수 있다. 이와 같은 3가지의 제품개념과 4가지의 제품사용의 경험유형을 결합시키면 <표 8-2>와 같은 12가지의 광고컨셉이 도출될 수 있다.

(2) 광고 크리에이티브전략

광고에서 무엇을 말할 것인지를 결정하였다면, 다음으로는 결정된 광고컨셉을 어떻게 구체적으로 표현할 것인가를 결정하게 된다. 바로 이러한 과정을 통틀어 크리에이티브전략이라고 할 수 있다. 크리에이티브전략은 원래 더 협소한 의미로 쓰이기도 하지만 여기서는 광고컨셉을 제외한 나머지 모든 부분(광고 소구점과 실행스타일의 결정 등의 아이디어 구체화과정)을 크리에이티브과정으로 규정하여 살펴보기로 한다.

이성적 소구

자사의 브랜드가 선택될 수 밖에 없는 합리적인 이유를 설명하거나 객관적인 근거를 제시함으로써 표적소비자에게 제품에 대한 지식과 정보를 제공하는 광고전략

감정적 소구

브랜드에 대한 긍정적인 느낌이나 호의적인 태도/이미지의 향상을 목적으로 하는 표현전략

1) 광고 소구점(Appeal)의 결정

제품의 핵심컨셉을 표적소비자에게 전달하는 방식에는 크게 두 가지가 있다. 첫번째는, **이성적 소구**(rational appeal)이다. 이성적 소구란 자사의 브랜드가 선택될 수밖에 없는 합리적인 이유를 설명하거나 객관적인 근거를 제시함으로써 표적소비자에게 제품에 대한 지식과 정보를 제공하는 광고전략이다. 이러한 광고를 정보제공형 광고(informational ad)라고도 하며, 구매 시 큰 위험을 느끼는 내구재나 신제품 등에 많이 이용된다. 이는 또한 가격소구형 광고에도 효과적으로 사용될 수 있는 표현전략이다. 예를 들어, 폭스바겐의 Lupo 캠페인은 연비효율성에 초점을 맞춘 광고이다. 자세히 보면 유화용 붓을 담가 놓은 기름 쪽에 23km라고 적혀진 것을 볼 수 있다. 즉, 유화용 붓을 담가 놓을 정도의 기름만 있으면, 23km나 달릴 수 있을 만큼 연비가 좋다는 것을 비주얼로 보여 주는 이성적 소구광고이다. 종합적 관점에서 이성적 소구는 광고의 목표가 '제품의 지식제공'이거나 '인지도의 향상'인 경우에 적합한 광고전략이며, 비교광고, 증언형 광고 등이 여기에 해당된다.

사진 8-4 이성적 소구 광고의 예-폭스바겐의 Lupo 캠페인

두 번째는, **감정적 소구**(emotional appeal)이다. 감정적 소구란 브랜드에 대한 긍정적인 느낌이나 호의적인 태도/이미지의 향상을 목적으로 하는 표현전략이다. 특히 이성적인(기술, 제품의 물리적 속성 등) 근거를 통해 제품을 차별화하기 어려운 경우에는 이러한 감정적 광

고가 더욱 효과적이다. 이러한 광고는 감정전이형 광고(transformational ad)라고도 불리는데,'에버랜드'나 '롯데월드'와 같은 놀이공원, '베니건스', '에비앙'과 같은 경험재 또는 '삼성생명', 'SKT'과 같은 서비스재 등에서 널리 이용될 뿐만 아니라, 기업 PR에도 적극 활용되고 있다. 감정적 소구는 광고의 목표가 '호의적인 태도형성'이나 '브랜드 선호도 증가'인 경우에 적합한 광고전략이며, 유머광고, 공포소구형광고, 성적광고, 유명인광고, 향수광고, 엽기광고 등이 일반적으로 여기에 해당된다.

사진 8-5 감성적 소구 광고의 예-에비앙 광고

2) 실행스타일의 결정

광고의 소구유형에는 이성적 소구와 감성적 소구 등과 같은 광고의 표현전략 외에도 광고의 어떠한 내용에 중점을 두어 실행하느냐에 따라 유머소구, 성적소구, 공포소구, 향수소구 등이 있다. 이하에서는 이러한 각각의 소구유형에 따른 실행스타일에 대하여 살펴보고자 한다.

유머소구

재미로 관심을 끌기 때문에 주목률을 높일 수 있는 유머소구(humor appeal)는 광고에서 나타난 좋은 감정이 제품이나 브랜드에 대한 호의적인 평가로 이어지게 하는 것을 목표로 한다. 예를 들어 비타민 음료인 오로나민C의 광고는 도서관에서 전현무와 나라가 현대인의 지친 모습을 표현하기 위해 절제된 표정을 짓고 춤을 추고 있다가, 이내 오로나민C를 마시고 생기발랄해지는 모습을 담았다. 이 광고는 광고 속의 활기참과 비타민 음료의 섭취가 효과가 있다는 제품의 핵심편익을 동시에 연관시킬 수 있는 대표적인 유머광고라고 할 수 있다. 우선, 유머광고를 사용할 때에는 광고내용이 표적소비자에게 유머러스한 것으로 받아들여질 만한 소재로 이루어져야 하고 이러한 소재가 제품의 핵심편익과 관련이

사진 8-6 오라나민C의 유머소구

사진 8-7 금연캠페인의 공포소구

사진 8-8 GUINNESS 맥주의 성적소구

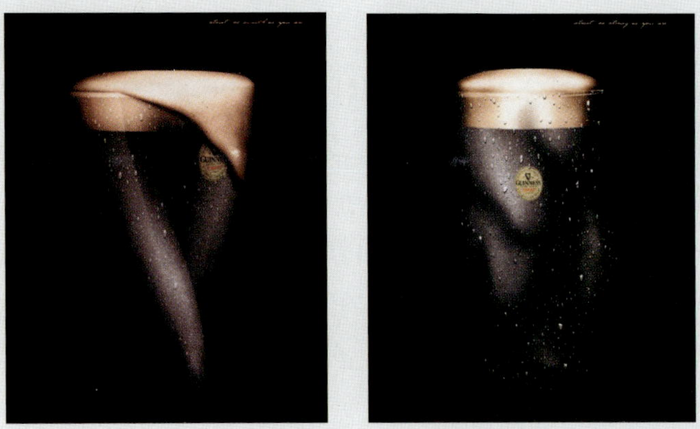

있어야 하며, 유머광고의 반복적인 시청에 따른 **지침효과(wearout effect)**를 방지하기 위해서 소재를 자주 교체해 주어야 한다.

지침효과
광고의 반복노출에 따른 반응도 감소현상

공포소구

공포소구(fear appeal)는 경악, 혐오 또는 두려움이나 불편함과 같은 부정적인 정서 반응을 일으키는 광고로써 소비자가 광고에서 제안하는 내용을 따르지 않았을 경우에 겪을 수 있는 부정적 결과들에 대한 공포심을 조성하는 광고이다. 공포소구는 주로 안전벨트착용, 금연과 같은 공익광고와 제약광고 등에 자주 등장한다. 이때 주의할 점은 공포의 수준이 지나치게 높으면 소비자로부터 거부반응을 유발할 수 있고, 공포의 수준이 너무 낮으면 소비자의 관심을 유발하지 못하게 된다는 것이다. 따라서 공포소구의 효과를 최대한 높이기 위해서는 공포의 정도가 적절한 수준에서 관리되어야 한다.

성적소구

성적소구(sex appeal)는 인간의 근본적인 욕구인 성에 대한 관심을 상품에 연결시키는 광고전략이다. 기네스 광고나 칼스버그와 같은 주류제품의 광고에 많이 쓰이는 이러한 성적 소구는 소비자의 강한 주의를 유발하는 데에는 효과적이지만 소비자들이 광고내용이나 브랜드에 대하여 기억하는 데는 부정적인 영향을 미칠 수 있다. 따라서 성적소구 광고를 이용한 구매욕구의 증가라는 목표를

성적소구의 역효과?
패리스 힐튼을 모델로 기용한 칼스 주니어 버거는 어린이들이 보기에 부적절한 광고를 집행하여 부모들의 거센 항의를 받았다.

사진 8-9 LG 유플러스의 온정소구 - '가족에게 줄 수 있는 특별한 사랑'

효과적으로 달성하기 위해서는 모델의 적합성에 유의해야 하고, 성적표현과 제품개념이 광고상에서 어떻게 연결되는지에 주의하여야 한다.

온정소구

온정소구(warmth appeal)는 소비자가 광고를 통해 사랑, 가족애, 우정, 따뜻함 등을 경험하게 하여 긍정적이고 온화한 감정을 불러일으키는 실행 전략으로, 기업 PR 분야에서 자주 활용되고 있다. 대한항공은 '함께하는 비행, 모두의 이야기'라는 캠페인을 통해 고객과 임직원, 그리고 사회 전체와의 따뜻한 유대감을 강조하며, 어려운 시기에 서로에게 힘이 되는 메시지를 전달하고 있다. 또한, 포스코는 '따뜻한 마음, 밝은 미래'라는 새로운 슬로건 아래, 지속가능한 경영과 사회 환원 활동을 적극적으로 홍보하여 기업의 사회적 책임과 인간적인 면모를 부각시키고 있다. 더불어, LG유플러스는 최신 광고에서 "우리 모두의 온기"라는 메시지를 통해 가족과 이웃 간의 따뜻한 연결고리를 형성하고, 고객에게 신뢰와 애정을 불러일으키는 모습을 보여주고 있다.

비교광고

비교광고(comparative advertising)는 동일한 제품군 내 다른 경쟁제품과의 직접 혹은 간접 비교를 통해 제품의 이점에 대해 합리적이고 객관적으로 설득하려

사진 8-10 MISSHA의 비교광고

사진 8-11 케토톱의 증언형 광고

는 실행전략이다. 비교광고는 특정제품이 가진 경쟁우위를 직접적으로 보여주는 데 가장 효과적인 방법으로서 특히, 시장점유율이 낮은 후발 브랜드가 시장지위가 확고한 선도브랜드를 대상으로 공격적 마케팅을 전개할 때 유용한 방법이다.

증언

증언형 광고(testimonial advertising)는 유명인 또는 표적고객과 유사한 일반인이 등장하여 제품의 사용결과를 이야기 함으로써 설득력을 높이는 광고전략으로써 여성용품, 세제, 전문품 등에 자주 활용된다. 예를 들어 삼성증권의 종합자산관리 서비스인 'Fn 아너스 클럽(Honors club)'광고에서는 직접 가입하고 있는 일반인이 등장하여 서비스가 믿고 맡길 수 있는 회사라고 증언하는 형식으로 보여 주고 있고, 한독약품은 배우 고두심을 내세움으로써 케토톱이 관절에 실제적인 효과가 있다는 것을 부각시켰다.

핵심사례 8-1 | 피죤의 살균세정제 '무균무때': 소비자의 마음을 읽어라.

무균무때 광고

"최고가 아니면 만들지 않는다." 섬유유연제의 대명사인 '피죤'이라는 단일 브랜드로 마케팅신화를 이룩한 주식회사 피죤의 신제품개발 신조이다. 마프러스 등 수많은 제품을 출시하였지만, 제 2의 피죤 신화를 이어나갈 뚜렷한 히트상품이 없었던 피죤에서 "무균무때"는 그야말로 회사의 사운을 걸고 출시한 제품이었다. 또한 신개념 살균세정제라 불리는 무균무때는 생활용품 전문회사인 피죤에서 지난 17년 동안 한국화학시험연구소 궁리환 박사팀과 연구개발비 총 100억원을 투자해 만든 국내 최초 살균세정제이다.

"무균무때"는 살균이 되는 유일한 세정제로서 인체에도 무해하여 경쟁사대비 차별점이 뚜렷하며 이를 토대로 '제 2의 피죤신화'가 가능하리라 기대하였다.

"고객의 마음을 읽어야 한다"

히트상품이 성공하기까지 수많은 시행착오를 겪어야 하듯이 무균무때 역시 수없이 많은 실수를 되풀이 해야 했다. 무균무때의 모태는 1989년 바이졸이었다. 당시의 생활수준을 고려해 볼 때 눈에 보이지 않는 살균력을 소비자에게 교육시킨다는 것은 너무 어려운 과제였다. 이후 1994년에는 미국 L&F로부터 라이졸을 직수입하여 다시 한번 살균시장을 공략하였다. 라이졸은 미국환경청에서 인증한 세계최초의 방향살균제였다. 그러나 이 제품 역시 눈에 보이는 곰팡조차 제거하지 못하는 실패제품으로 전락하여, 아무리 세계적인 제품일지라도 생활패턴이 다른 우리 문화를 이해하지 못하면 실패한다는 소중한 경험을 남겨 주었다. 피죤이 과거 두 번의 좌절로부터 뼈저리게 느낀 교훈은 소비자의 마음을 읽지 못한 제품은 도태된다는 평범한 진리였던 것이다.

무균무때 제품개발을 위한 소비자 조사결과

1999년 피죤은 세 번째의 출사표를 던지기 위해 처음부터 다시 시작하였다. 먼저, 철저한 소비자조사가 선행되었다. 수많은 소비자 개별면접, 유통업체 바이어나 영업사원과의 좌담회를 반복하면서 잠재된 살균욕구와 기존제품에 대한 불만사항, 그리고 생활수준이 향상됨에 따라 점차 장소별·용도별로 전문화된 제품을 선호한다는 점 등을 파악할 수 있었다. 뿐만 아니라 기존 세정제와는 다른, 새로운 카테고리인 '살균세정제'의 컨셉이 신세대 주부들에겐 수용성이 크다는 점도 발견되었다. 다만, 눈에 보이지 않는 살균에 대한 욕구를 실제 욕구화하는 작업이 성공의 핵심 포인트였다.

무균무때의 신제품 출시과정(제품개발과정)

제품개발은 마케팅전략의 기본에서부터 출발하였다. 무균무때 개발을 위해 신제품 개발과정 및 상품화 아이디어 스크린 시스템을 사내에 새롭게 도입하였고 철저한 시장 환경분석을 통해 기회와 위협요인을 파악하였다. 그리고, 경쟁자분석, 소비자분석, 시장세분화, 타깃선정, 컨셉개발, 포지셔닝 등의 상품개발단계를 거쳐 수요예측, 수익성 분석, 기업의 내부자원활용의 사업성 분석을 마치고 시제품 생산 및 품평 테스트, 테스트 마케팅까지 2년간의 철저한 사전준비를 거쳤다.

무균무때의 제품컨셉

기존제품들에 있어서는 양이온개념의 살균제와 음이온개념의 세정제를 혼합할 경우 중성이 되기 때문에 살균과 세정을 동시에 만족시킬 수 없었다. 무균무때의 핵심적 제품기능은 바로 이 두 기능을 동시에 제공한다는 것이었다. 구체적으로, 제3세대 살균세정제라 불리는 무균무때는 제1세대 세정제인 소독개념의 락스와 단순히 때만 벗겨내는 제2세대 세정제 각각의 장점과 단점을 보완하여, ① 뿌려만 주어도 대장균, 살모넬라균, O－157균, 비브리오균, 폐렴간균 등 인체에 해로운 50여 가지 균을 순간 박멸시키는 살균력과 ② 기존 세정제에서 볼 수 없었던 특수 성분을 토대로 각종 때를 녹여주는 세정력과 ③ 악취제거까지 만족시키는 최초의 세정제였던 것이다. 무균무때는 국가공인기관인 한국화학시험연구원에서 국내최초로 세정제 중 유일하게 살균마크와 안전마크를 동시에 획득해 그 제품력을 인정 받기도 하였다.

또한, 살균력이 강한 제품은 인체에 해롭다는 일반적인 인식과는 달리 인체에 유해하지 않는 환경친화적인 제품으로써, 인체에 유해한 균만 선택적으로 살균하여 그 우수성이 높이 평가 받고 있다. 실제로 무균무때의 우수성을 증명한 실험연구 자료와 국가공인기관으로 받은 인증데이터만 해도 라면박스로 50박스가 넘는다고 한다. 이런 우수한 제품력을 바탕으로 출시 후 6개월 만에 생활용품으로는 드물게 최단시기 50억원 매출 달성, 시장점유율 20% 달성, 소비자 인지율 50%(제일기획 조사) 달성이라는 성과를 거두었고 이에 힘입어 매일경제, 한국일보, 경향신문 등 각 언론매체의 히트상품으로 선정되었다.

커뮤니케이션 전략

- **브랜드 선정**

소비자에게 살균세정제라는 일관된 브랜드 아이덴티를 형성한다는 목적으로 1년 6

개월의 작업 끝에 '무균무때'라는 브랜드명을 선정하였으며, 디자인 또한, 푸른색 일색이었던 세정제 패키지를 선명한 오렌지 톤으로 통일함으로써 강한 살균세정제라는 이미지를 심어주도록 하였다.

• **광고**

2001년 봄, 대한민국 위생용품의 대표브랜드가 되겠다는 비전하에 제품을 각 용도별로 세분화하여 주방용/바다욕실용/실리콘 곰팡이제거용/행주용/좌변기용/가정용 에어컨/차량용 에어컨 등의 총 7종을 출시하였다. 런칭활동에서는 기존 세정제와는 달리 인체에 안전한 살균세정제라는 새로운 컨셉과 편익을 어떻게 소비자에게 전달할 것인가에 주안점을 두었다. 커뮤니케이션전략은 "무균무때로 끓이세요"라는 컨셉으로 정하였고 빅모델 이미연이 세균과 싸우는 여전사로, 끓는 물을 주방 및 집안 곳곳에 뿌리는 이미지로 연출하였다. 끓는 물은 살균과 세정, 인체안전이라는 무균무때의 기본컨셉을 잘 반영한 표현전략이었다.

• **촉진**

1년 여간의 테스트마케팅을 통해 사용경험이 있는 주부들 92%가 재구매를 했으며, 이러한 품질에 대한 신뢰를 바탕으로 제품에 대한 사용기회(trial)를 높이기 위해 출시 초기부터 문화센터, 여름철 휴양지, 고속도로 톨게이트, 아파트 부녀회, 할인매장 등을 통해 100만 개의 샘플링을 실시하였다. 또한 사내 붐을 일으키기 위해 전체 판매여직원을 대상으로 사용소감 컨테스트를 실시하였다. 이를 통해 일선에서 소비자에게 직접 판매하는 여직원들로 하여금 셀링포인트를 스스로 직접 체험하게 하여 보다 많은 유용한 정보와 제품에 대한 신뢰감을 심어 줄 수 있도록 하였다.

• **PR**

홍보전략으로는 우선, 세균에 대한 경각심을 고취시키기 위해 세균이 사회적 이슈가 되는 여름철에 각 언론매체에 대한 집중적인 홍보활동을 펼쳤으며, '무균무때 특공대' 50인을 조직, 신도시 아파트를 중심으로 직접 가정에 방문하여 청소를 해 주었고, 영락보육원, SOS 어린이 마을 등 사회의 소외된 곳을 찾아 주방 및 화장실 청소를 해 줌으로써 기업의 사회적 책임을 실천하였다.

• **가격전략**

가격은 경쟁사 대비 1.5배에서 2배 정도 높게 책정하였으며, 통합 마케팅커뮤니케이션 노력을 통해 가격에 대한 저항감을 해소해 나갔다. 구체적으로, 살균, 세정, 악취제거가 동시에 된다는 제품의 핵심 경쟁적 우위점을 일관된 메시지로 소비자 인식 속에 각인시키려고 노력했다.

• **유통전략**

유통전략은 기본적으로 자사 거래처 100%에 입점하는 것은 물론이고 다른 소매점까지 진열을 확산시킨다는 것이었다. 이를 위해 무균무때 판촉팀을 발족하여 점포에 무상으로 우선 진열시키고 나중에 대금을 받는 전략을 사용하였다. 이 모두가 품질에 대한 자신감에서 비롯된 전략이었다.

• **브랜드 선정**

무균무때는 2001년, 각 언론사의 히트상품으로 선정되었으며, 2017년 매출액은 740억 원, 2021년 1,071억 원을 기록하였다. 또한 브랜드 확장을 통해 살균세정제의 새로운 카테고리를 형성하고 대한민국 위생용품 대표브랜드로 키워 나갈 계획이다.

3 광고매체 선정

광고매체의 선정이란 TV, 잡지, 라디오 신문 등 매체종류별로 광고예산을 할당하고, 이에 따른 구체적인 수단을 결정하는 것을 말한다. 제품별 특성에 따라 제품개념을 전달하는 데 효과적인 매체가 다르게 존재하고, 표적고객에게 더욱 손쉽고 경제적인 방법으로 접근할 수 있기 때문에 광고매체의 선정은 광고컨셉의 결정에 못지 않게 신중히 고려되어야 한다.

컨텐츠 제공방법의 다양화?

기존의 TV 컨텐츠는 방송사에서 송출되는 방송으로만 시청자에게 제공되었던 반면, 최근에는 각종 컨텐츠 공유 사이트와 IPTV 등 뉴 미디어를 통해서도 쉽게 접할 수 있다. 소비자와 미디어의 접촉면이 넓어지는 것이다. 사진은 지상파 방송 3사의 다운로드 사이트 콘팅

(1) 광고매체 선정

여러 가지 광고매체들을 분류해 보면, TV, 잡지, 라디오, 신문, 옥외광고, 직접 우편, 유통기관을 이용한 광고, 그리고 소매점의 구매시점 광고 등으로 구분되는데 각각의 매체는 광고목표 수행에 있어서 독특한 특성을 갖고 있다. 따라서 광고목표를 달성하기 위하여 여러 매체를 혼합해서 이용하기도 하는데 이를 매체믹스라고 표현하기도 한다. 각 광고매체의 여러 가지 장·단점을 토대로 매체를 선정함에 있어서 고려해야 할 사항으로는 표적고객의 매체선호도(습관), 제품특성, 전달하고자 하는 메시지, 광고예산 등이 있다. 이러한 측면에서 살펴본 각 매체의 특징은 <표 8-3>에서 보는 바와 같다.

표 8-3 주요 매체유형의 특성

매 체	이 점	한 계
신 문	신축성; 적시성; 범위 한정 용이; 광범위한 수용성; 높은 신뢰성	짧은 수명; 재현도 낮음; 독자 수가 적음
T V	역동성; 감각적 소구; 주의도 높음; 노출 / 도달범위 넓음	고비용; 과다 광고로 인한 광고 혼잡; 단기적 노출; 청중의 무작위성
라 디 오	대량 이용; 지리적, 인구 통계적 선별성; 저비용	청각에만 의존; 주의력 낮음; 순간적 노출
잡 지	지리적, 인구 통계적 선별성; 신뢰성 확보 가능; 장기적 광고 수명	광고개제에 소요되는 시간 김; 일부 부수의 효과 상실
옥외광고	신축성; 반복 노출도 높음; 저비용; 저경쟁	청중 선별 못함
인 터 넷	높은 선별성; 상호 작용성; 상대적 저비용; 다양성;	인터넷 광고에 대한 부정적 인식; 점점 더 커지는 스팸(SPAM)의 문제

자료원: Kotler, Philip Marketing Management–The Millennium Edition, 2000.

TV는 시각매체로서 여러 가지 제품특성을 실연시킬 수 있는 가장 강력한 수단이다. 잡지는 제품개념을 자세하게 설명하는데 효과적인 수단이며 미적 소구가 사용될 때 더욱 유용한 도구가 된다. 라디오는 청취자의 상상력을 자극하여 제품개념을 전달하게 되고, 가장 경제적인 매체 가운데 하나인 신문은 제품의 성능과 편익을 자세히 설명하는 데 적합하다. 유통기관을 이용한 광고는 잠재적으로 강력한 광고매체로서의 성격을 지니고 있지만 제품개념을 전달하는 데 있어서 넓은 도달범위를 갖지 못하기 때문에 미흡한 면이 있다. 옥외광고는 시각적 소구를 갖고 제품개념을 전달하는 데 탁월한 장점을 갖고 있으며, 직접우편은 제품의 편익을 자세히 설명할 수 있는 동시에 개개인에게 개별적인 조건을 제시하는 데도 활용되어 개인화된 제품개념의 전달을 가능하게 해주는 매체이다. 인터넷광고는 고객에게 선별적으로 전달할 수 있다는 장점과 상호작용이 가능하다는 점이 부각되어 성장 추세에 있다.

읽을거리

새로운 마케팅 도구의 급부상, 트위터

사람들이 전화할 때 마다 '지금 뭐하세요?(What are you doing?)'라고 물어보는 것을 보고 개발했다는 트위터(Twitter)는, 140자로 자신의 생각을 표현할 수 있는 소셜 네트워킹 서비스(SNS)의 대표주자다. 애초에 140으로 제한된 글자 수 때문에 파급효과가 적을 것이라는 예상이 있었지만 이는 보기 좋게 빗나갔다. 트위터로 나누는 '잡담'이 생각보다 재미있었을 뿐만 아니라, 표현되는 메시지는 140자로 제한적이지만 링크와 댓글을 통해 확장되는 정보의 양은 무한에 가까웠기 때문이다.

어느 연예인이 트위터에 어떤 내용을 올렸는지, 정치인은 트위터로 어떤 말을 했는지 등 트위터에 관련된 이야기가 하루가 멀다 하고 회자되는 요즘, 트위터로 자신을 표현하고 서로 잡담을 나누는 일은 점점 더 일상적인 일이 되고 있다. 이러한 추세를 반영하여 메시지의 단순함과 개방성, 빠른 전파력을 가진 트위터를 마케팅의 도구로 활용하려는 기업들도 적지 않다. 이들은 트위터에 메시지를 작성할 때 자사의 상호를 노출하면 추첨을 통해 경품을 주는 이벤트나, 유명인의 트위터를 이용한 광고를 집행하기도 한다. 이러한 이벤트나 광고를 통해 싸이월드의 1촌과 유사한 개념인 팔로어(Follower)를 늘릴 수 있을 뿐만 아니라, 빠른 전파력으로 입소문을 쉽게 낼 수도 있다.

기업들은 나아가 트위터에서 나누는 잡담을 통해 소비자의 마음을 읽고 싶어 한다. 공식적이지 않은 이야기를 통해 소비자의 내면을 알 수 있을 뿐만 아니라, 지금 이 순간 우리제품에 대해 나누는 있는 이야기를 들을 수 있기 때문이다. 이처럼 트위터의 활용은 점점 더 다양해지고 그 범위 또한 넓어질 전망이다.

트위터의 공동창업자 에반 윌리엄스와 비즈 스톤

(2) 광고의 도달범위, 빈도 및 영향력

매체에 있어서 광고의 도달범위(reach), 빈도(frequency) 및 영향력(impact)은 중요한 의미를 갖는다. 광고가 충분한 빈도와 영향력을 갖고 고객에게 도달되지 못하는 경우에는 지각적인 장애가 일어나기도 한다. 여기에서 '도달'은 특정 기간 동안에 궁극적으로 광고에 노출되는 사람들의 숫자를 말하고, '빈도'는 특정 기간 동안에 개인(또는 가계)이 광고에 노출된 횟수를 나타내며, '영향력'은 특정 매체를 통해 특정광고에 노출된 질적 가치를 나타낸다.

광고노출의 빈도를 관리하는 것은 매우 중요한 동시에 어려운 문제이기도 하다. 만약 광고의 빈도를 늘리게 되면, 소비자들은 자신들이 친숙한 것을 좋아하는 경향이 있기 때문에 광고나 제품에 대한 선호도가 증가하게 된다. 그러나 광고 노출의 수가 3~5회 이상이 되면 오히려 광고에 싫증을 느끼게 되고 부정적인 반응을 야기할 수도 있게 된다는 연구결과가 있다. 그러므로 광고의 주된 내용은 변화시키지 않은 상태에서 여러 가지 다양한 광고형태를 제시하여야만 광고 빈도의 증가에 따른 긍정적인 효과를 극대화시킬 수 있다.

•매체믹스 선정의 상쇄효과

정해진 예산범위 안에서 광고의 도달범위와 빈도는 둘 중 어느 하나를 강조하게 되면 다른 하나는 어쩔 수 없이 줄어들게 되는 상쇄관계

매체믹스 선정에 있어서 발생하는 주요한 **상쇄효과(trade-off)**는 도달범위(coverage), 빈도(frequency), 예산 사이에서 일어난다. 즉, 정해진 예산범위 안에서

광고의 도달범위와 빈도는 둘 중 어느 하나를 강조하게 되면 다른 하나는 어쩔 수 없이 줄어들게 되는 상쇄관계에 있는 것이다. 따라서 누구에게 무엇을 알릴 것인가? 즉, 표적청중이 누구이며 광고목표가 무엇이냐에 따라 도달범위와 빈도에 대한 적절한 조합이 필요하며 이에 대한 효율적인 의사결정이 이루어져야 한다.

읽을거리

광고 집행시기의 결정

기업은 광고를 집행함에 있어서 그 시기를 신중히 결정하여야 한다. 제품은 일정한 주기를 가지고 판매가 되며, 이는 계절적인 문제나 표적고객층의 라이프스타일에 따라 달라질 수 있기 때문에 이에 적합한 광고스케줄을 계획하여야 한다.

그림 8-2 광고시기 패턴의 종류

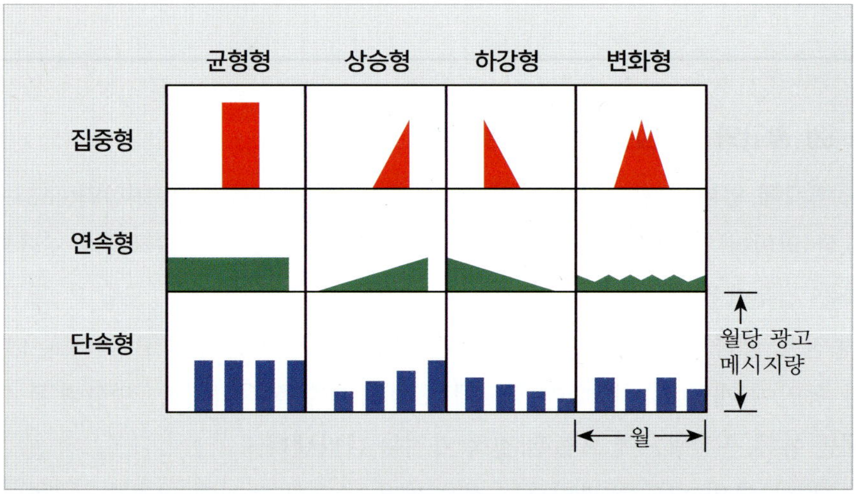

자료원: Philip Kotler Marketing Management–The Millennium Edition ch 19.

예를 들어 신제품 출시 시에 연속형 광고, 집중형 광고, 1회성 광고 및 단속형 광고 중에서 선택을 하게 된다면 광고주는 다음과 같은 기준에 따라 적절한 방법을 선정하여 집행하게 될 것이다. 시장이 확장 중에 있거나 구매빈도가 높은 경우, 또는 표적고객에 대한 정의가 분명하게 수립된 경우에 연속형 광고를 실시하고, 계절적인 주기를 갖고 있는 제품일 경우 집중형 광고를 주로 하게 되며, 계절적 제품이면서 구매주기가 적고, 광고예산이 극히 제한적일 경우 1회성 광고를 하게 된다. 단속형 광고는 연속형과 1회성 광고의 장점을 결합한 형태로서 지속적인 효과를 필요로 하나 비용이 문제시 될 때 이러한 광고를 실시하게 된다.

4 광고예산 편성 및 효과측정

광고목표를 효율적으로 달성하기 위해서는 최소의 비용으로 도달범위 및 빈도, 영향력을 극대화할 수 있도록 하여야 한다. 이를 위해 최적의 계획 아래 예산이 편성되어야 하고 비용의 투입으로 얻어질 효과에 대한 사전 예측을 하여야 하며, 사후 평가를 할 수 있도록 적절한 효과측정방법을 사용하여야만 한다.

(1) 광고예산의 편성

•광고예산의 편성방법

1. 가용예산방법
2. 판매비율방법
3. 경쟁균형방법
4. 목표-과업방법

광고의 효과는 예산규모가 어떻게 결정되느냐에 의해 좌우되는데 광고예산의 결정에는 다음과 같은 방법들이 사용된다. 가장 기본적인 방법인 가용예산방법(affordable method budget)은 기업이 사용할 수 있다고 생각하는 액수에 기반을 두고 있다. 그러나 이 방법은 단기적인 성격이 내재되어 있기 때문에 장기계획에 필요한 예산설정에는 비효과적이다.

판매비율방법(percentage – of – sales method)에서는 예산을 전기의 매출에 대한 특정비율로 책정하게 된다. 그러나 이 방법 또한 문제점을 갖고 있는데, 광고가 판매를 이끌어야 함에도 불구하고 이러한 방법은 판매에 의해 광고를 결정하

읽을거리

광고의 판매반응

광고를 집행했을 때 얼마만큼의 판매효과가 있었는가를 분석하기 위해 광고량의 증가에 따른 판매량의 증가효과를 분석하게 되는데 다음과 같은 여러 가지 형태의 판매반응함수가 도출될 수 있다. 이로부터의 결과를 기준으로 광고효과를 미리 예측하기도 하며 예산책정 시 판단도구로도 사용하게 된다.

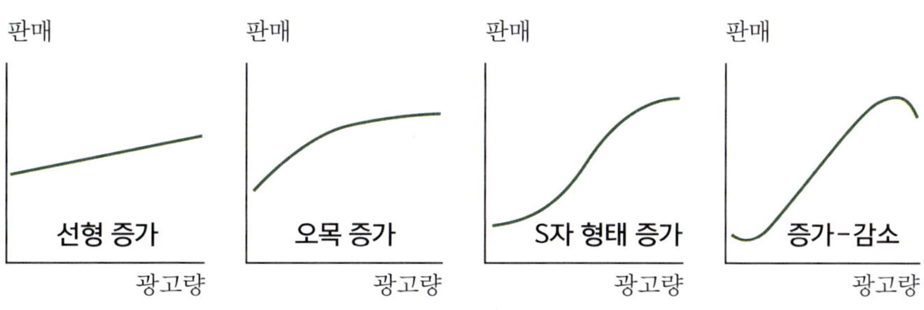

위에서와 같은 여러 가지 형태의 모형 중에서 선형증가함수는 사용하기에는 편리하다는 장점 때문에 많이 사용되고 있다. 그러나 이 모형은 광고량을 늘리면 판매가 끝없이 상승한다는 전제를 가지고 있다는 점에서 현실적인 한계점을 가지고있는 모형이다. 반면 오목증가나 S증가 모형에서는 광고량이 일정 수준을 넘으면 더 이상 판매증가 효과가 나타나지 않는 포화수준이 있음을 보여 주고 있으며, 가장 현실적인 모형이라고 할 수 있다. 또한, 증가-감소모형은 광고량이 지속적으로 증가할 경우 오히려 제품 이미지에 부정적인 영향을 미칠 수도 있음을 보여 주고 있다.

따라서 광고효과를 사전에 예측하거나 예산책정에 반영하기 위하여 판매반응 분석을 할 때에는 여러 가지 시장상황 및 다른 마케팅변수에 의한 효과 등을 고려하여 적절한 모형을 선택해야 한다.

는 오류를 범하고 있기 때문이다.

경쟁균형방법(competitive parity method)은 경쟁자들의 예산에 근거를 두고 자사의 광고예산을 책정하는 것이다. 그러나 이것은 수동적인 방법으로써, 경쟁사의 예산책정이 합리적으로 도출되었다는 보장을 할 수 없고 경쟁사의 마케팅 목표와 자사의 마케팅목표가 같지 않을 수 있다는 점에서 문제점을 갖고 있다.

끝으로, 목표-과업방법(objective and task method)의 경우에는 관리자가 광고를 통해서 수행하려고 하는 과업을 토대로 예산이 결정된다. 예를 들어 어떤 기업이 신제품을 출시함에 있어서 초기 시장점유율목표를 설정하였다고 하자. 그렇다면 우선 이 기업은 표적집단을 선정하고 이들을 대상으로 한 목표노출빈도를 설정하게 된다. 그리고 이러한 근거에 의하여 최종적으로 필요한 예산을 책정하게 된다. 이 방법은 예산책정과정에 있어서의 가장 논리성이 뛰어나다고 할 수 있으나 현실적으로 비용추정에 상당한 어려움이 있다는 것이 단점으로 지적된다.

사진은 모바일 게임 포켓몬고의 PPL 화면

(2) 광고효과 측정

광고의 효과는 해당 광고가 ① 제품 판매를 어느 정도 증진시켰는가, ② 커뮤니케이션 목표를 어느 정도 달성하였는가를 알아봄으로써 측정할 수 있다. 전자는 광고의 궁극적인 목표가 매출의 증대나 시장점유율의 확대라는 것을 전제로 하여 광고를 수행하고 난 후 브랜드의 인지도나 선호도의 증감과는 무관하게 판매효과만을 측정하는 것이다. 그러나 제품판매는 제품자체, 가격, 유통, 생산, 경쟁제품, 계절, 경기변동 등의 광고 이외의 요인들에 의해서도 영향을 받으므로 이러한 요인들의 영향을 모두 무시하고 광고만의 효과를 측정하기란 어렵다.

이에 대한 대안으로서 커뮤니케이션 목표달성의 정도를 기준으로 하여 광고효과를 측정하게 된다. 이것은 광고가 제품의 존재를 알리거나, 가격 또는 구매장소를 알려 주는 등의 정보전달에 기여한 정도 또는 상표애호나 전환을 유도하는 설득의 정도, 상표의 필요성이나 선호도를 강화시키는 데 기여한 정도 등을 측정하는 것을 말한다. 이러한 광고효과의 측정을 위하여 인지시험(recognition test)이나 회상도시험(recall test), 상품에 대한 태도 측정(brand attitude measure) 등이 사용되어 왔다.

흔히 기업은 이러한 광고효과 측정을 위하여 설문을 이용하거나 실험실 시험을 이용하는데, 필요한 경우에는 전문조사기관이 보유한 TV 시청자료(TV 계측기 이용)를 구매하여 활용하거나 기업이 보유한 고객패널 자료를 이용하여 측정하기도 한다.

시청률은 People meter라는 시청률 계측기를 사용하여 측정. 사진은 TNS 코리아의 계측기가 부착된 TV

PPL

핵심사례 8-2 | 기업의 홍보를 위한 환경캠페인

최근 나이키 매장에서 제품을 구입하고 나오는 사람들은 전부 흰 바탕에 나이키 로고가 그려진 하얀색 리유저블 쇼핑백을 어깨에 메고 나온다. 나이키 매장에서 종이 쇼핑백은 사라진지 오래다.

나이키가 지난 2021년부터 국내에서 사용하기 시작한 리유저블 쇼핑백인 타포린백은 디자인은 물론 환경까지 고려해 제작된 아이템이다. 의류처럼 봉제처리가 되어 내구성까지 튼튼해 소비자들이 평상시에도 사용하는 모습이 종종 목격된다.

이 밖에도 나이키는 수면 아래에서 지구와 스포츠의 미래를 지키기 위해 많은 것을 바꿔가고 있다.

재생 에너지 활용부터 소비자를 위한 재활용 및 기부 프로그램까지 사실상 모든 과정을 지속가능한 방식으로 전환하고 있다. 특히 UN 패션산업 헌장(UN Fashion Industry Charter for Climate Action)에 따라 2050년 탄소 중립을 달성하기 위해 나아가고 있으며, 매년 발간하고 있는 임팩트 리포트(Impact Report)를 통해 지속가능성 목표와 달성치 또한 투명하게 공개하고 있다.

이천 물류센터 내 태양광 발전 시스템 설치…온실가스 배출량 140만톤 감축

나이키는 지난 17일 이천 물류센터 내 태양광 발전 시스템 설치를 완료했다. 매년 약 272MWh의 재생 에너지를 생산할 수 있는 규모다. 이에 따라 기존에 이천 물류센터에서 사용하던 연간 에너지 소비량의 11%를 절감할 수 있게 됐으며, 온실가스 배출량을 140만톤을 감축할 수 있게 됐다.

나아가 나이키는 올해 안에 전기차 충전기를 설치해 직원들이 전기차를 사용할 수 있도록 독려할 방침이다. 나이키는 오는 2025년까지 사무 공간, 물류 센터, 제조 시설, 매장 등 직접 소유하거나 운영하는 시설의 전력을 100% 재생 에너지로 공급하는 것을 목표로 세웠다. 이미 지난해 재생 에너지 충당 비율 93%를 달성했다.

또 공급업체들의 재생 에너지 전환을 가속화하기 위해서도 노력하고 있다. 나이키 온실가스 배출량의 90% 이상은 글로벌 공급망에서 발생하기 때문이다.

지난해 말에는 아마존, 애플, 구글, 메타, 삼성 등 12개 다국적 기업과 함께 아시아 주요 국가 및 지역에서 에너지 정책 변화를 추진하기 위한 협력 기구인 '아시아 청정 에너지 연합(Asia Clean Energy Coalition)'을 창립하기도 했다.

재생 폴리에스터 사용 비율 약 50%… 버려지는 소재는 갈아 다시 제품으로

패션 기업으로서 나이키가 환경에 대한 영향을 줄이기 위해 가장 근본적으로 개선하고 있는 부분은 소재다. 특히 핵심 소재로 가장 다양하게 많이 사용되는 폴리에스터의 재활용 비율을 꾸준히 늘려왔다.

지난해 나이키의 의류 및 신발 부문에서 재생 폴리에스터 사용 비율은 각각 절반 가까이에 이르렀다. 대표 제품인 '레전드 티셔츠, 클럽 후리스, 다운시프터 12, 에어맥스' 등에 사용되는 소재부터 우선적으로 전환하고 있다.

재생 폴리에스터가 자리를 잡아가고 있는 만큼, 지난해에는 면 소재에 집중하기 시작했다. 현재 전체 면 제품 중 유기농 면 사용 비율은 약 12%로, 유기농 면뿐만 아니라 재생 면 사용을 늘리는 데 주력하고 있다. 점차 고무와 가죽 등 다른 소재에 대한 재활용 및 대안 소재 개발도 모색해 나갈 예정으로, 오는 2025년까지 주요 소재의 50%를 친환경 소재로 대체하고, 50만 톤의 온실가스 감축 효과를 달성하겠다는 계획이다.

버려지는 소재들에 대해서도 대책을 강구했다. 나이키는 선순환 구조를 실현하기 위해 그라인드라는 업사이클링 프로그램을 30년째 운영 중이다.

기존에는 쓰레기로 버려졌던 고무, 가죽, EVA 폼 등 소재를 수집해 잘게 갈아서 다시 나이키 운동화나 매장 내 가구 등에 원료로 사용하는 것이다. 그라인드 소재는 활용도가 높아 나이키 외부에도 파트너사들과의 협력 하에 스포츠 코트, 놀이터, 바닥재, 스케이트 보드, 심지어 핸드폰 케이스와 같은 전자기기 액세서리까지 다양한 영역에 사용되고 있다.

소비자들의 지속가능한 실천 위해…안 쓰는 제품은 간편하게 매장에 반환

나이키가 버려지는 제품을 원활하게 수집할 수 있는 건 25년 전부터 시행하고 있는 제품 회수 프로그램 덕분이다. 신발 및 의류 폐기물이 늘어나지 않도록 고객이 사용한 제품을 부담 없이 매장에 가져와 반환할 수 있는 '재활용과 기부(RAD, Recycle and Donation)' 프로그램을 전 세계 300여 개 매장에서 운영 중이다.

이를 통해 소비자들도 일상에서 지속가능한 실천에 참여할 수 있도록 독려하고 있다. 국내에는 지난 2021년 도입됐다. 나이키코리아는 RAD 프로그램을 통해 중고 제품 및 오래된 재고 또는 판매에 적합하지 않은 제품들을 기부·업사이클링·재활용 등 적합한 용도에 맞춰 분류하고, 제품을 매장·학교·커뮤니티 시설에 위치한 놀이터 등에 필요한 재료들로 재활용하고 있다.

지난해 전국 14곳에서 RAD 프로그램을 진행해 총 21톤의 신발, 10톤의 의류 제품을 수거했으며, 올해는 운영 매장을 더욱 확대하고 있다.

자료원: 김효혜, 태양광 이용해...지속가능경영 가속화하는 나이키, 매일경제, 2023.11.22.

제3절 PR(Public Relations)

1 PR의 개념

PR은 기업과 이해관계가 있는 여러 집단(고객, 공급업자, 판매상, 주주, 고용자, 관계기관)들의 욕구를 분석하고 그들과 우호적인 관계를 지속적으로 관리하기 위해서 행해지는 커뮤니케이션활동이라고 할 수 있다. 이러한 PR은 그 중요성이 날로 증대되어 현재에는 종업원에게 회사의 비전 또는 정책을 제시하거나 공동의 관심사를 개발, 전달하는 것에 이용됨은 물론이고 투자자에게 행하는 IR(investor relations), 공급업자나 중간상을 대상으로 행해지는 홍보 등의 고객과

PR(Public Relations)
기업과 이해관계가 있는 여러 집단들의 욕구를 분석하고 그들과 우호적인 관계를 지속적으로 관리하기 위해서 행해지는 커뮤니케이션활동

직접적으로 관계가 없는 부분에서까지 기업의 입장을 알리고 긍정적인 이미지를 심어주고자 다양한 노력이 행해지고 있다.

MPR(marketing public relation)이라는 용어에서도 알 수 있듯이 기존의 PR전문 담당부서에서 수행하는 종합적인 기업 차원에서의 관리와는 달리 마케팅담당자는 기업이 생산하는 제품이나 서비스 차원에서 홍보(publicity)에서 진일보한 개념의 PR을 관리하게 된다.

마몽드, 로즈워터 쿠션 크림 출시

입력 2016-05-23 09:08:29 | 수정 2016-05-23 09:08:29

아모레퍼시픽 계열 마몽드는 생크림과 같은 이른바 '쿠션 크림' 제형의 신제품 로즈워터 쿠션 크림을 출시했다고 23일 밝혔다.

신제품은 스킨 다음 단계에서 에센스와 로션, 크림 대용으로 사용할 수 있는 제품으로 다마스크 장미 화장수를 80.33% 함유하고 있다고 브랜드는 전했다. 성분손상을 최소화 하기 위해 30도씨 이하의 저온에서 초고압으로 유효성분을 추출한 장미수를 사용한 점이 특징이라고 설명했다.

마몽드 관계자는 "저온 초고압 추출법으로 장미수의 성분 변화를 최소화했기 때문에 진정 보습이 필요한 고객에게 맞는 제품"이라고 말했다.

홍보는 광고와는 달리 비용을 기업이 아닌 대중매체 스스로가 부담한다. 사진은 한국경제신문의 신제품 소개기사

2 마케팅에 있어서의 PR의 역할

마케팅에 있어서 PR의 역할은 기존의 홍보(publicity)가 담당하던 부분에서 좀 더 다양한 기능을 수행하고 있다고 할 수 있다. 홍보란 상업적으로 매우 중요한 다중적 의사소통으로서, 광고와는 달리 비용을 기업이 아닌 대중매체 스스로가 부담하는 것을 말한다. 한 제품에 대한 홍보는 신문, 잡지 등과 같은 전통적인 매체나 영화와 같은 비전통적인 매체를 통해서 전달된다. 그러나 마케팅 PR은 단순한 홍보라기보다는 고객, 주주, 고용자, 유통업자, 관계기관 등으로부터 회사 전체에 대한 호감을 불러일으키는 것과 관계가 있는 것으로 다양한 목표를 갖고 수행되는 다양한 노력을 포괄한다. 즉 단순히 매체의 사설란에 기사를 내보내는 것만이 아니라 간행물 발간, 특별행사, 연설, 공공서비스활동 등이 모두 마케팅담당자가 고려해야 할 PR의 수단이 되고 있는 것이다(<표 8-4> 참조).

PR의 장점

광고보다 믿을 수 있는 수단으로 인식되며, 비용이 저렴

이러한 PR은 소비자들로 하여금 제품개념과 위상(포지션)을 이해하도록 도와주는 수단으로 사용될 수 있다. 예컨대, 보스톤의 초등학생들이 '배추머리 인

표 8-4 마케팅 PR의 종류

종 류	내 용
간 행 물	특정 표적집단을 대상으로 기업이 배포하는 연간기업보고서, 브로슈어, 논문집, 시청각자료, 기업의 사보, 잡지 등
특별 행사	기자회견, 세미나, 견학, 전시회, 시연회, 기념회, 운동경기 등을 시행 또는 지원함으로써 표적고객에게 도달하고자 함
뉴스기사	다양한 형태의 기사나 시청각자료를 각 매체 특성에 맞도록 제공함으로써 뉴스화시킴
연 설	최고경영자나 기업내 전문가에 의한 제품홍보 연설
공공서비스활동	지역공동체의 관심사에 대한 지원 또는 기부를 통한 기업 및 제품 이미지를 향상시킴
기업주체성매체	대중들이 즉각적으로 인식할 수 있는 시각적 매체(유니폼, 건물외벽, 기업의 보고서 양식, 브로슈어 등) 확보

형'을 가지고 즐거워하는 모습이 여러 가지 매체를 통해서 알려지게 되면, 사람들은 그 인형이 사랑과 정이 우러나게 하는 특별한 '아기'라는 호감을 갖게 된다. 또한 PR은 신제품이 시장에 출시된 사실을 소비자들에게 알려 줄 수도 있는데, 이러한 PR은 제품수명주기상의 도입기에 매우 중요한 역할을 한다.

이와 같이 PR은 광고보다 더 값진 촉진수단이 될 수 있는데 그 구체적인 이유를 살펴보면 첫째, PR은 광고보다 더욱 믿을 수 있는 수단으로 인식되고 있다는 것이다. 왜냐하면, 앞에서 언급한 대로 PR에서의 정보는 광고와는 달리 매체 스스로가 통제하는 경우가 많기 때문에, 광고주에 의해서 통제가 가능한 광고에서의 정보보다도 신뢰성이 높기 때문이다. 둘째, PR은 광고에 비해 훨씬 경제적인 매체인데, 심지어는 비용이 전혀 수반되지 않는 경우도 있다. 그렇지만, PR은 기업입장에서 볼 때에는 광고만큼 쉽게 통제되지 않는다는 단점도 지니고 있다. 여기서의 매체에 대한 통제의 결핍이라는 개념은 소비자의 구매행위에 대한 통제의 결핍과도 관련이 있기 때문에 이러한 문제점을 해결하기 위하여 마케팅관리자는 매체에 대해서도 다른 촉진수단과 같이 노력을 기울여야만 한다. 결국 PR은 광고의 대체안이 될 수는 없지만, 보완적인 성격을 갖고 정보를 제공해 줌으로써 광고의 효과를 증대시키고, 촉진활동과의 시너지 효과를 만들어 내는 데에도 도움을 줄 수 있다.

PR의 단점
통제의 어려움

3 PR의 구성요소

PR은 PR주제, PR문안, 청각적 단서, 시각적 단서와 같은 여러 가지 구성요소를 갖고 있다. 광고에서와 마찬가지로 마케팅관리자는 총체적인 제품개념과 일관성을 갖고 촉진활동 내의 다른 구성요소들과 상호보완성을 갖는 PR주제를 결정해야 한다. PR주제는 그것을 내보낼 매체측면에서 볼 때 정보적 가치를 인정 받을 수 있도록 설득력 있게 나타내어야 하는 한편, 제품개념의 핵심을 포함하고 있어야 한다. 동시에 PR은 표적고객의 마음에 제품이나 서비스의 가치를 정립시켜 놓아야 한다. 이러한 인식을 얻어내기 위해서 마케팅관리자는 우선 특정매체가 PR에 사용될 메시지를 매체 이용자들에게 얼마나 설득력 있게 전달할 수 있는가를 검토해야 한다.

PR메시지의 유용성은 '뉴스 가치성'에 있는데, 이것은 PR메시지가 대중들에게 얼마나 재미있고 유용한 것인가를 말하는 것이다. PR메시지를 정확하게 그리

•PR메시지의 유용성
PR메시지의 유용성은 뉴스가치성에 있음. 이는 PR메시지가 대중들에게 얼마나 재미있고 유용한 것인가를 말하는 것

고 특정매체에 알맞은 방식으로 전달하는 데에 실패하게 되면, 대중매체는 그 메시지를 완강히 거부하게 된다. 미국 Domestic Engineering의 편집자에 따르면, 그는 한 달에 1,500여 건의 제보를 받는데, 부분적으로나마 기사에 이용되는 것은 단지 126건에 불과하다고 한다. 기각율이 무려 90%에 이르는 셈이다.

특정매체의 메시지 전달 가능성을 제고시키기 위해서 메시지는 각 매체의 독특한 특성들을 염두에 두고 설계되어야 한다. 예컨대, 라디오방송국에서 제시되는 홍보메시지는 인쇄매체에 제공되는 메시지와는 달라야 한다는 것이다. 라디오 뉴스 편집실은 라디오라는 매체를 고려하여 특별히 준비된 PR메시지를 원하게 마련이다. 반대로 신문은 표제만 보고도 독자가 흥미를 느낄 수 있는 정보들을 요구한다. 잡지는 비교적 긴 기획기간을 필요로 하고, 자유기고자를 포함한 다른 기고자와의 기사공간 확보경쟁이 치열하다. TV는 시각적으로 묘사 가능한 제품들을 요구하기 때문에 제품특성과 편익이 적절히 실현되어야만 한다.

라디오방송국에서 제시되는 메시지는 인쇄매체에 제공되는 메시지와는 달라야 한다.

4 PR매체의 선정

기업의 PR을 위해서 채택된 매체는 표적시장의 구성원들에게도 관심 있는 매체이어야 한다. 왜냐하면 이러한 매체는 제품개념의 전달과 지각적 장애의 제거에 도움을 주기 때문이다. 예컨대, 새로운 화학복합물에 대한 뉴스는 일반적인 경제잡지보다는 그러한 복합물의 이용가능성이 높은 특정 산업을 대상으로 하는 잡지에 실린다면 보다 큰 영향력을 가질 수 있다. 마찬가지로 사탕에 대한 촉진활동은 어린이들이 이용하는 매체를 통해서 효과를 극대화 시킬 수 있는 것이다. 월트디즈니사의 PR프로그램은 PR매체의 조정이 시장에서의 제품성과에 어떠한 영향을 미치는가를 보여주고 있다. 디즈니는 영화를 촉진하기 위해서는 TV 프로그램을 이용하고, 책이나 기념품의 판매 또는 디즈니랜드나 디즈니월드 같은 사업의 촉진을 위해서는 TV나 영화를 이용하였다. 디즈니 조직은 또한 결합된 형태의 촉진활동을 만들어 내는 데 혁신적인 역량을 가지고 있기 때문에 많은 매체들이 PR활동들을 제공해 주고 있다. 일례로 디즈니가 개최하는 라디오 콘테스트에는 매년 100,000명 이상의 방문객을 추가로 끌어들이고 있는 것이다.

5 PR의 예산편성, 실행 및 평가

일반적으로 PR은 기업 외부의 주체에 의해서 수행되는 부분이 많지만, PR 역시 비용이 수반된다. 따라서, 예산상으로 어떤 매체가 강조되어야 하고, 그들에게 어떻게 접근해야 하는지에 대한 판단이 내포되어야만 한다. 또한 매체와의 좋은 유대관계를 개발, 유지시키기 위한 제반비용도 고려되어야 한다.

PR의 효과를 평가하는 것은 광고효과를 평가하는 것과는 다소 다른 점이 있다. PR메시지는 매체가 전달해 준 PR에 대한 고객의 반응뿐만 아니라, 기업의 PR노력에 대한 매체의 반응에 기초를 두고 그 효과를 평가해야 한다. 이러한 이중평가는 PR구성요소와 PR매체를 설계할 때 고려되어야 한다. PR에 대한 효율성의 평가는 매체나 표적고객에 의한 반응의 강도와 관련된 비용의 측면에서 이루어져야 하는데, 여기서 비용은 광고에서처럼 매체사용시간이나 잡지이용에 따르는 비용만을 말하는 것이 아니라, PR을 설계하려는 기업의 노력과 관련된 제반비용도 포함하고 있다.

읽을거리

픽사의 감동적인 결정

혈관암으로 얼마살지 못하는 10대 소녀 콜비(Colby). 이 어린 소녀는 디즈니-픽사(Disney-Pixar)의 신작 애니메이션인 UP(2009년 作)을 무척이나 보고싶어 했다. 가족들과 친구들이 콜비에게 마지막으로 이 영화를 보여 주기 위해 백방으로 수소문했지만, 정작 콜비는 더 이상 영화관에 갈 수 있는 상태가 아니었다.

콜비의 지인들은 포기하지 않고 제작사인 픽사 스튜디오에 연락했고, 픽사는 이 제안을 거절하지 않고 이제 막 개봉하여 상영중인 영화를 DVD로 만들어 콜비의 집으로 직접 보내 상영하도록 조치하였다. 콜비는 당시, 눈을 뜰 수 없을 만큼 아픈 상태였기 때문에 콜비의 어머니가 영화를 보며 상황을 설명해 주었고, 콜비는 간혹 고개를 끄덕였다고 한다. 콜비는 영화를 본 당일 늦은 밤 숨을 거두었고, 픽사는 콜비를 위한 개인적인 상영을 마친 후 유출을 방지하기 위해 DVD를 회수하였다. 픽사의 이 감동적인 결정은 AP뉴스를 타고 전세계로 송고되어 세계인의 심금을 울릴 수 있었다.

때로는 기업의 가치 있는 행동이 언론매체를 통해 보도되어 광고보다 더 큰 효과를 발휘하기도 한다. 사진은 사례의 주인공인 콜비

/요/약/

촉진(promotions)의 네 가지 구성요소(광고, 홍보, 인적판매, 판매촉진)는 개념전달 활동과 구매장애요인 제거활동의 성공적인 달성에 기여한다. 각각의 구성요소는 목표달성과 관련된 하나의 수단으로서 소비자에게 제품개념을 전달할 뿐만 아니라 다양한 구매장애요인을 제거하기도 한다. 촉진을 통하여 이 두 가지 활동을 달성하려면, 먼저 목표와 일관성 있는 적절한 촉진요소를 구성하여야 한다. 따라서 마케팅담당자는 각 촉진 구성요소의 장 · 단점은 물론이며 활용할 수 있는 여러 가지 전략들과 구체적인 실행방법들에 관하여 숙지하고 있어야만 한다. 특히, IMC의 개념하에서 각 요소들은 통합적으로 운영되어야 한다.

광고는 특정 광고주가 아이디어나 제품 또는 서비스에 대한 정보를 표적고객에게 비인적(非人的) 매체를 이용하여 전달하는 것을 의미한다. 모든 마케팅믹스의 요소들 가운데에서 광고는 소비자들로 하여금 제품개념을 가장 손쉽게 이해하도록 도와주는 요소이며, 고객과 기업간에 존재할 수 있는 지각적 차원에서의 의사소통장애를 감소시켜 준다.

광고는 광고단서의 구성요소(주제, 카피, 시각적 단서, 청각적 단서)와 적절한 매체가 결합되었을 때 이러한 임무를 효과적으로 수행하게 된다. 그러나 광고의 효과는 비교적 장기적으로 발생되기 때문에 장기적인 관점에서의 예산편성, 광고효과의 지속적인 분석, 그리고 꾸준한 투자와 관심이 요구된다.

PR은 기존의 매스미디어를 활용한 광고나 판매촉진보다 세분화된 고객에게 정보를 적시에 전달할 수 있고 고객들이 언론기관, 전문가 집단 또는 준거집단 등을 통해서 직접 접하게 되므로 광고에 비해 신뢰도와 설득효과가 높을 수 있다. PR은 간행물, 특별행사, 뉴스기사, 연설, 공공서비스활동 등의 다양한 매체를 통해 이루어지며, 각 매체에 적합한 형태와 내용을 계획하여 가장 적절하게 전달하는 것이 중요하다.

/문/제/제/기/ 및 /질/문/

1. 매체믹스를 이루는 구성요소에는 어떠한 것들이 있으며 각각의 매체는 어떠한 독특한 성질을 지니고 있는지 설명하시오.
2. 마케팅관리자는 최대의 광고효과를 얻기 위해 주요 고객이 광고에 한 번 이상 노출될 수 있도록 해야 한다. 그러나 같은 광고에 3번 이상 노출되면 오히려 지루함을 유발하여 효과성이 감소하게 된다. 반면 광고를 바꾸는 것은 그동안 얻어진 친밀감의 이점을 감소시킬 수 있다. 이러한 잠재적 딜레마의 상황에서 당신의 견해를 밝히고 어떻게 하면 이러한 문제를 해결할 수 있을 것인가에 대해 논하시오.
3. 다양한 매체에서 효과적으로 사용된 PR의 예를 들어보시오. 그리고 왜 그것이 다양한 매체로부터 지지를 받을 수 있었는지 설명해 보시오.
4. PR이 거래장애를 감소시키는 데 어떠한 도움을 줄 수 있을 것인가에 대하여 생각해 보시오.

이 장을 읽고 난 후 여러분들이 알아야 하는 내용은 다음과 같습니다.

- 판매촉진의 개념과 종류, 효과에 대하여 알아본다.
- 인적판매의 다양한 요소들에 대하여 알아본다.

이 장의 첫 사례는 기업과 미술가의 협업에 관한 내용입니다. 현대자동차, 신세계백화점, 르노삼성자동차, 대한항공 등은 미술과의 컬래버레이션을 통해 소비자의 시선을 끌고 있습니다. 그렇다면 많은 기업들은 왜 컬래버레이션을 생각했을까요? 그리고 어떻게 성공적으로 이를 실행했을까요? 사례를 보면서 생각해 봅시다.

제 1 절 판매촉진

제 2 절 유통 판매촉진

제 3 절 인적판매(판매원관리)

CHAPTER 9

촉진(Promotions)관리 II : 판매촉진과 인적판매

도입사례

미술가와 협업을 통한 판매촉진

주요 기업들 사이로 상품과 아트를 접목하는 '아트 컬래버레이션'이 확대되고 있다. 소비자들에게 브랜드 특유의 정체성을 전달하기 위한 캐릭터나 유명인과 진행하는 일회성 협업에서 더 나아가 여러 형태의 예술 콘텐츠를 선보이고 있는 것이다.

삼성물산 여성복 브랜드 구호는 오는 4월 말 스튜디오 콘크리트 소속 권철화 작가와 함께 하는 2020년 하트 포 아이 캠페인을 비롯해 6월 그래픽 디자이너 차인철 작가와의 리조트룩 관련 아트 협업 등을 계획하고 있다. 구호는 2012년 포이즈 공연 의상 제작을 필두로 아트 컬래버레이션에 뛰어든 이후 천경우 작가, 영상 아티스트 비주얼스프롬 등과 함께 캠페인을 진행해 왔다.

LF 질스튜어트 뉴욕은 밀레니얼 세대를 대표하는 코코카피탄과 2019 봄, 여름 시즌 컬래버레이션 컬렉션을 출시했다. 뉴욕의 현대적인 감성을 기반으로 하는 브랜드 아이덴티티를 예술과 결합해 표현한 것이 특징으로 'NYC ZIP CODE'라는 주제로 진행됐다.

LG생활건강 숨37도는 지난해 10월 김진식 아트 컬래버레이션 에디션 2종을 한정판으로 출시했다. 자연 소재의 특성을 살리는 작업으로 해외에서 주목받는 김진식 디자이너의 작품을 숨의 스크릿 에센스와 오일에 적용해 아트 컬래버레이션으로 선보인 것이다.

지난 2월 출시한 아모레퍼시픽 설화수의 2020년 스프링 리미티드 컬렉션은 프랑스 파리의 앙투아네트 푸아송과 협업해 매화, 나비를 재해석했다. 앙투아네트 푸아송은 18세기 프랑스 고급 장식 예술인 도비노 벽지 복원 경험을 바탕으로 직물, 벽지 등 다양한 패턴을 디자인하는 장식 예술 전문 스튜디오다.

롯데주류는 2013년 창립 34주년을 기념해 웨딩드레스 디자이너 이명순과 협업으로 와인 '라 리저브 당글루데'를 출시했다. 2018년엔 일러스트레이터 집시와 처음처럼 패키지 2종 5만 세트를 한정으로 판매한 바 있다.

오뚜기는 2018년 진라면 30주년을 맞아 호안미로와의 아트 컬래버를 선보였다. 오뚜기는 라면을 통해 소비자들에게 즐겁고, 유쾌하고, 순수한 느낌을 전달하고자 작품 세계가 맞닿아 있는 호안미로와 협업을 결정했다. 스페인 초현실주의 거장, 꿈을 그린 화가 호안미로의 작품 특징은 원색과 점, 선, 면의 단순한 형식을 사용해 경쾌함, 밝음, 건강, 유머, 리듬 등을 표현하는 것이다.

삼성전자는 TV,냉장고, 세탁기 등 가전제품과 아트의 컬래버레이션 프로젝트를 선보이고 있다. 지난해 개최한 비스포크랑데뷰 디자인 공모전은 라이프스타일에 맞게 조합된 냉장고 위에 자신이 원하는 디자인을 덧입혀 나만의 색이 가득 담긴 냉장고를 제안하는 방식으로 진행됐다. 총 1,114편의 출품작 중 온라인 투표를 통해 10편이 결선에 진출했고, 현장에서 진행된 투표와 심사위원들의 점수를 반영해 조경민 작가의 플로팅 링스가 1위를 차지했다.

출처 : 여성경제신문(https://www.womaneconomy.co.kr)

제 1 절 판매촉진

기업간의 경쟁이 날로 치열해짐에 따라 고객확보와 매출증대를 목표로 하는 많은 기업들이 광고와 인적판매를 함과 동시에 여러 종류의 판매촉진수단을 활발하게 동원하고 있다. 일반적으로 판매촉진이란 고객의 구매를 유도할 수 있는 단기적인 인센티브라고 할 수 있다. 광고와 인적판매가 제품이나 서비스를 구매해야 하는 이유를 제공한다면, 판매촉진은 그러한 제품이나 서비스를 즉시 구매해야 하는 이유를 제공한다. 우리는 일상적으로 다양한 판매촉진을 접하게 되는데 피자 주문 시 받게 되는 다음 구매에 사용할 수 있는 할인쿠폰이나 길에서 흔히 받을 수 있는 무료 시식권 또는 샘플 등을 예로 들 수 있다. 이러한 판매촉진을 **소비자 판매촉진(consumer sales promotion)**이라고 하는데 이것은 풀(pull)전략의 일부로서 고객의 즉각적인 구매행동을 유도하기 위한 목적으로 자주 활용된다.

소비자 판매촉진
풀(Pull)전략의 일부로 할인쿠폰이나 샘플 제품과 같이 고객의 즉각적인 구매행동을 유도할 수 있는 전략

그러나 <그림 9-1>에서 보듯이 소비자를 대상으로 행해지는 소비자 판매촉진 이외에도 그 대상과 주체에 따라서 유통업체를 대상으로 하는 판매촉진과 소매기관에 의해 제공되는 판매촉진이 있다. **유통업체 판매촉진(trade sales promotion)**은 푸쉬(push)전략의 일부로서 백화점 행사 등과 같이 제조업체가 유통업체로 하여금 소비자에게 적극적인 판매활동을 하도록 자극하고 취급률을 높이기 위하여 유통업체를 대상으로 행해지는 판매촉진이다. 소매상 판매촉진(retailer sales promotion)은 유통업체가 소비자를 대상으로 독자적으로 행하는 판매촉진을 의미한다.

유통업체 판매촉진
푸쉬(Push)전략의 일부로 백화점 행사와 같이 제조업체가 유통업체의 적극적인 판매활동을 자극하는 전략

그림 9-1 판매촉진의 유형

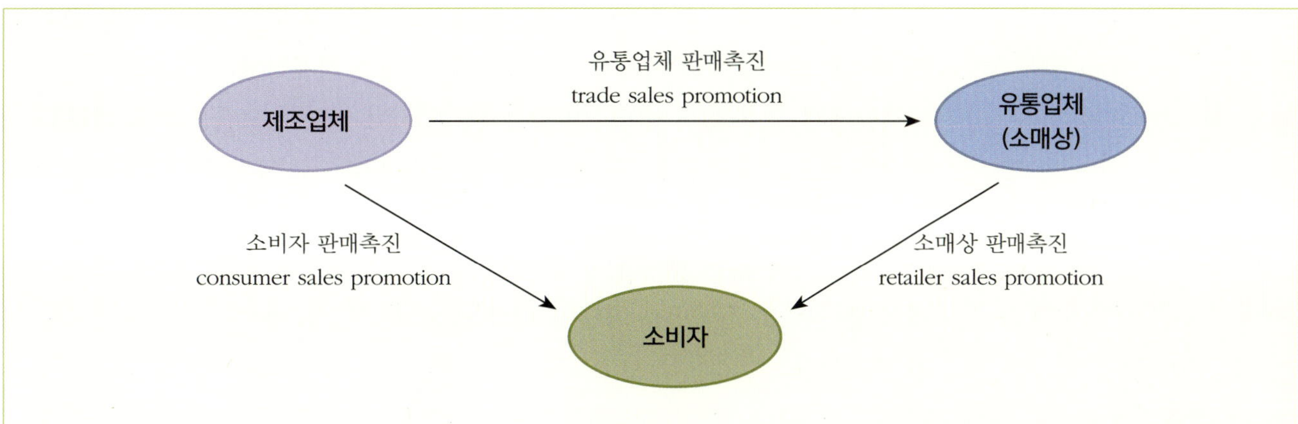

이러한 판매촉진 역시 개념전달활동 및 구매장애제거활동에 기여할 수 있도록 마케팅목표 및 IMC 목표하에서 일관성 있게, 그리고 다른 커뮤니케이션 수단들과 보완적으로 구성되어져야 한다. 즉 가격인하와 같은 판촉전략은 소비자들에게 소유상의 장애요인을 제거해 주기 위해서 실행되는데 이때 유통판촉에서는 판매원 도우미 파견 등을 통하여 판매상의 장애요인을 제거하는 노력을 함으로써 각각이 서로 일관성 및 보완성을 갖고 수행되어야 한다.

1 소비자 판매촉진의 개념적 이해

(1) 소비자 판매촉진의 정의

판매촉진
고객의 제품 시용과 수요를 촉진시키기 위하여 한정된 기간 동안 소비자와 유통시장에 제공되는 마케팅 인센티브

미국 마케팅학회(American Marketing Association: AMA)에서는 판매촉진을 '고객의 구매를 자극하고 유통의 효율성을 향상시키기 위한 제반 마케팅활동'이라고 정의하면서 구체적으로는 '고객의 시용(trial)과 수요를 촉진시키고 유통에서의 제품취급률을 향상시키기 위하여 한정된 기간 동안 소비자와 유통시장에 제공되는 마케팅 인센티브'라고 설명하고 있다.

그러나 판매촉진이 일시적이며 즉각적인 구매행동을 유발시키는 특징을 갖고 있음에도 불구하고 제품이나 기업에 대한 부정적 인식을 심어 줄 수 있다는 부정적인 측면도 있다. 예를 들어 촉진을 이용하여 제품을 구입하게 되면 그 소비자는 자신의 구매행동을 제품의 품질이나 내재적 가치 때문이 아니라 단순히 가격할인이나 행사에 끌려 구입했다는 생각을 하게 되고 결과적으로 제품에 대한 태도가 약화된다. 또한 빈번한 판매촉진은 고객들로 하여금 미래의 판촉을 기대하도록 학습시켜 구매를 미루게 하는 결과를 낳을 수 있다.

그렇다고 해서 판매촉진의 장기적 효과가 항상 부정적인 것만은 아니다. 어떤 과자의 판매를 촉진시키기 위해서 특별 매대에 전시하였다고 가정하자. 이는 고객들에게 그 과자가 얼마나 맛있는가를 생각나게 하며 고객들이 그 과자를 산지가 오래 지났다는 것을 생각나게 한다. 소비자들은 그 과자가 필요하다고 결론짓고 구매한다. 구매 후 그 맛에 친숙하게 되면 장기간동안 재구매를 하는 충성스러운 고객이 되는 것이다. 이러한 예는 판촉에 대한 반응이 단순히 제품의 구매로 끝나는 것이 아니라 제품에 대한 인식 및 태도형성에도 영향을 준다는 것을 의미한다.

(2) 소비자 판매촉진의 특징 및 효과

마케팅목표 중 개념전달목표를 효과적으로 달성하기 위해서는 마케팅담당자들은 전체 커뮤니케이션전략과 판매촉진전략을 적절히 보완하고 사용하여야 한다. 이때 마케팅담당자가 마케팅믹스의 한 구성요소로서 판매촉진의 차별적인 특징을 이해하는 것은 매우 유용할 뿐만 아니라 효과적인 판매촉진전략 수립에도 도움이 된다.

아래의 <표 9-1>은 이러한 판매촉진의 특성을 다른 촉진도구와 비교해 놓은 것이다. 표에서 보듯 각각의 촉진요소는 다양한 역할을 가지는데 먼저, 광고는 소비자가 구매하기 이전의 모든 인지적 단계에 영향을 미침으로써, 브랜드에 대한 전반적인 포지셔닝을 구축하는 역할과 구매 이후에 갖게 되는 인지부조화를 감소시켜 주는 역할을 담당한다. 이에 반해 판매촉진은 광고나 홍보 등으로 선호된 감정을 실질적인 구매로 연결시키는 것을 목적으로 하는 것으로써 시용을 유도하거나 재구매를 하도록 인센티브를 주기도 하고 구매자가 좀 더 자주, 그리고 많이 구매할 수 있는 환경을 만들어 준다. 이와 달리 홍보는 표적고객에게 좀 더 신뢰성을 부가하여 수용자가 거부감 없이 제품정보를 받아들이도록 하는 것을 목표로 한다. 마지막으로 인적판매는 판매량의 증대에 직접적인 기여를 하는 동시에 개개인의 소비자와 특별한 관계를 형성하고 유지, 발전시키는 것을 중요한 목표로 한다.

따라서 표적소비자에게 촉진하는 소구방법도 촉진요소에 따라 달라지는데, 광고는 1차적인 목표가 광고 자체에 대한 호의적인 태도를 형성하여 그것이 제품이나 브랜드 태도에까지 이어지도록 설득하는 것이므로 기본적으로 감성에 소구한다. 그러나 판매촉진은 호의적인 태도와 관심을 유도할 뿐만 아니라, 표적

표 9-1 판매촉진과 다른 촉진도구와의 비교

	판매촉진	광 고	홍 보	인적판매
기본목적	매출증대	이미지/선호도/태도개선/포지셔닝	신뢰형성	판매 및 관계형성
소구방법	이 성 적	감 성 적	감 정 적	이 성 적
기 간	단 기	장 기	장 기	단/장기
이익 기여도	높 음	보 통	낮 음	높 음

고객에게 부가적인 가치를 제공함으로써 판매량 증대를 꾀하게 된다. 따라서 판매촉진의 경우 감성적 소구는 물론, 합리적이고 이성적인 소구를 활용하여 표적고객의 구매동기를 자극하게 된다.

각각의 촉진수단들이 기업의 수익성에 기여하는 바 또한 다르다. 판매촉진과 인적판매는 매출액에 직접적인 영향을 미치기 때문에 기업에게 높은 수익성을 보장할 수 있다. 반면, 광고는 이월효과 때문에 판매촉진보다 수익성이 낮지만 커뮤니케이션효과에 있어서는 결정적인 역할을 한다. PR(공중관계: public re-lation)의 경우는 브랜드나 제품에 대한 신뢰를 형성하는 데에는 효과적이지만 기업의 수익성 향상에는 직접적으로 기여하는 바가 없다고 할 수 있다.

그렇다면, 판매촉진의 장점과 단점은 무엇인가? <표 9-2>를 통해 알 수 있듯이 판매촉진의 가장 큰 장점은 단기적으로 판매량에 직접적인 영향을 줄 수 있다는 점이다. 판매촉진은 동일한 가격의 제품에 대하여 부가적인 가치를 제공하거나 동질의 제품에 대하여 가격할인 또는 쿠폰을 제공함으로써 소비자가 기존에 가지고 있던 가격과 가치 간의 관계를 변화시키고 궁극적으로 판매량을 증가시킬 수가 있는 것이다. 뿐만 아니라 대부분의 판매촉진은 유효기간이 정해진 일시적인 행사이기 때문에 부가적인 가치를 얻고자 하는 고객은 일정기간 안으로 구매를 앞당기게 된다. 뿐만 아니라 아직 구매하지 않은 고객에게는 샘플을 제공함으로써 시용을 유도할 수도 있으며 결과적으로 프리미엄 등을 이용하여 반복구매를 이끌어 내기도 한다. 이외에도 판촉행사는 다양한 흥미와 오락적 요소를 제공하기 때문에 소비자의 관심을 끌기 쉽다는 장점이 있으며 판촉행사를 통해 표적고객들의 데이터 베이스를 구축할 수 있다는 중요한 이점을 가지고 있다.

이에 반해 판매촉진의 단점으로 지적할 수 있는 점은 첫째, 무모한 판매촉진 경쟁을 불러들일 수 있다는 점이다. 만약 특정 산업에서 한 기업이 판매촉진을 지나치게 사용하면 다른 경쟁자들도 경쟁수단으로서 판매촉진을 이용할 가능성이 높아진다. 그렇게 된다면 기업들은 서로 경쟁에서 뒤쳐지지 않기 위해서 더 많은 쿠폰을 발행해야 하며 더 큰 리베이트를 주어야 하고 더 비싼 경품을 준비함으로써 경쟁기업으로부터 자신의 고객을 지키려고 할 것이다. 이러한 효과를 **스노우볼 효과**(snowball effect)라고 한다.

▶ **스노우볼 효과**
시장에서 판매촉진활동이 가열되어 자신의 고객을 지키기 위해 기업간 경쟁이 치열해져 지나친 판매촉진을 실시하게 하는 효과

또 다른 단점은 판촉이 브랜드 이미지에 부정적인 영향을 미침으로써 판촉이 철회되었을 때 그 상표에 대한 재구매 확률을 현저히 감소시킨다는 점이다. 비록 소비자가 판매촉진을 이용하여 제품을 구매하였다고 하더라도 이러한 판

표 9-2 판매촉진의 장·단점

장 점	단 점
• 행동하도록 별도의 유인책을 제공한다. • 가격/가치 관계를 변화시킨다. • 제공하는 제품의 유형적 가치를 증가시킨다 • 즉각적인 구매를 촉진한다. • 흥미와 구경거리를 제공한다. • 시용을 유도한다. • 반복구매를 자극한다. • 구매빈도를 증가시킨다. • 데이터베이스를 구축할 수 있다.	• 산만성이 증가된다. • 준거가격이 변화될 수 있다. • 판매촉진이 있을 때까지 구매를 연기하는 소비자가 생길 수 있다. • 거래상의 협력을 확보하기 어렵다. • 상표이미지를 손상시킬 수 있다.

매촉진으로 인하여 그 상표에 대한 인식이나 태도가 비우호적으로 변할 가능성이 있다. 뿐만 아니라 판매촉진을 이용하여 제품구매를 했던 고객은 판매촉진이 철회되면 그 이전구매에 있었던 판매촉진을 기억해 내고 차후에 판매촉진이 행해지길 기다리면서 구매를 연기하거나 재구매 할 확률을 떨어뜨리게 된다. 이러한 효과를 **촉진사용효과(promotion usage effect)**라고 한다.

촉진사용효과
소비자가 이전구매에 있었던 판매촉진의 기억으로 차후 판매촉진이 행해질 때까지 구매를 연기하는 효과

이러한 단점들을 막기 위해 기업은 판매촉진 방법들을 적절히 통제해야 한다. 판매촉진은 마케팅목표를 달성하기 위한 마케팅믹스의 일부이며, 따라서 제품 이미지와 광고를 지원하거나 강화하도록 조심스럽게 활용되어야 할 것이다.

단편사례

유통가, 파리올림픽 마케팅

오는 26일 개막하는 파리올림픽을 앞두고 유통 업계가 관련 마케팅을 강화한다. 백화점과 이커머스 업체에선 운동복 등 스포츠용품을 할인 판매하고, 홈쇼핑에선 주요 경기를 진행하는 새벽 시간대 특집 판매 방송을 편성했다.

23일 유통 업계에 따르면 롯데·신세계·현대백화점은 파리올림픽 기간 스포츠 의류 등 주요 제품 할인 행사를 진행한다.

롯데백화점은 다음 달 4일까지 전국 점포에서 인기 스포츠 브랜드 의류를 비롯해 선글라스, 자외선 차단 제품 등 60여 종을 최대 60% 할인가에 선보이는 '더 스포츠 2024' 행사를 진행한다.

신세계백화점은 오는 29일까지 대구 신세계에서 고급 시계 브랜드 '오메가(OMEGA)' 팝업스토어를 열어 파리올림픽 특별 한정판 4종을 선보인다.

현대백화점은 목동·천호·킨텍스점 등 점포별로 스포츠 의류 브랜드 기획전을 준비했다. 파리올림픽 및 국가대표 공식 후원사와 협업한 팝업 행사를 통해 브랜드별로 파리올림픽 한정판 상품을 판매한다.

대형마트는 스포츠 이벤트 기간에 판매량이 늘어나는 TV 제품 할인 판매에 나섰다. 이마트는 다음 달 1일까지 삼성전자, LG전자 프리미엄 TV를 할인 판매한다. 롯데하이마트는 오는 31일까지 TV 행사 상품을 구매하면 최대 82만원 상당의 롯데모바일상품권을 증정하는 이벤트를 한다.

이커머스 G마켓은 29일부터 스포츠 레저용품, 31일부터 응원용 간식과 야식 등을 할인가에 선보인다. SSG닷컴은 대회 기간 SSG 응원 먹거리 행사를 열고 치킨, 마른안주 등 안주류와 음료 및 무알코올 맥주 등을 신속 배송 서비스로 판매한다.

홈쇼핑 업계는 양국 시차가 7시간으로 새벽 시간대 시청자가 많은 것을 예상하고 이 시간대 특별 생방송을 편성했다. CJ온스타일은 오는 27일과 28일, 다음 달 10일과 11일 총 4일에 걸쳐 오전 2시부터 오전 5시 30분까지 생방송을 진행한다. GS샵은 올림픽 기간에 저녁 11시부터 팝업 프로그램 '심야 오픈런'을 특별 편성한다.

편의점 업계도 이번 올림픽 기간 야식거리를 찾는 소비자를 대상으로 프로모션을 진행한다. GS25는 스포츠 이벤트 단골 메뉴 치킨과 맥주 할인 프로모션을 진행한다. CU는 치킨과 삼겹살 도시락, 김치 제육 삼각김밥 등 선호도가 높은 메뉴를 담은 국가대표 간편식 시리즈를 출시했다. 세븐일레븐은 대용량 페트병 맥주 할인 행사를 연다.

자료원: 유엄식, 새벽 홈쇼핑, 운동복 할인…유통가 파리올림픽 마케팅, 머니투데이, 2024.07.23.

2 소비자 판매촉진의 종류

일반적으로 판매촉진의 수단은 매우 다양하고 범위 또한 광범위하기 때문에 분류기준이 정형화되어 있지는 않다. 이하에서는 판매촉진이 제공하는 혜택이 가격적인 혜택인가 혹은 비가격적인 혜택인가로 나누어 설명하고자 한다.

(1) 비가격 판매촉진

1) 프리미엄(Premiums)

화장품 매장에서는 구입 금액별로 자사의 로고가 새겨진 상품을 제공한다.

백화점의 화장품 매장에서 화장품을 일정금액 이상 구입하면 토트백이나 화장품가방 또는 여행가방이나 머플러 등을 함께 지급한다고 진열되어 있는 것을 볼 수 있는데 바로 이것이 프리미엄의 예이다. 프리미엄은 광고의 특별한 형태로서 무료선물이나 해당 제품을 구매할 수 있는 할인쿠폰 등을 제공하는 것을 말하는데, 자사의 로고(logo)가 새겨진 컵, 펜, 마우스 패드와 같은 상품의 형태로도 제공된다.

2) 견본품(Product Sampling)

간혹 대학가에서는 등교하는 학생들에게 무엇인가를 나누어 주는 모습을 자주 보게 된다. 예를 들어 '립톤'의 '립톤 아이스티 라즈베리맛'은 출시 초기에 대학가를 중심으로 견본을 무료로 나누어 줌으로써 기존 브랜드의 신제품을 인지하도록 촉진하였다. 견본품 제공의 방법에는 위와 같이 무료 배포가 있는가 하면, 때로는 고객이 샘플을 얻기 위해 쿠폰을 오리고 자신의 정보를 적거나 직접 매장으로 가서 쿠폰을 제시해야만 견본품을 얻을 수 있는 경우도 있다.

3) 콘테스트(Contest)

콘테스트는 소비자가 상품을 타기 위해 자신의 능력을 활용하여 경쟁하도록 하는 판매촉진방법인데 이러한 콘테스트에 참여하기 위해서는 제품을 구매하거나 사업자가 요구하는 설문지나 고객카드를 작성해야 한다. 콘테스트는 특정한 브랜드에 대한 인지도를 높여 소비자를 확보할 목적으로 활용될 수 있고 사업자들이 고객카드를 통해 소비자에 대한 데이터를 수집할 수 있다는 장점을 가진다. 콘테스트는 소비자와의 호의적 거래관계를 형성하는 첫걸음이다. 그러

단편사례

콘테스트를 통한 시장확장 전략 모색

지평주조가 MZ세대 신규 고객 유입 및 브랜드 확장을 위해 대학생 마케팅 공모전을 개최, 성황리에 마쳤다고 2일 밝혔다. 이번 공모전은 최근 전통주 시장에 대한 젊은 소비자층의 관심이 크게 증가하면서 브랜드 혁신과 소비자 소통을 동시에 추진하고자 하는 목적으로 진행됐다.

참가자들은 MZ세대의 취향을 반영한 마케팅 전략, 지역 특성에 맞춘 홍보 방안, 소셜 미디어를 활용한 브랜드 알리기 등 소비자와의 접점을 확대하기 위한 다양한 아이디어를 제시했다.

지평주조는 이번 공모전을 통해 선정된 아이디어를 실제 2025년 마케팅 계획에 반영 및 실행할 예정이다.

지평주조 관계자는 "이번 공모전에서 도출된 신선한 아이디어들을 바탕으로 브랜드 인지도와 선호도를 높이고, 전국적인 시장 확장을 이루어낼 것"이라고 밝혔다.

구체적인 계획으로는 유니크한 브랜드 이미지 구축을 통한 주류업계 선도, 20대 신규 고객 유입 확대, 지역 특성에 맞는 맞춤형 마케팅 전략 실행, 그리고 디지털 마케팅 강화를 통한 MZ세대와의 소통 확대 등이 포함돼 있다.

자료원: 박윤희, MZ세대가 픽한 막걸리는?..., 지평주조, 대학생 마케팅 공모전 열어, 세계일보, 2024.10.02.

나 주의해야 할 점은 소비자들은 대개 제품보다는 사은품 혹은 경품에 더 많은 관심을 가질 수 있으므로 단순한 고객행사로 끝나지 않도록 철저한 계획 아래 수행되어야 한다는 것이다.

4) 시연회(Demonstration)

메이크업 설명회를 통해 고객에게 화장법뿐만 아니라 제품홍보 및 판매효과를 얻을 수 있다.

비주얼머천다이징(VMD)

시연회란 고객의 눈앞에서 실제로 상품을 보여 주면서, 실연을 통해서 상품의 사용법과 차별화된 우위성을 납득시키는 방법이다. 특히, 전문품, 대중에게 직접 시험구매 시키기에는 무리가 있는 제품, 또는 샘플로 제작하기에 어려움이 있는 제품의 경우에 사용한다. 시연회는 보통 점두 또는 점내에서 전개되는데 이것은 매장에서의 전개를 통하여 구입과 직접 연결을 시키기 위한 전략이다. 보통 시연회는 이벤트 형식 또는 제품발표회나 전시회 등의 형식으로 이루어진다.

예를 들어, 수입 화장품 회사인 에스티로더는 시즌마다 아이 쉐도우나 립스틱이 신규로 출시되면 백화점에서 시연회 행사를 갖는다. 시연회는 시연장소에서 직접적인 판매성과를 노리기도 하지만 그보다 더 많은 타깃층이 브랜드의 행사에 참여하고 접촉할 수 있도록 하나의 특이한 행사를 전개하는 데 있다. 즉, 에스티로더의 아티스트는 모델에게 메이크업을 해주면서 사람들에게 사용법을 설명하기도 한다. 또한 고객이 원한다면 무료로 메이크업을 해 주기도 한다. 이러한 행사를 통해 더 많은 고객과 접촉하고 고객에게 관련제품 등을 교차판매촉진하기도 한다.

단편사례

무신사의 뷰티 페스타 런칭

무신사는 첫 온오프라인을 연계한 '무신사 뷰티 페스타' 행사를 시작으로 뷰티 시장 점령에 나섰다. 첫 출발은 성공적이다. 지난 6일부터 8일까지 성수동 일대를 무대로 한 '무신사 뷰티 페스타 인 성수'에는 3일간 1만 8,000여 명이 방문했다.

서울숲부터 성수역까지 성수동 일대 3곳(토탈 존, 포인트 존, 맨즈 존 등)에 메인 팝업 공간을 구성했다. 총 41개 브랜드를 소개했다. 약 80%가 중소 K 뷰티 브랜드다.

행사 첫날인 지난 6일 오전 10시 뚝섬역에서 5분 거리의 아이언 빌딩 앞에는 수십명이 넘는 방문객이 오픈 전부터 줄을 서서 기다리고 있었다. 대부분 2030대 여자 방문객이 남았다. 1~2시간이 지나자 메인 팝업존인 아이언 빌딩 내 화장품 부스 앞에는 미리 티켓을 구매한 체험객들로 북새통을 이뤘다.

메인 팝업존에는 26개 중소 브랜드는 색조 화장품을 비롯해 스킨케어 및 선크림 등을 선보이며 볼거리와 체험존을 마련했다.

현장에서 만나 20대 여성 방문객은 "아침 오픈하자마자 참여하기 위해 일찍 집에서 나섰다"며 "K뷰티 브랜드를 체험할 수 있는 행사가 많지 않은데, 다양한 브랜드와 핫한 브랜드를 볼 수 있어 좋다. 색조화장품 '누그레이(nuegray)'를 체험하기 위해 기다리고 있다"고 말했다.

누그레이는 무신사에 작년 9월 입점했다. 에센셜 뷰티 브랜드를 지향한다. 편하게 사용할 수 있는 데일리한 색조 화장품을 선보이며 온라인 자사몰 중심으로 제품을 선보여왔다.

1층 프리미엄 비건 뷰티 브랜드 '프레비츠(FREBITS)' 부스 앞에도 방문객 참여가 많았다. 이날 기초 및 색조 제품을 선보였다. 새롭게 런칭하는 에어핏 선스틱 등을 소개했다. 무신사에는 작년 8월 입점했다.

2층에는 올해 무신사에 입점한 신생 스킨케어 브랜드 '디마프(De:maf)'가 눈에 띄었다. 학교 컨셉으로 부스를 꾸몄다. 디마프는 유튜브, 인스타그램 등에서 피부 고민을 얘기하며 본인 피부에 맞는 화장품을 찾는 중 고객과 소통하면서 개발, 런칭까지 이어진 브랜드다. 본격적으로 작년 런칭한 디마프는 이날 토너와 오일을 넣은 만능기초 히어로 마이 퍼스트 세럼(HERE-OH MY FIRST SERUM) 등 스킨케어 및 클렌징 라인 등을 소개했다. 와디즈에서 판매한 화장품 스킨케어, 멀티밤 등이 완판 행진을 이어가고 있다.

또 다른 팝업인 맨즈 존은 성수역 인근의 무신사 테라스 성수에 조성했다. 맨즈 뷰티 5개 브랜드를 구성했다. 또 다른 포인트 존은 무신사 스퀘어 성수 4층에서 색조와 프래그런스 10개 브랜드가 참여했다.

성수 일대에 브랜드 제휴 팝업이 동시에 열렸다. 일반 티켓보다 30% 할인하여 판매한 얼리버드 티켓은 오픈 이후 평균 약 1분 만에 매진됐다. 티켓 구매자들은 무신사 뷰티에서 만든 구디백과 참여 브랜드 제품으로 구성한 40만 원 상당의 기프트를 제공받았다.

이번 행사는 '넥스트 뷰티'라는 방향성을 전달하고, 입점 브랜드의 오프라인 고객 접점을 확대하기 위해 기획됐다. 한편 이번 오프라인 성수와 함께 무신사 뷰티가 3주간(8월 19일~9월 8일) 온오프라인에서 진행한 '무신사 뷰티 페스타' 거래액은 지난해 같은 기간보다 5.8배 이상 늘었다.

자료원: 정정숙, 무신사 뷰티페스타 인 성수, 패션 이어 뷰티까지 영토 확장, 한국섬유신문, 2024.09.11.

5) 애호도 제고 프로그램

애호도 제고 프로그램은 자주 구매하는 소비자들에게 구매정도에 따라 차별화된 혜택을 부여하는 것인데, 보통 가격할인을 해주거나 선물 제공 또는 특별 이벤트를 제공함으로써 이루어지는 판매촉진방법이다. 애호도 제고 프로그램의 목적은 고객의 애호도를 높임으로써 경쟁상품 혹은 경쟁자 서비스로의 전환을 막고자 하는 것이다. 소매업자에게 있어서 애호도 제고 프로그램은 자신의 점포(store)를 지속적으로 방문하도록 유도하는 것이며 자신의 상점을 들러 구매했을 경우 자신이 발행한 쿠폰에 도장을 찍어 주거나 구매고객에게 카드를 발행하여 소비자 자신이 직접 포인트나 구매횟수를 확인하고 이에 따른 혜택을 직접 볼 수 있도록 해 주는 형태로 이루어진다. 커피빈, 스타벅스 같은 테이크 아웃 커피전문점은 10번 구매 시 한번 무료로 마실 수 있도록 관리하고 있으며, 대학가 주변의 미용실 또한 이용횟수가 증가할수록 할인비율이 높아지는 애호도 프로그램을 이용하여 실효를 거두고 있다.

소비자는 무료 음료를 위해 특정 상품만 구매하기도 한다.

(2) 가격 판매촉진

1) 가격할인

가격할인은 해당 제품에 대해 경제적인 측면에서 가격을 할인해 줌으로써 소비자들에게 직접적인 구매동기를 부여할 뿐만 아니라 즉각적인 상품구매를 유도한다. 가격할인은 소매업자의 이윤이 줄어들지 않는 수준에서 이루어져야 하고, 제조업자와의 협조에 의해 이루어짐으로써 현재와 미래의 판매촉진에 대한 고려를 해야 한다. 만약 가격할인이 장기적으로 반복되거나 동종 사업 내에서 경쟁적 가격경쟁이 일어나게 되면 제조업자나 소매업자의 이윤이 감소하며 브랜드 이미지를 훼손시킬 수 있다는 단점을 지니고 있기 때문에 주의를 기울여야 한다.

2) 쿠폰(Coupon)

쿠폰은 그것을 소지한 사람에게 어떤 이익이나 현금적립 혹은 선물을 주기 위해 인쇄매체의 형태를 띠고 유통되는 것을 말한다. 쿠폰은 신문, 잡지, 직접우편, 혹은 제품 패키지를 통해서 배포된다. 최근에는 자신이 사용하고 싶은 쿠폰을 핸드폰으로 바로 받아 쓸 수 있는 MMS 쿠폰 발행이 활성화되는 추세이다. 요즘 카드사들은 자사 카드와 함께 구매하면 할인을 받을 수 있는 각종 음식, 여행, 문화 서비스 쿠폰을 청구서와 함께 발송하여 카드 사용을 장려하기도 하고, 패밀리 레스토랑들은 인터넷 회원들에게 이메일로 쿠폰을 발송하고 무료 시음권이나 일부할인권을 오려오도록 하여 판매신장을 꾀하기도 한다.

3) 리펀드와 리베이트(Refund & Rebate)

리펀드와 리베이트는 제조업자에 의해 행해지는 것으로써 제품구매가격의 일부분을 소비자에게 돌려주는 형태의 판매촉진이다. 리펀드는 소비자가 구매하는 시점에서 즉시 현금으로 돌려주는 형태로 이루어짐으로써 신제품을 구매하도록 유도하거나 브랜드 전환을 유도하는 목적으로 활용되는 경우가 흔하다. 리베이트는 소비자가 해당 제품을 구매했다는 증거를 제조업자에게 보내면 구매가격의 일부를 소비자에게 돌려주는 것을 말한다.

3 판매촉진의 의사결정

(1) 판매촉진계획 수립 시 사전 고려사항

보다 효율적인 판매촉진을 기획하기 위하여 실무자들은 다음의 세 가지 사항을 고려해야 한다. 첫째, 도달하려는 표적고객이 누구인지 사전에 규정해야 한다. 판매촉진은 상표태도보다는 행동에 더 큰 영향을 미치기 때문에 판매촉진의 대상은 세분화된 특정고객을 타깃으로 해야 한다. 둘째, 고객들이 왜 그렇게 행동하는가를 파악해야 한다. 고객의 행동이 같다고 해서 반드시 그 이유가 같다고는 볼 수 없기 때문이다. 셋째, 달성하고자 하는 목표를 명확히 해야 한다. 인지도 증가 또는 단기적 판매 증대와 같은 각기 다른 목적은 각기 다른 판촉수단을 요구한다. 판촉관리자는 판매촉진의 목표를 사전에 좀 더 명확히 함으로써 그 목표를 효과적으로 달성하여 줄 표적고객을 선정하고 그에 적절한 판촉수단(tool)을 선택할 수 있다.

(2) 판매촉진의 계획과정

판매촉진의 계획은 먼저 판매촉진의 큰 흐름을 설정하고 판매촉진 목표를 달성하기 위한 판촉수단을 개발한 다음 이러한 판매촉진의 효과를 측정하는 단계로 진행된다. 즉, <그림 9-2>와 같은 6단계의 계획과정을 거치게 된다. 먼저 1단계에서 4단계에 이르는 과정은 판매촉진의 전체적인 방향을 설정하는 단계로서 이때 판매촉진의 전반적 목표가 설정된다. 5단계에서는 판매촉진의 구체적인 전술을 계획하는 단계이다. 즉 구체적인 판촉수단을 결정하고 판매촉진 전개 포인트가 되는 테마(theme)를 결정하여 그에 적당한 매체 및 도구를 개발하는 것이다. 마지막으로 6단계에서는 효과측정 및 평가가 이루어지게 된다.

1) 1단계: 시장환경 분석

시장환경 분석단계에서는 효과적인 판매촉진전략을 계획하기 위하여 자사 상표와 경쟁사 상표 간의 경쟁상황과 소비자의 제품수요 및 제반 시장상황을 마

그림 9-2 판매촉진의 계획과정

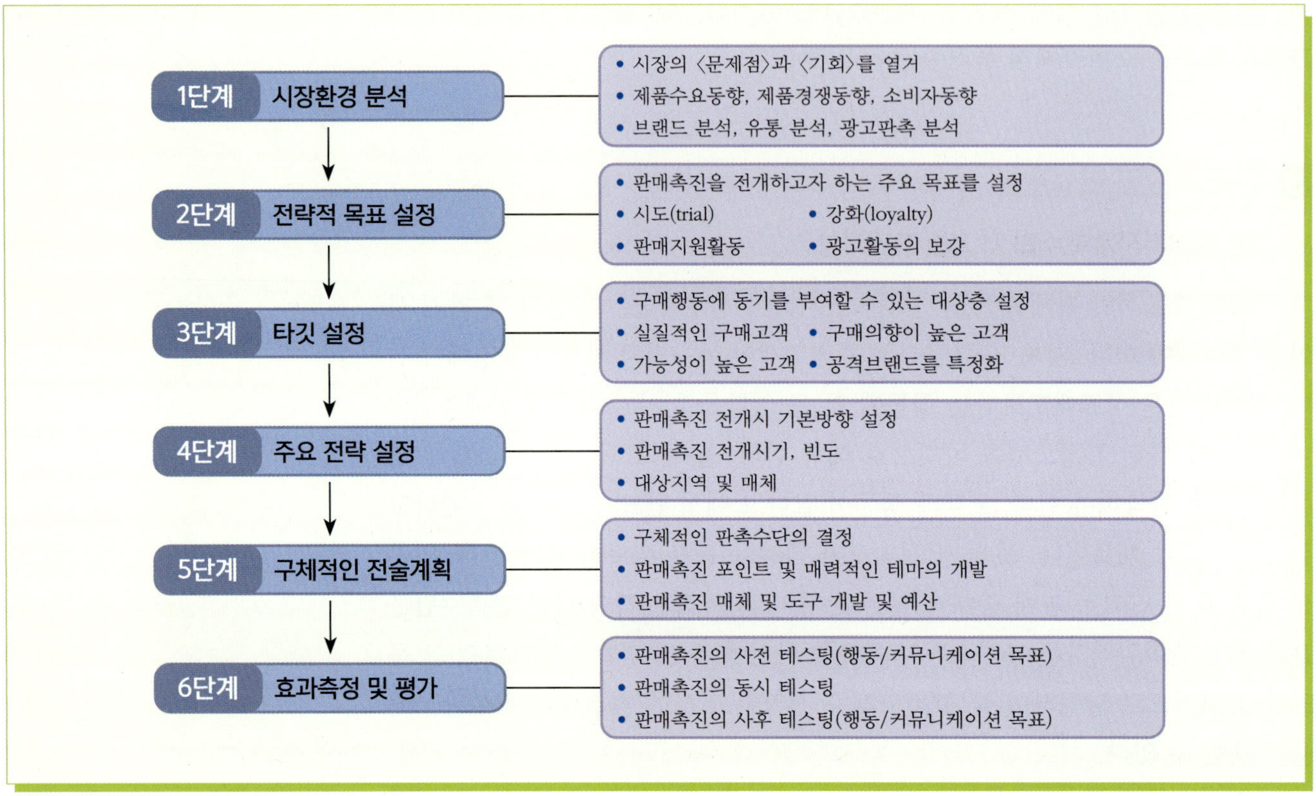

케팅의 관점에서 분석하게 된다. 이를 통하여 현재 시장에서의 문제점을 발견할 수 있고, 이렇게 발견된 문제점에 대한 해결방안을 강구함으로써 시장에서의 새로운 마케팅기회를 창출할 수 있다.

2) 2단계: 주요 전략적 목표 설정

시장조사를 한 이후에는 시장상황에 맞는 판매촉진전략의 큰 틀을 정한다. 이것은 판촉의 목적에 따라 시험구매 혹은 반복구매를 유발시킬 것인가, 아니면 브랜드 인지도를 높이기 위하여 광고와 함께 판매촉진행사를 기획할 것인가를 정하는 것이다. 이러한 틀의 결정은 세부적인 판매촉진전략을 계획하는데 큰 도움이 된다.

3) 3단계: 타깃 설정

판매촉진을 실시하려면 판매촉진을 실시할 타깃을 설정해야 한다. 판매촉진을 실시할 대상 집단을 선정할 때에는 실제로 제품을 구매할 가능성이 있는 소비자집단을 선택해야 하며 이러한 집단이 판매촉진을 통해 실제로 구매할 것인가를 고려해야 한다. 판매촉진은 제품을 구매할 의도가 없거나 경제적 능력이 없는 잠재적 소비자들을 대상으로 일어날 수도 있다.

4) 4단계: 주요 전략 설정

판매촉진의 표적소비자집단을 정한 이후에는 판매촉진전략의 세부적 실행계획을 수립해야 한다. 이 단계에서 가장 중요한 것은 판매촉진행사의 시기와 기간, 빈도를 정하고 판촉을 실시할 지역을 정하며 구체적인 판매촉진방법을 선정하는 것이다. 판매촉진방법은 변형이 가능할 뿐 아니라 다양한 판촉방법을 혼합하여 쓸 수 있다.

5) 5단계: 구체적인 전술계획

1단계부터 4단계까지는 전체적인 판매촉진의 방향을 설정하는 단계이다. 이렇게 판매촉진의 전체적인 방향이 설정되고 나면 구체적인 실행전략을 계획하여야 한다. 따라서 이 단계에서는 구체적인 판매촉진수단과 판촉의 포인트를 결정하고 표적고객을 유인할 수 있는 매력적인 행사테마를 개발하여야 한다. 그 다음은 판촉을 전개할 매체와 판촉스케줄링을 개발하여야 하며 마지막으로 판

그림 9-3 판촉 전술계획의 수립과정

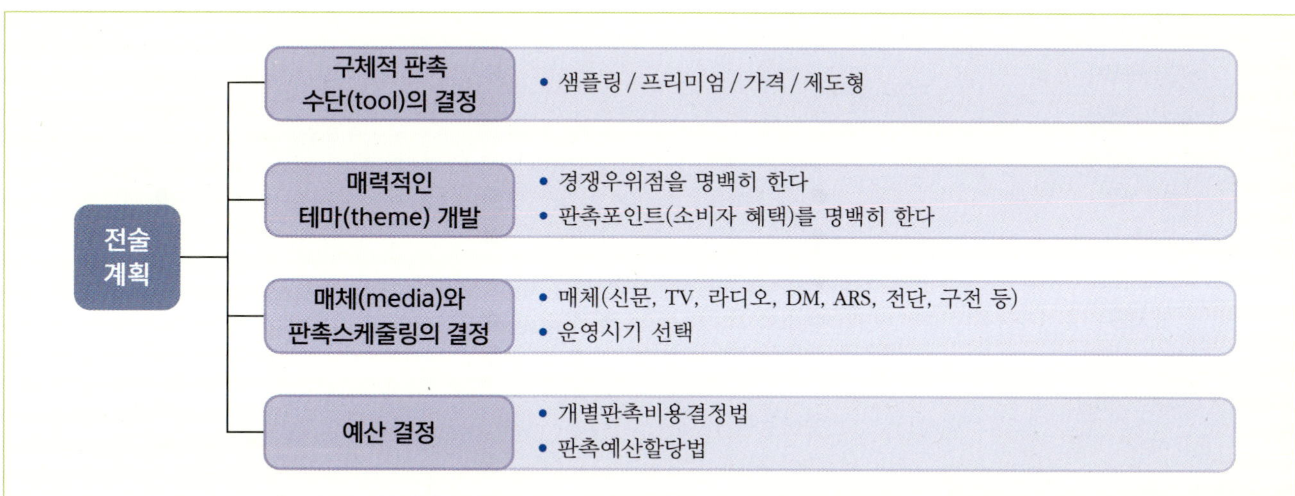

매촉진에 필요한 예산을 설정하여야 한다. 5단계에서 구체적인 전술을 계획하는 과정은 <그림 9-3>에 나와 있다.

❶ 구체적인 판촉수단(Sales Promotion Tool)의 결정

판촉수단은 앞에서 살펴보았듯이 매우 다양하며 각각의 효과 역시 다양하다. <표 9-3>에 나타난 바와 같이 판촉목표에 따라 어떤 수단을 사용해야 효과적인지를 고려하여 적절한 판촉수단을 선택해야 한다.

❷ 매력적인 테마(Theme)의 개발

구체적인 판촉수단이 결정되고 나면 소비자의 직접적인 반응을 유발하는 매력적인 판매촉진 테마의 개발과 함께 명확한 판촉 포인트를 찾아야 한다. 판매촉진의 테마를 개발하고 전개하기 위해서는 다음의 두 가지 단계를 거쳐야 한다. 첫째, 경쟁우위점을 찾아서 제시해야 한다. 이에 따라 경쟁제품과의 차이

표 9-3 판촉목표와 판촉수단 간의 관계

	시험구매 촉진	재구매 촉진	연속구입 촉진
견본품 제공	●		
시연회	●		
고급제품으로 교환행사	●	●	
재사용 용기 제공	◇	●	
무료우편 배달 행사	◇	◇	◇
재고처분행사		◇	◇
우편경품행사		◇	◇
즉석복권행사	◇	◇	●
콘테스트행사	*		
쿠폰제공	●	●	●
교환행사	●	●	
시제품 제공	●		
덤 제공	◇	●	
제품교체행사			●
고객멤버십행사			●
추가 서비스 제공			●

●: 직접(즉시)효과 ◇: 간접효과 *: 직/간접효과

는 소비자의 혜택(benefit)이 바로 판촉 포인트가 된다.

❸ 매체(media)의 선정과 판촉스케줄링의 결정

이 단계에서는 판촉목표를 달성하는데 있어 비용대비 가장 효율적인 판매매체 및 판촉스케줄링을 결정한다. 각각의 판촉매체의 효과가 다르기 때문에 판촉매체와 판매촉진수단의 특성을 적절히 조화시키는 것이 성공 포인트이다. 판촉매체가 선택되면 이에 대한 운영시기를 결정하여야 한다. 만약 매체집행에 대한 소비자의 인지효과가 3일 후에 나타난다고 가정하면 적어도 판촉행사의 3~4일 전부터 매체를 통해 집중적으로 판촉광고를 실시해야 한다.

6) 6단계: 효과측정 및 평가

판매촉진의 효과를 측정하는 것은 광고의 효과를 측정하는 것만큼이나 복잡한데, 이는 판매촉진목표가 다양하기 때문이다. 판매촉진이 실행되면 판촉관리자는 광고의 커뮤니케이션 효과측정에서와 마찬가지로 테스트 시기와 측정방법을 결정해야 한다. 테스트 시기는 사전 테스팅(pretesting)과 동시 테스팅(concurrent testing), 그리고 사후 테스팅(posttesting)이 있으며, 보다 정확한 효과 측정을 위해서는 세 가지 테스트 시점 모두를 실시하는 것이 바람직하다. 판매촉진 효과를 측정하기 위한 방법에는 실험방법, 설문조사법, 그리고 관찰법 등이 있다.

제2절 유통 판매촉진

1 유통 판매촉진의 개념

유통 판매촉진은 제조업체가 유통업체를 대상으로 하는 판매촉진활동을 의미한다. 일반적으로 제조업체들은 소비자판촉의 효율을 높이기 위해서 유통 판매촉진까지 병행하는 경우가 많다. 특히 유통업체가 대형화되어 가는 추세에서는 유통업체의 협력을 얻어 내는 것이 필수적이며 유통 판매촉진의 성공 여부에 따라 제품판매도 영향을 받게 된다.

2 유통 판매촉진의 목적

기업이 단기적인 마케팅목표를 달성하기 위하여 소비자 판매촉진을 활용하듯이 제조업자는 유통 판매촉진을 계획함으로써 마케팅목표를 보완하려고 한다. 제조업자가 유통업자를 대상으로 하는 판매촉진은 크게 세 가지로 나누어 생각할 수 있다. 첫째, 제조업체는 자사제품에 대한 매입의욕을 고취시키기 위하여 유통 판매촉진활동을 계획한다. 제조업체는 가격할인이나 물량할인 등을 통하여 유통업체가 더 많은 물량을 매입, 취급하도록 유도할 수 있다. 둘째, 제조업체는 자사의 제품을 우선 판매할 목적으로 영업사원에게 인센티브를 주어 동기를 부여하거나 유통업체를 대상으로 각종 공제혜택을 지원해 주기도 한다. 이러한 직접적인 유통 판촉수단 이외에도 셋째, 제조업체와 유통업체가 공생하는 관계임을 상기시킬 목적으로 유통 판촉을 활용하기도 한다. 즉 제조업체는 유통업체를 대상으로 각종 초대회나 전시회를 계획하거나 매장관리를 지원해줌으로써 제조업자와 유통업체 간의 유대를 강화하고 신뢰를 구축한다.

3 유통 판매촉진의 유형

통합적 마케팅 커뮤니케이션의 일환으로 이루어지는 판매촉진관리의 가장 어려운 단계는 이용할 판매촉진도구의 유형이나 도구 간의 결합방법 그리고 다

그림 9-4 유통 판매촉진의 유형

가격 판촉	비가격 판촉
1. 진열수당(Display Allowance) 2. 시판대 및 특판대 수당 3. 구매량에 따른 할인 4. 가격의 할인 5. 재고금융지원 6. 협동광고(Cooperative Advertising) 7. 유통업체 쿠폰 8. 촉진지원금(Push Money) 9. 리베이트(Rebate)	1. 영업사원 인센티브제도 2. 영업사원/판매원 교육 3. 콘테스트 4. 초대회 5. 사은품 6. 지정판매량에 대한 인센티브 7. 고객접점광고물 8. 팩세트 09. 응모권 내장 10. 박람회 11. 판매상 지원(Dealer Loader) 12. 매장관리 프로그램 관리지원 13. 판매도우미(Sales Helper) 파견

양한 표적청중에게 전달하는 전달방법을 결정하는 것이다. 크게 나누어 유통 판매촉진은 제공되는 혜택의 금전적 여부에 따라 가격 판촉과 비가격 판촉으로 나눌 수 있다. <그림 9-4>에서 볼 수 있듯이 가격 판촉이 제조업자의 매출액 신장에 큰 효과를 줄 수 있다면 비가격 판촉은 매출액 신장뿐만 아니라 유통업자와의 관계를 강화시키는데 효과적인 방법이다.

단편사례

A 화장품회사의 마몽드 「바이탈 E」제품의 촉진지원금(push money)

아모레퍼시픽의 강력한 경쟁자로 로레알이 주목받던 시기가 있었다. 이때 로레알은 플레니튜드란 신제품 런칭을 준비하고 있었는데, 이 제품의 컨셉은 비타민이 함유된 노화방지 제품이었다. 로레알의 플레니튜드 제품은 외국에서는 이미 출시되어 많은 사랑을 받아오던 제품이었으나 국내에는 처음 소개되는 제품이었다.

국내 화장품업계의 선두자리를 지키던 아모레퍼시픽의 마케팅팀 이 부장은 이 제품이 시장에서 인기를 얻는 것을 저지하기 위한 전략이 무엇이 있을까 하고 고심하게 되었다. 이 부장은 비타민이 함유되어 있으며, 경쟁사의 제품과 동일한 컨셉을 가진 제품을 먼저 출시하기로 결정하였다. 이 부장의 고민은 여기서 끝나지 않았다. 과연 어떤 제품계열을 선택하고 상표명은 무엇으로 해야 하는지가 남아 있었다. 이 부장은 처음 출시되는 제품이 로레알과 경쟁이 될만한 제품이어야 하고 가격은 중저가이면서, 어느 정도 인지도가 있어야 시장을 선점할 수 있다고 판단하였다. 따라서 적절한 제품계열로는 중저가이면서 이미 높은 인지율을 얻고 있는 마몽드 제품을 선택하였고, 브랜드명은 IMC개념을 잘 반영하여 제품속성과 일관성을 보이도록 브랜드에 비타민성분을 표시하기 위해서 「E」를 포함시켰다. 또한 비타민제의 노화방지기능을 잘 반영하기 위해 생생한 느낌의 「바이탈」을 합해 「바이탈 E」라고 정하였다. 이 부장은 시장선점을 위해 마몽드의 「바이탈 E」를 회사의 역매(力賣)상품으로 규정짓고, 이 제품의 촉진을 위해 전사적인 마케팅노력을 기울이기로 하였다.

그러나 우리나라의 화장품산업의 특성상 유통접점에서의 권유가 매출에 큰 영향을 미치고 있었으며, 성공적인 마케팅을 위해 그들을 십분 활용하는 일이 필수적이었다. 따라서 이 부장은 유통업체의 점주들을 대상으로 마몽드 「바이탈 E」 제품의 취급률을 높이고 좀 더 적극적인 판매동기를 자극 하기 위하여 제품 한 개당 얻을 수 있는 이익금 외에 500원씩을 추가지급하기로 하였다. 뿐만 아니라 「바이탈 E」 제품박스에 해외여행 응모권을 내장하여 점주들의 재고율을 높이고 그 결과로 판매를 촉진하도록 하였다. 따라서 점주들은 「바이탈 E」 제품을 보다 많이 취급하게 되었고 자신의 점포를 찾아오는 손님을 대상으로 마몽드 「바이탈 E」제품을 적극 추천하게 되었다. 이러한 적극적인 유통 판매촉진을 계획하고 실행한 결과 이 부장은 로레알의 「플레니튜드」가 시장에 소개되기 전에 어느 정도의 시장점유율을 확고히 함으로써 비타민 컨셉의 노화방지시장에서 선두를 유지할 수가 있었다.

4 소비자 판촉과 유통 판촉의 조화

풀(pull)전략으로서의 소비자 판촉과 푸쉬(push)전략으로서의 유통 판촉은 제한된 예산하에서 적절한 조화를 이루도록 계획되어야 한다. 즉 두 가지 전략의 효율성을 극대화할 수 있도록 일관성과 보완성의 원칙하에 최적의 조합을 찾아

표 9-4 소비자 판촉과 유통 판촉의 조합

조 합	푸쉬(push)전략(유통 판촉)	풀(pull)전략(소비자 판촉)	푸쉬(push)전략(유통 판촉)	풀(pull)전략(소비자 판촉)
	Low ——— High		High ——— Low	
단위가치	낮음		높음	
제품수명주기	성장 및 초기 성숙단계		진입 초기	
제 품	감춰진 성능이 많을 경우		관찰 가능한 특성이 많을 경우	
제품복잡성	단순		복잡	
시 장	큰 세분시장		다양한 작은 세분시장	
제품라인	수평적 제품라인(수평적 다각화)		수직적 제품라인(수직적 다각화)	

내야 한다.

어떠한 조합이 가장 적절한가는 <표 9-4>에서 볼 수 있듯이 제품 특성, 경쟁상황, 시장 특성, 단위당 가치, 제품수명주기, 제품라인의 다양성 등 여러 가지 요소에 따라 다르게 나타날 수 있다. 예를 들어 제품수명주기에 따라 신제품 출시 후 초기에는 집중적으로 유통 판촉을 실시하여 제품취급률을 높이고 이후 어느 정도 제품 인지도가 높아졌을 때 풀(pull)전략 차원에서의 소비자 판촉에 집중하는 방법이 있을 수 있다. 또한 제품의 특성이 소비자들에게 많이 알려져 있지 않은 신기술을 이용한 제품의 경우 인지도를 높이기 위해 풀(pull)전략 차원에서 소비자판촉을 보다 많이 시행하는 것이 더 효율적일 것이고, 반대로 비교적 알기 쉬운 제품의 경우 유통 판촉 위주로 점포 내 제품취급률을 높이는 방법을 사용하는 것이 더 효과적일 것이다.

벽지의 경우는 유통업자의 설명이나 권유가 소비자 구매에 큰 영향을 미친다.

AR과 VR

제품복잡성 차원에서는 제품이 단순한 것일 경우(예를 들어 치약, 비누, 껌 등) 소비자 판촉을 적극적으로 하여 최종소비자들에게 인지도를 높이는 것이 이로우나, 반대로 복잡한 제품인 경우에는(예를 들어 보일러, 건축자재, 카페트 등의 기타 전문품) 소비자들이 유통업체의 설명이나 권유에 의해 브랜드를 선택하는 경우가 많으므로 유통 판촉을 중점적으로 시행하는 것이 효과적이다.

다양한 세분시장을 가지고 있는 화장품이나 의류, 음료, 샴푸, 세제 등의 제품은 보다 많은 유통업체에서 취급하도록 하는 것이 중요하므로 유통 판촉에 집중하게 되고, 반대로 몇 개의 큰 세분시장으로 대표되는 냉장고, 세탁기, 에어컨,

김치 냉장고 등의 경우는 소비자가 먼저 그 제품을 찾도록 하는 것이 중요하므로 소비자 판촉도 무시할 수 없다.

마지막으로 제품라인 측면에서 백색가전업체와 같이 수평적인 제품라인을 가지고 있는 기업은 소비자 판촉에, 그리고 자동차 타이어나 가정용 공구 등 수직적인 제품라인을 가지고 있는 기업은 유통 판촉에 집중하는 것이 효과적일 것이다. 즉 한정된 예산하에서 여러 가지 커뮤니케이션 요소들과 조화를 이룰 수 있도록 시장, 제품, 소비자의 특성을 충분히 고려하여 소비자 판촉 및 유통 판촉의 범위를 결정하는 것이 중요하다.

제3절 인적판매(판매원관리)

인적판매
판매원들이 직접 고객과 접촉하여 표적고객에게 제품의 정보를 직접적으로 전달함으로써 고객의 제품 구매욕구를 자극시키는 방법

인적판매는 판매원들을 이용하여 표적고객들에게 설득적인 메시지나 일련의 정보들을 직접 전달하는 것을 의미한다. 다른 촉진의 요소들과는 달리 인적판매는 잠재고객과 판매원 간의 쌍방적인 대인의사소통의 성격을 지니고 있다. 판매원은 회사, 소매상, 고객, 그리고 시장과 관련하여 중요한 접촉경계역할을 담당한다. 그리고 판매원들은 시장상황과 긴밀한 관계를 갖고 있기 때문에 고객과 제품에 대한 중요한 정보를 회사에 제공한다.

<표 9-5>에 나타난 바와 같이 판매원은 제품이 소비자들의 욕구에 적합함을 알리면서, 동시에 잠재고객들로 하여금 제품의 이용가능성을 상기시켜 줌으로써 지각적 장애를 제거시킬 수 있다. 또한 판매원은 특정 제품이 얼마나 가치가 있는가를 전달함으로써 가치적 장애를 제거시킬 수 있으며, 특정 제품이 적절한 시기에 적절한 장소로 배달된다는 사실을 표적고객들에게 확신시킴으로써 시간적, 장소적, 소유적 장애를 제거시킬 수 있다.

개념전달활동과 구매전환활동이라는 목표를 달성하기 위한 책임소재는 판

표 9-5 개념전달활동과 구매전환활동에 대한 인적판매목표

	개념전달활동	구매전환활동
인적판매믹스	정확하고 신속하게 제품개념을 이해하고 평가	인적판매 구성요소 내의 긍정적 시너지 효과를 통해 낮은 비용으로 시간적, 장소적, 지각적, 감정적, 소유적 장애를 제거(표적고객을 명확히 하고, 그들이 갖고 있는 문제들을 적절한 시기에, 적절한 장소에서, 핵심적인 메시지가 담긴 적절한 서비스로 해결)

매원유형에 따라 달라진다. 기본적인 인적판매유형으로는 소매점 내에서 잠재고객과의 직접적인 상호작용을 들 수 있다. 가계자원은 거래를 위해서 개념전달활동과 구매전환활동을 수행하지만, 일반적으로 잠재고객과의 접촉을 최초로 일으키는 역할은 하지 않는다.

두 번째 유형에서는 판매원이 회사와 고객 간의 거래에 있어서 지원역할은 수행하지만, 특정 거래에 실제로 관여하지는 않는다. 이처럼 소비자의 욕구가 적절히 충족되고 있음을 확신시키고 이러한 역할수행에 따르는 제반 문제들을 처리하기 위해서 고객들과 상호작용하는 사람들을 '고객관리자'(account representatives)라고 부른다. 기술적인 정보를 제공하는 형태로 판매지원을 하거나 고객들의 문제를 분석하고 해결책을 제시하는 사람들도 위와 같은 인적판매 형태를 따르고 있다고 할 수 있다. 이러한 형태는 제약업이나 중공업과 같이 고도의 기술을 요하는 분야에서 빈번히 쓰이고 있다. 인적판매의 세 번째 유형에서 판매원은 계약을 창출하고, 시장거래에 이르는 모든 필요한 기능들을 수행하는 것이다.

한 가지 사례를 들어보자. 홍길동씨는 어느 알루미늄 제조회사에 근무하고 있다. 그가 일하는 부서는 주로 전선회사의 생산부서를 상대로 마케팅활동을 벌이고 있다. 그가 담당하고 있는 임무는 기존고객과 잠재고객들을 접대하는 것뿐만 아니라, 자문역할도 수행하는 것이었다. 그는 고객들에게 제품특성이나 제품관련 문제점들에 대한 자문을 해 주고, 고객들로부터 경쟁사의 제품이나 가격, 또는 기타 활동에 대한 정보를 얻는다. 그리고 그는 주문에 있어 상당한 영향력을 행사하고 있는 구매담당자나 엔지니어, 생산담당자, 재무담당자들과 관계를 맺고 있고, 또한 그는 공급계획의 원활한 수행을 위해서 자사의 생산공장과도 긴밀한 관계를 유지하고 있다. 이러한 일은 고객들이 특정제품을 긴급하게 필요로 할 때 매우 중요한 역할을 한다.

홍씨는 최종 소비자뿐만 아니라, 소비자 고객들과 거래를 하고 있는 유통업자들과도 관계를 맺고 있다. 그가 하는 일은 그들에게 제품정보를 제공하고, 그들로 하여금 더 많은 제품을 구입하도록 유도하는 것이다. 또한 유통업자는 경쟁사의 제반활동에 대한 좋은 정보출처가 된다. 홍씨는 유통업자가 해결할 수 없는 문제가 생겼을 때 그들을 직접 방문하기도 한다. 그는 또한 엔지니어링 상담원들도 찾아가는데 이들은 회사가 어떤 제품을 구입해야 하며, 어떤 제품특성이 중요한가에 대한 조언을 해 준다. 고객, 유통업자, 공장 관계자와 접촉하는 것 이외에도 홍길동씨는 고객으로부터의 피드백에 기초하여 연간 수요예측을 해야 하고,

표 9-6 인적판매 구성요소

판매원이 보유한 정보	판매원이 취하는 행동	판매원의 조직
1. 기업에 대한 정보 •사명, 전략사업단위의 목표 •조직구조와 능력 •공급자	1. 구두적 의사소통 기술 •정보제공 •설득 •성취	1. 지역에 기초한 구조
2. 제품에 대한 정보 •발전추세와 개선점 •기능과 경쟁적 지위 •특정욕구에의 적합성 •제품군과의 관계 •제품에 직접적으로 관련되지 않은 특징	2. 비구두적 의사소통 기술 •표시언어 •행동언어 •객체언어	2. 제품에 기초한 구조
3. 고객에 대한 정보 •고객에 대한 지식 •사용자에 따른 특이한 욕구 •과거구매자와 사용용도 •고객별 판매량과 재무능력 •고객의 유형	3. 기법과 전략 •저항을 극복하는 기법 •제품가치를 실연하기 위한 기법 •전환전략 •종결전략	3. 고객에 기초한 구조
4. 시장과 판매기회에 대한 정보 •제반방법(연쇄추적, 소개서, 인명록 등)	4. 접촉의 유형, 빈도 전략 •접촉방법 •순회전략 •접촉의 각 단계별 전략	

상사에게 정기적인 활동보고서를 제출해야 한다. 그리고 회사가 개발했거나 검토 중인 신제품에 대한 고객의 반응도 평가해야 한다. 요약하면, 홍길동씨의 일은 단순한 판매의 범위를 훨씬 벗어나고 있는 것이다. 인적 판매의 구성요소에는 판매원 정보, 판매원 활동, 판매원 조직이 있으며 이들 각각의 요소는 개별적으로 그리고 총체적으로 개념전달활동과 운영활동의 수행에 공헌해야 하는 것이다(<표 9−6> 참조).

단편사례

온라인 쇼핑시대에도…야쿠르트·화장품 방문판매 여전히 인기

화장품 '방판 아줌마'가 돌아왔다. 주부들의 사회 활동이 제한적이던 시절 '주부 일자리'의 대명사였던 방문 판매원은 화장품 판매 경로가 다양해지면서 역사 속으로 사라지는 듯했다. 하지만 2017년 34만 명까지 줄었던 방문 판매원이 2022년 91만 명으로 급증한 것으로 나타났다. 방문 판매 경쟁력의 원천이었던 대면(對面) 판매가 코로나 팬데믹 때문에 어려워지자 온라인으로 생존 루트를 뚫었고, 온라인으로 홍보하고 고객을 관리하는 방문 판매원이 늘면서 오히려 이전보다 시장 규모가 커졌다.

큰 가방에 화장품 샘플을 넣어 집집이 돌아다니는 방판 아줌마도 여전히 영업 중이다. 이전처럼 화장품은 물론이고 건강기능식품이나 일반 생활용품 등을 판매한다. 개별적인 영업 활동으로 고객을 유치하고 관리하는 것도 이전과 같다. 다만, 온라인 판로가 활성화되면서 요즘 방판 아줌마들은 소셜 미디어로 제품을 홍보하고 라이브 방송까지 하고 있다. 방문 판매원이 운영하는 온라인 방판 사이트는 '접속 코드'를 받는 고객만 입장이 가능하고, 이들을 대상으로만 할인 등 서비스를 제공한다. 불특정 다수가 접속하는 일반적인 온라인 쇼핑몰과 다른 점이다.

사라진 줄 알았던 방판 아줌마가 돌아왔다

올리브영이나 쿠팡에서 화장품을 사는 요즘, 방문 판매원 수요가 있을까 생각할 수 있다. 그러나 실상은 다르다. 고객에게 최적의 화장품을 골라주고, 다른 브랜드 제품과의 조합까지 알려주는 방판 아줌마들의 '맞춤형 컨설팅'을 원하는 소비자가 여전히 많다는 분석이다.

최근 몇 년 사이 방문 판매원이 가장 많이 늘어난 화장품 업체는 '인셀덤' 브랜드의 리만코리아다. 작년 11월 공정위 발표에 따르면, 2022년 리만코리아 방문 판매원 수는 58만 7,400명이다. '원빈 화장품' '김태희 헤어&바디케어' 등을 앞세워 2019년 1만 명으로 시작해 3년 만에 방문 판매업계 1위에 올랐다. 개인이 운영하는 화장품 가게나 블로그 등에서 '주부 부업' '시간 구애받지 않는 아르바이트'라는 내용으로 홍보하며 방판 아줌마들을 급격히 늘렸다.

방판 아줌마가 급증한 배경엔 작년 3월 방문 판매법 개정이 있다. 코로나 이후 대면 판매가 어려워지면서 온라인 판매도 할 수 있게 해달라는 판매원들의 요구에 법 개정이 이뤄졌다. 아모레퍼시픽은 지난 2월 방문 판매원 전용 앱 '에딧샵'을 내놨다. 아모레퍼시픽 방문 판매원들이 앱 안에서 스토어를 개설하고, 자신의 고객을 위해 제품 소개 영상을 올리고 제품을 판매한다. 주로 아모레퍼시픽의 설화수, 헤라, 홀리추얼, 바이탈뷰티 등의 화장품을 판매하고 있다. LG생활건강은 방문 판매원들이 온라인에서 활동할 수 있도록 온라인 플랫폼 '마켓1984'를 시범 운영 중이다.

무작정 뛰어들었다간 낭패

최근 방문 판매원들은 온라인을 활용한 고객 모시기에 힘을 쏟고 있다. 온라인 라이브 방송과 개인 소셜 미디어를 활용해 제품을 홍보하는 것이다. LG생활건강은 방문 판매원들이 유튜브를 통해 신제품을 홍보할 수 있도록 교육하고 있다. 전문적으로 온라인 홍보 기술을 습득할 수 있는 학원도 등장했다. 학원들은 '라이브 커머스 양성 과정' '화장품 셀러 디지털 커머스 양성 과정' 등을 개설하고 화장품 제품 설명뿐만 아니라, 라이브 방송 시나리오를 짜는 법, 소셜 미디어 촬영 및 올리는 방법 등도 전문적으로 가르치고 있다. 업계 관계자는 "홈쇼핑 쇼호스트와 방문 판매원, 인플루언서의 경계가 허물어졌다"고 말했다.

방판은 주부 알바로 인기를 끌었지만, 섣불리 뛰어들었다가는 낭패를 볼 수도 있다는 지적이다. 리만코리아 판매원의 '1인당 연간 평균 매출액'은 2022년 기준 54만원에 불과했다. LG생활건강(890만원), 아모레퍼시픽(700만원), 유니베라(668만원) 등에 비하면 적은 금액이다. 리만코리아는 연간 50만원도 벌지 못하는 방판 아줌마는 32만명으로 전체의 76.5%에 달했다.

이영애 인천대 소비자학과 교수는 "최근 방문 판매의 부활은 개인 맞춤형 쇼핑 서비스라는 점을 앞세워 쿠팡, 올리브영 같은 대형 플랫폼의 틈새를 공략한 덕분"이라며 "여기에다 아르바이트 같은 부업을 구하려는 여성층이 판매원으로 대거 가세하면서 방판 업계는 물론 소비자의 니즈까지 잘 맞아떨어졌다"고 했다.

자료원: 신지인, 화장품'방판 아줌마'기 돌아왔다, 조선일보, 2024.06.18.

1 판매원이 보유해야 할 정보

(1) 기업

무엇보다도 필요한 정보는 기업에 관한 것인데, 이 가운데서도 특히 판매원들은 기업의 사명과 전략산업단위의 제반목표, 그리고 제품에 대한 모든 목표 상황들을 이해하도록 훈련받아야 한다. 제품목표라는 것은 상위 조직인 전략사업단위의 목표 혹은 조직의 사명 등에서 파생되기 때문에, 특정 제품이 조직체의 전략계획 속에서 어떻게 자리잡고 있는지를 알게 되면 판매원은 단일 제품 차원이 아닌 기업전체의 차원에서 보다 폭 넓은 사고를 할 수 있게 된다. 특히, 하나의 제품이 아니라 일련의 제품들이 총체적으로 어떻게 소비자들의 욕구를 충족시켜 주는가를 알게 되는데, 이로 인해 기존제품의 개선가능성을 보다 폭 넓게 판단할 수 있게 되며, 주문을 받아 낼 수 있는 능력, 반복구매나 리스, 운송 계획 등에 대한 기업의 제반정책들에 대한 이해 등이 향상될 수 있다. 나아가 판매원은 제품생산에 필요한 원료나 원료 공급자들에 대한 지식도 갖추고 있어야 하며 이러한 지식은 제품의 가치를 전달하는 데 도움을 주게 된다.

(2) 제품

제품에 대한 지식은 판매원이 보유해야 하는 두 번째로 중요한 요소이다. 제품에 대한 지식은 다음의 네 가지 차원에서 이해가 필요하다. 첫번째로, 판매원은 제품의 변화추세와 그 개선내용을 이해하고 있어야 한다. 어떤 사람들은 구형 모델을 쓰고 있어서 제품에 대해서 부정적인 이미지를 가지고 있을지도 모르기 때문에, 판매원은 구형모델의 제반 한계점들을 이해하고 있어야 하고, 신형제품의 장점들을 숙지하고 있어야 한다. 두 번째로, 판매원은 제품의 특수한 기능과 경쟁제품과의 상이한 점을 정확하게 알고 있어서 그러한 지식들을 명확하게 소비자들에게 전달해 줄 수 있어야 한다. 세 번째로, 판매원은 자사제품이 특정 고객의 문제에 얼마나 잘 적용될 수 있는지의 여부에 관해서도 알고 있어야 한다. 좋은 판매원이라면 제품이 어떠한 용도로 사용되고, 어떠한 내용의 수정이 추가되어야 하는지를 지적해 냄으로써 다른 회사에 대한 자사의 상대적인 이점을 부각시킬 수 있어야 한다. 여기서 제품에 대한 수정이란 제품디자인이나 가격, 또는 운송에 있어서의 변화 등을 포괄하는 개념이 된다. 마지막으로, 판매원은 판매제품이 자사의 제품시스템이나 경쟁사의 제품군과 어떠한 관련을 맺고 있는가를 정확히 알고 있어야 한다. 컴퓨터 소프트웨어 제조업자는 IBM과 호환성이 있다는 사실을 전달했을 때 더욱 높은 경쟁적 우위를 얻을 수 있을 것이다. 끝으로, 판매원은 제품과 직접적인 관련성이 없는 특징들에 관해서도 알고 있어야 한다. 예컨대, 제품이 건강에 해를 끼치지는 않는지, 환경오염을 유발시키지는 않는지 등에 대한 지식을 가져야 한다.

(3) 고객

판매원은 기업의 고객에 대한 지식을 필요로 한다. 첫째, 특정 집단이 구매의사결정을 내리는 경우, 판매원은 누가 제품사용자이고, 누가 구매의사결정자이며, 집단 내의 어떤 사람이 현 상황에 가장 불만을 느끼는지를 알고 있어야 한다. 이때, 불만을 느끼고 있는 사람은 경쟁사의 판매촉진활동에 대해서 우호적인 반응을 보일 수 있는 대상이기 때문에 관심의 대상이 되어야 한다.

고객욕구에 대한 깊은 지식을 얻기 위해서 판매원은 단순한 판매자뿐만 아니라 고객의 의견을 들어 주는 역할도 해야 한다. 일반적으로 고객들은 자신들의 욕구가 무엇인지에 관하여 신중하게 생각하지 않거나, 그들의 욕구가 어떻게 변화될 것인지에 대한 충분한 이해가 없기 때문에 고객욕구에 대한 지식을 가지기 어렵다. 이러한 상황에서 판매원은 고객의 구두적 표현과 여러 가지 행동적 표현을 통해서 그들이 가지고 있는 욕구를 이해하여야 한다.

훌륭한 판매원이라면 서로 다른 입장에 놓인 고객들에게 적합한 정보의 유형과 정보의 양에 대해서도 알고 있어야 한다. 일반적인 잠재고객의 주위를 흐트러버릴지도 모르는 전문 기술용어들도 전문가 수준의 구매자들에게는 필수적인 요소가 될 수 있기 때문이다. 제품 사용을 통하여 유용성을 발견했던 사람들의 예를 설명해 줌으로써 제품의 가치를 전달할 필요도 있다. 이것은 특히 상징적인 제품에 대한 제품개념을 전달하는 경우에 유용하다. 또한 고객들의 거래량을 알게 되면 고객들에 대한 우선순위를 보다 손쉽게 정할 수 있다. 그리고 고객의 재무상태를 아는 것도 중요한데, 이는 거래적 장애를 감소시키기 위해서 특별한 유인책이나 대금지불조건을 제시하려는 경우에 반드시 고려하여야 한다.

(4) 시장과 판매기회

기업이 환경을 검토하고, 새로운 마케팅기회를 찾아 내어야 하듯이, 판매원은 시장을 조사하고 새로운 시장기회를 명확히 분석해서 뚜렷한 계획을 개발해야 한다. 시장과 판매기회를 알고 있는 판매원은 판매를 보다 효율적으로 수행할 수 있으며, 그러한 기회가 어디에 존재하는가를 알게 되면 판매증대의 가능성은 높아지게 될 것이다.

판매원은 잠재고객이 어디에 위치하고 있는가에 대한 지식을 갖출 필요가 있기 때문에, 업무시간 중의 상당부분을 신규고객을 찾는 조사(prospecting)로 보내게 된다. 이때 주로 이용하는 방법은 고객들로부터 특정제품에 대해서 관심을 가지고 있는 서너 명의 사람들을 추천 받아서 계속적인 판매활동을 벌여나가는 것이다.

반면, 전(全)고객탐색법(cold canvassing)을 사용할 경우 고객의 주소나 이름 정도만을 알고 특정제품에 관심이 있는지의 여부를 모르는 상태에서 아무에게나 접촉을 벌이기도 한다. 사실 이 방법은 투입되는 시간과 노력에 비해 생산성이 떨어진다. 특히, 많은 고객정보가 수집 가능한 요즈음, 선별과정을 거쳐 가능성이 높은 고객에게 시간과 노력을 집중하는 것이 더 바람직할 것이다.

핵심사례 9-1 | 세계 초일류 브랜드의 특징

코카콜라, 질레트와 같은 세계적인 브랜드를 살펴보면 몇 가지 공통점이 발견된다. 소매 커피점의 강자로 떠오르고 있는 Starbucks, 면도관련 용품의 대명사 Gillette, 그리고 Gap, BMW, Coca-Cola 등은 해당 분야의 최고의 브랜드임을 누구도 의심하지 않는다. 이러한 초일류 브랜드들의 강력한 힘은 어디에서부터 나오는 것일까?

브랜드 관리의 세계적인 석학인 켈러(Kevin Lane Keller)교수는 최근 한 논문에서 세계적인 브랜드들이 가지는 공통점을 10가지 정도로 요약하고 있다. 이들 공통점은 다소 교과서적이라는 느낌을 줄 수도 있지만, 외형적 수치에 급급하여 원칙을 벗어난 브랜드 관리가 허다하게 벌어지는 상황을 생각한다면 실무자들에게 자신의 위치를 한 번 되돌아보게 하는 좋은 내용이기도 하다. 이 가운데서도 우리는 고객을 중심으로 하여, 고객을 만족시키는 방법에 대해 집중해 보고자 한다.

기업의 브랜드 관리자들은 이러한 초일류 브랜드들의 공통점을 자신의 브랜드에 비춰봄으로써 무엇은 잘 구축되어 있고, 무엇은 부족한지를 한 눈에 파악할 수 있을 것이다. 물론 경쟁사 브랜드를 대비시켜 비교해 본다면 더욱더 흥미 있는 결과를 얻을 수 있을 것이다.

초일류 브랜드는 고객들이 진심으로 원하는 것을 남들보다 앞서 제공한다.

일반적으로 고객들은 제품을 구매할 때 그 제품이 가지고 있는 속성, 예를 들면 가격, 디자인, 성능 등을 고려하여 구매한다고 생각하기 쉽다. 하지만 이러한 물리적 제품 속성만이 영향을 미치는 것이 아니라 브랜드가 풍기는 이미지, 판매원의 서비스와 같은 무형의 요소들도 같이 혼합되어 고객들도 한마디로 표현하기 어려운 전체적 이미지가 구매단계에 영향을 미치게 된다.

스타벅스는 바로 이러한 유형의 속성과 무형의 이미지가 혼합된 혜택(benefit)을 고객에게 잘 전달한 성공 사례로 꼽을 수 있다. 스타벅스는 1983년에 미국 시애틀의 소규모 커피 소매점으로 출발하였다. 스타벅스의 회장인 하워드 슐츠(Howard Shultz)는 이탈리아의 커피 판매점에서 느낀 낭만적 분위기와 지역 주민과 결합된 느낌을 통해 그동안 가져온 커피에 대한 개념을 바꾸게 되었으며 이를 사업 기회로 활용하였다.

이를 계기로 스타벅스는 이탈리아와 같은 커피 판매점 분위기와 커피 문화를 만드는 일에 노력을 기울이기 시작했으며 원두의 선택과 혼합, 볶는 과정, 최종 완성품에 이르기까지의 전 과정을 수직 통합함으로써 눈에 띄는 효과를 나타내기 시작했다. 스타벅스 매장에서는 고객이 원하는 느낌을 파악하고 전달하는 데 노력을 하였는데 고객의 모든 감각 기관을 자극하는 방법으로 이루어졌다. 즉 원두의 매혹적인 향기, 커피의 풍부한 맛, 제품의 진열과 다양한 장식품, 은은하게 흐르는 음악, 아늑한 느낌의 테이블과 의자를 이용한 방법이었다.

결국 스타벅스는 엄청난 성공을 하였는데, 고객당 한 달 평균 내점 빈도수가 18회, 한 번 방문시의 객단가가 3.5달러인 것으로 나타났으며 90년대에 접어들어 연평균 50% 이상의 매출 증대를 이룩하였다.

이처럼 초 일류 브랜드는 결국 끊임없는 내부 경영혁신과 더불어 고객만족의 산출물인 것이다. 한국시장에서의 스타벅스의 성공요인을 본다면 이용하는 고객들이 과연 그렇게 비싼 돈을 주면서 커피를 마시는 것일까? 절대 아니다. 고객들은 커피를 마시는 것이 아니라 뉴욕이라는 분위기를 즐기는 것이다. 이제는 고객만족이 아니라 고객섬김의 경영이 아닐까?

자료원: LG경제연구원

2 판매원의 행동

판매원은 목표를 성공적으로 수행하기 위해서 여러 가지 전략이나 기술들을 적절하게 조화시켜야 한다.

(1) 구두적 의사소통기술

판매원이 구비해야 하는 여러 자질 가운데 가장 중요한 것은 의사소통기술(communication skill)이다. 훌륭한 의사소통기술을 갖게 되면, 고객들은 판매원들을 문제를 규명하고 분석해 주는 사람으로 인식하게 된다. 의사소통(communication)이란 쌍방간의 상호적인 정보흐름을 의미하는데 이러한 상호정보교환은 계속적인 피드백을 할 수 있는 기회를 제공한다.

따라서, 청취기술이나 고객이 말한 내용을 신중하게 검토하는 일 등도 의사소통기술의 중요한 영역이 된다. 의사소통모델에 따르면 사람들은 일련의 단계를 거쳐서 구매행위를 한다. 처음에는 단순히 제품의 존재를 인식하고 제품에 대한 흥미를 갖게 되며, 그 이후에는 이 흥미가 욕구로 바뀌어서 특정제품의 구매행위에 이르게 된다. 여기서 구매행위의 첫 단계는 정보의 단순한 전달을 나타내고 있으며, 그 나머지 단계들은 여러 가지 정보들을 이해하도록 설득하는 것을 포함하고 있다. 의사소통기술은 고객들의 정보수용태도가 부정적인 상황에서 특히 중요시 되는데, 이러한 의사소통에 장애가 되는 것으로는 판매원을 꺼려하는 태도와 제품에 대한 지식의 부족 등이 있다.

(2) 비구두적 의사소통기술

비구두적 단서들도 제품판매에 중요한 역할을 한다. 능숙한 판매원은 이러한 단서들을 어떻게 사용하며, 타인의 비언어적 단서들을 어떻게 이해해야 하는지에 대해서 잘 알고 있다. 예컨대, 고개를 끄덕이거나 앞으로 기울이는 것과 같은 표시언어(sign language)들은 거래에 대한 고객의 관심과 수용자세를 나타낸다. 팔짱을 끼고 있는 자세는 판매원에 대한 저항감을 나타내며, 고객이 발을 책상 위에 올리고 있는 것과 같은 행동언어(action language)는 강한 거부감을 나타낸다. 고객과의 근접상태나 눈 마주침 등은 판매원에 대한 관심이나 저항 정도를 나타내는 행위들이다. 그리고 고급 사무실과 같은 객체언어(object language)는 고객의 스타일이나 지위를 나타낸다.

(3) 기법과 전략

판매원은 제품개념을 효과적으로 전달하고 거래장애를 제거하기 위해서 여러 가지 기법과 전략을 적절하게 사용할 필요가 있다. 예컨대, 판매원의 판매제의에 대해 가질 수 있는 고객의 최초의 거부감을 해소시켜 주기 위해서 다양한 의사소통전략이 사용된다. 고객이 자사제품과 경쟁제품 간의 가격차이에 관심을 가지고 있는 경우, 만약 자사의 제품이 가격면에서 특별한 우위가 없다면 판매원은 가격과는 무관한 편익들을 부각시켜야 한다. 만일 고객이 완전한 거부의사를 표시하면, 판매원은 그 원인을 파악하기 위해서 질문을 던져야 한다. 이때 고객이 제품에 대해서 잘못된 정보를 가지고 있다면, 판매원은 그것이 왜 잘못되었는지에 대한 설명을 해주어야 한다. 그리고 고객이 특정 기능면에서 제품의 단점을 지적할 경우에는 판매원은 일단 그러한 사실에 동의를 한 다음, 다른 기능에서 우수한 성능을 가지고 있음을 주지시켜 나가야 한다.

실연전략

의사소통 시 제품의 편익과 용도를 구체적으로 설명해 주는 자료를 이용하여 고객을 설득하는 방법

전환전략

차별적 경쟁우위를 알려 주거나 견본 제공, 공장방문 등 비사용자가 제품을 구매해도록 하는 의사소통전략

실연(實演)전략(demonstration strategies)은 의사소통기술의 한 유형인데, 여기서 사용되는 사진, 다이어그램, 모형, 견본 등은 제품의 편익과 용도를 구체적으로 설명해 주는 기능을 담당한다. **전환전략(conversion strategies)**은 비사용자를 사용자로 전환시키기 위한 의사소통전략인데, 이 중 특히 차별적 경쟁우위전략(differential competitive advantage strategy)은 판매원이 경쟁사의 제품에 비해 성능이 탁월하게 뛰어난 자사의 제품들을 팔려고 노력하는 것을 의미한다. 여기서 일단 잠재고객이 제품의 우수성을 알게 되면, 그들은 그 회사가 생산하는 다른 제품에 대해서도 상당한 호감을 갖게 된다. 이 밖에 무료로 견본을 주는 것과 공장방문 등도 중요한 전환전략이 될 수 있는데, 공장방문을 하게 되면 고객들은 판매원의 주장들을 뒷받침해 주는 인적, 물적자원들을 직접 눈으로 확인할 수 있게 된다. 또한 공장방문은 구매자와 판매자 양자의 기술 전문가들로 하여금 특별주문의 체결을 가능하게 할 수도 있다. 그리고 제품구매에서 만족을 느꼈던 사용자들로부터 추천장을 받는 것도 또 다른 전환전략이 될 수 있다.

종결방법

소비자와의 의사소통을 마무리하여 소비자가 제품을 구매하고 싶은 욕구를 갖게 하는 전략

끝으로 의사소통전략에는 판매를 종결 짓는 일이 필요하다. **종결방법**에는 여러 가지가 있는데, 우선 직접적인 종결방법(direct method of closing)은 판매원이 잠재고객에게 주문을 기정 사실화해도 되는지의 여부를 묻는 것이다. 이 방법은 판매원이 제품의 장점을 나타내는 여러 가지 단서들을 논리적이고 객관적으로 제시하고 고객으로부터 거부감을 거의 받지 않은 경우에 효과적이다.

둘째로, 요약적 종결방법(summative method of closing)이란 판매원이 제품의

모든 장점들을 다시 한번 이야기해 주는 것이다. 제품의 장점들을 반복시켜 줌으로써 그러한 특징들을 부각시킬 수 있는 것이다. 일반적으로 긍정적인 정보는 먼저 제시되거나 중립적인 정보와 함께 제시되는데, 그 이유는 긍정적인 정보에 먼저 접하게 된 구매자는 나중에 언급된 내용들에 대해서도 긍정적으로 생각하는 경향이 있기 때문이다. 즉, 처음에 긍정적인 정보를 제시하게 되면, 덜 긍정적인 정보에 대한 거부감을 축소시키는 후광효과(halo effect)가 창출될 가능성이 높아지는 것이다.

셋째로, 가정적인 종결방법(assumptive method of closing)에서는 판매원들이 잠재고객과의 합의가 도출되었음을 전제해버린다. 예컨대, 판매원이 구매자가 실제로 구매의사를 나타내기 전에, "그럼 당신의 물건을 포장해 드리겠습니다"라고 말하는 것이다.

넷째로, 적극적인 대안선택 강요적 종결방법(positive－choice method of closing)은 판매원이 두세 가지의 제품을 보여준 후, "A와 B 가운데 어느 것을 선택하시겠습니까?"라고 묻는 것이다. 이때, 선택집합의 제품 수가 많으면 많을수록 의사결정이 더욱 힘들어지게 되고 구매가능성이 떨어지게 된다는 점을 감안하여 한정된 몇 가지 제품을 제시하는 것이 바람직하다.

끝으로, 불안야기(위협적) 종결방법(scare method)이란 판매원이 고객에게 제품을 지금 즉시 구입하지 않으면 여러 가지 면에서 부정적인 입장에 놓이게 됨을 알려 주는 것이다. 예컨대, 자동차판매원은 종종 자동차가격이 상승하고 있고, 재고가 떨어지고 있음을 알려 주면서 지금 바로 구입하는 것이 유리함을 강조할 수 있다.

(4) 접촉의 유형, 빈도 전략

판매원 행동의 마지막 내용은 소비자접촉의 유형과 빈도이다. 판매원은 고객과 접촉하는 몇 가지 방법을 구사하는데, 각각은 장·단점을 가지고 있다. 개별방문은 고객접촉의 매우 중요한 수단으로서, 이를 통해 판매원은 잠재고객의 여러 가지 특성을 직접적으로 알아내기도 한다. 또한, 개별방문은 판매원으로 하여금 공장에 있는 다른 사람들로부터 제품에 대한 정보를 얻을 수 있는 기회를 제공하며, 판매원이 유인책이나 여러 가지 비구두적 행동들을 사용함으로써 소비자의 의사결정에 직접적인 영향을 미칠 수 있다. 이러한 개별방문에서는 판매원과 고객간의 접촉이 대면적으로 이루어지기 때문에 고객들은 판매원의 제안을 쉽사리 거부하기가 어렵게 된다. 그러나, 개별방문의 큰 단점은 비용이 많이 든다는 것이다.

전화는 고객접촉에 있어서 시간을 절약할 수 있는 방법인데, 특히 판매자와 구매자 간의 거리가 멀리 떨어져 있을 때 효과적인 수단이 된다. 또한 전화는 개별방문에 비해서 소비자에 대한 접근이 더욱 용이하다. 그렇지만 전화를 이용하게 되면 제품의 편익을 전달하고 그것을 실연시키는데 한계가 있다. 우편은 고객접촉의 가장 값싼 수단이 된다. 게다가, 우편은 제품에 대한 사진이나 자세한 정보를 전달할 수 있는 장점도 가지고 있다. 그렇지만 우편은 개별접촉의 특성을 고려하지 않기 때문에 판매원의 설득력 있는 의사소통이 어렵다. 같은 맥락에서 이메일을 활용한 접촉 또한, 회신율이 낮고 설득력 있는 의사소통이 어렵다는 단점이 있다.

일반적으로, 고객을 방문하는 빈도는 고객의 업무규모와 거래량에 좌우된다. 대량 구매자는 기업에 더욱 중요하기 때문에 세심한 주의가 필요하다. 순회방문은 판매원이 정기적으로 고객을 방문하는 방법을 일컫는데, 원형순회방법(circular routing method)의 경우에는 판매원이 자신들의 고객분포를 동심원상에 나타낸 다음 가장 가까운 곳을 우선적으로 방문하게 된다. 이 방법은 고객이 동일하게 분포되어 있고 판매원이 모든 고객을 거의 비슷한 빈도로 방문하게 되는 경우에 사용 된다. 편중접근방법(cloverleaf approach method)은 특정 지역에 여러 집단의 고객들이 존재하고 있는 경우에 유용한 방법으로서, 판매원은 지역별로 고객에 접근하게 된다. 교대(우선순위)접근방법(skip-stop approach)에서 판매원은 모든 고객순회에서 가장 중요한 고객들을 우선적으로 방문하고, 그렇게 중요하지 않은 고객의 방문은 줄이는 것이다. 하지만, 방문에서 제외된 고객들이라 하더라도 다음의 순회에서는 방문대상이 될 수도 있다.

단편사례

일본 혼다(Honda)사의 고객접촉전략

혼다 자동차에서는 고객들과의 관계를 유지하고 그들의 구매를 장기적으로 관리하기 위하여 NBAP(New Basic Action Program)라는 이름의 고객 접촉정책을 수립하였다. 이 정책에 따라 이들은 고객을 우선 4등급(V, I, P, X)으로 분류하고 각 고객과의 접촉빈도를 매뉴얼화하였다. 그리고 각 판매사원에게 기존고객 180명을 포함하여 320여 명의 관리대상 고객을 할당하였다. 구체적인 접촉전략은 다음과 같다.

V 등급: 혼다차를 3대 이상 구매한 고객으로, 월 1회 영업사원이 직접방문

I 등급: 같은 딜러계열에서 2대의 혼다차를 구매한 고객으로, 3개월에 한번 직접방문

P 등급: 혼다차를 처음 구입한 고객으로, 방문은 하지 않고 전화 등으로 접촉유지

X 등급: 과거에 혼다차를 구입한 적이 있으나 현재는 다른 메이커의 차를 이용하는 고객으로, 전화접촉유지

이와 같은 고객접촉방법을 토대로 혼다는 기존고객의 재고객화에 힘쓰고 있다.

고객을 다루는 일반적인 접근방법에는 접촉의 3단계와 각 단계에서 수행되어야 하는 여러 가지 과업의 특성에 따른 순차적인 전략이 포함된다. '접촉 이전 단계'에서 판매원의 행동내용은 잠재고객을 선별하고, 전시회나 다른 판매원의 소개서로부터 좋은 점들을 배워 나가고, 잠재고객과 그들의 제반 욕구에 대한 적절한 정보를 알아내는 것이다. 기존 고객들에 대한 접촉 이전의 단계에서의 판매원의 업무는 과거의 접촉에서 얻어진 정보에 나타난 욕구와 선호도를 재평가하는 것이다.

'접촉단계'에서는 제품과 관련된 주제나 메시지가 전달되어야 한다. 고객욕구와 선호도에 대한 추가적인 정보수집은 고객들이 가지고 있는 잠재적인 감정적 장애나 지각적 장애 등을 감소시키는 데 도움이 되는 것이어야 한다. 그리고 이 단계에는 시간적·장소적 또는 소유적 장애를 해소시키기 위해서, 가격협상, 주문절차의 단순화, 운반이나 대금지급방법의 설정과 같은 구매전환활동들도 수행되어야 한다.

'접촉단계'의 성과와는 무관하게 사람이나 전화 또는 우편 등을 통해서 이루어지는 '접촉 이후 단계'는 고객과의 미래관계에 매우 중요한 역할을 담당한다. 첫째, 판매가 이루어진 이후의 관계는 고객의 제품에 대한 관심을 유지시키고 구매 이후의 평가를 보다 호의적으로 만들 수 있다. 고객들은 구매 이전뿐만 아니라 구매가 이루어진 이후에도 그 구매행위의 타당성 여부를 진단하기 위해서 정보를 필요로 한다. 둘째, 접촉 이후의 관계는 비록 구매가 발생되지는 않았다고 하더라도 고객의 관심을 유발시키거나 강화시키는 데 도움을 준다. 그러므로 접촉기간에 얻어진 고객욕구와 선호도에 대한 특정 정보들은 접촉 이후단계의 노력을 통해서 통합되어야만 한다. 끝으로 접촉 이후의 관계를 통해서 고객들은 제품의 이용가능성을 알게 되고, 특정 욕구가 발생했을 경우에 그 욕구를 충족시켜

줄 수 있는 판매원이 있다는 사실을 인식하게 된다.

3 판매원 조직

판매원들을 조직화하는 것은 판매원들을 다양한 고객이나 시장 또는 제품에 알맞게 할당하는 것을 의미하는데, 이러한 할당은 고객과 판매원 간의 성공적인 상호작용에 매우 중요한 의미를 갖는다. 그러므로 판매원의 할당은 제품개념의 전달이나 여러 가지 구매전환활동의 달성과 간접적으로 관련이 있는 것이다. 판매원을 표적고객에게 맞추어 할당하는 데에는 지역, 제품 또는 고객에 기초를 두는 방법이 있는데, 보통 한 가지 이상의 방법이 쓰이고 있으며 이러한 여러 가지 수단의 결합은 결국 판매원 조직으로 귀결된다.

(1) 지역에 기초한 할당

판매원의 할당이 지역에 기초하는 경우, 한 판매원은 특정 지역 내에서 자사의 모든 제품판매를 책임지게 된다. 이 방법은 여러 명의 판매원이 동일지역판매를 담당함으로써 발생하는 비용이나 아주 먼 거리를 이동하는데서 발생하는 비용 등을 줄이기 위해서 쓰여진다. 특정 지역에 대한 판매원의 명확한 책임한계로 인해 지역업무의 활성화에 대한 동기부여가 커지게 되고, 인적 유대도 긴밀해진다. 그러나, 이 방식은 제품들이 고도의 기술복잡성을 가지고 있거나 계속적인 서비스를 필요로 하는 경우 또는 고객들의 욕구가 제품구입이나 서비스 측면에서 상이한 경우에는 여러 가지 문제점들을 나타내기도 한다. 왜냐하면, 판매인 혼자서 여러 가지 고기술제품에 대한 지식을 갖추거나 여러 고객들의 다양한 욕구에 관해 깊게 아는 것이 어렵기 때문이다.

(2) 제품유형에 기초한 할당

한 기업이 여러 가지 제품을 생산할 때, 판매원은 제품군에 의해 나누어질 수 있는데, 여기서 각 판매인 집단은 전체 지역을 담당하면서 별개의 사업을 맡는다. 그러므로 판매원은 특정제품군에 관해 전문적 지식을 갖추어서 고객에게 보다 나은 기술적 조언이나 서비스를 제공할 수 있다. 하지만, 동일회사의 복수 판매원이 서로 다른 제품의 판매를 위해 동일 고객을 방문할 수도 있으며, 이러한 경우는 혼란과 비효율을 초래할 수도 있다.

(3) 고객특성에 기초한 할당

기업은 산업, 규모, 유통경로 혹은 개별회사와 같은 고객의 특성에 기초하여 판매조직을 구성할 수 있다. 예컨대, 대규모 철제포장 제조회사는 철도산업과 건설산업 그리고 기타 여러 범주에 속하는 산업에의 판매를 담당하는 개별판매조직을 구성하고 있다. 알루미늄제품 생산업자는 소규모 체인이나 도매상 혹은 대규모의 독립소매업자들에 대한 개별판매조직을 이용한다.

고객특성에 기초한 판매조직의 가장 큰 장점은 각각의 판매원이 특정고객 욕구를 매우 잘 간파하고 있다는 것이다. 이것은 고객과의 장기적인 관계정립에 있어서 전제조건이 되기도 한다. 그렇지만 이 접근방식은 고객이 여러 지역에 흩어져 있을 때에는 효율성이 떨어진다. 게다가 고객들의 욕구가 매우 다양한 경우에는 판매원의 역할이 매우 복잡하고 비효율적으로 된다.

(4) 여러 가지 할당방법의 결합

판매원 할당의 여러 방법들은 저마다의 강·약점을 가지고 있다. 따라서 하나의 방법에만 의존하게 되면 여러 가지 문제점이 발생하기도 한다. 이에 대한 하나의 효과적인 대안은 각 방법의 약점을 줄이고, 강점을 부각시키는 방식으로 세 가지 할당방법을 결합시키는 것이다. 한 예로서, Hewlett-Packard사가 의료기구부문, 계산기부문, 전자부품부문, 기타 신시장부문으로 다각화되자, 회사의 판매조직구조는 제품과 시장의 결합에 기초한 판매조직으로 바뀌게 되었다(<그림 9-5> 참조). 전자제품의 경우, 별개의 판매조직이 전자제조부문, 항공우주부문, 통신부문과 운송장비시장을 담당하고 있다. 그리고 각각의 판매집단 내에 간부진과 응용공학자, 그리고 소프트웨어 전문가를 구성해 놓고 있다. 이러한 팀 개념은 한 명의 판매원으로는 감당하기 어려운 판매대상 제품이 있는 경우에 보다 나은 지원시스템을 제공해 주기 위해서 만들어진 것이다. 이러한 구조는 산업재시장에서와 같이 제품이 매우 기술적이고 복합적인 경우에 유용하게 활용될 수 있다.

고객중심적인 판매조직은 여러 가지 다른 방법들과 효과적으로 결합될 수 있다. 대규모 고객들은 단 한번의 판매접촉을 통해서 자신들의 모든 욕구들을 나타낼 수 있기 때문에, 많은 회사들은 심지어 단일고객을 관리하는 고객전담경영자를 두고 있기도 하다. 예컨대, 미국의 다우 케미칼(Dow Chemical)사는 제품중

그림 9-5 휴렛패커드(HP)의 판매조직

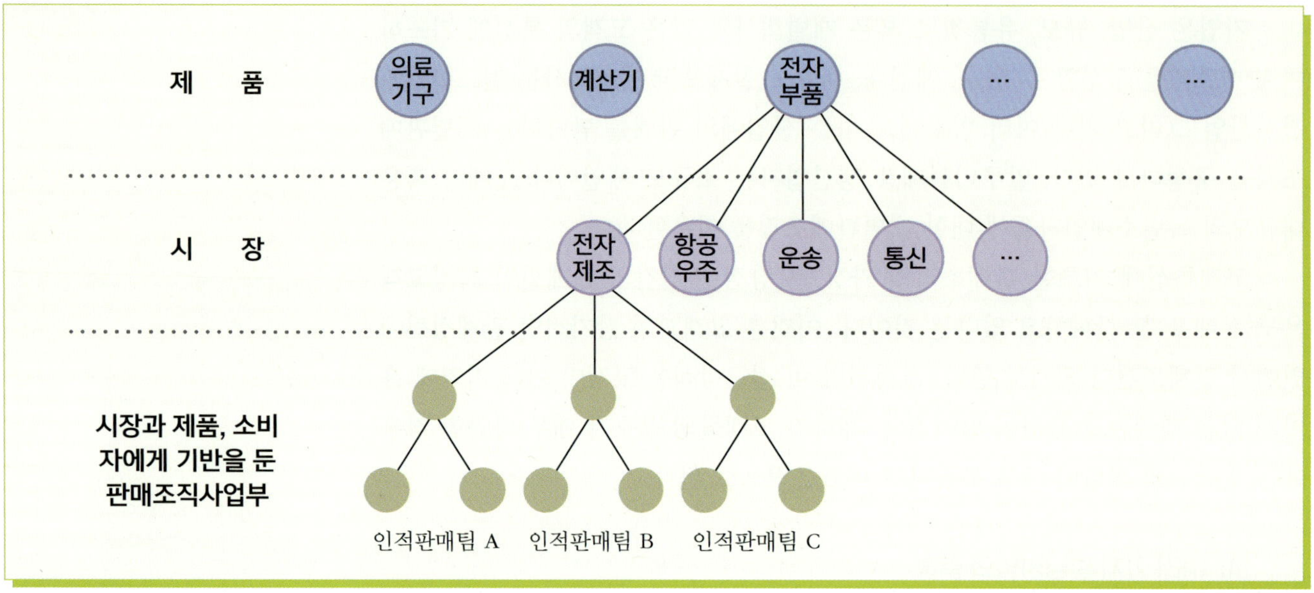

심적인 판매원조직의 한 단계 위에서 1,270여 개에 달하는 회사의 전제품을 취급하며 특정고객을 전담하는 14명의 고객관리자를 두고 있다. 그들은 전반적인 고객운영의 최적화를 위해서 노력하는데, 판매원과 고객과의 관계구축에 초점을 맞추고 있다.

/요/약/

판매촉진은 고객의 구매동기를 직접 자극하고 접근이 용이하도록 유통의 효율성을 향상시키는 촉진수단으로서 단기적인 매출신장에 탁월한 효과가 있다. 마케팅담당자는 거래장애를 제거하는데 판매촉진활동을 효과적으로 이용할 수 있다. 판매촉진은 크게 풀(pull)전략의 일부로서 소비자 판매촉진과 푸쉬(push)전략에 속하는 유통 판매촉진으로 나누어진다.

소비자 판매촉진은 고객의 시용과 수요를 촉진시키고 유통에서의 제품취급률을 향상시키기 위해 한정된 기간 동안 소비자와 유통채널에 가해지는 마케팅수단으로 비가격 판매촉진에는 프리미엄, 견본품, 콘테스트, 시연회, 애호도 제고 프로그램 등이 있으며, 가격판매촉진에는 가격할인, 쿠폰, 리펀드와 리베이트 등이 있다. 이에 반해 유통 판매촉진은 제조업체가 유통업체를 대상으로 행하는 것으로 역시 비가격판촉과 가격판촉으로 나뉘며 비가격판촉에는 영업사원 인센티브, 판매도우미 파견 등이 있고, 가격판촉에는 진열수당, 촉진지원금 등이 대표적이다.

기업은 판매촉진전략의 활용 시 고객의 구매행위에 따라 다양한 전략대안 중 가장 적절한 것을 조합하여 수행하여야 한다. 즉 기업은 유통 판매촉진과 소비자 판매촉진을 적절히 활용하여 고객이 구매 시 느낄 수 있는 소유, 시간, 장소 등의 여러 가지 장애요인을 제거해 줄 수 있는 최적의 조합을 선택하여 수행하여야 한다.

시장의 세분화, 쌍방향 정보교환을 가능하게 한 인터넷의 발달 등은 고객과의 커뮤니케이션방법에 많은 변화를 일으키고 있다. 고객들은 주어지는 정보를 단순히 수용하는 입장에 머물지 않고 기업이 제시하는 정보에 대해 비판하고 새로운 정보를 제공할 수 있는 능동적인 정보제시자가 되었다. 따라서 세분화된 개별고객에게 최적의 정보를 적시에 제공해 줌으로써 고객과의 지속적인 관계를 맺어나가기 위해서는 맞춤정보(tailored information)를 제공할 수 있는 수단들이 필요하게 된 것이다.

인적판매는 고객을 직접 만나서 기업의 입장을 전달할 수 있다는 장점을 갖고 있다. 인적판매에 있어서는 판매원이 보유해야 하는 정보(기업에 대한 정보, 고객에 대한 정보, 제품에 대한 정보, 시장에 대한 정보)와 고객과 접촉하는 동안에 판매원이 취할 제반행동(의사소통기술, 양식, 빈도, 접촉전략) 그리고 판매원 조직구성(제품, 고객, 혹은 시장에 따른 할당)을 효율적으로 관리하는 것이 중요하다.

이러한 촉진수단 역시 개념전달활동 및 구매장애제거활동에 기여하기 위해 마케팅목표 및 IMC목표 하에서 일관성을 갖고, 다른 커뮤니케이션수단들과 보완적으로 구성되어야 한다.

/요/약/

1. 판매촉진은 특정기간 동안 판매량을 증가시키기 위해 종종 사용된다. 그러므로, 이는 일정기간 동안의 효과성에 한정되어 있음을 의미한다. 이에 대하여 논해 보시오.
2. 새로운 기능을 가진 세탁기를 개발하여 제품을 출시하고자 할 때 기업의 마케팅담당자로서 어떠한 소비자 판촉 및 유통 판촉전략을 사용할 것인지 본문에 제시되어 있는 판매촉진 의사결정과정에 따라 논해 보시오.
3. 제품수명주기상에서 성장기에 위치한 제품이라면 소비자 판매촉진과 유통 판매촉진 중에서 어느 것에 더 중점을 두어야 하는지 설명하고, 사용 가능한 판매촉진전략을 예를 들어 보시오.
4. 판매원을 관리함에 있어서 어떠한 행동을 하도록 교육, 훈련시켜야 하는지 논하시오.
5. "판매원은 문제파악뿐만 아니라 문제의 해결자이며 치료자이다" 라는 말의 의미에 대해서 논하시오.

메모

이 장을 읽고 난 후 여러분들이 알아야 하는 내용은 다음과 같습니다.

- 유통의 역할에 대하여 이해한다.
- 경로 구성원의 종류와 형태에 대하여 알아본다.

이 장의 첫 사례는 가전제품 기업의 오프라인 유통경로에 관한 내용입니다. 이를 통해 경험과 체험중심의 소비층이 굳건하다는 것을 확인할 수 있습니다. 향후 이들 업체는 어떻게 시장에 대응해야 할까요? 사례를 보면서 생각해 봅시다.

제 1 절 유통의 역할

제 2 절 경로 구성원

제 3 절 경로 운영요소

제 4 절 유통관리에서의 시너지효과 창출

CHAPTER 10

유통(Place)관리

도입사례

가전제품 오프라인 유통경로의 미래는?

거래의 편리성과 가격 경쟁력 등이 장점인 온라인 쇼핑의 비중이 갈수록 높아지고 있지만, 가전제품과 IT기기만큼은 오프라인 매장에서 체험한 후 구매하려는 소비층이 여전히 탄탄하다. 최근 가전업체들과 가전 양판점들은 이러한 수요를 겨냥해 다양한 형태의 체험공간을 운영하고 있다. 구성하는 게 대표적이다. 유통가의 신(新)성수기로 떠오른 11월, 소비자들이 방문해볼 만한 체험형 매장을 소개한다.

LG전자는 지난 9일 전국 LG베스트샵 매장 6곳에 '리프레쉬 룸'을 선보였다. 리프레쉬 룸은 밖에서 보이지 않는 프라이빗 형태로 마련됐다. 내방객들이 가전제품을 고를 때 여유 있게 제품을 경험하도록 돕는다. 이곳에선 '스타일러'와 '슈케어'로 외투와 신발을 관리할 수 있다. '안마의자'에 앉아 '엑스붐 360'으로 좋아하는 음악을 감상하거나 '스탠바이미'로 원하는 콘텐츠를 즐길 수 있다는 점도 특징이다. 아울러 '에어로타워'와 '에어로퍼니처'의 장점을 경험할 수 있다. 리프레쉬 룸은 1인룸 또는 2인룸으로 구성됐다. 한 번에 30분씩 이용 가능하며 체험 후 매장에서 제품에 대한 궁금한 점을 묻거나 구매 상담도 할 수 있다.

LG전자 베스트샵을 운영하는 하이프라자 박내원 대표는 "LG전자의 제품과 서비스를 직접 경험해 볼 수 있는 다양한 공간을 마련해 색다른 고객 경험을 전달하겠다"고 말했다.

일반적인 가전제품 매장의 틀을 깨고 매장 구성을 대대적으로 바꾼 곳도 있다. 롯데하이마트는 지난달 28일 체험형 복합문화공간 '던던 동대문'에 가전 편집숍 '더나노스퀘어'를 오픈했다. 1인 가구, MZ세대와 외국인의 유동인구가 많은 상권임을 고려해 기존에 없었던 형태의 가전매장 공간을 구성한 것이다. 더나노스퀘어는 모바일, IT 가전으로 시작해 TV, 냉장고, 세탁기 등 대형 가전으로 이어지는 익숙한 가전매장의 풍경 대신, 전시장에 온 듯한 착각을 불러일으키는 감각적인 색상과 공간으로 매장을 구성한 게 특징이다.

더나노스퀘어는 매장 구성뿐 아니라 판매 상품 구성도 여타 매장과 다르다. '큐레이션 라이브러리'를 통해 1인 가구와 MZ세대를 겨냥한 1인 의류관리기, 스마트 휴지통, 레트로 CD플레이어, 타투프린터, 게임용 단축키 키보드, 음식물 쓰레기 냉장고 등을 판매한다. 김종성 롯데하이마트 상품전략실장은 "더나노스퀘어는 트렌드 세터의 다양한 니즈를 충족시킬 수 있는 쇼핑 공간이자 새로운 파트너사들이 신기하고 트렌디한 상품들을 고객들에게 선보이는 공간의 역할을 할 것"이라고 말했다.

롯데하이마트 '더나노스퀘어' 전경. 롯데하이마트 제공

전자랜드도 체험형 오프라인 매장을 꾸렸다. 전자랜드는 지난 6월 키보드 타건 체험 매장 '세모키'를 론칭했다. 세모키는 '세상의 모든 키보드'라는 뜻으로, 최근 급증한 키보드 마니아층을 겨냥해 마련된 매장이다. 전자랜드는 죽전점과 수송점에 다크플래쉬, 레이저, 로지텍, 앱코, 체리 등 다양한 브랜드의 키보드를 직접 두드려보며 타건감과 타건음을 체험할 수 있는 세모키 공간을 마련해 MZ 세대 마니아층 소비자들을 끌어모을 계획이다.

자료원: 오현승, 대세로 떠오른 '경험 마케팅'..., 세계비즈, 2024.10.23.

기업이 아무리 적정한 가격의 좋은 제품을 만들고 촉진활동을 한다고 해도 실제로 고객들이 구매하고자 할 때 적절한 장소에서 적절한 시기에 원하는 서비스를 받지 못한다면 기업과 소비자 사이의 교환활동은 원활하게 일어나지 못할 것이다. 따라서 개념전달목표 및 구매전환활동에 일관성과 보완성을 가진 적절한 유통전략을 수행함으로써 표적고객에게 제품개념에 부합하는 이미지를 효과적으로 전달하고, 소유 및 시간적인 장애요인을 제거할 수 있도록 하여야 한다.

이렇듯 기업이 고객에게 가치를 전달하기까지 유통의 역할은 매우 중요하다. 제품개념에 부합하는 유통을 설계하기 위해 고려해야 할 사항들, 즉 얼마나 많은 형태의 소매상이 자사의 제품을 취급해야 하고, 유통경로에 참여하는 구성원의 형태는 어떤 것이 바람직하며, 그러한 기능을 누가 수행하는 것이 가장 좋을지에 대한 결정에 이르기까지 매우 중요하고도 복잡한 결정이 필요하다.

이와 같은 내용들이 결정되고 유통경로상에서 원활한 유통활동이 일어나게 하기 위해 각 구성원들은 상호작용을 하게 된다. 이러한 과정 중에 갈등도 발생하게 되고, 또 발생한 갈등을 제거하기 위한 노력도 행해지게 된다. 따라서 본 장에서는 유통경로의 구조를 설계하고, 유통경로상의 과정을 조정해 나가는 내용을 점검하도록 한다.

제 1 절 유통의 역할

유통이란 최종 소비자가 제품 또는 서비스를 구매하기까지의 다양한 조직들을 연결시키고 주문, 거래협상, 지불, 금융 및 수송, 보관과 같은 마케팅 기능의 흐름을 촉진시켜 주는 활동을 의미한다. 이와 같은 역할을 수행하는 일련의 연결시스템을 유통경로라 한다

유통
생산자에 의해 생산된 재화가 판매되어 소비자·수요자에 의하여 구매되기까지의 계속적인 여러 단계에서 수행되는 여러 활동

1 중간상의 필요성

제조업자가 **중간상**을 두는 이유는 중간상이 제공하는 전문력, 경험, 활동 범위 등이 제조업자 스스로가 할 수 있는 것 이상이기 때문이다. <그림 10-1>에서 보는 것과 같이 제조업자는 중간상을 둠으로써 기존의 9번의 거래가 필요하던 유통경로를 6번의 거래로 줄일 수 있다. 즉, 중간상을 통해 거래가 더 효율적

중간상(中間商)
도매상과 소매상의 중간에 위치하여 상품매매업을 하는 소비지의 소규모 도매상인

으로 이루어지게 된다.

경제적 관점에서 볼 경우, 중간상의 역할은 제조업자가 배포하는 대형의 제품단위를 소비자가 원하는 만큼의 소량으로 분할함으로써 판매를 용이하게 하는 것이다. 유통경로 내에서 중간상은 제조업자로부터 대량의 제품을 사들여 소비자가 구매하기 쉬운 소량으로 분할, 할당하게 된다. 즉, 중간상은 수요과 공급을 조절하는 중요한 매개체 역할을 하고 있는 것이다.

제조업자에서부터 소비자에게 이르기까지의 제품이동을 촉진시키는 유통경로는 시간, 장소, 소유의 장애요인을 제거해 주는 것 외에도 다음과 기능을 수행한다.

- 정보제공: 마케팅 시장환경하에서 제조업자의 생산계획에 필요한 정보와 소비자의 구매에 필요한 상품정보를 제공한다.
- 촉진: 도매상은 소매상에게 소매상은 소비자에게 각각 판매를 위한 여러 가지 설득적 커뮤니케이션을 전개한다.
- 협상: 중간상은 생산자를 대신해서 가격과 기타 거래조건을 협상하고 합의를 이끌어 냄으로써 소비자에게로의 판매를 가능하게 한다.
- 주문: 소매상은 소비자의 주문을 받아 도매상에게 전달하고, 도매상은 소매상의 주문을 받아 생산자에게 전달한다.

그림 10-1 중간상의 필요성

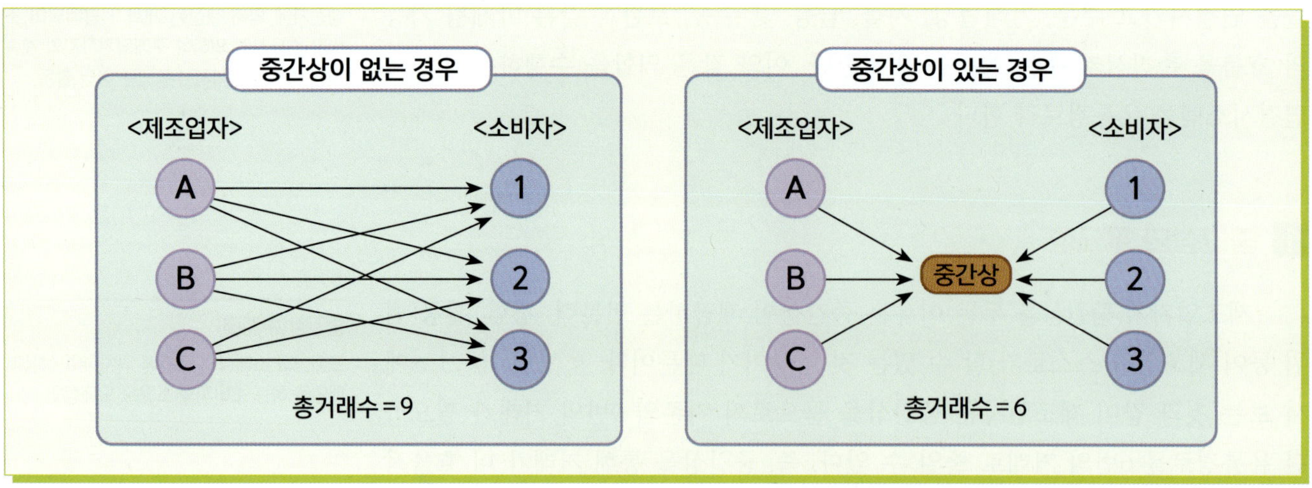

2 유통의 구성요소

유통구조는 크게 경로 구성원과 경로운영으로 구성된다. 경로 구성원은 위에서 언급한 중간상을 가리키는데, 그 형태와 수가 매우 다양하다. 또한 경로 구성원들마다 기업과의 관계가 달라서 한 기업에 속하기도 하고, 때로는 기업과 독립적이기도 하다. 또한 경로 구성원들이 자신의 목표달성을 위해 상대방에게 영향력을 행사하는 과정에서 나타나는 갈등관리에 대한 문제는 경로관리에서 매우 중요한 고려사항이다. 따라서 적절한 경로 구성원들의 형태와 수가 결정되어야 하고, 경로 구성원들에 대한 통제와 갈등을 조절할 수 있는 방법이 강구되어야 한다

유통전략은 기업이 자체의 유통시스템을 소유하고 있는지 여부에 따라 다르다. 만약 경로 구성원이 기업의 소유하에 있는 유통시스템의 한 부분이라면 경로 구성원들이 독립적인 경우보다 경로 구성원들과의 협력을 유지하고 그들을 통제하는 것이 보다 용이하다. 즉, 이 경우 경로 구성원들은 조직 내에서 다른 종업원들과 마찬가지의 통제를 받게 된다.

<그림 10-3>은 <그림 10-2>의 유통 구성요소를 보다 세부적으로 나타낸 것이다.

그림 10-2 유통의 구성요소

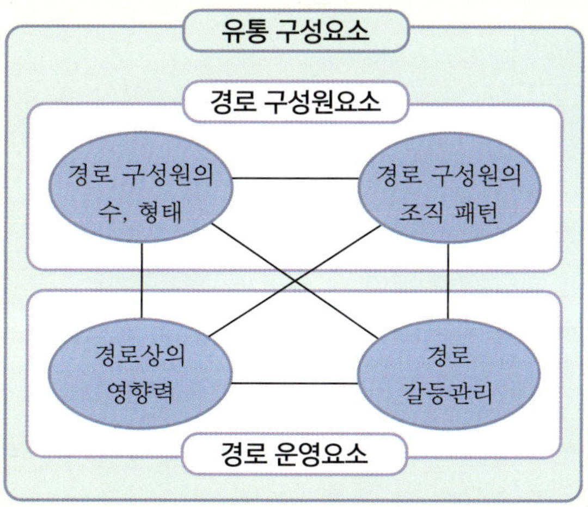

그림 10-3 마케팅믹스 내에서의 유통관리: 일관성과 보완성의 원칙 적용

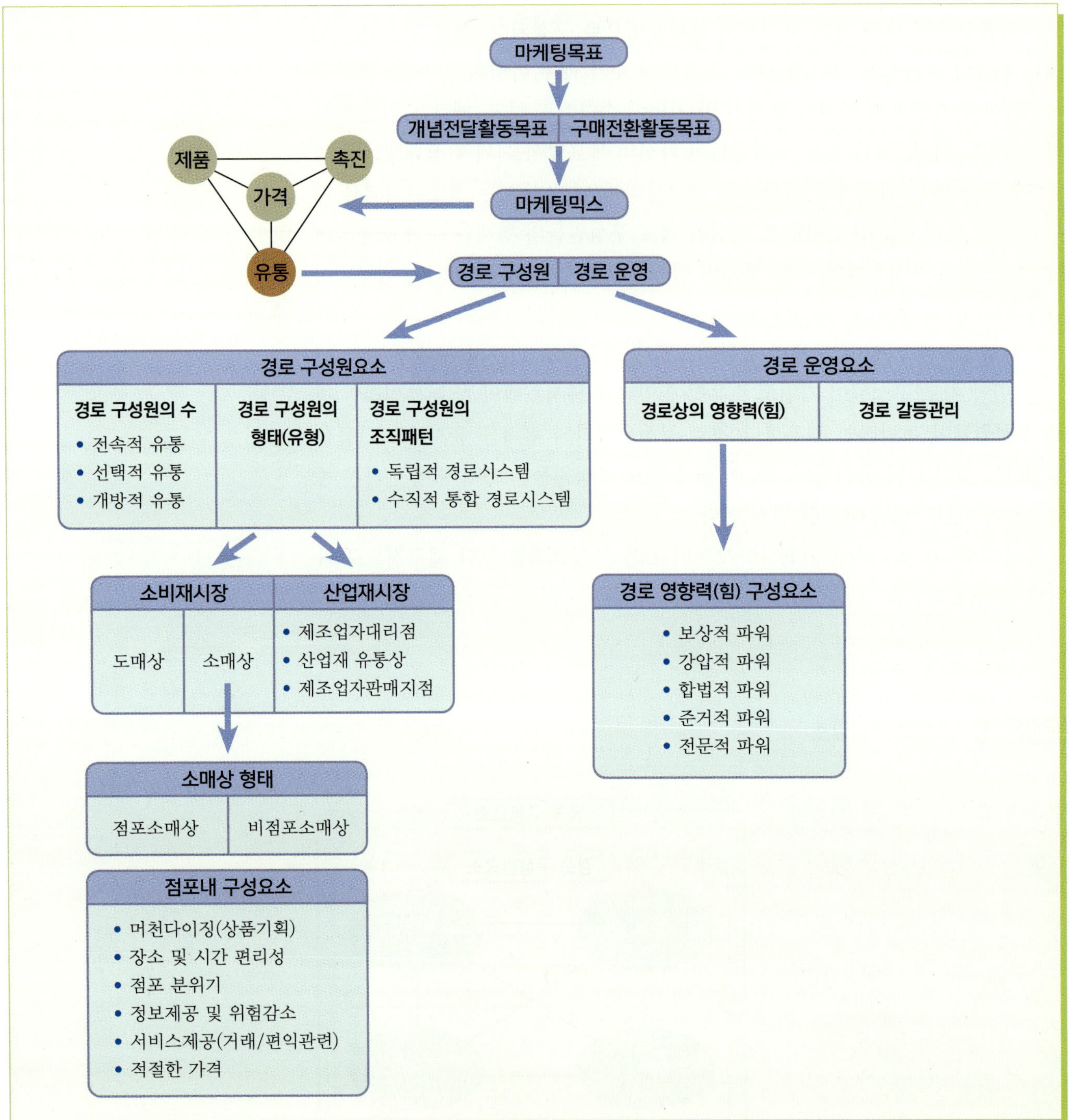

제2절 경로 구성원

기본적으로 경로 구성원에 대한 결정은 제품개념 및 그 위상을 효과적으로 최종고객에게 전달해 줄 경로 구성원의 유형과 수 그리고 조직패턴을 선택하는 것이다. 또한 이들 의사결정은 목표고객의 시간제약요인(시간장애)과 기업제품 및 서비스에 편리하게 접근할 수 있게 하는 능력과 연관된 구매장애요소(장소장애 등)를 제거하는데 도움을 주어야 한다.

1 소비재시장의 경로 구성원 형태

소비재시장에서의 경로 구성원들은 크게 소매상과 도매상으로 분류된다. 물론, 광의의 경로 구성원에는 생산자와 소비자는 물론이고, 창고업자나 수송업자와 같은 물류기관, 광고회사, 금융기관 등 모든 마케팅조직들이 포함되나, 여기서는 소매상, 도매상, 그리고 물류기관에 대해서만 주로 언급하기로 한다. <그림 10-4>는 소비재시장에서의 가능한 유통경로 유형을 나타내고 있다.

그림 10-4 소비재시장에서의 유통경로 유형

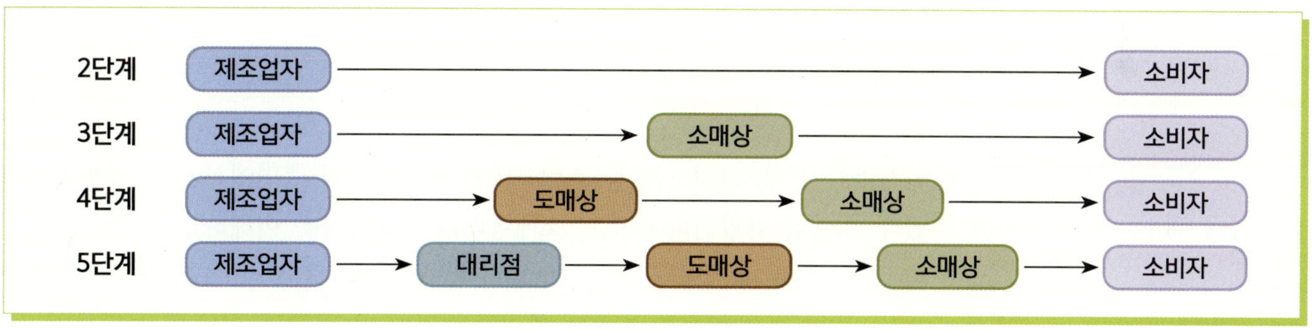

(1) 소매상

소매상은 최종소비자에게 제품 또는 서비스를 판매하는 것과 관련된 모든 활동을 수행한다. 소매상은 소비자와 직접 접촉하므로 소비자욕구에 반응하는데 신속하며, 따라서 운영형태를 소비자욕구에 맞게 계속 변화시킨다. 소매상들은 제품깊이(한 제품 부류에서 다양한 브랜드의 제공)와 폭(다양한 제품부류의 취급), 제공하는 서비스(장소나 시간의 편의성, 점포 분위기, 정보의 제공, 보증, 반품 등), 가격, 제조

소매상
최종소비자에게 제품 또는 서비스를 판매하는 유통 상인으로서 소비자와 직접 접촉하여 소비자욕구에 즉각적으로 반응을 할 수 있다.

그림 10-5 소비재시장에서의 유통경로 유형

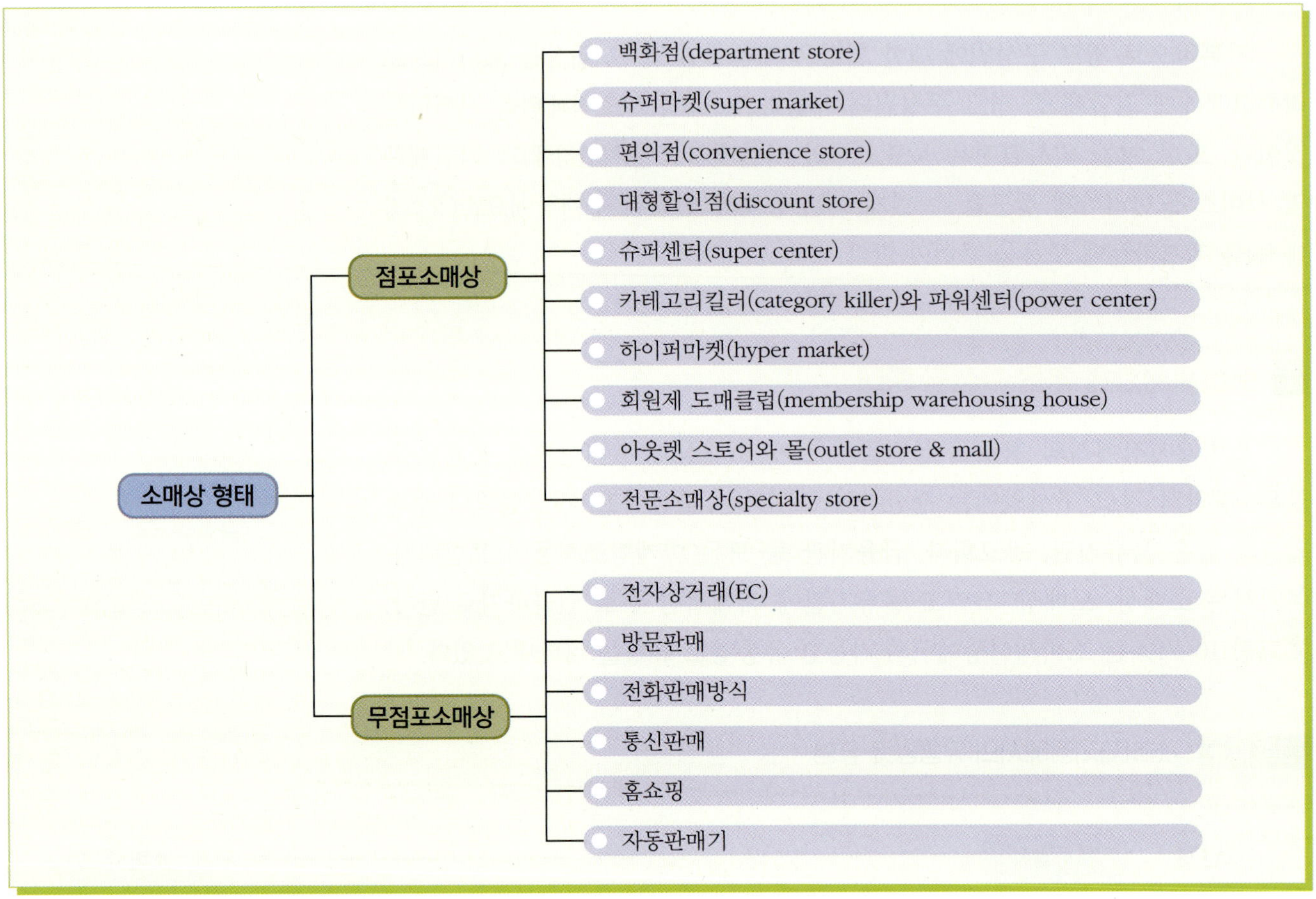

백화점과 대형할인점

한 건물 안에 의식주에 관련된 여러가지 상품을 부문별로 진열하고 판매하는 대규모의 소매상. 이에 반해 대형할인점은 저가격을 목표로 셀프서비스에 기초한 상품판매를 하는 대규모의 소매상

업자와의 관계, 그리고 최종 소비자와의 접촉형태의 측면에서 매우 다양해지고 있다. 이처럼 다양화되고 있는 소매형태의 기본방향을 이해하기 위해서는 최근 대두되고 있는 소매형태의 양극화 현상에 대해 파악하고 있어야 하며, 이를 바탕으로 다양한 소매형태를 분류 및 확인하는 것이 필요하다(<그림 10-5> 참조).

1) 소매형태의 이해

소매형태는 매우 다양하다. 점포를 중심으로 운영되는가의 여부에 따라 분류될 수도 있으며, 목표로 삼고 있는 고객의 유형에 따라 구분할 수도 있다. 이러한 다양한 소매형태를 알아보기 위해 우선 소매상과 무점포 소매상으로 나누어 자세히 살펴보기로 한다.

❶ 점포소매상

점포소매상은 백화점, 할인점, 슈퍼마켓, 회원제 창고점, 카테고리킬러, 팩토리 아울렛, 전문점 등으로 구분된다.

- 백화점: 백화점은 "한 지붕 아래서의 쇼핑"이라는 개념을 가지고 있다. 백화점은 대부분의 소매점보다 훨씬 크며, 제품의 깊이와 폭 면에서 방대함을 그 특징으로 하고 있다.
- 슈퍼마켓: 슈퍼마켓은 낮은 가격을 위주로 하며 특히 생활잡화와 식품에 이르기까지 다양한 품목을 취급하고 있다. 아직까지 장소상의 편의면에서 고객과 가까이 있다는 경쟁적 우위를 중심으로 지역밀착형 서비스를 제공하고 있다.
- 편의점: 인구밀집지역에 위치해 대체로 24시간 영업을 하며 재고 회전이 빠른 식료품과 편의품 등의 한정된 제품계열을 취급한다. 편의점의 가장 큰 특징은 연중무휴 24시간 영업이라는 시간상의 편의성, 다품종 소량의 제품을 취급하는 상품상의 편의성 등으로 높은 서비스를 제공하는 대신에 이에 해당하는 높은 가격을 요구한다는 것이다. 대표적인 국내외 업체로는 CU, GS25, 세븐일레븐 등이 있다.
- 대형할인점: 대형할인점은 전국적으로 유통되는 제품들을 철저한 셀프서비스하에서 저가격으로 대량판매하며, 일괄구매가 가능하도록 하여 편리함을 추구하는 동시에 효율성을 강조하여 저가격을 실현하는 업태이다. 대표적인 국내외 업체로는 Wal－Mart, 이마트, 롯데마트 등이 있다.
- 슈퍼센터: 소비자들의 신선식품에 대한 관 심의 증대와 단순 저가격을 원하는 소비계층의 기호변화에 부응하기 위해 종합할인점에 식품부분을 강화하여 발생한 업태를 슈퍼센터라고 한다. 대표적인 국내외 업체로는 Wal－Mart Super Center, Super K－Mart Center 등이 있다.
- 카테고리킬러(전문할인점)와 파워센터: 특정 상품 카테고리를 깊게 취급하고 그 상품들에 대해 할인점보다 더 낮은 가격으로 판매하는 업태를 카테고리킬러라고 한다. 그리고 파워센터는 카테고리킬러들을 한 군데 모아 놓은 개념이다. 대표적인 국내외 업체로는 Toy's "R"us, Home Depot, Circuit City, Best Buy, Silo, Office Depot, Staples, 토다코사, 하이마트

편의점

최근 다양한 유통망을 통해 편의점에서도 많은 할인 혜택을 제공하고 있으나, 대부분의 상품은 고가격으로 책정되어 있다.

Toy's Rus(카테고리킬러)

장난감 카테고리를 전문으로 취급하는 토이저러스는 세계 최대의 장난감 유통업체로 다양한 상품을 합리적인 가격에 제공하고 있다.

슈퍼마켓과 하이퍼마켓

슈퍼마켓은 식료품을 중심으로 일용잡화류를 판매하는 셀프서비스방식의 대규모 소매점인데 반해 하이퍼마켓은 잡화, 의류 등 상품 구색이 더 다양하고 가격이 저렴하다는 의미에서 슈퍼마켓보다 한 수위 높다는 의미를 갖고 있다.

회원제 도매클럽과 아웃렛 스토어

회원제 도매클럽은 연회비를 바탕으로 할인점보다 훨씬 저렴한 가격에 상품을 파는 소매점인데 반해 아웃렛 스토어는 재고품을 기초로 저렴한 가격에 상품을 파는 소매점

PB상품

등을 들 수 있다.

- 하이퍼마켓: 슈퍼마켓 개념의 확장과 이에 할인점 개념을 접목시켜 저가로 판매하는 유럽을 중심으로 태동된 업태를 하이퍼마켓이라고 한다. 대표적인 국내외 업체로는 까르푸, 프로모데스, 오샹, 생즈베리, 홈플러스 등을 들 수 있다.
- 회원제 도매클럽: 회원들에게 거대한 창고형식의 점포에서 30~50% 할인된 가격으로 정상적인 제품들을 할인점보다 훨씬 더 저렴한 가격으로 판매하는 업태를 의미한다. 대표적인 국내외 업체로는 Sam's Club, Price Club, Costco, B.J.'s, Pace, 킴스클럽, 이마트 트레이더스 등이 있다.
- 아웃렛 스토어와 몰: 공장에 위치하거나 공장과의 직거래로 운영되는 점포를 통해 초염가로 자사제품 또는 재고품을 판매하는 업태를 아웃렛 스토어라고 하며, 아웃렛 몰은 아웃렛 스토어가 대규모로 밀집되어 있는 것을 의미한다. 대표적인 국내외 업체로는 Franklin Mills, Tanger Outlet Malls, VF Factory Outlet Malls, 2001아웃렛, SaveZone 등이 있다.
- 전문소매상: 제한된 수의 제품계열을 깊이 있게 취급한다. 예컨대, 주방용품과 같은 단일 제품라인도 스타일, 크기, 상표 등의 제품깊이에 의해서 차별적으로 특징지을 수 있다.

핵심사례 10-1 | 이마트의 대표 브랜드는 "No Brand"

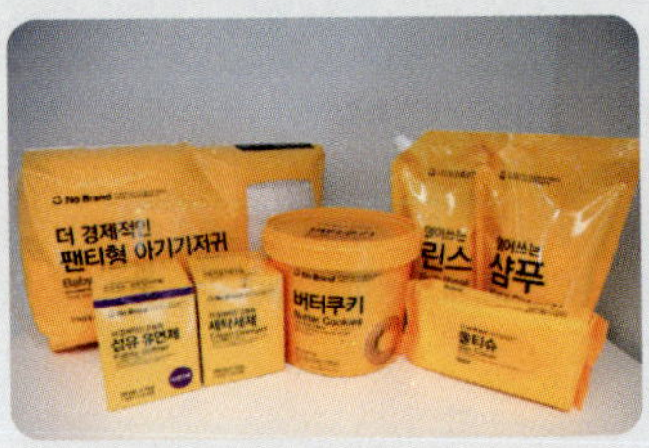

이마트가 자체브랜드(PB)인 노브랜드를 국내외 성장의 핵심 키로 둔 것으로 나타났다. 노브랜드를 해외 시장 돌파구로 키우고 있고 국내에서는 편의점 살리기에 구원투수로 투입하면서다.

이마트에 따르면 노브랜드 매출액은 2019년 8천 300억원에서 ▲2020년 1조원 ▲2021년 1조 2천억원 ▲2022년 1조2천 700억원 ▲2023년 1조3천 800억원으로 집계됐다.

2015년 4월 론칭한 노브랜드는 상품 브랜드를 없애고 가격을 낮춘 이마트 PB 상품 브랜드다. 이마트의 혁신 캠페인 '이마트 비밀 연구소, 52주 발명 프로젝트'의 첫 번째 성과물로 해당 프로젝트는 정용진 회장의 핵심 사업이기도 했다.

노브랜드는 지난 2019년 필리핀에 첫 해외 매장을 오픈한 뒤 현재 16개 매장을 운영하고 있다. 베트남과 몽골에는 이마트 점포 내에서 운영 중이며 점포 수는 각각 3개, 4개로 집계됐다.

이마트에 따르면 지난해 노브랜드의 국가별 수출액 신장률은 필리핀이 전년 대비 35% 증가한 것으로 나타났다. 몽골은 27%, 베트남은 59% 늘었다.

이에 지난 6일 국내 유통업계 중 처음으로 라오스 비엔티안 시빌라이 지역에 '노브랜드 1호점'을 오픈했다. 향후 5년 내 라오스에 노브랜드 매장 약 20여 개점을 오픈하겠다는 계획이다.

반면 이마트의 국내외 할인점 매장 수는 정체 중이다. 올해 3분기 기준 미국 점포 수는 56개로 지난해와 같았고 몽골과 베트남도 지난해와 같은 각각 4개, 3개 점포를 기록했다. 국내 할인점 역시 2021년 138개에서 ▲2022년 136개 ▲2023년 133개 ▲2024년(3분기 말 기준) 131개로 줄어들었다.

이마트 관계자는 "해외에서도 K푸드가 인기를 끌면서 저렴하게 한국 상품을 구입할 수 있는 노브랜드가 경쟁력이 있다고 판단했다"며 "특히 이번에 오픈한 지역이 젊은 유동인구가 많은 지역이라 더 적합하다"고 말했다.

부진한 편의점 살리기에도 노브랜드가 투입됐다.

최근 이마트24는 편의점 전용 노브랜드 상품인 '노브랜드ⓝ24' 상품을 올해 말까지 100개로 확대한다는 계획을 밝혔다.

해당 상품은 기존 중·대형 용량의 노브랜드 인기 상품을 편의점 업태에 맞게 기존 용량의 25% 수준으로 리뉴얼한 것이다. 상품 수는 올해 4월 초 6개에서 지난달 기준 74개로 대폭 증가했다.

이를 도입한 경영주들은 긍정적인 반응을 보이고 있다고 회사 측은 강조했다. 지난 6월 노브랜드를 도입한 한 경영주는 "1~2인 가구 중심인 20~30대 고객들 대상으로 인기를 끌며 매장 전체 매출에도 도움이 되고 있다"고 말했다.

이마트24는 편의점 전용 노브랜드 확대가 더 큰 시너지 효과를 낼 것으로 기대하고 있다. 특히 노브랜드를 키운 송만준 이마트PL·글로벌사업부장을 이마트24 신임 대표로 선임하면서 '노브랜드 중심 편의점 모델' 강화에 힘을 싣겠다는 의지를 드러냈다는 설명이다.

앞선 관계자는 "고물가 상황이다 보니 저렴한 가격이 강점인 노브랜드 제품을 많이 찾고 있다"며 "특히 생필품이 저렴한 노브랜드를 찾는 고객이 많아 이에 발맞춰 확장해 나갈 전략"이라고 설명했다.

자료원: 김민아, 영역 넓히는 노브랜드…, ZDNET Korea, 2024.12.16.

❷ 무점포소매상

무점포 소매상은 점포를 두고 활동하는 점포소매업태와는 달리 고객과 직접 거래하는 방식을 의미한다. 고객과의 직접적인 거래를 하는 무점포 소매형태의 종류에는 전자상거래, 방문판매, 전화판매방식, 통신판매, 자동판매기 등을 들 수 있다.

- 전자상거래: 인터넷을 통해 소비자와 기업이 상품과 서비스를 거래하는 것을 말하며, 인터넷 쇼핑과도 동일한 의미를 갖는다. 기존 소매형태가 안고 있는 시간적·공간적 서비스의 한계를 뛰어넘기 때문에 최근에 많이 활용되고 있다.

- 방문판매: 방문판매는 소비자들과 개인적인 접촉을 하게 되는 특징이 있으며, 개별방문을 통하여 판매가 이루어진다. 방문판매를 통해 판매되는 대표적인 제품으로는 화장품과 학습지 등을 들 수 있다.
- 전화판매방식: 오늘날 미국에서 무점포소매방법 가운데 가장 빨리 성장하고 있는 방법 중의 하나이며, 최근 우리나라의 경우도 다양한 산업에서 텔레마케팅(tele－marketing)기법의 도입이 활발하게 전개되고 있다.
- 통신판매: 광고나 다이렉트 메일(direct mail)을 통해 제품에 대한 정보를 얻은 고객이 우편으로 주문해서 상품을 구매하는 방법을 말한다. 상대적으로 소매점이 적은 유럽의 국가나 국토가 넓은 원격지의 소비자에게도 상품을 판매할 필요가 있는 미국을 중심으로 발달된 판매방법이다.
- 홈쇼핑: 1995년에 케이블 TV의 보급과 함께 빠른 속도로 성장하고 있는 홈쇼핑분야는 TV를 통해 제품에 대한 정보를 자세하게 전달하여 고객으로 하여금 구매에 따른 위험을 줄이면서 동시에 장소적·시간적 제약을 받지 않고 쇼핑할 수 있도록 한다는 장점을 갖고 있다.
- 자동판매기: 가장 전통적인 무점포 판매방식으로서 인적요소가 배제된다는 점에서 다른 무점포방식과 크게 구별된다. 동전 혹은 소액지폐로 작동되는 셀프서비스 기계를 이용하는데, 과거와는 달리 담배, 양말, 골프공, 음료수, 신문, 사탕, 껌, 우표, 복권 등과 같은 다양한 제품을 취급할 수 있게 발달하고 있는 추세이다.

IPTV 홈쇼핑

IPTV 시장이 열리면서 홈쇼핑시장도 바뀌고 있다. 소비자는 IPTV를 통해 인터넷 쇼핑과 홈쇼핑을 동시에 하는 효과를 얻을 수 있다.

그림 10-6 소매형태의 양극화 과정

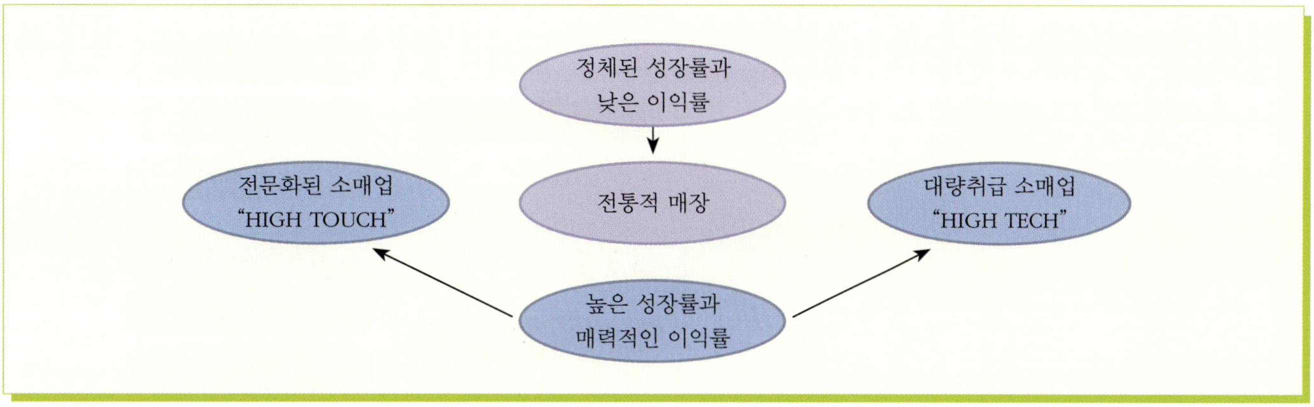

2) 소매형태의 양극화 현상

소매형태의 양극화 현상이란 최근 소매업계를 주도하고 있는 소매형태들이 두 가지의 뚜렷한 방향을 갖고 있음을 의미하는 것이다. 양극화 방향 중 한 극단은 제한된 제품계열, 철저한 관리, 고도로 집중·전문화 된 소매형태이며, 다른 하나는 대형점포, 보관기술 및 셀프 서비스 노하우를 바탕으로 한 형태이다. 전자를 **high touch 소매업**태라고 하고 후자를 **high tech 소매업**태라고 부르고 있다. 제한된 제품라인과 특정 제품에 초점을 맞추어 고 수익률, 저 회전율의 특징을 보이는 high touch 소매업태의 대표적 형태로 백화점, 보석 전문점을 들 수 있고, 고 회전율, 저 마진율을 실현하기 위해 낮은 마진과 대량구매 위주의 셀프서비스 방식을 취하는 high tech 소매업태의 대표적인 형태로는 대형할인점과 카테고리 킬러 등을 들 수 있다(<그림 10-6> 참조).

High Touch 소매업
제한된 제품계열, 철저한 관리, 고도로 집중화 및 전문화된 소매형태

High Tech 소매업
대형점포, 보관기술 및 셀프 서비스 노하우를 바탕으로 한 소매형태

(2) 도매상

도매상은 생산자(공급자)와 소비자(소매상) 모두에게 마케팅기능을 수행한다. 어떤 경우에는 판매와 직접적으로 관련된 서비스만을 제공하며, 또 다른 경우에는 다음의 서비스 중 전부 또는 일부를 제공한다.

- 공급자로부터의 제품구매
- 소매상에 대한 제품판매
- 제품촉진의 지원

도매상
공급자로부터 제품을 인도받아 최종소비자가 아닌 소매상인에게 제품 또는 서비스를 판매하는 유통 상인으로서 판매뿐만 아니라 다양한 서비스를 제공

그림 10-7 환경 분석, 고객욕구 분석 및 시장세분화 단계

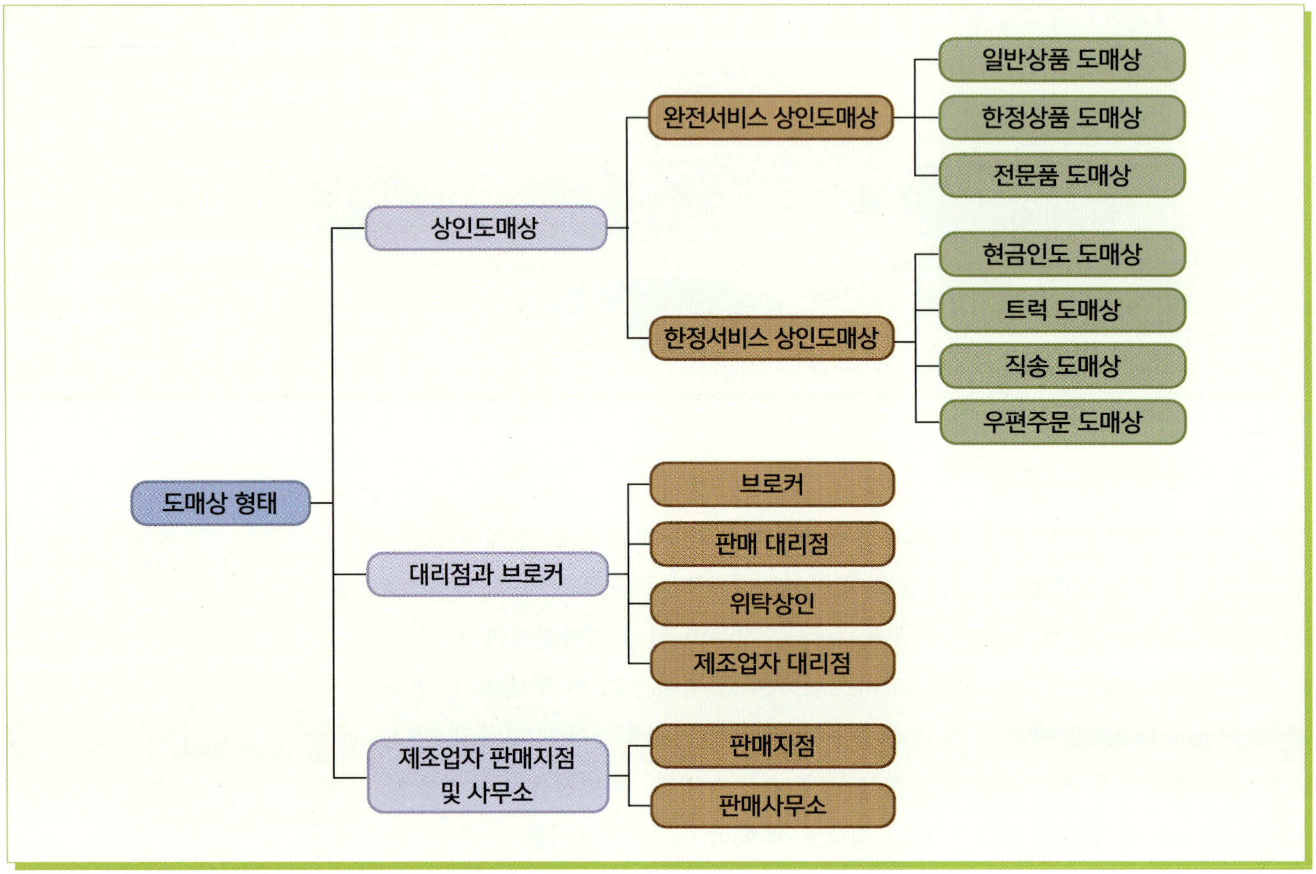

- 대량품목을 소비자욕구에 맞도록 소량으로 분할
- 소매상으로의 제품수송
- 소비자(소매상)를 위해서 공급자의 제품을 보관
- 소비자에게 신용을 부여하거나 주문 및 즉각적인 지불을 통하여 공급자에게 금융지원을 제공하는 재무기능
- 공급자에게 소비자욕구에 관한 정보를 제공하고 소비자에게 신제품개발 또는 공급자의 특별판매와 같은 시장추이에 관한 정보를 제공하는 기능

소비재 시장에서 활동하는 도매상은 크게 ① 상인도매상, ② 대리점과 브로커, 그리고 ③ 제조업자 판매지점 및 사무소 등 세 가지로 분류된다(<그림 10-7> 참조). 이러한 분류는 그들이 제품에 대한 소유권을 가지는지의 여부와 시장

에서 그들이 수행하는 기능들이 어떤 것인가에 따른 것이다.

1) 상인도매상(merchant wholesaler)

상인도매상은 제품에 대한 소유권을 가지고 소매상과 거래한다. 이는 완전 서비스 상인도매상과 한정 서비스 상인도매상으로 구분된다.

❶ 완전서비스(full service) 상인도매상

앞의 <그림 10-3>에서 제시한 여덟 가지 서비스 기능을 모두 제공하며, 자체상표의 사용, 포장, 그리고 소비자들을 위한 일반적인 마케팅전략의 조정과 같은 추가적인 기능들을 수행하기도 한다. 완전 서비스 상인도매상의 세 가지 형태로는 일반상품 도매상, 한정상품 도매상, 전문품 도매상이 있다.

❷ 한정서비스(limited service) 상인도매상

단지 몇 가지 기능에만 전문화 되어 있는 도매상이며, 그 주요 형태로는 현금인도 도매상(cash-and-carry), 트럭 도매상(truck wholesaler), 직송 도매상(drop shippers), 그리고 우편주문 도매상(mail-order house) 등이 있다.

- 현금인도 도매상: 현금으로 거래하며 제품수송을 구매자 스스로가 담당하게 하고, 만약 제품을 수송해야 할 경우 그 수송비용을 지불하는 구매자에게만 판매한다. 이들은 보통 잡화, 사무용품, 또는 전기용품과 같은 제한된 제품계열을 취급한다.
- 트럭 도매상: 소매상에게 직접 제품을 수송하며, 규칙적인 경로를 가지고 있다. 이들은 식료품을 중심으로 한 부패성이 강한 한정된 제품 계열을 취급하여 슈퍼마켓, 소규모 채소 상인, 병원, 음식점, 호텔 등을 순회하면서 현금판매를 한다.
- 직송 도매상: 제품에 대한 소유권을 가지기는 하지만, 물리적으로는 제품을 취급하지 않는다. 이들의 기능은 제품을 구매하고 싶어하는 소매상과 접촉하여 계약을 체결하고, 제품은 공급자 또는 생산자가 직접 소매상에게 선적하게 하는 것이다. 보관이 어렵거나 상대적으로 비싼 제품의 경우에 이용된다.
- 우편주문 도매상: 우편을 통해서 소매상, 산업구매자, 그리고 기관고객에

휴대폰 대리점

휴대폰 대리점은 휴대폰 재고를 가지고 소비자에게 판매하여 수익을 얻는 것이 아니라 수수료를 받고서 제한된 마케팅 기능만을 수행한다.

게 판매하는데 지리적으로 멀리 떨어진 고객에게 유용하다. 최근 우편 서비스의 발달로 점차 취급품목을 확대하고 있는 실정이다.

2) 대리점과 브로커

대리점과 브로커는 제품에 대한 소유권을 갖지 않고 다만 수수료를 받고서 제한된 마케팅 기능만을 수행한다는 점에서 서로 공통점을 가지며, 대리점은 지정된 기간 동안 구매자 또는 판매자를 대표하는 반면, 브로커는 구매자와 판매자를 연결시켜 교환 협상을 하는데 도움을 준다는 점에서 차이가 있다.

위탁상인은 제품에 대한 물리적 통제를 한다는 점과 가격과 판매조건을 통제할 수 있다는 것이 특징이다. 위탁상인은 배달일정을 조정하고 가격을 협상하며, 수송편의를 제공한다. 예컨대, 위탁상인이 제품을 소유하고 있으면서 그것을 중앙시장에까지 수송하도록 위탁을 받았을 경우, 판매가 이루어진 이후에는 전체 판매금액에서 수수료와 판매에 든 비용을 제외한 나머지 금액을 생산자에게 보내게 된다.

제조업자 대리점은 생산자나 공급자를 위해서 특정지역에서만 판매기능을 수행한다. 제조업자 대리점은 판매대리점보다도 더욱 많은 계약조건하에서 운영된다. 생산자와 대리점은 판매지역뿐만 아니라 제품판매가격, 주문처리방법, 배달서비스(제품반환정책 포함), 보증조건에 대해서도 협의를 거치게 된다. 이들 대리점은 비경쟁적인 제품을 취급하는 몇몇 생산자나 공급자를 대표하여 정해진 지역 내에서 제한된 몇 개의 보완적인 제품을 취급함으로써 판매기능을 보다 효과적·경제적으로 수행할 수 있다. 더욱이, 그들은 운영비용을 제조업자나 공급자들 모두가 공동으로 부담하게 할 수 있다.

3) 제조업자 판매지점 및 사무소

옴니채널

판매지점은 그들의 공장과는 별도로 제조업자에 의해 유지되며, 주로 도매상 차원에서 제조업자의 제품을 마케팅하기 위해 운영된다. 몇몇 판매지점은 창고시설을 갖추고 있기도 하지만, 어떤 지점들은 단지 판매사무소만을 갖고 있다. 대부분의 판매지점은 다른 제조업자들로부터 구매된 비슷하고 보완적인 제품계열을 취급하는 도매상으로도 활동한다.

그림 10-8 산업재시장에서의 유통경로 유형

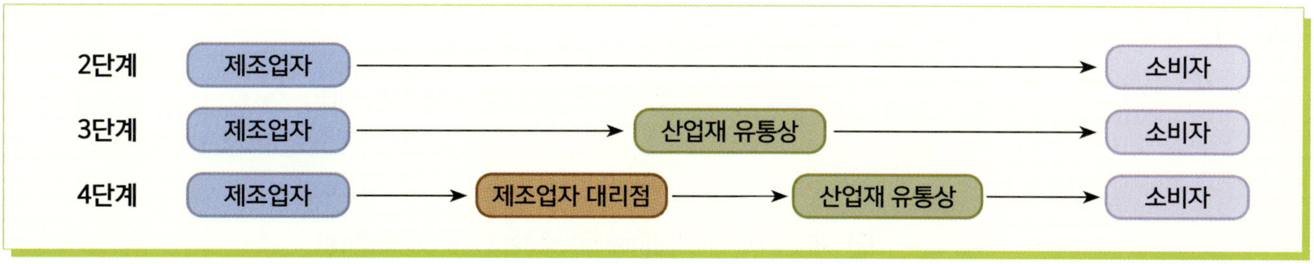

2 산업재시장의 경로구성원 형태

산업재시장에서의 유통경로과정은 소매상과 도매상 사이의 차이가 존재하지 않기 때문에 일반적으로 소비재시장에서보다는 덜 복잡하다. 산업재시장에서의 세 가지 주요한 경로 구성원 가운데 하나인 산업재 유통상(industrial distributor)은 소매상과 도매상의 기능을 복합적으로 수행한다. 두 번째로 주요 경로 구성원인 제조업자 대리점(manufacturers representative)은 소비재시장에서의 제조업자 대리점과 유사한데, 양자는 최종소비자와 직접적으로 접촉하여 판매기능을 수행할 수 있다는데 공통점을 갖는다. 마지막으로 제조업자 판매지점은 산업재시장에서도 소비자시장에서와 같은 기능을 담당하고 있다. 산업재시장의 여러 가지 유통시스템은 <그림 10-8>에 나타나 있다.

(1) 산업재 유통상(industrial distributors)

산업재 유통상들은 소비재시장에서의 상인도매상(merchant wholesaler)과 비슷한 기능을 수행한다. 이들 유통상들은 주로 자신의 제품계열을 보완하기 위해 관련제품(부속품 및 다른 제품)을 구매하는 제조업자들에게 완벽한 서비스를 제공한다. 산업재 유통상들은 지역시장을 담당하며 지역시장에 대한 정보 및 보관기능(제조업자로부터 제품 대량구매)을 수행한다. 그리고 무엇보다 이들이 중간상 역할을 수행함으로써 유통비용을 낮출 수 있게 된다.

독립적 중간상인 산업재 유통상을 통제하기란 쉬운 일이 아니다. 그들은 종종 여러 가지 제품들을 취급함으로써 제조업자들을 경쟁시키기도 한다. 산업재 유통상은 광범위한 제품과 제품계열들을 취급하기 때문에 세련된 제품이나 회전율이 낮은 제품, 보관하는데 많은 공간을 필요로 하는 제품들을 다룰 수 있는 전문기술과 서비스 능력은 부족할 수 있다. 따라서 어떤 고객들은 산업재유통상과 거래하는 것보다는 직접 제조업자와 거래하기를 선호하기도 한다.

최근에는 몇몇 산업재 유통상들이 자신들의 규모와 능력을 증가시켜서 고객들을 상대하고 있다. 이들을 가리켜 통합유통상(integrated distributor)이라고 하는데, 이들은 규모의 경제를 이용하여 구매, 재고관리, 수송, 보관, 주문에 드는 단위비용을 감소시키고 있다.

(2) 제조업자 대리점(manufacturers representative)

제한된 지역에서만 활동하는 제조업자 대리점은 현지시장에 대해 잘 알고 있으며, 그 지역에서는 제조업자 판매원보다 훨씬 효율적이다. 뿐만 아니라 그들은 몇몇 비경쟁적이고 보완적인 제품과 제품계열을 대리판매하기도 한다. 따라서 한 제품의 판매를 통해서 다른 제품의 판매를 유발할 수도 있다.

그러나 제조업자 대리점은 산업재 유통상과 마찬가지로 통제하기가 어렵다. 즉 어떤 제조업자도 대리점이 오직 자기회사 제품에만 노력을 집중하리란 것을 기대할 수 없다. 또한 제조업자 대리점의 가치는 제품의 특성에 달려 있다. 그들은 특별한 주의, 높은 기술력, 현지서비스가 필요한 제품에는 적절한 유통업자가 아니다. 또한 이들은 대규모 고객과 대량 주문을 선호한다.

3 경로 구성원의 수

기업이 이용하는 경로 구성원의 수는 표적시장의 크기에 영향을 준다. 시장포괄범위의 정도(유통의 개방 정도)는 개념전달활동과 구매전환활동에 실제적인 영향을 미친다. 즉 유통의 개방 정도는 고객들이 어떻게 제품을 인지하는지(예를 들면, 전속적이라는 이미지는 제품이 단지 제한된 지역에서만 이용 가능할 때 발생한다)에 영향을 미치며, 제품판매, 유통비용, 기업이 유통업자를 통제하는 정도에 영향을 준다. 일반적으로 유통의 개방정도(시장의 포괄범위)에 따라 개방적 유통, 선택적 유통, 전속적 유통으로 분류된다.

(1) 개방적 유통

개방적 유통은 시장을 가능한 넓게 개척하기 위해서 많은 경로 구성원들을 이용함으로써 제품의 시장노출을 극대화하는 것이다. 이 방법은 주로 생활용품이나 편의품과 같이 빈번히 구매되고 지역별 가격차이가 없는 제품에 이용된다.

이러한 개방적 유통은 경로 구성원의 수보다는 기업의 시장집중과 노출로써 측정된다.

(2) 선택적 유통

개방적 유통과 전속적 유통의 중간형태인 선택적 유통의 목적은 시장범위를 제한하는 것이다. 이 방법의 장점은 유통비용을 절감할 수 있고 제품개념의 독특함, 희소성, 선택성 같은 이미지를 제공함으로써 소비자들의 만족을 증대시킬 수 있다는 것이다. 선택적 유통은 경로 구성원에게 고객들에 대한 서비스를 할 수 있도록 하는 교육이 필요한 제품의 경우에 많이 활용된다.

(3) 전속적 유통

전속적 유통은 정해진 지역에서 특정 경로 구성원만이 활동하는 유통방식으로써 자동차 대리점 등과 같이 경쟁제품을 취급하지 않는 형태를 취한다. 이 전략은 제품과 연관된 배타성과 유일하다는 이미지를 더욱 효과적으로 소비자들에게 전달할 수 있으며, 경로 구성원과의 긴밀한 관계를 더욱 강화하여 판매를 보다 원활하게 할 수 있다.

단편사례

국내에서 선택적 유통방법을 사용하는 예로써 로레알 코리아의 '비쉬'를 들 수 있다. '비쉬'는 화장품이 기능적으로 세분화되면서 소비자에게 의약품으로까지 인식되고 있는 점에 착안하여 기능성 화장품의 새로운 유통채널로 약국을 등장시켰다. 화장품의 약국 판매는 전문적인 약사의 조언을 소비자에게 줌으로써 신뢰를 얻고 있다.

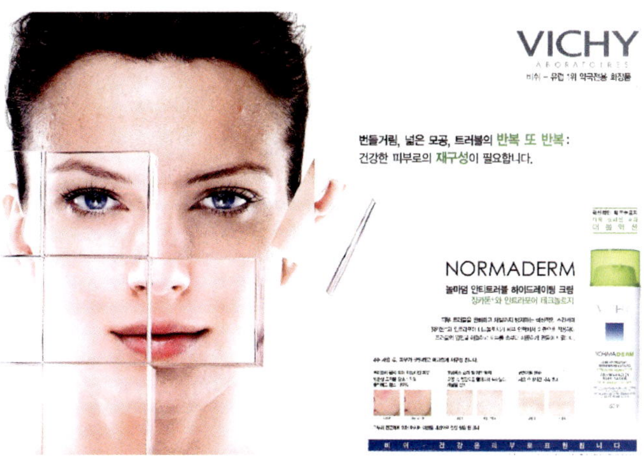

4 경로 구성원의 조직패턴

기업의 유통경로관리자는 유통경로 시스템을 설계할 때 각 경로 구성원들에 대한 협력과 통제의 정도를 결정해야 한다. 경로 구성원의 조직패턴은 크게 유통기능을 제조업자, 도매상, 소매상으로 나누어 수행하는 독립적 경로시스템과 기능상의 일부 또는 전부를 통합하여 수행하는 수직적 통합경로시스템으로 구분된다. 수직적 통합경로시스템은 그 내용상 다양하게 나타날 수 있으며, 적절한 시스템을 선택함으로써 기업의 유통경로전략 효과는 향상될 수 있다.

(1) 독립적 경로시스템

독립적 경로시스템은 제조업자, 도매상, 소매상이 독립적인 사업체로 운영되는 기관들의 연합이다. 이러한 독립적 유통시스템에서는 각 경로 구성원들이 각자의 성과에만 관심을 가지게 된다. 공식적인 상호간의 노력분담도 없으며, 경로활동에 대한 참여도 단지 자신의 조직에 국한하여 이루어진다. 또한 현실적으로 구성원간의 시스템 전반에 걸친 목표나 비전 그리고 공통분모가 없는 경우가 많다.

경로 구성원간의 협조는 주로 협상과 타협을 통해서 달성되기 때문에, 보다 향상된 시스템적인 활동을 하기에는 한계점을 지니게 된다. 이러한 경우에 독립적 경로시스템은 양질의 유통서비스 창출을 저해하고, 거래비용을 증가시켜 경쟁력을 잃는 결과를 초래할 수도 있다.

(2) 수직적 통합경로시스템

기업이 경로시스템 내의 독립된 경로 구성원들과 협력을 잘 이루어 내지 못할 경우 갈등이 발생하기 쉽고 경로 상에서 기업이 리더십을 발휘하기도 어렵게 된다. 이러한 한계점을 극복하기 위해서 구성원의 자율적인 활동보다는 일정한 연계를 통하여 통제된 활동을 강조하는 방식을 수직적 통합경로시스템이라고 한다. 이는 다시 한 기업이 유통경로상에 존재하는 하나 이상의 조직을 소유하고 경영하는 기업형 수직적 시스템, 경로 구성원 간의 공식적인 계약관계를 통한 상호의존적인 계약형 수직적 시스템, 그리고 시스템적인 활동을 하지만 구성원들은 각자 자율성을 갖고 활동하는 관리형 수직적 시스템으로 구분된다.

제3절 경로 운영요소

기업들은 종종 원가절감의 한 방편으로서 독립경로 구성원들을 이용한다. 이러한 독립경로 구성원들의 이용은 원가절감이란 이익을 주지만 특별한 문제점을 수반하기도 한다. 경로 구성원들이 독립적이면서 기업에 대해 중요한 기능

표 10-1 경로 구성원의 여러 기대 사항들 - 경로갈등의 잠재적 원천

구 분	기업의 도매상에 대한 기대	기업의 소매상에 대한 기대
제 품	• 기업의 제품을 알 것 • 경쟁적인 상품은 보유하지 말 것 • 고객의 아이디어, 불만사항을 전달해 줄 것 • 보완적인 제품계열을 보유할 것	• 기업의 제품을 알 것 • 신용을 지킬 것 • 적절한 선반공간을 제공할 것 • 유통업자 상표를 개발하지 말 것 • 아이디어, 불만사항을 전달해 줄 것 • 서비스(배달, 설치 등)를 제공할 것
촉 진	• 기업제품을 적극적으로 판매할 것 • 소매상에게 신용을 공여할 것 • 기업의 상표이미지를 보호할 것	• 기업제품을 광고할 것 • 품질이미지를 유지할 것 • 통찰력 있는 판매원을 채용할 것
유 통	• 많은 소매상과 거래할 것 • 출하계획(shipping schedules)을 이행할 것 • 적정재고를 보유할 것	• 많은 고객과 거래할 것 • 적정재고를 보유할 것 • 편리한 시간대를 유지할 것 • 지점을 개점하여 가정에 배달을 해 줄 것
가 격	• 저이윤으로 판매할 것 • 할인하여 팔 것 • 신속히 지불할 것	• 제안가격을 준수할 것 • 할인하여 팔 것
구 분	**도매상의 기업에 대한 기대**	**도매상의 소매상에 대한 기대**
제 품	• 고품질제품을 공급할 것 • 견고한 포장을 제공할 것 • 폭넓은 제품라인과 라인별 깊은 구색을 제공할 것 • 소매상에게 팔지 말 것 • 신제품 연구 및 개발을 할 것	• 도매상의 구색을 수용할 것 • 적절한 선반공간을 제공할 것
촉 진	• 자유로운 신용조건을 부여할 것 • 포괄적인 소비자광고를 실시할 것	• 도매상의 제품라인을 판촉할 것
유 통	• 자유로운 이윤추구정책을 취하게 해 줄 것 • 독점적 유통권을 줄 것	• 안정적 주문패턴을 가질 것 • 대량으로 주문할 것
가 격	• 적정이윤을 제공할 것 • 가격결정을 양보할 것	• 저가를 유지할 것 • 할인판매할 것 • 신속히 지불할 것

자료원: Ben Enis, *Marketing Principles*, 3rd ed., pp.484–485.

을 수행하고 있기 때문에 그들은 각각 독립적인 견해를 가질 수도 있고 기업에 유용한 방식으로 행동하지 않을 수도 있다.

예를 들면, 독립경로 구성원은 여러 가지 이유 때문에 기업이 실행하는 특별 판촉 캠페인에 해당되는 제품의 재고를 늘리지 않을 수도 있다. 만약 제품의 재고가 캠페인에 의해 창출된 수요에 충족할 만큼 충분치 못하다면, 이러한 판촉 노력은 판매단위당 원가만 높이고 효과는 없게 될 것이다.

경로 구성원과 기업 간의 이해 및 목적의 차이로 인하여 <표 10-1>에서 제시된 바와 같은 여러 가지 형태의 갈등이 나타날 수 있다. 기업이 갈등을 피하고 경로 구성원에 대한 통제를 유지할 수 있는 가장 효과적인 방법은 지도력(리더십)을 확보하여 고객과의 거래를 촉진하는 것이다. 이를 위해서는 경로 구성원들 간의 상호의존관계 속에서 나타날 수 있는 갈등을 해소하기 위해 어떤 사안에 대해 갈등이 발생하고, 그 원인은 무엇이며, 이에 적합한 갈등관리방식은 무엇인지를 고려해야 한다.

표 10-2 영향력의 원천 및 유통경로상의 사례

구 분	개 념	사 례
보상적 파워 (reward power)	물질적, 심리적, 보호적 보상을 제공할 수 있는 능력	판매지원, 영업활동지원, 관리기법, 시장정보, 금융지원, 신용조건, 마진폭의 증대, 특별할인, 리베이트, 광고지원, 판촉물 제공, 신속한 배달, 빈번한 배달, 감사패 제공, 지역 독점권 제공
강압적 파워 (coercive power)	영향력 행사에 따르지 않을 때 처벌이나 제재를 가할 수 있는 능력	상품공급의 지연, 대리점 보증금의 인상, 마진폭의 인하, 대금결기일의 단축, 전속적 지역권의 철회, 인접 지역에 새로운 점포의 개설, 끼워 팔기, 밀어내기, 기타 보상적 파워의 철회
합법적 파워 (legitimate power)	오랜 관습이나 공식적 제약에 근거해 규정된 행동을 준수하도록 정당하게 주장할 수 있는 능력	오랜 관습이나 상식에 따라 당연하게 인정되는 권리, 계약, 상표등록, 특허권, 프랜차이즈 협약, 기타 법률적 권리
준거적 파워 (referent power)	매력이나 일체감 및 안전욕구에 의해 거래관계를 계속 유지하고 싶어하게 할 수 있는 능력	유명상표를 취급한다는 긍지와 보람, 유명업체 또는 관련 산업의 선도자와 거래한다는 긍지, 상호간 목표의 공유, 상대방과의 관계지속 욕구, 상대방의 신뢰 및 결속
전문적 파워 (expert power)	상대방이 중요하게 인식하는 우수한 지식이나 경험 혹은 정보능력	경영관리에 관한 상담과 조언, 영업사원의 전문지식, 종업원의 교육과 훈련, 상품의 진열 및 전시 조언, 경영정보, 시장정보, 우수한 제품, 다양한 제품, 신제품 개발 능력

1 경로 영향력 행사

경로 영향력(power)요소는 경로지도력을 확보하기 위하여, 그리고 경로 구성원의 협력 및 통제를 확보하기 위하여 이용될 수 있는 힘의 원천으로 구성된다. 경로 영향력요소의 다섯 가지 구성요소는 보상적 파워, 강압적 파워, 합법적 파워, 준거적 파워, 전문적 파워이다(<표 10−2> 참조).

아래 다섯 가지 구성요소는 비록 상황에 따라 주안점이 달라질 수도 있지만, 항상 믹스의 개념으로 이해되어야 한다. 각각 이용되는 방법 및 그것에 주어지는 강조의 정도는 특정 지도력의 개념, 기업이 추구하는 협조 방향 및 통제유형과 일치해야 한다. 또한 각 구성요소들은 다른 요소들의 효과를 지원하는 방식으로 사용되어야 한다. 이것은 경로지도력에 대한 의사소통을 원활하게 하고, 기업이 경로 구성원으로부터 협조를 얻거나 이들을 통제할 수 있는 능력을 증가시켜 줄 것이다.

단편사례

제조업체와 유통업체의 갈등: 쿠팡 납품가 전쟁

쿠팡에 이어 롯데마트·슈퍼도 CJ제일제당을 비롯한 일부 식품사와 납품가를 놓고 이견차를 보이고 있다. 유통사와 제조사는 신경전을 벌이면서도 소비자 피해를 최소화하기 위해 협상은 열어뒀다. 고물가에 원부자재값 상승으로 유통사와 제조사 간의 기싸움이 예년보다 거세지는 가운데 어떤 결말이 도출될지 관심이 모인다.

25일 유통업계에 따르면 지난해부터 불거진 유통사와 제조사 간의 마진율 갈등이 올해까지 이어지는 분위기다.

가장 먼저 갈등을 빚은 곳은 쿠팡과 CJ제일제당이다. 쿠팡과 CJ제일제당은 납품 단가와 마진율 등을 놓고 갈등을 벌이며 CJ제일제당의 비비고, 햇반 등 인기 상품 발주를 중단한 상태다. 양사는 납품가와 관련해 일부 협의점을 찾은 것으로 알려졌으나 현재 쿠팡 로켓배송을 통한 CJ제일제당의 제품은 구매할 수 없다.

쿠팡과 CJ제일제당 간의 신경전이 길어지면서 SSG닷컴, 11번가 등 이커머스 기업들은 동시다발적으로 CJ제일제당 특별 할인전을 연 바 있다.

롯데마트·슈퍼도 납품단가를 놓고 CJ제일제당·풀무원·대상 등 일부 제품 발주를 중단했다. 롯데마트·슈퍼는 현재 개별적으로 운영해 왔다. 그러나 상품 소싱 업무를 통합작업하는 과정에서 각 업체가 롯데마트보다 슈퍼에 더 저렴한 단가로 제품을 공급한 사실이 알려지면서 갈등이 생겼다. 롯데는 올해 납품단가를 더 낮은, 슈퍼 쪽에 맞춰달라고 요구했으나 업체들이 이를 받아들이지 않았다.

일단 롯데마트는 설 명절 직전 CJ제일제당, 풀무원 제품의 발주를 재개했고 대상은 이보다 이른 지난해 12월 말쯤 발주를 정상화했다. 롯데마트·슈퍼는 업체 간 납품단가 협상이 타결된 것은 아니다. 양측은 이달 말까지 지난해 납품가를 적용하고, 연간 납품가 협상은 이달 중 마무리짓기로 했다.

통상 유통사와 제조사 간의 납품가 갈등은 매년 벌어진다. 그러나 올해는 고물가, 원부자재 값 상승 등으로 인한 수익성 확보 때문에 갈등 골이 깊어졌던 것으로 분석된다. 유통업체들은 코로나19로 인한 실적 타격이 크다.

롯데마트의 경우 지난해 3분기 누적 영업이익은 170억원이다. 전년 동기 190억원 적자를 냈던 것과 비교하면 선방했지만 2019년 250억원, 2020년 130억원, 2021년 320억원의 적자를 낸 바 있다. 롯데슈퍼도 2017년부터 2021년까지 5년 연속 적자를 기록했다.

이번 사태는 단순 유통사, 제조사 간이 아닌 유통업계 전반의 갈등일 수 있다는 분석이 나온다. 판매 수수료를 챙기는 백화점과 달리 대형마트와 이커머스는 제조사들로부터 제품을 직매입해 창고에 두고 팔아 마진을 남긴다. 그간 더 싼 값에 매입하려는 유통사와 더 높은 값을 받으려는 제조사 간의 갈등은 상존해 왔다.

한 식품업체 관계자는 "CJ제일제당 매출에서 쿠팡이 차지하는 비중이 크기 때문에 쿠팡을 상대로 싸움하는 것이 부담일 수 있다"면서 "CJ제일제당도 쿠팡을 잃더라도 네이버, SSG닷컴 등과 손을 잡을수 있는 선택지가 남아있어 어떤 협상안을 내놓을지 관심"이라고 밝혔다.

다만 지난 2010년 대형마트가 일명 '10원 전쟁'으로 최저가 경쟁에 나서며 제조사에 납품단가 인하를 요구해 반발이 일었다. 당시 농심과 CJ제일제당은 납품 중단에 나서며 사태는 일단락 됐다. 이후 유통업계가 대형마트의 경쟁사가 단순 대형마트가 아닌 이커머스로까지 경쟁 상대가 늘면서 유통사와 제조사 간의 갈등이 커지고 있다.

즉 현재 롯데마트·슈퍼와 제조사의 기싸움이 이어지고 있지만, 이마트의 경우 CJ제일제당 제품을 매대에 적극 진열해주며 일명 공생 기조를 이어가고 있다. 쿠팡은 이커머스 기업이지만 오프라인 유통업체를 위협하는 경쟁자로 여겨지기 때문에 같은 유통사여도 유통사 편을 들기보다 1위 제조사와 편을 들며 공생하는 분위기라는 것이다.

유통업계는 유통사와 제조사 간의 갈등이 지속될 수 있다는 관측을 내놓으면서도 협상에 적극 나설 것으로 예상했다. 소비자 불편을 최소화하기 위해서라도 협상에 나설 수 있다.

식품업계 관계자는 "쿠팡과 CJ제일제당 간의 갈등이 발생했을 때 다른 이커머스 기업들이 CJ제일제당 할인전을 연 이유도 제조사와 한편을 만들기 위한 전략일 수 있다"며 "CJ제일제당은 국내에서 압도적인 1위 제조사여서 유통업체 입장에서는 매대에 진열이 필연적이라 마진율을 양보해서라도 공생을 원할 것"이라고 말했다.

자료원: 한다원, 쿠팡發 납품가 전쟁, 유통사vs제조사 기싸움, 시사저널e, 2023.01.25.

2 경로 갈등관리

거의 모든 유통경로상에서 상대방에 대한 불만이나 긴장상태가 존재하게 되는데, 이와 같은 긴장상태를 갈등이라고 할 수 있다. 갈등은 경로 구성원들간의 목표, 역할, 지각상의 불일치로 인해 발생하며, 이러한 갈등의 정도는 불일치의 심각성과 빈도 및 지속기간으로써 설명될 수 있다.

갈등관리의 목표는 갈등이 심각한 수준에 도달하기 전에 이를 효과적으로 통제하고 조정하여 협력적 관계를 유지시키는 것이다. 이와 같은 갈등관리의 방

그림 10-9 갈등관리 접근체계

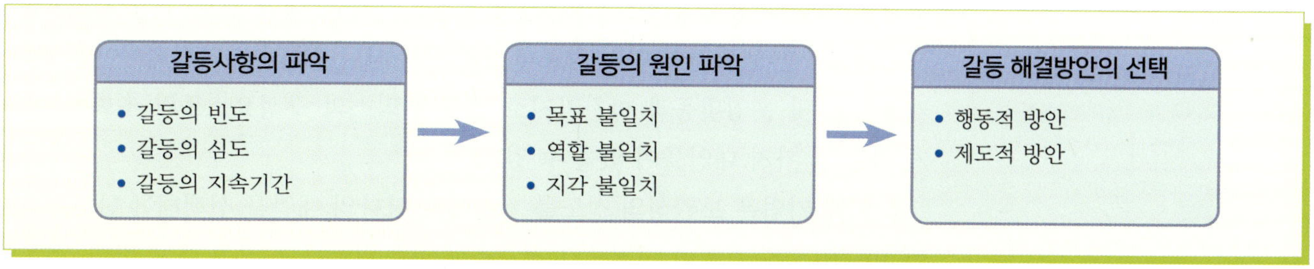

식은 크게 행동적 방식과 제도적 방식으로 나누어진다. 행동적 갈등관리방식에는 문제해결, 설득, 협상 및 정치적 해결이 있고, 제도적 갈등관리방식에는 섭외, 공동회원제, 인적 교류 및 상호선출 등이 있다.

효과적인 갈등관리를 위해서 먼저 갈등이 발생하는 사항과 그 원인이 무엇인지를 명확히 할 필요가 있다(<그림 10-9> 참조). 예컨대 대리점이 본사에 비협조적인 이유가 인근 백화점에서도 동일상품을 취급하고 있기 때문인지 아니면 영업사원의 자질부족에서 기인한 것인지를 명확히 해야 할 것이다.

제4절 유통관리에서의 시너지효과 창출

기업이 유통시스템을 직접 소유하게 되면 유통관리에 있어서도 커다란 차이가 생긴다. 기업이 유통시스템을 소유할 때(기업형 수직적 경로시스템), 유통 구성요소는 주로 경로 구성원의 형태와 수로 구성된다. 유통관리는 제품개념을 기업의 최종 목표고객에게 전달하고 그들 고객을 위해 시간과 장소적 장애를 제거하도록 설계된다.

기업이 독립경로 구성원에 의존할 때는(관리형 또는 계약형 시스템), 특히 경로 운영요소가 중요하게 고려되어야 한다. 따라서 기업은 ① 경로 구성원의 형태와 수, ② 경로 영향력요소, 그리고 ③ 경로 갈등관리 간의 상관관계를 고려해야 한다. 그러므로 유통관리는 최종고객과 독립 유통상 양자에 대하여 개념전달활동과 구매전환활동 과업을 고려해야 한다. 다음의 <그림 10-10>은 소매점에서 판매되는 소비재에 대한 유통관리에서 시너지효과를 달성하게 위한 상향식 과정을 보여 주고 있다.

유통관리의 상위단계에서 시너지효과를 창출하기 위해서는 하위단계에서의 시너지효과 창출이 필수적이다. 즉 최종고객들에 대한 경로 구성원요소에서 시너지효과를 얻으려면 먼저 점포내 요소에서 시너지효과가 달성되어야만 한다. 개념전달 및 운영활동과 마찬가지로 점포내 믹스의 구성요소들의 조화를 이루게 하는 몇 가지 대안들이 있을 수 있다.

이때 기업은 보완성의 정도를 기준으로 하나의 대안을 선택해야 한다. <그림 10-10>은 기업이 전적으로 점포소매상에 의존하고 있을 때 소비재 상품에 대한 유통관리에서의 시너지효과를 보여 주고 있다. 어떤 기업은 비점포 소매상에게 의존하거나 점포 및 비점포 소매상 모두에게 의존할 수 있는데 이때도 역시 기업의 개념전달활동 및 구매전환활동의 목표와 일관성을 이루어야 한다.

한편 기업이 도매상과 같은 다른 경로 구성원을 활용할 경우, 도매상은 소매상과 보완적인 차원에서 고려되어야 한다. 이렇게 되면 고객들은 경쟁제품과 비교하여 그 제품의 개념과 위상을 보다 잘 이해하게 될 것이고, 또한 구매에 있어서 장애가 되는 시간적·장소적 제약 및 기타 소유에 있어서의 장애요인이 제거됨으로써 거래상의 어려움을 적게 겪을 것이다.

그림 10-10 소매상에서 판매되는 소비재 상품에 대한 유통관리에서의 시너지효과 달성

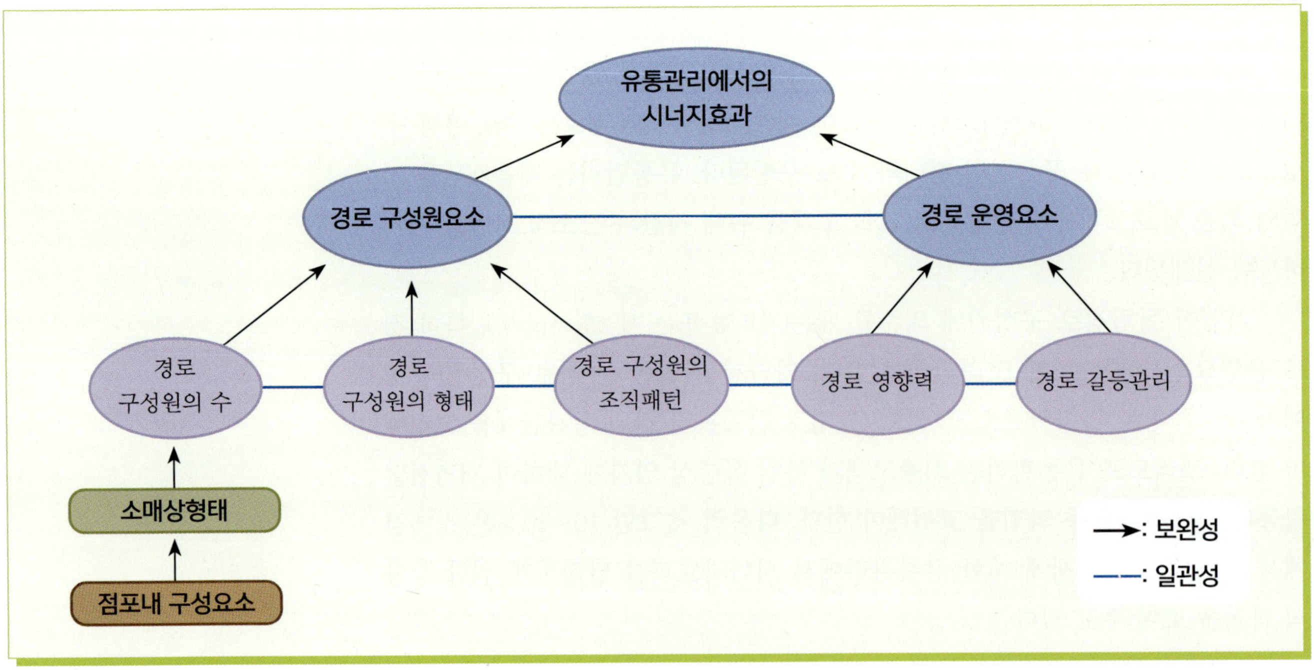

경로운영 측면에서도 마찬가지로, 영향력 행사과정에서 발생할 수 있는 갈등은 무엇이며 어떻게 관리하는 것이 바람직한가에 대해 파악하여, 경로지도력과 통제를 가장 효율적으로 실시할 수 있는 일련의 영향력의 원천들과 갈등해결 방식을 일관성과 보완성의 원칙을 적용하여 선택하여야 한다.

따라서 유통관리에 있어서 전체적으로 경로 구성원요소와 경로 운영요소가 일관성을 갖고 되도록이면 더욱 많은 부분에서 보완적인 성격을 나타내도록 설계하여 마케팅목표로 설정된 개념전달활동목표와 구매전환활동목표 달성에 기여하도록 하는 것이 중요하다.

/요/약/

유통은 마케팅의 개념전달활동과 구매전환활동에 있어서 중요한 역할을 한다. 그것은 여러 기관들과 그 기관들 사이의 관계(relationship)를 통해 공급자로부터 최종소비자에 이르는 제품, 사용권, 지불, 정보, 그리고 촉진을 연결시키는 모든 활동을 포함한다. 기업이 유통을 원활하게 하기 위하여 사용하는 전략적 수단들은 경로 구성원요소와 경로 운영요소로 구분된다. 경로 구성원요소와 경로 운영요소는 각각 여러 가지 하위요소들을 포함하고 있다. 경로 구성원요소는 경로 구성원의 형태와 수 그리고 조직패턴 등으로 구성된다. 만일 소매상을 활용할 경우 그 형태는 소매상 형태와 점포내 여러 구성요소를 포함하여 더 세분화될 수 있다. 마찬가지로 경로 운영요소는 경로 영향력과 경로 갈등관리의 두 요소로 이루어져 있다. 그리고 경로 영향력은 다섯 가지의 영향력 원천들로 구성된다.

이러한 유통 구성요소는 기업의 최종고객과 경로 구성원에 대해 개념전달활동과 구매전환활동을 일관성과 보완성의 원칙에 따라서 수행한다. 즉 경로 구성원과 경로 운영 각각에 있어서 또한 상호간에 있어서 시너지가 형성될 때 기업은 빠른 제품개념 확산뿐 아니라 저렴한 비용으로 구매장애요인들을 제거하여 더 많은 매출을 실현할 수 있게 됨으로써 마케팅목표 달성에 기여하게 된다.

/문/제/제/기/ 및 /질/문/

1. 유통의 역할과 중요성이 무엇인지에 대하여 생각해 보시오.
2. 다음의 내용을 보고 틀린 부분을 지적하고 바로잡아 보시오.

> 유통경로를 설계하기 위해 마케팅관리자는 경로 구성원의 수를 결정하여야 한다. 경로 구성원의 수는 제품을 취급하는 소매점포의 수가 많고 적음을 결정하는 것으로 예를 들어, 전국의 소매상과 거래를 할 것인지 수도권 지역의 소매상과 거래를 할 것인지를 결정하는 것이다.

3. 유통경로의 목표를 원활하게 수행하기 위해 사용할 수 있는 영향력 원천 다섯 가지를 설명해 보시오.
4. 경로 구성원요소에는 어떤 것이 있으며 이를 잘 관리하기 위한 방법은 무엇인지 생각해 보시오.
5. 경로 운영요소에는 어떤 것이 있으며 이를 잘 관리하기 위한 방법은 무엇인지 생각해 보시오.
6. 시너지를 달성하기 위해서는 어떻게 유통경로를 관리해야 하는지 설명해 보시오.

메모

이 장을 읽고 난 후 여러분들이 알아야 하는 내용은 다음과 같습니다.

- 가격책정 과정에 대하여 이해한다.
- 다양한 가격전략에 대하여 알아본다.

이 장의 첫 사례는 국내 저비용 항공사의 가격결정에 관한 내용입니다. 불필요한 서비스를 줄이고 합리적인 가격을 제시하여 점유율을 올리고 있는 국내 저비용 항공사의 사례를 통해, 적절한 가격정책의 효과를 알아볼 수 있습니다. 이들 저비용 항공사의 가격정책의 특징은 무엇일까요? 그리고 가격책정 시에 중요하고 고려해야 할 요소들에는 어떤 것들이 있을까요? 사례를 보면서 생각해 봅시다.

제 1 절 가격에 영향을 미치는 요인들

제 2 절 가격책정과정

제 3 절 가격전략

CHAPTER 11

가격(Price): 책정방법과 전략

도입사례

LCC(Low cost carrier)의 성장과 가격정책

저비용 항공사(Low Cost Carrier; LCC)는 기내 서비스를 줄이거나 보유 항공기의 기종을 통일하여 유지관리비를 줄이는 등의 효율화와 비용절감을 통해 낮은 운임으로 운행하는 항공사이다. 이 개념은 미국에서 처음 고안되어 1990년대 초에 유럽으로 확산되었고, 현재는 저비용 항공사의 여객기들이 비행시간 3~4시간 이내의 단거리 노선을 중심으로 세계 전역에서 운항하고 있다.

● 국내외 LCC항공사

① 국내

대한민국에는 21세기 초반에 저가 항공사의 개념이 도입되었다. 최초의 저가 항공사는 한성항공이다. 대한민국의 저가 항공사는 지방 공항과 지역을 기반으로 한 경우가 많다. 한성항공의 경우 충청도와 청주국제공항을 중심으로 하였다. 이후 등장한 제주항공은 제주와 제주국제공항을, 에어부산은 부산과 김해국제공항을 허브로 하고 있다. 이는 폐지된 항공사의 경우도 마찬가지인데 영남에어는 영남지역과 김해국제공항을, 코스타항공은 울산과 울산공항을 중심으로 운항하였다. 인천시의 경우 싱가포르를 기반으로 하는 타이거 항공과 힘을 모아 인천타이거항공을 설립하려 했으나 무산되었다. 이에 인천은 진에어와 협정을 맺는 것으로 방향을 선회하였다.

* 현재 운항중인 저가 항공사

- 제주항공 : 첫 취항 2006년 6월 제주 - 서울(김포) 노선
- 진에어 : 첫 취항 2008년 7월 서울(김포) - 제주 노선
- 에어부산 : 첫 취항 2008년 10월 부산 - 서울(김포) 노선
- 이스타항공 : 첫 취항 2009년 1월 제주 - 서울(김포) 노선
- 티웨이항공(한성항공에서 사명 변경) : 첫 취항 2005년 8월 청주 - 제주 노선
- 에어서울 : 첫 취항 2016년 7월 서울(김포) - 제주 노선

■ 대형항공사와 저가항공사 운임 및 서비스가격 비교

	대한항공	아시아나
인천 → 홍콩(비행시간)	2시간45분	2시간50분
홍콩 → 인천(비행시간)	3시간40분	3시간30분
운임가격(10월3~4일 주말)	49만3200원	49만3200원
좌석지정	무료	무료
기내식	무료	무료
음료&다과	무료	무료
담요	무료	무료
합계	49만3200원	49만3200원

편의성 VS 비용

	제주항공	진에어	이스타	에어부산(부산 → 홍콩)
인천 → 홍콩(비행시간)	2시간20분	2시간45분	3시간15분	2시간30분
홍콩 → 인천(비행시간)	4시간40분	3시간35분	4시간40분	4시간05분
운임가격(10월3~4일 주말)	35만3000원	31만7200원	32만1900원	25만9000원
좌석지정	4만원	없음	무료	무료
기내식	4만원(스테이크&와인)	무료	무료	무료
음료&다과	+a	+a	+a	음료무료(맥주는 제외)
담요	2만원	1만5000원	1만5000원	1만5000원
합계	45만3000원 +a	49만3200원	49만3200원	49만3200원

② 국외

일본에는 Peach Aviation을 비롯하여 일본항공과 콴타스 항공, 미쓰비시 상사의 합작으로 설립한 제트스타 재팬이 있으며, 중화인민공화국에는 스프링 항공, 준야오 항공 등이 가장 유명한 저가 항공사이다. 또한 홍콩에는 2008년에 파산된 오아시스 홍콩 항공이 있다.

말레이시아는 에어아시아와 에어아시아 X가 있으며 말레이시아 항공의 자회사격의 저가 항공사가 있으며, 미국은 대표적으로 사우스웨스트 항공, 프론티어 항공, 에어트랜, 제트블루 항공, 버진 아메리카가 존재한다. 또한 영국과 아일랜드는 이지젯과 라이언에어(인도네시아의 라이온 에어와는 무관)가 유명하다. 오스트레일리아는 제트스타 항공과 버진 오스트레일리아가 존재하나, V 오스트레일리아와 같은 없어진 저가 항공사도 있으며, 싱가포르는 타이거 항공과 제트스타 아시아 항공이 있다.

자료원 : http://www.tycoonpost.com/news/articleView.html?idxno=457

제 1 절 가격에 영향을 미치는 요인들

핀테크

한 기업의 가격결정시 내적 기업요인과 외적 환경요인 모두에 의해 영향을 받는다. 내적 요인으로는 기업의 마케팅목표, 마케팅믹스전략, 원가, 조직/산업특성이 포함되고, 외적요인으로는 시장과 수요, 경쟁환경, 기타 환경요인들이 포함된다.

그림 11-1 가격결정에 영향을 미치는 요인들

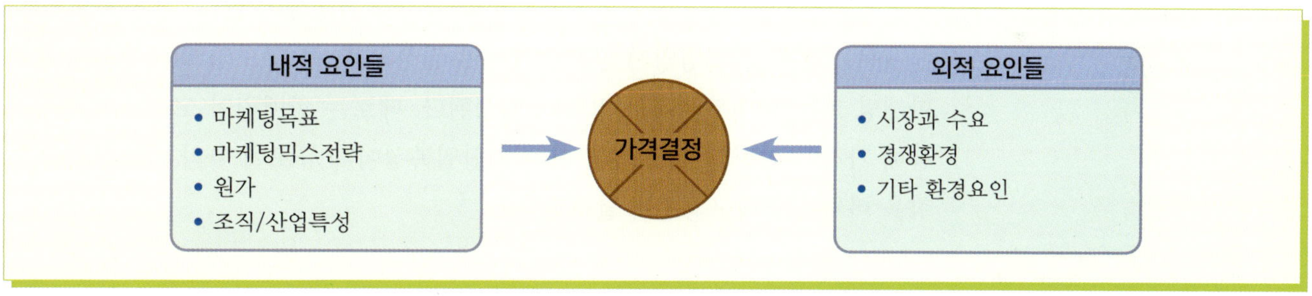

1 가격결정에 영향을 미치는 내적 요인들

가격결정의 내적 요인

1 마케팅목표
2. 마케팅믹스전략
3. 원가
4. 조직/산업특성

(1) 마케팅목표

마케팅목표가 명확할수록 가격 설명은 쉬워진다. 목표들에는 기업존속, 이익극대화, 시장점유율 극대화, 제품품질의 선두자리매김 등이 있을 수 있다. 마케팅목표를 명확히 규명하면, 목표시장 선정과 포지셔닝작업을 통한 마케팅믹스 전략이 명확해진다.

(2) 마케팅믹스전략

가격은 마케팅목표를 달성하기 위한 마케팅믹스 중 단 한 가지이다. 일관되고 효율적인 마케팅프로그램을 위해서는 가격결정은 제품디자인, 유통, 판촉결정과 조화를 이루어야 한다. 따라서 여타의 마케팅믹스가 변화함에 따라 가격이 달라질 수 있다. 만일 제품이 비가격요인에 포지션되었다면 제품품질, 판촉, 유통이 가격에 강하게 영향을 미칠 것이고, 만일 가격이 주요 포지셔닝요인이었다면 가격이 여타 마케팅믹스에 대한 결정에 영향을 강하게 미칠 것이다. 기업은 마케팅프로그램 개발 시 모든 마케팅믹스에 대한 결정을 함께 고려해야 한다.

(3) 원　가

원가는 기업이 책정할 수 있는 가격의 최저수준이다. 기업은 제품생산과 유통판매에 소요된 비용뿐 아니라 그에 대한 노력과 위험부담에 대한 수익도 원한다. 따라서 기업이 가격책정 시, 가능한 가격범위의 하한선을 파악하기 위해 원가는 중요한 고려대상이 된다.

(4) 조직/산업특성

임원진은 조직에서 누가 가격책정을 할지를 결정해야 한다. 작은 규모의 회사에서는 흔히 최고경영자선에서 가격이 결정되고, 큰 규모의 회사에서는 흔히 마케팅 또는 판매부서에서 가격이 결정된다. 때로는 판매원이 고객과의 협상을 통해 가격이 결정되기도 한다. 따라서 산업특성이나 규모에 따라 가격결정에 영향을 미치는 조직구성원이 달라진다.

핵심사례 11-1 | 불황에 1달러 커피 파는 스타벅스

세계 최대 초콜릿 회사인 허쉬초콜릿은 불황 속에서도 '달콤한 실적'을 올렸다. 불황 속에도 잘나가는 초콜릿 회사들의 배경엔 '립스틱 효과(Lipstick Effect)'가 자리 잡고 있다. 립스틱 효과란 경기 침체로 전체적인 소비가 감소할 때 일부 저가 아이템은 오히려 매출이 증가하는 현상을 말한다. 경제가 어려울 때 사람들이 자동차·펫·가구 같은 고가 내구재 소비를 자제하는 대신 립스틱 등 상대적으로 적은 지출로 위안을 삼는다는 것이다. '불황 속의 작은 사치'를 즐긴다는 얘기다.

립스틱 효과는 꼭 립스틱에 국한된 얘기가 아니다. 초콜릿 한 조각일 수 있고, 매일 마시는 커피 한 잔일 수도 있다. 초콜릿에는 행복감과 관련된 물질인 세로토닌(sero-tonin)과 아난다마이드(anandamide)가 소량 들어 있다. 달콤 쌉싸래한 초콜릿 맛이 행복감을 주는 이유다. 적은 돈으로 느낄 수 있는 행복감인 만큼 오히려 불황에 사람들이 더 많이 찾는 경향을 보인다고 한다.

허쉬초콜릿 측은 경기 침체가 전세계로 확산되면서 고가 프리미엄제품 판매가 줄었지만 저가제품의 판매증가가 이를 상쇄하고 남았다고 설명했다. 허시의 데이비드 웨스트 최고경영자(CEO)는 “소비자들이 허시초콜릿바와 과자류인 킷캣, 리즈피넛버터컵 등의 저가제품으로 소비패턴을 바꿨다”며 “키세스 등 프리미엄제품의 매출은 정체 상태”라고 밝혔다. 불황기에 주머니가 얇아진 소비자들이 저가 식료품을 선호하고 있음을 방증하는 대목이다.

가격은 불황 속의 가장 확실한 성공 키워드로 떠오르고 있다. 이런 기류를 타고 떠오르는 곳이 세계최대 패스트푸드 업체인 맥도날드다. 맥도날드는 1달러 메뉴와 저가 커피 등의 매출 증가에 힘입어 양호한 성적표를 내놓았다. 그 결과 매출은 전세계에서 7.2% 증가했다.

립스틱 효과

경기 침체로 전체적인 소비가 감소할 때 일부 저가 아이템은 오히려 매출이 증가하는 현상으로, 불황기에 비교적 저렴한 가격으로 이름 있는 제품을 구매할 수 있기 때문에 립스틱의 판매량이 증가한다는 가설에서 유래하였다.

맥도날드는 저가 커피로 재미 ‘쏠쏠’

특히 맥도날드가 불황을 이기는 원동력은 2007년부터 꾸준히 추진한 맥카페 사업이다. 맥도날드는 기존 커피보다 한 단계 수준을 높인 라테·카푸치노·모카·프라페 등을 경쟁제품보다 20~30% 싼값에 내놓으며 불황기에 립스틱 효과를 누리려는 소비자를 유인하는 데 성공했다.

이런 불황기 트렌드 앞에 커피의 명가 스타벅스도 손을 들고 말았다. 스타벅스는 그동안 고수했던 고가 브랜드전략을 접고 1달러짜리 인스턴트커피를 판매하기로 했다. ‘스타벅스 바이어’라는 이름의 인스턴트커피는 별도 포장에 들어 있어 바로 물을 붓고 타 마실 수 있도록 돼 있다. 1팩에 3봉지가 들어 있으며 팩당 가격은 2.95달러다. 한 봉지에 1달러도 안 되는 셈이다.

스타벅스는 또 매장의 바리스타(커피를 만드는 전문가)들에게 스타벅스의 평균 음료 가격이 3달러 밑이라는 점을 손님들에게 주지하라는 내용의 교육도 진행해 ‘고가 이미지’ 벗기에 안간힘을 쓰고 있다. 이와 함께 미국 내 스타벅스 매장에서 간단한 아침식사에 카페라테 한 잔을 곁들인 아침 메뉴를 3달러 95센트(5,500원 상당)라는 저렴한 가격에 선보일 예정이다.

1달러 커피는 결국 어떻게 됐을까?

스타벅스의 기존 이미지와 맞지 않는 이 제품은 경영진의 기대와 달리 두드러진 매출을 보이지 못했고, 결국 스타벅스는 2009년 여름, 결국 1달러 커피를 시장에서 철수시켰다.

콧대 높은 스타벅스도 사상 최악의 위기 앞에 자존심을 접고 립스틱 효과에 편승한 셈이다. 매출 부진에 허덕이는 스타벅스는 최근 국내외 300개 매장을 폐쇄하고 7,000여 명의 인력을 감원하겠다고 발표하는 등 뼈를 깎는 자구책 마련에 나서고 있다.

위기의 스타벅스를 구하기 위해 다시 경영 전면에 등장한 하워드 슐츠 스타벅스 창업자는 최근 한 인터뷰에서 "앞으로 수년간 불황이 이어질 것으로 본다"며 "이런 환경은 소비자들의 행동 양식도 바꿔놓을 것"이라고 전망한 바 있다.(중략)

자료원: 한경비즈니스.

가격결정의 외적 요인

1. 시장과 수요
2. 경쟁환경
3. 기타 환경요인

2 가격결정에 영향을 미치는 외적 요인들

(1) 시장과 수요

비용이 가격의 하한선을 결정한다고 한다면 수요는 그 상한선을 결정한다고 하겠다. 따라서 마케터는 가격책정시 가격과 수요와의 관계를 이해해야 한다. 가격-수요관계는 시장의 체제(완전경쟁체제, 독점체제, 소수독점체제)에 따라 다르다.

(2) 경쟁환경

기업이 한 제품에 대해 가격결정 시, 그 제품과 비교대상이 되는 경쟁제품의 원가/가격이 어떻게 되는지, 자사의 가격정책에 대해 경쟁자는 어떠한 반응을 하게 될지를 고려하여야 한다. 먼저, 경쟁제품의 원가/가격에 대한 정보를 자사제품의 가격책정의 시작점으로 활용할 수 있다. 자사제품이 경쟁제품보다 비교우위에 있다면 경쟁제품보다 높은 가격을 책정하게 될 것이다.

자사의 가격정책이 경쟁구조의 변화를 가져올 수 있음을 인지하여야 한다. 고가격, 고수익전략은 많은 경쟁을 동반 가능성이 있고, 저가격, 저수익전략은 경쟁사의 시장진입을 막을 가능성이 있다. 따라서 경쟁자에게서 기대되는 반응을 고려하여 가격결정에 반영하여야 한다.

미국의 서브프라임 모기지 사태로 촉발된 금융위기는 전세계적인 불황으로 이어졌다.

(3) 기타 환경요인

금리의 변화, 인플레이션, 경기침체 등의 경제적 조건들은 가격전략에 강한 영향을 준다. 왜냐하면 경제적 조건들이 제품 생산비용에 영향을 줄 뿐만 아니라 소비자의 제품가격 및 가치에 대한 인지에도 영향을 주기 때문이다. 또한 정부의 정책이나 법적 규제로 인해 가격결정에 영향을 받을 수 있다.

제2절 가격책정과정

그림 11-2 가격책정과정

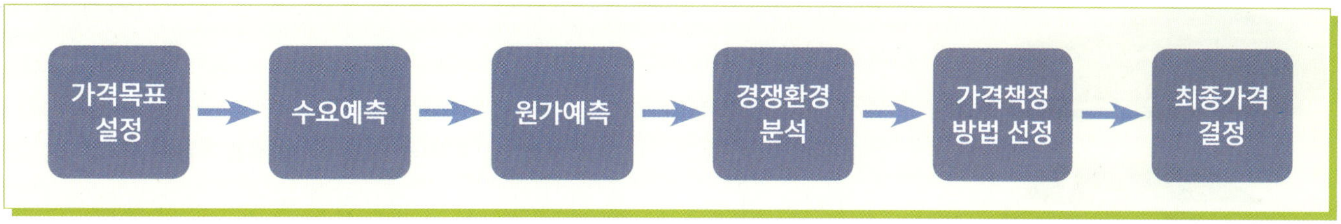

1 가격목표 설정

일반적으로 가격목표에는 기업존속, 이익극대화, 시장점유율극대화라는 대표적인 3가지 목표가 있다.

1) **기업존속 목표**는 시장경쟁이 격해졌거나 소비자 욕구가 급격히 변하는 경우에 세우게 되는 목표이다. 이는 단기적인 목표이므로 기업은 제품가치를 증가시키기 위한 방안을 강구하여야 한다.

기업존속 목표
심화되는 시장경쟁과 급격한 소비자욕구변화에 대응하기 위한 단기적 목표

2) **이익극대화 목표**는 수요와 원가예측을 정확하게 할 경우를 전제한다. 이 목표를 세울 때 주의할 점은 현재의 성과만 강조한 나머지, 여타의 마케팅믹스의 효과와 경쟁자의 반응을 간과함으로써 발생되는 장기적 손실을 초래할 수 있다는 점이다. 이익극대화 목표하에 주로 사용되는 방법으로, 충분한 수요가 있고, 초기 고가격이 추가적인 경쟁자들을 시장에 유인하지 않고, 고가격이 우수한 제품이미지를 전달할 수 있을 때 고가전략을 사용한다.

이익극대화 목표
수요 및 원가예측이 가능할 때 세우는 중장기적 목표

3) **시장점유율극대화 목표**는 주로 신제품을 출시하거나 새로운 시장을 개척하는 경우 주로 선택된다. 시장이 가격에 매우 민감하고, 판매유통비용이

시장점유율극대화 목표
신제품 출시나 새로운 시장개척 시 세우는 목표

생산경험에 따라 감소되고, 저가격이 잠재적 경쟁을 방지할 수 있을 때 시장침투가격전략(저가전략)을 사용한다.

2 수요예측

어느 쪽이 더 탄력적인가?

제품의 가격이 높을수록 수요는 줄어드는 반비례관계로써 우하향곡선을 그린다. 하지만 때로는 높은 가격이 높은 품질을 상징함으로써 높은 가격이 더 많은 수요를 창출하기도 하는데, 이 또한 가격이 어느 선 이상 상승할 경우에는 다시 수요가 감소하게 된다.

수요곡선은 가격과 그 가격에서 판매될 수량과의 관계를 나타내는데 이 곡선은 각기 다른 가격탄력성을 지닌 개인들의 평균적인 반응이다. 수요를 예측하는 첫단계는 가격탄력성에 무엇이 영향을 미치는지를 파악하는 것이다. 수요의 가격탄력성은 제품의 가격이 1% 변화할 때 판매량이 몇 % 변화하는지를 나타내는 지표이다.

$$\text{가격탄력성} = \frac{\text{판매량의 변화율(\%)}}{\text{가격의 변화율(\%)}} = \frac{\dfrac{\text{변화후 판매량} - \text{변화전 판매량}}{\text{변화전 판매량}}}{\dfrac{\text{변화후 가격} - \text{변화전 가격}}{\text{변화전 가격}}}$$

그림 11-3 탄력적인 수요와 비탄력적인 수요

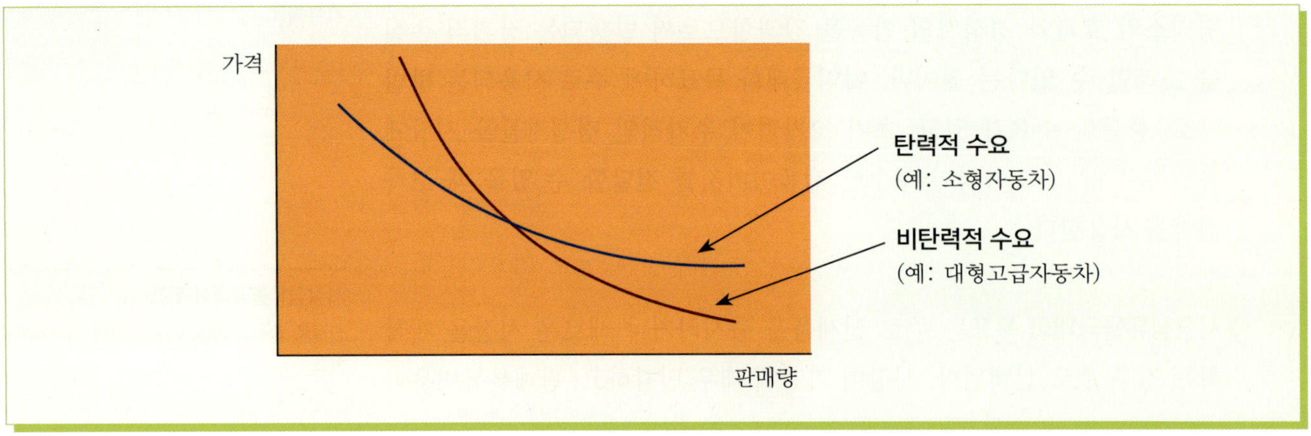

대체제나 경쟁제품이 거의 없는 경우이거나 구매자가 구매습관전환이 느리거나 더 높은 가격도 정당하다고 생각할 때 수요는 가격에 대해 비탄력적이다. 만일 수요가 가격탄력적이라면 판매자는 가격을 낮출 것이고 낮아진 가격은 더 많은 매출을 발생시킬 것이다.

3 원가예측

제품의 원가는 기업이 제품의 가격을 설정하는 데 있어서 더 이상 낮출 수 없는 하한선으로 작용한다. 물론 재고처리나 기업정리 등의 특별한 상황에서는 가격을 원가보다 낮출 수도 있지만 그것은 예외적인 경우이고, 일반적으로 가격이 원가보다 낮을 수는 없다.

생산설비는 고정비에 속한다. 사진은 현대자동차의 인도 공장

제품의 생산원가는 크게 변동비와 고정비 두 부분으로 구성된다. 변동비는 부품비나 판매수수료와 같이 생산량에 따라 달라지는, 생산과 직접적으로 관련된 비용들을 말한다. 고정비는 설비비, 임대료, 급여와 같이 생산량이나 매출과는 직접적인 관련이 없는 비용들을 말한다. 총비용은 주어진 생산수준에서 고정비와 변동비의 합이며, 평균비용은 총비용을 생산량으로 나눈 값이다. 가격결정 시, 총생산비용을 능가하는 수준의 매출을 달성할 수 있도록 가격을 설정해야 한다. 생산원가는 생산량이 변함에 따라 계속 변하기 때문에 총비용을 최소화할 수 있는 적정 생산규모를 결정하는 것이 중요하다.

4 경쟁환경 분석

시장수요와 기업원가에 의해 가능한 가격의 범위가 결정되면, 경쟁제품의 원가, 가격, 그리고 자사가격 결정에 대한 기대되는 반응 등을 고려하여야 한다. 이를 통해 자사제품의 가격을 경쟁제품보다 가격을 높게 책정할지, 낮게 책정할지, 또는 비슷하게 책정할지를 결정하게 된다. 물론 이 결정으로 인해 경쟁제품의 가격이 변할 수도 있음을 인지하고 있어야 한다.

5 가격책정방법 선정

가격결정방법에는 가격의 근거를 어디에 두고 있느냐에 따라서 비용중심의 가격결정방법, 소비자중심의 가격결정방법, 경쟁자중심의 가격결정방법이 있다.

(1) 비용중심의 가격결정방법

비용중심의 가격결정방법
제품의 생산과 판매에 들어가는 모든 비용을 충당하고 목표로 한 이익을 낼 수 있는 수준에서 가격을 결정하는 방식

비용중심의 가격결정방식은 제품의 생산과 판매에 들어가는 모든 비용을 충당하고 목표로 한 이익을 낼 수 있는 수준에서 가격을 결정하는 방식이다. 이 방식은 수요나 가격탄력성을 고려하지 않는다는 점에서 한계점 있다. 비용중심의 가격결정방법은 기본적으로 비용에 목표이익을 합하여 가격을 결정하는데, 비용과 이윤의 합산방법에 따라서 비용가산방식에 따른 가격결정, 가산이익률에 따른 가격결정, 목표투자이익률에 따른 가격결정, 그리고 손익분기점과 목표이익에 의한 가격결정 등이 있다.

1) 비용가산에 따른 가격결정(Cost-Plus Pricing)

비용가산에 따른 가격결정
사전에 결정된 목표이익을 총비용에 가산함으로써 가격을 결정

비용가산에 따른 가격결정방법은 사전에 결정된 목표이익을 총비용에 가산함으로써 가격을 결정하는 가장 손쉬운 방법이다. 먼저 총생산량을 추정하고 이에 따른 고정비용과 변동비용을 산출하고 여기에 목표이익을 합산한 다음 이 값을 총생산량을 나누어 주어 가격을 얻어낸다.

$$가격 = \frac{총고정비용 + 총변동비용 + 목표이익}{총생산량}$$

예를 들어, 시계를 생산하는 기업의 총고정비가 2,000만원, 단위당 변동비용이 20,000만원이며, 1000개의 시계를 판매하여 1,000만원의 이익을 얻고자 한다면, 비용가산법에 의한 시계 1개의 가격은 다음과 같이 계산된다.

$$가격 = \frac{20{,}000{,}000 + 20{,}000 \times 1{,}000 + 10{,}000{,}000}{1{,}000} = 50{,}000원$$

비용가산법은 가격탄력성이 낮은 분야이거나 기업이 가격을 통제할 수 있는 경우에 효과적이다.

2) 가산이익률에 따른 가격결정(Markup Pricing)

가산이익률에 따른 가격결정은 제품 한 단위당 생산/구매비용에 대해 판매비용을 충당하고도 적정이익을 남길 수 있는 수준의 가산이익률(markup)을 결정하여 가격을 책정한다.

가산이익률에 따른 가격결정
제품 한 단위당 생산/구매비용에 대해 판매비용을 충당하고도 적정이익을 남길 수 있는 수준의 가산이익률(markup)을 결정하여 가격을 책정

$$\text{가격} = \frac{\text{단위비용}}{1 - \text{가산이익률}}$$

예를 들어, 전화기를 판매하는 경우, 단위당 6만원의 비용이 드는데 40%의 가산이익률을 부가하여 판매하고 싶다면 전화기의 가격은 다음과 같이 책정된다.

$$\text{가격} = \frac{60,000}{1 - 0.4} = 100,000\text{원}$$

목표판매량을 달성하지 못할 가능성이 있는 계절적 제품들, 재고관리비용이 높은 제품들, 약품과 같이 비탄력적 수요를 지닌 제품들에 대해선 일반적으로 높은 가산이익률(markup)을 책정한다.

3) 목표투자이익률에 따른 가격결정(Target Return Pricing)

기업이 목표로 하는 투자수익률을 달성되도록 가격을 책정하는 방법이다.

목표투자이익률에 따른 가격결정
기업이 목표로 하는 투자수익률을 달성되도록 가결을 책정하는 방법

$$\text{가격} = \frac{\text{투자비용} \times \text{목표투자이익률(\%)}}{\text{표준생산량}} + \text{단위비용}$$

예를 들어, 시계공장을 건설하는데 1억원을 투자하고, 이 투자비용에 대한 목표투자이익률은 20%로 책정하였다고 하자. 그리고 표준생산량은 1,000대이고 단위당 비용은 30,000원이라 하자. 목표투자이익률 20%를 확보하기 위한 가격은 다음과 같이 계산된다.

$$\text{가격} = \frac{100,000,000 \times 20\%}{1,000} + 30,000 = 50,000\text{원}$$

이 공식은 표준생산량은 모두 판매된다는 가정을 지니고 있다. 가격중심의 가격결정방법들은 수요량을 고려하지 않기 때문에 표준생산량이 모두 판매되지

않는 상황에서는 판매가격을 인상시켜야 한다. 따라서 일정한 투자이익률을 확보하는 것이 중요한 자본집약적인 산업이나 공공사업에서 주로 사용된다.

손익분기점 분석과 목표이익에 의한 가격결정

손익분기점 분석을 통해 가격이 주어졌을 때 손실을 면할 수 있는 최소한의 판매량을 계산

4) 손익분기점 분석과 목표이익에 의한 가격결정(Breakeven Analysis and Target Profit Pricing)

손익분기점 분석을 통해 가격이 주어졌을 때 손실을 면할 수 있는 최소한의 판매량을 계산할 수 있다.

$$\text{손익분기점(판매량)} = \frac{\text{총고정비용}}{\text{가격} - \text{단위당 변동비용}}$$

기업은 단지 손실을 면할 수 있는 수준이 아니라 목표이익을 낼 수 있는 수준에서 가격을 결정해야 한다. 따라서 가격(P)에 따라, 손익분기점이 얼마이며, 그 가격에 대해 예상되는 수요(D)는 얼마이며, 예상되는 매출(P×D')은 얼마인지를 구하여, 매출(P×D')에서 총비용(C)을 제외한 이익이 얼마인지를 알아보아야 한다. 너무 낮은 가격을 설정할 경우, 수요가 증가하겠지만 만일 손익분기점보다는 낮은 수준으로 증가한다면 손실이 발생하게 되고, 또한 너무 높은 가격을 설정할 경우, 상대적으로 적은 수요만 있어도 되지만 만일 손익분기점보다도 낮은 수준의 수요가 발생한다면 역시 손실이 발생하게 된다. 따라서 이익을 극대화할

그림 11-4 손익분기점 분석과 목표이익에 의한 가격결정

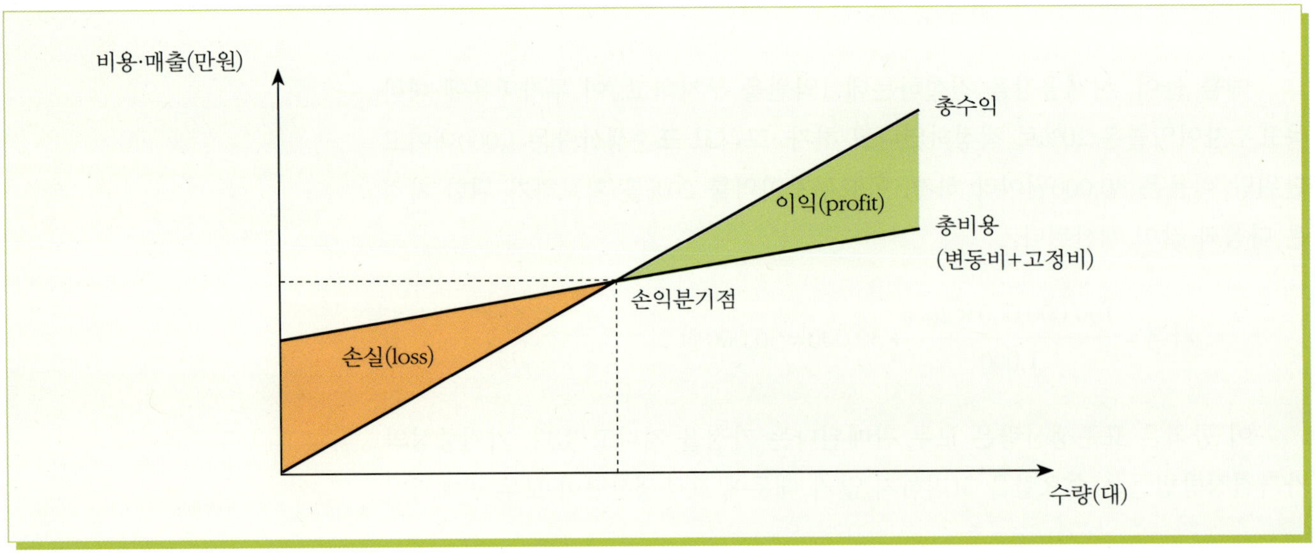

수 있는 수준의 가격을 선택하여야 한다. 이를 위해서는 가격, 손익분기점, 예상수요, 예상매출, 총비용, 예상이익에 관한 정보를 고려하여야 한다.

(2) 소비자중심의 가격결정방법

점차적으로 많은 기업들이 제품에 대한 소비자의 지각된 가치(perceived value)에 입각하여 가격을 책정한다. 지각된 가치에 따른 가격책정방법(Perceived-value pricing)은 판매자의 비용이 아닌, 구매자의 지각된 가치를 기준으로 삼는다는 점이 이 가격책정방법의 핵심이다. 기업은 가격 외의 마케팅믹스로써 구매자의 지각된 가치를 형성시키고, 이 지각된 가치에 부합되도록 가격을 책정하는 것이다.

•소비자중심의 가격결정방법

판매자의 비용이 아닌, 구매자의 지각된 가치를 기준으로 삼는 방식

이를 위하여 소비자 조사를 통해 표적고객의 수용가능한 가격, 소비자들의 구매의도(수요), 가격탄력성, 표적시장의 특성 등에 대한 정보를 획득하여 가격결정의 기초로 삼아야 한다. 만일 시장에 이미 경쟁제품이 출시된 상태라면, 경쟁제품에 대한 소비자의 지각된 가치 또한 파악하여야 한다. 만약 소비자의 지각된 가치를 과대평가한다면 가격이 높게 책정되어 매출신장에 어려움을 겪을 것이고, 지각된 가치를 과소평가한다면 가격이 낮게 책정되어 더 많은 이익을 획득할 수 있는 기회를 놓치게 된다.

지각된 가치를 파악하기 위해 3가지 방법을 소개한다.

- 직접가격평가법(Direct Price-Rating Method): 소비자들에게 제품에 대해 지각하는 가치를 직접 물어 보는 방법으로 실제로 자주 활용되는 방법이다. 소비자들에게 상품을 보여 준 후, 얼마나 지불할 용의가 있는지를 물어보는 것이 이에 해당한다.

- 직접지각가치평가법(Direct Perceived Value-Rating Method): 여러 개의 상품을 놓고 소비자의 상대적인 지각가치를 직접 조사하는 방법이다. 예를 들어 TV 1, 2, 3을 놓고 전체 100점을 세 제품에 나누어 점수를 부과하게 하여 각각의 가치를 평가하는 방법이다.

- 진단적 방법(Diagnostic Method): 조사제품에 대하여 제품속성의 중요도와 속성별 신념을 평가하도록 하여 이를 토대로 지각된 가치를 추정하는 방법이다.

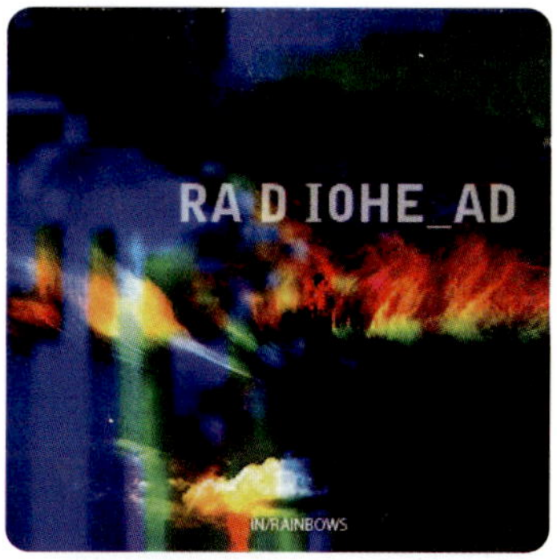

소비자가 직접 가격결정을?

록그룹 라디오헤드는 2007년 발매한 음반 In rainbow의 가격을 1페니부터 스스로 결정해 결제하도록 하였는데, 놀랍게도 2007년 말까지 이 디지털 음반을 내려받은 사람은 120만명, 지불한 금액은 총 960만 달러에 이르는 것으로 나타났다.

단편사례

소비자중심의 가격결정: 닭을 위한 콘텍트렌즈

닭을 위한 콘텍트렌즈라는 독특한 아이디어로 시장에 뛰어든 기업이 있었다. 메사추세츠지역에 있는 에니말렌즈(Animalens)라는 작은 기업이었는데 이 기업은 닭에게 사용할 수 있는 장미빛 칼라렌즈를 생산 판매하였다. 닭들 간의 싸움을 진정시키기 위해 개발된 것인데, 과학자들도 그 이유는 알 수 없었지만, 이 장미빛 칼라렌즈를 끼면 닭들이 온순해진다는 것이다. 이 렌즈 덕분에 싸우는 시간은 줄어들고 알을 낳는 데 소요하는 시간은 증가했다. 싸움으로 인한 사망률이 25%에서 8%로 줄었고, 싸움으로 인한 열량이 소모되지 않기 때문에 먹어치우는 사료의 양도 줄었다. 이로 인해 닭 한마리당 적어도 1년에 50센트를 절약할 수 있었고, 달걀 한 개당으로는 2.5센트를 절약할 수 있었다.

렌즈는 닭의 수명(1년)만큼 지속적으로 사용가능하고, 렌즈를 장착하는 비용은 닭 한마리당 5~10센트 정도 들었다. 에니말렌즈 회사는 양계업자에게 닭 한마리당 1년에 50센트의 절약효과가 나타날 수 있도록 가격(15~20센트)을 책정하여 판매하였다. 따라서 양계장업자는 렌즈를 구매하고 장착하는데 20~29센트의 비용이 소요되었지만 닭 한마리당 연 50센트 이상의 이득을 얻게 되었다. 1년에 50센트라는 이득이 작아보이지만, 1만마리 정도만 키우는 소규모 양계장이라하더라도 5천불의 이득이 생기고, 10만마리가 넘는 대규모 양계장이라면 5만불이 넘는 이득이 생기는 일이다.

자료원: "Chickens See the World through Rose-Tinted Lenses," Roanoke Times & World News, 1989. 11. 27.

(3) 경쟁중심의 가격결정

경쟁중심의 가격결정
경쟁사들의 가격을 기준으로 가격을 정하는 방식

경쟁중심의 가격결정방법은 경쟁사들의 가격이 가격책정기준이 된다. 이 방법을 채택하는 기업은 소비자들이 각 경쟁사들이 제공하는 제품들이 서로 유사하다고 생각하고 경쟁제품들의 가격을 비교하여 특정 제품을 선택할 것이라는 가정을 지니고 있다. 경쟁중심의 가격결정에는 시장가격에 따른 가격결정(Going－Rate Pricing)과 경쟁입찰에 따른 가격결정(Sealed－Bid Pricing)방법이 있다.

1) 시장가격에 따른 가격결정(Going-Rate Pricing)

시장가격에 따른 가격결정방식은 필수품을 생산하는 과점형태의 산업에서 흔히 볼 수 있다.

시장가격에 따른 가격결정을 추구하는 기업은 자신들의 비용구조나 수요보다는 시장의 가격을 보다 중요하게 생각하고, 주요 경쟁자의 제품가격과 동일하거나 비슷한 수준에서 가격을 책정한다. 철강, 제지, 비료와 같은 필수품을 생산하는 과점형태의 산업에서 흔히 볼 수 있는데, 시장선도기업이 가격을 책정하면 시장추종기업들은 자신들의 비용이나 수요와는 관계없이 그 가격을 그대로 받아들여 자사의 가격으로 책정하는 것이다. 수요탄력성을 측정하기 어려울 때, 시장가격은 적정한 수준의 이익을 발생시킬 수 있는 하나의 가격기준으로써 제시될 수 있다. 그리고 시장가격에 따른 가격결정은 지나친 가격경쟁을 방지해 주기도 한다.

2) 경쟁입찰에 따른 가격결정(Sealed-Bid Pricing)

조직체 구매자들이나 정부가 구매하는 제품이나 서비스의 가격은 경쟁입찰(competitive bidding)에 의해 결정되는 경우가 많다. 2개 이상의 기업들이 제품이나 서비스, 프로젝트 등에 대한 가격을 제시하면 구매자는 품질과 가격을 고려하여 선택한다. 만일 동일한 품질이라면 가장 낮은 가격이 낙찰되게 된다. 따라서 손실을 면할 수 있는 수준 이상에서 낙찰될 가능성을 고려하여, 기대되는 이익을 최대화시키는 가격수준을 찾아야 한다.

6 최종가격 선정

앞서 설명된 가격책정방법들을 통해 기업이 선택해야 할 최종가격의 범위를 파악한 후에, 그 범위 내에서 최적의 가격을 선택해야 한다. 최종가격 결정을 위해 가격의 심리적인 기능을 고려한 방법들(Psychological pricing)이 있다.

1) **가격과 품질 간의 연상관계를 이용하는 방법이 있다.** 많은 구매자들이 가격을 품질에 대한 하나의 평가기준으로 삼는다. 특히 향수나 고가자동차와 같이 자아상을 반영하는 제품에 대해선 고급이미지를 위해 고가전략이 효과적이다. 품질을 평가할 수 있는 가격 이외의 정보들이 주어지면 품질평가 시 가격의 역할이 줄어들겠지만, 여타의 정보가 없다면 가격은 품질을 평가하는 중요한 기준으로 작동하게 된다.
2) **소비자의 준거가격을 이용하는 방법이 있다.** 소비자는 어떤 제품을 구입하고자 할 때 자신이 심리적으로 적정하다고 생각하는 가격수준을 지니고 있는데 이 가격을 준거가격(reference price)라 한다. 준거가격은 현재의 일반적인 제품품목 가격, 과거의 제품가격들, 구매환경 등에 의해 형성된다. 준거가격과 실제가격을 비교하여 준거가격이 더 높은 경우 이득(Gain)을 느끼고, 실제가격이 더 높은 경우 손실(Loss)를 느낄 것이다. 판매자는 고급스러운 진열 등을 통해 준거가격을 높임으로써 소비자의 마음 속에 이득을 느끼도록 하여 쉽게 구매하도록 유도할 수 있다.

3) 제품가격의 숫자에 대한 소비자들의 심리적인 반응을 이용한 단수가격결정(odd pricing) 방법이 있다. 익숙해져 있는 화폐단위 이하로 제품가격을 책정함으로써 실제보다 제품가격이 저렴한 것으로 지각하게 만드는 방법이다. 가령 19,990원과 20,000원은 크게 차이 나지 않지만, 1만원대와 2만원대로 생각하여 19,990원이 10원의 가치 이상으로 싸다고 느끼게 된다.

제3절 가격전략

1 신제품 가격전략

가격전략은 제품수명주기에서 어느 단계에 있느냐에 따라 달라지는데 특히 초기진입단계는 무척 중요한 시점이다. 신제품의 가격정책 2가지(초기고가전략과 시장침투가격전략)를 소개한다.

(1) 초기고가전략(skimming pricing)

초기고가전략
높은 가격을 지불할 용의가 있는 초기세분시장고객을 대상으로 높은 가격을 책정하는 전략

신제품을 출시할 때, 우선 그 제품에 대해 높은 가격을 지불할 용의가 있는 초기세분시장고객을 대상으로 높은 가격을 책정하는 전략이다. 초기에 높은 가격을 수용하는 계층은 일반적으로 혁신자(innovator) 계층으로서 이들은 가격에 민감하지 않으며 다른 사람들보다 신제품을 먼저 사용하고자 하는 욕구가 있는 소비자들이다.

이 전략은 연구개발비 또는 생산설비투자에 대한 비용의 빠른 회수하기 위해 초기에 많은 이윤을 확보해야 할 경우 주로 사용한다. 그러기 위해선 특허에 의해 제품이 보호되거나, 경쟁자의 진입이 용이하지 않거나, 또는 대체품에 비해 신제품의 가치가 현저히 높은 경우와 같이 신제품의 시장지배력 확보가 전제되어야 한다.

삼성전자 'T 옴니아' 폰의 초기 시장가격은 100만원을 호가하였다.

초기 고가전략으로 혁신자 세분시장에서 이익을 획득하고 나면, 보다 가격에 민감한 일반 세분시장의 수요를 자극하기 위하여 가격을 하락시키는 것이 일반적이다.

(2) 시장침투가격전략(penetration pricing)

시장침투가격전략은 신제품 출시 때, 짧은 기간에 큰 시장점유율을 확보하기 위해 상대적으로 낮은 가격을 책정하여 총시장수요를 자극하는 전략이다. 이 방법은 낮은 가격으로 인해 단위당 이익은 낮더라도 대량판매에 의한 원가절감을 통해 높은 총이익을 확보할 수 있을 경우, 시장의 성장률이 높아 단기적인 매출증대보다는 시장점유율 확대가 더 높은 장기적 이익을 확보할 수 있을 경우, 또는 소비자가 가격에 민감하게 반응하는 경우에 사용한다.

시장침투가격전략
짧은 기간에 큰 시장점유율을 확보하기 위해 상대적으로 낮은 가격을 책정하여 총시장수요를 자극하는 전략

단편사례

샤오미의 시장침투가격전략

새해 벽두 국내 모바일폰 시장에서 삼성전자, 애플, 샤오미가 치열한 시장 쟁탈전을 이어가고 있다. 이들 세 기업은 각자의 강점을 살려 시장 점유율 확대를 위한 노력을 지속하고 있으며, 최근 발표된 신제품과 서비스가 이 시장의 흐름을 결정짓는 중요한 전환점이 될 전망이다.

현재 국내 모바일 시장에서 가장 중요한 경쟁 요소는 가격과 서비스 강화다. 애플, 삼성, 샤오미는 각기 다른 방식으로 소비자들을 유인하고 있으며, 특히 샤오미는 가격 경쟁력을 무기로 빠르게 국내 시장에 침투하고 있다. 각 기업의 전략이 어떻게 차별화되고 있는지에 따라 향후 시장의 주요 트렌드가 결정될 전망이다.

애플, 아이폰 교통카드 기능 도입 예고

애플은 아이폰에서 모바일 교통카드 기능을 도입할 계획을 밝혔다. 서울의 기후동행카드와 같은 교통카드 서비스를 애플페이에 연동해 대중교통 결제를 더욱 편리하게 이용할 수 있도록 할 예정이다. 애플코리아 관계자는 "아이폰 판매에 중요한 영향을 미칠 수 있는 기능이므로, 가능한 빠르게 서비스를 도입할 계획"이라고 전했다.

특히, 한국갤럽의 조사에 따르면 20대 스마트폰 이용자 중 65%가 아이폰을 사용하고 있어 이 연령층의 교통 이용 수요를 반영하면 서비스 도입의 필요성이 더욱 강조된다. 교통카드 기능을 지원하지 않았던 애플페이가 이 기능을 도입함에 따라, 서울 기후동행카드와 연동되어 친환경 대중교통 정책의 확산에도 기여할 것으로 보인다.

삼성전자, '갤럭시 간편보상' 프로그램으로 중고폰 시장 공략

삼성전자는 중고 스마트폰을 삼성닷컴에서 쉽게 판매할 수 있는 '갤럭시 간편보상' 프로그램을 새롭게 선보였다. 이 프로그램은 갤럭시 스마트폰을 구매하지 않은 소비자들도 언제든지 중고폰을 판매할 수 있는 편리한 서비스를 제공한다. 삼성전자는 이를 통해 고객들이 사용하지 않는 스마트폰을 매입해 재판매하는 순환 경제에 기여할 예정이다.

삼성전자 관계자는 "이번 프로그램을 통해 갤럭시 스마트폰의 시장 가치를 높이고, 중고폰의 효율적인 순환을 도울 수 있을 것"이라고 말했다. 이를 통해 삼성은 지속 가능한 소비를 촉진하고, 고객들에게 더 많은 혜택을 제공하려는 계획이다.

샤오미, 가격 경쟁력으로 빠르게 시장 침투

샤오미는 가격과 성능을 모두 충족하는 스마트폰을 통해 한국 시장에 빠르게 자리를 잡고 있다. 최근 샤오미는 59만~64만원대 가격의 프리미엄 모델 '샤오미 14T'와 '레드미 노트 14 프로 5G'를 공개했다. 샤오미의 '샤오미 14T'는 고성능 카메라와 AI 기능을 갖춘 제품으로, 가격 대비 성능을 중시하는 소비자들 사이에서 큰 관심을 모았다.

샤오미코리아는 "샤오미는 가격 경쟁력을 바탕으로 한국 시장에서 강력한 입지를 다질 것"이라며, "이번 제품군은 특히 AI 기능과 내구성을 강화해 합리적인 가격으로 제공될 예정"이라고 말했다. 샤오미는 이미 글로벌 시장에서 큰 성공을 거두었으며, 지난해 전 세계 스마트폰 출하량 기준으로 점유율 3위를 기록했다. '레드미 노트' 시리즈는 글로벌 시장에서 누적 판매 4억 2천만 대를 돌파하며 큰 인기를 끌었다.

자료원: 김예지, 애플vs삼성vs샤오미 "모바일폰 시장 경쟁 치열", 애플경제, 2025.01.17.

2 제품결합 가격전략

가격계열화

한 제품에 대하여 품질이나 디자인을 조금씩 달리하는 제품계열(product line)에 대하여 가격대를 설정하고, 그 가격대 내에서 개별 상품에 대한 구체적인 가격을 결정하는 전략

(1) 가격계열화(Price Line Pricing)

한 제품에 대하여 품질이나 디자인을 조금씩 달리하는 제품계열(product line)에 대하여 가격대를 설정하고, 그 가격대 내에서 개별 상품에 대한 구체적인 가격을 결정하는 전략이다. 가령 남성 양복의 가격대를 저가, 중가, 고가로 분류하여 각각의 범위를 5만원 이상 20만원 미만, 20만원 이상 51만원 미만, 51만원 이상 100만원 미만으로 설정한다고 가정하자. 기업이 중가의 양복을 판매하기로 결정하고 각 제품의 가격을 20만원, 25만원, 35만원, 50만원으로 결정할 수 있다. 가격을 지나치게 세분화하면 소비자들이 가격에 따른 제품의 차이를 인지하지 못할 수 있다. 따라서 마케터는 적절한 간격을 설정하는 것이 필요하며, 가격이 올라갈수록 수요가 비탄력적으로 변하므로 높은 가격으로 갈수록 가격차이를 더 많이 두는 것이 바람직하다.

2부제 가격

기본료와 추가적인 사용료로 구성된 가격 책정

(2) 2부제 가격(Two-part Pricing)

서비스 기업들의 경우 서비스의 제공가격을 기본료와 추가적인 사용료로 구성된 2부제 가격을 시행하는 경우가 많다. 이동전화의 경우 월 일정액의 기본료를 내고 사용시간에 따라 10초당 얼마의 가격으로 요금으로 계산하다. 놀이공원의 경우도 기본입장료를 내고 들어가서 놀이기구들을 이용할 때 추가적인 사용료를 내는 것도 2부제 가격의 한 예이다. 이러한 2부제 가격을 통해 기업들은 낮은 기본료를 통해 소비자의 구매를 최대한 유도하고 사용료를 통해 이익을 확보하게 된다.

(3) 제품 묶음가격(Product-Bundle Pricing)

제품 묶음가격이란 자사가 제공하는 여러 개의 제품이나 서비스를 묶어서 하나의 가격으로 판매하는 것을 말한다. 묶음가격이 그 개별 구성요소들 가격의 합보다 저렴하게 설정함으로써 소비자가 묶음형태의 제품을 구매하도록 유도하는 것이다. 개별제품 각각에 대한 경쟁력이 약한 기업들은 최적의 제품묶음을 형성하여 저렴한 묶음가격을 제시함으로써 경쟁우위를 획득할 수 있다.

제품 묶음가격
여러 개의 제품이나 서비스를 묶어서 하나의 가격으로 판매하는 것

3 가격조정전략

(1) 가격할인과 공제

많은 기업들이 소비자로 하여금 대금을 빠른 시일 내에 지급하도록 하거나, 많은 양을 구매하도록 하거나, 비성수기에도 구매하도록 유도하기 위해서 가격조정전략을 쓴다. 가격을 조정하는 방법으로는 현금할인, 수량할인, 거래할인, 계절적 할인, 공제가 대표적인 예이다.

•할인의 종류
1. 현금할인
2. 수량할인
3. 거래할인
4. 계절할인

현금할인(cash discount)은 제품대금을 빠른 시일 내에 지급할 경우 가격을 할인해 주는 것을 말한다. 예를 들어 "2/10, net 30"은 대금지불을 30일 이내에 하면 되는데 만일 10일 이내에 지불한다면 2%를 할인해 주겠다는 뜻이다. 이 방법은 어음을 할인하기 위한 이자지급분이나 외상매출회수비용 등을 줄이고 유동성을 확보하기 위해 주로 사용된다.

수량할인(quantity discount)은 대량으로 구매하는 소비자에게 할인해 주는 방법이다. 예를 들어, 100개 미만으로 구매할 경우엔 개당 가격 12,000원이 적용되고, 100개 이상으로 구매할 경우엔 개당 가격이 10,000원이 적용되는 경우이다. 대량판매는 판매비용이나 재고비용, 수송비, 주문처리비용 등을 절감할 수 있으므로 기업은 고객에게 이에 상응하는 금액을 할인해 줄 수 있다. 하지만 이때의 가격할인은 대량판매에 의해 절감할 수 있는 비용보다는 적은 양이어야 한다.

겨울 에어컨 예약 판매 행사장

거래할인(transactional discount)은 기능적 할인(functional discount)이라고도 하는데 판매, 보관, 장부정리 등과 같이 판매업자가 해야 할 일을 대신 수행하

는 중간상에 대한 보상으로 할인을 해 주는 것이다. 도소매업자 구성원들 간에 유통경로가 다를 경우에는 수행하는 기능이 서로 다르기 때문에 각각 다른 할인 금액을 적용해야 하며, 구성원들의 유통경로가 같은 경우에는 같은 거래할인을 해 주어야 한다.

계절적 할인(seasonal discount)은 계절인 지난 제품이나 서비스를 구매하는 소비자에 대해 할인해 주는 것을 말한다. 겨울 용품인 스키나 코트를 봄이나 여름에 가격할인을 하는 경우가 그 예이다.

공제의 종류

1. 거래공제
2. 판매촉진공제

공제(allowance)는 기존제품을 신형제품과 교환할 때 기존의 제품가격을 적

단편사례

유통업자의 가격전략

High-low pricing: 평소에는 상대적으로 높은 가격을 책정하다가 잦은 판촉을 통해 많은 가격할인을 해 주는 방법

Everyday low pricing(EDLP): 거의 가격판촉 없이 1년 365일 일정한 가격을 유지하는 방법

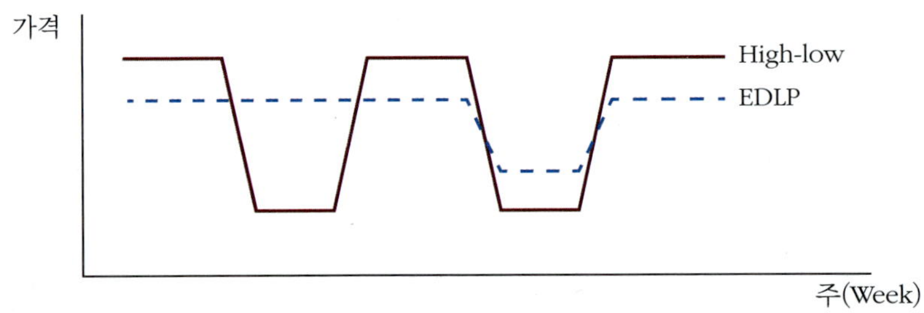

Wal-mart에서는 성공한 EDLP가 왜 Sears에서는 실패했을까

Sears는 1989년 2월에 EDLP를 도입했다. 하지만 예전에 High-low pricing을 택했던 Sears는 고객들에게 EDLP방법을 채택하는 유통업자로 재인식되는데 실패하여 매출이 극감하게 되었다. Sears고객의 16%만이 가격 때문에 Sears에서 구매한다고 대답하여, EDLP 유통업자로 인식될 만큼 충분한 가격경쟁력을 지니고 있지 못한 것으로 나타났다.

반면 Wal-mart는 60%의 고객이 정기적으로 Wal-mart에서 구매한다고 답하였다. Wal-mart의 EDLP가 잘 작동할 수 있었던 것은 Sears가 반영구적인 제품들로 진열대를 많이 채운 반면, Wal-mart는 자주 구매되는 필수품들로 85% 이상을 채웠다. 고객들은 가격비교를 통해 Wal-mart의 가격에 대해 저렴하다는 확신을 가지게 됨으로써, Wal-mart의 고정고객층이 증가하게 되었다.

자료원: Gwen Ortmeyer, John A. Quelch, Walter Salmon, "Restoring Credibility to Retail Pricing," Sloan Management review 32, 1991 가을.

절하게 책정하여 신제품의 가격에서 공제해 주는 거래공제(trading allowance)와 제조업자의 광고나 판매촉진 프로그램에 참여하는 유통업자들에게 보상책으로써 가격을 할인해 주거나 일정금액을 지급해 주는 판매촉진공제(promotional allowance)가 있다.

(2) 가격차별화

기업은 소비자에 따라, 제품에 따라, 위치에 따라, 시기에 따라 가격을 달리하기도 한다. 이는 비용에 근거한 가격차이가 아니라 매출증진을 위한 인위적인 차별화이다. 소비자에 따른 가격차별은 대중교통수단 이용 시 노인과 어린이 요금은 일반 성인 요금보다 저렴한 예에서 찾아볼 수 있다.

가격차별화
소비자에 따라, 제품에 따라, 위치에 따라, 시기에 따라 가격을 달리 받는 전략

한편 제품에 따른 가격차별은 다른 버전의 제품들에 대해 비록 비용은 비슷하게 소요된 제품들이지만 최신버전에 대해 가격을 높게 책정하는 방법이다. 마지막으로 위치에 따른 가격차별은 극장의 경우 A석, B석, C석으로 구분하여 더 선호되는 위치에 대해 더 높은 가격을 책정하고, 미국대학의 경우 주내(in-state)

단편사례

스타벅스의 가격차별화

가격차별화 전략을 통해 매출과 이익을 극대화시키는 곳 중 하나가 스타벅스이다. 스타벅스에서 판매하는 음료의 사이즈는 Tall(354ml), Grande(473ml), Venti(591ml), Trenta(916ml)로 구성되어 있으며 사이즈에 따라 500원씩 추가 금액이 발생된다. 그러나 스타벅스를 많이 찾는 사람들은 자신의 입맛에 따라 기본 음료들의 요소를 바꾸거나 엑스트라를 추가한다. 엑스트라로 추가할 수 있는 것에는 에스프레소 샷, 시럽(바닐라, 헤이즐넛, 카라멜), 휘핑(일반, 에스프레소), 드리즐(카라멜, 초콜릿) 등이 있다.

예를 들어 카페라떼를 시키면 우유 대신 두유나 저지방 우유를 넣거나, Extremely hot 모드로 우유 온도를 높여주거나, 샷을 하나 더 추가하거나 하는 식이다. 물론 엑스트라를 추가할 때마다 600원의 추가 요금이 발생한다. 스타벅스는 하나의 음료에 소비자들이 자신의 취향에 맞춰 주문할 수 있도록 함으로써 매출과 이익을 극대화시키고 있는 것이다.

자료원: "일반적 가격결정 방법과 스타벅스의 가격차별화 전략," 1인 기업 1인 경영시대, 2015.1.1.

거주자보다 주외(out – of – state) 거주자에게 등록금을 높게 책정하는 예를 통해 찾아볼 수 있다.

(3) 심리적 가격책정

최종가격선정단계에서 언급했던 바와 같이, 가격과 품질 간의 연상관계를 이용하여 고품질의 제품에 대해 그만한 가치 이상의 가격을 책정하여 소비자로 하여금 고품질에 대한 확신을 심어주는 방법도 있고, 소비자 마음속에 지니고 있는 준거가격에 영향을 주어 실제가격을 수용가능한 범위에 속하게 만들어 구매를 유도하는 방법도 있음을 이미 소개하였다.

가격 인상폭과 인하폭을 결정할 때는 소비자가 가격이 변하더라도 동일하게 인식하는 범위를 고려해야 한다.

가격을 인상시킬 때 인상폭에 대한 결정과 가격을 인하시킬 때 인하폭에 대한 결정을 위해 기억해야 할 사항이 있다. 가격관련 연구들에 의하면 소비자가 가격을 인지할 때 가격이 변하더라도 동일하다고 인식하는 범위(Latitude of Price Acceptance)가 있다고 한다. 따라서 실제가격이 이 범위를 벗어날 때 가격차이를 인지한다는 것이다. 또한 이 범위는 비대칭적 구조를 지니고 있어, 준거가격보다 실제가격이 조금만 높아도 손실을 느끼는 반면에 실제가격이 상대적으로 많이 낮아야 이득을 느낀다고 한다. 따라서 가격할인을 할 경우는 이 범위를 벗어나는 정도로 할인을 해야 소비자가 할인을 인지할 수 있고, 가격인상을 할 경우는 이 범위 내에서 인상을 해야 손실을 느끼지 못하여 인상된 가격을 무리없이 받아들이게 된다.

준거가격과 관련된 이론들

1. 적응수준이론
2. 동화대조이론
3. 기대가치이론

읽을거리

준거가격과 관련된 이론들

준거가격이라는 것이 존재하는 것인지, 수용가능 가격범위는 어떻게 결정되는지, 가격에 대한 판단은 어떻게 이루어지는지 등등에 대해 의문을 제기하며 준거가격에 대한 연구가 1970년대부터 활발하게 진행되었다. 준거가격에 대한 주장들은 적응수준이론(Adaptation level theory), 동화대조이론(Assimilation-contrast theory), 기대가치이론(Prospect theory)에 근거하고 있다.

적응수준이론(Adaptation level theory)

이 이론의 가정은 사람들이 어떤 자극에 대해 판단할 때 내적 기준(adaptation level)을 비추어 판단한다는 것이다. 이 내적 기준은 현재와 과거경험들이 결합되어 형성된다. 따라서 모든 판단들은 내면에 이미 존재하고 있는 기준에 대한 상대적인 결정이다. 이 내적 기준은 연속선상에서 한 점으로 표현되는 것이 아니라 범위로써 표현되어지고 이 범위는 시시때때로 변화한다.

내적 기준이라 말할 수 있는 준거가격에 따라 소비자가 실제가격에 대해 느끼는 바가 결정된다. 새로운 가격을 보게 되면 준거가격은 변한다. 하지만 새로운 가격이 원준거가격에서 크게 벗어나지 않는다면 거의 영향을 미치지 않을 것이다. 적응수준이론을 통해 사람의 인지는 비교를 통해 상대적으로 이루어짐을 말하고 있고, 다음에 설명할 동화대조이론에서는 비교시 차이의 인지에 관해 말하고 있다.

동화대조이론(Assimilation-contrast theory)

중형자동차를 구매할 경우, 어떤 사람이 2천만원에서 2천 5백만원 정도를 준거가격으로 지니고 있을 경우, 실제 자동차가격이 이보다 낮으면 싸다고 느낄 것이고 높으면 비싸다고 느낄 것이다. 만일 새로운 중형자동차가 출시되었는데 가격이 2천 7백만원이라 할 경우, 준거가격의 범위는 새로운 가격방향으로 이동해야 할 것이다. 하지만 새로운 가격이 기존의 준거가격 범위에 근접하기 때문에 동화효과가 생겨 새자동차의 가격이 자신이 기대했던 가격(준거가격)에 부합된다고 여기게 된다. 만일 새중형자동차가 준거가격보다 어느 정도 수준 이상으로 높게 책정되었다면, 대조효과가 발생하여 자신이 기대했던 가격보다 비싸다고 느끼게 된다.

기대가치이론(Prospect theory)

준거가격이 실제가격과 비교되면서 소비자는 이득(Gain) 또는 손실(Loss)을 느끼게 된다. 가격에 대한 인지는 준거가격을 중심으로 비대칭적으로 형성되는데, 실제가격이 1,000원 더 비싼 경우나 1,000원 더 싼 경우나 준거가격으로부터의 거리는 같지만 1,000원의 이득보다 1,000원의 손실을 더 크게 느낀다.

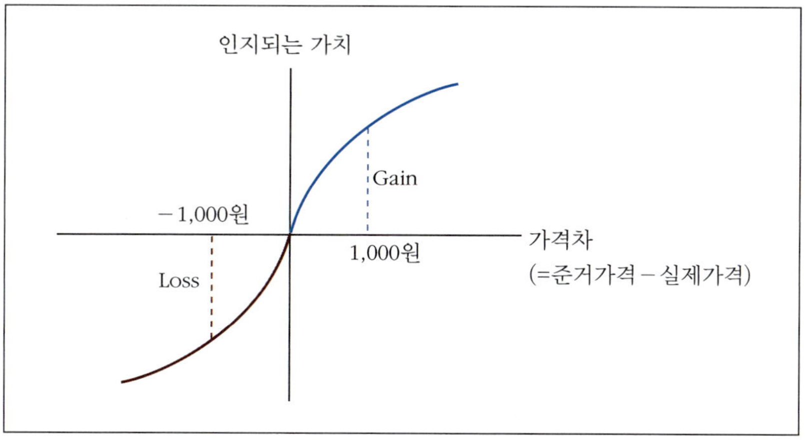

(4) 판매촉진성 가격책정

판매촉진성 가격책정

기업이 판매촉진을 위하여 가격을 일시적으로 낮추는 전략

기업이 제품의 가격을 일시적으로 낮추는 것인데, 때로는 원가 이하로 낮추기도 한다. 슈퍼마켓이나 백화점의 경우, 몇 개의 제품을 손실주도 상품(loss leaders)으로 정하여 일단 소비자를 상점 내로 끌어들여, 소비자가 여타의 제품들을 구매할 때 그로부터 이윤을 남긴다. 특정 기간 내에 구매하는 소비자에게 무이자할부를 제공하는 것도 소비자에게는 가격인하 효과가 있으므로 판매촉진성 가격책정방법에 속한다.

/요/약/

가격결정에 영향을 미치는 요인들에는 내적 요인에 해당하는 마케팅목표, 마케팅믹스전략, 원가, 조직/산업특성과 외적 요인에 해당하는 시장/수요, 경쟁환경, 기타환경요인들이 있다.

가격책정 시에는 가격목표(기업존속 목표, 이익극대화 목표, 시장점유율극대화 목표)를 먼저 선정하고, 수요와 원가를 예측한 후, 경쟁환경을 고려하고, 가격책정방법을 선정하여, 최종가격을 결정한다.

가격책정방법에는 비용중심의 가격결정방법으로서 비용가산법, 가산이익률방법, 목표투자이익률방법, 손익분기점방법이 있고, 이 외에도 소비자중심의 가격결정방법과 경쟁중심의 가격결정방법이 있다. 신제품 가격전략으로는 초기고가전략과 시장침투가격전략이 있는데, 시장과 제품의 특성을 고려하여 결정한다.

제품결합전략을 위해서는 가격계열화, 2부제 가격, 제품 묶음가격 등을 이용할 수 있다. 가격조정을 위해서는 현금할인, 수량할인, 거래할인, 계절적 할인, 공제와 같은 가격할인/공제방법이 있고, 가격차별화를 통한 방법, 심리적 가격에 의한 방법, 판매촉진성 가격에 의한 방법이 있다.

/문/제/제/기/ 및 /질/문/

1. 가격의 탄력성 개념을 정의하고, 가격에 대해 탄력적인 수요와 비탄력적인 수요에 대한 예를 들어 설명하시오.
2. 각 가격책정방법들의 장단점은 무엇인가?
3. 신제품을 출시할 경우, 초기고가전략과 시장침투가격전략 중 어느 전략을 선택할 것이지를 결정하는 기준들은 무엇인가?
4. 가격을 인상할 경우와 가격할인을 할 경우, 가격조정 폭에 대한 결정을 어떻게 할 것인지를 준거가격 개념을 이용하여 설명하시오.

P / A / R / T

IV

마케팅통제

- **CHAPTER 12** 경쟁적 마케팅관리
- **CHAPTER 13** 마케팅믹스의 통합: 전략적 응용

제4부는 마케팅정책을 실시함에 있어서 마케팅목표와 계획에 맞게 마케팅정책을 통제하는 방법에 관해 다룬다. 먼저 제12장은 경쟁에 대한 접근시각을 통해 경쟁환경 분석과 시장위치별 경쟁적 마케팅전략을 수립하는 방법에 대해 알아본다. 또한 제13장은 마케팅정책을 효율적으로 통합하고, 주어진 예산이나 자원을 잘 활용하여 최적의 마케팅정책 조합 혹은 통합, 즉 마케팅믹스 구성에 대해 알아본다. 즉, 제4부는 본 서의 최종점으로써 지속적인 마케팅활동을 벌이기 위한 요건을 이해하는 것을 목표로 한다.

이 장을 읽고 난 후 여러분들이 알아야 하는 내용은 다음과 같습니다.

- 경쟁적 마케팅관리의 개념과 효과에 대하여 이해한다.
- 경쟁적 마케팅관리를 위한 다양한 전략에 대하여 알아본다.

이 장의 첫 사례는 삼성전자와 LG전자에 대한 기사입니다. 이를 통해 기업들의 경쟁적 마케팅에 대하여 알 수 있습니다. 이처럼 기업들이 경쟁적 마케팅관리를 하는 이유는 무엇일까요? 그리고 상기의 사례 이외에도 자신이 보았던 경쟁적 마케팅관리에는 어떤 것들이 있습니까? 다음 사례를 보면서 생각해 봅시다.

제 1 절 경쟁에 대한 접근 시각

제 2 절 경쟁자와 경쟁환경의 분석

제 3 절 시장위치별 경쟁적 마케팅전략의 수립

CHAPTER 12

경쟁적 마케팅관리

도입사례

삼성vsLG, 구독 경쟁

삼성전자와 LG전자가 가전 구독 서비스를 확장하고 모바일 분야까지 영역을 넓히면서 구독 시장도 더욱 확대될 전망이다. 구독 방식으로 제품을 이용하면 적은 초기 비용으로 프리미엄 제품을 사용하고, 지속적인 관리와 서비스를 받을 수 있다는 장점이 있다.

가전 시장에서도 제품을 구매하는 방식에서 구독 서비스로 판매 방식이 변화하고 있다. 이에 두 기업은 이러한 변화에 발맞춰 다양한 구독 서비스를 선보이며 고객의 다양한 선호를 충족시키기 위한 발걸음을 재촉하고 있다.

삼성전자는 AI 가전을 더 많은 고객이 사용할 수 있도록 'AI 구독클럽' 서비스에 이어 모바일 분야까지 구독 서비스를 확대했다. LG전자는 다양한 가전에 구독 서비스를 더하고 신제품도 구독 형식으로 사용할 수 있도록 선보이고 있다.

21일 KT경제경영연구소에 따르면 가전을 포함한 국내 구독 시장은 2020년 4조 1,000억원에서 올해 100조원 규모로 성장할 전망이다.

◇ 삼성전자, AI 가전도 구독…스마트폰도 다양한 혜택

삼성전자는 가전을 넘어 스마트폰 영역에서도 구독 서비스를 선보이는 등 서비스 영역을 확장하는데 적극적으로 움직이고 있다. 이를 통해 가전과 스마트폰 시장에서의 입지를 더욱 공고히 한다는 방침이다.

삼성전자는 지난해 12월 AI 가전을 구독으로 사용할 수 있는 'AI 구독클럽' 서비스를 출시했다. 이어 오는 24일부터 '뉴 갤럭시 AI 구독클럽' 서비스도 시작한다.

AI 구독클럽은 소비자가 월마다 구독료를 지불하고 일정 기간 제품을 사용할 수 있는 서비스다. ▲TV ▲냉장고 ▲세탁기 ▲청소기 등으로 구성됐고 이 중 90% 이상은 AI 제품이다.

삼성전자는 구독 서비스 요금제도 다양하게 구성했다. ▲올인원 요금제 ▲스마트 요금제 등을 마련해 세부 서비스 등을 선택해 결합할 수 있도록 했다.

삼성전자는 갤럭시 스마트폰 구독 서비스도 선보인다. '뉴 갤럭시 AI 구독클럽' 서비스는 갤럭시 스마트폰 구매 고객이 대상으로 ▲기기 반납 시 최대 50% 잔존가 보장 ▲삼성케어플러스 스마트폰 파손+ 제공 ▲모바일 액세서리 할인 등 혜택을 제공한다.

최대 50% 잔존가 보장 혜택은 고객이 12월 간 제품을 사용하고 반납하면 삼성닷컴 기준가의 50%, 24개월 사용 후 반납할 경우 기준가의 40%의 보장 혜택을 준다. 또 제품 보장 기준을 완화해 전원 미작동, 외관상 파곤, 계정 미삭제를 제외하면 흠집이 있는 경우에도 단말기 반납이 가능하다.

'뉴 갤럭시 AI 구독클럽' 서비스 가입 대상은 올해 새롭게 공개하는 갤럭시 S 시리즈부터다. 가입 기간은 12개월, 24개월 중 선택 가능하고 월 구독료는 5900원이다.

◇ LG전자, 가전 구독 품목 늘리고 해외 시장 노린다

LG전자는 가전 구매 방식이 바뀐다는 점을 포착해, 가전 제품을 중심으로 구독 서비스를 제공하고 있다. 특히 2022년부터 대형 가전으로 구독 범위를 넓힌 덕분에 지난해 가전 구독 매출 목표인 1조 8,000억원을 넘겨 2조원 수준의 매출을 기록한 것으로 전해진다.

가전 구독 사업 순항으로 LG전자는 신제품도 구독 방식으로 이용할 수 있도록 출시하고 있다. 21일 출시한 '퓨리케어 오브제컬렉션 AI+ 360° 공기청정기'도 구독으로 사용할 수 있도록 선보였고 오는 24일 출시예정인 안마의자 '아르테 업'도 구독 방식으로 사용할 수 있도록 했다.

가전 구독 사업은 과거 판매 시점에 일회성 매출과 수익이 생기는 제품 중심 사업과는 다르게 판매 이후에도 제품 케어 서비스 등을 제공해 고객과 관계를 이어가고 지속적인 수익을 창출할 수 있는 것이 특징이다.

LG전자는 가전 구독을 통해 전문가가 제품을 정기적으로 관리 해주는 케어 서비스와 구독 기간 내 무상보증 등 다양한 서비스를 차별점으로 내세우고 있다. 또 일시불로 제품을 구매하고 일정 금액을 내고 케어도 가능하도록 구성해 고객의 니즈에 맞췄다.

LG전자는 현재 23종, 300여 개 제품을 구독으로 판매 중이다. 올해는 가전 구독 사업 국가도 확대할 계획이다. 사업 영역을 기존 한국, 말레이시아, 대만에서 태국, 인도 등으로 넓힐 예정이다.

업계 관계자는 "구독 서비스가 일상에서도 늘어나 구독 개념이 익숙해지면서 가전 구매 방식에도 변화가 생겼다"며 "가전은 필수품이고 이사, 출산 등으로 가전을 바꿔야 하는 경우가 생기는데, 구독으로 가전을 사용하면 이런 부분에서 편리하고 케어나 위생 등에 관심이 커지면서 이를 충족할 수 있는 가전 구독에 대한 선호도가 높아졌다"고 말했다.

자료원: 곽유미, 불붙은 삼성 LG전자, 구독 경쟁... 가전 넘어 스마트폰으로 확장, 굿모닝경제, 2025.01.21.

제 1 절 경쟁에 대한 접근 시각

시장에서 기업이 성공하기 위해서는 무엇보다도 고객의 현재뿐만 아니라 미래 욕구에 대한 이해를 토대로 그들에게 독특한 가치를 제공해야 한다. 그러나 여기에는 한 가지 중요한 점이 전제되어 있다. 이는 바로 기업의 모든 노력이 경쟁자에 비해 더 효과적이어야만 한다는 것이다. 오늘의 치열한 경쟁환경 속에서 동일한 고객욕구를 충족시키고자 하는 기업은 수없이 많이 존재한다. 따라서 우리는 언제나 경쟁자보다 더 높은 가치와 더불어 만족을 고객에게 제공해야 하며, 이를 통해 고객을 확보 및 유지해야 한다. 또한 기업의 시장환경을 구성하는 요소 가운데 경쟁자의 행동은 기업에게 가장 직접적이면서도 즉각적인 영향을 미치므로, 이러한 관점에서 볼 때 마케팅전략은 항상 경쟁적 마케팅전략(competitive marketing strategy)을 취해야 한다.

따라서 효과적인 마케팅전략을 수립하기 위해서는 경쟁자를 이해하는 것이 필수적이라고 할 수 있으며, 기업은 자사의 제품 및 가격, 유통, 촉진 등의 전략을 경쟁자와 지속적으로 비교함으로써 자신의 경쟁우위(competitive advantage) 및 상대적 약점을 인지하고 있어야 한다. 이를 토대로 기업은 경쟁자에 대한 보다 정확한 공격전략을 수립하거나 그들의 공격에 대해 보다 효과적으로 대응할 수 있게 되는 것이다.

그러나 경쟁의 순기능이 존재한다는 사실 또한 간과해서는 안 된다. 구체적으로 경쟁은 다음과 같은 두 가지 차원에서 기업의 성과를 향상시킬 수 있다. 첫째, 경쟁은 흔히 전체산업수요를 확대시키거나 또는 이러한 수요확대에 따르는 마케팅비용을 관련 회사들 간에 공유하게 해줌으로써 개별기업의 단위당 평균 마케팅비용을 절감시켜주는 효과가 있다. 예를 들어 아모레퍼시픽은 기존의 화장품 소매유통 환경에서 벗어나 업계 최초로 자신만의 화장품 유통브랜드인 아리따움(ARITAUM)을 런칭했다. 이는 아모레퍼시픽의 제품들을 한 곳에 모아서 판매하는 곳으로, 아모레퍼시픽이 직접 유통과 제품 및 점포 관리를 하고 있다. 이를 계기로 국내 화장품 업체들은 모두 자신만의 점포를 내세워 유통을 시작하게 되었고, 이로 인해 전체적인 화장품시장이 폭발적인 성장을 이룸과 동시에 한국 화장품의 인기가 전 세계로 퍼져 나가게 되었다. 둘째, 기업은 경쟁자의 마케팅 노력에 대한 시장의 반응을 관찰하고 분석함으로써 중요한 정보를 얻을 수 있다. 즉 경쟁자의 마케팅활동과 그 효과를 벤치마킹(benchmarking)함으로써 마케팅노력의 비효율성을 사전에 예방하고 보다 효과적인 마케팅전략을 수립할 수 있게 되는 것이다.

경쟁상황을 단순히 폐쇄적인 제로섬 게임(zero-sum game)으로만 인식하기보다는 시장과 경쟁 그리고 자사가 서로 유기적인 영향을 미치고 있는 동태적인 개방체계로 보는 것이 바람직하다. 따라서 장기적으로 기업이 효과적인 경쟁관리를 하기 위해서는 경쟁자지향적이기보다는 고객지향적인 차원에서 고객의 욕구변화를 미리 탐지하고 이를 주도적으로 충족시켜 나가야 하며, 이러한 맥락 안에서 경쟁상황을 이해해야 하는 것이다.

본 장에서는 경쟁을 효과적으로 관리하고 기업에게 최대한의 경쟁우위를 제공하는 마케팅전략을 수립하기 위한 방법에 대해 알아보기로 한다. 그 첫 단계로 경쟁자와 경쟁환경에 대한 분석방법을 소개하고 그 다음에는 여러 가지 경쟁상황에 적합한 경쟁적 마케팅전략 유형들에 대해 살펴보도록 한다.

제2절 경쟁자와 경쟁환경의 분석

기업이 경쟁환경분석을 하는 이유는 우선 포지셔닝의 차별화나 혁신적인 아이디어 등과 같이 경쟁우위의 바탕이 되는 마케팅전략 요소들에 대해 학습함으로써 새로운 시장기회를 포착할 수 있기 때문이다. 또한 경쟁환경분석을 토대로 기업이 처해 있는 경쟁상황에 맞는 효과적인 대응전략을 세워나갈 수 있게 된다. 이에 본 절에서는 먼저 시장과 경쟁상황에 대한 학습을 위한 경쟁분석방법에 대해 서술하고 그 후 여러 경쟁상황하에서의 대응전략에 대해 알아보고자 한다.

단편사례

카드사들의 '맞춤형 마케팅' 경쟁

국내 카드사가 디지털 혁신에 나서고 있다. 결제부터 금융 거래는 물론 쇼핑, 재테크, 문화 등의 다양한 정보를 하나의 앱에 집중하는 슈퍼앱 경쟁도 본격적으로 막이 올랐다. 고객의 결제 데이터를 분석해 개인별 취향에 맞는 소비 정보를 제공하는 등 고객 맞춤형 서비스를 출시하거나 대체불가능토큰(NFT)과 같은 새로운 영역의 기술을 접목한 서비스도 선보였다. 국내 카드사는 디지털 혁신 경쟁에서 살아남기 위해 사활을 걸고 있다.

슈퍼앱 경쟁 돌입한 카드사

금융권의 디지털 화두 가운데 하나는 슈퍼앱이다. 금융권 내 슈퍼앱은 결제와 금융 거래를 포함해 일상생활에 필요한 서비스를 하나로 처리할 수 있는 종합 금융 플랫폼을 말한다.

신한카드는 '신한 SOL페이(신한쏠페이)'를 '넘버원 생활 금융 플랫폼'으로 키우고 있다. 현재 신한카드는 모든 모바일 기기와 가맹점을 100% 커버하는 디지털 결제 라인업을 제공하고 있다. 쏠페이는 본연의 기능인 결제·금융 서비스를 고도화했을 뿐만 아니라, 고객 이용 편의성을 고려해 타임라인 및 마이페이지의 UI/UX를 구성했다. 오프라인 간편결제 시 스마트폰으로 터치하는 방식의 '터치결제' 기능은 안드로이드 폰뿐 아니라 아이폰 사용자도 이용이 가능하다. 신한카드는 아이폰 사용자를 위해 카드지갑 형태의 전용 케이스인 '월렛'을 따로 개발했다.

삼성카드는 삼성금융네트웍스의 통합 플랫폼 '모니모'에 힘을 주고 있다. 삼성생명, 삼성화재, 삼성카드, 삼성증권 등 삼성금융 관계사의 주요 서비스와 아침 기상 미션 및 부동산, 재테크, 건강 등 18개 관심 분야 콘텐츠 등을 제공하면서 고객의 호응을 얻고 있다. 지난달에는 모니모에서 삼성카드, 모니머니를 사용해 온·오프라인 결제를 할 수 있는 서비스인 '모니모페이'도 선보이면서 '페이 경쟁'에도 뛰어들었다.

KB국민카드는 KB금융그룹의 종합 금융 플랫폼 'KB페이'를 앞세우고 있다. KB페이 앱 하나로 온·오프라인 가맹점에서 결제가 가능하다. 모바일 학생증과 오픈뱅킹, KB증권 등과 연계한 투자서비스, 국민비서 알림 서비스 등 금융·비금융 서비스를 강화하기도 했다. 지난 4월 KB페이 가입 고객은 1200만명을 넘어섰다. 지난해 10월 시작한 쇼핑·여행 서비스의 고객도 지난달 400만명을 돌파하기도 했다.

신기술로 고객 서비스 강화

롯데카드는 '디지로카' 앱에 고객의 관심을 반영해 소비 생활을 돕는 서비스를 탑재했다. 예컨대 지난 5월 앱에 추가한 '발견' 탭은 고객 취향에 맞춘 상품과 콘텐츠, 혜택 등을 제공한다. 롯데카드는 발견 탭을 통해 여행·재테크·교육·가전·웰니스·오토·디지털·펫·럭셔리·골프 등 총 10개 영역에서 개인화된 큐레이션 서비스를 제공하고 있다. 앱 커머스 서비스 '환승프로젝트'와 '띵샵' 판매 상품, 기획전, 이벤트 등도 연관도에 따라 고객에게 추천해준다.

카드사 경쟁 사례

현대카드는 블록체인 기술을 활용한 새로운 서비스를 고객에게 선보였다. NFT 티켓이 대표적이다. NFT는 원본성과 고유성을 증명하는 방식인 블록체인 기술이 적용돼 있어 티켓에 NFT 기술을 적용하면 양도나 암표 판매가 불가능하다. 문화 사업에 집중하는 현대카드는 다음 달 27일부터 열리는 '2024 현대카드 다빈치모텔' 행사의 티켓 전량을 NFT로 발행하기로 했다. 여기에 행사에 참여한 모든 관객에게 제공되는 한정판 티셔츠에 NFC 기능을 적용해 다양한 혜택이 있는 NFT 쿠폰을 제공할 예정이다.

자료원: 조미현, 결제 쇼핑 등 모든 금융거래, 슈퍼앱 하나로 원스톱 처리... 디지털 혁신 경쟁 불붙었다,한국경제, 2024.08.21.

1 경쟁환경분석의 틀

경쟁환경은 우선 시장에서의 기업의 성과를 결정해 주는 본질적인 과업의 관점에서 파악되어야 한다. 일반적으로 기업의 마케팅선과는 소비자의 욕구를 만족시키는 자사제품의 개념을 얼마나 효과적으로 전달하느냐(개념전달활동)와 표적시장과의 거래를 원활하게 하기 위하여 필요한 자원을 얼마나 소유하고 있으며 이를 얼마나 효과적으로 활용하고 있는가(구매전환)에 달려 있다. 이러한 두 가지 과업의 어떤 측면에서라도 우리와 유사한 성격을 가지고 있는 기업은 모두가 경쟁자로서 정의될 수 있다. 그러므로 이들 두 활동에 있어 기업들 간의 유사점을 검토해 봄으로써 경쟁이 이루어지고 있는 기반을 파악할 수 있다.

개념전달활동 차원에서의 경쟁여부를 파악하기 위해서는 소비자들이 인식하고 있는 제품 간의 유사성을 확인해야 한다. 이는 소비자의 지각을 조사하거나 그들의 구매행동(예컨대, 어떠한 제품들을 서로 대체하여 구매하는지)을 분석함으로써 파악될 수 있다.

구매전환에서 경쟁의 기반을 진단하는 데에는 거래를 원활하게 하기 위해 필요한 자원을 얼마나 소유하고 있고, 또한 이것을 얼마나 효과적으로 활용하고 있는가 하는 것을 파악해야 한다. 이러한 자원에는 기능적·전환적·거래적 자원이 있는데, **기능적 자원**(functional resources)은 제품을 만들어 내기 위해 필요한 기본적인 투입물로서 원재료, 이용가능한 재무자원, 경영자질 등이 있다. **전환적 자원**(transformational resources)은 기본적인 투입물을 완성된 제품으로 변환시키는 것으로서 생산기술, 공정개선능력, 숙련된 노동의 사용, 이용가능한 생산설비 등을 의미한다. **거래적 자원**(transactional resources)은 교환을 원활히 하는 데 직접적으로 사용되는 것으로서 유통경로나 판촉전략이 여기에 속한다.

이상에서와 같은 두 가지 경쟁기반(제품개념과 운영자원)의 유사성을 기준으로 경쟁의 범위를 규명할 수 있는데, 이를 통해 잠재적 경쟁자에서부터 실제적 경쟁자에 이르기까지 하나의 연속선상에서 기업들을 분류할 수 있게 된다.

구체적으로 <그림 12-1>은 경쟁자 유형 네 가지를 나타내고 있으며, 각각의 경쟁 유형은 실제적 및 잠재적 경쟁의 범위를 나타내고 있다. Ⅱ집단과 Ⅲ집단에 속해 있는 기업에 비해 Ⅰ집단에 있는 기업들은 상대적으로 거리가 먼 잠재적 경쟁자라고 볼 수 있다. Ⅰ집단의 기업은 소비자의 욕구를 충족시키는 능력과 경쟁을 하는데 활용되는 구매전환활동자원 모두가 다르므로 거리가 먼 잠재경쟁자로 인식될 수 있다. Ⅱ집단에 분류되어 있는 기업들은 개념전달활동의

기능적 자원
제품을 만들어 내기 위해 필요한 기본적인 투입물

전환적 자원
기본적인 투입물을 완성된 제품으로 변환시키는 것

거래적 자원
교환을 원활히 하는 데 직접적으로 사용되는 것

그림 12-1 경쟁환경을 진단하기

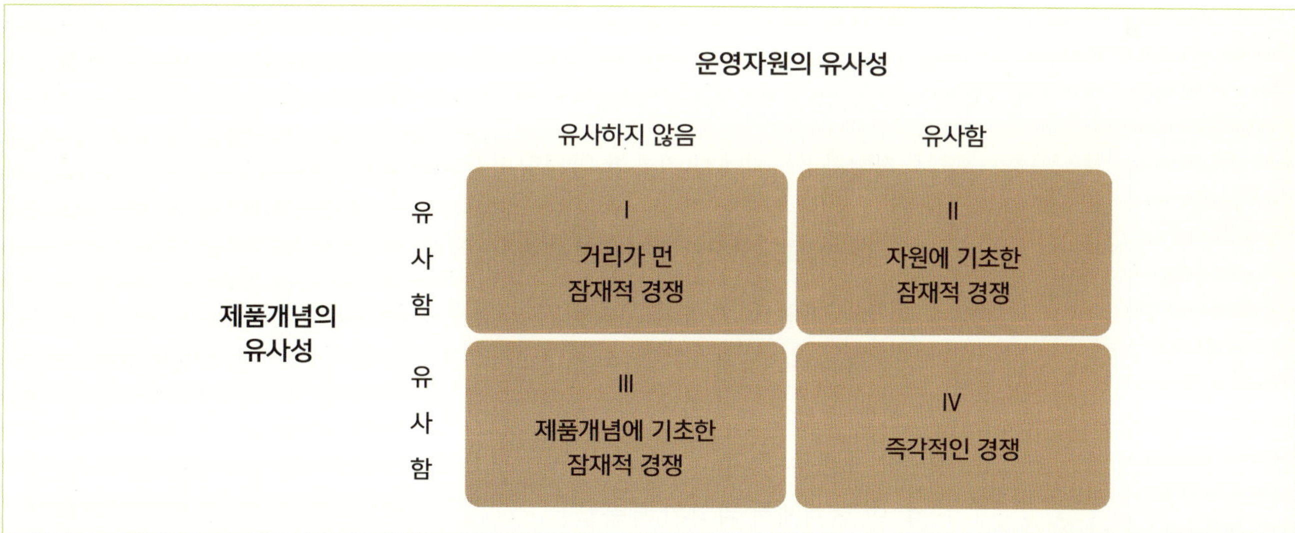

자료원: Park, C. Whan and Daniel C, Smith(1990), "Product Class Competition as Sources of Innovative Marketing Strategy." *The Journal of Consumer Marketing*, vol. 7, 2(Spring), pp. 27–38.

관점에서는 자사와 무관해 보이지만 이 기업들은 해당시장에 진입하는데 필요한 구매전환활동자원을 소유하고 있으므로 자원을 기반으로 한 잠재적 경쟁이 된다. Ⅲ집단의 기업들은 개념전달활동에 기반을 두 잠재적 경쟁자들이다. 즉 이들은 대안적인 제품을 통해서 자사가 대상으로 하고 있는 소비자들의 욕구를 충족시키고 있는 것이다. 그러나 이들 기업이 시장에 본격적으로 진입하기 위해서는 구매전환활동자원을 조정해야만 한다. 마지막으로 Ⅳ집단이 가장 직접적인 형태의 경쟁자를 나타내는데 같은 제품군 내의 경쟁 브랜드가 여기에 속한다.

결론적으로 <그림 12-1>에 나타나는 4개의 집단에 속해 있는 기업들은 관련기업과 유사성 정도가 모두 다르기는 하지만 이들은 모두 관련기업에 대한 잠재적·실제적 경쟁자가 된다.

2 경쟁환경의 분석과정

위에서 소개한 개념적 틀을 이용하여 경쟁환경을 분석하는 데는 다음과 같은 과정을 거치게 된다.

① 경쟁적인 제품군의 확인: 자사제품과 개념이 유사하거나 유사한 운영자원을 이용하는 대안제품군을 규명

② 경쟁제품(대안)을 제공하는 기업의 파악: 상기의 제품들을 제공하는 기업의 파악

③ 경쟁환경의 분석: 개념전달활동과 운영활동차원에서 자사제품과 경쟁제품과의 위상 비교분석

④ 경쟁환경분석에서 기초한 마케팅전략의 개발

(1) 경쟁(대안)적인 제품군의 확인

자사제품의 개념과 유사하거나 자사제품의 운영자원과 유사한 것을 이용하는 제품부류들을 파악하여야 한다. 먼저 전자의 경우, 즉 자사제품의 개념과 유사한 것으로 소비자가 인식하고 있는 제품들을 파악하기 위해서는 세 가지 종류의 제품유사성을 측정해야 한다: 지각적 유사성, 기능적 유사성, 개념적 유사성. 이 단계에서 파악된 제품들은 <표 12-1>의 예시와 같은 양식에 기록되어진다.

제품유사성 측정

- 지각적 유사성
- 기능적 유사성
- 개념적 유사성

우선 동일한 욕구를 충족하지는 않지만 제품특성을 공유하는 정도에 기반

을 두고 제품을 군집화하는 것을 '지각적 유사성(perceptual similarity)'에 근거한 분류라고 한다. 예컨대 예초기(잔디 깎는 기계)와 오토바이의 경우, 크기 등과 같은 물리적 특성이 비슷하고 소형 가솔린 엔진과 같은 동일한 부품을 사용하며, 차고와 같이 동일한 곳에 보관하기 때문에 소비자들에게는 유사한 것으로 지각될 수 있다. 이러한 지각적 유사성은 소비자들에게 제품의 물리적 특성 등을 제시함으로써 측정될 수 있다. 예컨대 예초기에 대해서는 패널집단에게 '소형 가솔린 엔진을 사용하는 제품' 또는 '예초기와 같은 곳에 보관하는 제품' 등의 단서를 제공하여 그와 관련된 모든 제품들의 목록(예컨대, 체인 톱이나 오토바이 등)을 나열하도록 요구함으로써 대안적인 제품들을 확인해 볼 수 있을 것이다.

기능적 역할이 유사한 제품군을 규명하기 위해서 조사자는 우선 기업이 만족시키고자 하는 특정요구를 확인해야 한다. 그 이후 사용자집단에게 해당 욕구를 충족시켜 주는 제품을 가능한 한 많이 제시하도록 요구한다. 예컨대, 어떤 기업이 골프장이나 공원 등에서 사용되는 것이 아니라 개인가정에서 사용되는 예초기를 표적시장으로 삼고 있다고 하자. 이 경우 소비자 집단에게 '당신 정원의 잔디를 깎는 제품'에 대한 질문을 하고 가능한 한 많은 제품(예컨대 풀 베는 기계, 잔디 깎는 가위 등)의 이름을 제시하도록 요구하게 된다.

관련상품과 유사한 개념적 단서를 지닌 제품들을 확인하기 위해서는 그 제품의 기능적 편익에 관련된 상위차원의 욕구(high-order needs)에 대한 정의가 필요하다. 이 작업이 끝난 후 소비자들에게 그 제품이 제공하는 기능적 욕구(즉 제품을 사용함으로써 얻어지는 직접적이고 특정한 편익)를 제시하고, 그러한 특정욕구가 어떻게 충족될 수 있는가에 대해 질문을 한다. 예컨대 예초기가 제공하는 기능적 편익은 정원의 '잔디를 깎는 것'이다. 이 경우 '당신은 왜 정원의 잔디를 깎습니까?'라는 질문을 하면, 응답자들은 '집안의 전경을 보다 아름답게 하기 위해서'와 같이 좀 더 추상적이고 높은 수준의 편익을 제시한다. 그리고 난 후 높은 수준의 욕구와 관련된 모든 제품(예컨대 연료, 자동 물뿌리개, 잔디 보호 서비스 등)을 제시하도록 하여 파악할 수 있다.

경쟁분석을 위해 관련된 제품을 파악하기 위해서는 제품개념의 유사성과 함께 운영자원의 유사성도 검토되어야 한다. 이는 거래를 원활하게 하기 위해 자사가 사용하는 기능적·전환적·거래적 자원과 유사한 자원을 사용하는 제품군을 규명하는 것이다. 이를 위해 자사제품에 있어 어떠한 기능적·전환적·거래적 자원이 중요한 것인지를 구체화시키고, 각 자원의 형태에 따라 유사성이 큰 제품들

표 12-1 경쟁적인 제품군을 규명하기 위한 기록양식

Toro 잔디깎기 기계에 대한 원천적인 유사성	제품형태	제조회사	자원 유사성			Total
			R1	R1	R1	
유사한 물리적 형태	오토바이	Honda	7	7	5	19
		Harley-Davidson	7	5	3	15
		Yamaha	5	7	5	17
		Kawasaki	8	7	5	20
	해외자동차	Johnson	5	5	2	12
		Mercury	5	4	2	11
		Evenrude	7	6	3	16
	잡초제거제	Black & Decker	4	8	9	21
유사한 기능 욕구에 대한 만족	제초기	Snapper	10	10	7	27
		Lawn-Boy	10	10	9	29
		Jacobsen	10	10	6	26
	전동톱	Stihi	8	8	6	22
		McCulloch	8	7	9	24
		Homelife	8	7	9	24
		Poulan	8	6	8	22
유사한 고도욕구에 대한 만족	비료	Soolts	2	1	8	11
		Miracle-Gro	2	2	8	12
		Agrico	3	2	8	13
	울타리 정원사	Black & Decker	4	8	9	21

* 자원은 1점에서 10점의 척도로 측정되었으며, 1점은 그 기업이 특정한 자원을 소유하지 않은 것을 나타내며 10점은 관련기업과 동일 수준의 자원을 소유하고 있는 것을 나타낸다.
  R1=기능적인 자원
  R2=전환적인 자원
  R3=거래적인 자원

자료원: Park, C. Whan and Daniel C. Smith(1990). "Product Class Competition as Sources of Innovative Marketing Strategy." *The Journal of Consumer Marketing*, vol. 7, 2(Spring), pp. 27-38.

을 간단한 비율평가와 함께 브레인스토밍을 통해 밝혀낸다. 이에 대한 보다 구체적인 설명은 다음 단계의 자원유사성지표와 연계되어 제시된다(<표 12-1> 참조).

상기 분석의 목적은 자사의 제품과 관련이 있는 어떠한 제품도 경쟁분석에

서 간과하지 않기 위해서다. 다시 말해서 자사의 제품개념과 운영자원이 유사한 제품들의 집합을 밝혀냄으로써 어떤 제품도 경쟁분석에서 빠뜨리게 되는 오류를 피할 수 있다.

(2) 경쟁제품(대안)을 제공하는 기업의 파악

일단 관련된 제품군에 대한 확인이 되었으면, 현재 이러한 제품을 생산하고 있거나 앞으로 생산할 가능성이 있는 기업을 파악해야 한다. 여기에는 두 집단의 소비자 패널이 필요하다. 따라서 우선 이미 파악해 놓은 일련의 제품들을 첫 번째 소비자 패널집단에 제시하고, 각 제품을 생산하고 있거나 생산할 수 있다고 생각되는 기업들을 말해 줄 것을 요구한다. 여기서 기업들의 목록이 만들어지면 두 번째 소비자 패널집단에게 기업목록과 관련제품들을 알려 주고, 이 제품들에 대하여 특정시장에서 경쟁을 할 수 있는 기업들을 제시된 목록으로부터 찾아보도록 요구하는 것인데, 그 범위는 해당기업에게 가장 관련이 크다고 생각되는 기업으로 한정시킨다. 그러나 소비자 패널들은 시장에서 실제로 경쟁할 수 있는 많은 기업들을 간과할 수도 있다. 따라서 이러한 오류를 방지하기 위해서는 경영자 스스로가 자신의 정보를 이용하여 누락된 경쟁기업이 없도록 소비자들이 만들어낸 기업목록을 보완하는 것이 중요하다.

(3) 경쟁환경의 분석

이 단계에서는 자사제품의 실제적인 혹은 잠재적인 경쟁자들이 어떠한 차원에서 어떻게 위치되어 있는지를 보다 명확히 밝혀 내는 것이다. 이를 통해 경쟁의 구조를 파악하고 새로운 마케팅전략 개발의 방향을 설정하게 된다.

1) 개념전달차원에서의 경쟁상황분석

타깃시장의 욕구를 충족시키는 능력 면에서 앞에서 만들어진 목록에 포함된 각 기업들이 자사와 얼마나 유사한가를 분석해야 한다. 앞의 두 단계에서는 상대적으로 적은 수의 소비자들을 이용하였으나, 이 단계에서는 많은 수의 표본이 필요하게 된다. 여기서 응답자들은 지각적·기능적·개념적 유사성의 측면에서 기업들을 포지셔닝하게 된다.

이 작업에는 여러 가지 척도가 사용될 수 있는데, 지각적 유사성에 대해서는 제품형태의 유사성, 보관장소의 유사성, 점포 내 진열위치의 유사성 등을 나타내는 척도가 사용될 수 있다. 소비자들은 이러한 척도를 이용하여 해당기업의 제품과 다른 기업 제품들 간의 유사성을 평가하게 되는 것이다. 기능적 유사성을 측정하기 위해서는 소비자들로 하여금 동일한 기능적 욕구를 충족시키는 제품을 각 기업이 어느 정도 제공할 수 있는가를 평가하도록 한다. 또한 보다 높은 수준의 욕구를 만족시켜 주는 제품을 제공할 수 있는 각 기업의 능력을 평가하도록 한다. 마지막으로 각 기업에 대해 자사의 제품과 유사한 제품을 제공할 수 있는 능력을 평가하게 함으로써 개념적 유사성을 측정하게 된다.

이와 같은 세 가지 유사성 측정 척도에 대해서 응답을 한 후, 응답자들은 관련기업과 다른 기업간의 전체적인 유사성에 대해서도 평가를 한다.

2) 구매전환활동차원에서의 경쟁상황 분석

다음 단계로는 시장에서 경쟁하는데 필요한 구매전환활동자원을 소유한 정도에 따라 각 기업들을 포지셔닝하여야 한다. 개념전달차원에서는 기업들의 포지셔닝이 주로 소비자들에 의해 이루어졌으나, 구매전환활동차원에서의 포지셔닝은 경영자의 판단에 의해 이루어진다. 이 과정에서는 자원유사성지표(IRS: Index of Resource Similarity)를 개발하는 것이 중요한데, IRS는 세 가지 유형의 구매전환활동자원(기능적, 전환적, 거래적 자원)을 경쟁기업들이 소유하고 있거나 소유할 수 있다고 판단되는 정도를 가중평균한 값이다. IRS는 다음과 같은 3단계를 통해 만들어진다.

① 개별자원으로의 분리: IRS 작성의 첫 번째 작업은 구매전환활동자원을 <표 12-2>에 설명한 것처럼 개별 부분으로 나누는 것이다. 예초기를 예로 든다면, 기능적 자원으로는 알루미늄이나 소형엔진이 이용가능성, 전환적 자원으로는 생산능력, 거래적 자원으로는 판매원이나 딜러 망 등이 고려될 수 있을 것이다.

② 자원의 이용가능성: 다음으로는 이 경쟁기업들이 앞에서 분석된 자원들을 얼마나 소유하고 있고, 얼마나 용이하게 이용할 수 있는가를 평가해야 한다. 이를 측정하기 위한 방법으로 특정 자원을 소유하고 있지 못하고 이용할 가능성도 거의 없는 경우에 1을 주고, 충분히 자원을 공급받고 있는 경우에는 10을 부여하고 난 후, 각 자원의 상대적인 중요성을 나타내는 가중치를 이용하여 가중계산한다. 가중계산된 각 자원에 대한 값들이 합해지면 경쟁자들이 각

표 12-2 자원유사성지표(IRS)의 계산

기능적 자원			전환적 자원			거래적 자원		
자원	가중치	이용가능성	자원	가중치	이용가능성	자원	가중치	이용가능성
FR 1	.1	7	TR 1	.1	5	TR′1	.1	9
FR 2	.3	4	TR 2	.2	2	TR′2	.1	2
FR 3	.6	9	TR 3	.3	6	TR′3	.2	9
		7.3	TR 4	.4	9	TR′4	.6	3
					6.3			4.7

자원	가중치	이용가능성
기능적(FR)	.2	7.3
전환적(TR)	.2	6.3
거래적(TR′)	.6	4.7
AOR′		5.5

▶ IRS=경쟁자의 AOR/자사의 AOR
IRS: 경쟁자 A=5.5/10.0=0.55

구매전환활동자원을 어느 정도 소유하고 있는가를 평가할 수 있게 된다. 전체적인 자원이용가능성(AOR: Availability of Operating Resources)은 세 가지 유형의 자원에 대한 가중평균값을 계산함으로써 얻을 수 있다. 여기에 사용되는 가중치는 특정산업에서 성공하는데 필요한 각 자원유형의 상대적인 중요성에 대한 경영자의 판단에 기반을 두고 있다.

③ 자원유사성지표(IRS)의 계산: IRS는 AOR에 의해 구해진 특정 경쟁회사의 관련 자원소유 정도와 자사의 자원소유 정도의 비율이다. 자사는 연구하고자 하는 시장에서 이미 활동을 하고 있으므로 AOR 값은 10점을 받는다. 여기에서 IRS 값이 10에 가까울수록 경쟁기업과 자사와의 유사성은 크다는 사실을 알 수 있다.

3) 개념전달활동과 구매전환활동 차원에서의 종합적 위상 정립

특정제품에 대한 기업의 경쟁환경을 최종적으로 도식화하면 <그림 12-2>와 같은데, 이 예는 미국 토로(Toro)사의 예초기를 대상제품으로 이용한 것이다. 그림을 이용하여 직접적인 경쟁자뿐만 아니라 잠재적인 경쟁자도 파악할 수 있다. 토로사의 제품은 Lawn-Boy나 Snapper와 같이 유사한 기능적 제품 개념(즉 가정용 고급 예초기)을 제공하는 제조업체와 직접적인 경쟁을 하고 있다.

그림 12-2 Toro사가 직면하고 있는 경쟁적 환경에 대한 진단적 틀의 적용

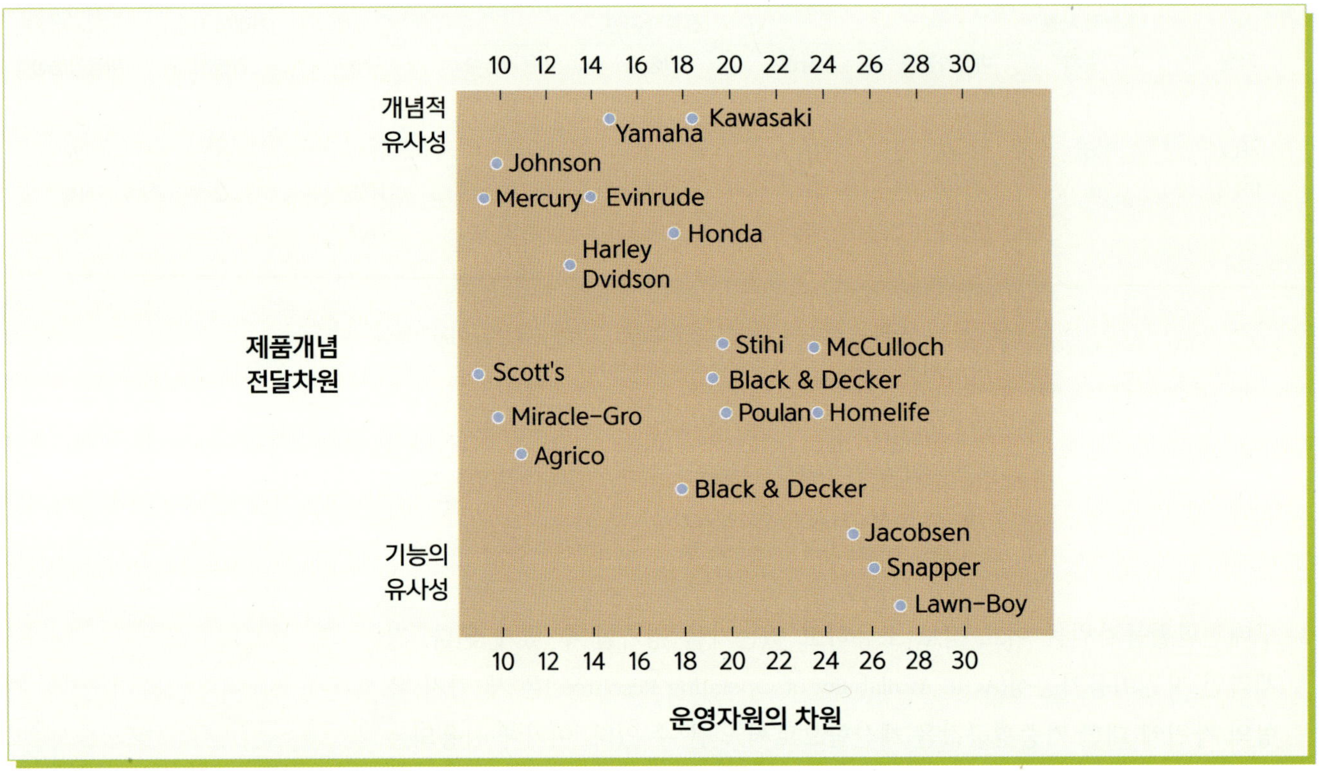

자료원: Park, C. Whan and Daniel C, Smith(1990), "Product Class Competition as Sources of Innovative Marketing Strategy." *The Journal of Consumer Marketing*, vol. 7, 2(Spring), pp. 27–38.

그리고 Jacobsen과 같이 약간 다른 제품개념(즉 전문가용 대 가정용)을 제공하거나 서로 다른 구매전환활동자원(예를 들면, 인적판매 대 전문점)을 이용하는 기업과는 간접적인 경쟁을 하고 있다.

토로제품은 '집안의 잔디관리'라는 약간 추상적인 욕구를 만족시키는 제품들과도 경쟁을 하고 있지만(예컨대 Scotts의 비료) 운영자원에 있어서는 어느 정도 차이를 보이고 있다. 마찬가지로 Homelite, Stihi의 전동 톱 그리고 Black & Decker의 잡초제거기는 제품의 물리적 속성(예컨대 경량의 가솔린엔진)이라는 측면에서 경쟁자로 나타나고 있다. Honda, Kawasaki, Evinrude, Mercury와 같은 기업들도 소형 가솔린엔진을 사용하고, 보관하는 곳이 동일하다는 측면에서 볼 때 소비자들에게 비슷하게 인식될 수 있는 제품을 제공하고 있다. 그러나 이 예에서 Honda와 Kawasaki는 다른 구매전환활동자원(예컨대 인적판매 대 전문점)을

사용하기 때문에 Evinrude, Mercury와는 차이가 있다.

(4) 경쟁환경분석에 기초한 마케팅전략의 개발

실제적, 잠재적 경쟁자들이 모두 경쟁의 대상이 될 수 있지만 이들 기업에 모두 똑같은 관심을 두어야 하는 것은 아니다. 어떤 경쟁기업에게 더 많은 관심을 둘 것인가는 두 가지 경쟁기반에 대한 경쟁기업들의 독특한 강점과 이것이 자사에 미치는 영향에 대한 경영자의 판단에 달려 있다.

비록 기업의 관심이 실제적 경쟁자들(Ⅳ집단)에 쏠리는 것이 일반적이지만, 그 외의 다른 기업들도 혁신적인 마케팅프로그램 개발을 위한 새로운 아이디어 발견의 원천으로 사용할 수 있다. 물론 실제적 경쟁자는 경쟁적으로 유사한 기업을 의미하므로, 경쟁우위를 확보하는데 있어서 중요한 대상이 되지만 장기적으로 보면 잠재적인 경쟁자를 확인하고 분석하는 것이 중요하다. 잠재적 경쟁자에 대해 검토함으로써 얻을 수 있는 이점은 다음과 같이 크게 두 가지가 있다. 첫째 기업이 가지고 있는 마케팅 관습으로부터 탈피하여 새로운 마케팅 전략을 찾을 수 있는 계기를 제공해 줄 수 있다. 둘째 기업이 새롭게 진입할 수 있는 잠재시장을 알려줌으로써 새로운 시장진입의 기회를 포착할 수 있다.

지각적, 개념적으로 관련기업과 유사한 기업들을 검토함으로써 혁신적인 포지셔닝 기회를 발견할 수 있다. 예컨대 토로사는 Honda가 '가볍다'는 특성에 기반을 둔 유사한 제품을 만들어 내는 회사라고 소비자들에게 인식되고 있음을 알아낼 수 있다. 이러한 특성은 예초기 시장에 있어 잠재적인 것이지만 자사를 기존 경쟁기업들과 차별화시키는데 유용한 기반을 제시해 줄 수 있고, 그러한 특성을 지닌 기업이 새로이 시장에 진입할 경우에 대비할 수 있게 해 준다.

구매전환활동과업을 분석하는 것에 의해서도 혁신적인 아이디어를 얻을 수 있다. 예컨대 유사한 거래적 자원을 사용하는 기업들을 체계적으로 분석해 봄으로써 경로관계관리, 매체조정, 판매원관리 등을 더 잘 할 수 있는 방법을 찾아낼 수 있다. Quaker State가 자동차 오일을 강철캔 대신 플라스틱으로 포장한 것이나, Heinz가 플라스틱 케첩 용기를 도입한 것, 또는 Hanes가 팬티스타킹을 슈퍼마켓을 통해 판매한 것 등은 모두 유사한 운영활동 특성을 지닌 산업에서 사용되는 전략에 기반을 두고 혁신적인 마케팅 프로그램을 개발해 낸 예이다.

마찬가지로 유사한 기능적·전환적 자원을 사용하는 기업들에 대해서 조사를 해 봄으로써, 대안적인 원재료원을 발견하거나 공급자와의 관계를 더 잘 관리할 수 있는 방안들을 발견해 낼 수 있다. 또한 유사한 고객욕구를 충족시키는 기업(즉 개념적으로 유사한 기업)의 경험으로부터도 새로운 포지셔닝의 기반을 발견해 낼 수 있으며 이를 토대로 관련시장으로 진입이 용이해질 수도 있다. 예컨대 '잔디보호'라는 욕구의 만족이라는 관점에서 소비자들이 Scott(비료)나 Rain Bird(물 뿌리는 기계)를 예초기와 유사하다고 인식하는 것은 토로사가 그러한 시장에 잠재적으로 진입할 수 있다는 것을 시사해 주는 것이다. 토로사의 제품을 '잔디보호'라는 측면에서 광범위하게 포지셔닝하면 이후에 이러한 시장에 진입하기가 용이해지기 때문이다.

실제로 부엌가구 업체였던 한샘이 기능성 가구에 대한 전문성을 토대로 일반가구 시장으로 진입하는데 성공하였으며, Johnson & Johnson사는 유아용품 시장에서 '어린이들의 복지와 관련된 기업'이라고 자사를 포지셔닝 시켜왔다. 이러한 개념과 관련된 암시를 사용함으로써 '어린이들의 교육용 장난감'이라는 개념적으로 관련된 시장으로 진입하는 데 성공했다.

사진 12-1 혼다의 잔디깎기 기계

핵심사례 11-1 | 소셜커머스, 택배 서비스 경쟁

주말·공휴일에도 '로켓배송'을 앞세워 우위를 이어온 쿠팡의 독주를 견제하기 위해 CJ대한통운이 정면 승부에 나선다. 연간 약 70일로 추산되던 '택배 휴일'을 사실상 없애고, '주 7일 배송' 체제를 본격 가동하겠다는 계획이다. 이는 급증하는 온라인 쇼핑 수요와 쿠팡이 선점해온 휴일 배송 경쟁력에 대응하기 위한 전략적 선택으로 평가된다.

휴일 사라진다… '주 7일 배송' 본격 시행

2일 업계에 따르면 CJ대한통운은 올해 첫 일요일인 5일부터 '주 7일 배송'을 시작한다. 초기에는 읍·면 등 배송 밀집도가 낮은 지역을 제외하고 서비스를 시행하며, 안정화 이후 전국으로 확대할 방침이다.

소비자는 주말에도 신선식품과 냉장식품을 자유롭게 주문할 수 있으며, 기존보다 최대 1~2일 더 빨리 상품을 받아볼 수 있다. 특히 금·토요일에 주문한 식품이 주말 중에 도착해 신선도 유지가 한층 수월해졌다. 업계 관계자들은 "주말 특가나 할인 행사가 크게 늘어나면서 시장 활성화가 더욱 가속화될 것"이라고 내다보고 있다.

최근 '새벽배송·당일배송' 등으로 전체 배송 속도가 빨라지는 흐름 속에서 CJ대한통운은 휴일 없는 운송망을 운영하며 주말 물량까지 적극 확보하겠다는 방침이다. 자체 물류망 구축이 부담스러운 이커머스 업체로서는 토·일요일을 포함해 모든 요일에 배송이 가능한 CJ대한통운과 협력하는 것이 한층 유리하다는 분석이다.

쿠팡과 본격 물류 경쟁…이커머스 시장 무한 경쟁 시대

업계는 이번 조치를 직매입 로켓배송과 3자물류(3PL)까지 확대하며 독주 체제를 굳혀온 쿠팡을 직접 겨냥한 '정면 승부'로 보고 있다. CJ대한통운은 신세계그룹, 네이버쇼핑, 알리익스프레스 등 주요 e커머스 플랫폼과 협력을 강화하며 일명 '반(反) 쿠팡 연대'의 중심 역할을 해왔다. 특히 지난해 신세계그룹과 협력 체계를 공고히 하면서 G마켓과 SSG닷컴 물량을 대거 유치하는 성과도 거둔 바 있다.

한 업계 관계자는 "이제는 쿠팡뿐 아니라 대부분 이커머스 기업이 휴일 배송을 손쉽게 제공할 수 있게 되면서, 물류 속도 경쟁이 더욱 치열해질 것"이라고 전망했다.

택배기사 근무 환경도 변화…주5일 근무 단계적 적용

주 7일 배송이 본격 도입되면서 택배기사들의 근무 체계에도 변화가 예상된다. CJ대한통운은 기사들의 과로를 막기 위해 순환제로 운영하고, 주 5일 근무제를 단계적으로 확대할 계획이다. 설·추석 등 주요 명절과 일부 공휴일에는 배송을 잠시 중단하며, 휴일 근무 시에는 별도 보상을 제공해 기사들의 부담을 줄이겠다는 방침이다.

또 다른 업계 관계자는 "주 7일 배송이 보편화되면 소비자가 선택할 수 있는 폭이 넓어지고, 이에 따라 자연스러운 경쟁이 이뤄질 것"이라며 "결과적으로는 이커머스 산업 전반의 서비스 수준이 올라갈 것으로 보인다"고 말했다.

자료원: 신경철, '쿠팡과 배송전쟁' 선포한 CJ대한통운, 조세금융신문, 2025.01.02.

제3절 시장위치별 경쟁적 마케팅전략의 수립

각 기업은 경쟁적 전략의 수립에 앞서 먼저, 자사가 선택한 표적시장에서 자사의 위치를 경쟁사와 대비하여 명확히 파악할 필요가 있으며, 나아가 기업은 향후 어떠한 시장위치를 목표로 경쟁할 것인지를 규명해야 한다. 일반적으로 시장위치는 시장선도자, 시장도전자, 시장추종자, 시장적소자로 구분되는데 이것은 표적시장 내에서 기업들이 차지하는 비중이나 경쟁하는 양상 또는 성취하는 목표에 따라 결정되는 것이다.

시장선도자는 표적시상에서 가장 큰 시장점유율을 획득하고 여타 마케팅활동을 통해 다른 경쟁기업들을 선도해 나가는 기업을 말하며, **시장도전자**는 시장점유율을 증대시키기 위해 시장선도자에게 도전하여 적극적인 공격전략을 시도하는 기업을 의미한다. **시장추종자**는 시장선도자의 마케팅믹스나 전략을 그대로 모방하여 큰 위험 없이 기존의 시장점유율을 유지하려고 애쓰는 기업이다. 마지막으로 **시장적소자**는 대규모 기업들이 관심을 기울이지 않는 작은 세분시장이나 틈새시장을 표적시장으로 공략함으로써 대기업과 경쟁은 피하고 그 적소시장에서 선도자가 되고자 노력하는 기업이다. 예를 들어 우리나라의 화장품시장의 경우 시장선도자로서 아모레퍼시픽이 있으며, 시장도전자로는 LG생활건강, 시장추종자로는 한불화장품, 한국화장품 등이 있으며, 시장적소자로는 사임당화장품 등이 있다.

시장선도자
표적시상에서 가장 큰 시장점유율을 획득하고 여타 마케팅활동을 통해 다른 경쟁기업들을 선도해 나가는 기업

시장도전자
시장점유율을 증대시키기 위해 시장선도자에게 도전하여 적극적인 공격전략을 시도하는 기업

시장추종자
시장선도자의 마케팅믹스나 전략을 그대로 모방하여 큰 위험 없이 기존의 시장점유율을 유지하려고 애쓰는 기업

시장적소자
대규모 기업들이 관심을 기울이지 않는 작은 세분시장이나 틈새시장을 표적시장으로 공략함으로써 대기업과 경쟁은 피하고 그 적소시장에서 선도자가 되고자 노력하는 기업

각 기업은 표적시장에서 자사가 누리고 있는 시장지위를 파악하고, 각 기업의 시장위치에 적합한 목표와 경쟁적 마케팅전략을 수립할 수 있어야 한다. 그러므로 이하에서는 표적시장 내 네 가지 시장지위(시장선도자, 시장도전자, 시장추종자, 시장적소자)별 가능한 전략목표와 경쟁적 마케팅전략에 관하여 살펴보고자 한다.

1 시장선도자의 경쟁전략

시장선도자는 표적시장 내 다른 경쟁기업들로부터 항상 도전과 모방의 대상이 되는 모델기업으로, 표적시장 내에서 가장 큰 시장점유율을 가지고 있어서 강력한 시장지배력을 행사하는 기업을 의미한다. 따라서 이들은 보통 가격변화나 신제품 도입, 제품규격 등에서 다른 기업들을 선도하고 있는 것이 특징이다. 또한 시장선도자는 시장지배력이 독보적이기 때문에 안전적인 시장지위를 가질 수 있는 반면, 항상 자신의 위치를 노리는 도전자들의 공격 때문에 방어전략에도 심혈을 기울여야 한다. 또한 시장선도자는 표적시장에서 좀 더 다양한 역할을 담당하게 되는데, 시장추종자들에게는 모방의 대상이 되기도 하며, 시장적소자에게는 회피의 대상이 되기도 한다. 이러한 시장선도브랜드의 예로는 시리얼제품의 켈로그(Kellogg), 면도기제품의 질레트(Gillette), 복사기의 제록스(Xerox), 비누제품의 아이보리(Ivory), 비스켓제품의 나비스코(Nabisco) 등이 있다. 우리나라의 경우에는 서울우유, 박카스, 현대자동차 등이 각 제품군에서 시장선도자로서 지위를 확보하고 있는 상태이다.

시장선도자가 지속적인 시장지배력을 유지하기 위해서는 철저한 방어와 혁신을 게을리 해서는 안 된다. 따라서 시장선도자는 자신의 위치를 유지하기 위하여 첫째, 기존 제품의 전체 시장규모를 확대해야 하며, 둘째, 기존 시장점유율의 유지와 수익성의 증대에 힘써야 한다.

단편사례

유커의 치맥파티, 주류 마케팅 경쟁

평년보다 이른 여름철 무더위가 예상되는 가운데, 주류업계가 공격적인 마케팅 전략으로 경쟁을 뜨겁게 달구고 있다.

28일 업계에 따르면, 신제품 출시부터 리뉴얼 단행, 팝업스토어 운영, 축제·공연 후원, 광고캠페인 전개 등까지 주류업체들이 다양한 전략이 쏟아내며 소비자의 이목을 끌고 있다.

하이트진로는 이달 30일부터 내달 9일까지 부산 영화의전당 야외광장에서 열리는 '켈리와 함께하는 2024 센텀맥주축제'에 특별 후원사로 나설 계획이다. 행사 규모를 지난해 보다 키워 이벤트존, 브랜드존, 포토존 등을 운영해 다양한 브랜드 경험과 먹거리를 제공할 방침이다. 또한, 가수 '이효리'와의 협업을 통해 '일품진로' 브랜드 광고를 선보이고 있다. 진정성을 추구하는 일품진로와 이효리의 이미지가 결합돼 시너지를 창출할 것으로 기대된다.

롯데칠성음료는 '새로 살구' 제품을 론칭을 기해 부산 서면 젊음의 거리에서 내달 9일까지 '새로운 살구 정원' 팝업스토어를 진행한다. 이번 팝업에서 방문객은 살구 정자 360도 포토존 촬영, 살구 드립 포석정에 술잔 띄워 보내기, 전통 간식으로 이뤄진 살구 한상 체험 등 이색 콘텐츠를 경험할 수 있다. 한편, 지난달 출시된 '새로 살구'는 제로슈거 소주 '새로'에 살구 과즙을 추가해 상큼함을 강조한 것이 특징으로 알코올 도수는 12도다. 자사 4세대 맥주 크러시는 브랜드 모델인 아이돌그룹 에스파의 카리나와 두 번째 광고도 송출했다.

배상면주가는 스파클링 복분자술 '빙탄복'의 패키지 디자인을 내놓은 뒤 15년 만에 리뉴얼을 단행했다. 이전에는 제품 전면부에 제품명이 크게 새겨져 있었지만, 이번 리뉴얼로 소비자들이 핵심 원재료인 복분자와 제품의 탄산감을 직관적으로 볼 수 있도록 했다. 맛, 도수, 용량은 기존 제품과 같다. 이번 리뉴얼을 기해 홈술닷컴에서 빙탄복을 최대 24% 할인 판매하는 행사를 연다.

오비맥주는 최근 헬시플레저 트렌드가 부상하면서 논알콜(비알콜), 저도주 마니아를 겨냥하고 있다. 비알코올 음료 '카스 0.0'의 330ml 병 제품을 전국 일반 음식점을 통해 전격 공개했다. 다양한 장소에서 소비자들이 비알코올 음료를 즐길 수 있도록 캔 제품 외에도 외식·유흥 시장용 병 제품을 마련한 것이다. 기존 저칼로리 제품인 '카스 라이트'에 이어 미국 프라미엄 라이트 맥주 '미켈롭 울트라'를 출시하며 저도주 라인업을 확충하고 있다.

국순당은 우리술을 홍보하기 위해 다양한 아트마케팅을 전개하고 있다. 지난 23일에는 국내 유일의 아트페어인 '조형아트서울 2024'에 막걸리를 협찬하기로 결정했다. 아카데미 공식지정 국제영화제인 '부천국제애니메이션페스티벌에도 지난 2011년부터 13년간 협찬사로 이름을 올리고 있다.

화요는 '2024 화요 칵테일 챔피언십'을 개최했다. 해당 행사는 우리술의 우수성을 세계에 전파하고 건강한 음주문화를 조성하기 위해 마련됐다. 지난 2020년부터 매년 진행되고 있는 가운데, 올해는 화요의 슬로건인 '퓨어 스피릿'을 주제로 열린다. 1차 예선은 내달 12일까지 온라인으로 치러진다. 본선은 오는 7월 6일 코엑스에서 진행되는 '2024 서울국제주류&와인박람회'에서 치러진다.

이처럼 주류 성수기 시즌이 늘어나게 되면서 기업들은 수익성 확보에 전사적 노력을 기울일 것으로 관측된다. 경쟁 심화로 인한 마케팅비 증가, 고물가에 따른 각종 원자재 비용 상승 등 불확실성이 커졌기 때문이다.

업계 관계자는 "주류시장이 과거에는 소주와 맥주가 양분했다면, 최근에는 위스키, 와인 등 해외 주류까지 국내에 침투하며 보다 다양해졌다"라며 "주류 트렌드와 소비 패턴도 급변하는 가운데, 주류 성수기인 여름을 맞아 가정용 시장뿐만 아니라 유흥 시장에 이르기까지 주류업체 간 마케팅 경쟁은 격화될 것으로 보인다"고 말했다.

자료원: 민경식, 여름 성수기 앞둔 주류업계, 마케팅 경쟁 '활활', 메일일보, 2024.05.28.

(1) 전체 시장규모의 확대

시장선도자는 기존 제품의 전체 시장규모를 확대함으로써 시장지배력은 물론이고 이익의 증대까지도 꾀할 수 있다. 예를 들어 국내 껌 시장에서 시장점유율 1위를 지키고 있는 롯데제과의 경우, 자일리톨이라는 신제품을 출시하면서 우선적으로 이 제품에 대한 근원적 수요를 불러일으키기 위해 '핀란드에서는 자기 전에 자일리톨을 씹는다'라는 광고를 실시하여 자일리톨껌 시장의 전체 시장규모 확대에 집중하였다. 그 결과 자일리톨껌에 대한 수요가 증가하고 자일리톨껌 전체시장규모가 확대되면서 오리온, 해태 등의 경쟁자가 대거 진출하자, '자일리톨은 롯데껌'이라는 카피를 삽입하여 자사의 껌이 시장에서 선도적인 위치임을 각인시켰다. 이렇게 롯데제과는 먼저 자일리톨껌의 전체 시장규모를 확대함으로써 시장지배력을 확고히 하였으며, 그 결과 종전에 비해 이익도 증가시킬 수 있게 되었다.

일반적으로 시장선도자는 전체 시장규모를 확대하기 위하여 그 제품에 대한 새로운 사용자를 창출해야 하며, 새로운 용도 및 사용량 증대 등을 추구하는 것이 바람직하다.

1) 새로운 사용자

전체 시장규모의 확대
- 새로운 사용자
- 새로운 용도
- 사용량 증대

시장선도기업이 전체 시장의 규모를 확대시키기 위해서는 새로운 사용자를 찾아내어야 한다. 새로운 사용자를 발굴한다는 것은 새로운 지역이나 성별, 소득층을 겨냥하여 새로운 고객으로 유인하는 전략을 말한다. 모든 제품군에는 기존의 관념이나 지식의 부족 또는 동기의 결여나 가격 등의 여러 가지 이유 때문에 어떤 제품의 존재를 알지 못하거나 구매하지 않는 구매자가 있을 수 있다. 시장선도자는 이러한 구매자를 찾아내어 자사 제품의 새로운 사용자로 유인함으로써 전체 시장의 규모를 확대할 수 있다. 예를 들어 Johnson사는 베이비붐 시대가 지나고 신생아 출생률이 낮아지자 베이비샴푸에 대한 새로운 사용자를 찾아야 했다. 관찰결과 아기 이외에도 다른 가족들도 머리를 감는데 유아용샴푸를 자주 사용하고 있다는 사실을 알아냈고, 곧 성인을 목표로 한 광고 캠페인을 개발하였다. 이와 같이 Johnson사는 베이비샴푸의 새로운 사용자를 창출해냄으로써 전체 샴푸 시장에서 선도적 상표의 자리를 굳히게 되었다.

2) 새로운 용도

시장선도자는 제품의 새로운 용도를 찾아내고 촉진함으로써, 전체 시장규모를 확대시킬 수 있다. 예를 들어 Du Pont사의 나일론은 성숙기 제품이 되어 시장이 정체될 때마다 새로운 용도를 찾아내어 시장규모를 확대시킨 대표적인 사례이다. Du Pont사의 나일론은 처음에는 낙하산의 재료로만 사용되었으나 그 다음에는 여성용스타킹으로, 그리고 그 후에는 셔츠와 블라우스의 주원료로 사용되었고, 그 후에도 자동차 타이어와 카펫 등의 용도로 다양하게 사용되었다.

3) 사용량 증대

시장확대전략의 마지막 방법은 고객들로 하여금 그 제품을 사용할 때마다 더 많이, 그리고 보다 자주 사용하도록 유도하는 것이다. Campbell사는 여러 가정용 잡지에 스프의 새로운 조리법이 담긴 광고를 계속해서 보여줌으로써 사람들로 하여금 더 자주 스프를 먹도록 권장하였다. 또한 식기세정제 기업들은 기존의 그린색 세제유액을 무색으로 바꾸었는데, 이는 사용자가 자신이 어느 정도 세제를 덜었는지 알아차리지 못하도록 함으로써, 세제를 더 많이 사용하도록 유도하기 위해서이다. 이외에도 페리오 치약이나 질레트의 면도크림제품은 광고를 통해 풍부한 양을 덜어 사용하는 모습을 보여줌으로써 사용자들이 양을 늘려 사용하도록 자연스럽게 권장하고 있다.

(2) 시장점유율 방어(유지)

시장선도자는 시장전체의 규모를 확대시키는 한편, 경쟁자의 공격으로부터 현재의 시장점유율을 유지하기 위해 성공적으로 방어할 수 있어야 한다. 선도자는 벌떼의 공격을 받는 커다란 코끼리와 비유될 수 있는데, 성가신 벌들은 시장선도자를 계속 괴롭히려고 할 것이다. 예를 들어 LG U+와 KT는 SKT를 계속 공격하고 있으며, 아시아나는 대한항공을, 르노삼성과 쉐보레는 현대자동차를 괴롭히는 벌떼와 같다. 따라서 선도자는 2, 3위 기업의 도전을 항상 경계하고 공격에 방어할 수 있어야 한다. 즉 맥도날드는 버거킹의 공격을 경계해야 하며, 코카콜라는 펩시의 공격을, 또한 캐논 DSLR은 올림푸스 DSLR의 공격을 항상 주시하고 방어해야 한다.

먼저 시장선도자는 자신의 시장점유율을 유지하기 위해 마케팅활동에 집중해야 한다. 즉 시장선도자는 기존의 제품이나 서비스보다 더욱 바람직한 상태를

그림 12-3 방어전략

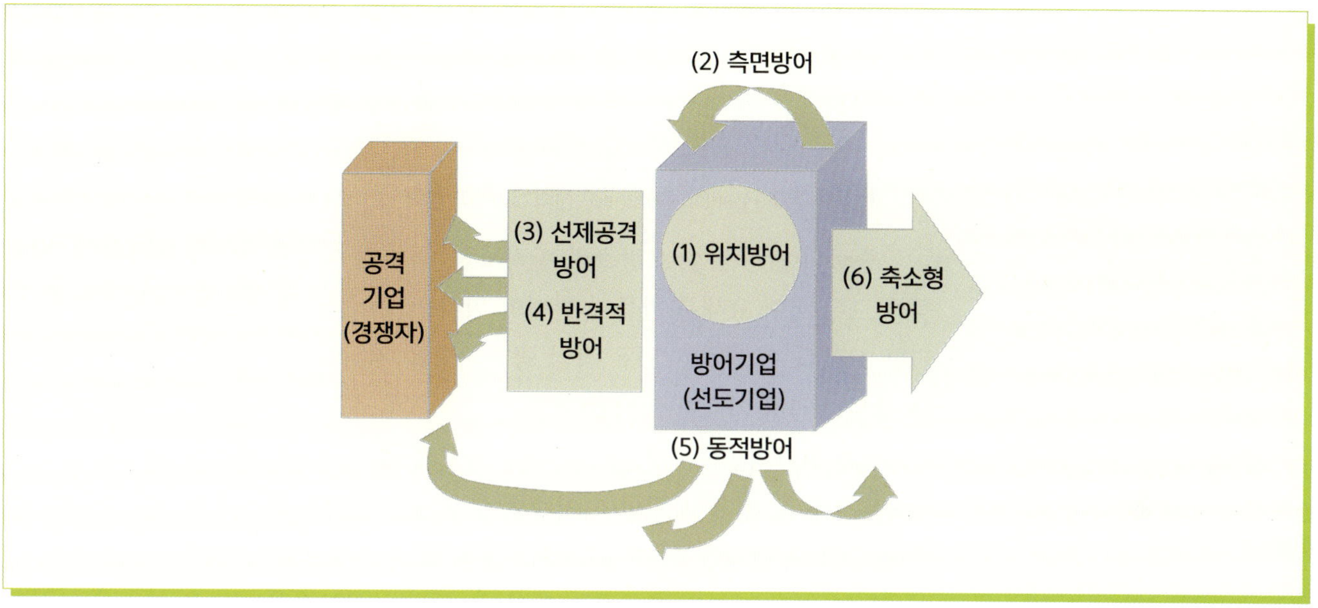

제시함으로써 시장을 주도해 나가야 하며, 효과적인 유통력뿐만 아니라 원가절감에도 지속적인 노력을 기울여야 한다. 나아가 선도기업은 고객에게 지속적인 가치와 만족을 제공하여야 하며, 지속적으로 애호도를 제고시킬 수 있는 방안을 모색하여야 한다.

시장선도자가 효과적인 마케팅활동을 통해 고객에게 지속적인 가치를 제공할 수 있다 하더라도 도전자들은 쉬지 않고 공격해 온다. 따라서 시장선도자는 항상 경쟁자를 주시하고 경계를 늦추지 말아야 한다. 즉 선도자는 경쟁자가 쉽게 공격하지 못하도록 원가절감 등의 마케팅전략을 주도할 수 있어야 하며, 동시에 경쟁자가 쉽게 진입하거나 공격해오지 못하도록 주요 시장에 재원을 집중하여 방어할 수 있어야 한다. 왜냐하면 아무리 선도적인 위치의 기업일지라도 전체시장에 진입해 오는 경쟁자들의 모든 공격을 방어하기는 어려운 일이기 때문이다.

그러나 싸움터에서 먼저 진을 치고 적을 기다리는 군대는 뒤늦게 싸움터에 달려가 공격하는 군대보다 편하다고 할 수 있다. 다시 말해 고객의 마음속에 1등으로 인식되면, 그 후에 따라가는 기업은 어쩔 수 없이 힘든 게임을 해야 한다. 그러므로 선도기업은 1등을 지키기 위하여 적극적인 방어전략을 취하게 되는 것이다. 따라서 선도기업이 취하는 방어전략의 목표는 세 가지로 요약된다. 첫째,

가능한 공격받을 기회를 줄이는 것이며, 둘째, 위험이 적은 다른 시장으로 도전자의 공격을 유인하고, 셋째, 공격의 강도를 줄이는 일이다.

<그림 12-3>은 선도기업이 실제로 사용할 수 있는 6가지 방어전략을 제시한 것이다. 이하에서는 이러한 전략들에 관하여 설명하기로 한다.

1) 위치방어(Position Defense) 전략: 요새화 전략

중국의 만리장성, 프랑스의 마지노선, 독일의 지그프리트선 등과 같은 전선들은 모두 어떤 요새를 만들어 현재의 위치를 방어하고자 시도한 결과들이다. 이러한 요새화 전략들은 모두 적의 공격의도를 저하시킨다는 의미에서 절대무기와 같은 효과를 기대한 것이었다.

위치방어(position defense)전략
현재 자신의 위치주변에 요새를 쌓아가면서 방어하는 전략

방어전략의 가장 기본적인 형태라고 할 수 있는 **위치방어(position defense) 전략**은 이렇듯 현재 자신의 위치주변에 요새를 쌓아가면서 방어하는 전략을 말한다. 그러나 만리장성, 마지노, 지그프리트 등 난공불락의 요새처럼 보이던 방어진들도 결국은 모두 무너지고 말았다. 이처럼 위치방어 전략은 단순히 자신의 현재 위치나 제품을 방어하는 것만으로는 효과가 없으며, 그렇게 하는 것은 오히려 마케팅 근시안에 빠지기 쉬운 함정이다. 즉 공격을 받는 선도기업이 현재 제품주위에 요새를 구축하기 위하여 모든 자원을 쏟아 붓는 것은 어리석은 일이 될 수도 있다. 그러므로 아무리 지속적으로 잘 팔리는 제품이라 하더라도 변화하는 환경에 따라 개선되고 적응해 나가야 한다. 또한 관련제품이나 관련사업의 다각화를 통해 제품브랜드나 마케팅 및 생산관리상 시너지를 얻을 수 있도록 노력해야 한다.

실제로 미국의 청량음료 시장의 40% 이상을 점유하고 있는 Coca-Cola사는 음료계열을 적극적으로 확대하고 있을 뿐만 아니라 담수화 설비나 플라스틱 사업으로 다각화하고 있다. 또한 풀무원은 무공해 두부의 성공을 시작으로 그 후에 각종 유기농 채소는 물론이고 무공해 식품과 생식, 무공해 세제 등으로 다각화함으로써 성공을 거듭하고 있다.

측면방어(Flanking Defense) 전략
자신이 가장 피해받기 쉬운 부분을 방어하는 전략

2) 측면방어(Flanking Defense) 전략

경쟁사들은 보통 선도기업의 약점을 공격하려고 할 것이다. 예를 들어 일본기업들은 미국 자동차 회사들이 소형차 이하의 시장을 내버려 두었기 때문에 소형차 시장에 성공적으로 진입할 수 있었다. 따라서 아무리 선도기업이라고 할지

라도 자신의 약점을 주의 깊게 검토하여 가장 피해받기 쉬운 부분을 방어할 필요가 있는 것이다.

3) 선제방어(Preemptive Defense) 전략

보다 적극적인 방어는 경쟁자가 자기에게 공격하기 전에 먼저 경쟁자에게 공격하는 것이다. 즉 미리 공격함으로써 경쟁자의 사기를 꺾을 수 있는 것이 선제방어(preemptive defense) 전략이다. 선제방어란 '공격이 최선의 방어'라는 공격적 자세를 일컫는 말인데, 이때 성공을 위해 가장 중요한 점은 현재의 경쟁구조에서 자신이 남보다 잘하는 강점을 찾아 내어 이를 더욱 강화시키는데 있다.

선제방어(preemptive defense) 전략
미리 공격함으로써 경쟁자의 사기를 꺾는 방어전략

따라서 선제방어 전략은 가만히 앉아서 방어만 하는 것이 아니라 먼저 공격을 가하여 힘을 과시하고 그 우위를 이용하여 다른 경쟁자를 누르고 이런 방법을 지속하면서 경쟁자들에게 압박을 가하는 전략이다. 예를 들어 1980년대 말에 일본기업은 미국자동차 시장에서 성공적으로 진입한 뒤, 더욱 위치를 확고히 하기 위해 전자기술을 자동차에 적극 도입하였다. 일본기업은 마케팅으로 지배적인 위치를 누리고 있음에도 불구하고 끊임없이 딜러들을 추가하고 판매망을 강화하였다. 뿐만 아니라 미국기업의 반격에 대응하기 위하여 광고 및 판촉활동을 대폭 증가시켰다. 이러한 지속적인 선제공격을 통해 일본기업은 주도권을 갖기 시작하였고 미국기업이 전략적인 시장기회를 개발하거나 포착할 기회마저 사전에 막을 수 있었다.

선제방어를 위해서는 무엇보다 기술력이 뒷받침되어야 한다. 예를 들어 Apple은 아이폰의 앱스토어를 통해 여러 가지 어플리케이션을 다운받아 쓸 수 있게 함으로써, 소비자들에게 편의를 제공한다. 이처럼 선도기업은 기술력을 바탕으로 충족되지 않은 고객의 욕구를 미연에 발견하여 소비자 자신도 미처 인식하지 못했던 욕구를 새로이 개발하여 촉진함으로써 시장을 주도해 나가야 한다.

이외에도 선제방어를 위해서 선도기업은 두 가지 전략을 생각해 볼 수 있다. 먼저 관련사업으로의 다각화를 통해 방어할 수 있는 폭을 넓힐 수도 있고, 마케팅 근시안적인 관점에서 벗어나 방어의 중심을 더욱 보강하여 깊이를 더하는 방법도 있다. 그러나 이렇게 깊이를 더하여 선제방어를 하는 경우 자칫 기업의 힘이 분산되어 경쟁적 지위가 약화될 수 있으므로 과도한 시행은 지양해야 한다.

반경방어(Counteroffensive Defense) 전략

경쟁자의 공격이 가시화되거나 예상되는 시점에 맞받아 경쟁자를 반격하는 방어전략

4) 반경방어(Counteroffensive Defense) 전략

선제방어가 경쟁자의 공격이 있기 전에 사전에 공격을 하여 방어하는 것이라면, 반격방어(counteroffensive defense)는 경쟁자의 공격이 가시화되거나 예상되는 시점에 맞받아 경쟁자를 반격하는 것을 말한다. 즉 선도자는 경쟁자의 가격인하, 제품개선 혹은 기습적인 촉진활동이나 판매영역의 침투 등에 수동적이어서는 안 되며, 오히려 경쟁자의 공격에 정면으로 맞서거나 측면에서 공격함으로써 경쟁자를 반격하여야 한다.

특히 도전자의 공격으로 인한 시장잠식이 빠르게 진행될 경우 선도기업은 정면으로 마주쳐 방어하는 전략이 필요하다. 이러한 반격방어가 성공하기 위해서 선도기업은 '모방(me–too)전략'을 효과적으로 이용할 수 있어야 한다. 선도기업은 경쟁자의 공격에 곧바로 대응하기보다는 반격할 준비를 갖추고서 좀 더 좋은 기회에 효과적으로 응수하기 위하여 모방시점을 기다리고 살필 줄 알아야 한다. 즉 시장잠재력이 경쟁기업에 의해 검증되고 나면 선도기업은 강한 이미지와 유통력을 등에 업고 정면 돌파하여야 한다. 이때 선도기업이 취할 수 있는 '모방(me–too)전략'에는 '유사한 제품'을 이용하여 반격하는 방법과 '유사한 상표명'을 이용하여 반격하는 방법이 있다.

5) 동적방어(Mobile Defense) 전략

공격을 받는 선도기업이 현재의 제품에 높은 방벽을 쌓으려고 모든 자원을 동원하는 것은 가장 고전적인 위치방어 전략이다. 이것은 자칫 선도기업이 자기의 위치에 만족하여 조금도 새로운 시도를 하지 않고 마케팅 근시안에 빠져 절대적인 방어무기를 만들고자 하는 것과 같다. 그러나 절대적으로 움직이지 않는 시장환경이란 있을 수 없다. 따라서 이러한 자기만족적인 위치방어 전략은 위험할 수 있으며, 오히려 기업은 자기 스스로를 끊임없이 공격하면서 자신의 제품이나 서비스를 부단히 개발함으로써 자신을 움직이는 표적으로 만들 필요가 있다. 왜냐하면 움직이는 표적은 정지해 있는 표적보다 따라잡기가 어렵기 때문이다.

동적방어(mobile defense) 전략

선도기업이 자신의 기존제품을 진부화시킬 수 있는 새로운 제품과 서비스를 끊임없이 개발함으로써 자신의 기존 제품들을 공격해 나가는 방어전략

결국 **동적방어(mobile defense) 전략**이란 선도기업이 자신의 기존제품을 진부화시킬 수 있는 새로운 제품과 서비스를 끊임없이 개발함으로써 자신의 기존 제품들을 공격해 나가는 방어전략이다.

6) 축소방어(Contraction Defense) 전략

선도기업은 여러 경쟁자가 시장을 잠식해 오고 있는 것을 발견하거나 자원의 배분이 너무나 분산되어 있다고 판단될 경우, 가장 먼저 **축소방어**(contraction defense) **전략**을 고려해 볼 수 있을 것이다. 즉 축소방어 전략이란 자신들의 포트폴리오전략을 재정비함으로써 전보다 수적으로 줄어든 시장에서 고객을 충족시키고 성과를 올리고자 노력하는 소극적인 방어전략이다.

축소방어(contraction defense) 전략
자신들의 포트폴리오전략을 재정비함으로써 전보다 수적으로 줄어든 시장에서 고객을 충족시키고 성과를 올리고자 노력하는 소극적인 방어전략

축소방어 전략은 일부제품을 철수하거나 또는 특정시장에서 철수하는 방어전략으로, 현재의 사업영역을 좁히는데 주안점을 두고 경쟁사를 지치게 하거나 불리한 상황을 모면하기 위해 사용될 수 있다. 축소방어 전략의 궁극적인 목표는 경쟁사를 지치게 하고 마음을 놓게 하는 한편, 자사의 전투력을 보강하고 유리하게 조성하는데 있다.

이와 같이 선도자는 다양한 방어전략을 통해 자신의 시장점유율을 유지하고 위치를 고수할 수 있다. 일반적으로 시장선도자들은 시장점유율을 증대시킴으로써 그들의 수익성을 향상시킬 수 있다. 그러나 시장점유율을 증가시키는 것이 곧 수익성의 증가로 연결된다는 생각은 위험할 수 있다. 왜냐하면 높은 시장점유율을 유지하기 위해 지출해야 하는 비용이 그로 인한 수익보다 훨씬 초과될 수도 있기 때문이다. 따라서 시장선도자는 시장점유율을 맹목적으로 추구하기보다는 다음의 세 가지 요인을 고려하는 것이 중요하다.

첫째, 경쟁자들이 반독점에 대한 규제나 조치를 취할 가능성을 고려해야 한다. 만약 어떤 선도기업이 시장점유율의 확보에 더욱 집중하게 된다면, 경쟁기업이나 정부는 독점을 규제하기 위하여 여러 가지 제재를 가할 수 있기 때문이다.

둘째, 시장점유율을 증대시키기 위해 소요되는 비용이 수익을 초과할 수 있다는 점을 고려해야 한다. 예를 들어 시장 내 경쟁이 심화될수록, 경쟁기업들은 자신들의 시장점유율을 선도기업으로부터 지키기 위하여 더 많은 마케팅 비용을 지출하려고 할 것이다. 이에 선도기업은 가격인하와 판촉 등에 경쟁기업보다 더 많은 투자를 함으로써 시장점유율을 확대하려고 노력할 것이다. 또한 선도기업은 법적인 문제나 공중관계, 로비 등에도 기꺼이 투자함으로써 시장점유율 증대로 인한 수익보다도 오히려 이것에 소요되는 비용이 더 클 위험도 있을 수 있다.

그러므로 선도기업은 맹목적으로 높은 시장점유율을 추구하기보다는 시장점유율의 확대가 수익성의 확보에 도움이 되는 상황인지를 먼저 살펴보아야 한

다. 높은 시장점유율의 확보가 곧 수익성의 보장으로 연결되기 위해서는 다음의 두 가지 조건을 만족하여야 한다. 첫째, 시장점유율이 증가함에 따라 단위당 생산원가는 낮아져야 한다. 둘째, 고품질의 차별화된 제품생산이 가능해야 하며, 이로 인해 소요되는 비용 이상으로 가격을 인상할 수 있어야 한다.

단편사례

유통가 화장품 경쟁

유통업계가 화장품 영역 확대로 신성장동력을 마련하고 있다. 세계적으로 'K뷰티' 열풍이 거세지면서 이커머스는 물론 편의점·생활용품점까지 화장품으로 매출 확대에 나선 것이다. 아직까지 '화장품' 하면 'CJ올리브영'이 대세로 떠오르고 있는 가운데 이들의 화장품 참전이 추후 지각변동을 가져올지 관심이 쏠린다.

15일 유통업계에 따르면 최근 다이소에 이어 무신사·컬리 등 이커머스까지 오프라인 화장품 유통시장에 뛰어들고 있다. 과거 아모레퍼시픽과 LG생활건강을 필두로 계열사 로드숍들이 화장품 시장을 이끌었다면 이제는 상황이 완전히 달라진 셈이다.

지난달 무신사는 서울 성수동에서 '뷰티 페스타' 팝업 행사를 진행하며 오프라인 매장을 선보였다. 무신사는 내년 성수동에 건립할 예정인 2,500평 규모 대형 편집숍에도 상설 화장품 코너 개설을 검토하고 있는 것으로 알려졌다.

식품 전문 온라인 기업 컬리도 2년 전 '뷰티컬리'를 선보인 뒤 화장품 사업에 속도를 내고 있다. 뷰티컬리는 지난달 기준 1,100만건의 누적 주문 건수를 달성했으며 누적 주문 고객도 850만명에 이른다. 올해 상반기 거래액도 지난해 같은 기간 30%가량 증가한 가운데 출시 2년 만에 가시적인 성과를 거두고 있다는 설명이다.

가성비의 끝판왕으로 통하는 다이소도 화장품 영역을 확대했다. 다이소는 최근 아모레퍼시픽의 스킨케어 브랜드 '마몽드'와 LG생활건강의 '퓨어더마', '케어존' 등을 선보이며 뷰티 제품군을 늘렸다. 여기에 편의점들도 5만개 이상의 점포 수를 활용해 화장품 판매에 자신감을 내비치고 있는 상황이다.

이처럼 유통업계가 화장품 시장에 뛰어든 데는 여전히 성장 가능성이 높게 평가되고 있어서다. 특히 'K뷰티'에 대한 해외 소비자들의 관심이 높아지면서 화장품이 글로벌 사업으로의 가치도 커진 상태다. 관세청 무역통계에 따르면 올해 상반기 화장품 수출액은 전년 동기 대비 18.1% 증가한 6조 7,000억원으로 반기 기준 가장 많은 기록을 세웠다.

국내 H&B스토어 1위인 CJ올리브영의 성장세도 이를 방증한다. CJ올리브영의 올 상반기 국내 뷰티시장 점유율은 17.6%로 2021년 10.5%, 2022년 12.2%, 2023년 14.9%로 매년 성장 추세를 보였다. 오프라인 H&B스토어 시장으로 보면 70%를 훌쩍 넘는다.

매출 역시 상승세를 탔다. 전자공시시스템에 따르면 CJ올리브영은 지난 2022년 3조원에 가까운 연 매출액을 넘은 가운데 지난해에는 4조원에 가까운 수준의 매출액을 기록했다. 이 기세라면 올해는 연 매출 4조원 돌파가 무난할 것으로 전망되고 있다.

CJ올리브영 독주 체제에 화장품 시장에 진출한 유통업체들이 CJ올리브영을 따라잡기에 아직 멀었다는 시각이 지배적이다. 다이소·무신사·편의점 등이 화장품 전문 유통군이 아닌데다 CJ올리브영의 충성고객의 눈을 돌리기엔 한계가 있을 것이란 이유에서다.

실제 몇 년 전만 하더라도 GS리테일의 '랄라블라', 롯데쇼핑의 '롭스'와 신세계의 '부츠'가 CJ올리브영 아성에 도전했으나 결국 시장 경쟁력에 밀려 사업을 접을 수밖에 없었다. 이후 CJ올리브영의 성장세가 가팔라진 이유기도 하다.

자료원: 변상이, 갈수록 치열해지는...CJ올리브영 독주 막을까, IT조선, 2024.10.15.

출처 : IT조선(https://it.chosun.com)

2 시장도전자의 경쟁전략

020

아시아나, 펩시콜라사와 같이 어떤 업계에서 2위나 3위 혹은 그보다 낮은 위치에 있는 기업들은 차위기업 혹은 추적기업이라고 부른다. 이러한 차위기업들은 두 가지 경쟁전략 중 하나를 택할 수 있다: 하나는 지금 설명하고자 하는 '시장도전자'로서 시장점유율을 확보하기 위하여 적극적으로 선도기업이나 경쟁자를 공격하는 것이며, 다른 하나는 '시장추종자'로서 경쟁기업과 공존하며 현재의 위치에 만족하는 기업들이다.

먼저 시장선도자로서 가능한 경쟁전략에 대하여 살펴보고 난 후, 시장추종자에 대하여 살펴보기로 한다.

(1) 시장도전자의 전략목표

시장도전자는 먼저 전략적 목표를 명백히 정의해야 한다. 시장도전자들의 전략목표는 대부분 시장점유율 증대를 통해 수익을 증가시키는 것이다. 이것은 시장점유율의 증가가 곧바로 수익의 증대와 맞물려 있다고 생각하기 때문이다. 그러나 전략적 목표는 해당 기업이 어떤 경쟁자에게 도전할 것인가에 따라 좌우되기 때문에 먼저 도전할 대상을 선택하는 일이 중요하다.

우선 도전자가 진입하고자 하는 시장에는 이미 경쟁자가 존재하고 있기 마련이다. 따라서 대개 도전하고자 하는 기업은 경쟁할 상대방을 선택할 수 있다. 도전자들은 기본적으로 다음의 두 가지 유형 중 하나의 기업을 선택하여 경쟁의 목표로 삼게 된다.

① 시장선도자를 공격: 먼저 도전자는 시장의 선도자를 공격의 대상으로 선택할 수 있다. 이러한 전략은 매우 위험하지만 동시에 이익도 클 수 있다는 장점이 있다. 특히 시장 내 선도자가 진정한 선도자로서 시장을 잘 서브하지 못하고 있다면, 이것은 매우 의미 있는 전략이 될 수 있을 것이다. 이러한 시장선도자에 대한 공격이 성공하기 위해서 도전기업은 선도자에 비하여 지속적인 경쟁우위를 누릴 수 있어야 한다. 그리고 지속적 경쟁우위는 소비자의 욕구와 불만족을 먼저 조사하고 그것을 잘 서브하는 것으로부터 출발한다. Hite는 깨끗한 물의 순한 맥주를 원하는 고객의 욕구를 파악하여 이에 부응하는 제품개발과 광고활동을 전개한 결과, 시장 내 선도기업(OB맥주)의 시장점유율을 성

공적으로 잠식할 수 있었다. 또한 Xerox사는 보다 좋은 복사과정을 개발함으로써 복사기 시장을 3M사로부터 빼앗아 올 수 있었던 것이다. 따라서 시장선도자를 대상으로 공격할 경우가 시장도전자의 목표는 시장점유율을 잠식하거나 시장의 선도기업이 되는 것, 또는 시장선도력을 장악하는 것으로 볼 수 있다.

② 자신과 같은 규모 또는 더 작은 지역 및 지방의 기업들을 공격: 도전자는 선도기업을 피하여 자신과 같은 규모이거나 혹은 더 작은 지역이나 지방의 기업들을 대상으로 공격할 수도 있다. 이런 공격대상이 되는 소규모 기업들은 자금압박을 받아 자금사정이 좋지 못하거나 고객의 욕구를 충분히 파악하고 있지 못해서 소비자들이 불만을 갖고 있는 기업일 가능성이 크다. 게다가 소규모의 지역업체들을 계속 인수해 옴으로써 성장한 기업이라면, 도전기업의 목표는 그 지역의 소규모 기업들을 그 사업분야에서 축출하는 것이 될 수도 있다.

결론적으로 모든 도전기업은 먼저 공격할 대상을 선택해야 한다. 또한 그에 적합한 공격전략의 목표를 분명하게 정의하여야 하며, 성취가능한 목표로서 정립되어져야 할 것이다.

(2) 시장도전자의 공격전략의 선택

시장도전자가 공격할 대상과 목표를 분명하게 정의하였다면, 이제 전략적 목표를 달성하기 위하여 어떻게 공격해야 할지 공격방법을 결정해야 한다.

시장도전자가 선택할 수 있는 공격전략 5가지를 <그림 12-4>에 제시하였다.

1) 정면공격(Frontal Attack)

시장도전자는 점차 제품라인을 확장하고 유통커버리지를 늘려감에 따라 시장에서의 위치가 더 확고해지고 점차 표적기업의 영역으로 근접해 가게 된다. 또한 시장이 성숙하고 경쟁이 치열해짐에 따라서 시장점유율의 확대는 표적기업이나 선도기업의 희생에 의해서만 이루어질 가능성이 많아진다. 따라서 이제까지의 포지티브섬 게임은 전형적인 제로섬 게임으로 변화되면서, "이에는 이, 눈에는 눈"과 같은 정면대결로 이어지는 것이다.

그림 12-4 공격전략

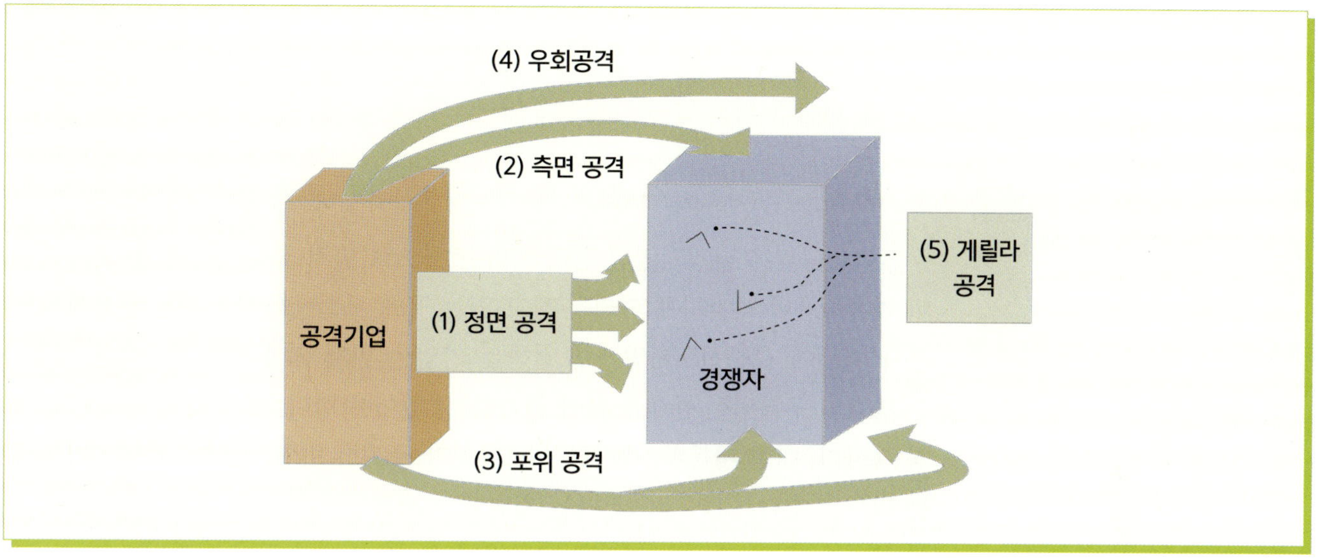

이렇게 도전기업이 표적기업(혹은 선도기업)과 정면으로 맞부딪쳐서 경쟁하는 것을 **정면공격(frontal attack)**이라고 한다. 정면공격은 상대편의 약점을 공격하는 전략이 아니라 상대편의 강점을 정면으로 공격하는 전략이므로, 누가 더 강한 인내심과 자금력 등을 가졌는지가 승패의 관건이 된다.

정면공격(frontal attack)
도전기업이 표적기업(혹은 선도기업)과 정면으로 맞부딪쳐서 경쟁하는 것

정면공격을 실행하는 기업은 시장의 변화에 대하여 선도기업보다 신속하고 융통성 있게 움직일 수 있어야 한다. 소비자의 변화에 발 빠르게 대처하는 기업만이 살아남을 수 있기 때문이다. 또한 정면 공격을 감행하려는 기업이 가장 많이 시도하는 전략은 모방전략이다. 모방을 통해 공격하는 도전자는 신제품 개발비가 절약되기 때문에 가격측면에서 선도기업보다 경쟁력이 있을 수 있다. 또한 선도기업은 상대적으로 높은 원가구조(개발비, 초기설비투자 등) 때문에 후발 공격기업의 가격중심적 전략에 대응하기 힘들게 될 것이다.

따라서 정면공격이 성공하려면 공격자는 경쟁자보다 더 강한 경쟁우위는 물론이고 정면공격을 감행하기에 충분한 자원을 갖고 있어야 할 것이다. 진정한 의미에서 정면공격은 제품에 대해서는 제품으로 경쟁하고, 가격에 대해서는 가격으로, 그리고 광고에 대해서는 광고로 경쟁하는 것을 의미하지만, 경쟁이 장기화되다보면 정면공격을 시행하는 기업은 무엇보다 마케팅이나 재무적 능력이 경쟁사에 비해 탁월해야 할 것이다.

정면공격이 실패할 경우에는 재무적 손실이 막대할 뿐 아니라 사기가 크게 저하되므로, 정면공격을 보다 신중하게 결정하여야 한다. 만약 공격기업이 장기전에 버틸 준비와 자원이 충분하지 않다면 초기에 공격에 의해 쏟아 부은 투자비용은 허사가 되고 말 것이기 때문이다.

측면공격(Flanking Attack)
타깃기업의 방어가 약한 곳으로 먼저 침투하는 전략

2) 측면공격(Flanking Attack)

측면공격은 타깃기업의 방어가 약한 곳으로 먼저 침투하는 전략이다. 즉 이미 기존제품이 막강하게 자리를 잡고 있는 곳에 도전장을 내어서는 성공하기 힘들기 때문에 시장선도기업에 도전하는 기업은 현재 지배적인 제품이나 시장과는 명백히 구분되는 틈새를 찾아 공격할 수 있어야 한다. 예를 들어, 미국에는 대형 복사기, 대형 자동차, 중량급 오토바이가 우세한 반면, 컴팩트 카메라가 주류를 이루고 있다. 그러나 일본에는 정반대의 제품들이 주류를 이루고 있다. 즉 소형 복사기, 소형 자동차, 경량급 오토바이와 SLR 카메라 등이 그것이다.

도전자가 측면공격에 성공하기 위해서는 첫째, 시장측면의 세분화에 대한 분석이 선행되어야 한다. 즉 세분된 시장 중에서도 타깃기업이 목표로 정하지 않고 무시하는 세분시장(segment)이나 틈새시장(niche)을 먼저 공략해야 하는 것이다. 그렇지 않고 타깃기업이 먼저 참여하고 있는 세분시장을 타깃으로 한다면 그것은 이미 정면공격이 되는 것이다. 따라서 도전자는 가능하면 경쟁자가 없는 곳이어야 한다.

측면공격을 성공하기 위한 두 번째 전략은 제품차별화를 통해 경쟁자가 만족시키지 못하는 욕구를 찾아내어 그것을 만족시키는 전략이다. 이는 디카페인 제품과 같이 기존 제품의 크기를 변경하거나 제품속성을 추가 혹은 제거하거나 제품의 가격을 조정함으로써 달성할 수 있다.

이외에도 측면공격은 특히 전반적으로 시장규모가 성장하는 경우에 더욱 유리하다. 즉 제로섬(zero sum) 게임이 아닌 포지티브섬(positive sum) 게임인 경우에 각각의 경쟁자는 자신의 시장을 확장하기에도 바쁘기 때문에 경쟁자나 열세기업의 측면공격쯤은 무시할 수 있다. 또한 측면공격은 성격상 기습공격이기 때문에 공격의 타이밍이나 방향 등을 예측하기 어렵다. 따라서 측면공격이 기습적으로 이루어지면 이를 방어해야 하는 기업은 사기가 떨어지기 쉽기 때문에 정면공격에 비하여 성공하기 쉽다는 장점이 있다.

단편사례

농축세제 비트의 측면공격

CJ의 비트는 측면공격을 통해 성공적으로 시장에 진입한 사례이다. 분말세제 시장은 당시 LG생활건강이 선두 위치를 확고히 지키고 있었으나 애경이 후발업체로 여러 제품을 출시해 선도기업의 추격을 계속해 오고 있었다. 그 당시 소비자들은 수질오염이라는 사회적 환경문제에 깊이 관련되어 있었으며, 소비자들 역시 기존 분말세제의 큰 부피 때문에 사용상의 불편함을 느끼고 있었다. 그러던 중 시장진입을 노리던 CJ는 정면으로 승부하기보다는 LG생활건강과 애경 두 회사와 차별화된 제품으로 측면에서 진입하기 위해 농축세제인 비트를 개방하고 시장진입을 시도하였다. 농축세제는 양을 적게 사용해도 기존 분말세제 못지않은 세척력이 있기 때문에 수질오염뿐만 아니라 부피도 줄일 수 있었다. 또한 CJ가 농축세제를 가지고 시장에 진입한 시기는 사회적인 여건과 소비자 욕구가 부합되는 시기였으며, 그 결과 농축세제 시장은 처음 제품이 출시된 이후 1년 만에 전체 분말세제 시장의 약 25%를 점하는 급성장을 보였다. 농축세제 비트의 측면공격으로 CJ는 애경을 누르고 단번에 2위를 차지하게 되었다.

CJ 비트의 또 다른 성공요인은 분말세제 시장이 커가고 있는 성장기라는 시기적인 이점 때문에 선두기업들의 대응공격으로부터 피할 수 있었던 것이다. 이외에도 CJ는 식품업계에서 쌓아 온 강력한 유통지배력과 풍부한 자금력을 등에 업고 있으면서도 기존의 세제시장에 정면공격하지 않고 농축세제를 통해 측면공격을 시도한 것이 주요했을 것이다.

자료원: 홍성태, 보이지 않는 뿌리, 박영사, p.327.

3) 포위공격(Encirclement Attack)

포위공격(encirclement attack)은 경쟁자의 여러 곳에 대대적인 공격을 가함으로써 경쟁자가 자신의 정면과 측면 및 후면을 동시에 방어하도록 만드는 전략이다. 포위공격이 측면공격과 다른 점은 전략이 사용되는 목적에서 찾아볼 수가 있다. 즉 측면공격의 목적은 기존 경쟁자의 약점을 파고 들어 허를 찌르는데 있지만, 포위공격의 목적은 기존선도기업의 방어전선을 흐트려서 적의 차별화요소(상표애호도 등)가 희석되어 엷어지도록 만드는 것이다. 즉 포위공격은 기존 선도자의 방어전선을 여러 곳으로 분산시킴으로써 효과적인 자원집중을 방해하고 그 결과 허약해진 방어망을 뚫고 침투하는 것이 목적이 된다.

포위공격(encirclement attack)
경쟁자의 여러 곳에 대대적인 공격을 가함으로써 경쟁자가 자신의 정면과 측면 및 후면을 동시에 방어하도록 만드는 전략

미국의 자동차 시장은 본래 Ford가 선도기업이었으나 GM의 시장분할 정책과 포위공격에 따라 고지의 자리를 내어 주고 말았다. GM은 캐딜락, 올즈모빌, 뷰익, 폰티악, 쉐보레 등 5개의 시장에서 Ford를 포위하고 그 입지를 약화시켰던 것이다. 따라서 포위공격을 받는 기업은 방어할 범위를 더 확대해 나가거나 그것이 어려우면 중요한 시장에 자원을 집중하여 방어할 필요가 있는 것이다.

포위공격이 성공하기 위해서는 첫째, 공격하는 도전기업은 상당한 자원을 확보하고 있어야 하며, 기존의 선도기업이 이미 확보해 놓은 영역을 빠른 시일

내에 무너뜨릴 수 있다고 판단되어야 한다. 둘째, 포위공격을 하려면 무엇보다도 모(母)상표의 강한 이미지가 뒷받침될 때 더욱 성공할 가능성이 높아진다. 왜냐하면 모상표의 이미지가 아직 미비하거나 호의적이지 않을 경우 하위상표나 확장상표들을 내놓는 전략은 무모한 자원만 낭비하는 결과를 초래할 것이기 때문이다.

4) 우회공격(Bypass Attack)

우회공격(bypass attack)
경쟁자와의 정면대결은 회피하면서 좀 더 쉬운 시장을 표적으로 삼는 전략

우회공격(bypass attack)은 경쟁자와의 정면대결은 회피하면서 좀 더 쉬운 시장을 표적으로 삼는 전략이다. 도전자들은 경쟁자들을 우회하기 위하여 비관련 다각화를 시도하기도 하고, 새로운 지리적 시장에 진출하거나 기존의 제품을 대체하는 새로운 기술을 통해 도약을 거듭할 수도 있다. 즉 도전자가 비용이 많이 드는 정면공격을 하는 것이 아니라 기술적 도약을 통해 경쟁사를 우회하는 전략이다.

5) 게릴라식 공격(Guerrilla Attack)

게릴라식 공격(guerrilla attack
소규모로 행해지는 간헐적인 공격을 통해 경쟁자를 지긋지긋하게 만듦으로써 경쟁자의 심리적, 실제적인 에너지까지 완전히 소진시켜 버리는 전략

게릴라식 공격은 도전자가 영구적인 발판을 마련하기 위해 소규모의 불규칙적인 공격을 통해 경쟁사를 당황하게 하고 사기를 저하시키는 전략이다. 즉 **게릴라식 공격(guerrilla attack)**이란 소규모로 행해지는 간헐적인 공격을 통해 경쟁자를 지긋지긋하게 만듦으로써 경쟁자의 심리적, 그리고 실제적인 에너지까지 완전히 소진시켜 버리는 전략을 말한다.

게릴라식 공격은 대부분 시장지위가 열세이거나 소규모 기업이 정상적인 공격으로는 효과를 보기 어려울 때 대규모 기업을 괴롭히기 위한 목적으로 자주 사용되는 방법이다. 예를 들어 일본 기업들은 기습적인 가격인하, 급작스러운 판촉공격, 판매조직이나 유통경로에 대한 기습적 침투 등을 행위로 미국 기업을 괴롭히곤 한다.

3 시장추종자의 경쟁전략

일반적으로 시장선도자는 신제품을 개발하여 고객들에게 신제품에 대한 정보를 제공하고 교육을 시키는데 엄청난 비용을 지불하게 된다. 시장선도자는 이러한 위험을 감수하는 과정을 통해 시장지배력을 가지게 되는 반면, 차위기업들

모두가 시장선도자에게 도전하려고 하지는 않기 때문에 시장선도자의 제품이나 마케팅전략을 그대로 따르고자 하는 시장추종자들이 존재한다. 일반적으로 시장선도자들은 장기적인 경쟁에서의 지구력이 다른 기업에 비하여 뛰어나기 때문에 상당수의 나머지 기업들은 선도자를 공격하기보다는 선도기업의 신제품이나 마케팅활동을 모방하려고 한다.

이러한 추종기업들은 먼저 시장선도자의 경험을 통해 배우거나 선도자의 제품과 마케팅 프로그램을 그대로 모방할 수 있으므로 혁신비용을 부담하지도 않기 때문에 보다 높은 이익을 창출할 수 있다. 또한 추종한다는 것이 단순히 수동적으로 행동하거나 선도자를 무조건적으로 모방하는 것을 의미하지는 않는다. 시장추종자들은 어떻게 하면 현재의 고객을 놓치지 않고 유지할 것이며, 신규고객 중 몇 %를 자신의 고객으로 만들 수 있는지에 대하여 알아야 한다.

각 추종자들은 도전자들의 주요한 표적이 되기 때문에 자신들이 표적시장에서 독특한 우위를 가질 수 있도록 항상 노력해야 하며, 제조원가를 낮추고 제품품질과 서비스를 높게 유지할 수 있어야 한다.

4 시장적소자의 경쟁전략

대부분의 중소기업들은 대기업과 충돌을 피하기 위해 일부 틈새시장에서 그들만의 전문화된 서비스나 제품을 가지고 효과적으로 활동하고 있다. 이렇게 주요 기업들이 간과하고 있거나 관심을 기울이지 않는 소규모의 세분시장이나 틈새시장을 표적시장으로 정하고 그 시장에서 선도자가 되기 위해 노력하는 기업들을 시장적소자라고 한다.

시장적소자는 대부분의 기업들이 무시하거나 소홀히 하는 세분시장을 표적으로 하기 때문에 대기업과의 직접적인 충돌이나 격렬한 경쟁을 피할 수 있으며, 틈새시장을 공략하기 때문에 해당분야에서 전문화된 이미지를 구축하는 데에도 도움이 될 수 있다. 이러한 이점 때문에 소규모 기업뿐만 아니라 선도자가 될 수 없는 대기업 내의 작은 사업부서들은 시장적소화전략에 지속적인 관심을 기울이게 된다.

시장적소화전략을 선택하는 기업은 경쟁이 적은 시장을 선택하는 반면, 보다 규모가 큰 시장을 포기해야 한다. 따라서 시장적소화전략을 택한 기업들은 보다 안전하고 수익성이 있는 하나 또는 그 이상의 적소시장을 찾기 위해 노력해야 한다.

다음은 이상적인 적소시장과 적소기업의 특징을 열거한 것이다.

- 적소시장은 수익성을 높이기에 충분한 시장규모와 구매력을 갖고 있어야 한다.
- 적소시장은 시장잠재력이 있어야 한다.
- 적소시장은 주요 경쟁자들이 무시하고 있어야 한다.
- 적소기업은 효과적인 마케팅활동이 가능하도록 필요한 기술과 재원을 갖고 있어야 한다.
- 적소기업은 소비자의 애호도를 구축하여 주요 경쟁자의 공격으로부터 자신을 방어할 수 있는 능력을 갖추어야 한다.

적소시장의 전문적인 아이디어는 전문화이다. 즉 적소기업은 다양한 시장과 고객 그리고 제품 또는 마케팅믹스의 활동에 있어서 전문화되어야 한다. 적소기업이 이용할 수 있는 몇 가지 전문가적 역할들은 다음과 같다.

① 최종용도전문가: 적소기업은 고객이 제품을 사용하는 최종용도 가운데 하나에 전문화하는 것이 이롭다. 예컨대 법률회사는 형법, 민법, 상법 중 하나에 전문화할 수 있다.
② 수직적 수준의 전문가: 기업은 생산부터 유통에 이르기까지의 순환단계에서 어떤 수직적 수준의 관계에 전문화할 수 있다. 예를 들어 출판사는 표지디자인 업무에서부터 책의 유통까지 통합적으로 전문화할 수 있을 것이다.
③ 고객 규모면의 전문가: 기업은 소규모 고객, 중간규모 고객, 대규모 고객 중 하나에게 판매하는 것으로 전문화시킬 수 있다. 그러나 많은 적소기업들은 대규모 기업들이 무시하는 소규모 고객에게 전문화하고 있다.
④ 특정고객 전문업체: 기업은 하나 또는 소수의 주요 고객에게만 판매를 제한하여 전문화할 수 있다. 특히 많은 기업들이 생산물 전부를 Sears나 GM사와 같은 단 하나의 기업에만 판매하고 있다.
⑤ 지리적 전문업체: 기업은 어떤 지역이나 특정지역에만 판매하고 있다.
⑥ 제품 또는 제품계열 전문업체: 기업은 하나의 제품계열이나 제품만을 생산하여 전문화할 수 있다.

⑦ 제품-특성 전문업체: 기업은 특정종류의 제품이나 제품특성만을 생산하여 전문화할 수 있다.

⑧ 주문생산직 전문업체: 기업은 고객의 주문에 따라 생산하는 것에 전문화할 수 있다. 어떤 신발제조업체는 고객의 주문을 받아 수공으로 하나하나 생산하는데 전문화할 수 있다.

⑨ 품질-가격 전문업체: 기업은 그 시장의 하위 또는 상위 양 극단에서 전문화할 수 있다. 시슬리 화장품은 화장품 시장에서 고품질, 고가격으로 전문화되어 있는 제품이다.

⑩ 서비스 전문업체: 기업은 다른 기업들이 제공하지 않는 하나 또는 그 이상의 서비스를 제공한다.

⑪ 경로 전문업체: 기업은 하나의 유통경로를 이용하는데 전문화할 수 있다.

적소기업이 매력적인 적소시장을 창출하거나 발견했다면 이제 적소기업은 그 시장을 유지하도록 노력해야 한다. 특히 적소시장은 고갈되기 쉬우며, 성장잠재성이나 수익성이 좋다면 다른 경쟁사들의 공격을 받을 가능성이 크기 때문에 다음의 세 가지 과제를 안고 해결해야 한다. 첫째는 적소시장을 창조하는 것이며, 둘째는 적소시장을 확장하는 일이고, 셋째는 적소시장을 보호하고 방어하는 일이다.

적소시장에 참여하는 기업은 대부분 2개 이상의 적소시장을 개발하여 기업의 생존을 위한 기회를 증대시킬 수 있다. 또한 대규모 기업들조차도 전체시장을 충족시키는 전략보다는 복수시장을 대상으로 전문화하는 적소화전략을 선호하고 있다.

/요/약/

경쟁을 바라보는 마케팅적 시각에는 경쟁자지향적인 차원과 고객지향적인 차원이 있다. 경쟁상황을 단순히 폐쇄적인 제로섬 게임(zero-sum game)으로만 인식하기보다는 시장과 경쟁 그리고 자사가 서로 유기적인 영향을 미치고 있는 동태적인 개방체계로 보는 것이 바람직하다. 따라서 장기적으로 기업이 효과적인 경쟁관리를 하기 위해서는 경쟁자지향적이기보다는 고객지향적인 차원에서 고객의 욕구 변화를 미리 탐지하고 이를 주도적으로 충족시켜나가야 하며, 이러한 맥락 안에서 경쟁상황을 이해해야 한다.

기업은 경쟁분석을 통해 포지셔닝의 차별화나 혁신적인 아이디어 등과 같이 경쟁적 비교우위를 누릴 수 있는 마케팅전략을 학습함으로써 새로운 성장기회를 포착할 수도 있으며, 각 경쟁상황에 맞는 효과적인 대응전략을 세울 수 있기 때문에 경쟁분석은 반드시 필요하다.

경쟁상황을 분석하는 4단계의 접근방법은 첫째, 경쟁적인 제품군의 확인, 둘째, 경쟁제품(대안)을 제공하는 기업의 파악, 셋째, 경쟁환경의 분석 그리고 넷째, 경쟁환경분석에 기초한 마케팅전략의 개발이다.

한편 기업이 처한 여러 가지 경쟁상황(시장선도자, 시장도전자, 시장추종자, 시장적소자)에 따라 적합한 마케팅목표와 전략을 선택해야 한다. 즉 시장선도자는 전체 시장규모의 확대를 통해 이익을 증대시키거나 시장점유율 유지를 위해 도전자들로부터 자신의 위치를 방어할 수 있는 능력을 갖추어야 한다. 또한 시장도전자는 다양한 공격전략을 이용하여 선도기업이나 추종기업을 공격할 수 있으며, 시장추종자는 시장의 원리를 모방하거나 학습함으로써 현 상태의 시장점유율을 유지하도록 노력해야 한다. 마지막으로 시장적소자는 대규모 기업들이 간과하는 적소시장의 고객욕구를 충족시킴으로써 보다 안전하게 자신들의 영역을 지킬 수 있다.

/문/제/제/기/ 및 /질/문/

1. 기업이 자사와의 경쟁환경을 진단하기 위하여 이용될 수 있는 두 가지 차원이 있다. 이 두 차원의 개념이 경쟁상황분석에 어떻게 이용되는지 설명하시오.
2. 경쟁환경의 분석과정의 4단계에 대해 설명하시오.
3. 시장선도자가 취할 수 있는 목표와 경쟁전략에 관해 설명하시오.

메모

이 장을 읽고 난 후 여러분들이 알아야 하는 내용은 다음과 같습니다.

- 마케팅믹스의 통합과정에 대하여 이해한다.
- 마케팅믹스의 개념을 정립하고 상위 마케팅믹스와 하위 마케팅믹스에 대하여 알아본다.

이 장의 첫 사례는 저도 위스키인 주피터 마일드 블루의 출시에 관한 내용입니다. 롯데주류의 주피터 마일드 블루의 초기 출시전략을 통하여 마케팅믹스의 다양한 요소들을 어떻게 통합적으로 계획할 수 있는지에 대하여 알아볼 수 있습니다. 이처럼 마케팅믹스를 통합적으로 운용하기 위해서는 어떤 요소를 가장 중시해야 하는지 다음 사례를 보면서 생각해 봅시다.

제 1 절 제품, 유통 그리고 촉진의 통합

제 2 절 가격에 대한 결정

제 3 절 다른 마케팅믹스요소들과 가격의 통합

제 4 절 마케팅믹스의 이론적 통합

CHAPTER 13

마케팅믹스의 통합: 전략적 응용

도입사례

롯데주류 '주피터 마일드 블루' 신제품 개발 및 마케팅전략

1. 환경변화의 파악

국내 주류시장 상황을 살펴보면, 소주와 맥주, 막걸리는 약진하고 있는 반면에 위스키시장은 규모가 축소되고 있는 실정이다. 이에 따라 2013년 말, 롯데주류는 점점 위축되는 위스키시장 내에서 지위확보를 위해 저도 위스키의 가능성을 검토하였다. 이를 통해 위스키 대중화를 선도하고, 자사의 시장리더십을 확보하며, 다양해진 고객욕구에 적합한 신제품 개발의 필요성이 제기되고 있었다.

2. 표적시장의 확인

(1) 시장세분화

위스키시장은 제품특성에 따라 주피터 마일드 블루, 골드블루 등의 국내 제품 위스키시장과 발렌타인 21년산, 조니워커 블루, 스카치 등의 수입품 위스키시장으로 구분할 수 있었으며, 또한 고객의 라이프스타일에 따라서도 시장구조를 구분할 수 있었다. 주피터 마일드 블루, 골드 블루를 선호하는 접근용이성에 초점을 둔 고객층과 발렌타인 21년산, 조니워커 블루, 스카치를 선호하는 고가격 제품을 추구하는 고객층으로 구분될 수 있었다.

(2) 세분시장 분석

국내 제품 위스키시장에서는 롯데주류 제품의 시장지위가 비교적 유지될 수 있었고, 수입품 위스키시장은 규모는 작으나 발렌타인 21년산이 경쟁우위를 가지고 있었다.

(3) 표적시장의 선정

롯데주류는 국내 제품 위스키시장에서의 시장지위를 유지하는 한편, 전통적·보수적 고객층을 위한 수입품 위스키시장에서 확고한 시장리더십을 회복하고 잠재고객에게 프리미엄 위스키시장의 이미지를 제대로 인지시키기 위한 마케팅활동을 강화해야 하는 필요성을 인식하였다. 이 표적시장의 특징은 35~44세의 남자로서 사업가나 간부급 이상으로 접대를 자주하는 고객들이었다. 이들은 조용하고 치밀한 성격의 소유자로, 자신의 일에 남다른 열정을 가지고, 자신에게는 엄격하나 타인에게는 관대한 편이며, 타인과 잘 어울리며 좌중을 리드하는 타입이었다. 즉 대인관계를 매우 중요시하며, 꾸준한 노력을 통해 높은 성취목표를 달성하고자 하였고, 위스키에 대한 취향을 살펴보면, Heavy Whisky Drinker로서 부드러운 위스키를 선호하며, 자신의 이미지를 위해 품위 있고 세련된 제품을 선택하는 것으로 나타났다.

3. 마케팅목표 설정: 제품개념 설정과 구매장애요인 규명

롯데주류는 이 표적시장에서의 제품개념과 마케팅믹스전략을 수립하기 위해 철저한 소비자조사를 실시하였다. 특히, 최적의 제품을 구성하기 위해 제품개념, 상표명, 위스키원액 및 병 디자인에 대해 소비자의견을 분석하였다. 전문가 그룹이 개발한 제품컨셉은 한국 내 현존하는 가장 부드럽다고 생각하는 35도로 알코올도수와 컨셉을 구축하였다. 이에는 다음과 같은 하위 개념들이 포함되었다.

❶ 하늘의 신, 빛의 신, 법의 신, 기후의 신 주피터(Jupiter)를 네이밍: 최고의 브랜딩 마스터가 찾아낸 최적의 맛 밸런스

❷ 부드럽고 감미로운 맛: 위스키의 본고장 스코틀랜드 지역에서 생산된 원액 중 최적의 숙성기간에 도달한 원액을 엄선한 알코올 35도의 국내 최고급 위스키

위와 같은 제품개념을 효율적으로 전달하려는 개념전달목표 이외에 구매전환활동목표로서 크게 여섯 가지의 장애요인들을 제거하는 데 중점을 두었다. 예를 들어 신제품의 인지적 장애요인을 제거하기 위해 표적고객에게 효율적으로 접근할 수 있도록 하는 제품개발(디자인) 및 촉진을 수행하고, 낮은 알코올 함도와 부드럽고 감미로운 맛의 개발로 기능적 장애요인을 제거하였으며 소유측면에서의 장애요인을 제거하기 위한 유통 및 가격전략을 수립하도록 하였다. 또한, 시간 및 장소관련 장애요인 제거를 위하여 자사제품 단독취급전문 대리점을 중심으로 유통 판매촉진을 실시하였고, 감각적 장애요인을 제거하기 위한 제품의 포장 및 색, 맛과 향의 개발에 노력을 경주하기로 하였다.

4. 개념전달활동과 구매전환활동을 수행하기 위한 마케팅믹스의 설계

(1) 제　품

❶ 상표명: 1,000개에 달하는 발상안 중 위스키 이름으로 적절하다고 생각되는 약 400개의 후보 이름들에 대해 상표등록 여부를 검색한 후, 몇 차례의 소비자 조사를 통해 '부드러움의 절정'이라는 컨셉에 어울리는 최상급 이미지를 표현하기 위해 하늘, 빛, 법의 신 '주피터'라는 상표명을 도출하였다.

❷ 제품특성:

a. 원액: 제품의 성패는 전통적이고 보수적인 '한국인의 입맛'에 가장 잘 맞는 위스키 원액을 개발하는 데 있다고 보았다. 전문가그룹, 위스키 애호가그룹, 위스키 전문판매업소 종사자 등 위스키맛을 아는 모든 그룹에 철저한 사전 소비자테스트를 실시하여 개발하였다(12년생 Blended Scotch Whisky). 전문가그룹의 테스트는 인하우스 테스트였으나, 위스키 애호가 및 전문판매업소 종사자의 테스트는 강남의 최고급 룸싸롱에서 실시하였으며, 특히 위스키 전문판매업소 종사자의 테스트 시에는 일부 고객과 업소 종업원들에게 실제로 많은 양의 테스트제품을 마시게 하여 그 다음날 숙취현상 및 뒤끝까지도 조사하였다. 이와 같은 세 차례의 테스트로 지적된 단점을 보완하고 장점을 최대한 반영하였다.

b. 용량: 1단계로 400ML와 450ML를 선보이고 향후 2L와 700ML를 출시할 계획을 세웠다.

❸ 병디자인: 결정된 컨셉과 네임을 시각적으로 구현하기 위해 병 디자인과 라벨 디자인을 동시에 진행하였다. 최고의 신 주피터(Jupiter)의 상징성을 전달하기 위해 스코틀랜드 왕실의 고유한 정통성과 거부할 수 없는 권위를 표현하기 위해 왕관(crown)을 심벌로 정교화하였다. 보틀 디자인(Bottle Design) 역시 스코틀랜드 국가이미지와 '빛의 신'이라는 주피터의 느낌을 과감한 커팅라인으로 형상화하였다. 특히 골드와 자주빛(Gold & Burgandy) 컬러를 통해 프리미엄 위스키다운 주피터의 품격과 가치를 반영하였다.

❹ 등록상표: 두 차례의 소비자조사를 통하여 스코틀랜드의 전통과 권위, 그리고 오랜 역사를 상징할 수 있는 왕관을 심벌화하여 골드 컬러의 라벨을 개발하였다.

❺ 포장: 등록상표와 함께 두 차례의 소비자조사를 통하여 훌륭한 예우와 품격을 나타내는 현재의 포장을 개발하였다.

주피터 마일드 블루

(2) 촉진계획

❶ 광고: 핵심 소비자 및 핵심지역에 노출을 극대화하기 위해 4대 일간지, 경제지 및 지방지 등의 신문과 타깃잡지를 선정하여 집중적으로 광고한다. 또한, 유흥업소 및 딜러와 관련되는 매체를 선정하고, 기존 브랜드에 대한 옥외광고를 대체하여 집중적으로 노출시킨다.

❷ 홍보: 런칭 파티 행사에 신문/잡지 기자를 초청한다. 또한 그룹사와 지점 건물에 현수막을 부착하도록 한다.

❸ 판촉활동: 업소 밀집지역에서 월 100케이스 이상 판매하는 전국 611개 전문업소를 주공략 대상으로 하여 단기 운영자금뿐만 아니라, 샘플링, 맛 테스트, 종업원교육 등을 지원한다.

❹ 인적판매: 지점직원 및 중간상들에게 영업사원 교육, 인센티브 제공, 간판 제공 및 핵심대리점 세미나 등을 실시한다.

그림 13-1 롯데주류의 주피터 마일드 블루의 개념전달활동과 구매전환활동을 위한 마케팅믹스

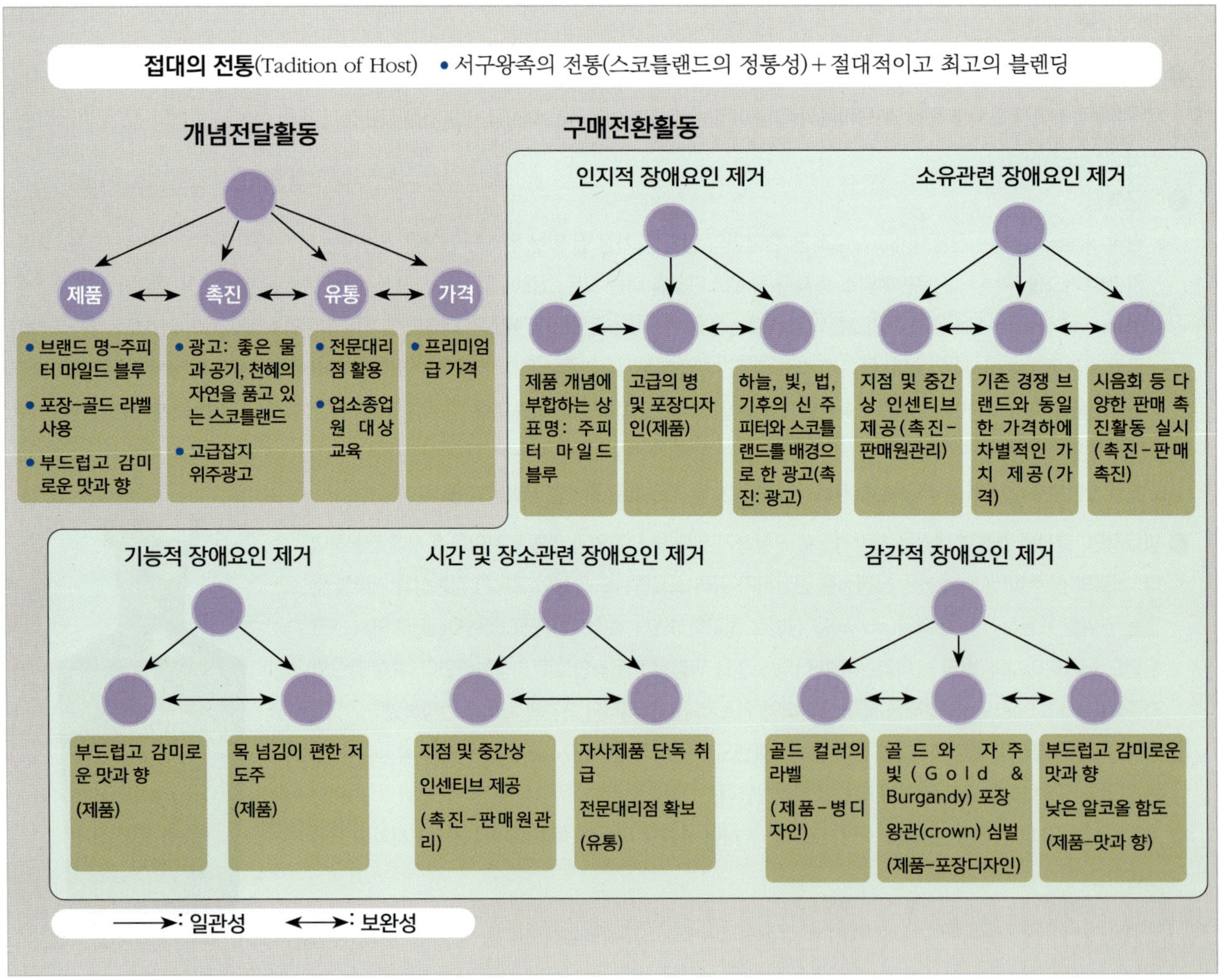

(3) 유　　통

중간상을 전문대리점, 일반대리점 및 도매상으로 구분하여 관리한다. 제품출하, 결재조건 및 차별적 지원을 통하여 가급적 자사제품을 단독취급하는 전문대리점으로 유도한다. 전문대리점에 대해서는 차량, 샘플링, 세일즈콘테스트 등을 차별적으로 지원한다.

(4) 가　　격

목표고객들에게 제품가격이 소유에 있어 장애요인으로 작용하지 않도록 하기 위하여 기존의 경쟁 프리미엄위스키와 동일한 가격으로 하되, 앞서의 제품, 촉진, 유통서비스의 강화로 뚜렷한 차별적 우위(혜택)를 확보하고 고객에게 가치 있는 위스키로 자리잡으려 노력한다.

마케팅전략이란 마케팅믹스요소들을 통합하여 운영하는 과정이다. 본 장에서는 앞에서 검토되었던 마케팅믹스요소들을 어떻게 효과적으로 통합시킬 것인가를 다룰 것이다. 이를 위해서 마케팅믹스의 통합전략을 어떠한 절차와 방법으로 수립하는가에 대한 검토가 필요하다. 즉, 기업이 어떻게 마케팅믹스의 네 가지 요소인 제품, 유통, 촉진, 가격을 전략적으로 통합하여 되도록 경제적으로 마케팅목표를 달성할 수 있는 가를 이해해야 한다. 이를 위해서 마케팅믹스요소 각각의 역할과 중요성을 숙지할 필요가 있다.

마케팅전략
마케팅믹스요소들을 통합하여 운영하는 과정

실제로 마케팅믹스 통합의 핵심기준은 **시너지효과**라 할 수 있다. 그리고 시너지효과는 믹스요소들 간의 일관성과 상호보완성을 극대화함으로써 창출된다. 이와 같이 시너지효과가 강조되는 이유 중 하나는 비용절감의 효율성을 제공할 수 있다는 데에 있다. 즉, 효율적인 시너지효과를 창출하여 경제적으로 제품개념 전달과 구매장애요인 제거를 수행할 때, 그 기업은 높은 수요와 이익을 기대할 수 있다.

마케팅믹스통합의 시너지효과
마케팅믹스 요소들간의 일관성과 상호 보완성을 극대화하여, 각각의 마케팅 요소들만으로는 얻을 수 없는 비용절감, 수익 창출 등의 효과를 얻는 것

우리는 흔히 마케팅믹스요소들 중에 가격에 대해 중요성을 더 많이 부여하는 경향이 있다. 가격은 마케팅믹스요소 중에서 가장 계량화하기 쉬운 요소이며 소비자들의 입장에서도 특정 제품의 가격은 경쟁자들의 가격과 쉽게 비교할 수 있다. 또한, 가격은 소비자들에게 매우 중요한 관심사항이기 때문에 기업은 가격을 가장 손쉽고도 강력한 경쟁의 무기로 생각하기도 한다.

그러나 경쟁의 수단으로서 가격을 지나치게 이용하는 것은 바람직하지 못한 시장성과를 초래할 수 있다. 물론 가격인하는 단기간의 수요증가와 이익을 가져올 수 있다. 그러나 이러한 가격정책은 경쟁자들에 의해 쉽게 모방될 수 있기 때문에 가격인하가 비용절감을 통해 이뤄지는 것이 아니라면 기업의 경쟁우위

요소는 곧 사라지고 이익은 감소될 것이다. 따라서 단순히 가격인하를 통해 경쟁적 우위를 추구하려는 시도는 제품, 유통, 촉진 그리고 가격의 네 가지 요소들을 혼합하여 긍정적인 시너지효과를 나타내도록 하려는 마케팅믹스전략의 근본취지에 어긋나는 것이라 할 수 있다.

그러므로 본 장에서는 우선 제품, 유통, 촉진의 세 가지 마케팅믹스요소의 통합과정을 설명한 다음 이를 전제로 한 가격의 통합에 대해 논의하기로 한다.

제 1 절 제품, 유통 그리고 촉진의 통합

마케팅믹스 통합의 통합순서
1단계: 제품, 유통, 촉진 간의 시너지효과를 창출하여 상표가 주는 편익(혜택)을 높인다.
2단계: 편익에 알맞은 가격을 산정한다.

일반적으로 소비자들은 제품의 가치를 평가할 때 제품이 주는 편익(또는 혜택)과 그 편익을 받기 위해 지불해야 할 비용을 비교하게 된다. 제품의 편익에 대한 인식은 제품, 유통 그리고 촉진전략에 의해 큰 영향을 받는다. 그러므로 마케팅믹스의 네 가지 요소를 통합하는 것은 두 단계의 절차를 거쳐 이뤄진다. 1단계에서는 제품, 유통 그리고 촉진 간의 시너지효과를 창출하여 상표가 주는 편익(혜택)을 높이고, 그 다음단계에서는 이러한 편익에 알맞은 가격을 산정함으로써 마케팅믹스의 네 가지 요소들을 모두 통합하는 것이다. 가격을 먼저 결정하고 다른 믹스전략을 세우는 것보다는 제품, 유통 그리고 촉진 간의 시너지효과를 유도하면서 그 효과에 따라 가격을 결정하는 것이 보다 바람직하다.

이 세 가지 요소들간의 시너지효과를 창출하는 과정은 <그림 13-2>과 <그림 13-3>에 나타나 있다. <그림 13-2>에서 A라고 표시된 원은 개념전

그림 13-2 각 요소에서 두 가지 활동을 가장 효과적으로 수행할 수 있는 대안들의 집합

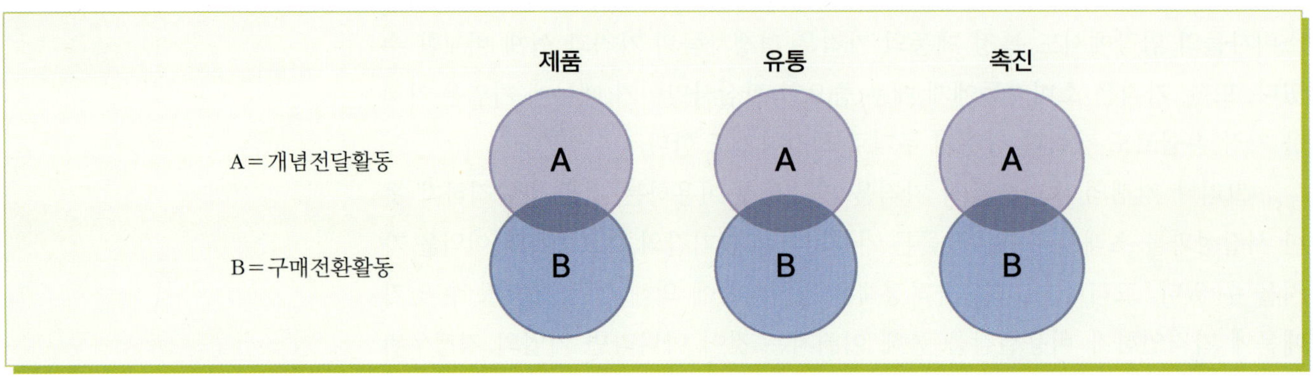

그림 13-3 세 가지 요소 사이에서 최고의 보완성을 나타내는 집합

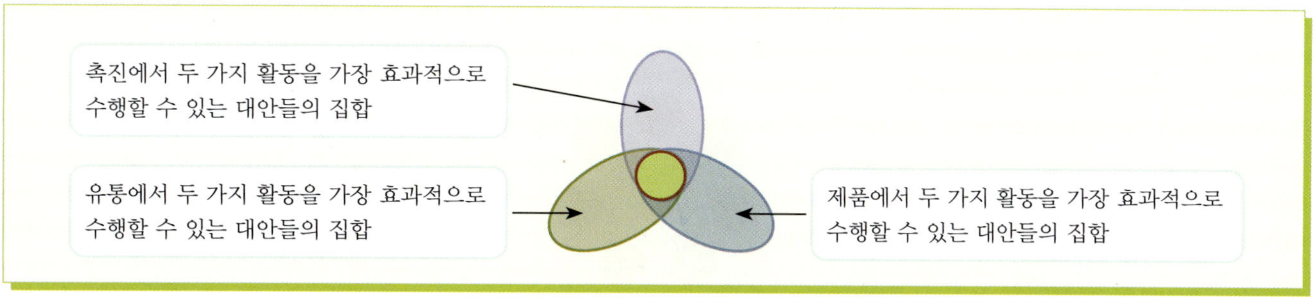

* 각각의 가능한 집합들은 〈그림 13-2〉에서 나온 것이다.

달활동을 효과적으로 수행할 수 있는 제품, 유통 그리고 촉진과 관련된 여러 가지 대안들의 집합을 나타내며, B라고 표시된 원은 구매장애요인들을 제거할 수 있는 제품, 유통 그리고 촉진과 관련된 대안들의 집합이다. 여기서 집합이란 여러 가지 이용가능한 대안들의 모음을 의미한다.

제품의 경우, 제품요소(포장, 제품디자인, 로고, 상표이름 등) 각각은 제품의 핵심개념을 정확하게 전달할 수 있도록 개발되어야 한다. 즉, 여기서 중요한 것은 어떻게 제품과 관련된 요소들 각각에서 효과적으로 제품개념을 전달할 수 있는가와 동시에 제품과 연관된 네 가지 장애요인(지각적 장애요인, 소유에 관한 장애요인, 감각적 장애요인, 그리고 기능적 장애요인)을 최대한 제거할 수 있는가에 대한 방안들을 찾아내는 것이다. 또한, 유통과 촉진에서도 같은 방식으로 두 가지 활동을 효과적으로 수행할 수 있는 방안들을 모색해야 한다.

제품, 유통, 촉진 각각에서 확인된 방안들 중에서 세 가지 요소 간에 가장 보완성이 높은 방안 하나씩을 최종적으로 찾아내어 이들을 혼합시키는 것이 <그림 13-3>에서 나타난 연두색의 원이며, 이것을 좀 더 구체적으로 표현한 것이 <그림 13-4>이다.

마케터의 질문

어떻게 요소 각각이 효과적으로 제품개념을 전달할 것인가? 그리고 어떻게 장애요인을 최대한 제거할 것인가?

그림 13-4 세 가지 요소 간의 시너지 효과가 있는 관계형성

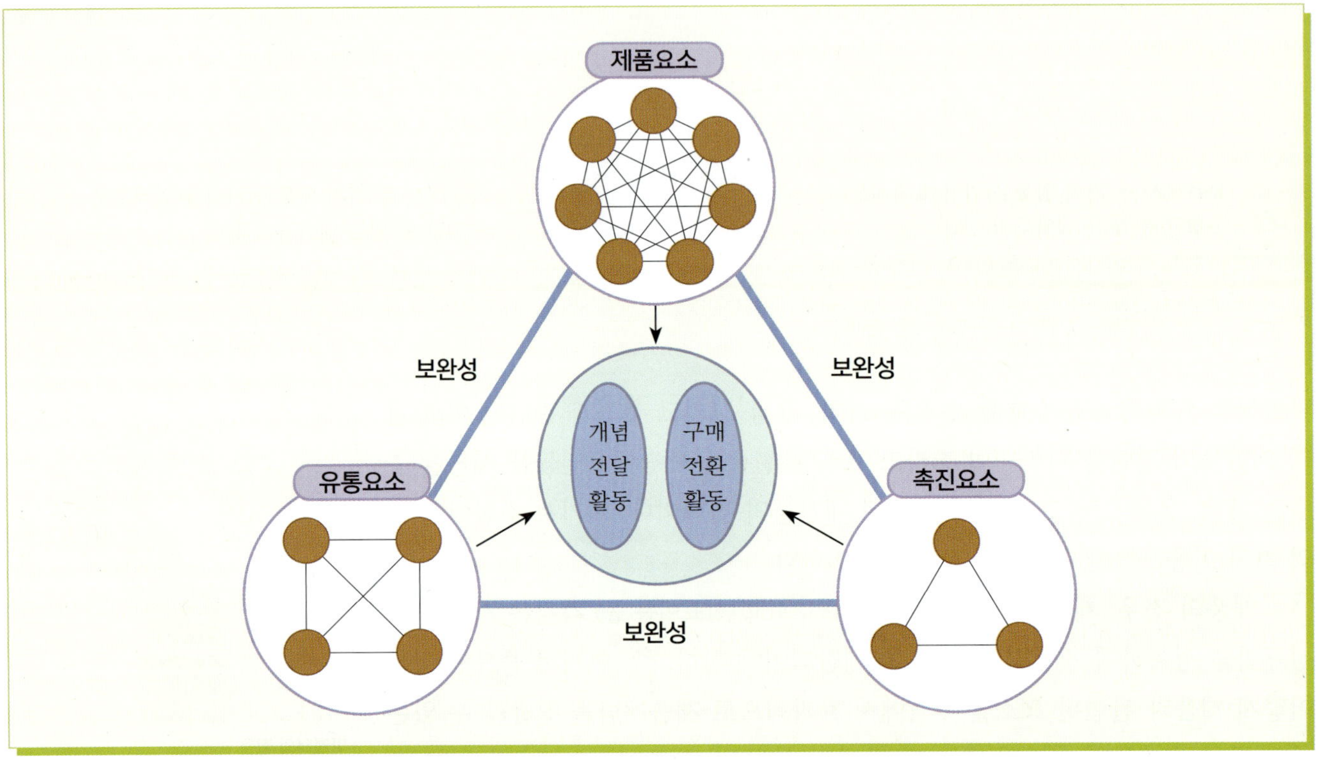

제2절 가격에 대한 결정

제품의 가격을 결정하기 전에 마케팅관리자는 먼저 고객의 입장에서 수용 가능한 가격의 범위를 파악해야 한다. 고객이 수용할 수 있는 범위 내에서 제품 가격을 정한다면 개념전달활동과 운영활동을 더욱 성공적으로 수행할 수 있기 때문이다.

고객이 수용할 수 있는 가격범위를 확인하고 그 범위 내에서 가격을 정하기 위해서는 먼저, 소비자들이 제품이나 서비스의 가치를 어떻게 인식하고 판단하는지를 분석하고 이해할 필요가 있다. 고객이 상표에 대해 가치를 판단하는 일은 교환과 거래에서 가장 기본이 되는 요소이다. 따라서 마케팅관리자는 자사의 상표가 경쟁상표에 비해 더 높은 가치로 평가받을 수 있도록 해야 한다. 이하에서는 이러한 가치개념이 어떻게 가격결정에 영향을 주는지를 살펴보도록 한다.

준거상표(제품)
구매를 고려하는 시점에서 고객이 가장 먼저 대안으로 생각하는 상표로, 이를 기준으로 다른 상표를 비교하게 된다.

고객은 상표가 주는 혜택을 지각한 후, **준거상표**와의 비교를 통해서 상대적

혜택을 평가하게 된다. 준거상표(제품)는 구매를 고려하는 시점에서 고객이 가장 먼저 대안으로 생각하는 상표로써, 비교의 준거 혹은 기준점이 된다. 즉, 고객이 알고 있는 대안들 중 구매가능성이 가장 높은 대안을 말한다. 직접 비교할 만한 상표가 존재하지 않는 혁신제품인 경우, 고객은 본질적 속성이 유사한 대체 제품과 비교할 것이다.

그런데 이러한 비교과정에서 제품의 마케팅믹스는 큰 영향을 미치게 된다. 즉, 한 제품의 마케팅믹스활동이 그 상표의 혜택을 인식시켜주는 것과 마찬가지로, 준거상표의 마케팅믹스활동 역시 준거상표의 혜택에 대한 인식을 결정한다. 따라서 어떤 상표의 마케팅믹스가 준거상표의 마케팅믹스보다 효과적일수록 그 상표는 더 많은 혜택을 제공하는 것으로 인식될 것이다. 고려상표의 마케팅믹스 전략이 준거상표의 믹스전략보다 효과적이라면, 고객은 그 상표를 더 호의적으로 평가하게 되고, 준거상표에 비해 높은 가격을 지불할 용의를 갖게 되는 것이다.

당신이 물건을 살 때 가장 먼저 떠올리는 상표는?

•높은 가치를 제공하는 가격결정

1단계: 표적고객이 수용할 수 있는 가격범위를 파악
2단계: 정해진 가격범위 내에서 최적의 가격 결정

소비자는 상대적 혜택과 비용을 평가한 후, 최종적으로 종합적인 가치판단을 하게 된다. <그림 13−5>는 이러한 평가전략들에 의한 가치판단의 다양한 예를 보여 준다. 즉, 상대적 혜택이 상대적 비용보다 매우 높을 때 고객은 "최상의 구매"(super deal)로 판단할 것이고, 반대의 경우에서는 "바가지 구매"(rip−off)라고 판단할 것이다. 그리고 상대적 혜택과 상대적 비용이 동일하다고 인식하면 그것을 "공정한 거래"(square deal)라고 판단할 것이다. 따라서 기업이 경쟁상표보다 더 높은 가치를 제공하기 위해서는 다음과 같은 두 가지 단계를 통해 가격을 결정하여야 한다. 첫째는 표적고객이 수용할 수 있는 가격범위를 파악하는 것이며, 둘째는 정해진 가격범위 내에서 최적의 가격을 설정하는 것이다.

1 수용가능한 가격범위의 확인

제품에 대한 고객의 수용가능한 가격범위를 측정하기 위해서 마케팅관리자는 두 가지 요소에 주목해야 한다. 첫째는 대안적 경쟁제품의 가격이며, 또 하나는 가격 이외의 세 가지 마케팅믹스에 의해 형성되는 혜택의 정도이다.

(1) 대안적 경쟁제품(상표)의 선정

제품의 혜택을 판단할 때 소비자들은 판단기준의 틀(frame of reference)을 제공해 주는 여러 다른 제품(상표)들을 고려한다. 이러한 대안적인 제품들의 가격은 소비자가 수용가능한 가격범위를 결정하는 데 영향을 준다. 대안적인 제품들의 선택은 특정한 고객의 욕구충족을 의미하는 제품개념의 유사성에 입각하여 이루어진다. 예컨대, 어떤 기업의 제품이 마케팅믹스를 통해 최고급 제품이라는 개념을 전달하고 있다면, 소비자는 최고급 군에 속한다고 판단되는 여러 가지 경쟁제품들과 그 제품을 비교하게 될 것이다. 이때, 비교대상 제품을 선정하는 근거는 제품이 제공해 주는 욕구충족상의 유사성에 있다. 즉, 동일한 욕구(편익/사용상황)를 충족시켜 주고 있다고 인식되는 제품들을 준거기준으로 사용하게 되는 것이다.

(2) 제품의 가격범위와 세 가지 마케팅믹스요소들에 의해 제공되는 혜택

경쟁제품들이 확인되면 그 제품들의 가격에 의해 자사제품의 가격범위를 형성하게 된다. 그러나 기업의 제품가격 범위를 판단할 때 가격 이외의 세 가지 마케팅믹스 효과도 함께 고려되어야 한다. 앞에서 설명하였듯이 기업의 제품, 유통, 촉진에 대한 의사결정이 다른 기업들에 비해 효과적이고 이들 사이에 긍정적 시너지가 존재한다면 그 제품의 혜택은 높게 인식될 것이고, 반면 비효과적이라면 그 제품의 혜택은 낮게 인식될 것이다. 그리고 이러한 인식에 따라 적절하다고 판단되는 가격의 수준이 달라질 것이다. 그러므로 제품의 혜택이 크면 클수록 가격결정을 할 수 있는 융통성의 폭도 커지게 되는 것이다.

그림 13-5 인지된 가치를 평가

인지된 상대적 가격(비용) \ 인지된 상대적 혜택	고	중	저
고	0 공정함	− 너무 비쌈	− − 바가지 씀
중	+ 돈에 비해 적절한 구매	0 공정함	− 돈에 비해 좋지 않은 구매
저	+ + 최상의 구매임	+ 잘 샀음	0 공정함

+: 긍정적인 가치판단 −: 부정적인 가치판단 0: 중간적인 가치판단

2 일정한 범위 내에서의 가격결정

적당한 가격범위 안에서 가격을 결정하는 방법에는 여러 가지가 있다. 일정한 가격상승률을 규정해 놓거나 일정한 **투자회수율**(ROI) 목표를 가격결정의 지침으로 사용할 수도 있다. 가격결정은 그 가격범위 내에서 나타나는 수요에 대한 가격의 탄력성을 면밀하게 조사함으로써 이루어진다. 그리고 이를 토대로 회사에 적정한 이익을 보장하는 동시에 소비자에게 가능한 한 최고의 가치인식을 부여하는 가격을 결정하게 된다.

투자회수율(ROI: Return Of Investment)
기업에서 정해진 자금의 사용에 대하여, 이익이나 비용절감 등의 회수가 얼마나 많이 있었는가를 판단하는 지표

일정한 가격범위 내에서 서로 다른 가격에 대한 수요와 이익을 평가하는 데에는 몇 가지 기법이 이용될 수 있다. 예를 들어, 수요곡선을 평가하기 위해 과거의 경험이나 해당 산업의 관행을 활용할 수 있으며, 또한 면접이나 설문조사를 통하여 수요에 대한 가격의 탄력성을 평가할 수도 있다. 다른 방법으로는 기업의 과거판매자료를 토대로 수요곡선을 도출할 수도 있으며, 아울러 가격 이외의 모든 요인들을 동일하게 유지하면서 서로 다른 가격 수준에 대한 구매반응을 측정하는 실험을 이용할 수도 있다.

제3절 다른 마케팅믹스요소들과 가격의 통합

1 모든 믹스요소들의 통합

마케팅믹스요소 간에 긍정적인 시너지효과를 유발시키기 위한 과정은 투입－산출의 단계적 형태를 띠고 있다. <그림 13－6>은 마케팅믹스의 긍정적 시너지효과 창출에 대한 체계적 접근을 설명하고 있다. 제1단계는 앞의 <그림 13－2>와 <그림 13－3>에서 제시된 제품, 유통 그리고 촉진의 결합에 대한 구체적인 설명이다. 제2단계는 일관성과 보완성의 원리에 따라 가격을 다른 세 가지 마케팅믹스요소에 통합시키는 과정을 제시하고 있다. 이러한 방법으로 설계된 마케팅믹스를 토대로 개념전달활동과 구매전환활동이 활발해질 것이며, 이는 결국 제품 판매량의 증가와 이익을 가져오게 된다.

가격과 다른 세 가지 마케팅믹스요소 간의 관계는 서로 일관적이며 보완적이어야 한다.

여러 차례 강조하였듯이 개념전달활동과 구매전환활동을 수행하는데 있어서는 가격과 다른 세 가지 마케팅믹스요소 간의 관계는 서로 일관적이며 보완적

그림 13-6 마케팅믹스에 있어 긍정적 시너지를 위한 시스템적 접근

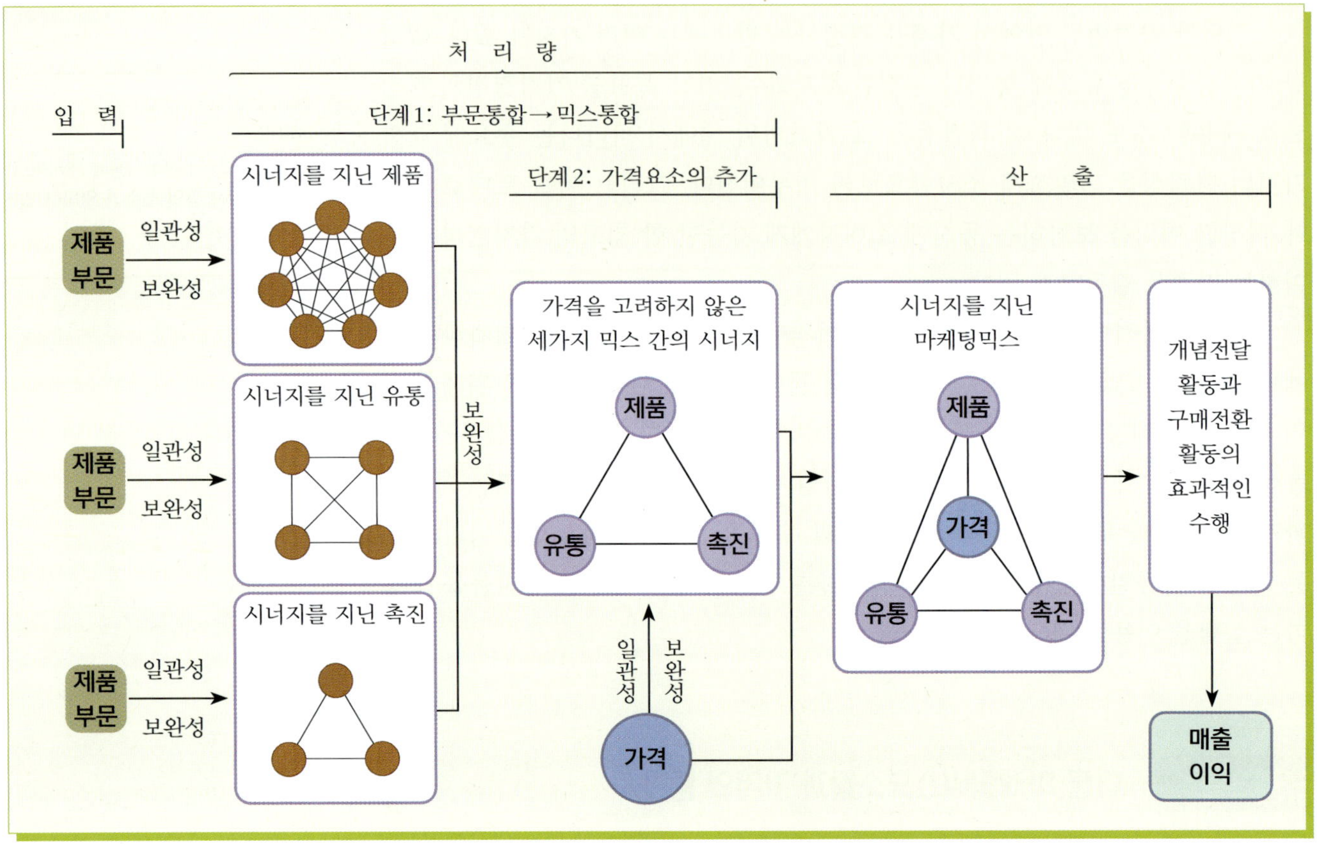

이어야 한다.

2 적용사례

가격이 다른 마케팅믹스들과 잘 조정되었을 때, 제품에 대해 소비자가 느끼는 가치는 더욱 높아진다(<그림 13-7> 참조). 이것은 결국 소비자의 욕구를 충족시키려는 기업의 노력을 보다 용이하게 한다. 또한, 소유의 장애를 제거함으로써 거래의 촉진활동을 보다 활발하게 한다.

고가격과 많은 혜택의 결합이 이루어질 때 소비자들은 비싼 제품에 대해서도 적합하다라는 생각을 하게 된다(<그림 13-5> 참조). 미국의 pen 시장에서의 Cross Pen의 고가격-고혜택전략이 좋은 예가 될 것이다. Bic Pen 은 Cross Pen

그림 13-7 다른 마케팅믹스 구성요소와 가격의 조정에 의존한 높은 인지가치

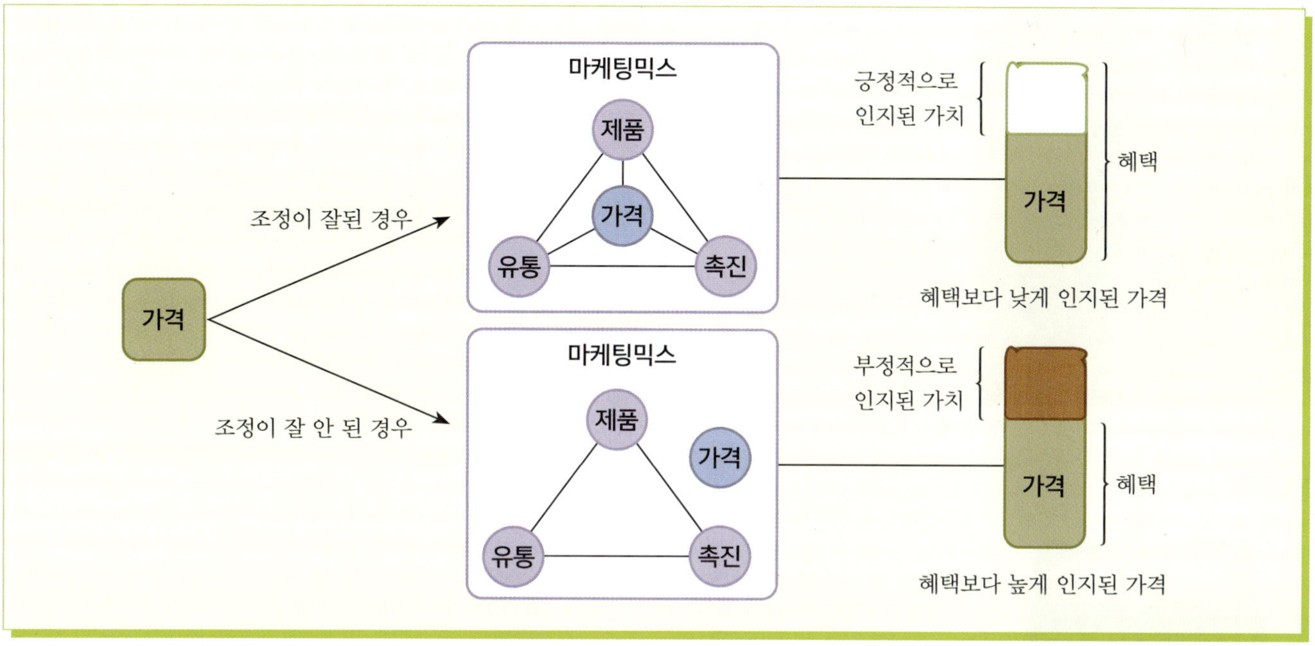

만큼의 기능을 가지고 있지만 어떤 소비자는 몇 센트에 불과한 Bic Pen보다는 거의 $100에 달하는 Cross Pen을 사려고 한다. 왜냐하면, Cross Pen은 전문가라는 인상과 다른 사람에게 호감을 주고 싶어하는 저명한 인사들이 선호하는 고품질과 세련된 스타일의 필기도구로 인지되었기 때문이다. Cross Pen은 크롬, 금, 은과 같은 비싼 재료로 만들어졌다. 또한, 잠금통(turn barrel)은 우연히 뚜껑이 열려 옷에 잉크가 묻는 것을 방지하는 Cross Pen만의 독특한 특징이다. 그 결과 Cross Pen은 고가를 정당화시키는 높은 품질을 가진 맵시 있고 세련된 펜이 된 것이다. 즉, 마케팅믹스요소들의 조화가 잘 이루어졌기 때문에 Cross Pen은 합당한 가격의 우수한 제품으로 평가되는 것이다. 그 밖에도 시장에는 소비자들로부터 가치 있는 제품이라는 평가를 받고 있는 다양한 브랜드가 존재한다. Heinz 케찹, Sears 공구, Tupperware 음식용기, McDonald 햄버거, IBM 컴퓨터 등이 이러한 예에 속한다.

Cross Pen은 제품에서부터 포장, 가격에 이르기까지 고품질과 세련된 스타일을 추구한다.

Heinz 토마토케찹은 100년이 넘는 기간 동안 점진적인 성장을 누려 현재 5억 달러 이상인 미국 케찹시장에서 50% 이상의 점유율을 나타내고 있다. 제품, 유통 그리고 촉진전략을 성공적으로 수행함으로써 Heinz는 항상 경쟁제품보다

Heinz는 부드러우면서 균형 있는 맛이라는 제품 컨셉에 맞는 촉진 활동으로 긍정적인 제품가치를 창출하였다.

Sears 공구세트는 경쟁제품보다 비싼가격으로 표적시장에 효과적으로 제품개념을 전달하였다.

최초의 상징적 제품개념과 맞지 않는 유통망 확장으로 Izod-Lacoste 셔츠의 가치는 점차 하락하였다.

비싼 가격을 유지하고 있다. 1온스당 1~2센트가 더 비싼데도 불구하고 Heinz 케찹은 소비자들에게 비싸게 인식되지 않고, 그만큼의 가치가 있는 케찹으로 받아들여지고 있는 것이다. 특히 이는 진하고 부드러우면서 균형있는 맛이라는 차원에서 경쟁제품인 Ann Page(A&P) 또는 Econo Buy(Alpha Beta) 브랜드보다 우월하지 않다는 실험결과를 볼 때 매우 흥미로운 현상이라 할 수 있다. 결국 Heinz는 제품, 촉진, 유통 등의 효과적인 조화를 통해 긍정적인 제품가치를 창출해 내고 있는 것이다.

경쟁제품보다 15~30%까지 높은 가격을 가진 Sears 공구세트도 중류층 소비자를 겨냥하여 내구성 있는 우수한 질의 공구라고 인식되었다. Sears는 결함있는 제품의 즉시 교환을 통한 신뢰감 증진, 지명도, 독점적 유통망, 질 좋은 제품이라는 마케팅믹스를 이용하여 경쟁제품보다 비싼 가격으로 표적시장에 효과적으로 제품개념을 전달했다.

한편, Izod－Lacoste사의 셔츠는 위의 예와 흥미로운 대조를 이룬다. 옷의 바깥쪽에 브랜드명 또는 로고를 부착한 최초의 제품인 이 셔츠는 1920년대 프랑스의 테니스 스타인 Le Crocodile에 의해서 제작, 소개되었다. 오랫동안 유럽에서만 시판되다가 1951년에 미국시장에 첫 선을 보였지만, 그 당시 소비자들은 이 셔츠가 이상한 디자인에 비해 값은 엄청나게 비싸다고 생각했다. 그러나 곧 유명인사와 스포츠맨들이 이 셔츠를 입기 시작하였으며, 아이젠하워 미국 대통령이 골프를 칠 때 이 옷을 입으면서 급성장하였다. 이 제품의 초기 구매를 유발시킨 품질, 희소성 그리고 패션의 이미지는 셔츠의 가격과 유통경로와 일관성을 유지하였다. 1970년대 중반까지 Izod－Lacoste 셔츠의 소매가격은 $28이었다. 그러다가 수입물량과 시장점유율을 유지하기 위하여 $15에 파는 할인점 등으로 유통망을 확충시켰다. 이는 이 제품이 갖는 품질과 이미지에 부정적인 영향을 미쳤다. 원하는 사람 모두에게 제품의 접근을 용이하게 한 유통망의 확장은 Lacoste가 가지고 있던 최초의 상징적 제품개념과 맞지 않았던 것이다. 촉진활동을 통해 제품이미지를 보호하지 못하였고 동시에 매력적이고 상징적인 제품개념을 갖는 강력한 경쟁회사들의 마케팅전략으로 인해 Izod－Lacoste 셔츠의 가치는 점점 하락하였다.

핵심사례 13-1 | 미국 Giant Eagle사의 효과적인 마케팅믹스 통합전략

Giant Eagle 슈퍼마켓은 소비자들이 자주 사용하는 생필품 위주로 가격을 인하하였고, 일상적으로 사는 품목에 대한 지출을 절약한 소비자들은 진정한 가치를 얻을 수 있었다.

식료품 구매자들은 다양한 형태의 할인판매보다는 일상적인 저가격을 선호할 것이라는 일종의 도박같은 가정이 Giant Eagle에게 획기적인 전기를 마련해 주었다. 이 기업은 절대적인 최저라고 자신할 수 있는 수준으로 가격을 낮추어 경쟁을 시작한 지 1년 만에 지역의 선두 식품체인업체로 재등장하였다. 즉, Giant Eagle은 가치의 개념을 소비자들에게 효과적으로 전달해 줌으로써 이 지역에서 선두자리를 따낸 것이다.

Giant Eagle은 최저가격의 실시와 함께 모든 마케팅믹스 요소들의 가치개념을 구현시키는 데 정진했다. 가장 효과적으로 개념을 전달하기 위해서는 시너지효과가 일어나야 한다는 것을 상기하고, Giant Eagle의 노력을 면밀하게 주시해 보자. 먼저, Giant Eagle은 'One-stop shop'의 개념으로 나갔다. 이러한 유형의 상점에서 소비자들은 그들의 쇼핑욕구를 효율적으로 만족시킴으로써 시간, 노력 그리고 돈을 절약할 수 있었다. 뿐만 아니라, 이 기업은 매장에 진열된 상품의 범위를 확장시켰다. 또한 무상표(generic brand), 전국상표(national brand), 그리고 유통업자상표(private brand)들도 다양하게 제공하였다. 이와 같은 제품구색전략(product assortment strategy)은 소비자들에게 가치개념을 전달하는 데 매우 효과적이었다.

Giant Eagle 상점의 위치선정 또한 가치개념을 강화하였다. Giant Eagle은 상점을 소비자들이 쉽게 찾아갈 수 있는 도시주위에 위치하도록 하였다. 즉, 이 회사는 가치가 가격 이상의 요인들에 의해 구축된다는 점을 이해하고 있었던 것이다. 이러한 가치개념은 Giant Eagle의 촉진활동에서도 발견된다. 먼저, Giant Eagle은 가격을 다른 경쟁 슈퍼마켓과 비교하여 그것을 바탕으로 한 주일간의 가격을 설정하고 신문에 주간 가격목록을 게재했다. 그리고 상점내부, 선반, 상품 등에 부착하는 여러 가지 표시를 이용하여 소비자들에게 최저가격을 유지시키려는 그들의 노력을 인식시켜 주었다.

그러나 Giant Eagle은 소비자들이 실제로 구입하는 제품에 최저가격이 나타나지 않는 한, 그것은 중요하지 않다는 것을 깨달았다. 그래서 소비자들이 자주 사용하는 제품들의 가격을 최대한 인하시키기 위해서 진지한 노력을 기울였다. 예를 들어, 거의 팔리지 않는 이쑤시개보다는 생활필수품인 빵의 가격을 계속 인하 시켜 나갔다. 따라서, 소비자들은 그들이 일상적으로 사는 품목에 대한 지출을 절약함으로써 진정한 가치를 얻을 수 있었다.

Giant Eagle은 또한 식료품의 신선도를 강조함으로써 가치를 전달했다. Giant Eagle 농장과 상점에서 제품이 빠르게 팔려나가는 장면을 보여 주는 광고는 저가품의 가치를 보강해 주었다. 끝으로 Giant Eagle은 소비자들에게 선택의 자유를 제공해 준다는 점을 강조함으로써 절대적인 최저가격(absolute minimum pricing)의 가치를 전달했다.

Giant Eagle은 소비자들에게 가치개념을 성공적으로 전달하였으며 나아가 절대적인 최저가격의 전달을 다른 마케팅믹스와 효과적으로 통합시켜 그들이 전달하고자 하는 개념을 보강하였다. 시너지효과의 원리를 활용함으로써 Giant Eagle은 Pittsburgh지역에서 정상의 슈퍼마켓 체인으로 부상할 수 있었다.

핵심사례 13-2 | 고가제품의 마케팅믹스 통합전략: Tiffany & Co.

Tiffany & Co.는 'Simple is the best – 가장 기본적인 것이 최상이다'라는 철학이 그대로 담긴 아름다운 디자인과 부드럽고 고급스러운 '티파니 블루' 컬러로 대표되는 명품브랜드이다.

Tiffany & Co.의 역사는 1837년 찰스 루이스 티파니가 친구와 함께 브로드웨이에서 오픈을 시작으로 1940년 현재 뉴욕 맨하탄 5번가에 자리를 잡으면서 본격적으로 시작된다. 티파니는 저렴한 가격의 실버 제품부터 전 세계 다이아몬드 총생산량의 상위 1%의 다이아몬드만 사용한다는 고가의 다이아몬드 제품까지 다양한 종류와 분야를 지니고 있다.

까르띠에가 왕과 귀족들에 의해 명성을 얻고 유명해졌다면, 티파니의 이름은 현대의 신귀족집단인 할리우드 스타들을 통해 더욱 빛을 발하게 된다. 까르띠에가 프랑스 파리 출신의 콧대 높은 귀족부인이라면, 티파니는 높은 하이힐로 뉴욕을 누비는 신 부르주아 여성의 상징으로 오드리 햅번 주연의 영화 <티파니에서 아침을>로 더욱 유명해진 대표적인 케이스이다. 이는 PPL을 활용하여 제품의 인지도를 세계적으로 넓히고 우호적인 이미지를 형성하는데 기여하여 매출을 증대시킨 것이다. 이외에도 세기의 결혼이라 불리는 미국 영화배우 그레이스 켈리의 티아라, 재클린 케네디의 잭키 팔찌, 리처드 버튼이 엘리자베스 테일러에게 선물한 돌핀 브로치 등 할리우드 가십난에 심심찮게 등장하는 티파니의 이름은 특수 계층만이 향유하는 사치품에서 일반 대중들도 한번쯤 원하는 꿈의 브랜드로 만들었다.

많은 영화와 광고에서도 생애 최고의 선물, 영원한 사랑의 고백, 프로포즈의 승낙 등 인생에서 가장 설레이고 축복 되는 순간엔 언제나 티파니가 더욱 빛나게 해 주었다. 티파니 블루박스를 지닌 남자가 등장하는 광고는 상황의 설명이나 표정이 보이지 않아도 특별한 날, 특별한 선물을 준비한 떨리는 마음과 공원 벤치에서 연인을 기다리며 두근거리며 뒤를 돌아보는 남자의 모습에는 연인에게 청혼하기 전의 설레임을 상상하게 된다. 여인의 손에 쥐어져 있는 티파니 블루상자는 로맨틱한 프로포즈가 이루어졌음을 상상하게 되어 가슴 뛰는 사랑과 청혼의 순간, 그 설렘이 녹아있는 컬러에 최고급 브랜드라는 명성의 티파니 그 자체가 녹아있는 것이다. 이는 티파니의 '꿈을 싣는 전략'으로 주는 사람이나 받는 사람 모두에게 기쁨과 설렘을 선사하는 마케팅 전략이다. 이러한 광고효과로 '티파니'하면 연상되는 로고는 물론 제품, 포장, 매장, 광고매체에서 보여지는 색채에 대한 인지도 조사에서 응답자의 75%가 '있다'라고 대답할 정도로 높은 인지도를 보인다.

티파니 창시자의 이름을 그대로 이용한 로고는 가로획과 세로획의 굵기가 강한 대비를 이룬 모던 Transition(보도니체) 스타일로, 모두 대문자 명조계열의 세리프(serif) 형태만 사용하되, 단어가 시작하는 첫 글자 'T'와 'C'에 크기의 변화를 줌으로써 단조로움을 잃지 않으면서 실용주의 바탕인 미국적 이미지와 티파니가 강조한 "Simple is the best"를 상징적으로 표현하고 있다.

오래전부터 소비자의 삶의 가치에 주목해 온 티파니는 1984년 최상위의 전통적 엘리트(Bluest Blue Bloods)들에게 타깃을 맞춘 마케팅 전략을 전면 수정하여 소비자들의 정서적 가치인 'Truly special occasion'이라는 기회에 초점을 맞추게 된다. 즉 소득 수준에 관계없이 누구에게나 일생에 있어 소중한 순간들이 존재하고 그 순간들을 최고로 만들고 싶은 욕구가 있음을 파악하여 티파니의 제품들이 그 때의 'timeless gift'가 될 수 있도록 한 것이다.

이것을 보석이 가지는 '영원(eternity)'이라는 의미를 디자인 속에 담아 40달러면 살 수 있는 'Elsa Peretti Ruthenium Pen'에서부터 엄청난 가격을 지불해야 살 수 있는 'Bird of Paracise by Jean Schlumberger'까지 제품과 디자인을 확장시키는 전략을 전개했다.

티파니는 보석이 갖는 고급스러움과 고전미, 영원성은 지키되 시대를 초월한 디자인과 한 발 앞선 마케팅으로 고객들을 사로잡으며, 오픈 첫 날 4.98달러의 매출을 기록한 상점에서 시작하여 전 세계에 100개 이상의 전문부티크를 오픈한 세계 최고의 주얼리 브랜드로 거듭났다.

티파니가 갖는 가장 큰 강점은 시간이 지나도 변하지 않는 클래식한 디자인과 다양한 선택의 폭을 제공하는 제품군으로, 한 세대에서 다음 세대로 물려줄 수 있고, 각기 다른 취향을 가진 고객들을 모두 만족시킬 수 있을 만큼 다양한 제품들을 가지고 있다는 것이 장점이다.

◆ 티파니 블루의 탄생

티파니의 블루박스와 하얀색의 리본은 맑고 깨끗한 순수한 이미지를 연출하여 보기만 해도 행복한 사랑을 꿈꾸게 하는 특별한 힘을 지니고 있으며, 19세기부터 현재에 이르기까지 변함없이 사랑받고 있는 티파니의 대표 컬러이다. 일명 블루 북(Blue Book)이라는 애칭까지 얻은 티파니의 주얼리 사진이 실린 1878년 1회 카탈로그는 티파니의 블루 컬러가 표지에 처음 사용되어 티파니만의 아이덴티티 컬러로 세상에 첫선을 보였다.

원래는 '로빈슨 에그 블루'라는 울새 알 빛깔에서 유래되었는데, 자연에서 가장 사랑스럽고 유혹적인 이 컬러는 터키석의 색과 유사한 엷은 초록색을 띄는 블루이다. 터키석의 특별한 블루컬러는 19세기 빅토리아 시대에 가장 유행했던 터키석에서 유례된 것으로 당시 신부는 결혼식에 참석한 하객들에게 신부를 잊지 말아 달라는 뜻으로 터키석으로 만들어진 사랑과 순결의 상징인 비둘기 세트를 선물했는데, 티파니의 창시자인 찰스 루이스 티파니가 이것에서 착안하여 고객에게 웨딩 기프트로써의 티파니의 아이덴티티를 깊이 새기고자 이 푸른색을 티파니 박스와 쇼핑백, 광고 등 티파니를 나타내는 모든 것에 사용하기 시작한 것이다. 19세기의 패션이나 선물용품, 보석, 실내 디자인 등에 종종 쓰였던 컬러이기도 하며, 토지 문서, 부기 원장 등의 중요한 서류에도 사용되었다. 이러한 서류에 깃들인 '청렴결백'이라는 의미는 티파니의 품질과 디자인, 높은 기술력 등 모든 면에서 틀림없다는 장인정신의 결의를 담아 이 블루컬러를 기업의 컬러로서 채용한 것이기도 하다. 나아가 상품을 구입하는 구매자들에게도 청명한 하늘색, 맑게 갠 바다 색깔 등으로 친숙해 져서, 세계적으로 '티파니 블루'라는 고유 명칭을 얻게 되었다. 어찌 보면 하늘색 같고, 어찌 보면 민트 그린색 같은 티파니 블루는 이제 고유명사가 될 정도로 유명해졌는데, 이 컬러는 위에서 언급한 대로 울새의 알, 터키석, 물망초 꽃 등 자연의 소재 중에서도 가장 로맨틱한 이미지를 갖고 있는 것들을 따로 모아 창조한 색이다.

티파니 블루는 Tiffany사가 설립된 1837년에 Pantone에 의해 만들어져서 그 이후 계속해서 사용되어 왔으며, 현재 Color Trademark에 의해 보호받고 있다. Buyology의 저자 Martin Lindstrom에 의하면 티파니 블루를 보면 여성들은 심장 박동이 22% 정도 상승한다고 한다. 이제 티파니 블루는 더 이상 단순한 색이 아니라 '티파니'라는 브랜드를 상징하는 아이콘이 되어, 사랑하는 모든 사람들의 마음을 설레게 하는 특별한 힘을 지니게 되었다. 이렇듯 170여 년의 긴 역사와 최고의 장인 정신으로 인생의 가장 특별한 순간을 빛내 줄 티파니의 제품들은 블루 박스에 담겨 세월이 흘러도 변치 않는 아름다움을 전달하는 메신저로서의 역할을 계속할 것이다.

한편 티파니의 엄격한 규정으로 인해 매장에서 티파니 제품을 구입할 경우에만 그 제품을 티파니의 이름이 새겨진 블루상자에 담아갈 수 있다. 아무리 많은 돈을 주어도 티파니가 보증하고 판매한 내용물 없이는 결코 이 블루박스를 가지고 나갈 수 없다는 것이다. 이 같은 규정으로 인해 블루박스와 파우치가 경매 사이트에서 40달러까지 값이 오를 정도로 시장성이 있는 아이템이며 상자가 크면 클수록 가격은 더 올라간다. 고객의 시각을 자극하는 티파니 블루컬러는 카탈로그, 광고, 쇼핑백에도 쓰이면서 그 자체로서 티파니의 상징인 것이다.

자료원: "Tiffany&Co의 티파니 블루," 귀금속경제신문, 2012.2.10.

제4절 마케팅믹스의 이론적 통합

본 절에서는 마케팅믹스의 개념을 시장지향적 사고에 의해 재정립해 보고, 나아가 고객을 위한 가치창출의 수단으로서의 마케팅믹스가 수행하는 역할에 대하여 살펴볼 것이다.

1 고객을 위한 가치창출과 마케팅믹스

제1장에서 우리는 마케팅에 대한 하나의 새로운 시각으로서 시장지향적 관리사고를 제시하고, 마케팅 개념을 개별적인 제품과 서비스에 대한 수요창출 도구에서부터 조직경영철학으로 확장시켰다. 이러한 시장지향적 경영철학은 기업이 소비자들의 현재와 미래의 욕구를 파악하고, 그러한 욕구를 기업 전체에 전파시키며, 이를 가장 효율적인 방법으로 충족시킬 수 있도록 기업 내외의 자원을 결집시켜, 보다 더 높은 가치를 고객에게 제공하도록 이끌자는 것이다.

여기에서는 제1장에서 제시된 이러한 개념을 마케팅믹스에 초점을 맞추어 보다 심층적으로 접근해 보기로 한다. 마케팅믹스요소들은 근본적으로 최종고객에게 제공되는 가치를 창출하고 향상시키는데 기여할 수 있어야 하며, 그러한 가치의 창출은 최종소비자뿐만 아니라 기업 내외의 모든 고객들을 대상으로 일어나야 한다(제1장 참조). 고객을 위한 가치창출의 구체적인 수단들이 마케팅믹스요소들이며, 이러한 마케팅믹스요소들은 모든 고객들에게 적용될 수 있는 것이다.

마케팅믹스는 결국 마케팅시스템 내에 있는 모든 고객들과 공급자 간의 관계를 관리하는 기법으로서 마케팅 부서에서만 일어나는 것이 아니라 기업 내외의 모든 교환과정에서 일어나는 필수적인 가치창출활동이다.

시장지향적인 기업은 고객가치창출을 위하여 마케팅믹스활동을 모든 전략과정에 포함시킨다. 그러므로 마케팅믹스는 단순히 최종사용자와 제품 간의 관계를 관리하는 기법이 아니라, 마케팅시스템 내에 있는 모든 고객들과 공급자간의 관계를 관리하는 기법이라고 할 수 있다. 마케팅믹스의 영역을 구체적으로 살펴보면, 우선 기업이 제공하는 제품가치의 의미를 최종사용자에게 전달하는 것을 상위 마케팅믹스, 혹은 최종고객을 위한 마케팅믹스라고 할 수 있다. 그리고 상위 마케팅믹스의 효과를 극대화하기 위해서는 중간고객들과의 관계를 관리하기 위한 하위 마케팅믹스들이 필요하게 된다. 다시 말하여 공급자와 고객 간의 지속적인 교환과정 속에서 어떤 마케팅믹스는 하위 마케팅믹스를 선행하기도 하고 또는 그 반대일 수도 있다. 즉, 마케팅믹스 개념은 모든 고객관계의 관리에 적용될 수 있고 또한 적용돼야 한다. 이는 마케팅믹스활동이 마케팅부서에서만 일어나는 것이 아니라 기업 내외의 모든 교환과정에서도 일어나는 필수적인 가치창출활동임을 의미한다. 궁극적으로 이러한 다양한 마케팅믹스활동들의 효과는 최종고객들을 위한 가치창출로 모아져야 하는 것이다.

2 새로운 마케팅믹스 개념의 필요성

기존의 마케팅믹스 개념에는 다음과 같은 두 가지 문제점이 나타난다. 첫째, 마케팅믹스가 기업과 최종고객과의 관계만을 관리하는 활동이라는 사고가 내포되어 있다는 점이다. 그러나 마케팅관리에 대한 시스템적 관점을 받아들인다면 마케팅믹스는 최종 사용자뿐만 아니라 다양한 형태의 고객들을 관리해야 한다는 사실을 알 수 있다. 이것은 **가치사슬(value chain)**의 관점에 의해 가장 잘 설명될 수 있다. 가치사슬은 최종사용자의 기대를 충족시켜 주는 제품을 제공하는 과정에 내재하는 고객–공급자 간의 관계사슬을 의미한다. 가치사슬 전반에 걸쳐 다양한 마케팅믹스가 존재한다는 사실은 가치사슬 끝에 있는 최종고객에 의해 인지된 가치가 모든 마케팅믹스들의 통합된 노력의 결과임을 시사해 준다.

가치사슬(Value Chain)

고객에게 가치를 제공함에 있어서 부가가치 창출에 직·간접적으로 관련된 일련의 활동, 기능, 프로세스

마케팅부서가 최종적으로 마케팅믹스에 대해 중요한 기능을 수행할지라도 독점적인 통제력을 지니는 것은 아니다. 마케팅부서는 성공적인 믹스에 악영향을 미칠 수 있는 구조적이거나 과정적인 장애요인들을 올바로 파악하고 있어야 한다. 성공적인 믹스는 최종사용자에 대한 상표차별화만으로 이루어지는 것이 아니다. 다양한 고객들을 다루면서 순차적인 관리와 연계를 통해 경쟁자와의 가치차별화를 달성할 수 있어야 한다. 마케팅부서가 이러한 과정을 선도하고 관리하기 위해서는 상위 마케팅믹스인 최종고객을 위한 마케팅믹스의 내용에 대하여 우선적인 고려가 필요하다. 그 다음으로 최대의 가치차별화를 달성하기 위해서 기업 전체와 모든 관련 부서들의 노력이 필요하다. 그래야만 최종 고객들에게 가능한 최대의 가치를 제공할 수 있는 것이다.

AI

마케팅믹스의 발전과정에서 나타난 두 번째 문제점은 기존의 마케팅믹스 개념이 기업의 성과, 특히 수요창출의 향상에만 주안점을 두어 왔으며 마케팅믹스와 기업이윤과의 관계는 명확하게 다루지 않았다는 것이다. 이윤창출을 위해 어떻게 마케팅믹스를 관리해야 하는지는 개념적으로나 관리적으로 명확하지 않기 때문에 마케팅믹스 개념을 이행하고자 할 때 어려움과 혼동이 야기되어 왔다.

시장지향적 경영이념을 바탕으로 하는 기업에서 다양한 고객들의 가치를 극대화시킨다는 것은 각 고객들의 지각된 가치(perceived value)를 극대화하는 것을 의미한다. 시장에는 다양한 고객들이 존재하므로 각각의 고객들에 대한 가치창출을 위해 다양한 마케팅믹스를 효율적으로 관리할 필요가 있다. 즉, 마케팅믹스는 다양한 고객들의 가치창출에 도움을 주는 것이며, 이를 통해 궁극적으로 최종고객에 대한 가치의 극대화를 꾀하는 것이다. 이는 결국 매출 증대와 기업의 이윤 극대화로 이어지게 된다.

고객가치의 극대화는 결국 지각된 가치(Perceived valuc)의 극대화

3 최종고객을 위한 마케팅믹스(상위 마케팅믹스)와 중간고객을 위한 마케팅믹스(하위 마케팅믹스)

최종고객들, 즉 가치소비자들이 기업제품의 반복구매자가 될 수 있도록 충분한 가치를 창출하는 것이 기업의 궁극적인 목적이다. 그런데 많은 경우, 마케팅부서는 최종소비자들과 직접 상호작용하지 않을 수도 있다. 오히려 가치사슬상에서 다른 조직이나 단체와의 마케팅활동관계에 더욱 의존하는 경향을 보이기도 한다. 이러한 이유 때문에 마케팅부서는 중간고객들(내부의 가치생산자들과

애프터서비스를 담당하는 부서는 마케팅부서의 직접 통제하에 있지 않지만 고객의 욕구를 충족시키기 위해서는 이들과의 협력이 필요하다.

외부의 가치촉진자들)에 대해서도 마케팅믹스활동을 관리해야 한다.

전통적인 네 가지 마케팅믹스요소들(제품, 유통, 촉진, 가격)은 하나의 혼합물로서 상위 마케팅믹스를 형성한다. 상위 마케팅믹스를 형성하기 위해서는 믹스들의 믹스(mix of mixes)를 관리할 필요가 있다. 예컨대, 제품이라는 상위의 마케팅믹스요소를 생각해 보자. 제품은 실제로 많은 하위 마케팅믹스요소들로 이루어져 있다. 이들 중 몇 가지는 마케팅부서의 직접적인 통제하에 있지 않다(예컨대 제품의 기능적 성능, 신뢰도, 특징적인 유용성, 혹은 품질보증과 애프터서비스와 같은 보조적 서비스). 따라서 최종가치소비자들의 욕구를 충족시키기 위해서는 기업의 다른 기능부서들(예컨대 생산, 연구개발, 구매부서, 서비스 등)과의 협력이 필요하다.

상위 마케팅믹스의 또 다른 요인인 촉진도 많은 하위요소들을 지닌다. 제품과 마찬가지로 촉진관련 요소들 중 몇 가지는 마케팅부서의 직접적인 통제 하에 있지 않다(예컨대 홍보매체, 유통점의 판매촉진, 대인판매원 등). 마찬가지로 가격결정 또한 다른 기능부서들(재무와 회계부문)과의 조정을 필요로 한다. 최종적으로 가격결정에 관한 책임은 마케팅부서에 있지만 그것이 마케팅부서만의 일이 아니라는 것은 명백하다.

마지막으로 유통도 두 가지의 하위 시스템인 직접적 유통시스템과 간접적 유통시스템으로 구성되어 있다. 독립된 유통시스템을 관리하기 위해서는 최종 가치소비자들을 상대로 할 때와 마찬가지로 그들을 위한 마케팅믹스를 창출할 필요가 있다. 기업이 마케팅믹스활동을 통하여 유통업자들에게 창출해 주는 가치의 정도에 따라, 유통업자들은 최종 가치소비자들에 대한 하위 마케팅믹스를 잘 관리하거나 그렇게 하지 않을 수도 있다. 그러므로 유통전략의 효과는 유통업자들로부터의 협력에 달려 있다고 해도 과언이 아니다.

하위 믹스요소들이 마케팅부서나 기업의 직접적인 통제하에 있지 않는 경우가 많기 때문에, 최종 가치소비자들에 대한 상위 마케팅믹스를 적절히 관리하는 것이 중요하다.

지금까지의 논의는 최종 가치소비자들에 대한 상위 마케팅믹스가 다양한 하위 마케팅믹스들의 통합이라는 것을 보여 주고 있다. 다양한 하위 믹스요소들이 마케팅부서나 기업의 직접적인 통제하에 있지 않는 경우가 많기 때문에, 최종 가치소비자들에 대한 상위 마케팅믹스를 적절히 관리하는 것이 중요하다. 직접적인 통제가 불가능한 하위 마케팅믹스와 직접적인 통제가 가능한 하위 마케팅믹스들이 통합되어야만 최종 가치소비자들에 대한 상위 마케팅믹스가 강력해진다. 이러한 순차적이고 조화로운 관리를 통해 상위의 마케팅믹스는 기업의 약점을 보완하고, 강점을 향상시킬 수 있는 것이 될 수 있다.

두 가지 유형의 하위 믹스요소들(직접통제 가능한 것과 직접통제 불가능한 것)의 순차적이고 조화로운 관리를 위해서도 역시 가치사슬의 개념이 적용된다. 예컨대, 마케팅부서가 성공적인 상위 마케팅믹스를 설계하고자 할 때 독립적인 유통경로들을 위한 하위 마케팅믹스를 포함시켜야 하고, 또한 경쟁자들에 비해 유리한 가치를 그들에게 제공해야 한다. 그렇게 함으로써 유통경로들은 기업의 제품이나 서비스를 최종사용자들에게 촉진하기 위해 그들 자신의 마케팅믹스요소들(이 경우에 고객들에게 제품가치를 향상시키는 서비스제공이라는 측면에서의 촉진, 가격 그리고 제품)을 사용할 것이다. 독립적인 유통시스템으로부터의 이러한 지원은 기업의 직접적인 유통활동의 효과를 향상시킬 것이고 결국 매출의 증가에 기여할 것이다.

마찬가지로 마케팅부서가 언론매체에 대한 성공적인 마케팅믹스 프로그램을 설계한다면 직접통제 가능한 촉진요소들(예컨대, 최종사용자에 대한 광고와 판매촉진)의 효과에 대해 승수효과(multiplier effect)로서 작용할 것이다. 또한 생산, 연구개발, 구매부서와 같은 조직 내 다른 기능부서들의 협력을 얻기 위한 성공적인 마케팅믹스 프로그램들은 통제 가능한 제품믹스들의 효과를 향상시킬 것이다.

전통적으로 마케팅믹스는 최종 가치소비자들을 목표로 마케팅부서에 의해 직접 통제되고 설계되는 것으로 가정되어 왔다. 그러나 가치사슬의 관점에서 보면, 마케팅부서가 직접 통제할 수 없는 하위의 마케팅믹스요소들이 존재한다. 이러한 직접통제 불가능한 하위믹스요소들은 직접통제가 가능한 하위믹스요소들의 효과에 영향을 미침으로써 궁극적으로 상위의 마케팅믹스의 효과에 강력한 영향을 미치게 된다. 그러므로 마케팅부서는 직접통제 가능한 하위믹스요소들에 대한 노력 못지않게 외부의 가치촉진자들(이해관계자들)과 조직의 다른 기능부서들(내부의 가치생산자들)에게 주의를 기울여야 하고, 이들과 함께 마케팅믹스를 설계해야 한다. 이러한 노력의 성공 여부는 직접통제 가능한 마케팅믹스요소들의 실제적 본질과 선택 그리고 믹스요소들 간의 통합효과에도 영향을 미치게 된다.

마케팅부서는 직접통제 가능한 하위믹스요소들에 대한 노력 못지 않게 외부의 가치촉진자들과 조직의 다른 기능부서들에게 주의를 기울여야 하고, 이들과 함께 마케팅믹스를 설계해야 한다.

/요/약/

네 가지 마케팅믹스요소들 중에서 가장 쉽게 계량화될 수 있는 요소인 가격은 소비자들에게 자사의 제품과 경쟁제품들을 쉽게 비교할 수 있도록 해 준다. 가격은 또한 소비자들의 재무상태에 영향을 미친다. 이러한 이유로 가격은 가장 중요한 경쟁무기로 취급된다. 그러나 가격은 다른 마케팅믹스요소들과 별개로 생각되는 경향이 있기 때문에, 가격에 대한 일반적인 가정들이 주의 깊게 검토되어야 한다. 가격은 경쟁제품의 가격뿐만 아니라, 마케팅믹스전략의 제품, 유통 그리고 촉진을 고려하여 검토되어야 한다.

가격은 개념전달활동과 구매전환활동에 일관성을 가져야 하며 다른 마케팅믹스요소들에 대해서는 보완성을 가져야 한다. 적당한 가격을 결정하기 위하여 먼저 소비자들이 기대하는 가격범위를 찾아내어야 한다. 다음으로 수요와 가격탄력성에 대한 분석을 기초로 하여 기업에게 바람직한 이윤을 주고 동시에 소비자들에게 최고의 가치를 제공할 수 있는 최적의 가격을 결정해야 한다. 이렇게 결정된 가격은 개념전달활동과 구매전환활동을 위한 다른 마케팅믹스요소들의 노력을 지원하게 된다. 그리고 긍정적인 시너지효과가 나타나게 된다.

시장지향적 사고에 의하면 마케팅믹스는 궁극적으로 최종소비자를 위한 가치를 창출하고 향상시키는 데 기여하여야 하며, 동시에 관련된 모든 중간고객들의 가치창출에도 기여해야 한다. 다시 말해서, 마케팅믹스는 기업 내외의 모든 교환과정을 고려하여 결정하는 필수적인 가치창출활동이며, 그 활동의 효과는 최종고객을 위한 가치창출에 집중되어야 한다. 이런 의미에서 마케팅믹스는 최종고객들을 위한 마케팅믹스인 상위 마케팅믹스와 중간고객들을 위한 마케팅믹스들인 하위 마케팅믹스들로 구성되며, 상위 마케팅믹스는 다양한 하위 마케팅믹스의 통합에 의하여 이루어진다고 할 수 있다. 그러나 상위 마케팅믹스를 관리하는 마케팅부서의 입장에서 볼 때, 직접통제가 가능한 하위 마케팅믹스들이 있는 반면, 직접통제가 불가능한 하위 마케팅믹스들도 있다. 이들에 대한 조화로운 관리가 고객들의 가치를 향상시키는 데 필수적인 것이 될 것이다.

/문/제/제/기/ 및 /질/문/

1. 가격에 대한 정보 하나만으로 왜 특정 제품의 개념을 전달하지 못하는가에 대해 생각해 보시오.
2. 개념전달활동과 구매장애요인 제거활동을 성공적으로 수행함에 있어서 가격은 어떠한 역할을 하는가 논하시오.
3. 마케팅믹스요소들 간의 긍정적인 시너지효과의 창출이 실제 가격의 결정에 주는 의미에 대해 토론해 보시오.
4. 최종고객을 위한 상위의 마케팅믹스와 중간고객을 위한 하위의 마케팅믹스를 구분하여 설명하시오.

참고문헌

제 1 장

- Aaker, David A.(1984), *Strategic Market Management*, New York: Wiley.
- Ansoff, Igor H.(1965), *Corporate Strategy*, New York: McGraw-Hill.
- Bagozzi, Richard P.(1979), "Toward a Formal Theory of Marketing Exchanges," in *Conceptual and Theoretical Developments in Marketing*, eds.(O.C.Ferrell, S.W. Brown, and C.W.Lamb, Jr.), Chicago: American Marketing Association, pp. 431-447.
- Bagozzi, Richard P.(1986), *Principles of Marketing Management*, Chicago: Science Research Associates.
- Berton, Lee(1967), "Firms Strive to Avoid Producing Mousetraps That Nobody Will Buy," *The Wall Street Journal*, (March 6), pp. 1-17.
- Dwyer, F. Robert, Paul Schurr, and Sejo Oh(1987), "Developing Buyer-Seller Relationships," *Journal of Marketing*, (April), pp. 11-27.
- Fuller, R. Buckminster(1975), *Synergetics: Explorations in the Geometry of Thinking*, New York: Macmillan.
- Harris, Philip R.(1981), "The Seven Uses of Synergy," Journal of Business Strategy, (Fall), pp. 59－66.
- Levy, S. J. and Gerald Zaltman(1975), Marketing, Society, and Conflict, Englewood Cliffs N.J.: Prentice－Hall.
- Oxenfeldt, Alfred R. and William L. Moore(1978), "Customer of Competitor: Which Guideline for Marketing?" *Management Review*, (August), pp. 43-48.
- Shanklin, William L. and John K.Ryans, Jr.(1983), *Marketing High Technology*, Lexington, Mass.: Lexington Books.

제 2 장

- Treacy, Michael and Fred Wiersema(1995), *The discipline of market leaders: choose your customers, narrow your focus, dominate your market*, Addison-Wesley Pub. Co., c, pp. 67-83.

- 홍승표(2004), 천재경영, 이것이 급소다, 해와달.
- 한국방송광고공사 보고서, 2000년 소비자 행태 조사.
- LGAd사보, 2004, 3-4월호.
- Alsop, Ronald(1984), "Firms Still Struggle to Devise Best Approach to Black Buyers," *The Wall Street Journal*, 25(October), p. 35.
- Alsop, Ronald(1984), "Firms Try New Ways to Tap Growing Over-50 Population," *The Wall Street Journal*, 23(August), p. 19.
- Bearden, William and Michael Etzel(1982), "Reference Group Influence on Product and Brand Purchase Decisions," *Journal of Consumer Research*, 9(September), pp. 183-194.
- Bettman, James R.(1979), *An Information Processing Theory of Consumer Choice*, Reading, Mass.: Addison-Wesley, pp. 176-185.
- Bonama, Thomas, Gerald Zaltman, and Wesley Johnston(1978), *Industrial Buying Behavior*, Cambridge: Marketing Science Institute.
- Bonoma, Thomas V. and Benson P. Shapiro(1983), *Segmenting the Industrial Market*, Lexington, Mass.: Lexington Books.
- Claxton, John D., Joseph N. Fry, and Bernard Portis(1974), "A Taxonomy of Prepurchase Information Gathering Patterns," *Journal of Consumer Research*, 1(December), pp. 35-42.
- Cohen, Joel B. and M. E. Goldberg(1970), "The Dissonance Model in Post-Decision Product Evaluation," *Journal of Marketing Research*, 7(August), pp. 315-321.
- Duncan, Calvin P. and Richard W. Olshavsky(1982), "External Search: The Role of Consumer Beliefs," *Journal of Marketing Research*, 19(February), pp. 32-43.
- Fern, Edward E. and James R. Brown(1984), "The Industrial Consumer Marketing Dichotomy: A Case of Insufficient Justification," *Journal of Marketing*, 48(Spring), pp. 68-77.
- Fesinger, L.(1957), *A Theory of Cognitive Dissonance*, Evanston, Ill.: Row, Peterson.
- Folkes, Valerie(1984), "Consumer Reactions to Product Failure: An Attributional Approach," *Journal of Consumer Research*, 10(March), pp. 398-409.
- Gorn, Gerald J.(1982), "The Effects of Music in Advertising on Choice Behavior: A Classical Conditioning Approach," *Journal of Marketing*, 46(Winter), pp. 94-101.
- Howard, John A.(1977), *Consumer Behavior: Application of Theory*, New York: McGraw-Hill.
- Hull, Jennifer Bingham(1983), "Fad Merchants Hustle to Sell Tomorrow's Big Craze Today," *The Wall Street Journal*, 17(November), p. 33.

- Johnston, Wesley and Thomas B. Bonoma(1981), "The Buying Center: Structure and Interaction Patterns," *Journal of Makreting*, 45(Summer), pp. 143-156.
- Koten, John(1984), "Teen-Age Girls, Alas, Are Big Consumers but Poor Customers," *The Wall Street Journal*, 9(November), p. 1.
- Kotler, Philip(1974), "Atmospherics as a Marketing Tools," *Journal of Retailing*, 49(Winter), pp. 48-65.
- Leby, Sidney(1981), "Interpreting Consumer Mythology: A Structural Approach to Consumer Behavior," *Journal of Marketing*, 45(Summer), pp. 49-61.
- Lindquist, Jay D.(1974-75), "Meaning of Image," *Journal of Retailing*, 50(Winter), pp. 29-38.
- Midgley, David F.(1976), "A Simple Mathematical Theory of Innovative Behavior," *Journal of Consumer Research*, 3(June), pp. 31-41.
- Moriarty, Rowland T., Jr. and Robert E. Spekman(1984), "An Emprical Investigation of the Information Sources Used during the Industrial Buying Process," *Journal of Marketing Research*, 21(May), pp. 137-147.
- Moriarty, Rowland T.(1983), *Industrial Buying Behavior: Concepts, Issues and Application*, Lexington, Mass.: Lexington Books.
- Park, C. Whan(1976), "The Effect of Individual and Situation-Related Factors on Consumer Selection of Judgment Models," *Journal of Marketing Research*, 13(May), pp. 144-151.
- Park, C. Whan(1982), "Joint Decision in Home Purchasing: A Muddling Through Process," *Journal of Consumer Research*, 9(September), pp. 151-162.
- Park, C. Whan and Parker Lessig(1977), "Students and Housewives: Differences in Susceptibility to Reference Group Influence," *Journal of Consumer Research*, 4(Septemver), pp. 102-110.
- Park, C. Whan, Henry Assae, and Seoil Chaiy(1984), *The Mediating Role of Trial and Learning Stage on the Outcomes of Consumer Involvement, Cambridge*, Mass.: The Marketing Science Institute.
- Pessemier, Edgar A.(1980), "Store Image and Positioning," *Journal of Retailing*, 56(Spring), pp. 94-106.
- Punj, Girish and Richard Staelin(1983), "A Model of Consumer Information Search Behavior for New Automobiles," *Journal of Consumer Research*, 91(March), pp. 32-43.
- Raju, P. S.(1980), "Optimum Stimulation Level: Its Relationship to Personality. Demographics and Exploatory Behavior," *Journal of Consumer Research*, 7(December), pp. 272-282.
- Sacharow, Stanley(1982), *The Package as a Marketing Tool*, Radnor, Pa.: Chilton Book Company, p. 48.
- Shugan, Steven(1980), "The Cost of Thinking," *Journal of Consumer Research*, 7(September), pp. 99-111.
- Smith, Robert E. and William R. Swinyard(1983), "Attitude-Behavior Consistency: The Impact of Prod-

uct Trial vs. Advertising," *Journal of Marketing Research*, 20(August), pp. 257-267.

- Solomon, Michael R.(1983), "The Role of Products as Social Stimuli: A Symbolic Interactionism Perspective," *Journal of Consumer Research*, 10(December), pp. 319-329.
- Spekman, Robert E. and David T. Wilson, eds.(1985), *A Strategic Approach to Business Marketing*, Chicago, Ill.: American Marketing Association.
- Vyas, Niken and Arch Woodside(1984), "An Inductive Model of Industrial Supplier Choice Process," *Journal of Marketing*, 48(Winter), pp. 30-45.
- Wallendorf, Melanie and Michael Reilly, "Ethnic Migration, Assimilation, and Consumptions," *Journal of Consumer Research*, 10(December), pp. 741-753.
- Wind, Yoram and Robert Thomas(1981), "Conceptual and Methodological Issues in Organizational Buying Behavior," *European Journal of Marketing*, 14(Fall), pp. 239-263.
- Wright, Peter(1974), "The Harassed Decision Maker: Time Pressures, Distraction and the Use of Evidence," *Journal of Applied Psychology*, 59(March), pp. 555-561.
- Zaltman, Gerald and Melanie Wallendorf(1983), *Consumer Behavior*, 2nd ed., New York: John Wiley.

제 4 장

- Bearden, William and Michael Etzel(1982), "Reference Group Influence on Product and Brand Purchase Decisions," *Journal of Consumer Research*, 9(September), pp. 183-194.
- Bettmann, James R.(1979), *An Information Processing Theory of Consumer Choice*(Reading, Mass.: Addison-Wesley).
- Duncan, Calvin P. and Richard W. Olshavsky(1982), "External Search: The Role of Consumer Beliefs," *Journal of Marketing Research*, 19(February), pp. 32-43.
- Park, C. Whan(1976), "The Effect of Individual and Situation-Related Factors on Consumer Selection of Judgment Models," *Journal of Marketing Research*, 13(May), pp. 144-151.
- Punj, Girish and Richard Staelin(1983), "A Model of Consumer Information Search Behavior for New Automobiles," *Journal of Consumer Research*, 10(March), pp. 32-43.
- "Time Is Marking Eternity", 제일기획 사보, 2000년 10월 호, pp. 4-8.

제 5 장

- A. C. Pigou, *The Economics of Welfare*(London: Macmillan, 1920).
- Eric von Hippel, "Novel Product Concepts from Lead Users: Segmenting Users by Experience," *Work-*

ing Paper, Massachusetts Institute of Technology, 1983.

- Geraldine Fennel, "Consumers' Perceptions of the Product-Use-Situation," Journal of Marketing 42(April 1978), 38-47; Peter Dickson, "Person-Situation: Segmentation's Missing Link," *Journal of Marketing* 46(Fall 1982), pp. 56-64.
- Henry J. Claycamp and William F. Massy, "A Theory of Marketing Segmentation," *Journal of Marketing Research* 5, Nov., pp. 388-394.
- Paul E. Green and Abba M. Krieger, "Segmenting Markets with Conjoint Analysis," *Journal of Marketing* 55, pp. 20-31.
- Philip Kotler, *Marketing Management*, 8thed.(Englewood Cliffs, N.J.: Prentice-Hall, 1994),270.
- Porter, Michael E.(1979), "How Competitive Forces Shape Strategy." *Harvard Business Review* 57(March-April), p. 141
- Robert J. Dolan, "Quality Discounts: Managerial Issues and Research Opportunities," *Marketing Science* 7, 1, pp. 21-40.
- William L. Wilkie and Joel B. Cohen, "A Behavioral Science Look at Market Segmentation Research," in the *Proceeding of the American Marketing Association Conference*(Chicago: American Marketing Association, 1977), pp. 29-38.

제 6 장

- Glen L. Urban and John R. Hauser, *Design and Marketing of New Products*(Englewood Cliffs, N.J.: Prentics-Hall, Inc.), p. 187
- James B. Amdoder, "Absolut Ads Sans Bottle Offer a Short-Story Series," *Advertising Age*, January 12, 1998, p. 8.

제 7 장

- 김우식, "Re-launching IMC 마케팅전략과 실전 사례—하이트맥주의 '흑맥주 스타우트'," 마케팅 2001년 8월, pp. 38-44.
- 박찬수(2002), 마케팅원리, 제2판, 법문사, pp. 223-224.
- 이유재 (1999), 서비스마케팅, 제2판, 학현사, pp. 23-27.
- Gruenwald, George(1992), *New Product Development*, 2nd ed., Lincolnwood, IL: NTC Business Books, p. 454.
- Kotler, Philip, Gary Armstrong(2001), *Principles of Marketing*, 9th ed., Prentice Hall, pp. 288-367.

- Langeard, Eric, John E. G. Baateson, Christopher H. Lovelock, and Pierre Eiglier(1981), *Services Marketing: New Insights from Consumers and Managers*, Cambridge, Mass.: Marketing Science Institute.
- Lansdale, David B.(1978), *The Vital Signs of Effective Packaging Management*, New York: American Management.
- Morris, Cathleen(1999), "The Name's the Thing," *Business Week*(November 15), pp. 36-39.
- Sacharow, Stanley(1982), *The Package as a Marketing Tool*, Radnor, Pa.: Chilton.
- Shostack, G. Lynn(1977), "Breaking Free from Product Marketing," *Journal of Marketing*, 41(April), p. 73.
- Shu Ueyama(1982), "The Selling of the 'Walkman' or It Almost Got Called 'Sound-About'," *Advertising Age*, March 22, M2-3 and M-37.
- Urban, Glen L., John R. Hauser(1980), *Design and Marketing of New Products*, Prentice Hall, pp. 31-60.
- Zeithmal, Valerie A., A. Parasuraman, and Leonard L. Berry(1985), "Problems and Strategies in Services Marketing," *Journal of Marketing*, 49(Spring), pp. 33-46.

제 8 장

- Anderson, Ralph and Martin A. Jolson(1980), "Technical Wording in Advertising: Implications for Market Segmentation," *Journal of Marketing*, 44(Winter), pp. 57-66.
- Assael, Henry(1987), *Consumer Behavior and Marketing Action*, 3rd ed., Boston: Kent Publishing.
- Beattie, Ann(1982), "Product Expertise and Advertising Persuasiveness," in Richard E. Bagozzi and Alice Tybout, eds., *Advances in Consumer Research*, Chicago: Association for Consumer Research, pp. 581-584.
- Baker, Michael and Gilbert A. Churchill, Jr.(1977), "The Impact of Physically Attractive Models on Advertising Evaluations," *Journal of Marketing Research*, 14(November), pp. 538-555.
- Belch, George E.(1982), "The Effects of Television Commercial Repetition on Cognitive Response and Message Acceptance," *Journal of Consumer Research*, 9(June), pp. 56-65.
- Calder, Bobby J., C. A. Insko, and B. Yandell(1974), "The Relation of Cognitive and Memorial Processes to Persuasion in a Simulated Jury Trial," *Journal of Applied Social Psychology*, 4(January-March), pp. 62-93.
- Chaiken, Shelley and Alice Eagly(1976), "Communication Modality as a Determinant of Persuasion: The Role of Communicator Salience," *Journal of Personality and Social Psychology*, 34(April), pp. 605-614.

- Cutlip, Scott M. and Allen H. Center(1982), *Effective Public Relations*, 5th ed., Englewood Cliffs, N.J.: Prentice-Hall.
- Dunn, S. Watson and Arnold M. Barban(1982), *Advertising: Its Role in Modern Marketing*, 5th ed., Hinsdale, Ill.: Dryden, p. 305.
- Friedman, Hershey H. and Linda Friedman(1979), "Endorser Effectiveness by Product Type," *Journal of Advertising Research*, 19(October), pp. 63-71.
- Kahle, Lynn R. and Pamela M. Homer(1985), "Physical Attractiveness of the Celebrity Endorser: A Social Adaptation Perspective," *Journal of Consumer Research*, 11(March), pp. 854-961.
- Kotler, Philip(2000), *Marketing Management*-The Millennium Edition.
- Kotler, Philip and Gary Armstrong(1993), *Marketing: An Instruction*, Prentice-Hall.
- LaSage, John D.(1980), "Objectives-Oriented PR Programs Boost Sales in Industrial Markets," *Marketing News*(April 4), p. 19.
- LGadZine 11-12월 Special Edition-2000 크리에이티브 파워(www.lgad.co.kr)
- Lutz, Richard J., Scoot B. MacKenzie, and George E. Belch(1981), "Attitude Toward the Ad as a Mediator of Advertising Effectiveness: Determinants and Consequences," in *Advances in Consumer Research*, eds. R. P. Bagozzi and A. M. Tybout, Chicago: Association for Consumer Research, pp. 532-539.
- Mitchell, Andrew A. and Jerry C. Olson(1981), "Are Product Attribute Beliefs the Only Mediators of Advertising on Brand Attitudes?" *Journal of Marketing Research*, 18(August), pp. 318-332.
- Obermiller, Carl(1985), "Varieties of Mere Exposure: The Effects of Processing Style and Repetition on Affective Response," *Journal of Consumer Research*,12 (June), pp. 17-30.
- Park, C. Whan and S. Mark Young(1986), "Consumer Response to Television Commercials: The Impact of Involvement and Background Music on Brand Attitude Formation," *Journal of Marketing Research*, 23(February), pp. 11-24.
- Sacharow, Stanley(1981), *The Product as a Marketing Tool*, Randor, Pa.: Chilton, pp. 124-125.
- Sternthal, Brian and C. Samuel Craig(1973), "Humor in Advertising," *Journal of Marketing* (October), pp. 12-18.
- Zajonc, R.B., Hazel Markus, and William R. Wilson(1974), "Exposure Effects and Associative Learning," *Journal of Experimental Social Psychology*, 10(March), pp. 248-263.

제 9 장

- 심윤희, 경제[화장품업계의 이사람: 시슬리 코리아 홍병의 사장], 매일경제, 2000. 6. 28.

- 윤훈현, 고영직(1999), 촉진전략론, 석정.
- 이차옥, 이성근(2000), 프로모션 에센스, 무역경영사.
- 정재완(1995), 팔리지 않는 시대에 파는 비결, ㈜한국다이렉트마케팅/한국SP연구소.
- Assael, Henry(1987), *Consumer Behavior and Marketing Action*, 3rd ed., Boston: Kent Publishing.
- Burnett, John, J.(1993), *Promotion Management*, Houghton Mifflin Company.
- Cummins, Julian(1998), *Sales Promotion*, Kogan Page.
- Engel, James F., Martin R. Warshaw, Thomas C. Kinnear(1991), *Promotional Strategy*, Irwin.
- Kotler, Philip(2000), *Marketing Management*-The Millennium Edition.
- Kotler, Philip and Gary Armstrong(1993), *Marketing: An Instruction*, Prentice-Hall.
- McAlister, Leigh(1986), "The Impact of Promotion on a Brand? Market Share, Sales Pattern, and Profitability," Report No. 86-110, Cambridge, MA: Marketing Science Institute(December).
- Narasiman, Chakravarthi(1984), "Price Discrimination Theory of Coupons," Marketing Science, Vol. 3, no. 2(Spring), pp. 128-146.
- Sacharow, Stanley(1981), The Product as a Marketing Tool, Randor, Pa.: Chilton, pp. 124-125.

제10장

- Beckman, Theodore N., William R. Davidson, and W. Wayne Talazyk(1973), *Marketing*, 9th ed., New York: Ronald.
- Beier, Fredrick J. and Louise W. Stern(1969), "Power in the Channel of Distribution," in *Distribution Channel: Behavioral Dimensions*, ed. Louis W. Stern, Boston: Houghton Mifflin.
- Davidson, William R.(1961), "Channels of Distribution: One Aspect of Marketing Strategy," *Business Horizons*(February), pp. 84-90.
- Hunt, Shelby D. and John R. Nevin(1974), "Power in a Channel of Distribution: Sources and Consequences," *Journal of Marketing Research*, 11(May), pp. 186-193.
- Lindquist, Jay D.(1974), "Meanings of Image," *Journal of Retailing*, 50(Winter), pp. 29-38.
- Lusch, Robert F.(1977), "Franchise Satisfaction: Causes and Consequences," International Journal of Physical Distribution, 7, pp. 128-140.
- Michamn, Ronald D.(1980), "Trends Affecting Industrial Distributors," *Industrial Marketing Management*, 9(July), pp. 213-216.
- Pride, William M. and O.C. Ferrell(1985), *Marketing: Basic Concepts and Decisions*, 4th ed., Boston: Houghton Mifflin.

- Sims, J. Taylor, J. Robert Foster, and Arch Woodside(1977), *Marketing Channels: Systems and Strategies*, New York: Harper and Row.
- Stern, Louis and Adel El-Ansary(1982), *Marketing Channels*, 2nd ed., Englwood Cliffs, N.J.: Prentice-Hall.
- "Up-Front, No-Frills Management," *Industrial Distribution*, March 1981.

제11장

- Kotler, Philip(2000), *Marketing Management*, the Millennium Edition, Prentice Hall.
- Kotler, Philip and Gary Armstrong(1994), *Principles of marketing*, Sixth Edition, Prentice Hall.
- Monroe, Kent B.(2003), *Pricing making profitable decisions*, Third Edition, McGraw-Hill.

제12장

- 홍성태(1999), 「보이지 않는 뿌리」, 박영사.
- Bernard Catry and Michel Chavalier(1974), "Market Share Strategy and the Product Life Cycle," Journal of Marketing, October, pp. 29-34.
- C. David Fogg(1974), "Planning Gains in Market Share," Journal of Marketing, July, pp. 30-38.
- Jordan P. Yale(1964), "The Strategy of Nylon's Growth," Modern Textiles Magazine, February, p. 32.
- Loden, C.(1992), Megabrands, Harper Business, p. 10.
- Michel E. Porter(1980), Competitive Strategy, New York: Free Press.
- Park, C. Whan and Daniel C. Smith, "Product Class Competition as Sources of Innovative Marketing Strategy," The Journal of Consumer Marketing, vol. 7, 2(Spring), pp. 27-38.
- Philip Kotler and Armstrong Gray, Principles of Marketing, Prentice-Hall, 7 Edition.
- Philip Kotler and Ravi Singh(1981), "Marketing Warfare in the 1980s," Journal of Business Strategy, Winter, pp. 30-41.
- Theodore Levitt(1965), "Exploit the Product Life Cycle," Harvard Business Review, November-December, pp. 81-94.

제13장

- 김우식, "Re-launching IMC 마케팅전략과 실전 사례-하이트맥주의 '흑맥주 스타우트'," 마케팅, 2001년 8월, pp. 38-44.

- Ahtola, Olli T.(1984), "Price as a Give' Component in an Exchange Theoretic Multi-Component Model," in *Advances in Consumer Research*, T. Kinnear, ed., Ann Arbor, MI.: Association for Consumer Research, pp. 623-626.
- Alpert, Mark I.(1971), *Pricing Decisions*, Glenview, Ill.: Scott, Foresman.
- Jaworshi, Bernard J. and Ajay K. Kohli(1991), "Supervisory Feedback: Alternative Types and Their Impact on Salespeople's Performance and Satisfaction," *Journal of Marketing Research*, 28(May), pp. 190-201.
- Nevin, John(1974), "Laboratory Experiments for Estimating Consumer Demand: A Validation Study," *Journal of Marketing Research*, (August), pp. 261-269.
- Park, C. Whan, V. Parker Lessig, and James R. Merrill(1981), "The Elusive Role of Price in Brand Choice Behavior," *Association for Consumer Research Proceedings*, Andrew Mitchell(ed.), St. Louis, Missouri, pp. 201-205.
- Porter, Michael E., *Competitive Strategy: Techniques for Analyzing Industrial and Competitors*, Free Press.
- The H. J. Heinz Company, Annual Report,1985, pp. 4-7.
- "Tomato Ketchups," in *Consumer Reports, 1984 Buying Guide Issue*, Mount Vernon, N.Y.: Consumers Union, 1983, pp. 372-375.

찾아보기

(ㄱ)

가격결정의 외적 요인 326
가격전략 336
가격조정전략 339
가격책정과정 327
가격책정방법 330
가격할인 262
가산이익률에 따른 가격결정 331
가용예산방법 239
가정적인 종결방법 281
가족구성원 57
가치 53, 165
간접적 하위 브랜드전략 181
감각적(경험적) 포지셔닝 159
감각적 세분시장(sensory segment) 132
감정전이형 광고(transformational ad) 227
강압적 파워 313
강요적 종결방법 281
개념적 유사성 356
개념전달활동 29, 38
개방적 유통 308
개별방문 282
개별 브랜드전략 181
거래적 자원(transactional resources) 355
거래할인 339
게릴라식 공격(Guerrilla Attack) 382
견본품 258
결정자 57
경로 갈등관리 314
경로 구성원 297
경쟁균형방법 240
경쟁우위(competitive advantage) 352
경쟁입찰에 따른 가격결정 335
경쟁적 마케팅전략(competitive marketing strategy) 351
경쟁환경 326
경쟁환경 분석 329, 353
경쟁환경분석
경쟁(competition)의 영향 134
경험곡선 19
경험재 66
계절적 할인 340
고객 276
고객관리자 272
고객욕구 분석의 기본 틀 90
고객욕구세분화 33
고객특성에 의한 세분화 133
고객행동모델 58
고객행동의 동태적 모델 77
고객(customer)의 욕구 134

공급자선택 74
공정한 거래 397
공제 340
공포소구 229
과정(how) 93
관찰방법 160
광고 221
광고예산의 편성방법 239
교대(우선순위)접근방법 282
구매단계 93, 219
구매센터 57
구매자 57
구매 전 단계 93
구매전환활동 29, 38
구매 후 행동단계 219
귀인 75
기능재 66
기능적 유사성 356
기능적 자원(functional resources) 355
기능적 편익에 의한 포지셔닝 156
기대가치이론 343
기업 275
기업존속 327
기업(company)의 자원 134
기존제품강화/유지전략 41
기타 환경요인 326
기회발견 192

[ㄴ]

노출(exposure) 59

[ㄷ]

다각화 372
다차원 척도법 160
단기적인 포지셔닝전략 156
대리점 306
대형할인점 298, 299
도입기 200
독립적 경로시스템 310
독립적 세분시장(independent segment) 132
동적방어(Mobile Defense) 전략 374
동화대조이론 343

[ㄹ]

리베이트 262
리펀드 262
립스틱 효과 325

[ㅁ]

마케팅 4, 15
마케팅계획 28
마케팅계획 수립과정 30
마케팅관리자 16
마케팅 근시안 372
마케팅기능 4
마케팅기회 33
마케팅믹스 20, 38
마케팅사고 6
마케팅요소 20
마케팅활동 5
목적(why) 93
목표－과업방법 240

목표이익 332
목표투자이익률 331

〔ㅂ〕

바가지 구매 397
반경방어(Counteroffensive Defense) 전략 374
반응단계 219
발안자 57
방문판매 302
방어 370
백화점 298, 299
보상적 파워 313
보유(retention) 59
부조화의 감소 75
불안야기(위협적) 종결방법 281
브랜드명 180
브랜드명전략 183
브랜드 확장전략 181, 183
브로커 306
비교광고 230
비보상전략 71
비용가산에 따른 가격결정 330
비용중심의 가격결정방법 330

〔ㅅ〕

사교적 세분시장(sociable segment) 132
사용단계 93
사용자 57
사전 테스트마케팅(Pre－Test Marketing) 195
산업재 유통상 307
상쇄효과 237
상위 마케팅믹스 408
상인도매상 305
상징재 66
상징적 포지셔닝 158
상표애호도(brand loyalty) 61
상향연장 179
상호작용 17
선제방어(Preemptive Defense) 전략 373
선택적 유통 309
선호단계 219
성과평가 75
성숙기 201
성장기 201
성적소구 229
세분시장 분석 34
소구점(Appeal) 226
소매형태의 양극화 현상 303
소비자중심의 가격결정방법 333
손익분기점 분석 332
쇠퇴기 202
수량할인 339
수요예측 328
수직적 통합경로시스템 310
슈퍼마켓 299
슈퍼센터 299
시간(when) 93
시너지효과 393
시연회(Demonstration) 260
시장가격에 따른 가격결정 334
시장과 수요 326
시장도전자 366
시장선도자 366
시장세분화 33

시장적소자 366
시장점유율극대화 327
시장지향적 경영사고 17
시장추종자 366
신규고객확보전략 31
신제품 가격전략 336
신제품 개발 191, 192
신제품 개발과정 192
신제품도입전략 31
신제품 런칭 192
신제품 테스트 192
실제제품 173

〔ㅇ〕

아웃렛 스토어와 몰 300
애호도 261
양적 방법 160
영향자 57
온정소구 230
요약적 종결방법 280
욕구에 의한 세분화 133
우회공격(Bypass Attack) 382
원가예측 329
원형순회방법 282
위치방어(Position Defense) 전략 372
위탁상인 306
유머소구 227
유통경로 293
의사소통 279
이익관리 192, 197
이익극대화 327
이해(comprehension) 59
인지된 위험(perceived risk) 221

〔ㅈ〕

자동판매기 302
자원유사성지표(IRS: Index of Resource Similarity) 360
자원이용가능성(AOR: Availability of Operating Resources) 361
장기적인 포지셔닝전략 156
장소(where) 93
재포지셔닝 166
적응수준이론 342
전문소매상 300
전문적 파워 313
전속적 유통 308, 309
전자상거래 302
전화 282
전화판매방식 302
전환적 자원(transformational resources) 355
점집단면접 160
정면공격(Frontal Attack) 378
정보원천 68
정보전달활동 69
정보제공 294
정보제공형 광고 226
정보탐색 70
제도적 갈등관리방식 315
제조업자 대리점 308
제조업자 판매지점 306
제품 275
제품결합 가격전략 338
제품라인 178

제품라인 길이(product line length) 179
제품라인 깊이(product line depth) 179
제품믹스 178
제품수명주기 199
제품조합 178
제품집합의 폭(product mix width) 178
조기수용자(Early Adopter) 66
조직구매자 57
주문 294
주의(attention) 59
준거가격 335
준거적 파워 313
증언형 광고 231
지각적 유사성 356
지출자 57
직접가격평가법 333
직접적인 종결방법 280
직접적 하위 브랜드전략 181
직접지각가치평가법 333
진단적 방법 333
질적 방법 160

[ㅊ]

처분단계 93
초기고가전략 336
촉진 294
최상의 구매 397
축소방어(Contraction Defense) 전략 375
측면공격(Flanking Attack) 380
측면방어(Flanking Defense) 전략 372

[ㅋ]

카테고리킬러(전문할인점) 299
커뮤니케이션수단 219
컨조인트 분석 160
쿠폰 262

[ㅌ]

통신판매 302

[ㅍ]

파문효과 32
파워센터 299
판매비율방법 239
편의점 299
편익세분화 132
편중접근방법 282
포위공격(Encirclement Attack) 381
포지셔닝 31
포커스 그룹 인터뷰(focus group interview: FGI) 194
푸쉬(Push)전략 220
풀(Pull)전략 220
프리미엄 258
피터 드러커 4

[ㅎ]

하위 마케팅믹스 408
하이퍼마켓 300
하향연장 179
학습곡선 19
합법적 파워 313
핵심제품 173
행동적 갈등관리방식 315

현금할인 339
협상 294
홈쇼핑 302
홍보(publicity) 244
확대제품 173
환경변화 87
회원제 도매클럽 300
휴리스틱(heuristic)모형 70

[기타]

3C 134
4P 38
Everyday low pricing(EDLP) 340
High－low pricing 340

공저자 소개

오세조

약력

- 연세대 상경대학 경영학과 졸
- 美 신시내티대학 경영학 박사
- 현재 연세대 경영대학 명예교수

논문 및 연구분야

- Journal of Marketing, Journal of Marketing Research, Journal of Marketing Channels 등 top journal과 국내 경영학연구, 마케팅연구, 유통연구 등에 다수의 논문 발표
- 주요 연구분야: AI기반 창의적 마케팅유통&금융 융합혁신, 옴니채널 소매경영, AI&가상화폐 시대의 경영전략과 리더십, 프랜차이즈 사업의 세계화

수상

- American Marketing Association에서 수여하는 최우수논문상인 Best Paper Award 수상(1987)
- 시장지향적 유통관리로 정진기언론문화상 수상(1997)
- 제1회 상전유통학술상 대상 수상(2019)

주요 저서

- 마케팅관리(박영사), 유통관리(박영사), 소매경영(한올출판사), 프랜차이즈창업경영실무(한올출판사) 외 다수

박충환

약력

- 서울대 문리대 독문과 졸
- 美 일리노이주립대학 마케팅 석사 및 박사
- 美 켄자스주립대학 조교수 및 부교수 역임
- 美 UCLA 초빙 부교수 역임
- 美 피츠버그 경영대학 마케팅 석좌교수 역임
- 현재 美 남가주대 경영대학 마케팅 석좌교수

논문 및 연구분야

- Journal of Marketing, Journal of Marketing Research, Journal of Consumer Research, Journal of Advertising등 세계 top journal에 다수의 논문발표 및 논문심사위원
- 주요 연구분야: 마케팅전략, 소비자행동, 브랜드관리, 광고

수상

- Journal of Marketing에서 수여하는 최우수논문상인 Alpha Kappa Psi Award 수상(1987)

김동훈

약력

- 연세대 상경대학 경영학과 졸
- 美 Columbia University 경영대학 석사 및 박사
- 美 뉴욕주립대학교 경영대학 교수 역임
- 현재 연세대 경영대학 교수

김영찬

약력

- 연세대학교 응용통계학과 졸
- 동대학원 석사(M.A.)
- 미국 University of Michigan at Ann Arbor에서 Biostatistics 석사(M.S.), 경영학박사(Ph.D.)
- 한국마케팅학회 발간 <한국마케팅저널> 편집장 역임
- 한국소비자학회장 역임
- 한국마케팅학회장 역임
- 서비스마케팅학회장
- 한국광고학회 상임이사 역임
- 미국 Georgia Institiute of Technology에서 Visiting Scholar로 근무
- 네덜란드 University of Groningen에서 계량마케팅 전공교수 역임
- 이화여대 경영대학 조교수 역임
- 현재 연세대 경영대학 마케팅 전공교수

논문 및 연구분야

- Journal of Marketing Research, Journal of Econometrics, European Journal of Operations Research, Service Industries Journal, International Journal of Advertising, 마케팅연구, 소비자학연구, 경영학연구, 한국마케팅저널 등에 다수의 논문 발표
- 주요 연구분야: 계량마케팅, 신제품마케팅, 하이테크마케팅, 마케팅전략, 마케팅조사, 계량마케팅모형, B2B마케팅전략

주요 저서

- 시장지향적 마케팅전략
- B2B2C 마케팅전략

박진용

약력

- 연세대 상경대학 경영학과 졸
- 연세대 대학원 경영학 석사
- 연세대 대학원 경영학 박사
- 현재 건국대학교 경영대학 교수

논문 및 연구분야

- Industrial Marketing Management, International Marketing Review, Australian Journal of Psychology, Behavior & Information Technology, Journal of B2B Marketing, Journal of Retailing and Consumer Services, 경영학연구, 마케팅연구, 유통연구, 유통물류연구 등에 다수의 논문 발표
- 주요 연구분야: 마케팅관리, 관계마케팅, 마케팅채널, 리테일테크

수상

- 한국유통학회 최우수논문상 수상(2001, 2021, 2024)
- 한국마케팅학회 최우수논문상 수상(2016)
- 한국경영학회 매경최우수논문상 수상(2017)
- 상전유통학술상 학술부문 최우수학술상 수상(2022)

주요 저서

- 유통관리(박영사), 소매경영(한올출판사), 마케팅관리(박영사) 등

제4전정판
마케팅원론–고객중심과 시너지 극대화를 위한

초판발행 1999년 9월 20일
전정판발행 2005년 2월 25일
제2전정판발행 2010년 3월 10일
제3전정판발행 2017년 2월 25일
제4전정판발행 2026년 2월 15일

지은이 오세조·박충환·김동훈·김영찬·박진용
펴낸이 안종만·안상준

편 집 전채린
기획/마케팅 장규식
표지디자인 BEN STORY
제 작 고철민·김원표

펴낸곳 (주) 박영사
서울특별시 금천구 가산디지털2로 53, 210호(가산동, 한라시그마밸리)
등록 1959. 3. 11. 제300-1959-1호(倫)
전 화 02)733-6771
f a x 02)736-4818
e-mail pys@pybook.co.kr
homepage www.pybook.co.kr
ISBN 979-11-303-2337-4 93320

정 가 34,000원